Ryuta Amazume

NANA & KAORU

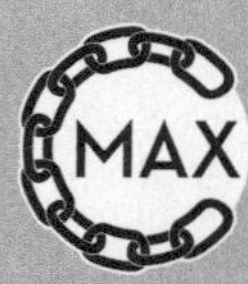

2

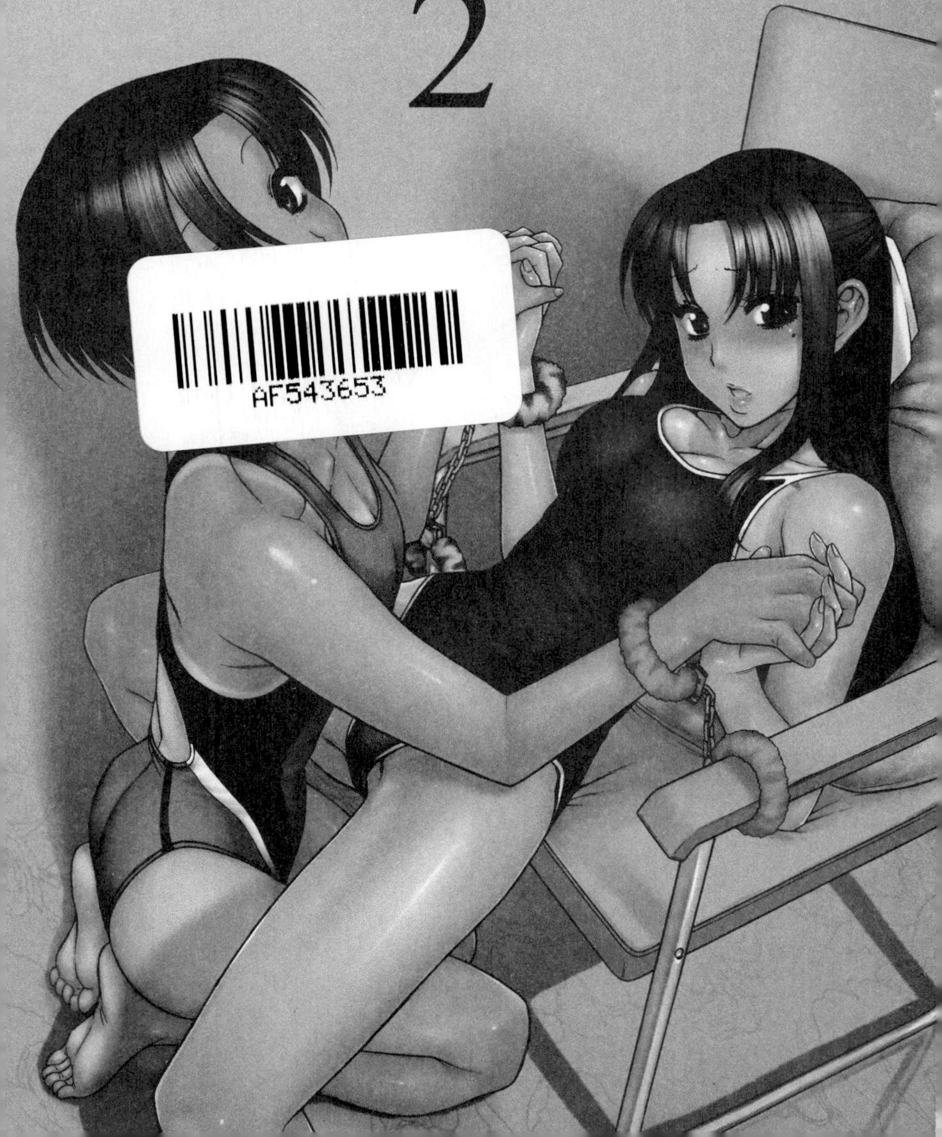

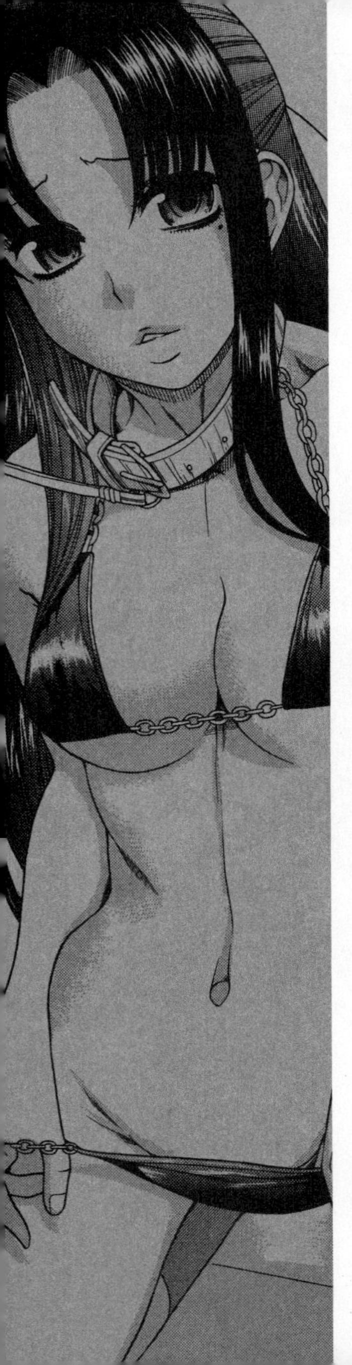

Story und Zeichnungen
RYUTA AMAZUME

Übersetzung
BURKHARD HÖFLER

Lettering
LARA IACUCCI

INHALT

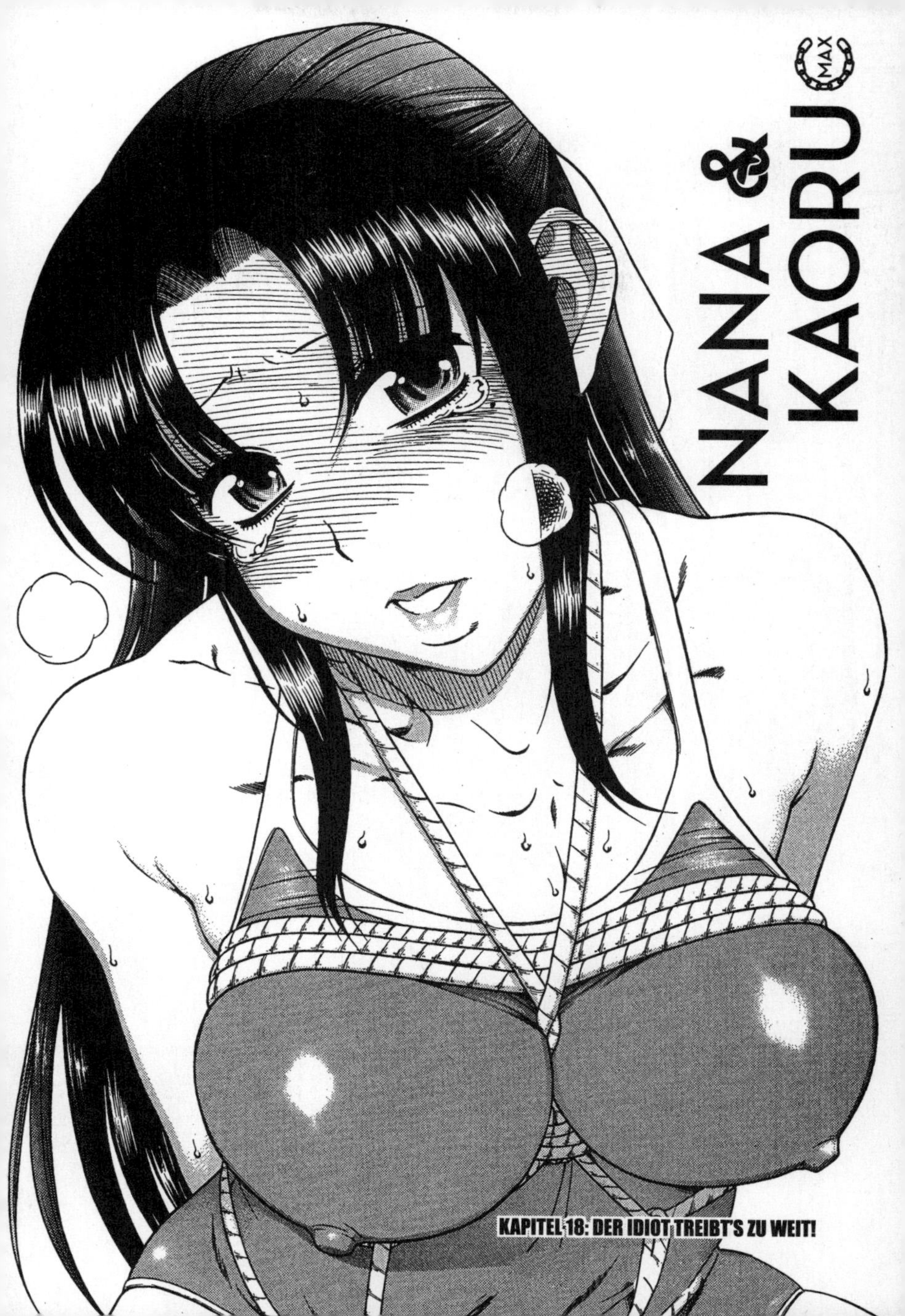
NANA & KAORU MAX
KAPITEL 18: DER IDIOT TREIBT'S ZU WEIT!

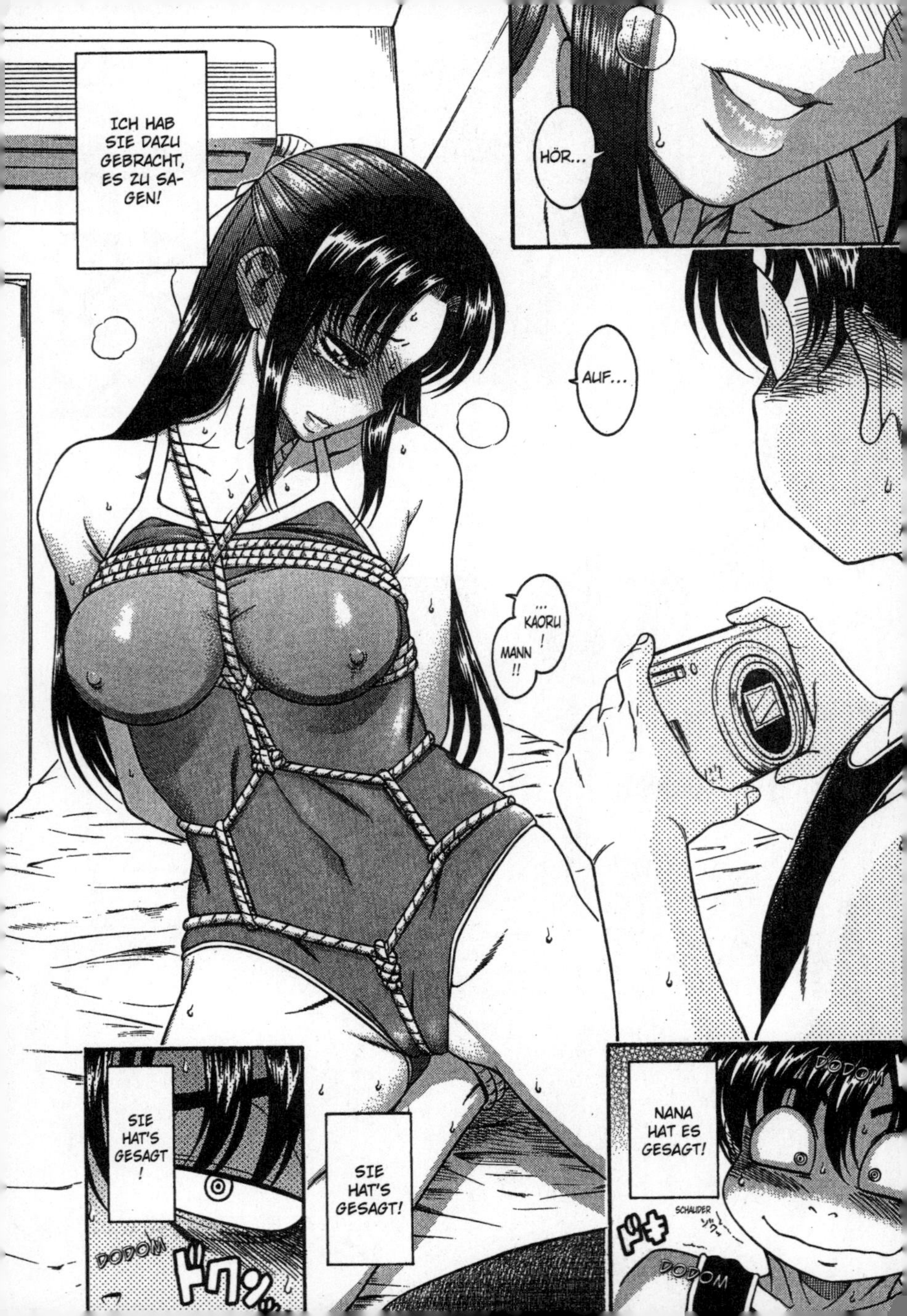
HÖR...
AUF...
...KAORU! MANN!!
ICH HAB SIE DAZU GEBRACHT, ES ZU SAGEN!
NANA HAT ES GESAGT!
DODOM
SCHAUDER
DODOM
SIE HAT'S GESAGT!
SIE HAT'S GESAGT!
DODOM

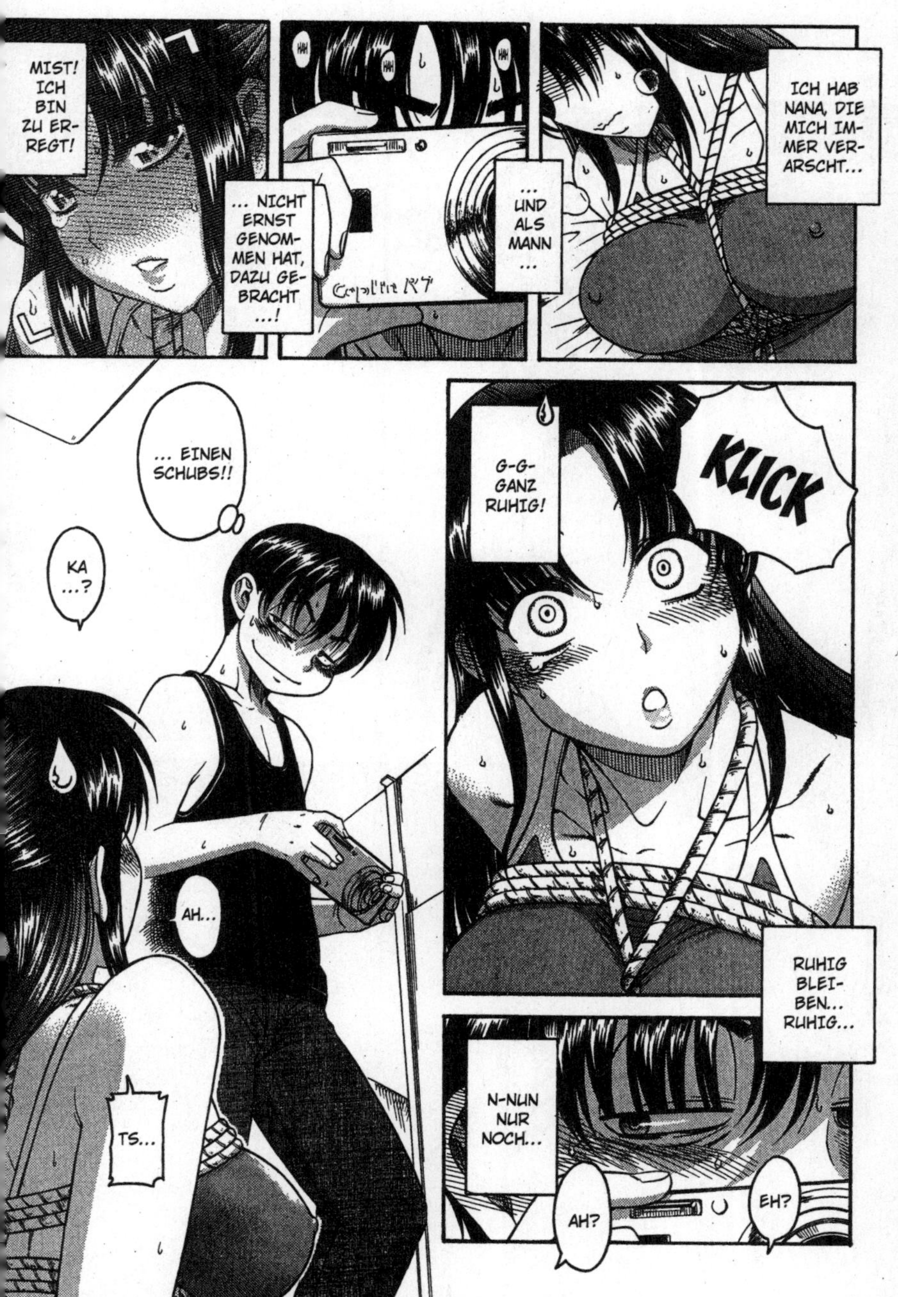
ICH HAB NANA, DIE MICH IMMER VERARSCHT...
... UND ALS MANN ...
HAH
HAH
HAH
... NICHT ERNST GENOMMEN HAT, DAZU GEBRACHT ...!
MIST! ICH BIN ZU ERREGT!
... EINEN SCHUBS!!
KLICK
G-G-GANZ RUHIG!
KA ...?
RUHIG BLEIBEN... RUHIG...
N-NUN NUR NOCH...
EH?
AH?
AH...
TS...

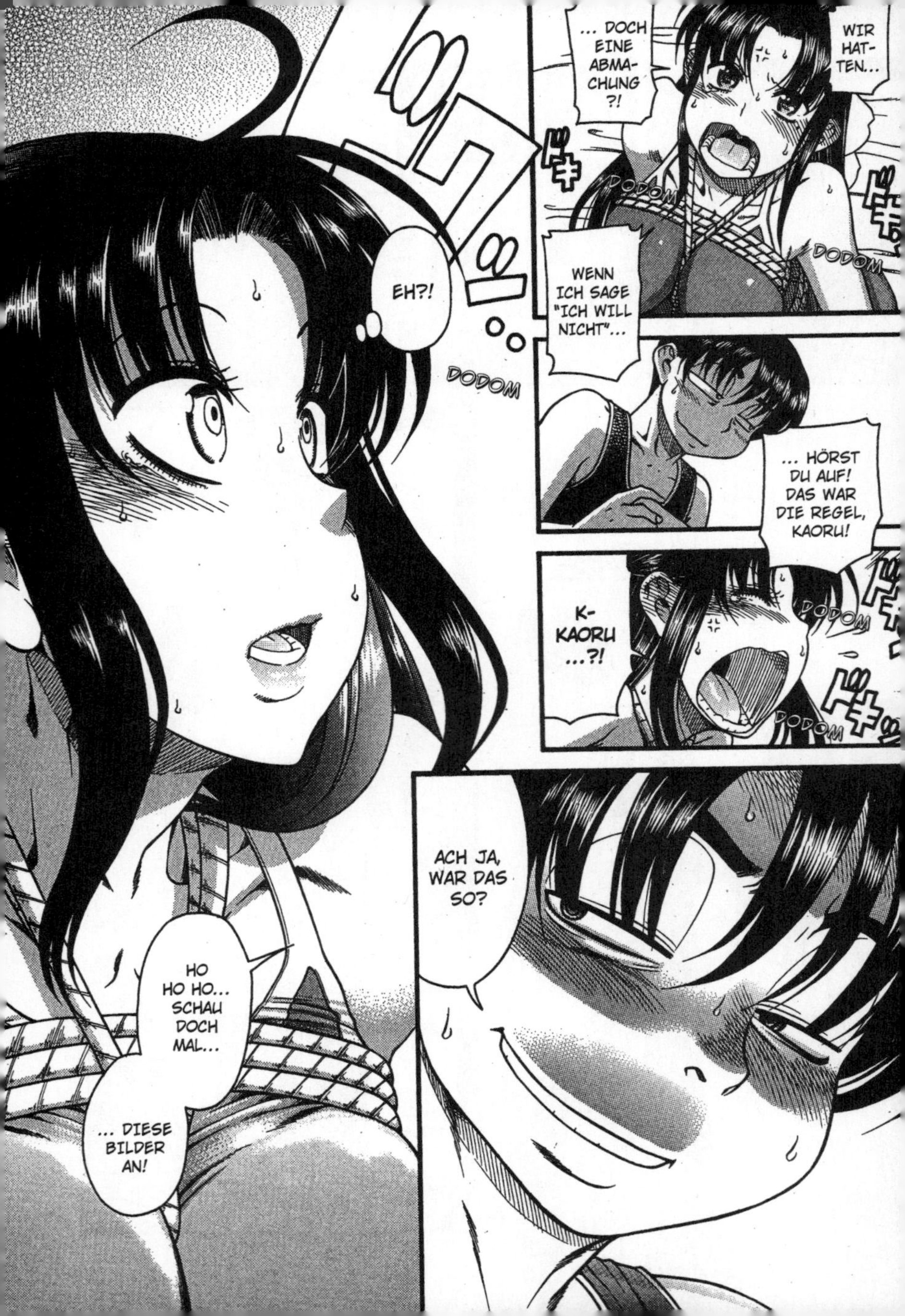
WIR HATTEN...
... DOCH EINE ABMACHUNG ?!
DODOM
DODOM
WENN ICH SAGE "ICH WILL NICHT"...
... HÖRST DU AUF! DAS WAR DIE REGEL, KAORU!
DODOM
DODOM
K-KAORU ...?!
EH?!
DODOM
ACH JA, WAR DAS SO?
HO HO HO... SCHAU DOCH MAL...
... DIESE BILDER AN!

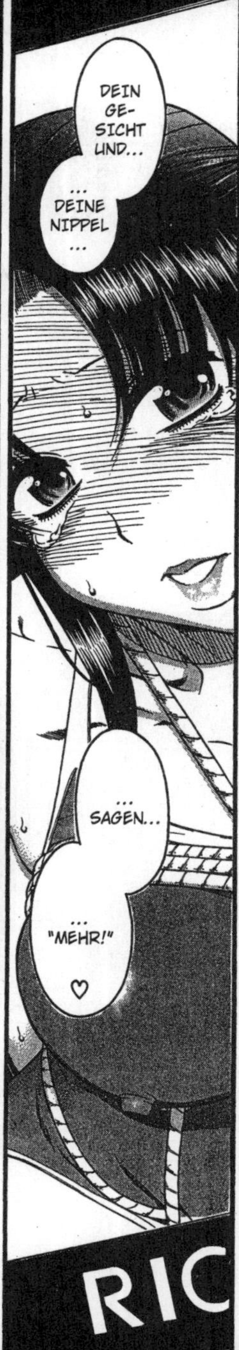

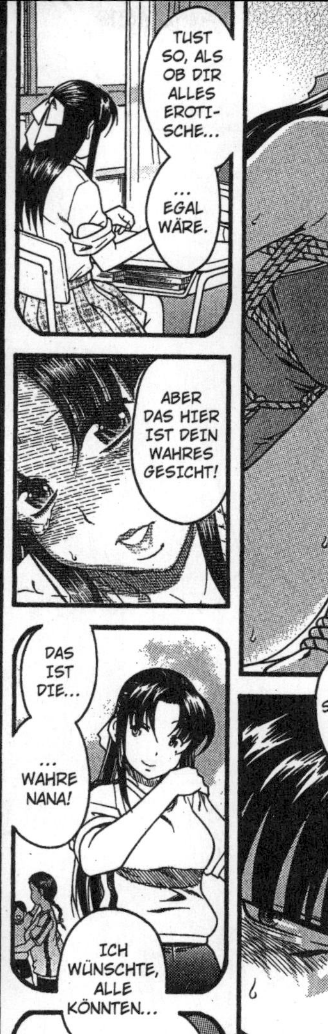

DANN...

... WÄRST DU FÜR ALLE EINE PERVERSE...

...!

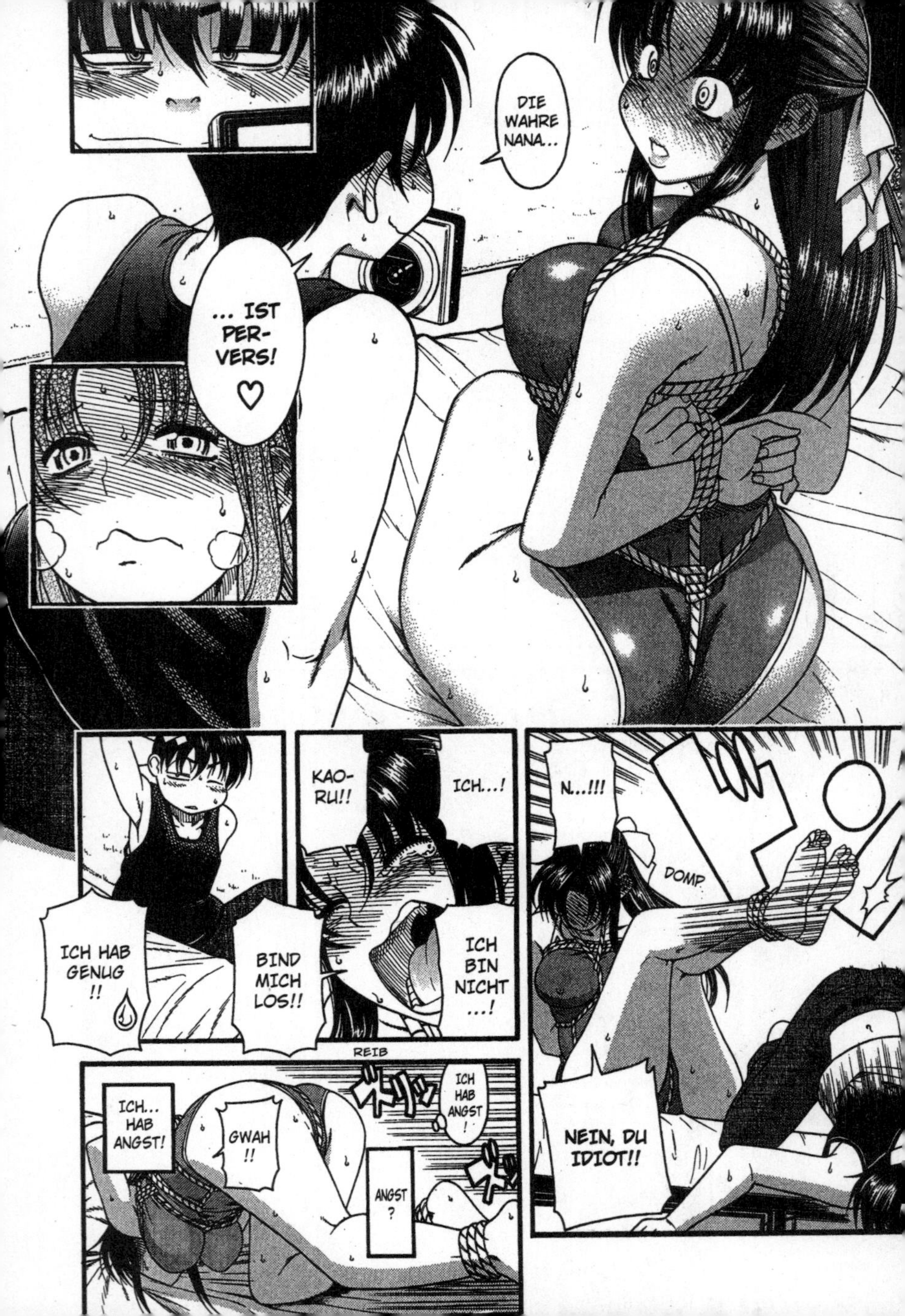
DIE WAHRE NANA...
... IST PER-VERS! ♡
N...!!!
DOMP
ICH...!
ICH BIN NICHT ...!
KAO-RU!!
BIND MICH LOS!!
ICH HAB GENUG !!
NEIN, DU IDIOT!!
REIB
ICH HAB ANGST !
ANGST ?
GWAH !!
ICH... HAB ANGST!

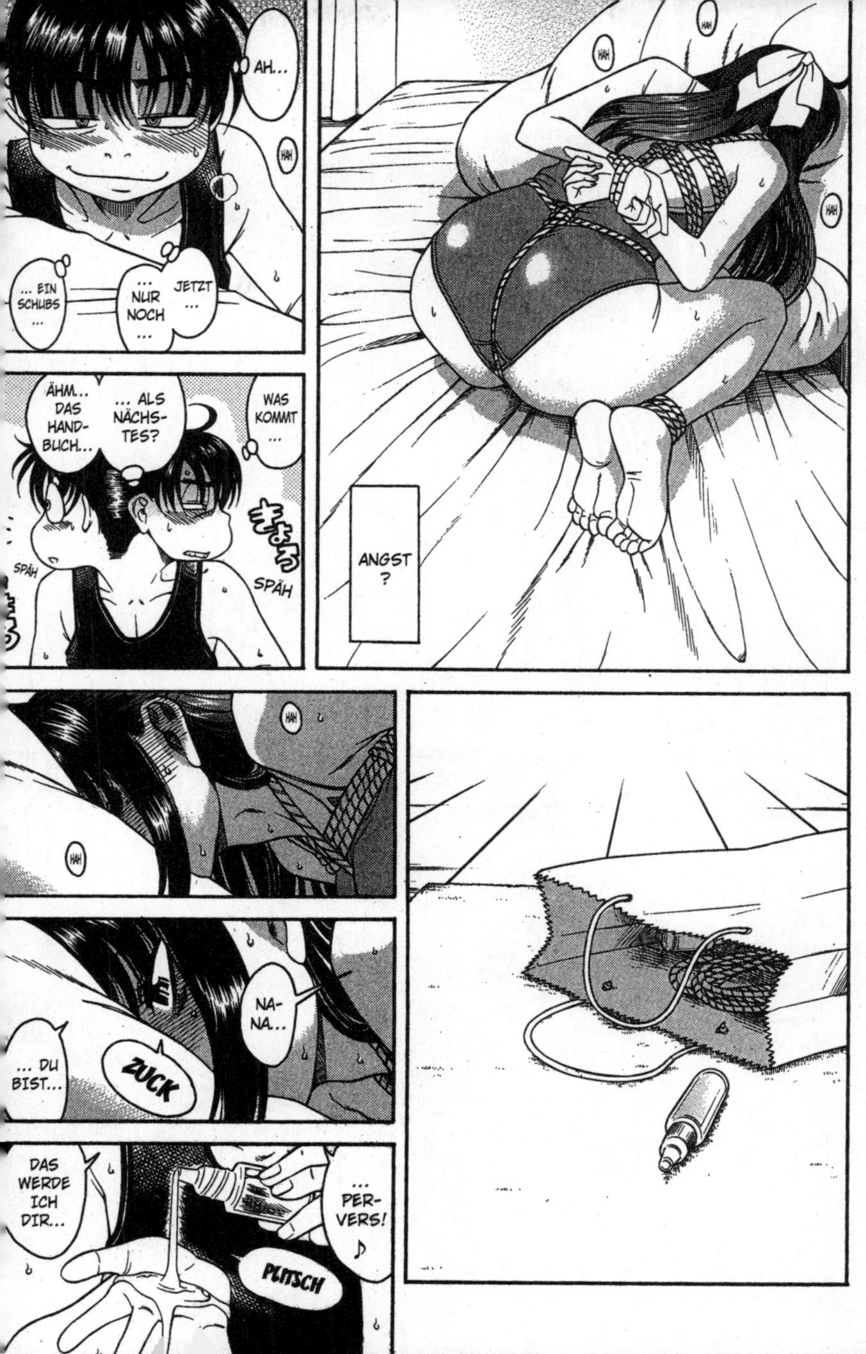
HAH
HAH
HAH
ANGST ?
AH...
HAH
JETZT ...
... NUR NOCH ...
... EIN SCHUBS ...
WAS KOMMT ...
... ALS NÄCHS-TES?
ÄHM... DAS HAND-BUCH...
きょろ
SPÄH
SPÄH
HAH
HAH
NA-NA...
... DU BIST...
ZUCK
... PER-VERS! ♪
DAS WERDE ICH DIR...
PLITSCH

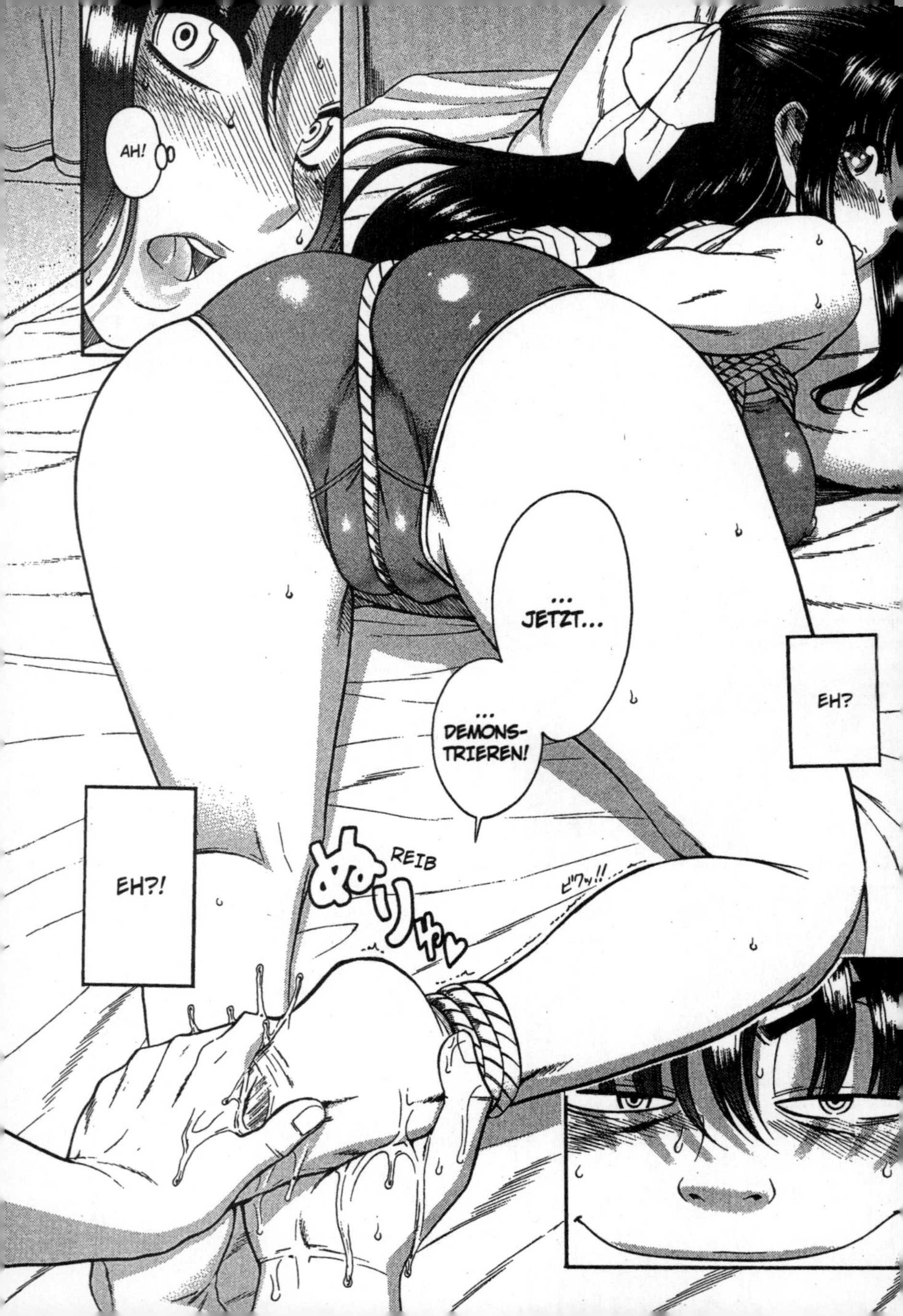

... JETZT...
... DEMONS-TRIEREN!
EH?
ぬりゅ
REIB
EH?!
AH!

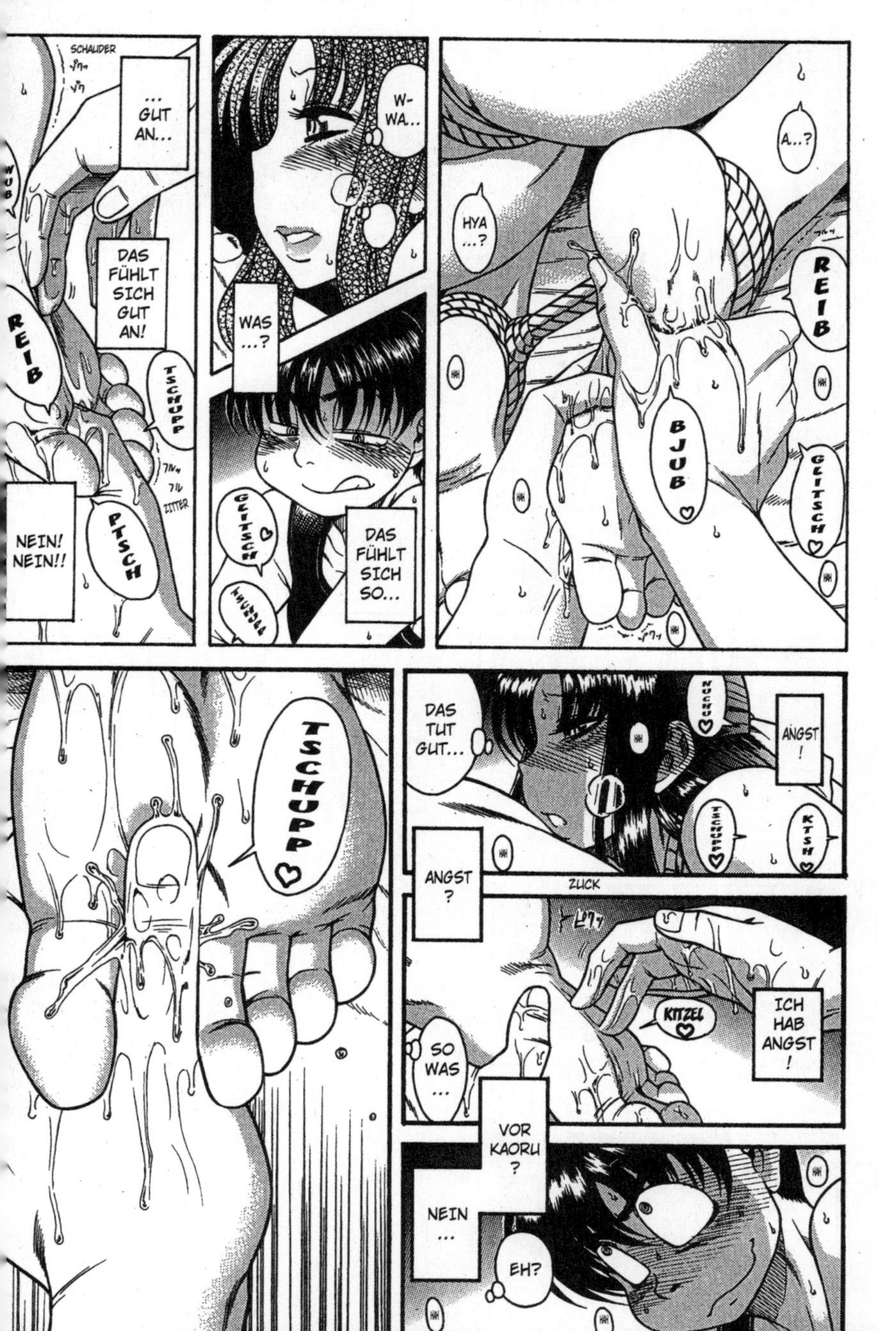
A...?
HYA...?
REIB
BJUB ♡
GLITSCH ♡
W-WA...
WAS...?
DAS FÜHLT SICH SO...
GLITSCH ♡
SCHAUDER
...GUT AN...
DAS FÜHLT SICH GUT AN!
REIB
TSCHUPP
ZITTER
PTSCH
NEIN! NEIN!!
DAS TUT GUT...
NUCHU ♡
ANGST!
TSCHUPP ♡
KTSH ♡
ANGST?
TSCHUPP ♡
ZUCK
KITZEL ♡
ICH HAB ANGST!
SO WAS...
VOR KAORU?
NEIN...
EH?

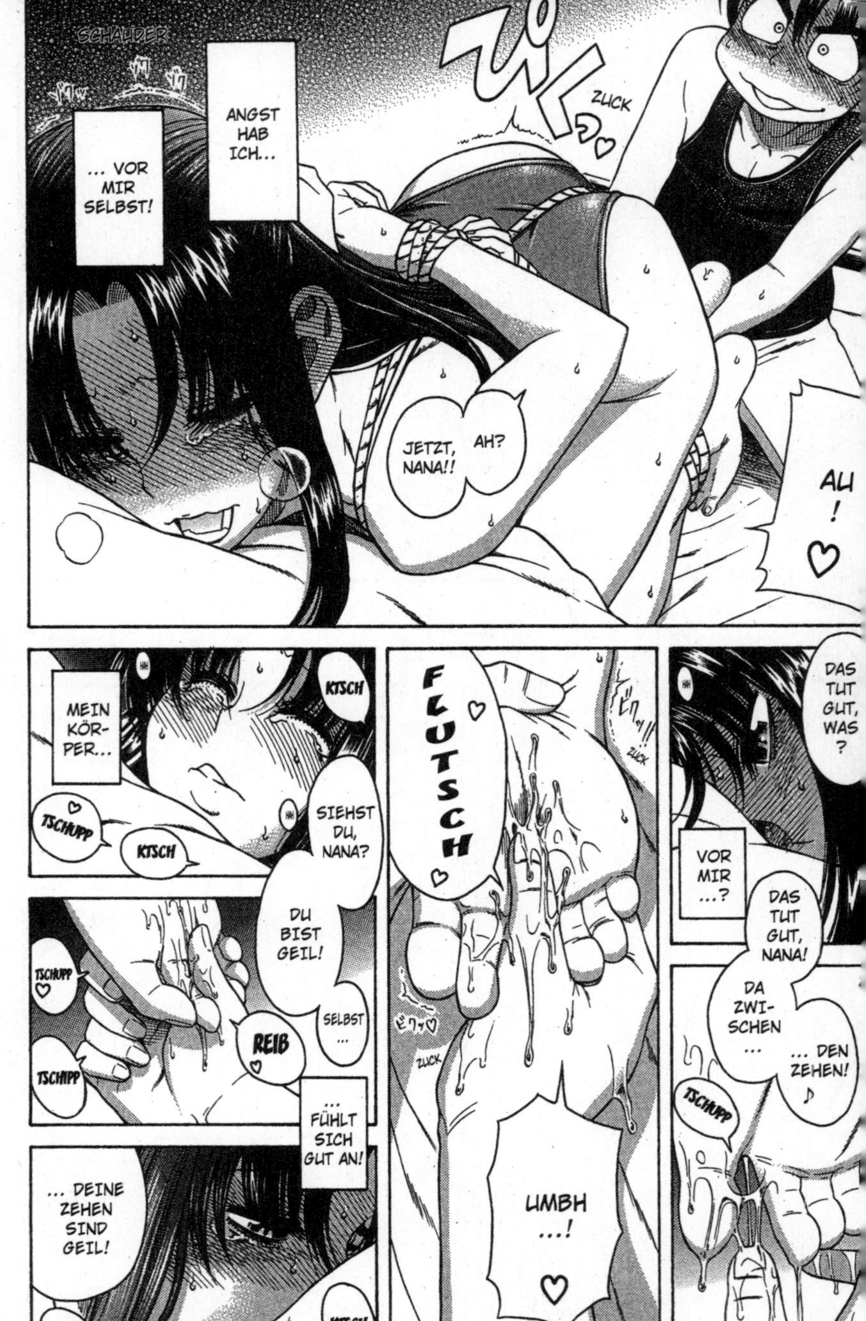
ZUCK
AU! ♡
AH?
JETZT, NANA!!
ANGST HAB ICH...
... VOR MIR SELBST!
SCHAUDER
DAS TUT GUT, WAS?
VOR MIR ...?
ZUCK
FLUTSCH ♡
SIEHST DU, NANA?
KTSCH
MEIN KÖRPER...
TSCHUPP ♡
KTSCH
DAS TUT GUT, NANA!
DA ZWISCHEN ...
... DEN ZEHEN! ♪
TSCHUPP
ZUCK
UMBH ...! ♡
DU BIST GEIL!
SELBST ...
... FÜHLT SICH GUT AN!
REIB ♡
TSCHUPP ♡
TSCHIPP
... DEINE ZEHEN SIND GEIL!
KTSCH
FLUTSCH

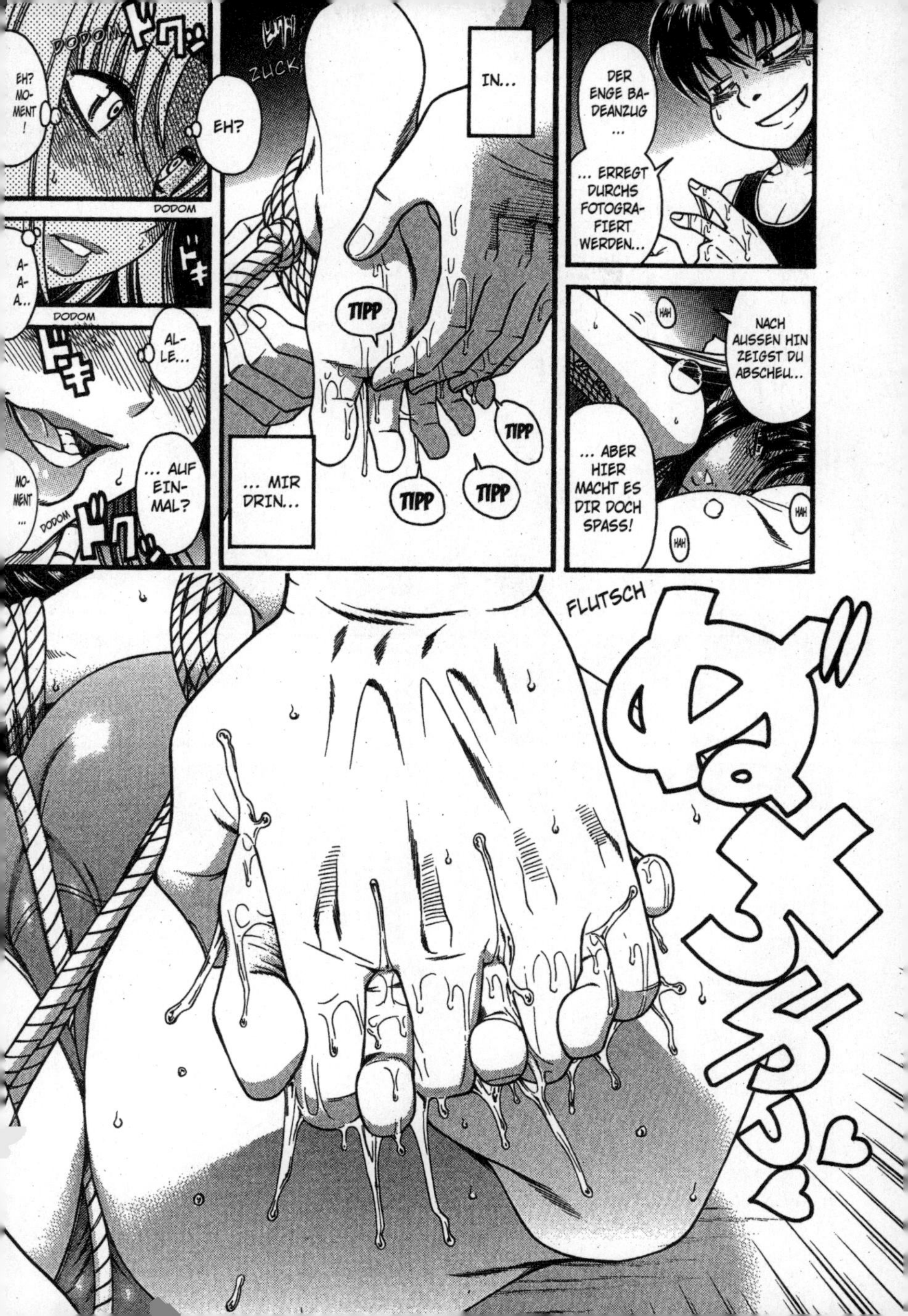
DER ENGE BADEANZUG ...
... ERREGT DURCHS FOTOGRAFIERT WERDEN...
IN...
ZUCK
EH?
DODOM
EH? MOMENT!
DODOM
A-A-A...
DODOM
AL-LE...
... AUF EIN-MAL?
MO-MENT ...
DODOM
TIPP
TIPP
TIPP
TIPP
... MIR DRIN...
HAH
NACH AUSSEN HIN ZEIGST DU ABSCHEU...
... ABER HIER MACHT ES DIR DOCH SPASS!
HAH
HAH
FLUTSCH

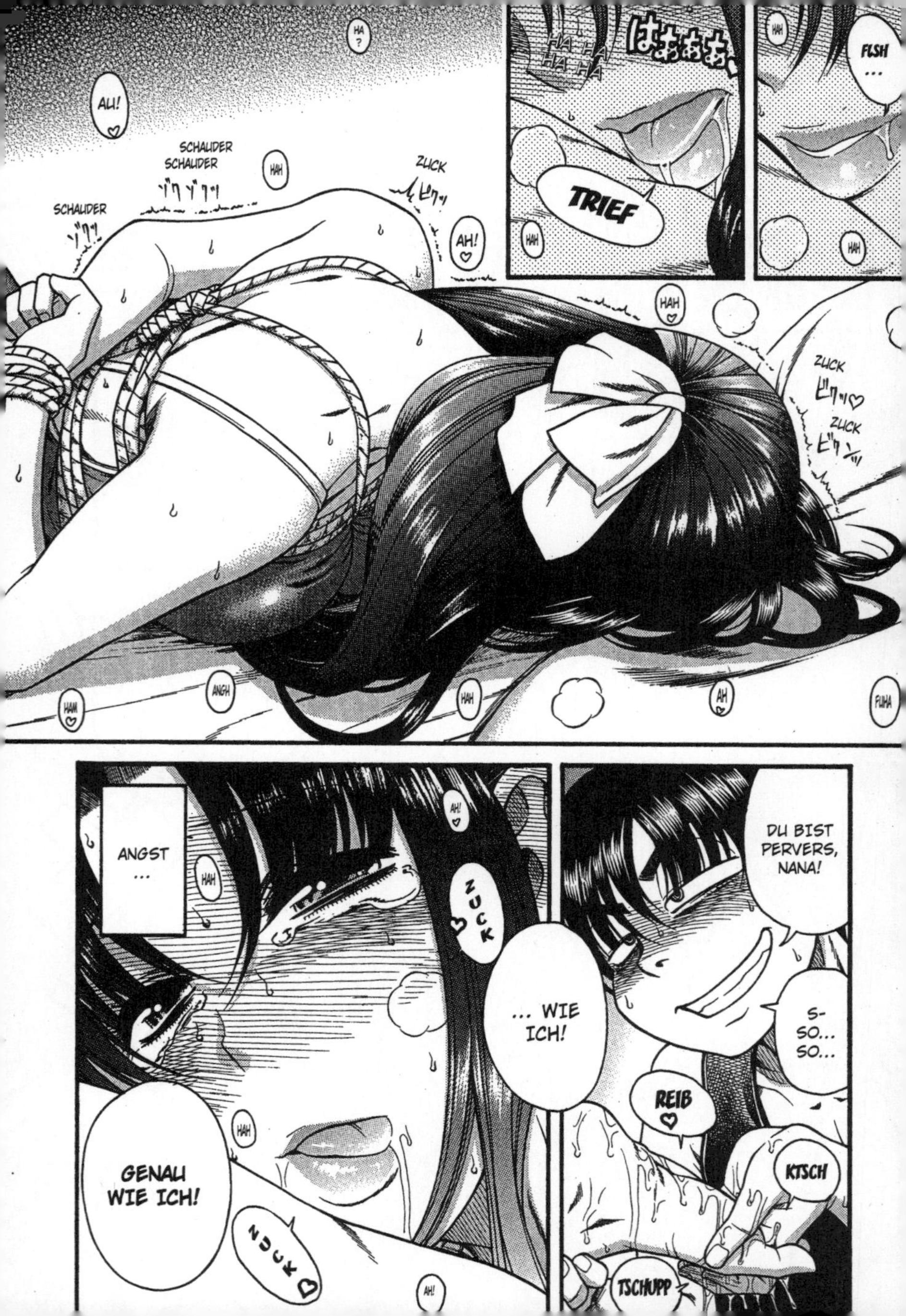

FLSH
...
HAH
HA HA
HA HA
TRIEF
HAH
HAH ♡
ZUCK
ZUCK
AH! ♡
ZUCK
HAH
SCHAUDER
SCHAUDER
SCHAUDER
AU! ♡
HA?
FUHA
AH ♡
HAH
ANGH
HAM ♡

DU BIST PERVERS, NANA!
S- SO... SO...
REIB ♡
KTSCH
TSCHUPP
... WIE ICH!
ZUCK ♡
AH! ♡
HAH
ANGST ...
HAH
GENAU WIE ICH!
ZUCK ♡
AH!

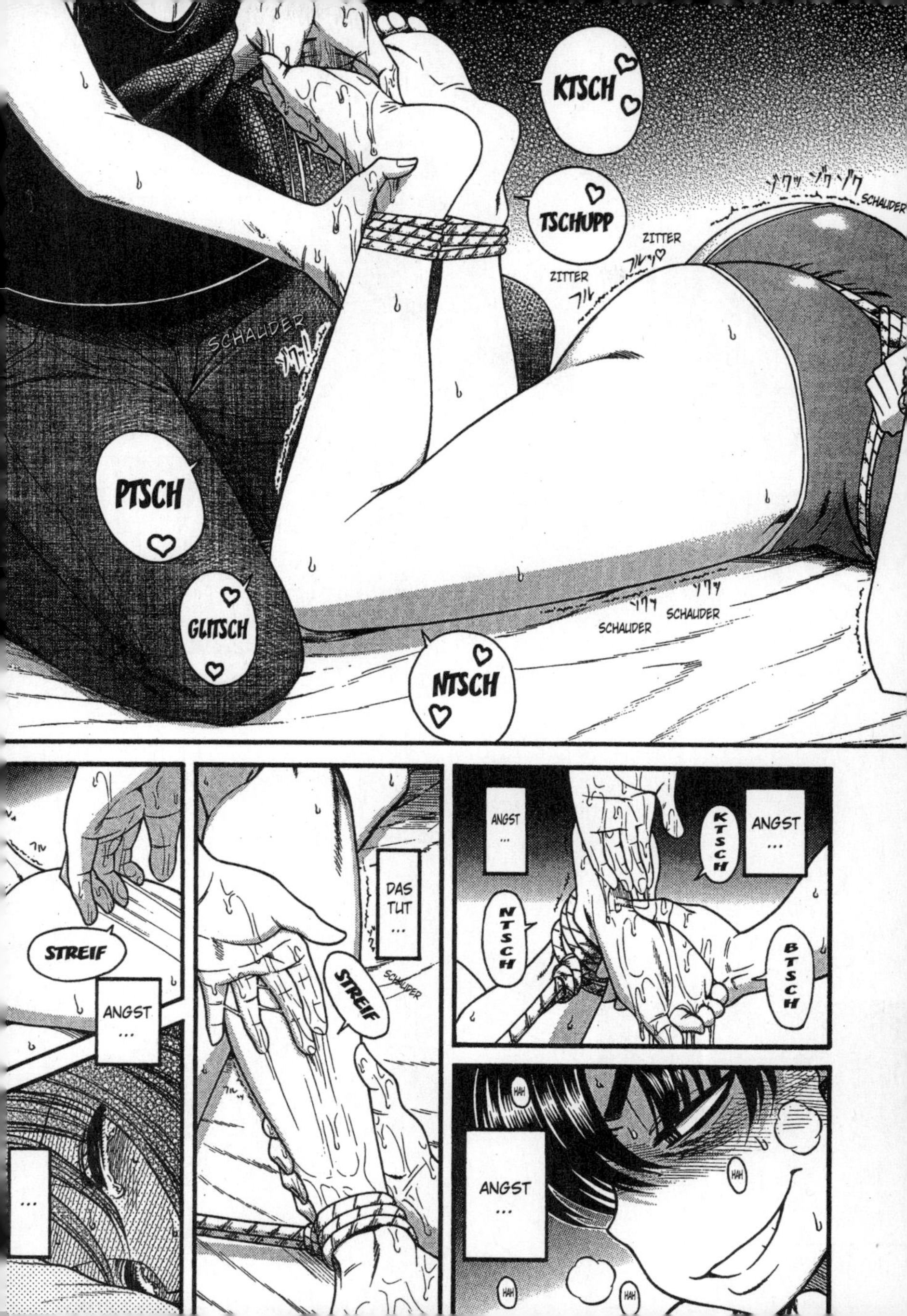
KTSCH
SCHAUDER
TSCHUPP
ZITTER
ZITTER
SCHAUDER
PTSCH
GLITSCH
SCHAUDER
SCHAUDER
NTSCH
ANGST …
KTSCH
ANGST …
NTSCH
BTSCH
DAS TUT …
SCHAUDER
STREIF
STREIF
ANGST …
HAH
HAH
ANGST …
…
HAH
HAH

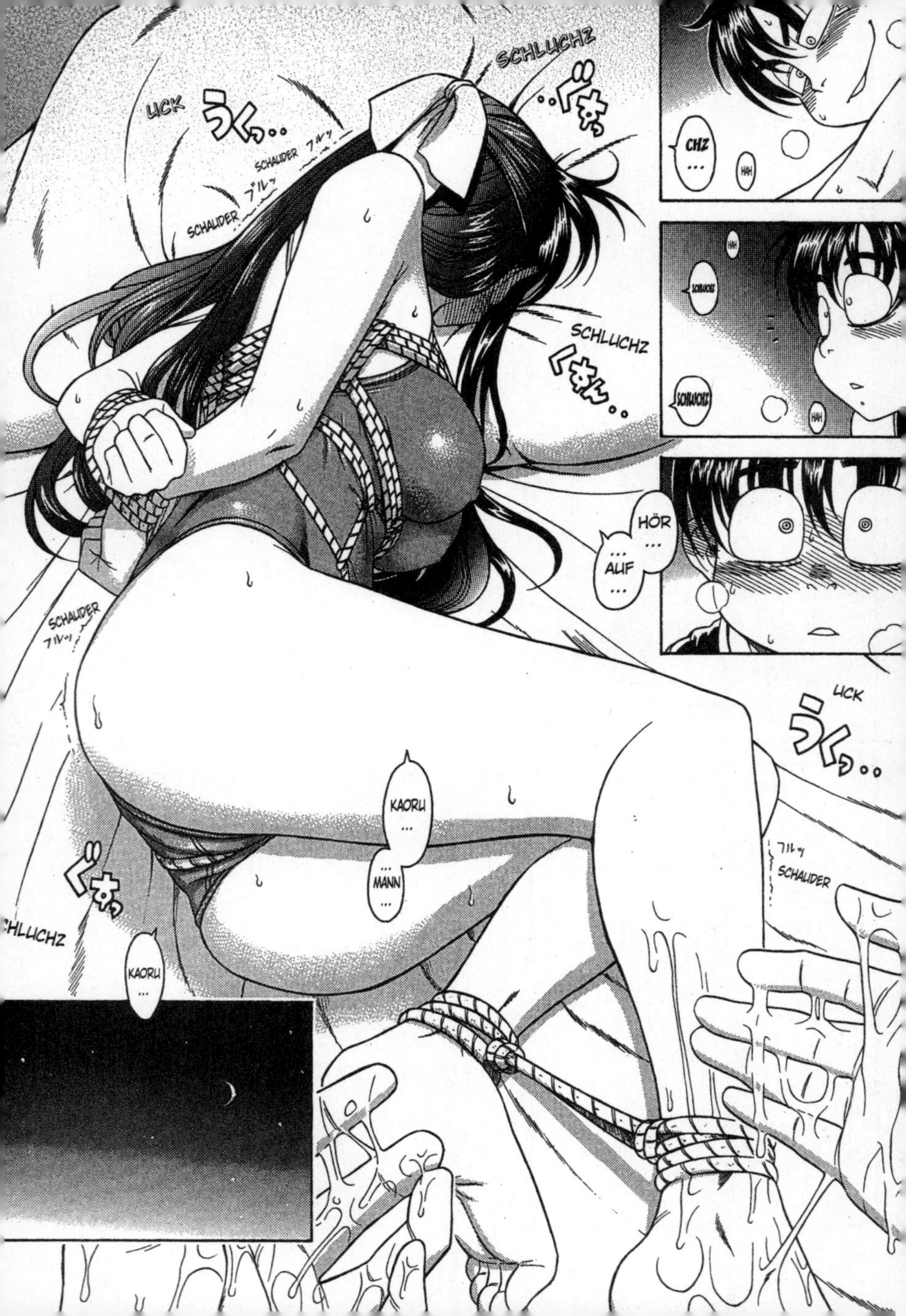
HAH
CHZ …
HAH
SCHLUCHZ
HAH
SCHLUCHZ
HÖR …
… AUF …
SCHLUCHZ
..ぐすっ
UCK
うくっ..
SCHAUDER
ブルッ
SCHAUDER
ブルッ
SCHLUCHZ
ぐすん..
SCHAUDER
フルッ
UCK
うくっ..
フルッ
SCHAUDER
KAORU …
… MANN …
ぐすっ
SCHLUCHZ
KAORU …

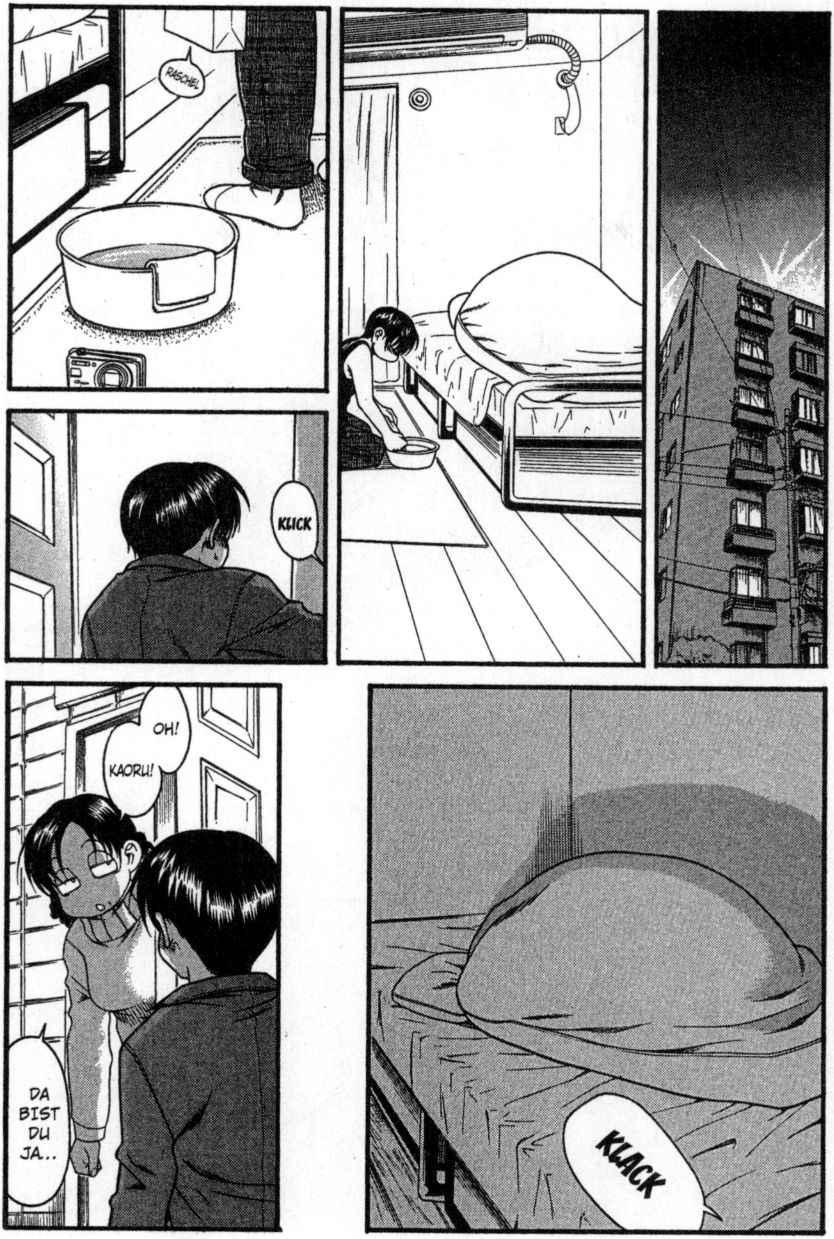

RASCHEL

KLICK

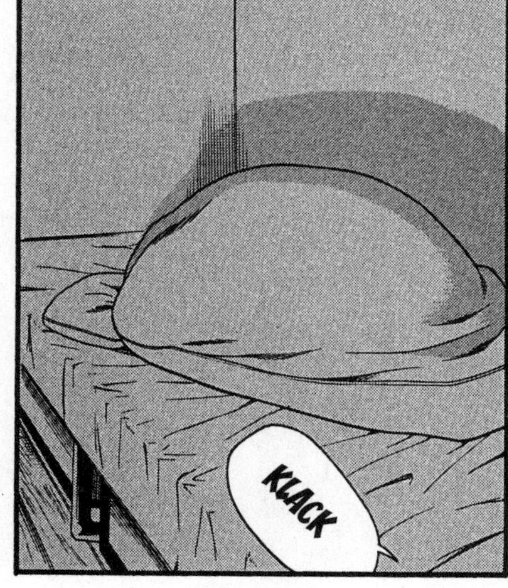

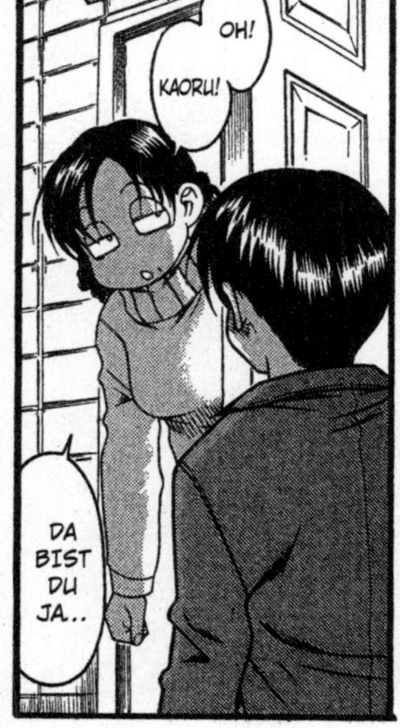

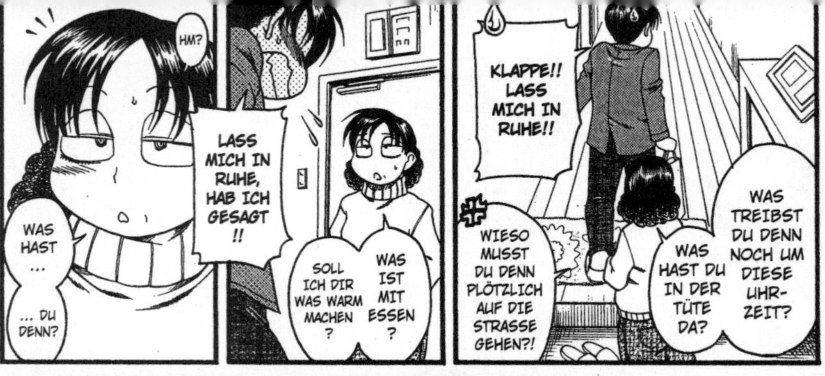
WAS TREIBST DU DENN NOCH UM DIESE UHRZEIT?
WAS HAST DU IN DER TÜTE DA?
KLAPPE!! LASS MICH IN RUHE!!
WIESO MUSST DU DENN PLÖTZLICH AUF DIE STRASSE GEHEN?!
WAS IST MIT ESSEN?
SOLL ICH DIR WAS WARM MACHEN?
LASS MICH IN RUHE, HAB ICH GESAGT!!
HM?
WAS HAST ...
... DU DENN?

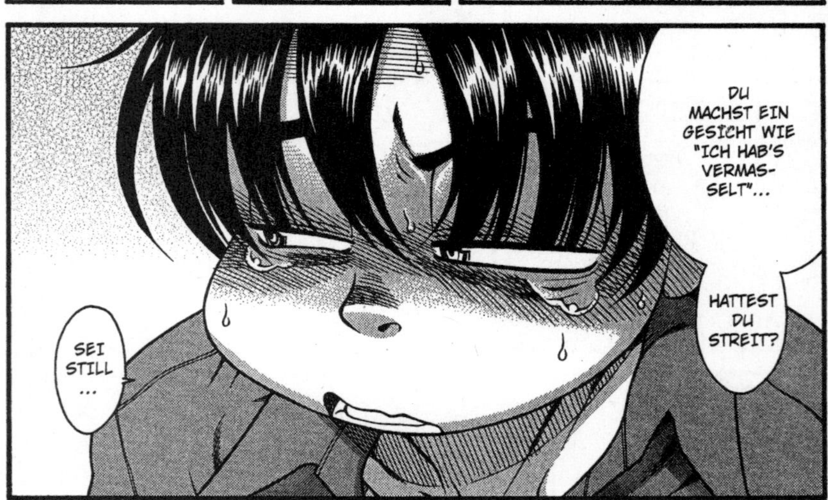
DU MACHST EIN GESICHT WIE "ICH HAB'S VERMASSELT"...
HATTEST DU STREIT?
SEI STILL ...

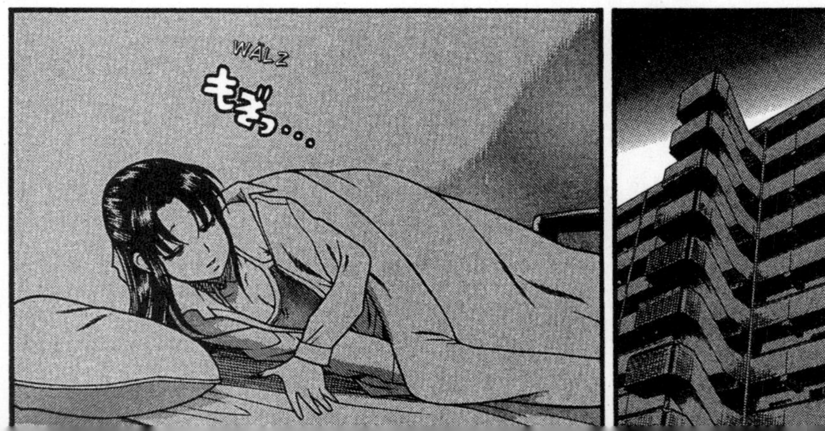
WÄLZ
もぞっ...

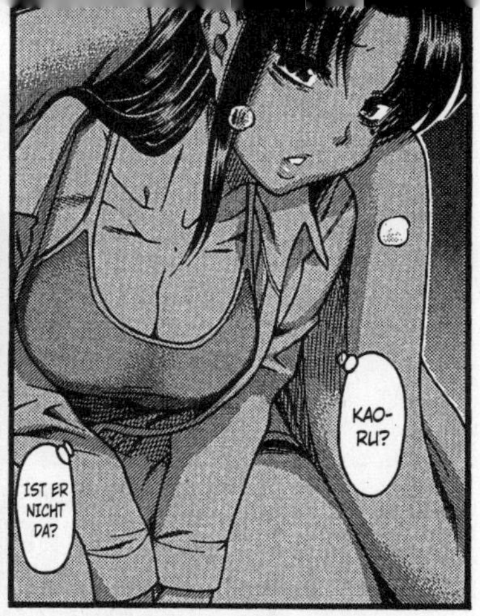
KAORU?
IST ER NICHT DA?

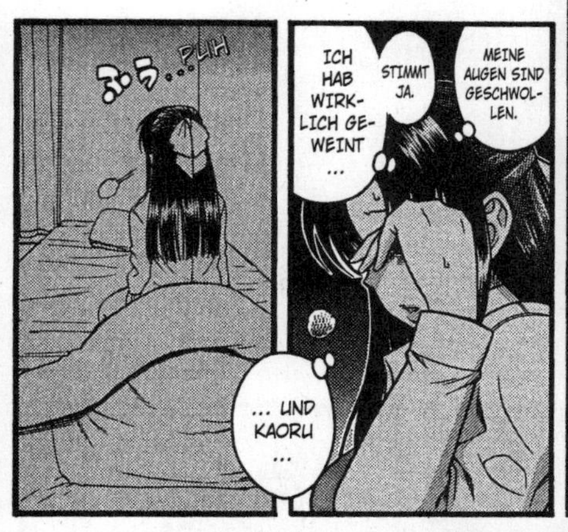
MEINE AUGEN SIND GESCHWOL-LEN.
STIMMT JA.
ICH HAB WIRK-LICH GE-WEINT ...
... UND KAORU ...
ぷぅ..PUH

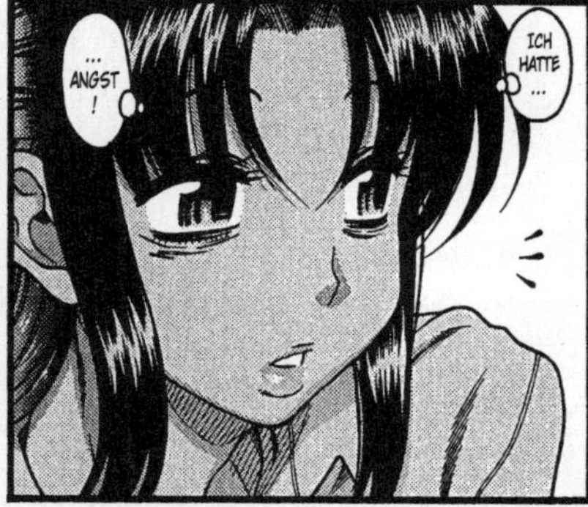
ICH HATTE ...
... ANGST !

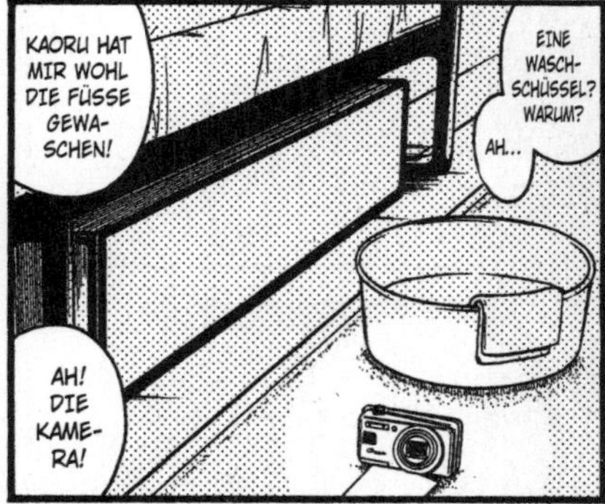
EINE WASCH-SCHÜSSEL? WARUM?
AH...
KAORU HAT MIR WOHL DIE FÜSSE GEWA-SCHEN!
AH! DIE KAME-RA!

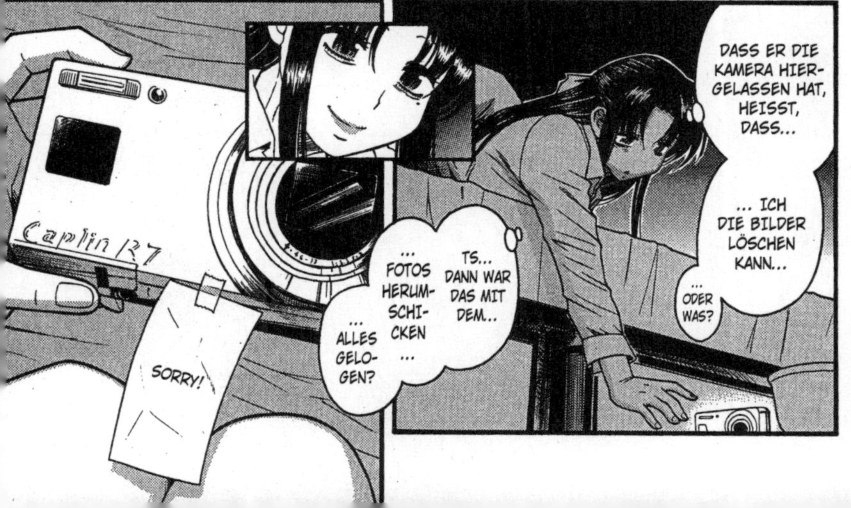
DASS ER DIE KAMERA HIER-GELASSEN HAT, HEISST, DASS...
... ICH DIE BILDER LÖSCHEN KANN...
... ODER WAS?
TS... DANN WAR DAS MIT DEM...
... FOTOS HERUM-SCHI-CKEN ...
... ALLES GELO-GEN?
Caplin R7
SORRY!

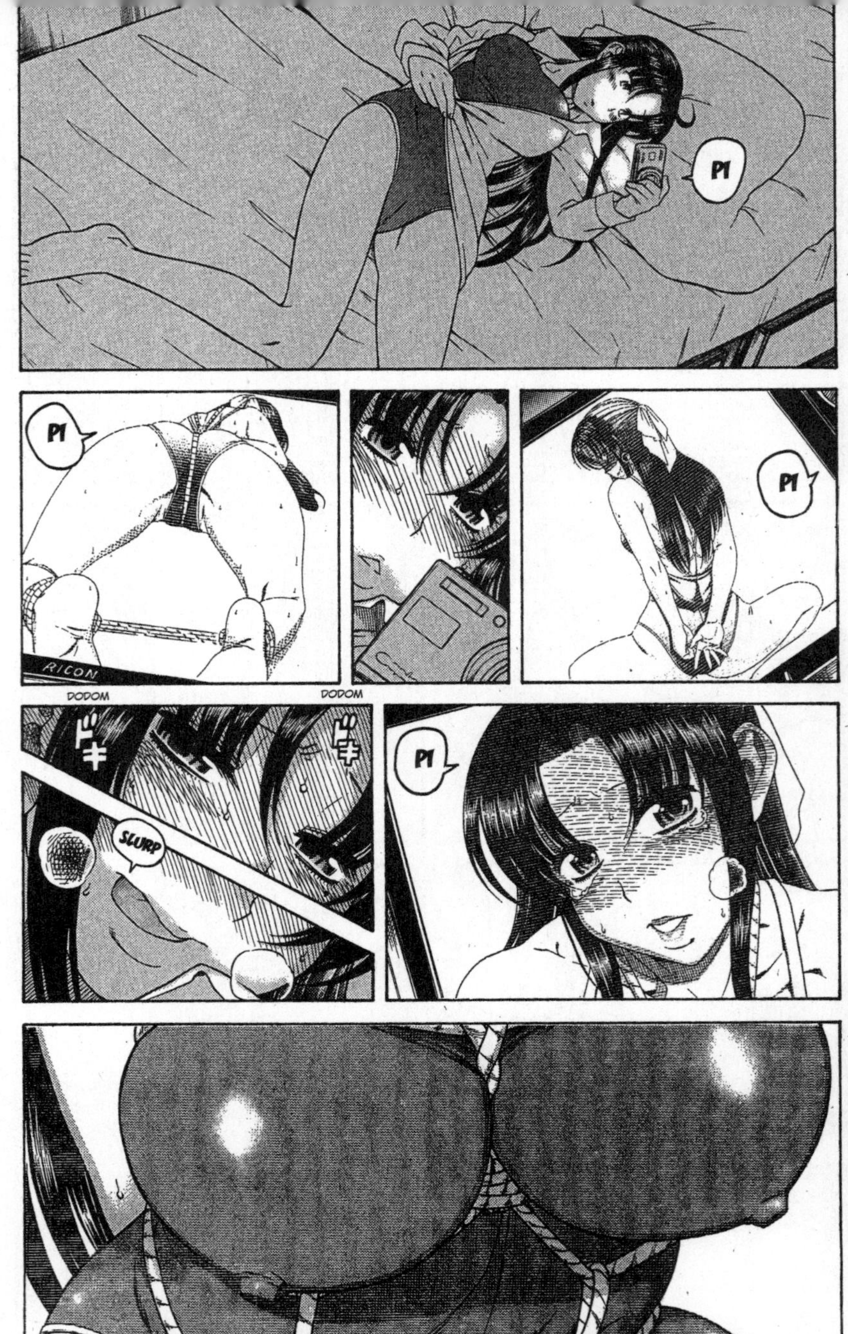

PI
PI
PI
RICON
DODOM
DODOM
PI
ドキ
ドキ
SLURP

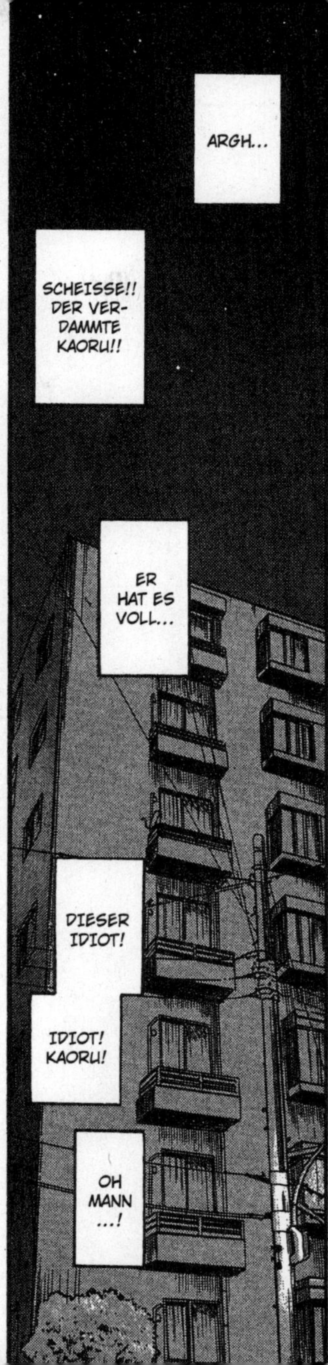
ARGH...
SCHEISSE!! DER VERDAMMTE KAORU!!
ER HAT ES VOLL...
DIESER IDIOT!
IDIOT! KAORU!
OH MANN ...!

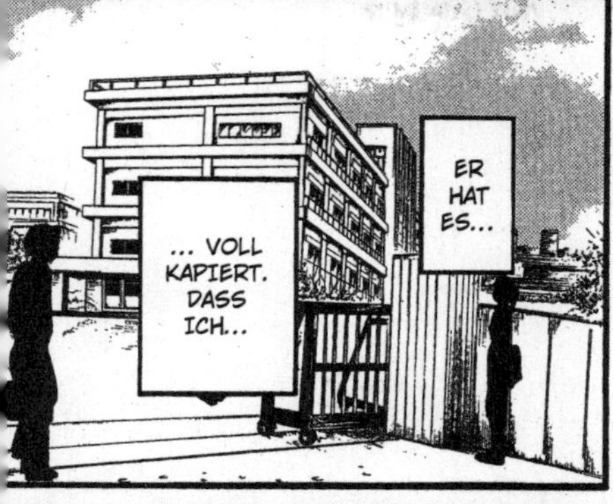
ER HAT ES...
... VOLL KAPIERT. DASS ICH...

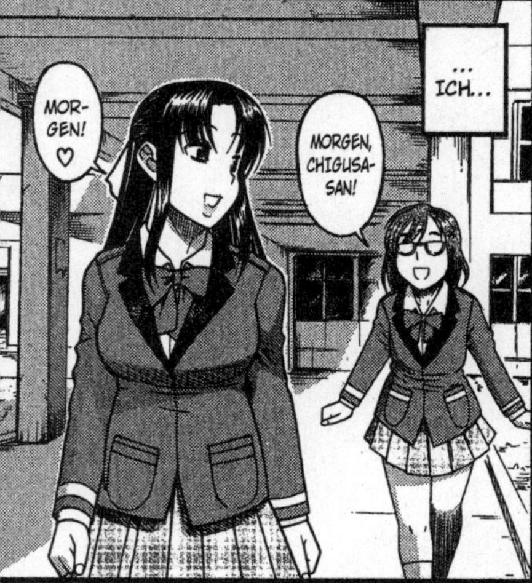
... ICH...
MORGEN, CHIGUSA-SAN!
MORGEN! ♡

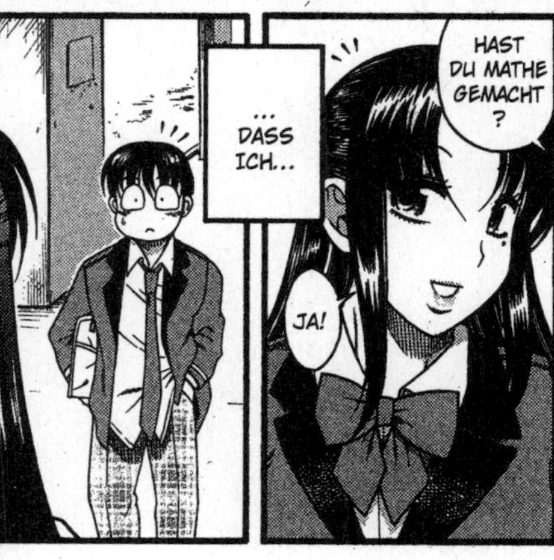
HAST DU MATHE GEMACHT?
... DASS ICH...
JA!

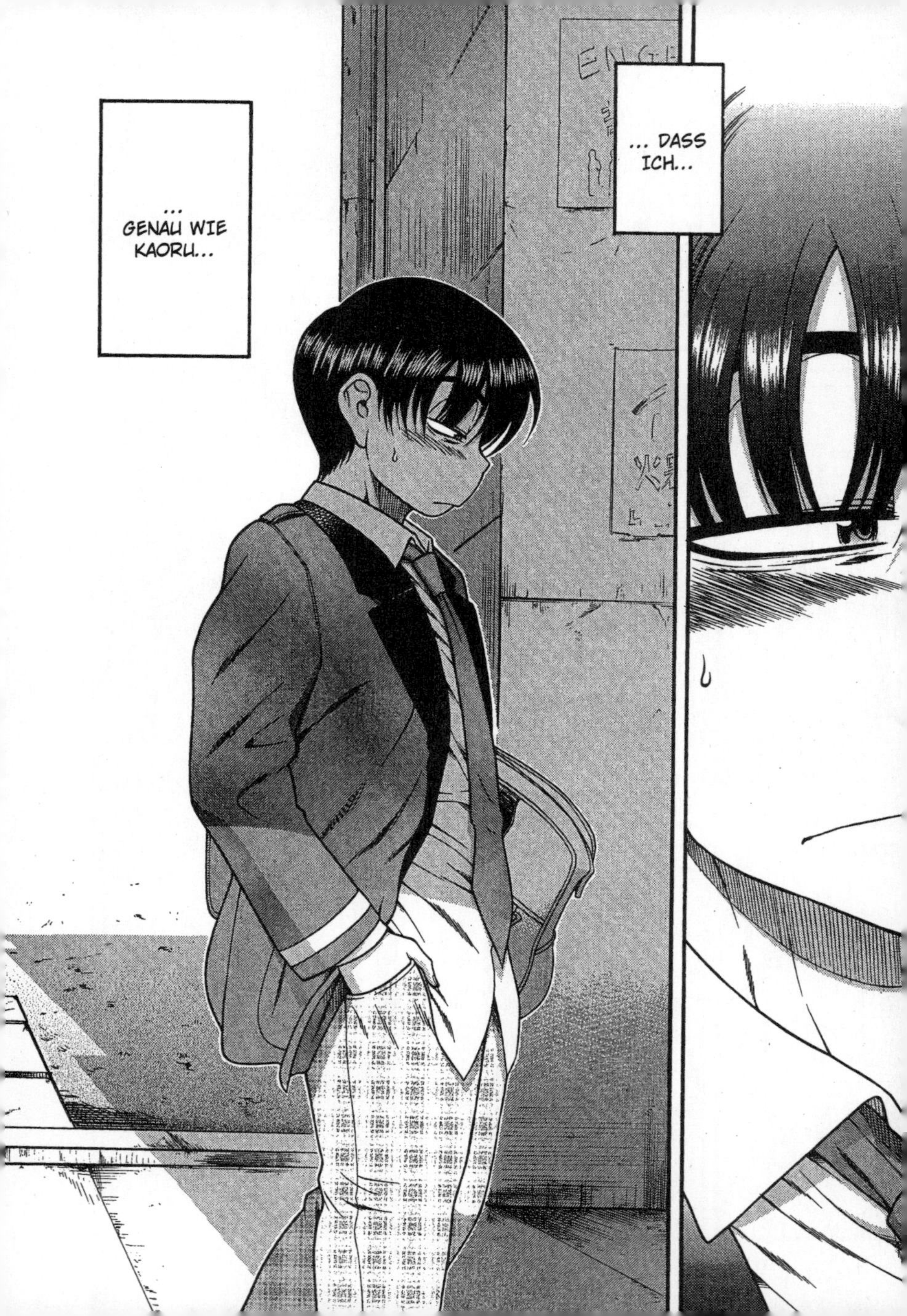
... DASS ICH...
... GENAU WIE KAORU...

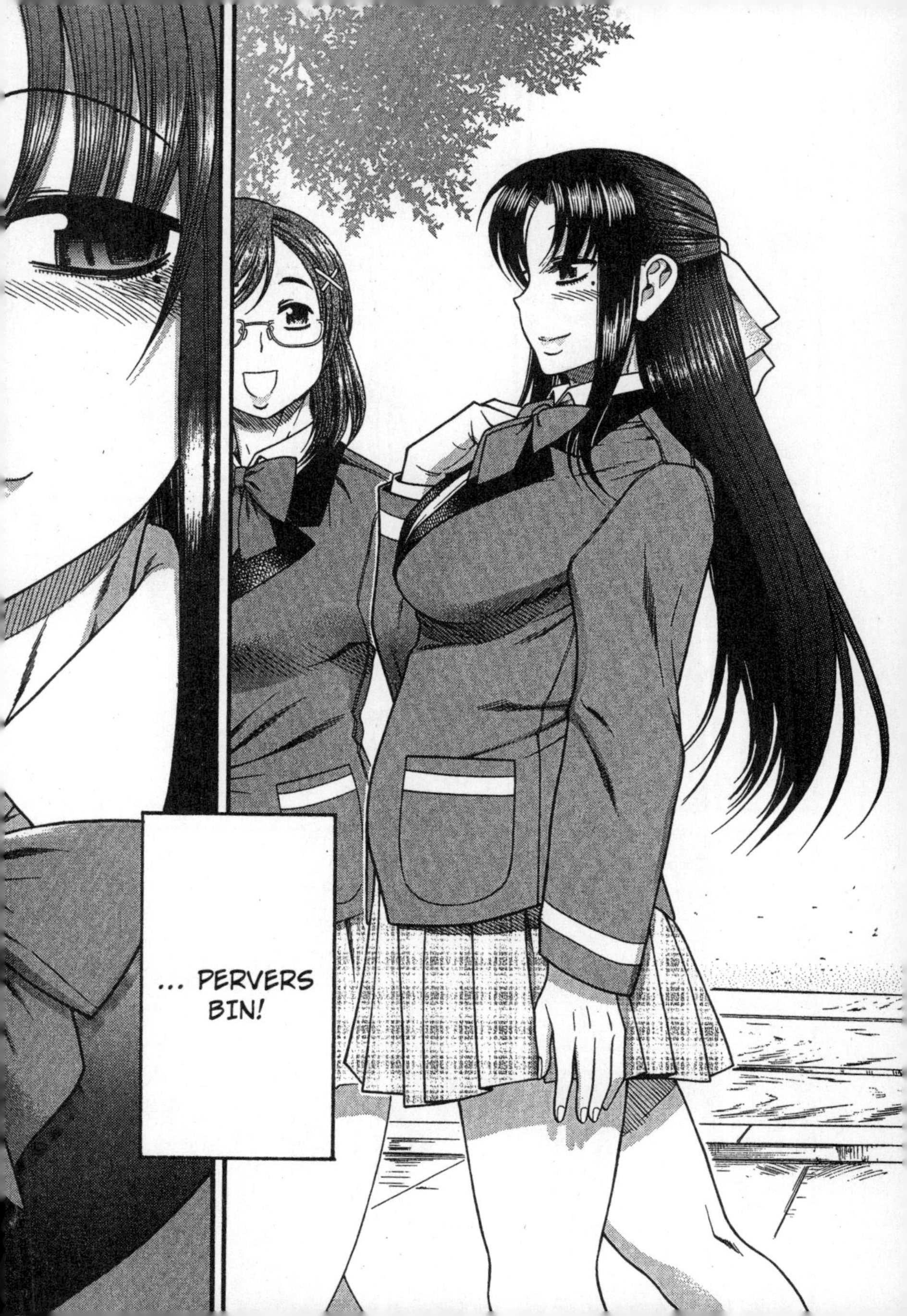
... PERVERS BIN!

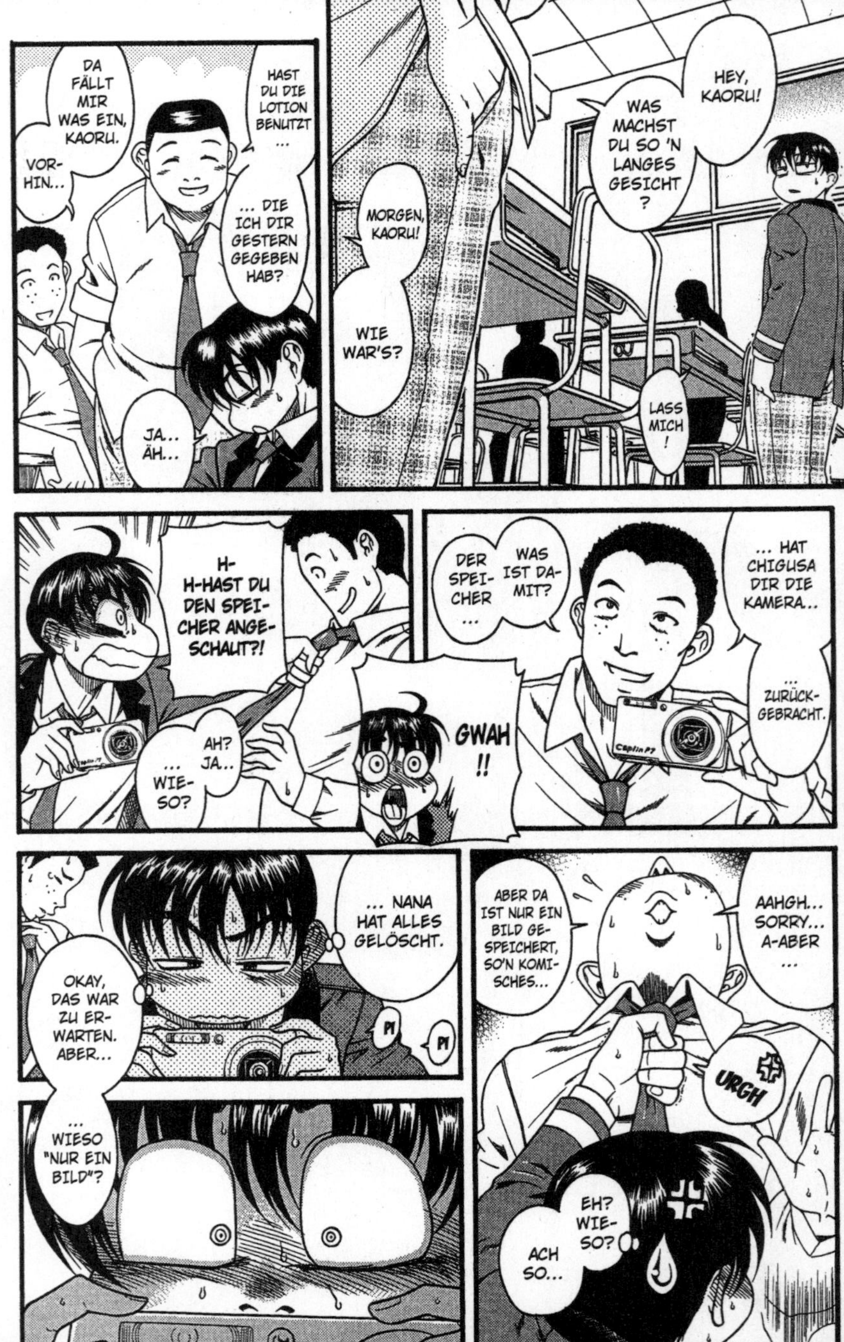
HEY, KAORU!
WAS MACHST DU SO 'N LANGES GESICHT?
LASS MICH!
MORGEN, KAORU!
WIE WAR'S?
HAST DU DIE LOTION BENUTZT ...
... DIE ICH DIR GESTERN GEGEBEN HAB?
DA FÄLLT MIR WAS EIN, KAORU.
VORHIN...
JA... ÄH...
... HAT CHIGUSA DIR DIE KAMERA...
... ZURÜCKGEBRACHT.
WAS IST DAMIT?
DER SPEICHER ...
GWAH !!
H-H-HAST DU DEN SPEICHER ANGESCHAUT?!
AH? JA..
... WIESO?
AAHGH... SORRY... A-ABER ...
ABER DA IST NUR EIN BILD GESPEICHERT, SO'N KOMISCHES...
URGH
EH? WIESO?
ACH SO...
... NANA HAT ALLES GELÖSCHT.
PI
PI
OKAY, DAS WAR ZU ERWARTEN. ABER...
... WIESO "NUR EIN BILD"?

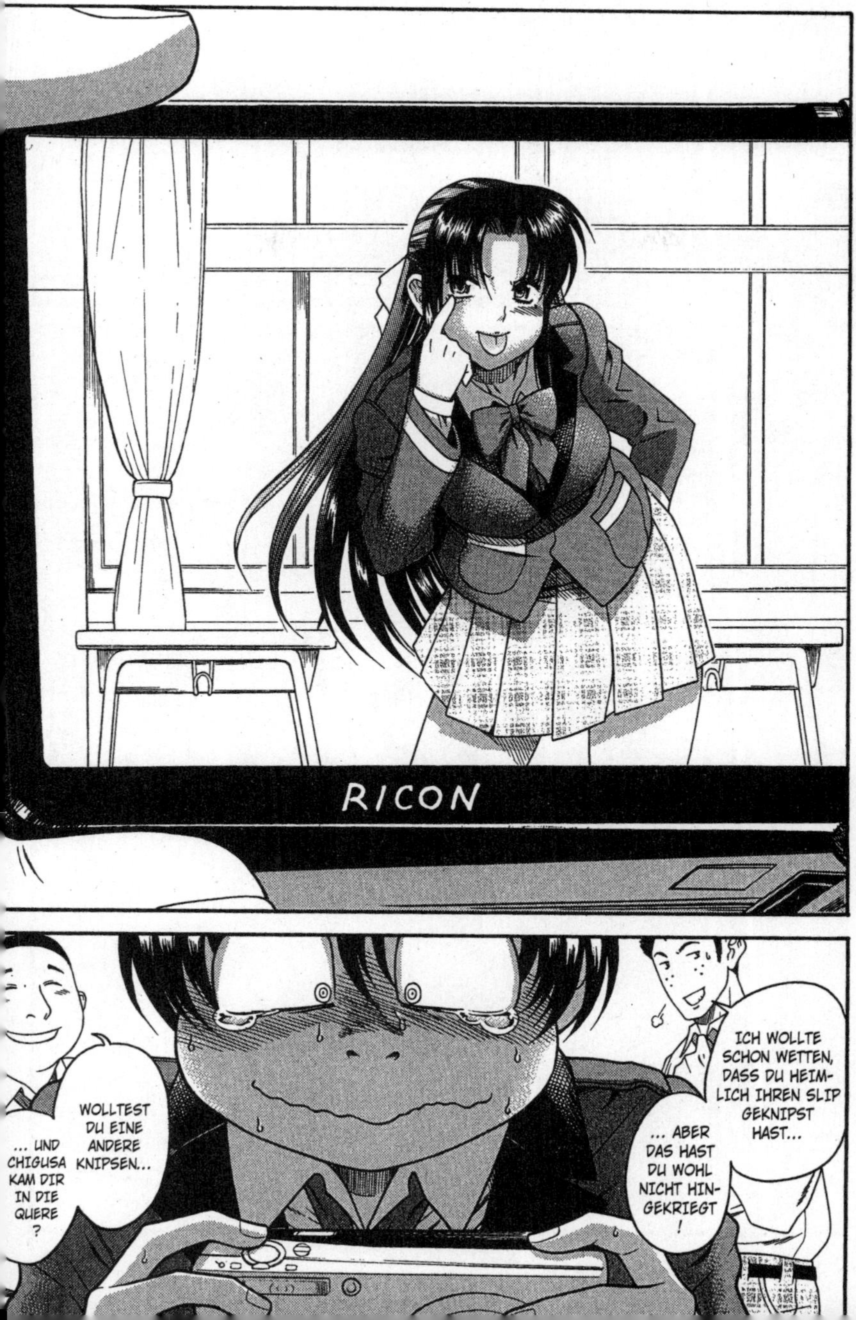

RICON

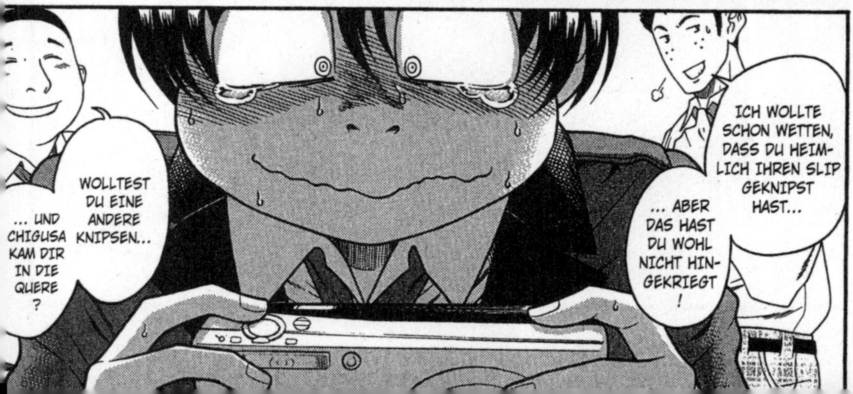
ICH WOLLTE SCHON WETTEN, DASS DU HEIM-LICH IHREN SLIP GEKNIPST HAST...
... ABER DAS HAST DU WOHL NICHT HIN-GEKRIEGT !
WOLLTEST DU EINE ANDERE KNIPSEN...
... UND CHIGUSA KAM DIR IN DIE QUERE ?

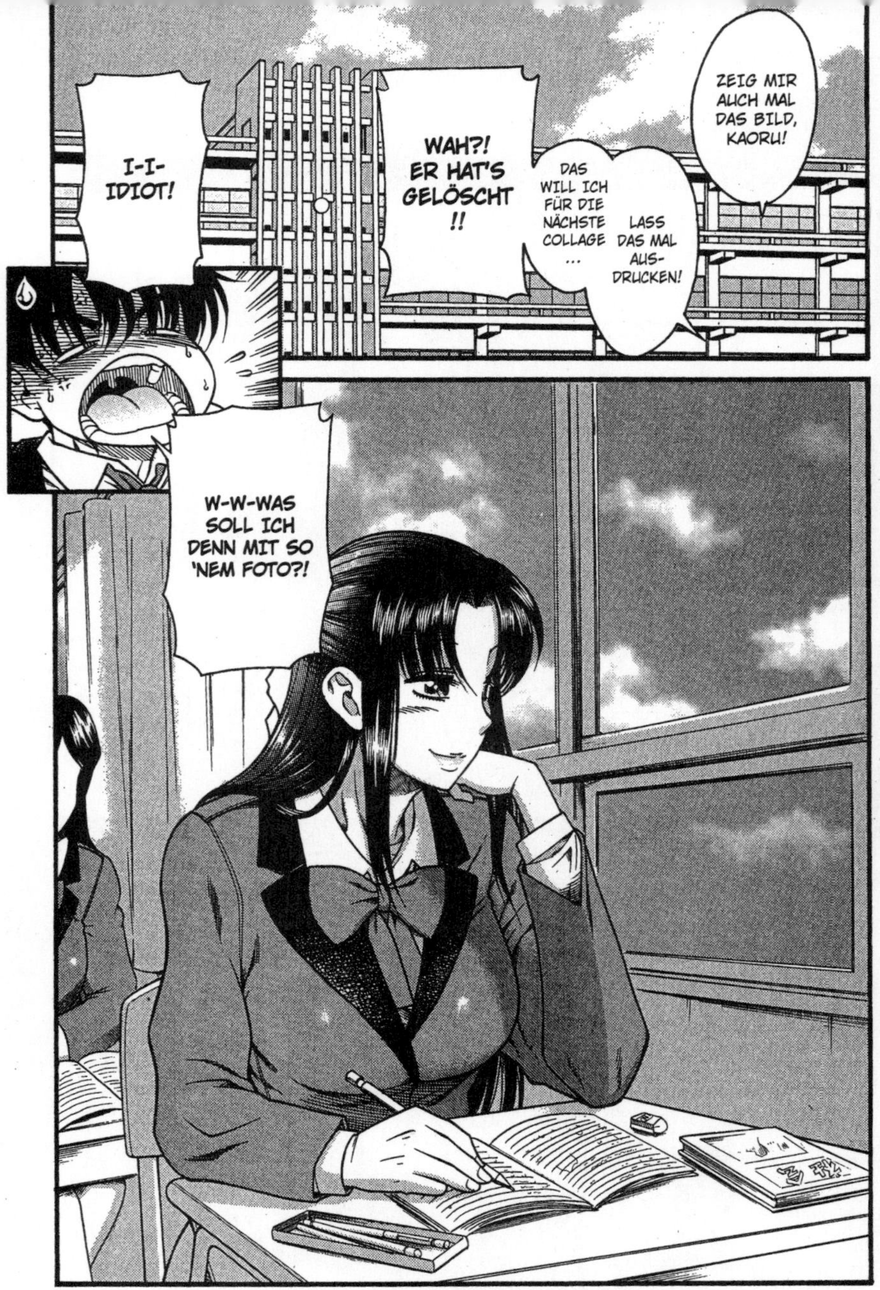

KAPITEL 18 - ENDE

USB-STICK...?

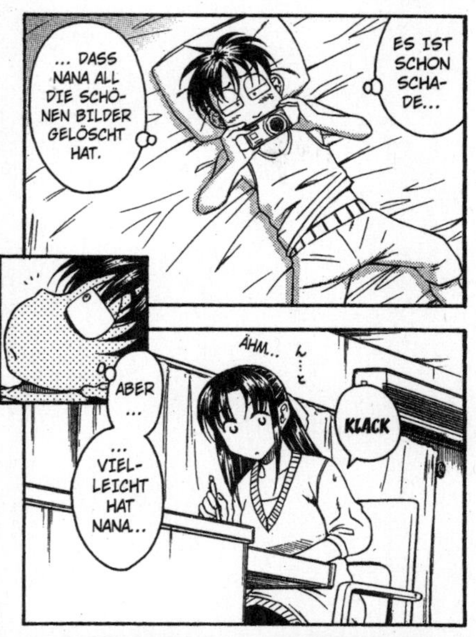
ES IST SCHON SCHA-DE...
... DASS NANA ALL DIE SCHÖNEN BILDER GELÖSCHT HAT.
ÄHM...
KLACK
ABER ...
... VIEL-LEICHT HAT NANA...

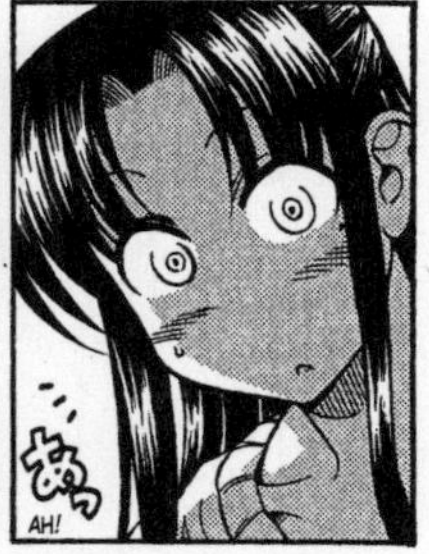
AH!

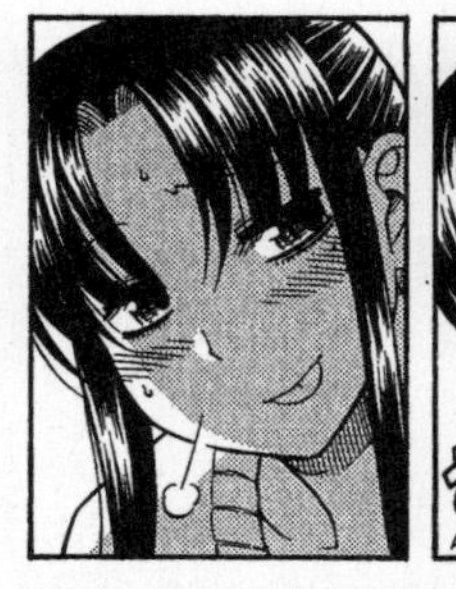

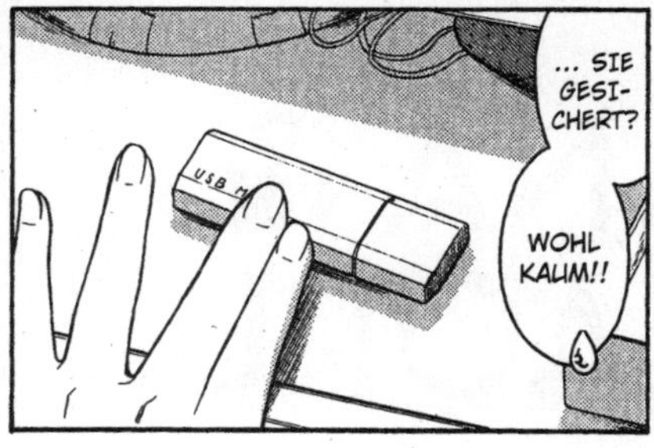
... SIE GESI-CHERT?
WOHL KAUM!!

NANA & KAORU

MAX

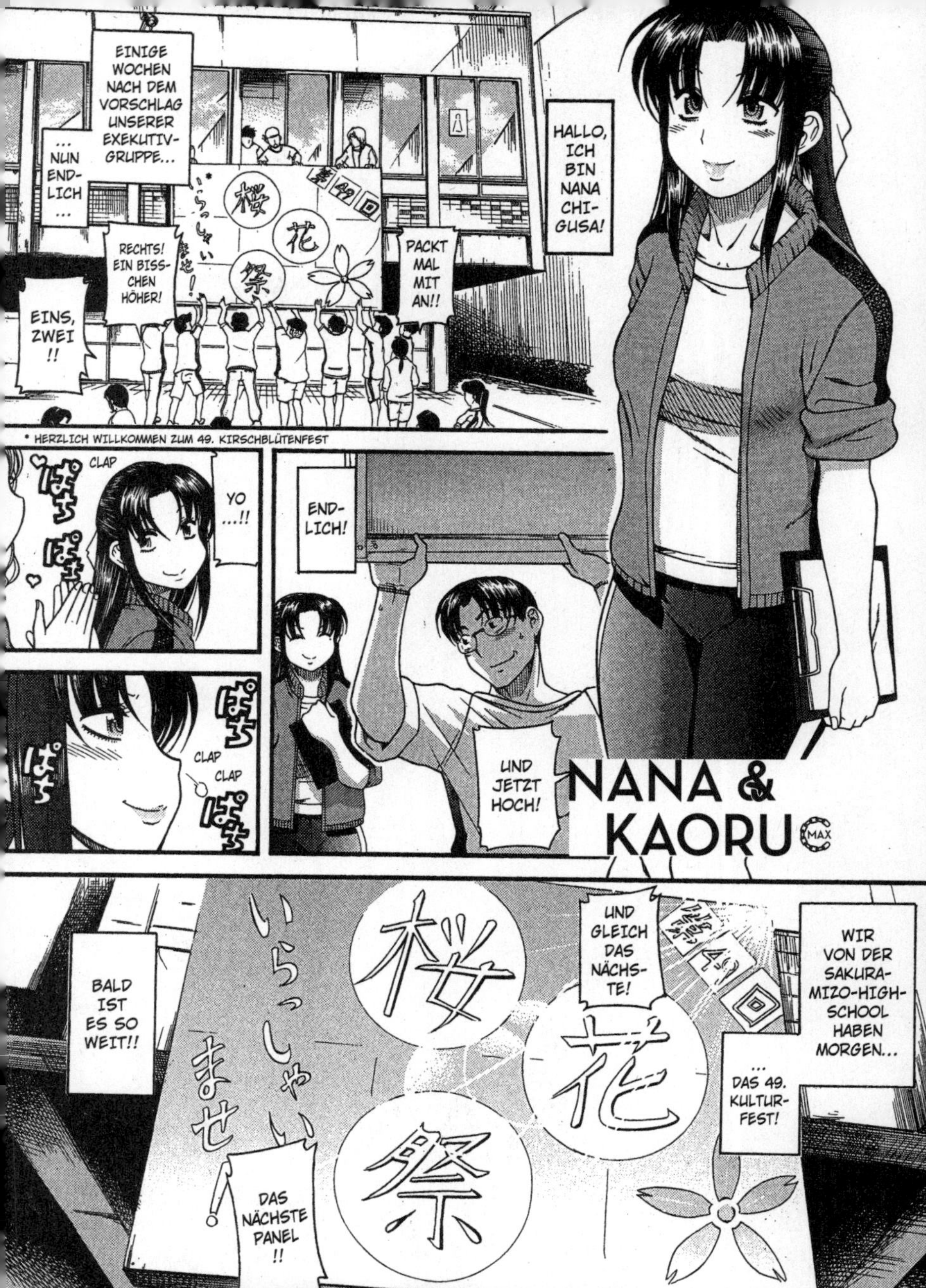
HALLO, ICH BIN NANA CHI-GUSA!
EINIGE WOCHEN NACH DEM VORSCHLAG UNSERER EXEKUTIV-GRUPPE…
… NUN END-LICH …
第49回
桜 花 祭
いらっしゃいませ!*
PACKT MAL MIT AN!!
RECHTS! EIN BISS-CHEN HÖHER!
EINS, ZWEI !!
* HERZLICH WILLKOMMEN ZUM 49. KIRSCHBLÜTENFEST
ENDLICH!
UND JETZT HOCH!
YO …!!
CLAP
ぱちぱち
CLAP
CLAP
ぱちぱち
NANA & KAORU
MAX
WIR VON DER SAKURA-MIZO-HIGH-SCHOOL HABEN MORGEN…
… DAS 49. KULTUR-FEST!
UND GLEICH DAS NÄCHS-TE!
第49回
桜 花 祭
いらっしゃいませ!
DAS NÄCHSTE PANEL !!
BALD IST ES SO WEIT!!

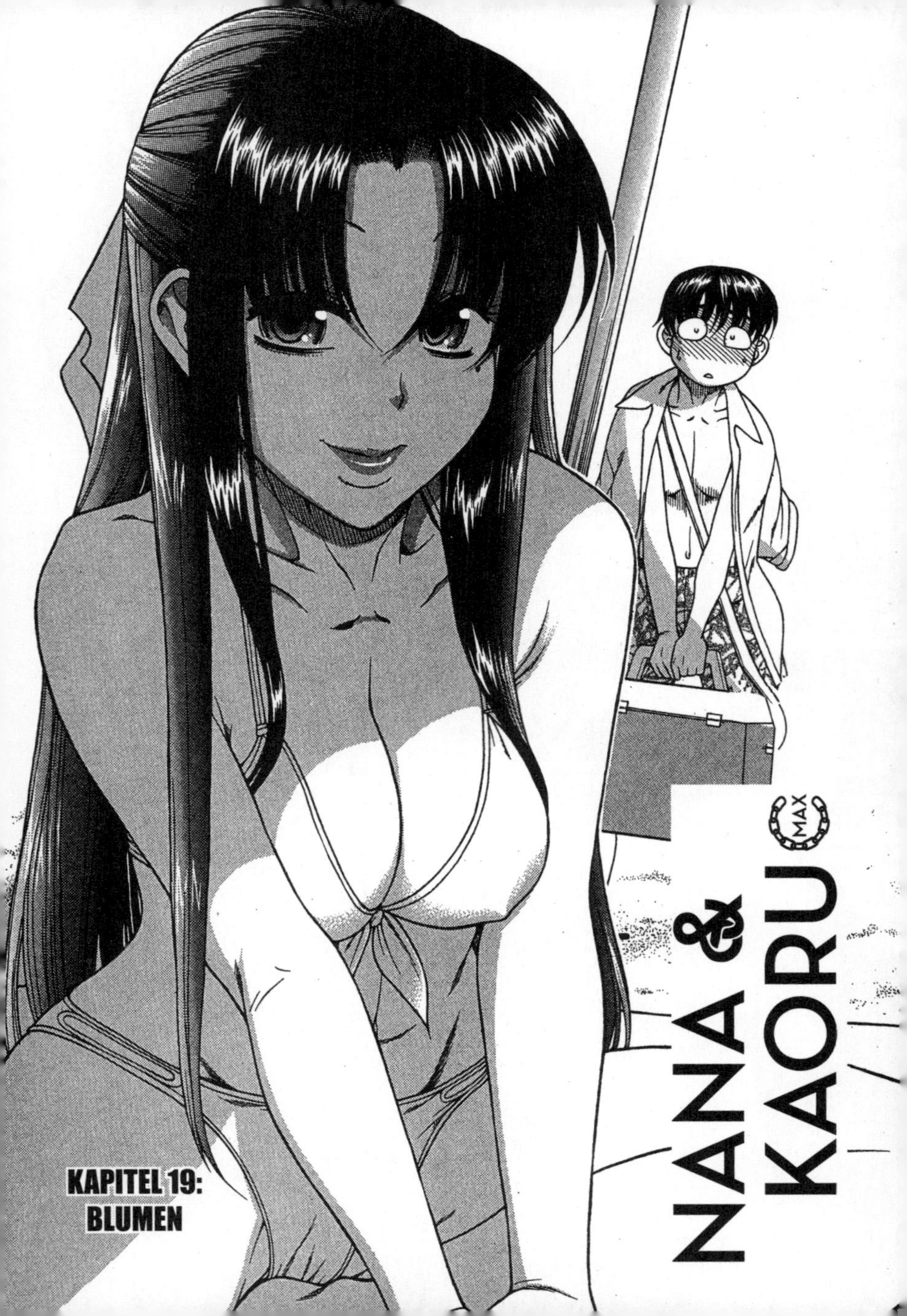
NANA & KAORU
MAX
KAPITEL 19:
BLUMEN

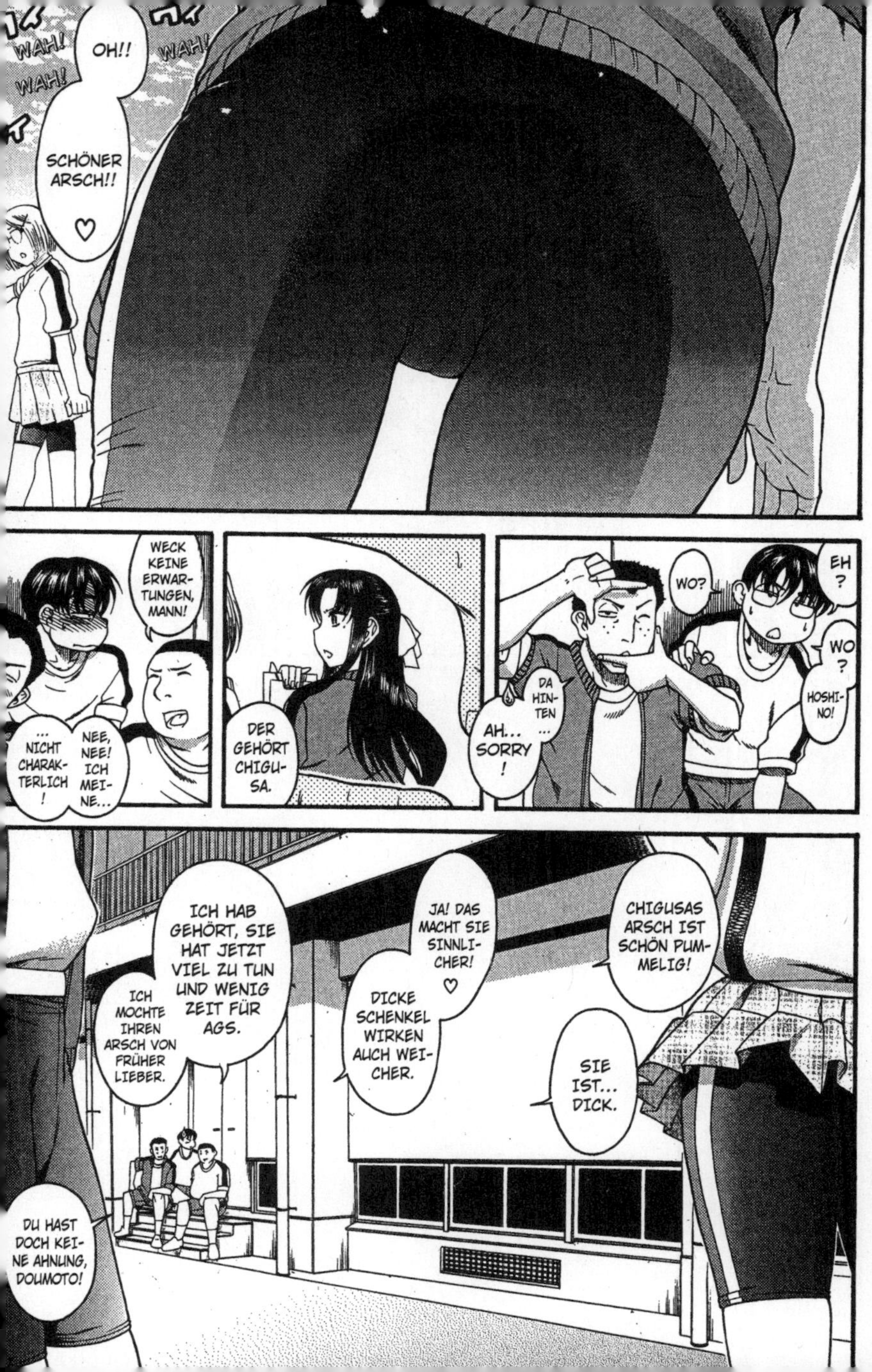

WAH!
OH!!
WAH!
WAH!
SCHÖNER ARSCH!! ♡

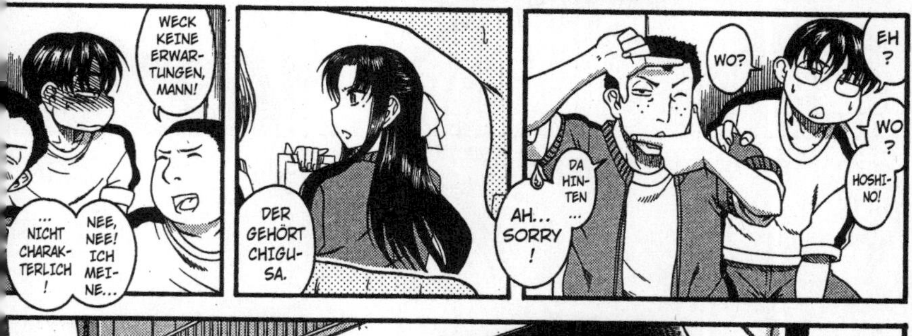

CHIGUSAS ARSCH IST SCHÖN PUMMELIG!
SIE IST... DICK.
JA! DAS MACHT SIE SINNLICHER! ♡
DICKE SCHENKEL WIRKEN AUCH WEICHER.
ICH HAB GEHÖRT, SIE HAT JETZT VIEL ZU TUN UND WENIG ZEIT FÜR AGS.
ICH MOCHTE IHREN ARSCH VON FRÜHER LIEBER.
DU HAST DOCH KEINE AHNUNG, DOUMOTO!

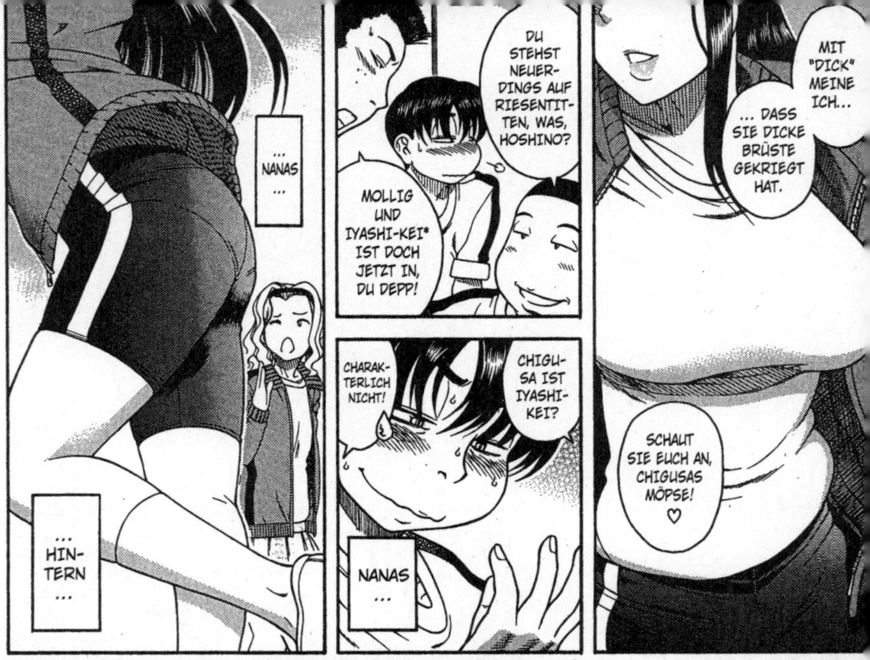

MIT "DICK" MEINE ICH...

... DASS SIE DICKE BRÜSTE GEKRIEGT HAT.

SCHAUT SIE EUCH AN, CHIGUSAS MÖPSE! ♡

DU STEHST NEUERDINGS AUF RIESENTITTEN, WAS, HOSHINO?

MOLLIG UND IYASHI-KEI* IST DOCH JETZT IN, DU DEPP!

CHIGUSA IST IYASHI-KEI?

CHARAKTERLICH NICHT!

NANAS ...

... NANAS ...

... HINTERN ...

*IYASHI-KEI = "HEILEND", "ENTSPANNEND", IM BEZUG AUF MÄDCHEN: WARMHERZIG, BESCHEIDEN, EINFÜHLSAM.

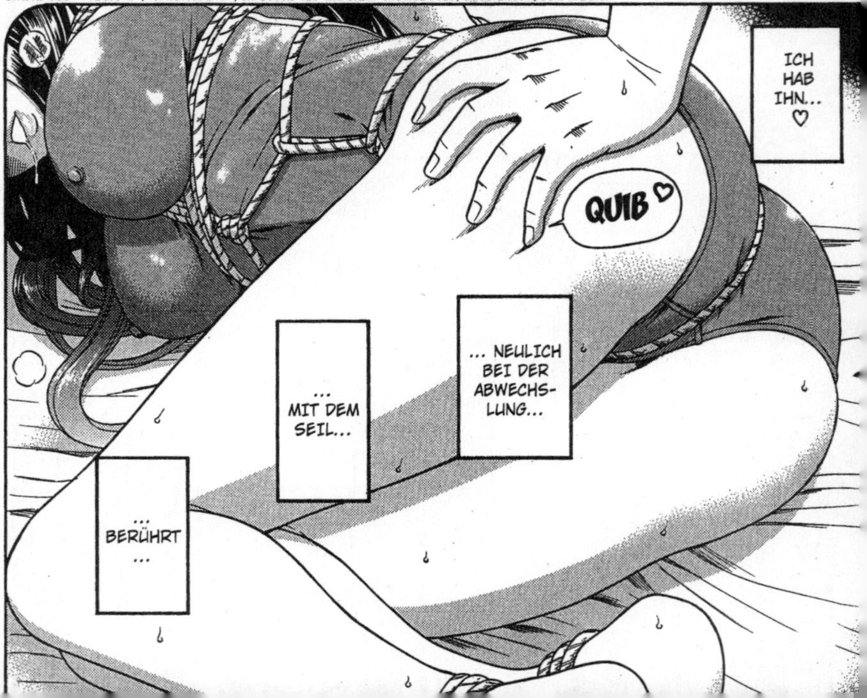

ICH HAB IHN... ♡

QUIB ♡

... NEULICH BEI DER ABWECHSLUNG...

... MIT DEM SEIL...

... BERÜHRT ...

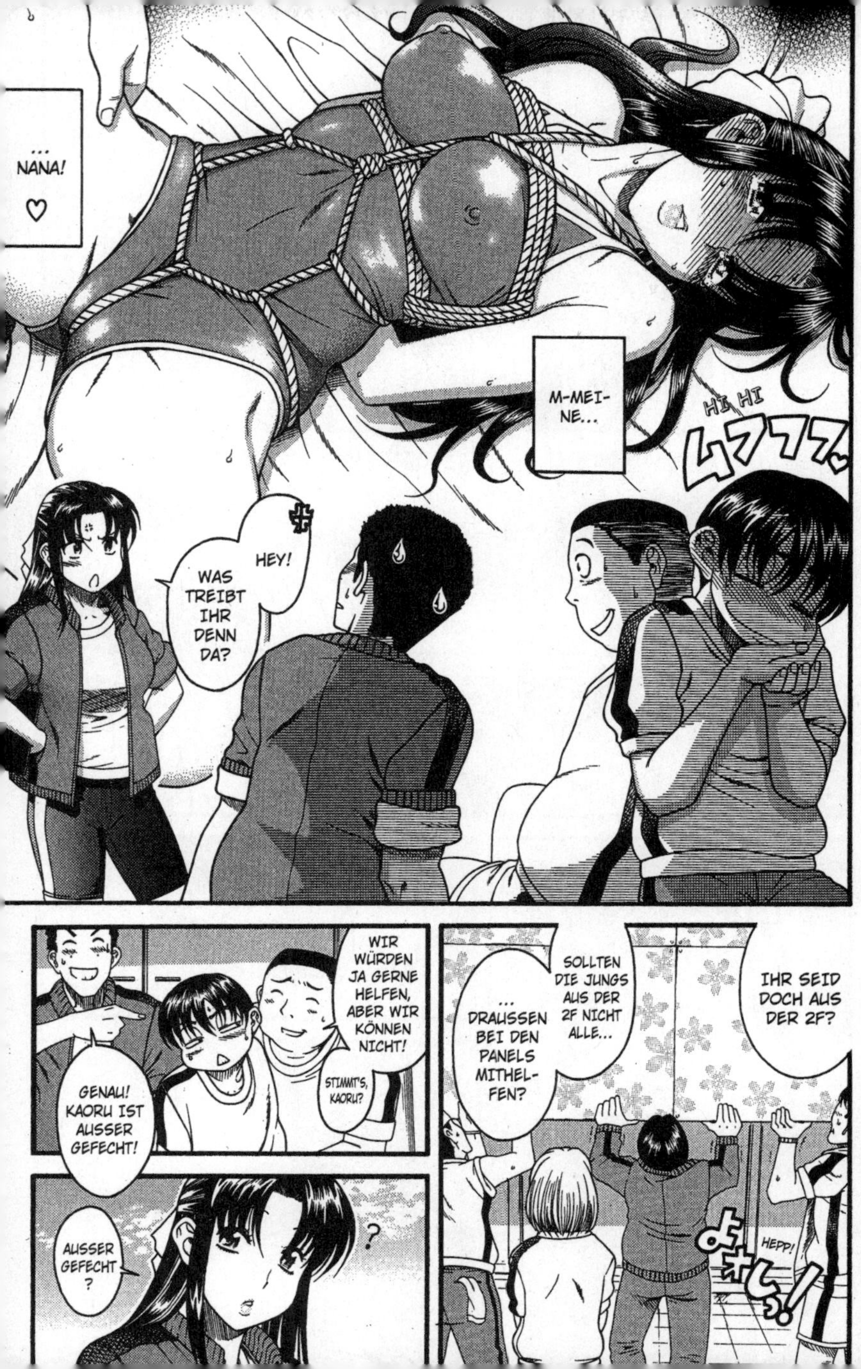

HI HI
M-MEI-NE...
... NANA! ♡
HEY!
WAS TREIBT IHR DENN DA?

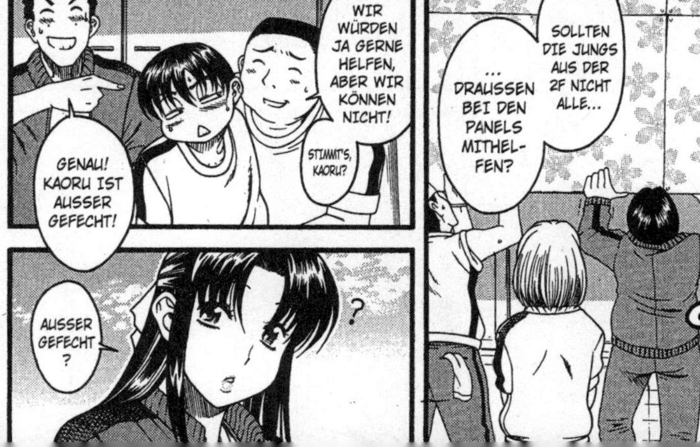

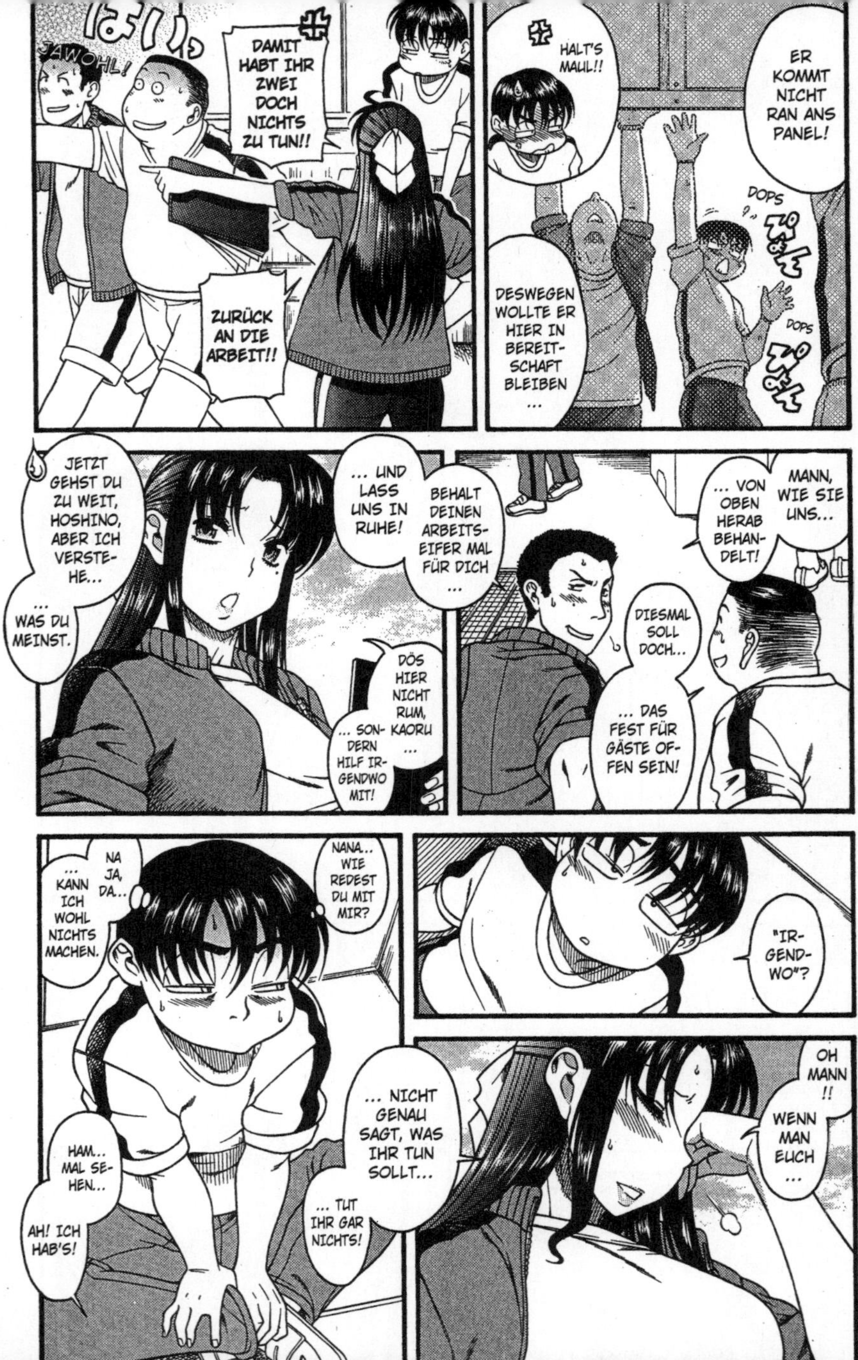

ER KOMMT NICHT RAN ANS PANEL!
HALT'S MAUL!!
DOPS
DOPS
DESWEGEN WOLLTE ER HIER IN BEREIT-SCHAFT BLEIBEN ...
JAWOHL!
DAMIT HABT IHR ZWEI DOCH NICHTS ZU TUN!!
ZURÜCK AN DIE ARBEIT!!
MANN, WIE SIE UNS...
... VON OBEN HERAB BEHAN-DELT!
DIESMAL SOLL DOCH...
... DAS FEST FÜR GÄSTE OF-FEN SEIN!
BEHALT DEINEN ARBEITS-EIFER MAL FÜR DICH ...
... UND LASS UNS IN RUHE!
JETZT GEHST DU ZU WEIT, HOSHINO, ABER ICH VERSTE-HE...
... WAS DU MEINST.
DÖS HIER NICHT RUM, KAORU ...
... SON-DERN HILF IR-GENDWO MIT!
"IR-GEND-WO"?
NANA... WIE REDEST DU MIT MIR?
NA JA, DA...
... KANN ICH WOHL NICHTS MACHEN.
OH MANN !!
WENN MAN EUCH ...
... NICHT GENAU SAGT, WAS IHR TUN SOLLT...
... TUT IHR GAR NICHTS!
HAM... MAL SE-HEN...
AH! ICH HAB'S!

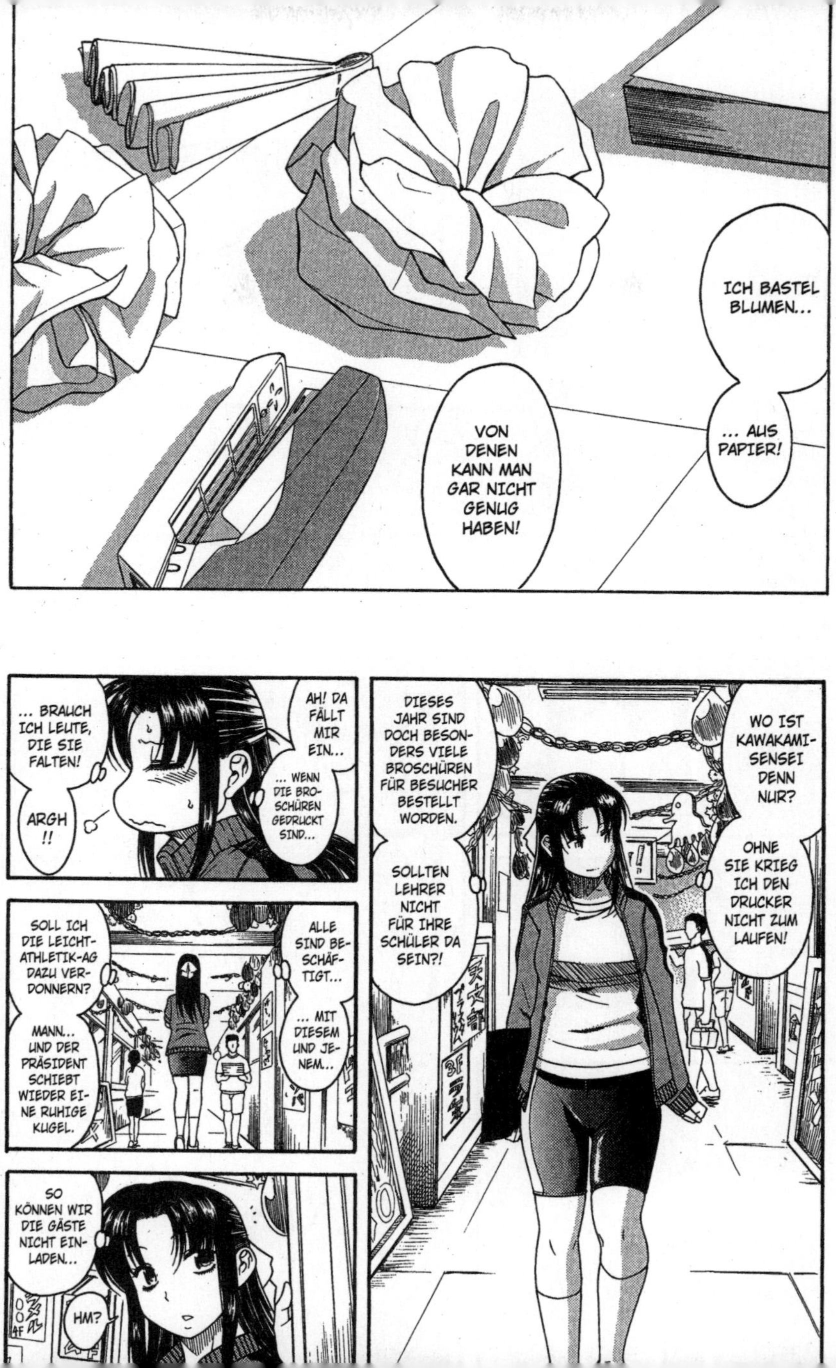

ICH BASTEL BLUMEN...
... AUS PAPIER!
VON DENEN KANN MAN GAR NICHT GENUG HABEN!

WO IST KAWAKAMI-SENSEI DENN NUR?
OHNE SIE KRIEG ICH DEN DRUCKER NICHT ZUM LAUFEN!
DIESES JAHR SIND DOCH BESONDERS VIELE BROSCHÜREN FÜR BESUCHER BESTELLT WORDEN.
SOLLTEN LEHRER NICHT FÜR IHRE SCHÜLER DA SEIN?!

AH! DA FÄLLT MIR EIN...
... WENN DIE BROSCHÜREN GEDRUCKT SIND...
... BRAUCH ICH LEUTE, DIE SIE FALTEN!
ARGH !!

ALLE SIND BESCHÄFTIGT...
... MIT DIESEM UND JENEM...
SOLL ICH DIE LEICHTATHLETIK-AG DAZU VERDONNERN?
MANN... UND DER PRÄSIDENT SCHIEBT WIEDER EINE RUHIGE KUGEL.

SO KÖNNEN WIR DIE GÄSTE NICHT EINLADEN...
HM?

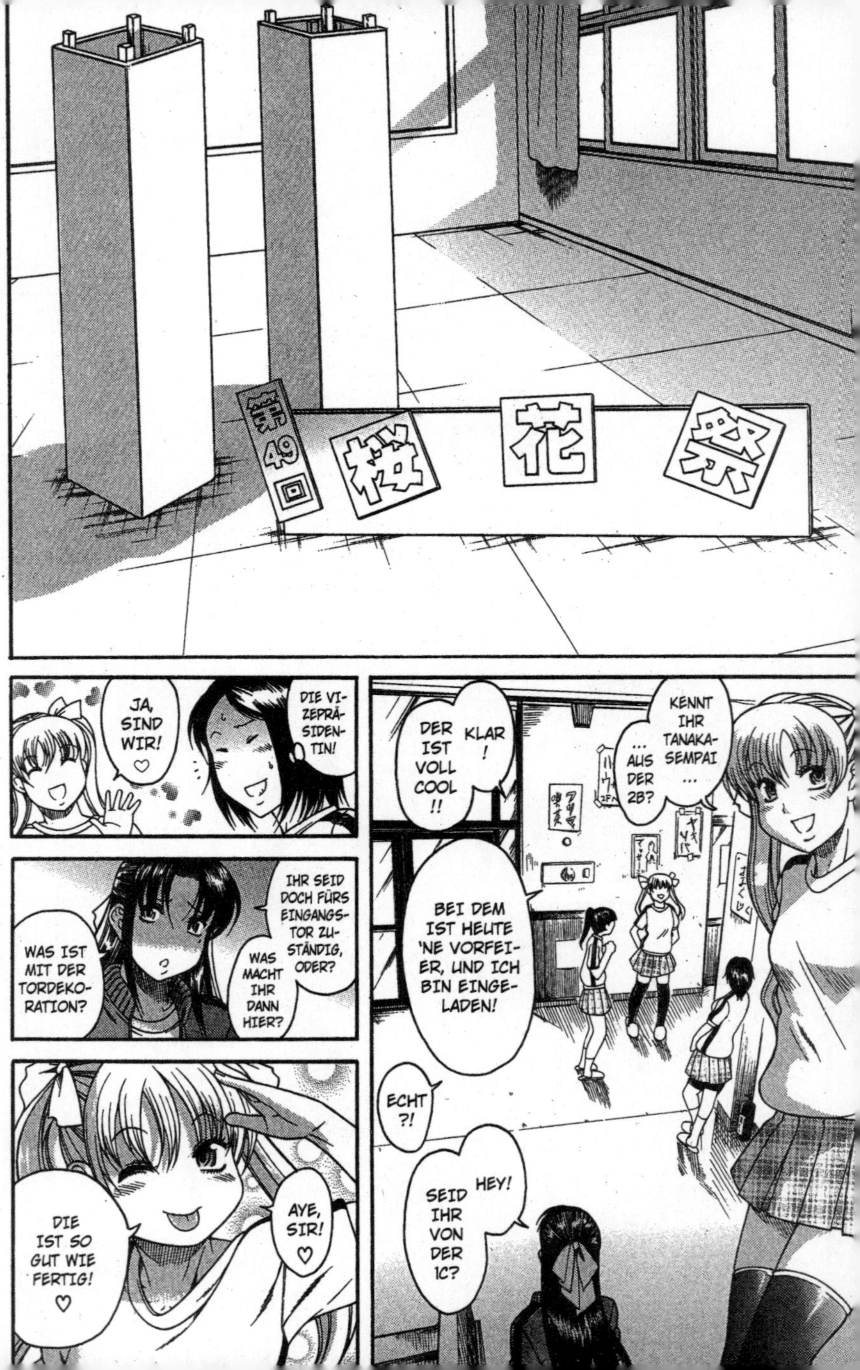

第49回 桜花祭

KENNT IHR TANAKA-SEMPAI ... ... AUS DER 2B?
KLAR!
DER IST VOLL COOL!!
BEI DEM IST HEUTE 'NE VORFEIER, UND ICH BIN EINGELADEN!
ECHT?!
HEY!
SEID IHR VON DER 1C?

DIE VIZEPRÄSIDENTIN!
JA, SIND WIR! ♡
IHR SEID DOCH FÜRS EINGANGSTOR ZUSTÄNDIG, ODER?
WAS MACHT IHR DANN HIER?
WAS IST MIT DER TORDEKORATION?
AYE, SIR! ♡
DIE IST SO GUT WIE FERTIG! ♡

* EINGANSTOR-PLAN ** DEKORATION MIT GANZ VIELEN PAPIERBLUMEN *** WIR WOLLEN DIE GÄSTE MIT BLUMEN WILLKOMMEN HEISSEN!

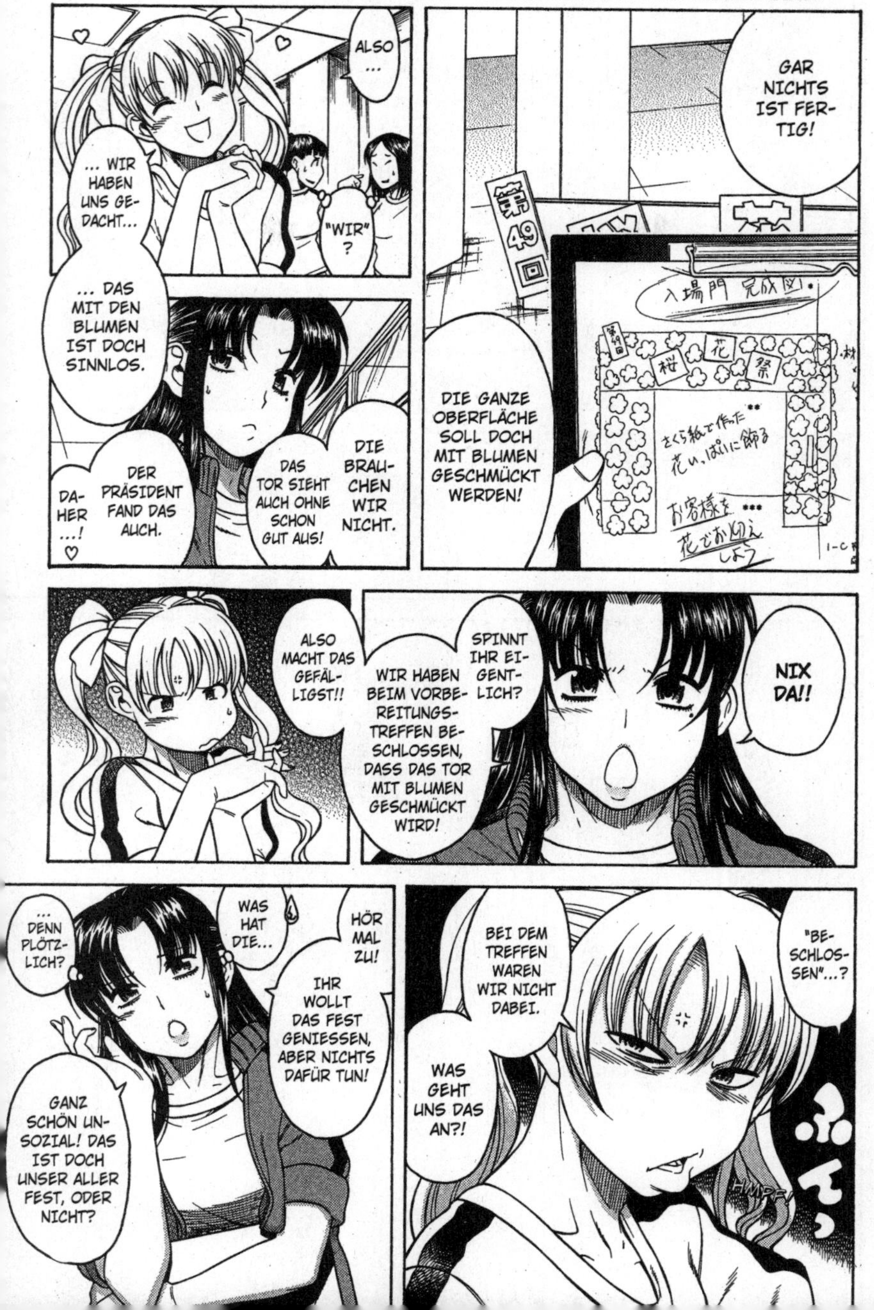

GAR NICHTS IST FERTIG!

入場門 完成図 *

第49回

桜花祭

さくら紙で作った花いっぱいに飾る **

お客様を花でお迎えしよう ***

1-C

DIE GANZE OBERFLÄCHE SOLL DOCH MIT BLUMEN GESCHMÜCKT WERDEN!

ALSO ...

... WIR HABEN UNS GEDACHT...

"WIR"?

... DAS MIT DEN BLUMEN IST DOCH SINNLOS.

DIE BRAUCHEN WIR NICHT.

DAS TOR SIEHT AUCH OHNE SCHON GUT AUS!

DER PRÄSIDENT FAND DAS AUCH.

DAHER ...!

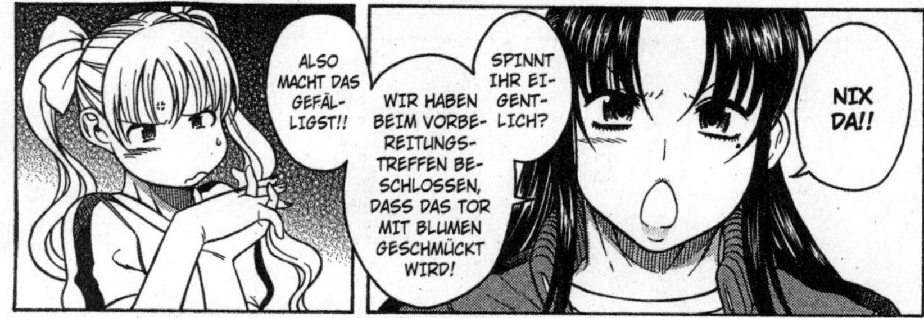

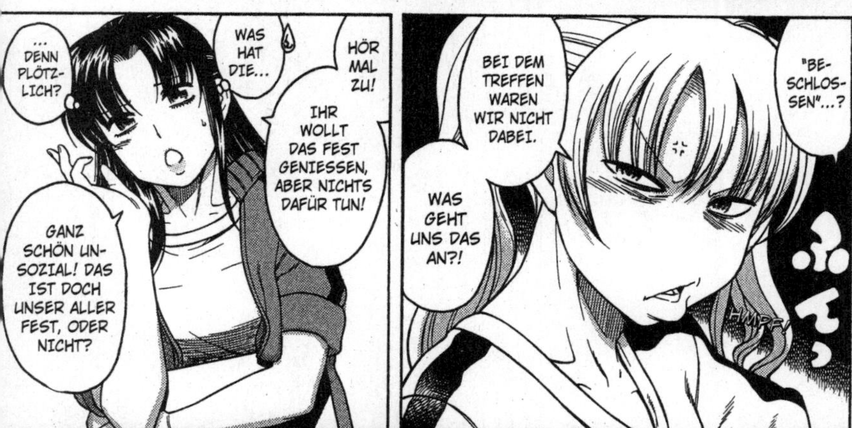

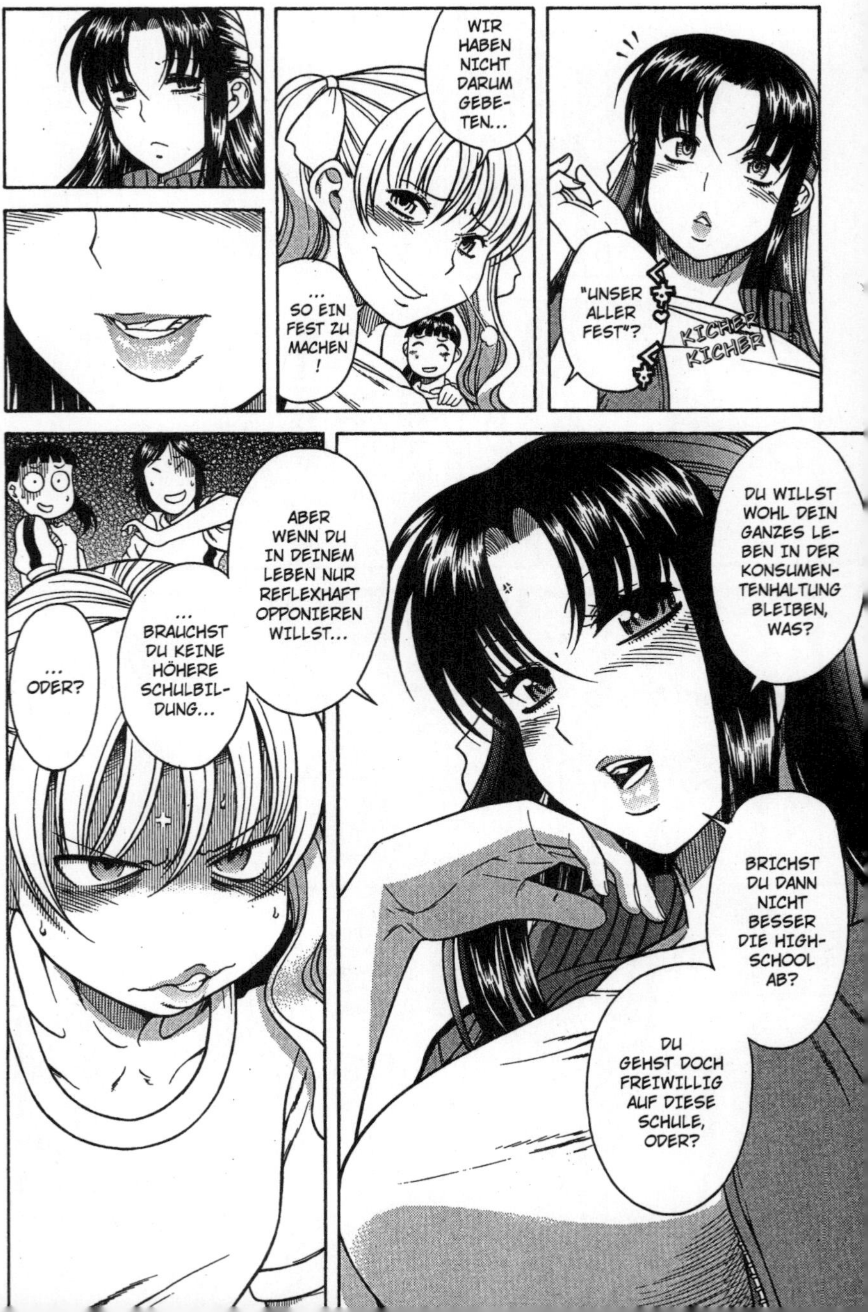

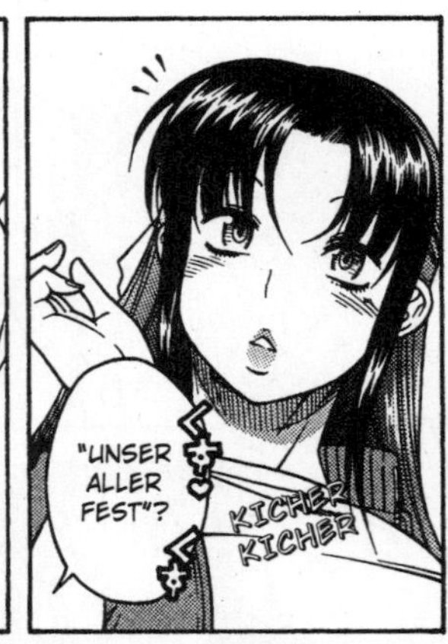
"UNSER ALLER FEST"?
KICHER KICHER

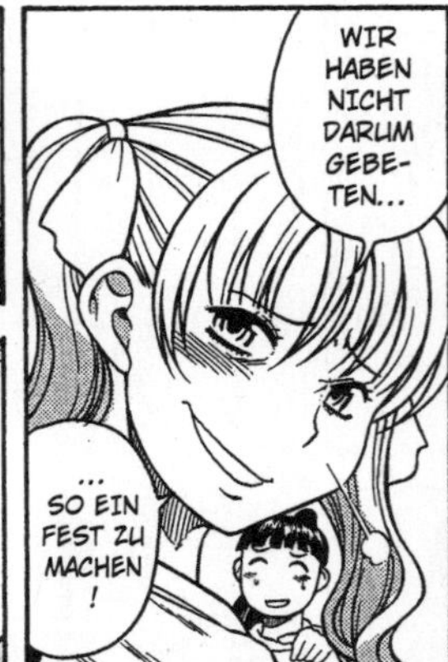
WIR HABEN NICHT DARUM GEBETEN...
... SO EIN FEST ZU MACHEN!

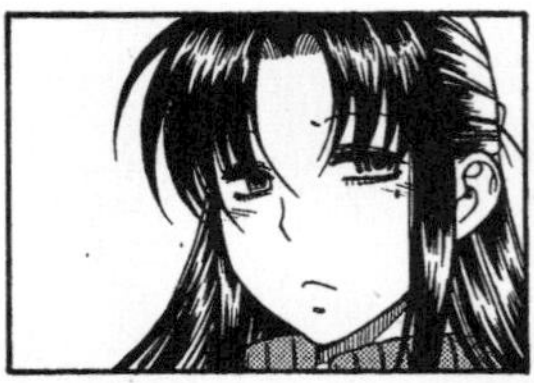

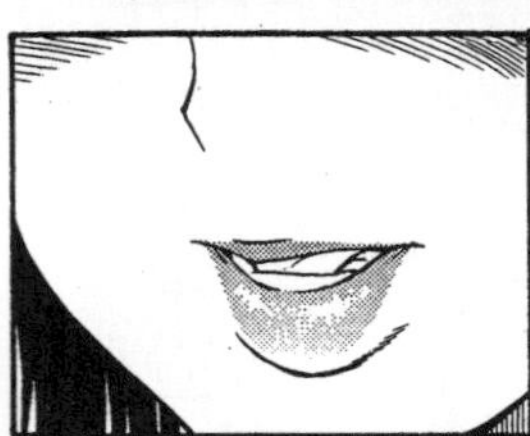

DU WILLST WOHL DEIN GANZES LEBEN IN DER KONSUMENTENHALTUNG BLEIBEN, WAS?
BRICHST DU DANN NICHT BESSER DIE HIGHSCHOOL AB?
DU GEHST DOCH FREIWILLIG AUF DIESE SCHULE, ODER?
ABER WENN DU IN DEINEM LEBEN NUR REFLEXHAFT OPPONIEREN WILLST...
... BRAUCHST DU KEINE HÖHERE SCHULBILDUNG...
... ODER?

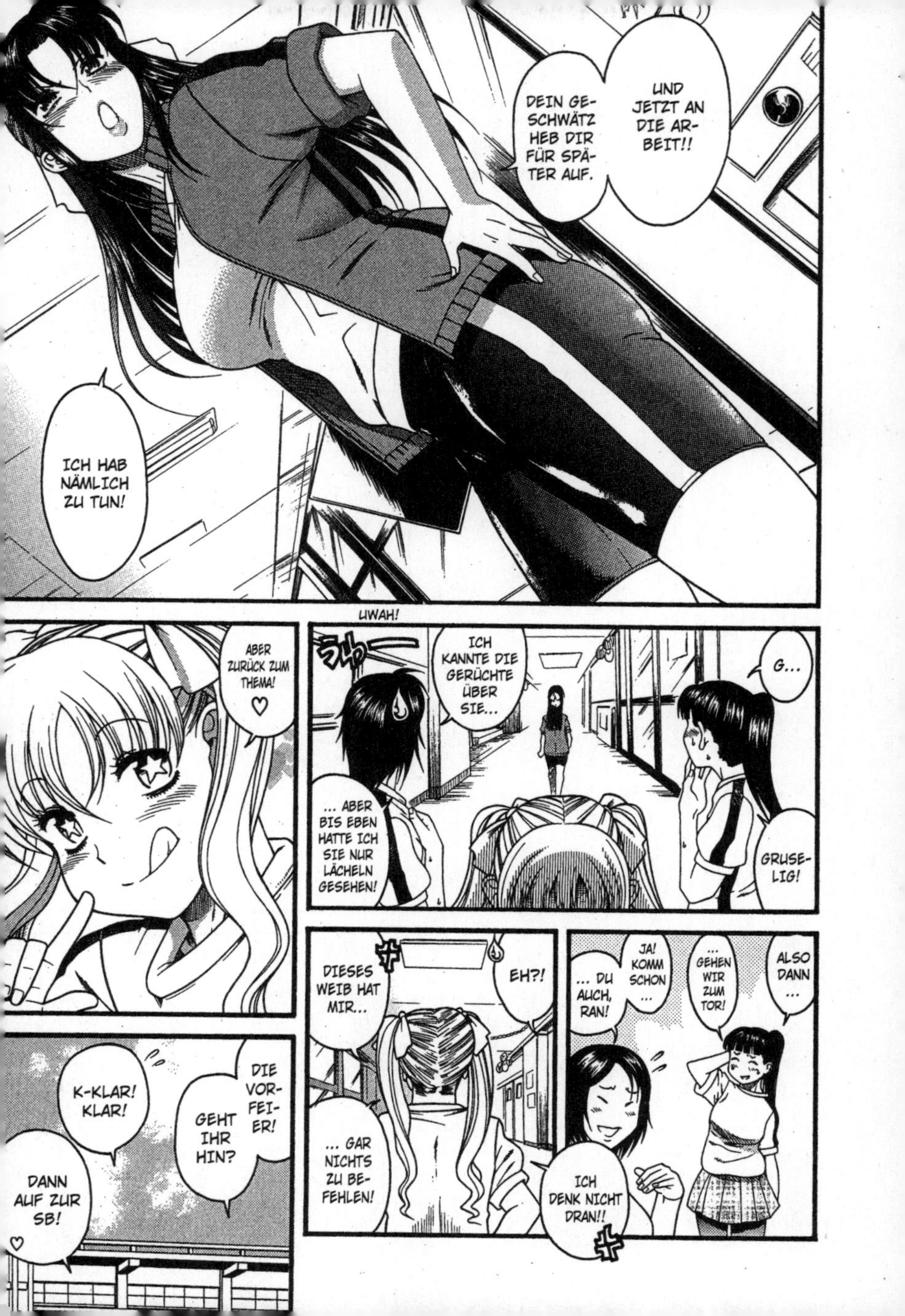

UND JETZT AN DIE ARBEIT!!
DEIN GESCHWÄTZ HEB DIR FÜR SPÄTER AUF.
ICH HAB NÄMLICH ZU TUN!

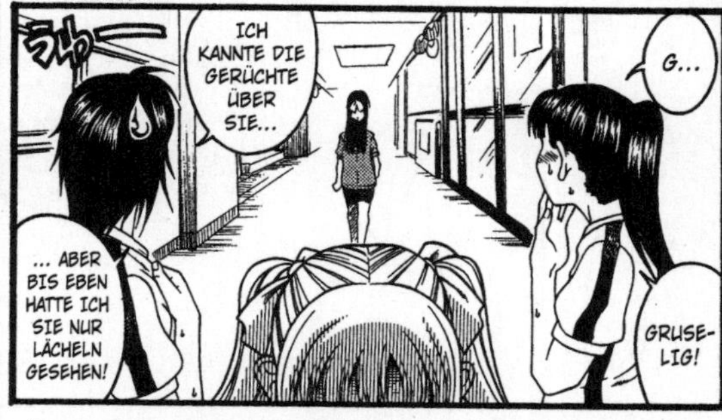

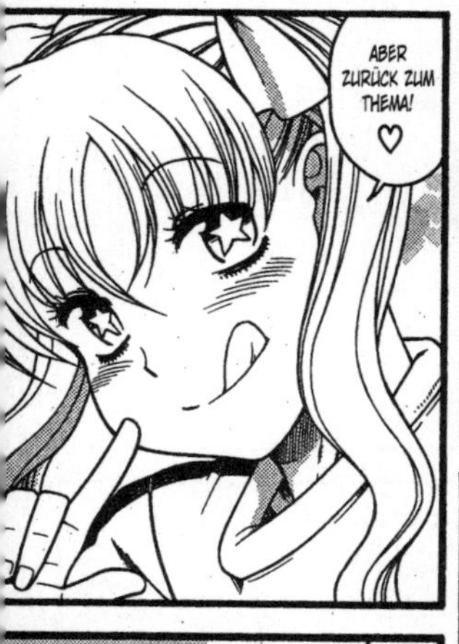

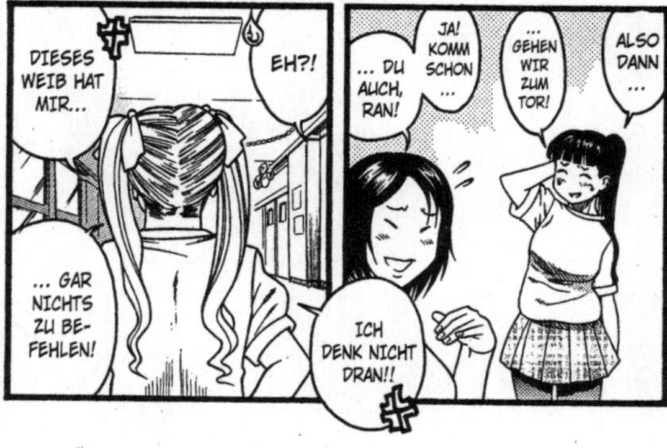

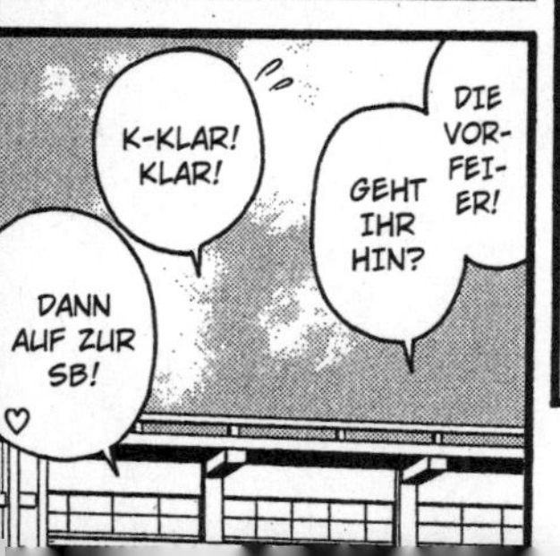

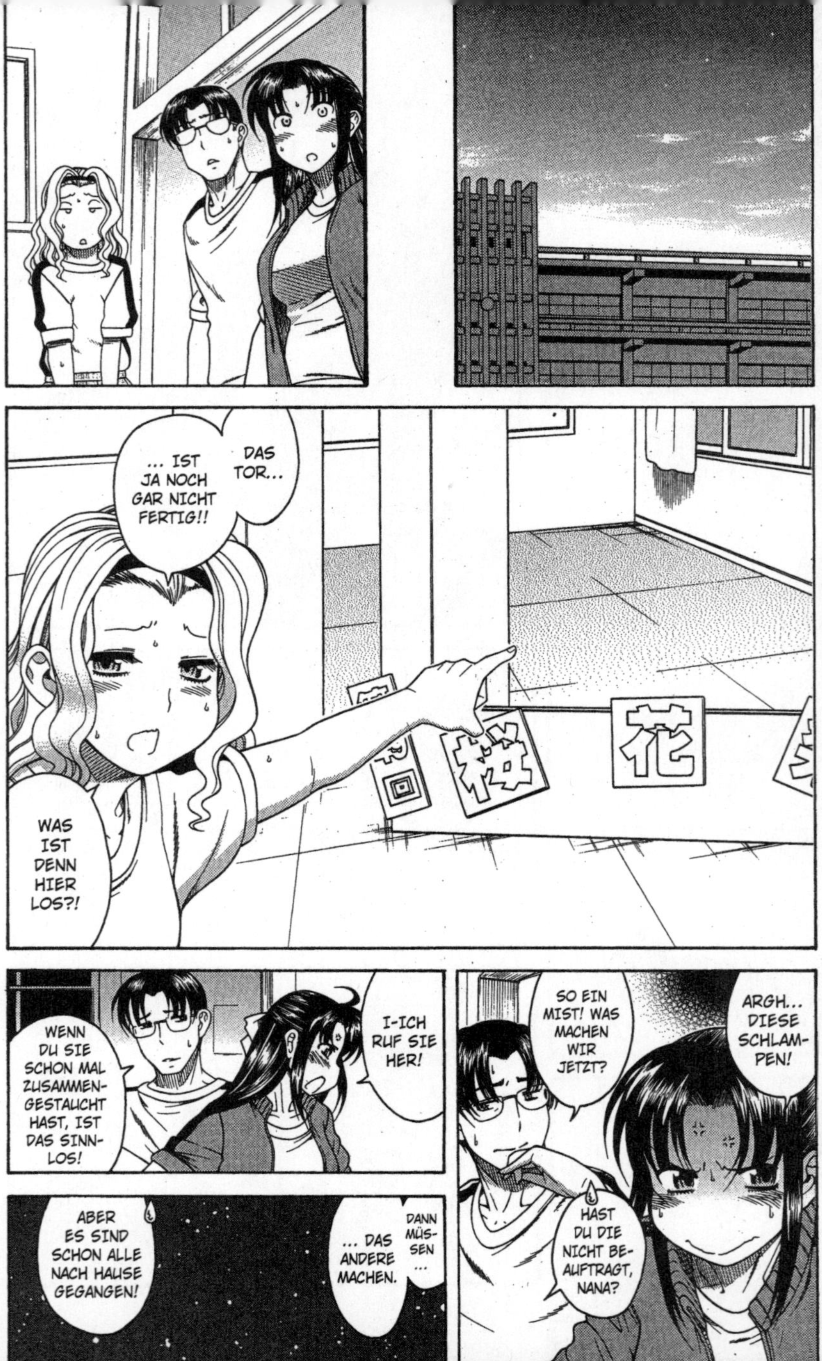

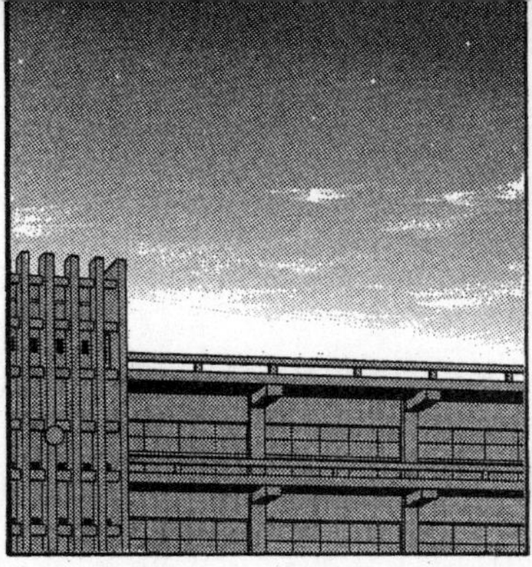

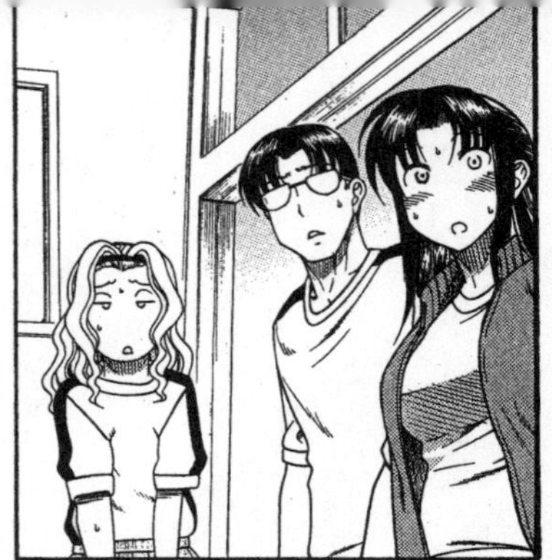

DAS TOR...
... IST JA NOCH GAR NICHT FERTIG!!
WAS IST DENN HIER LOS?!

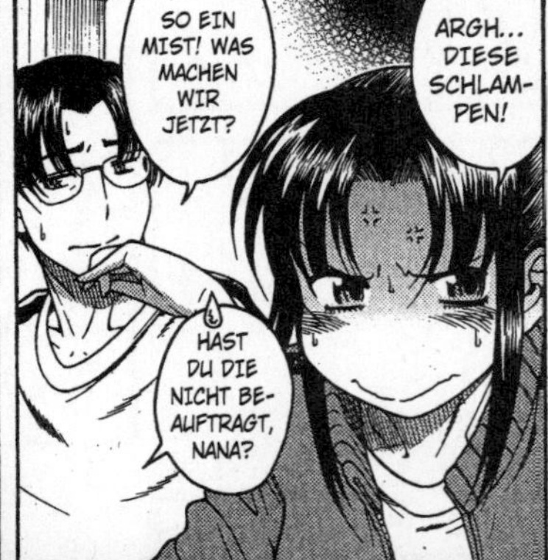
ARGH... DIESE SCHLAMPEN!
SO EIN MIST! WAS MACHEN WIR JETZT?
HAST DU DIE NICHT BEAUFTRAGT, NANA?

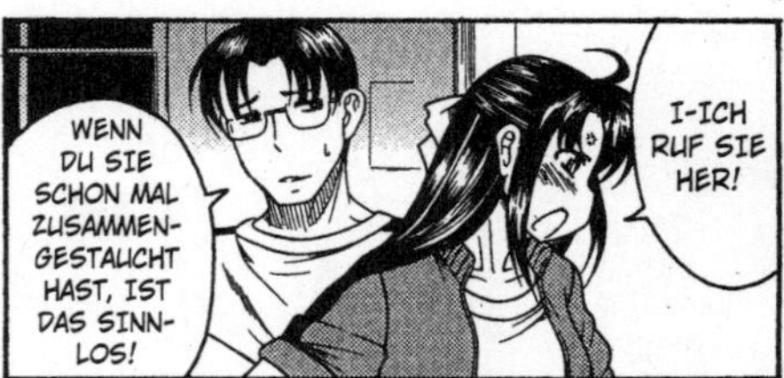
I-ICH RUF SIE HER!
WENN DU SIE SCHON MAL ZUSAMMENGESTAUCHT HAST, IST DAS SINNLOS!

DANN MÜSSEN ...
... DAS ANDERE MACHEN.
ABER ES SIND SCHON ALLE NACH HAUSE GEGANGEN!

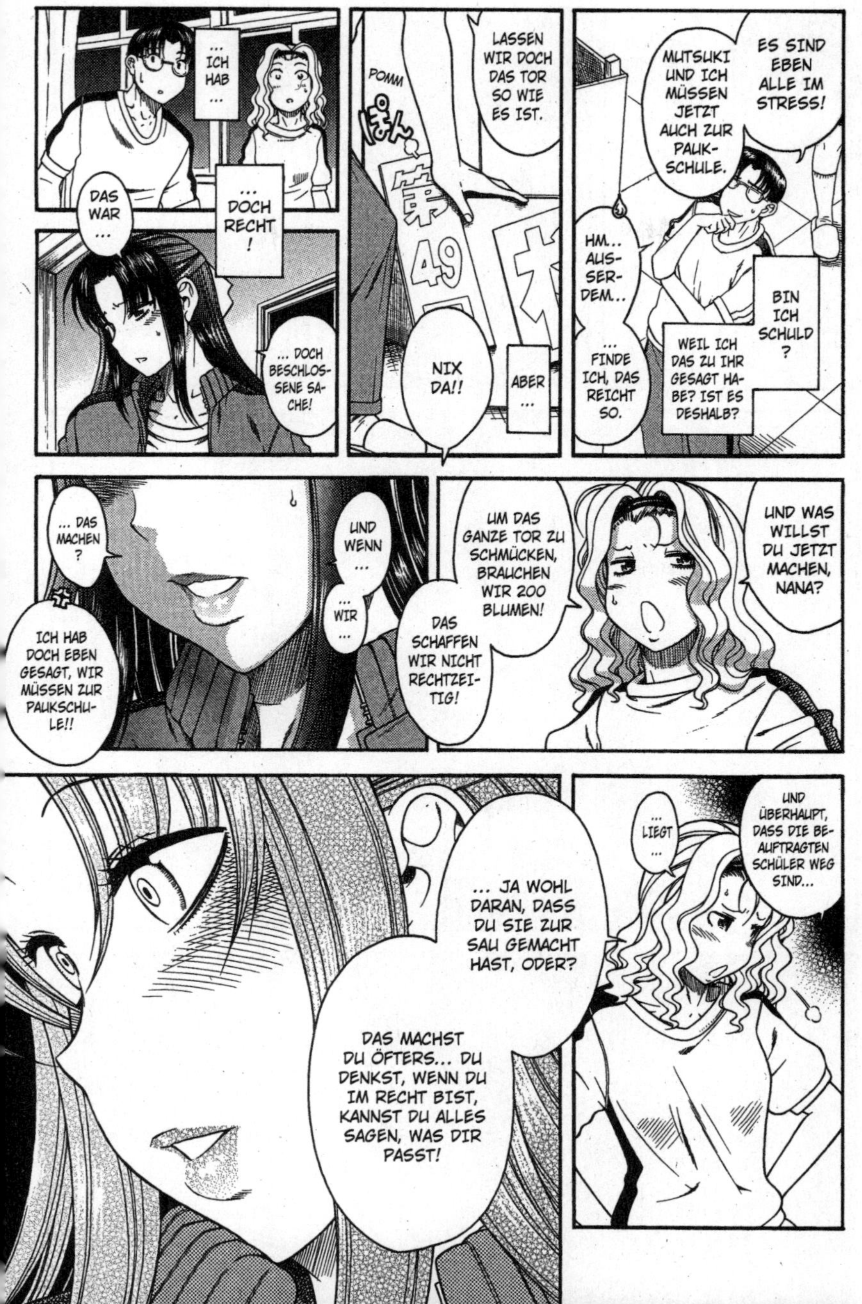

ES SIND EBEN ALLE IM STRESS!
MUTSUKI UND ICH MÜSSEN JETZT AUCH ZUR PAUKSCHULE.
HM... AUSSERDEM...
... FINDE ICH, DAS REICHT SO.
BIN ICH SCHULD?
WEIL ICH DAS ZU IHR GESAGT HABE? IST ES DESHALB?
LASSEN WIR DOCH DAS TOR SO WIE ES IST.
POMM
ぽん
ABER ...
NIX DA!!
... ICH HAB ...
... DOCH RECHT!
DAS WAR ...
... DOCH BESCHLOSSENE SACHE!
UND WAS WILLST DU JETZT MACHEN, NANA?
UM DAS GANZE TOR ZU SCHMÜCKEN, BRAUCHEN WIR 200 BLUMEN!
DAS SCHAFFEN WIR NICHT RECHTZEITIG!
UND WENN ...
... WIR ...
... DAS MACHEN?
ICH HAB DOCH EBEN GESAGT, WIR MÜSSEN ZUR PAUKSCHULE!!
UND ÜBERHAUPT, DASS DIE BEAUFTRAGTEN SCHÜLER WEG SIND...
... LIEGT ...
... JA WOHL DARAN, DASS DU SIE ZUR SAU GEMACHT HAST, ODER?
DAS MACHST DU ÖFTERS... DU DENKST, WENN DU IM RECHT BIST, KANNST DU ALLES SAGEN, WAS DIR PASST!

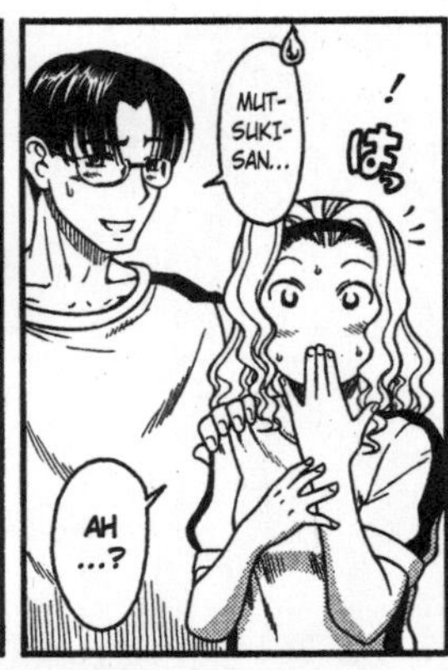

!
はっ
MUT-SUKI-SAN...
AH ...?

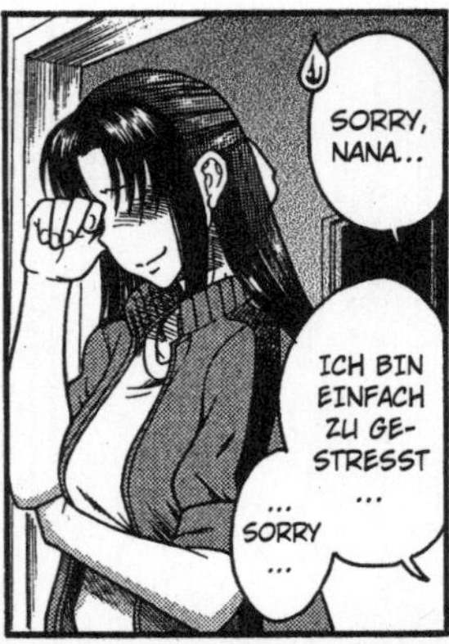

SORRY, NANA...
ICH BIN EINFACH ZU GE-STRESST ...
... SORRY ...

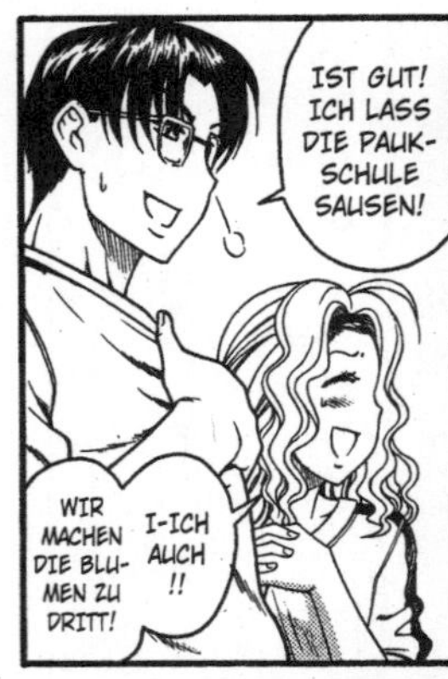

IST GUT! ICH LASS DIE PAUK-SCHULE SAUSEN!
I-ICH AUCH !!
WIR MACHEN DIE BLU-MEN ZU DRITT!

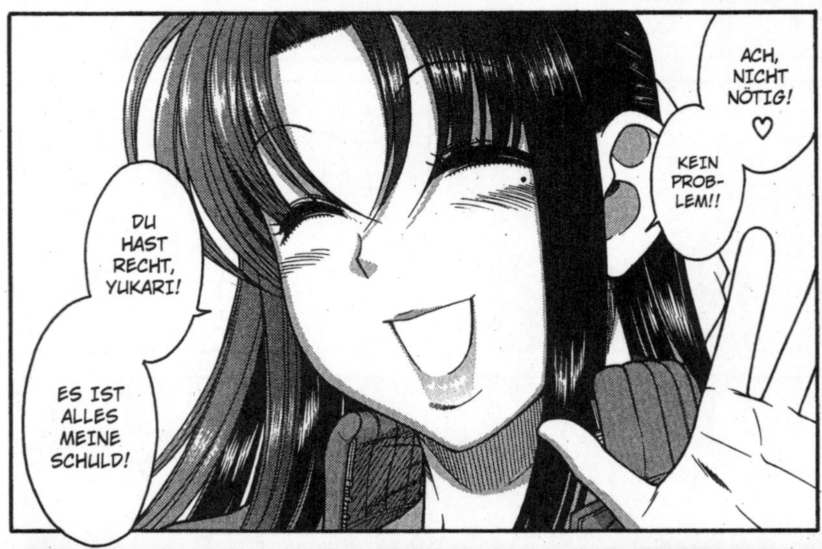

ACH, NICHT NÖTIG! ♡
KEIN PROB-LEM!!
DU HAST RECHT, YUKARI!
ES IST ALLES MEINE SCHULD!

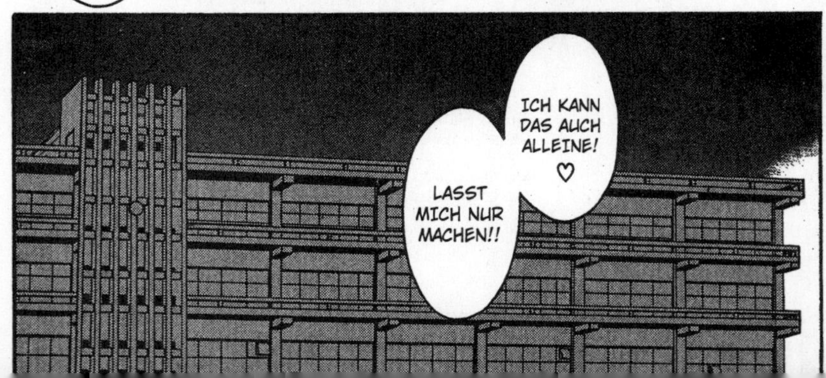

ICH KANN DAS AUCH ALLEINE! ♡
LASST MICH NUR MACHEN!!

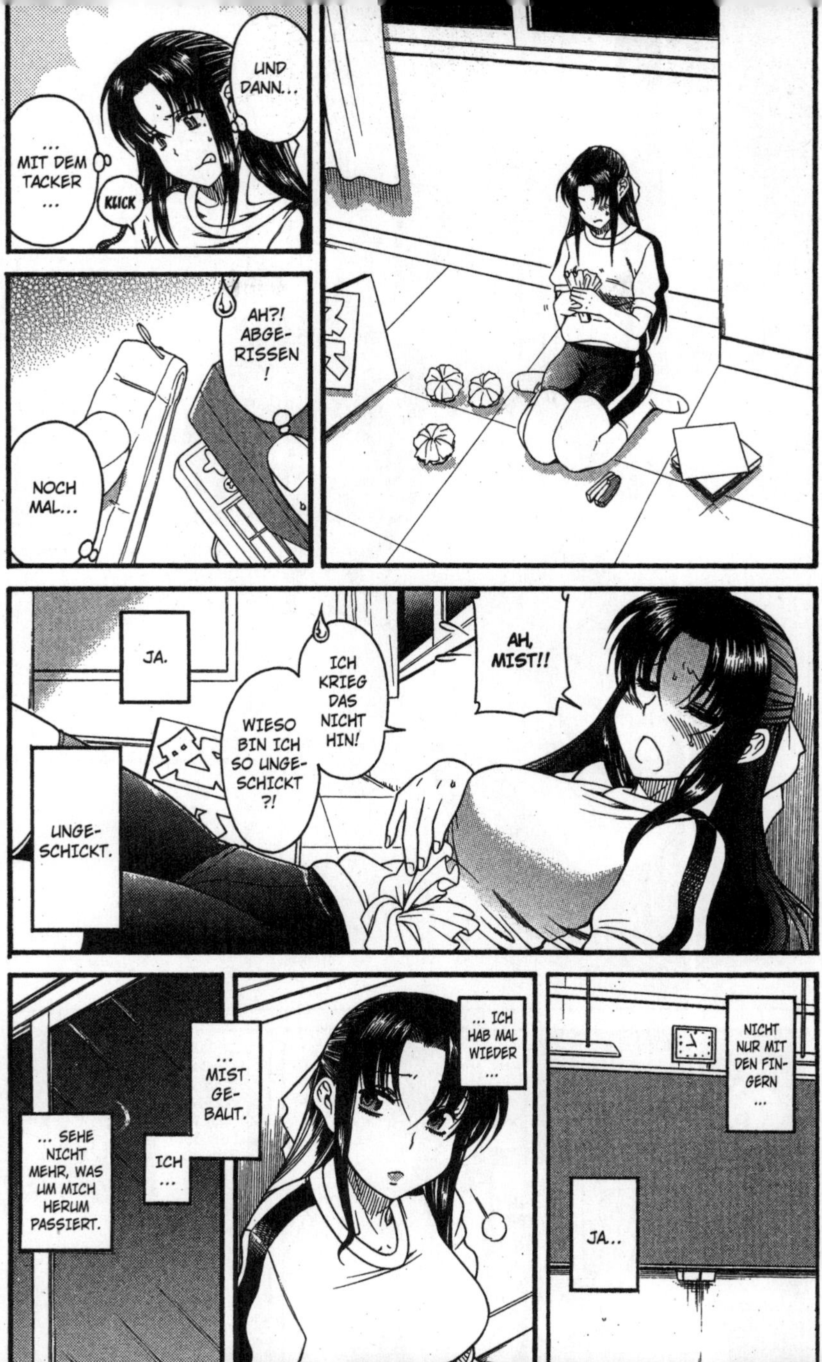

UND DANN…
… MIT DEM TACKER …
KLICK
AH?! ABGERISSEN!
NOCH MAL…

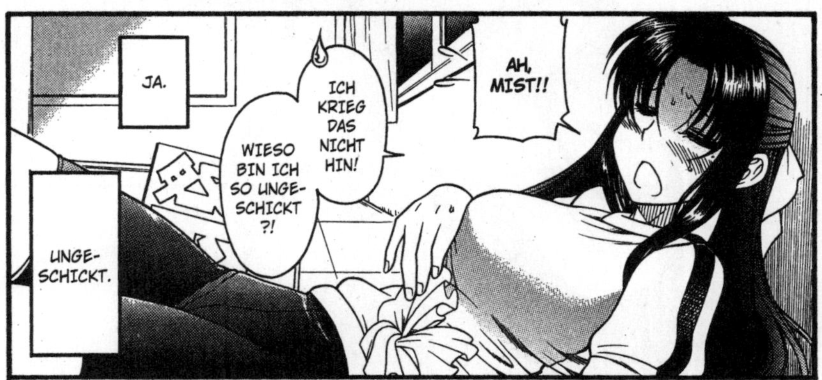

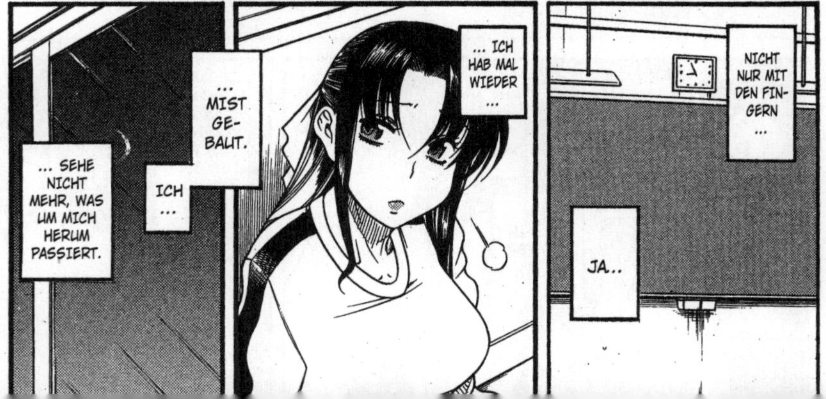

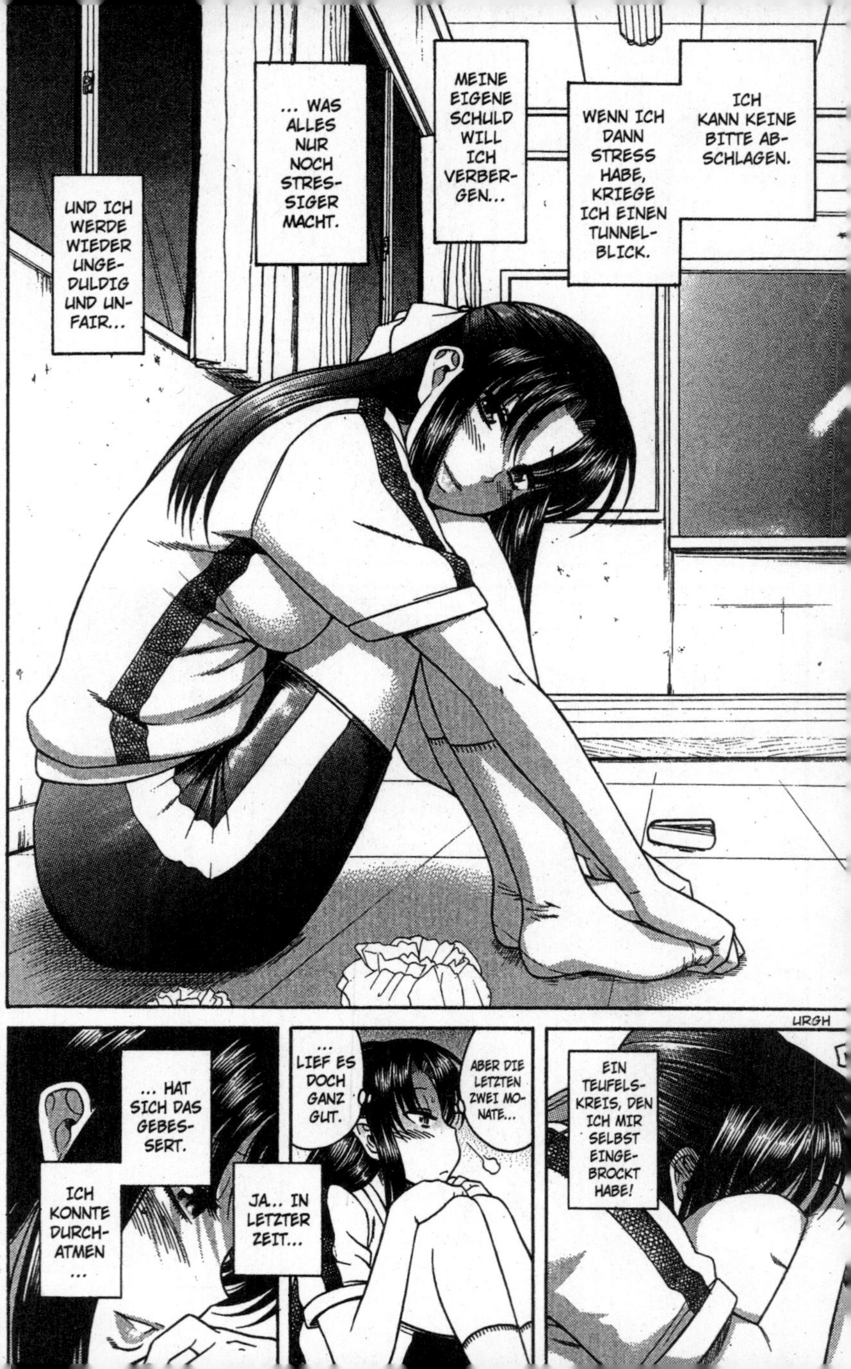

ICH KANN KEINE BITTE ABSCHLAGEN.

WENN ICH DANN STRESS HABE, KRIEGE ICH EINEN TUNNELBLICK.

MEINE EIGENE SCHULD WILL ICH VERBERGEN...

... WAS ALLES NUR NOCH STRESSIGER MACHT.

UND ICH WERDE WIEDER UNGEDULDIG UND UNFAIR...

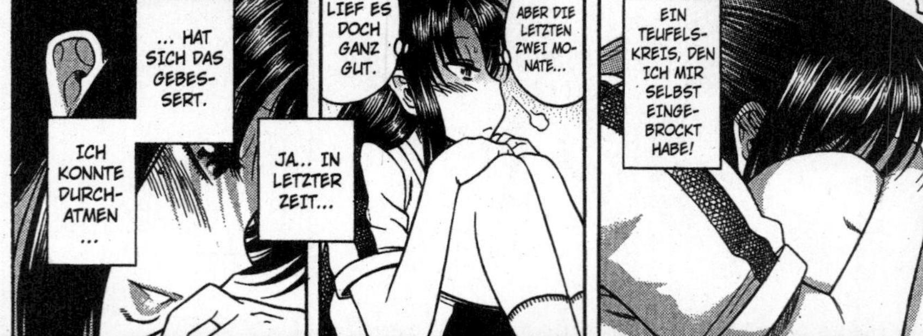

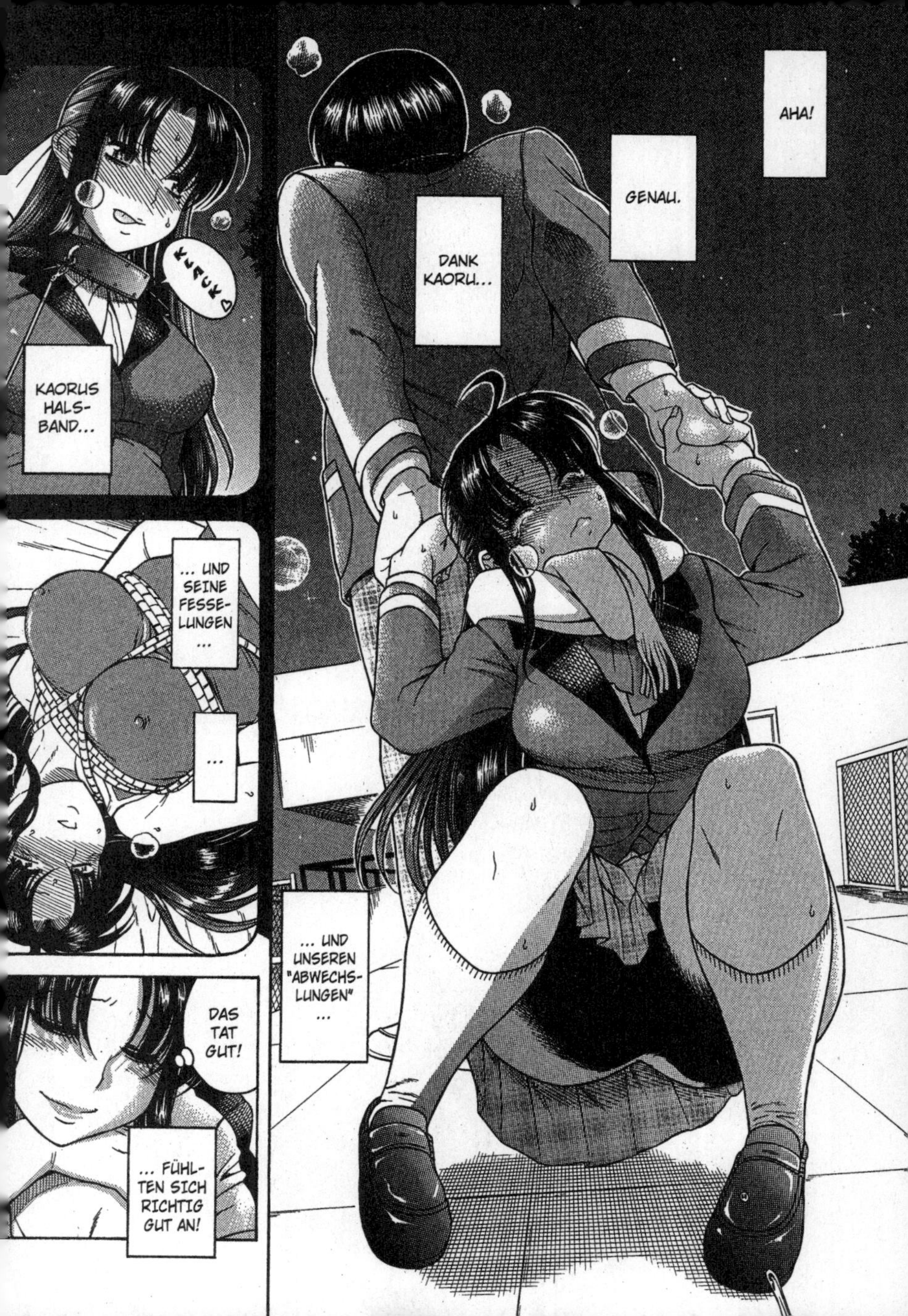
AHA!
GENAU.
DANK KAORU...
... UND UNSEREN "ABWECHS-LUNGEN" ...
KUFUK
KAORUS HALS-BAND...
... UND SEINE FESSE-LUNGEN ...
...
DAS TAT GUT!
... FÜHL-TEN SICH RICHTIG GUT AN!

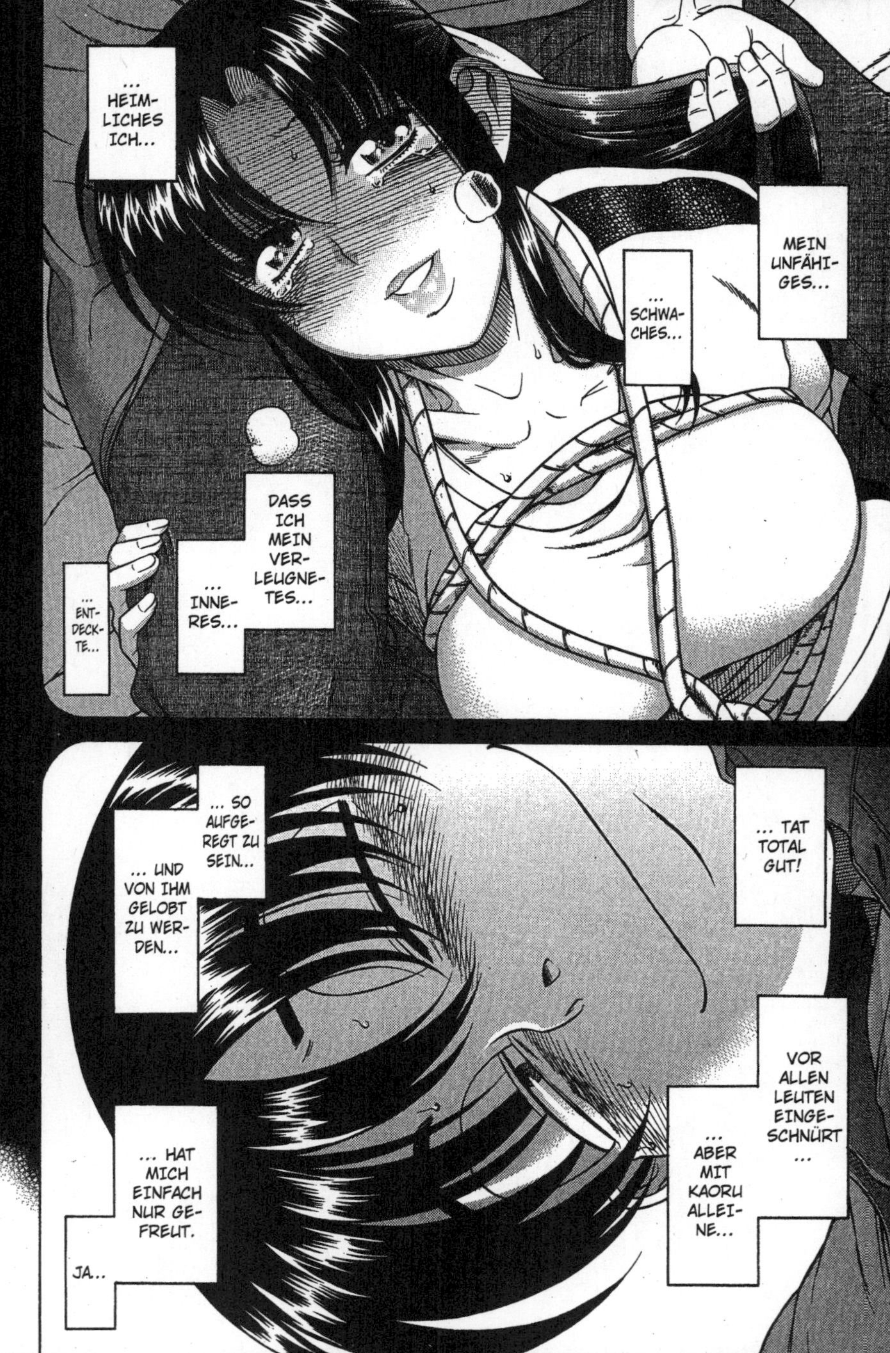
MEIN UNFÄHIGES...
... SCHWACHES...
... HEIMLICHES ICH...
DASS ICH MEIN VERLEUGNETES...
... INNERES...
... ENTDECKTE...
... TAT TOTAL GUT!
... SO AUFGEREGT ZU SEIN...
... UND VON IHM GELOBT ZU WERDEN...
VOR ALLEN LEUTEN EINGESCHNÜRT...
... ABER MIT KAORU ALLEINE...
... HAT MICH EINFACH NUR GEFREUT.
JA...

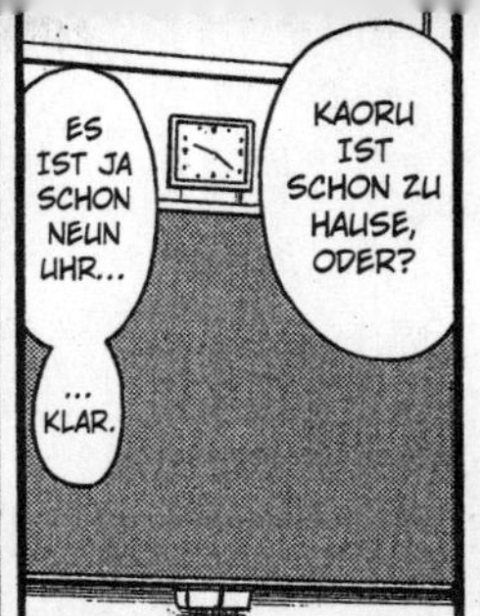
KAORU IST SCHON ZU HAUSE, ODER?
ES IST JA SCHON NEUN UHR...
... KLAR.

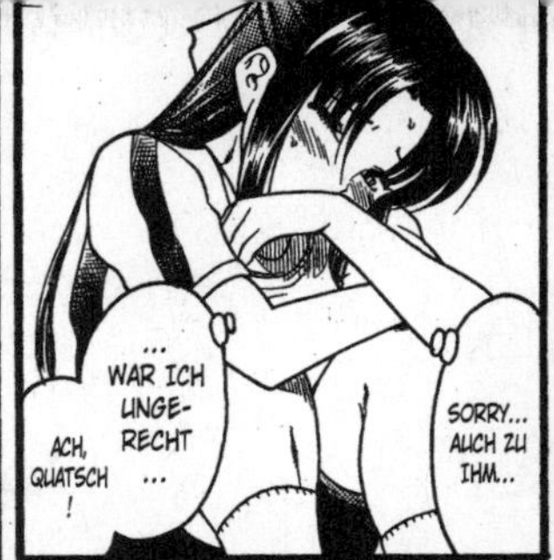
SORRY... AUCH ZU IHM...
... WAR ICH UNGE-RECHT ...
ACH, QUATSCH!

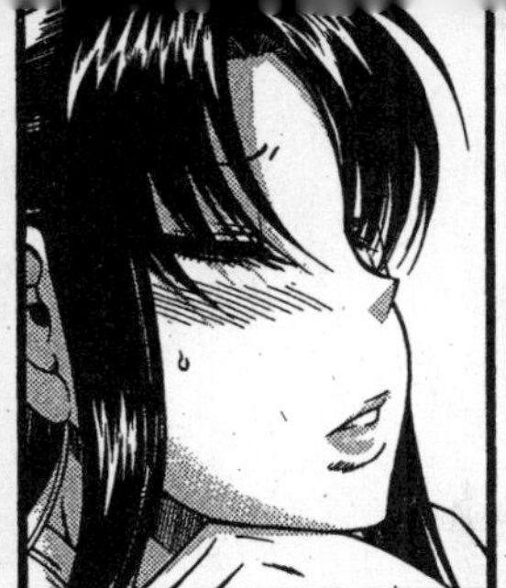

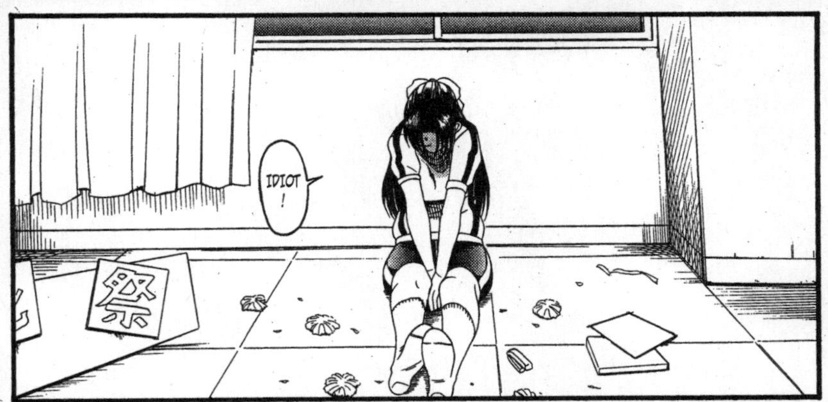
IDIOT!
祭

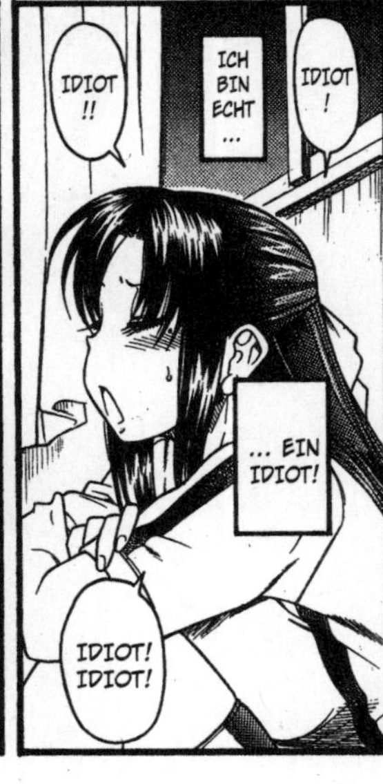
IDIOT!
ICH BIN ECHT ...
IDIOT!!
... EIN IDIOT!
IDIOT! IDIOT!

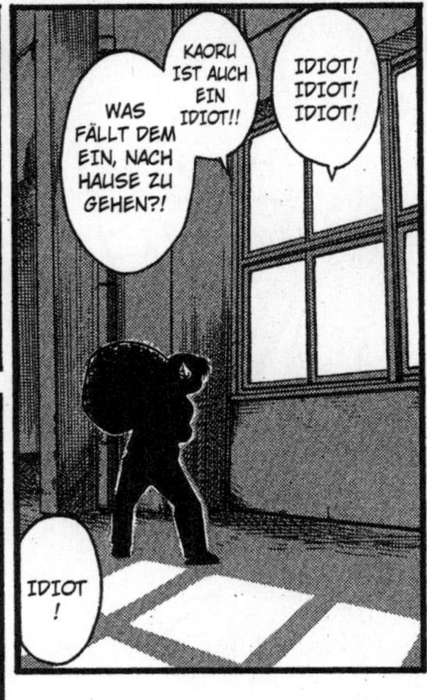
IDIOT! IDIOT! IDIOT!
KAORU IST AUCH EIN IDIOT!!
WAS FÄLLT DEM EIN, NACH HAUSE ZU GEHEN?!
IDIOT!

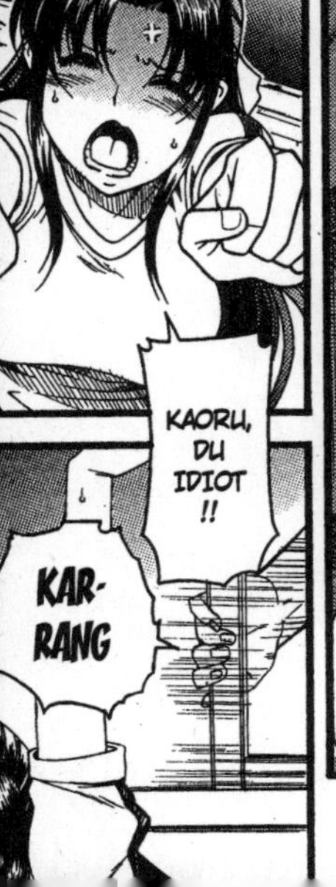
KAORU, DU IDIOT!!
KAR-RANG

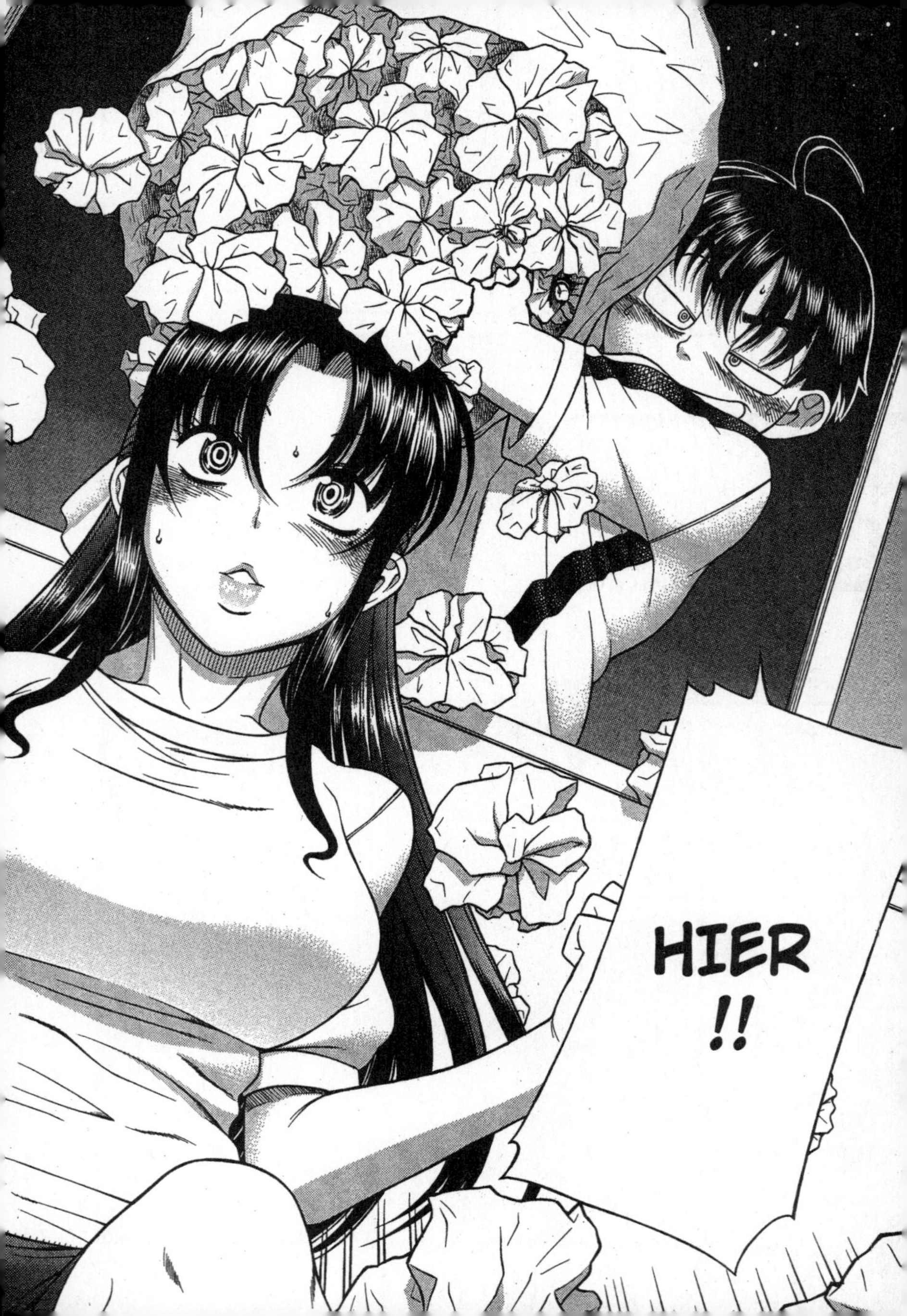
HIER
!!

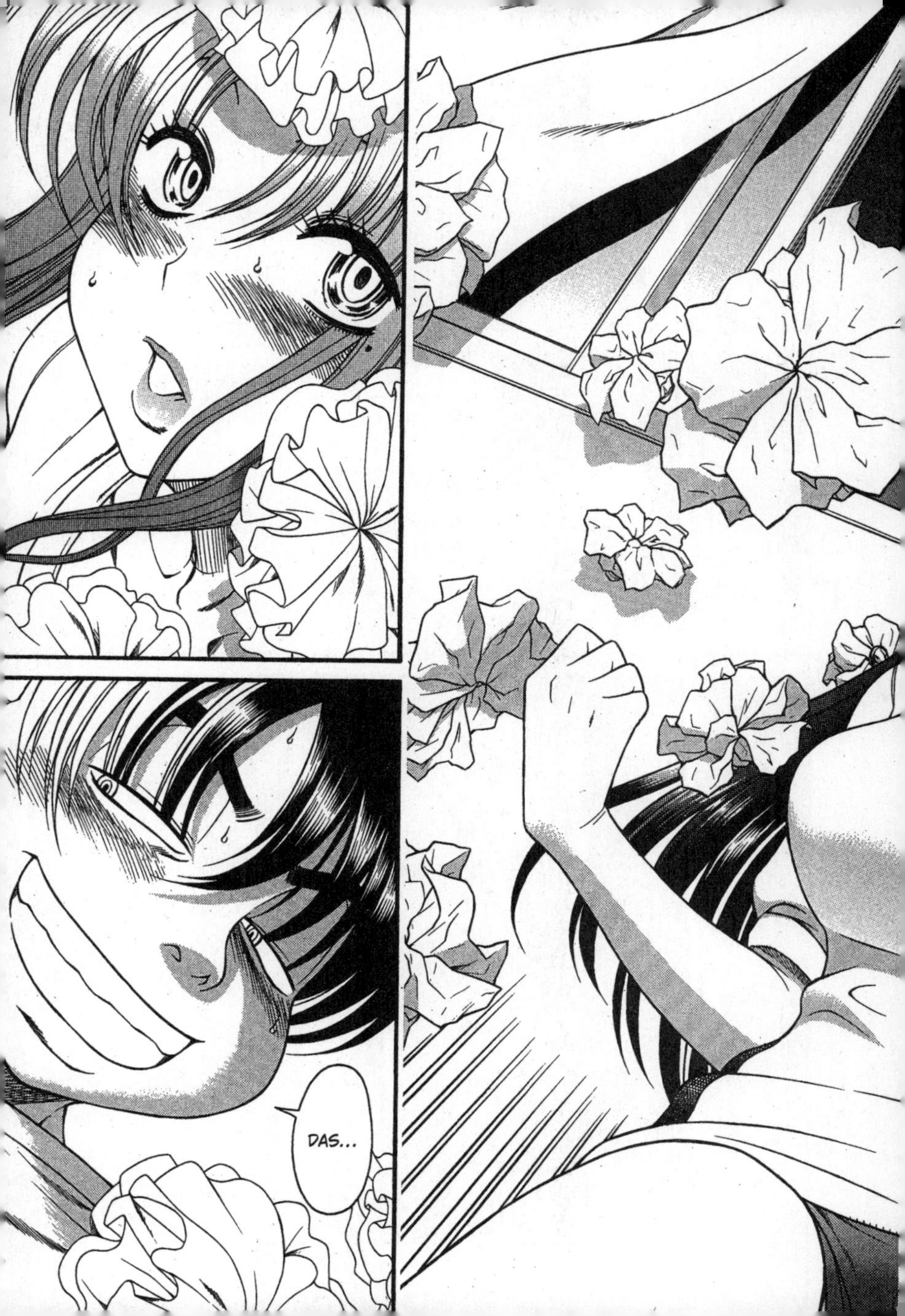
DAS...

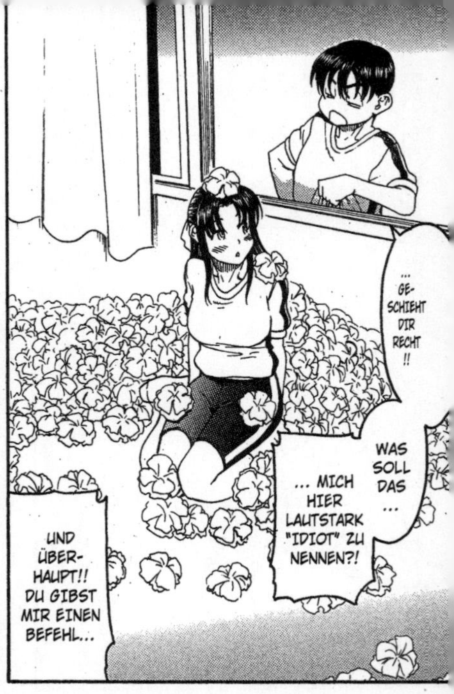
... GESCHIEHT DIR RECHT !!
WAS SOLL DAS ...
... MICH HIER LAUTSTARK "IDIOT" ZU NENNEN?!
UND ÜBERHAUPT!! DU GIBST MIR EINEN BEFEHL...

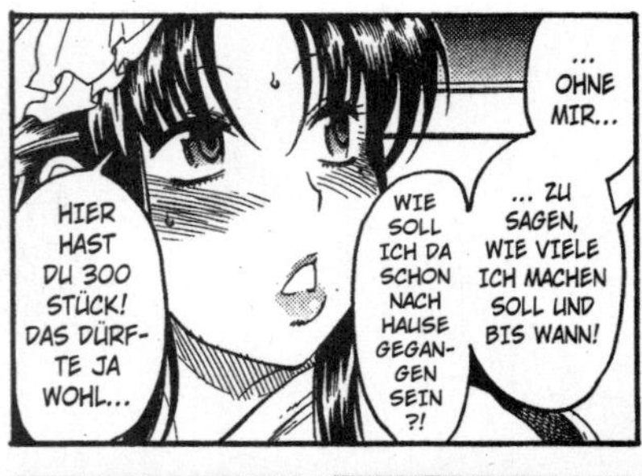
... OHNE MIR...
... ZU SAGEN, WIE VIELE ICH MACHEN SOLL UND BIS WANN!
WIE SOLL ICH DA SCHON NACH HAUSE GEGANGEN SEIN ?!
HIER HAST DU 300 STÜCK! DAS DÜRFTE JA WOHL...

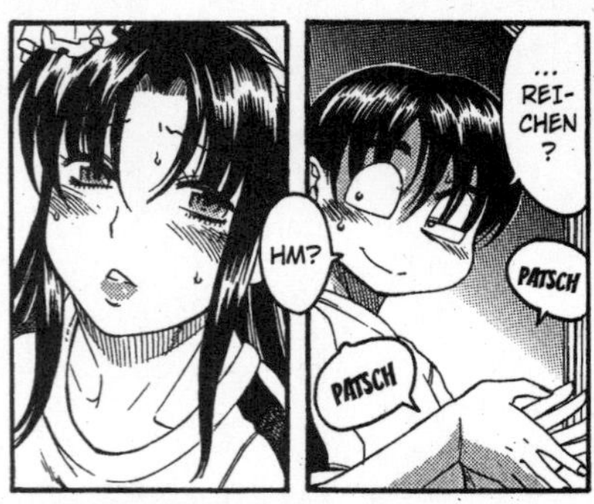
... REICHEN ?
PATSCH
HM?
PATSCH

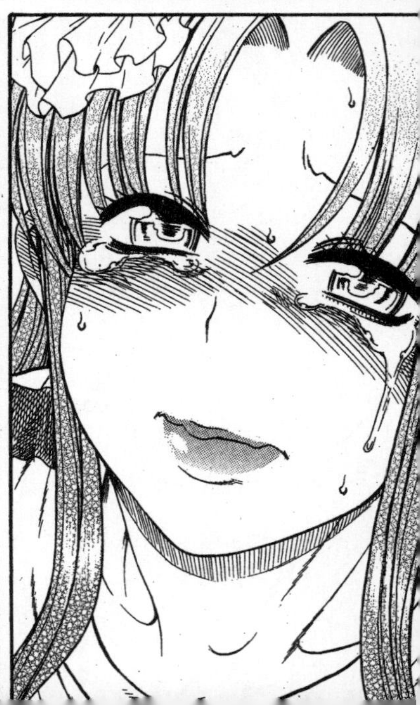

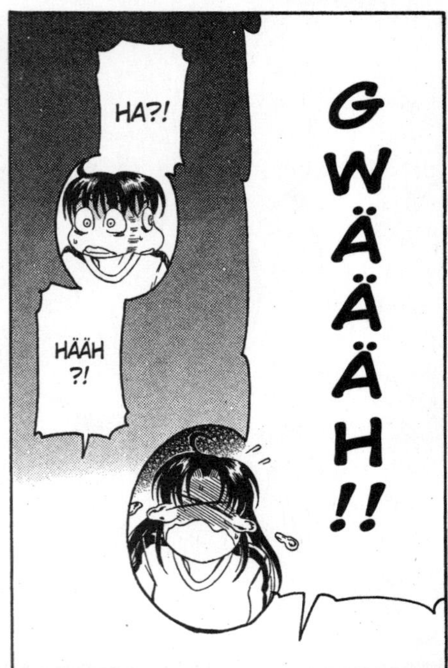
GWÄÄÄH!!
HA?!
HÄÄH ?!

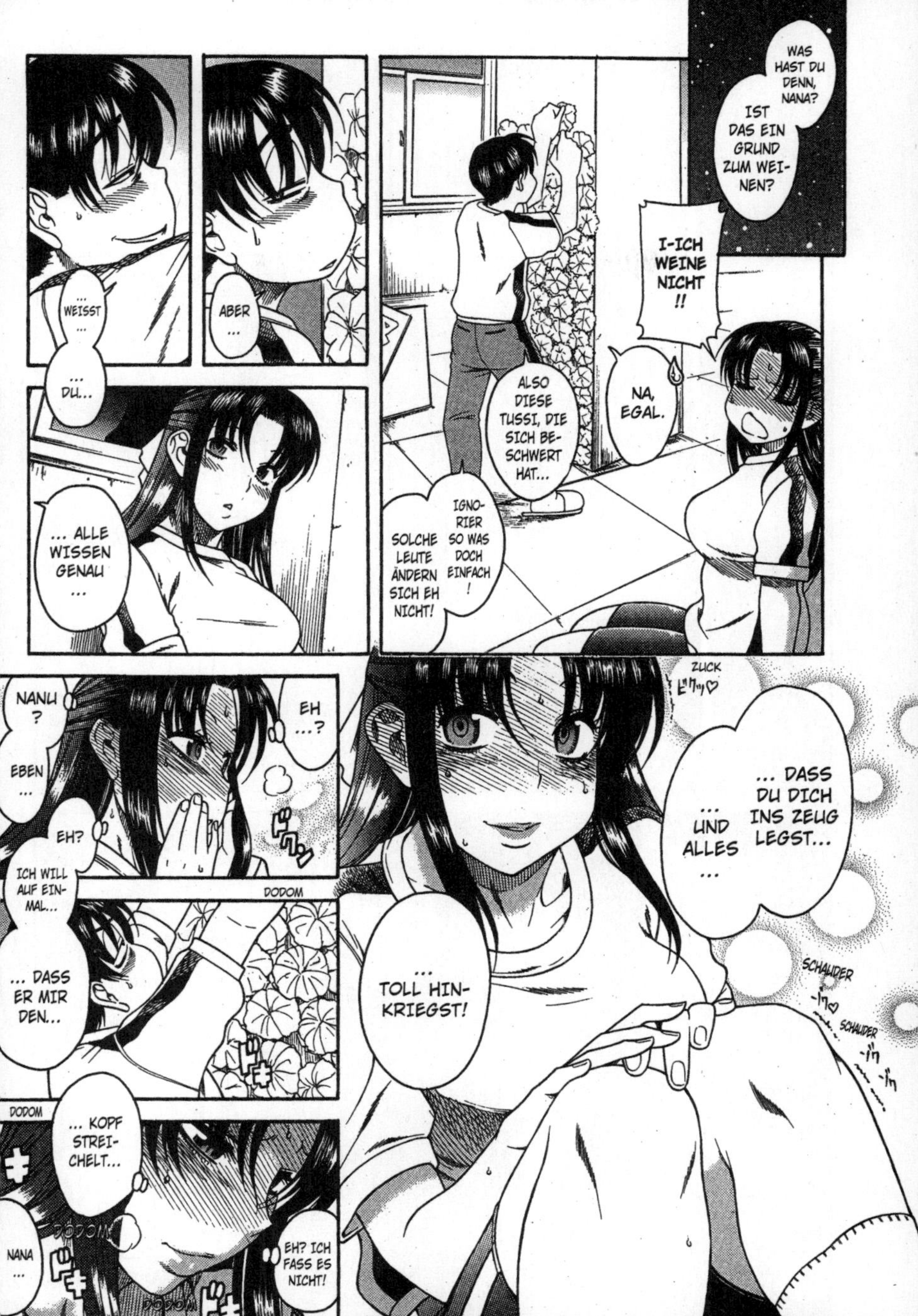
WAS HAST DU DENN, NANA?
IST DAS EIN GRUND ZUM WEINEN?
I-ICH WEINE NICHT !!
NA, EGAL.
ALSO DIESE TUSSI, DIE SICH BESCHWERT HAT...
IGNORIER SO WAS DOCH EINFACH!
SOLCHE LEUTE ÄNDERN SICH EH NICHT!
ABER ...
... WEISST ...
... DU...
... ALLE WISSEN GENAU ...
ZUCK
... DASS DU DICH INS ZEUG LEGST...
... UND ALLES ...
... TOLL HINKRIEGST!
SCHAUDER
SCHAUDER
EH ...?
NANU ?
EBEN ...
EH?
ICH WILL AUF EINMAL...
DODOM
... DASS ER MIR DEN...
DODOM
... KOPF STREICHELT...
EH? ICH FASS ES NICHT!
NANA ...

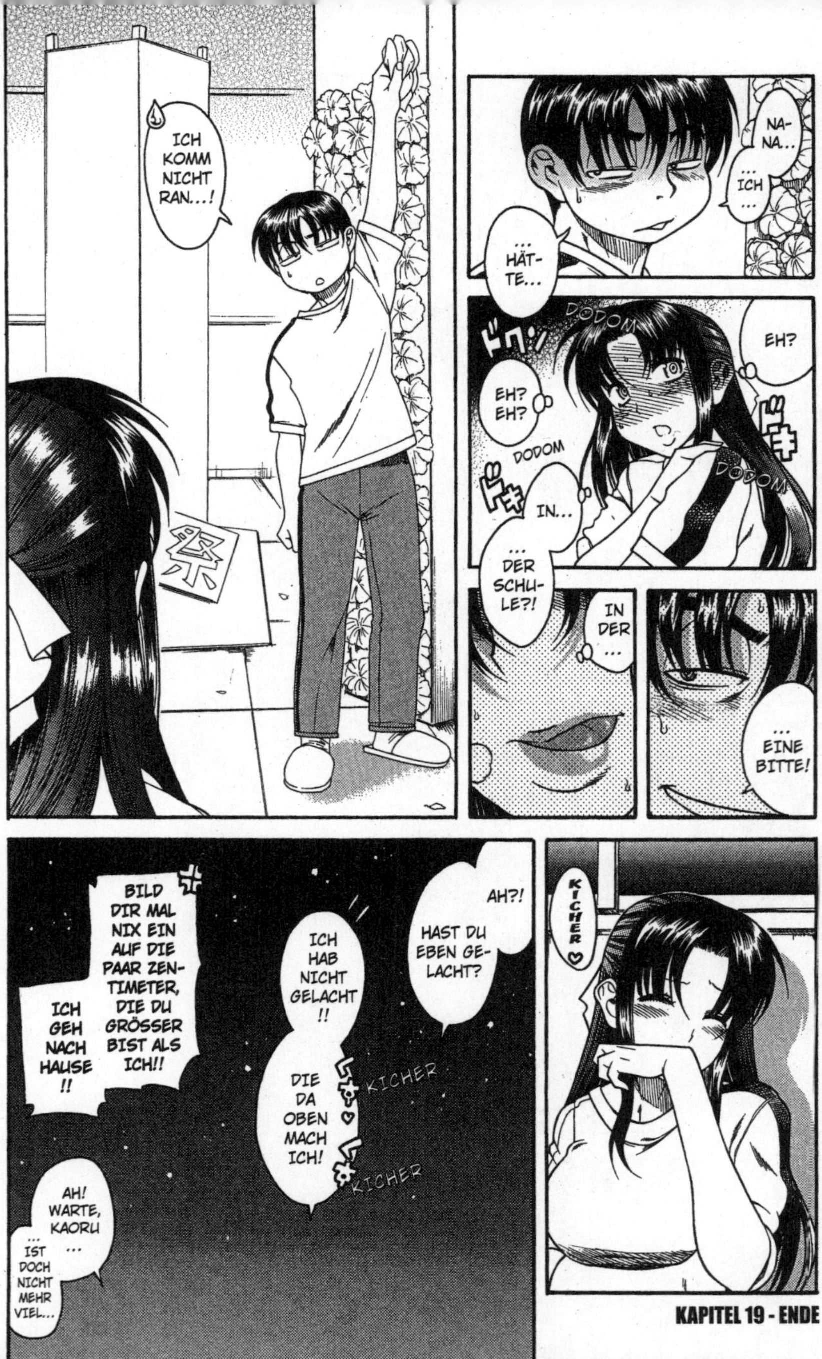

ICH KOMM NICHT RAN...!

NA-NA...

...ICH...

...HÄTTE...

DODOM

EH?

EH? EH?

DODOM

IN...

...DER SCHULE?!

DODOM

IN DER...

...EINE BITTE!

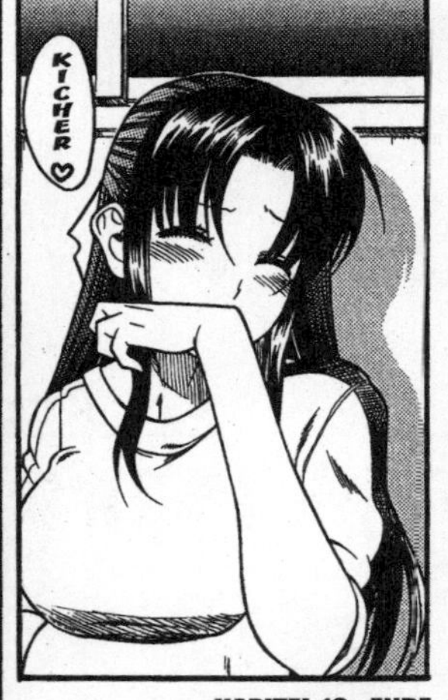

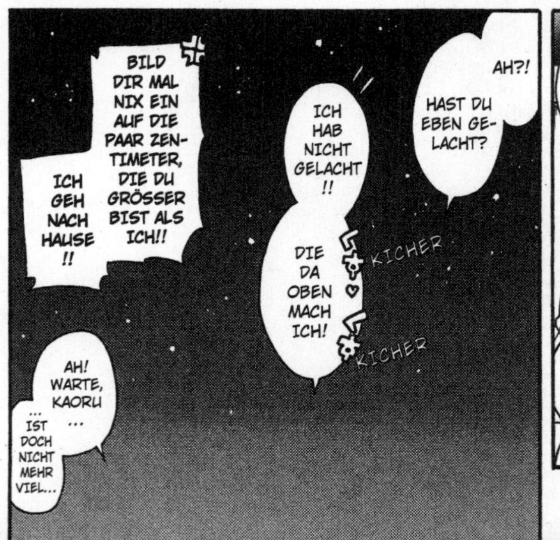

KAPITEL 19 - ENDE

DER RIVALE

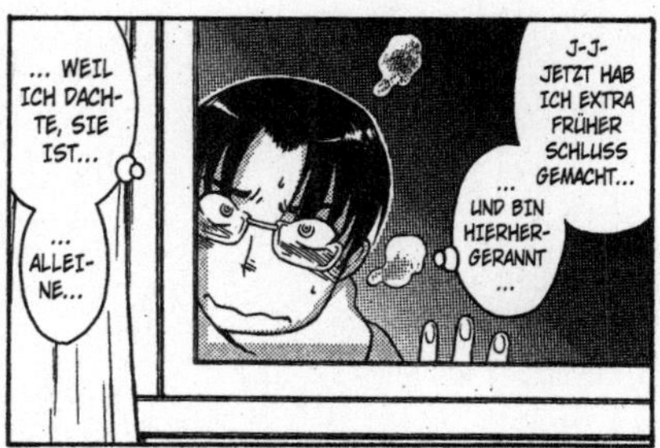

J-J-JETZT HAB ICH EXTRA FRÜHER SCHLUSS GEMACHT...
... UND BIN HIERHERGERANNT ...
... WEIL ICH DACHTE, SIE IST...
... ALLEINE...

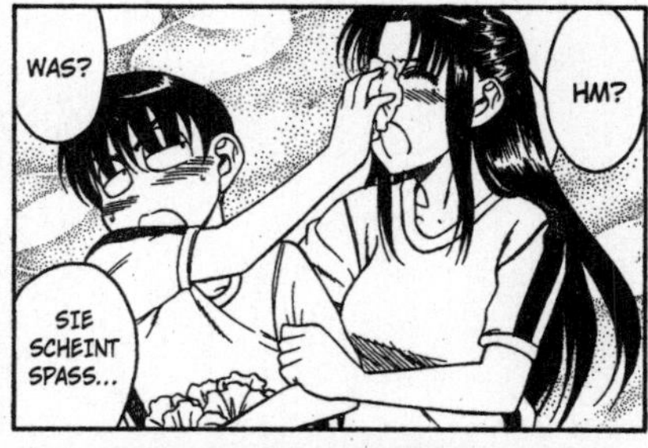

HM?
WAS?
SIE SCHEINT SPASS...

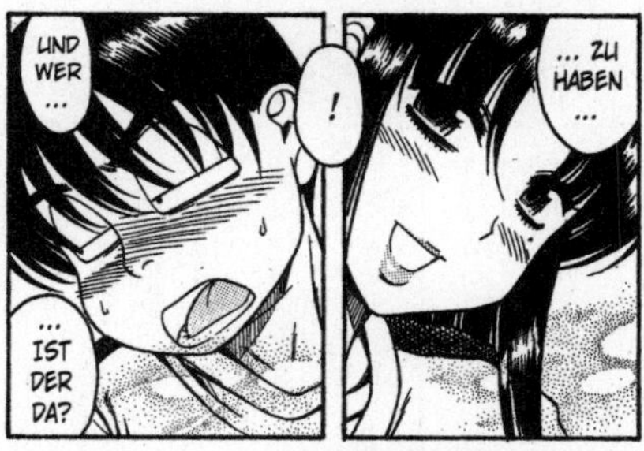

... ZU HABEN ...
!
UND WER ...
... IST DER DA?

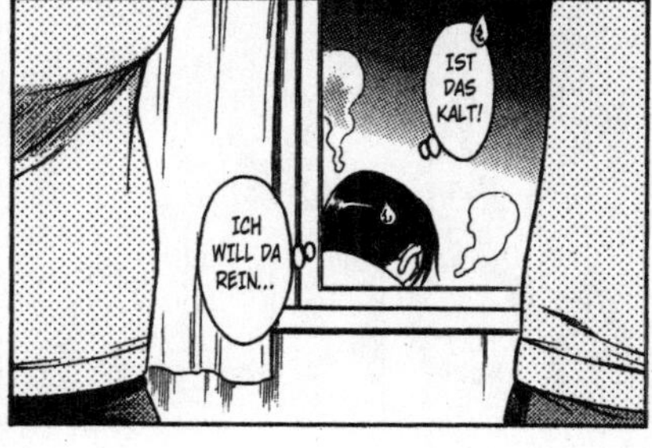

IST DAS KALT!
ICH WILL DA REIN...

NANA &
KAORU

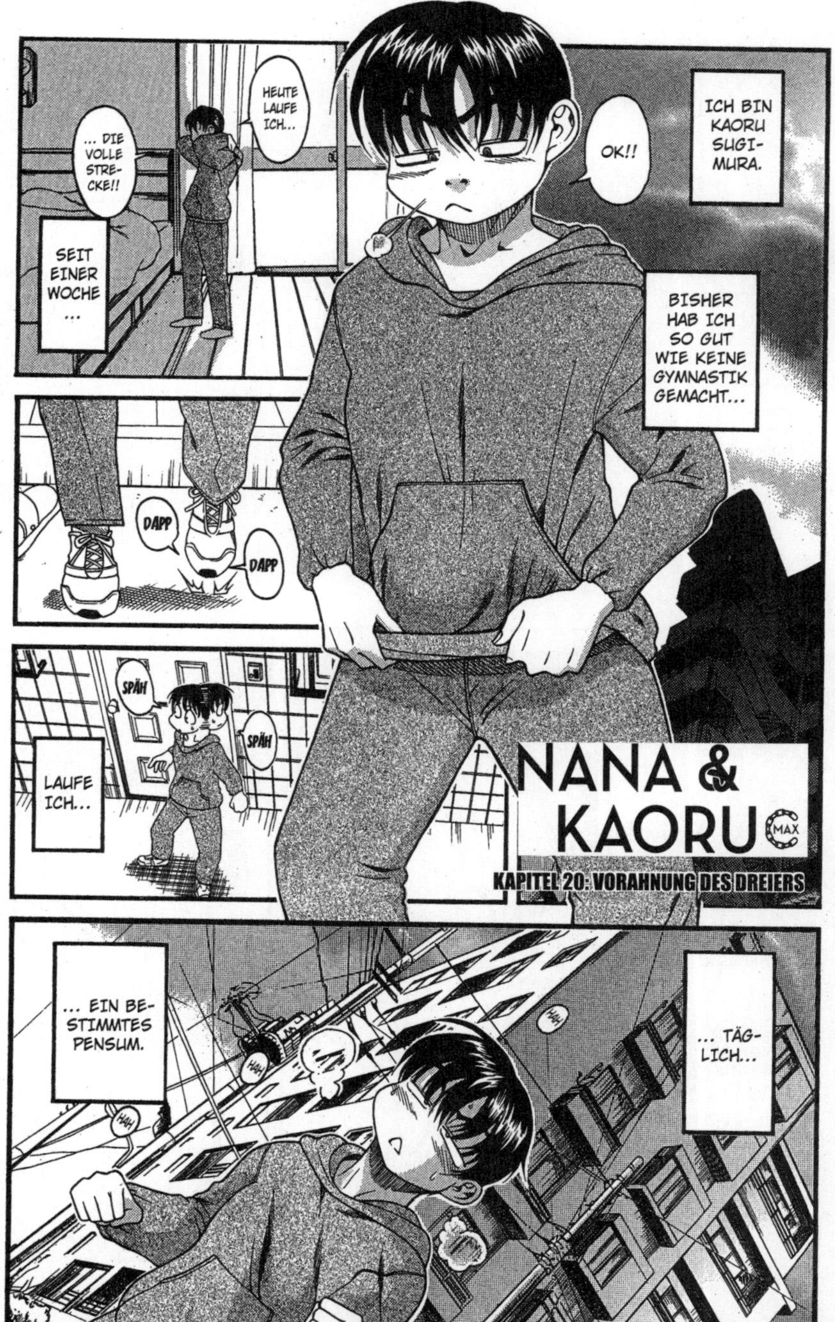
ICH BIN KAORU SUGI-MURA.
OK!!
BISHER HAB ICH SO GUT WIE KEINE GYMNASTIK GEMACHT...
HEUTE LAUFE ICH...
... DIE VOLLE STRE-CKE!!
SEIT EINER WOCHE ...
NANA & KAORU MAX
KAPITEL 20: VORAHNUNG DES DREIERS
DAPP
DAPP
SPÄH
SPÄH
LAUFE ICH...
... TÄG-LICH...
HAH
HAH
HAH
... EIN BE-STIMMTES PENSUM.

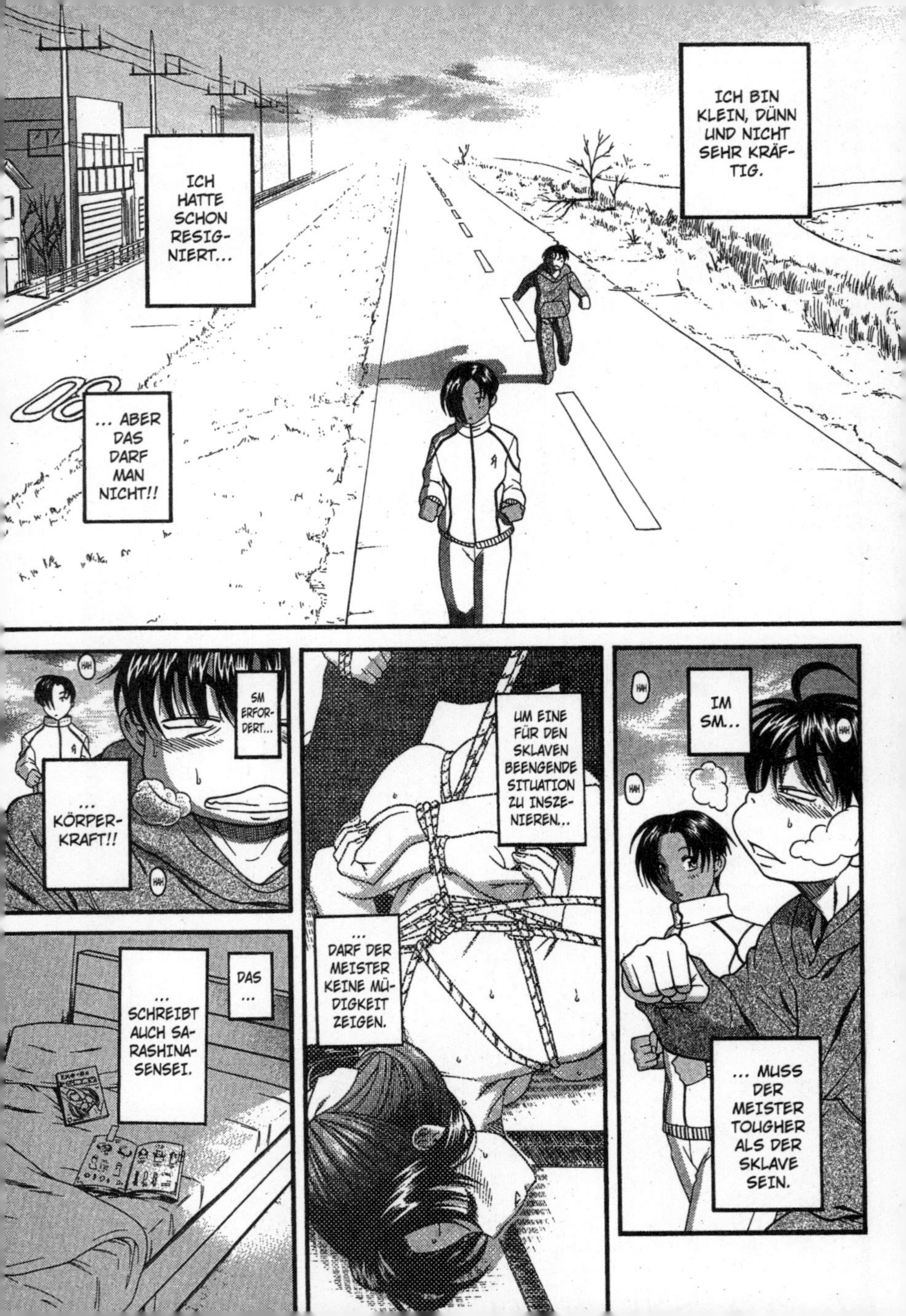

ICH BIN KLEIN, DÜNN UND NICHT SEHR KRÄFTIG.

ICH HATTE SCHON RESIGNIERT...

... ABER DAS DARF MAN NICHT!!

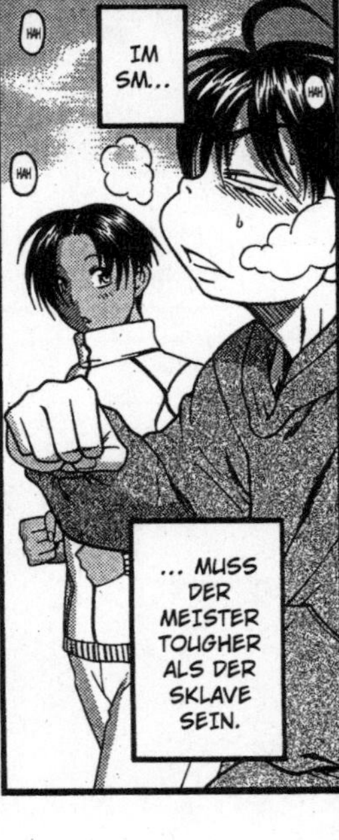

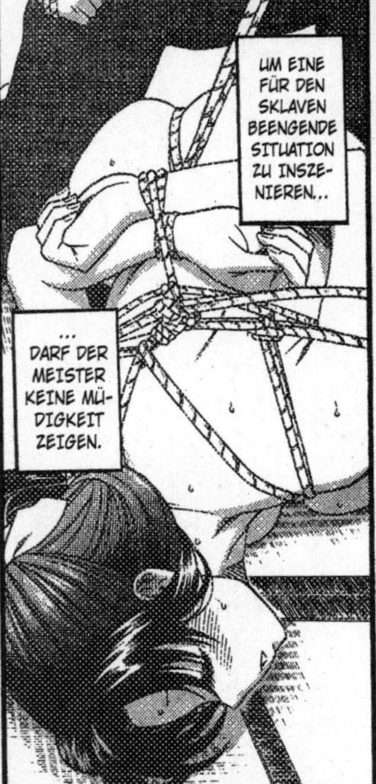

HAH

SM ERFORDERT...

... KÖRPERKRAFT!!

HAH

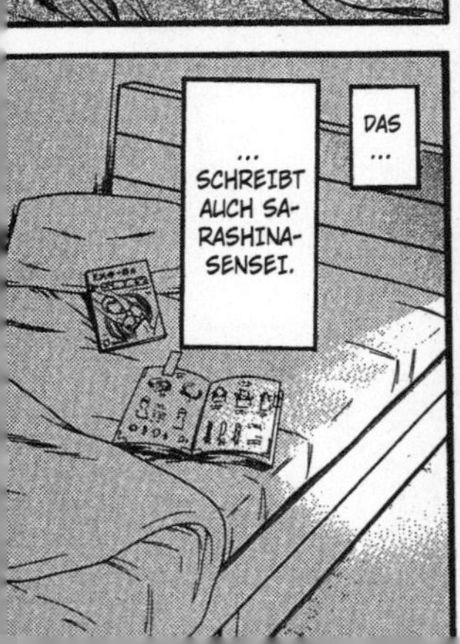

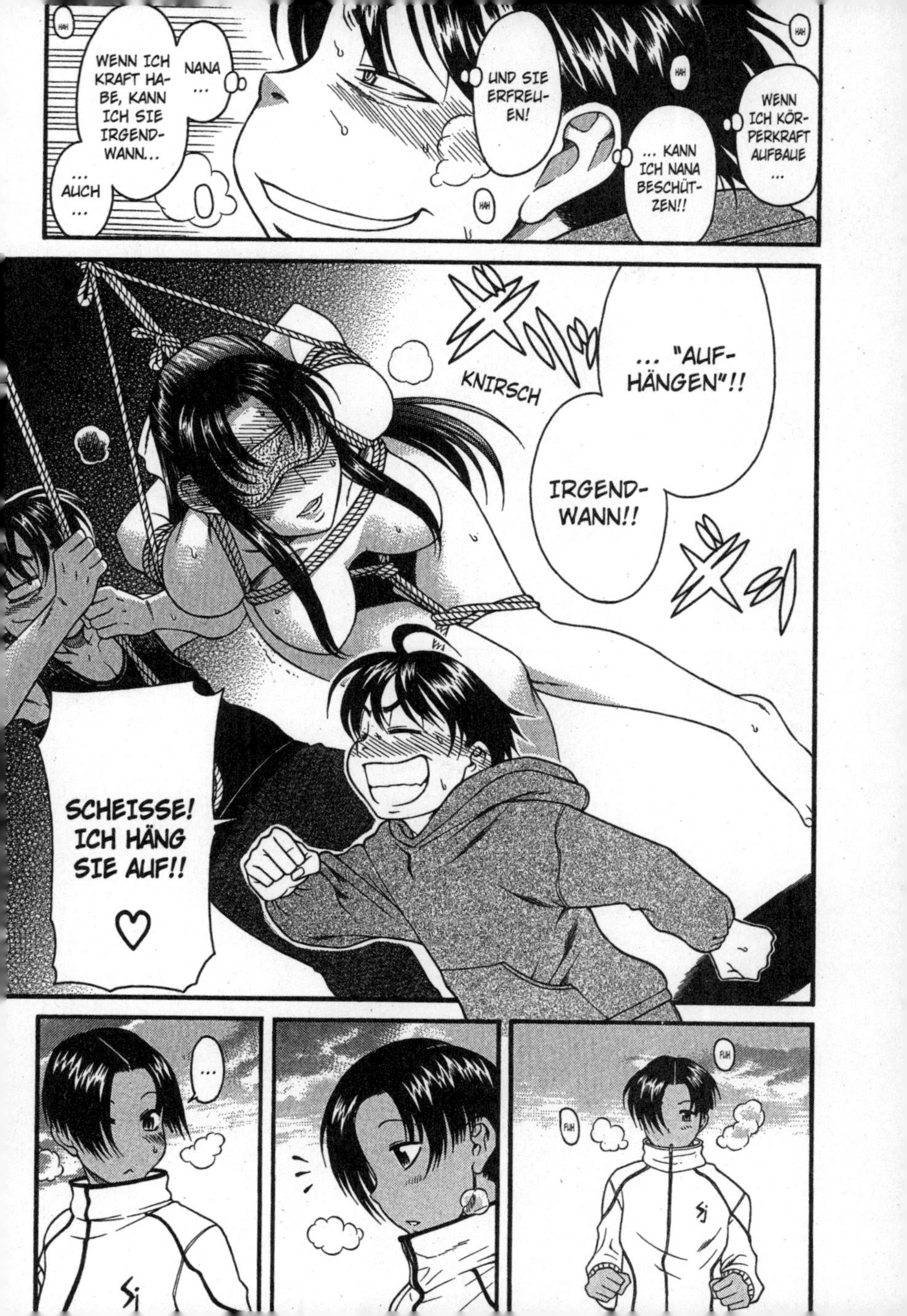

HAH
WENN ICH KÖRPERKRAFT AUFBAUE ...
HAH
... KANN ICH NANA BESCHÜTZEN!!
UND SIE ERFREUEN!
HAH
NANA ...
WENN ICH KRAFT HABE, KANN ICH SIE IRGENDWANN...
... AUCH ...
HAH

... "AUFHÄNGEN"!!
IRGENDWANN!!
KNIRSCH
SCHEISSE! ICH HÄNG SIE AUF!! ♡

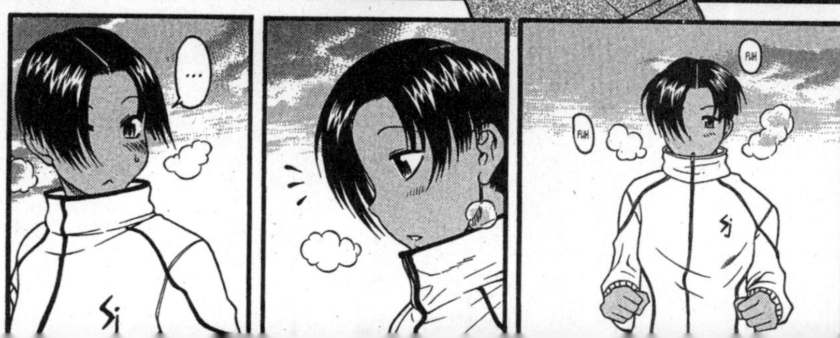

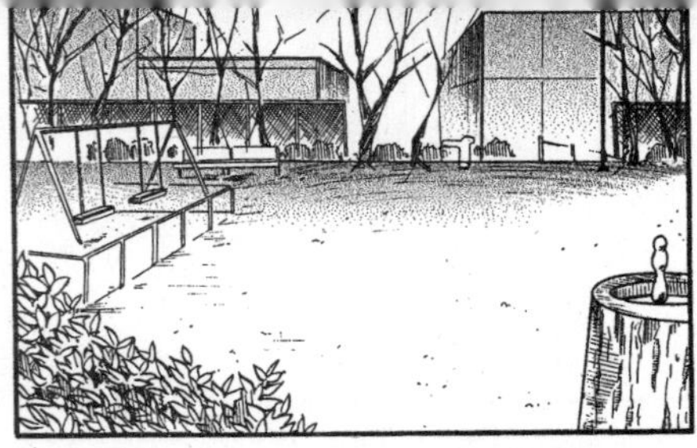

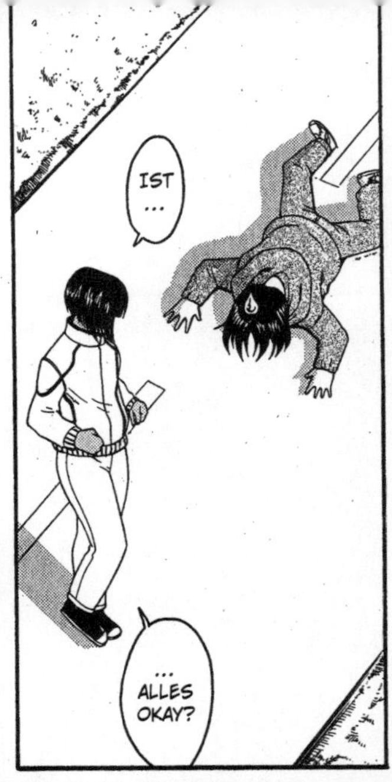
IST ...
... ALLES OKAY?

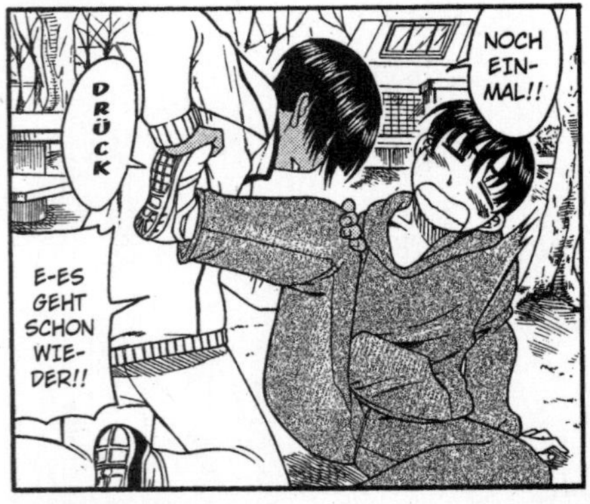
NOCH EIN-MAL!!
DRÜCK
E-ES GEHT SCHON WIE-DER!!

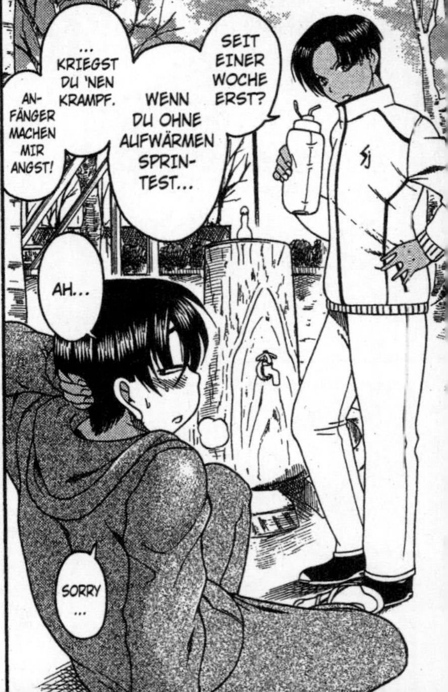
SEIT EINER WOCHE ERST?
WENN DU OHNE AUFWÄRMEN SPRIN-TEST...
... KRIEGST DU 'NEN KRAMPF.
AN-FÄNGER MACHEN MIR ANGST!
AH...
SORRY ...

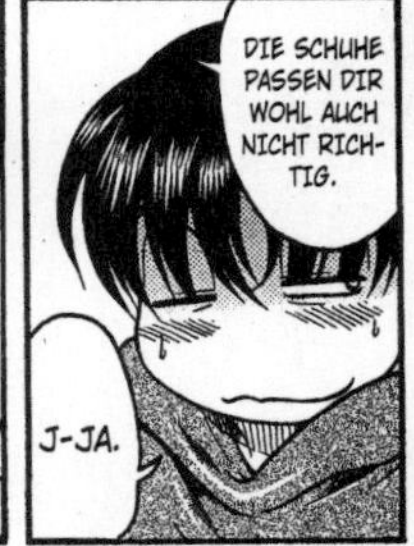
DIE SCHUHE PASSEN DIR WOHL AUCH NICHT RICH-TIG.
J-JA.

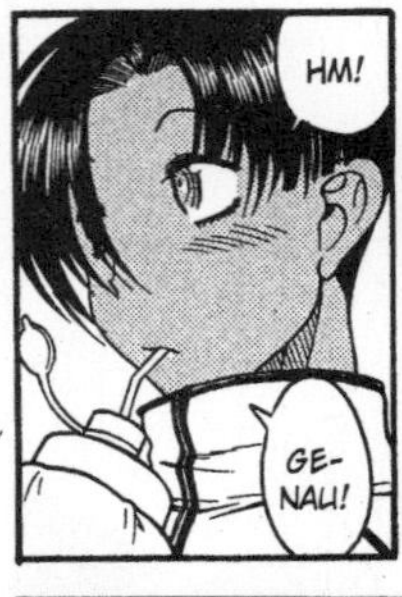
HM!
GE-NAU!

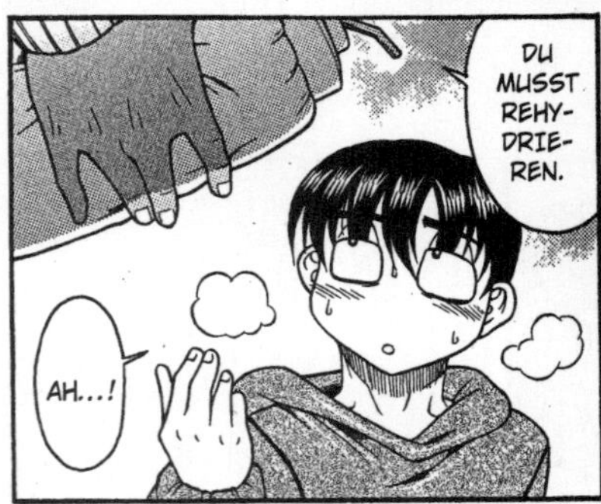
DU MUSST REHY-DRIE-REN.
AH...!

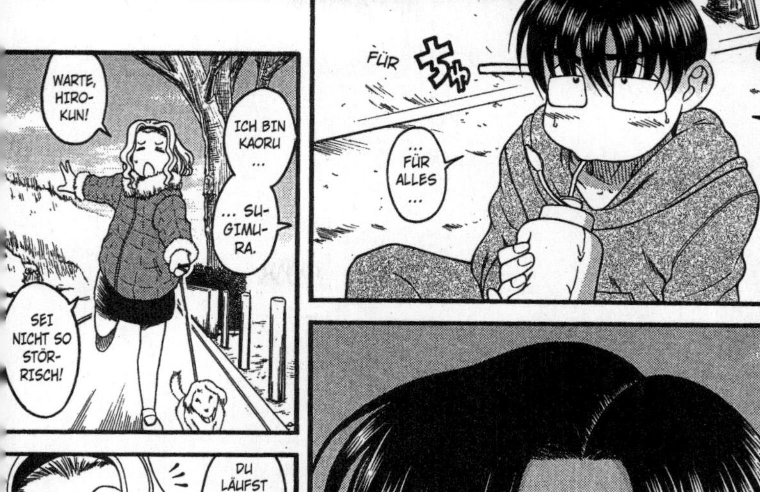
FÜR
DAN-
KE...
... FÜR ALLES ...
ICH...
... HEISSE TACHI!
WARTE, HIRO-KUN!
ICH BIN KAORU ...
... SU-GIMU-RA.
SEI NICHT SO STÖR-RISCH!
DU LÄUFST IMMER HIER UM DIE ZEIT, NICHT?
BIST MIR SCHON AUFGE-FALLEN!
JA?
SO WAR DAS!

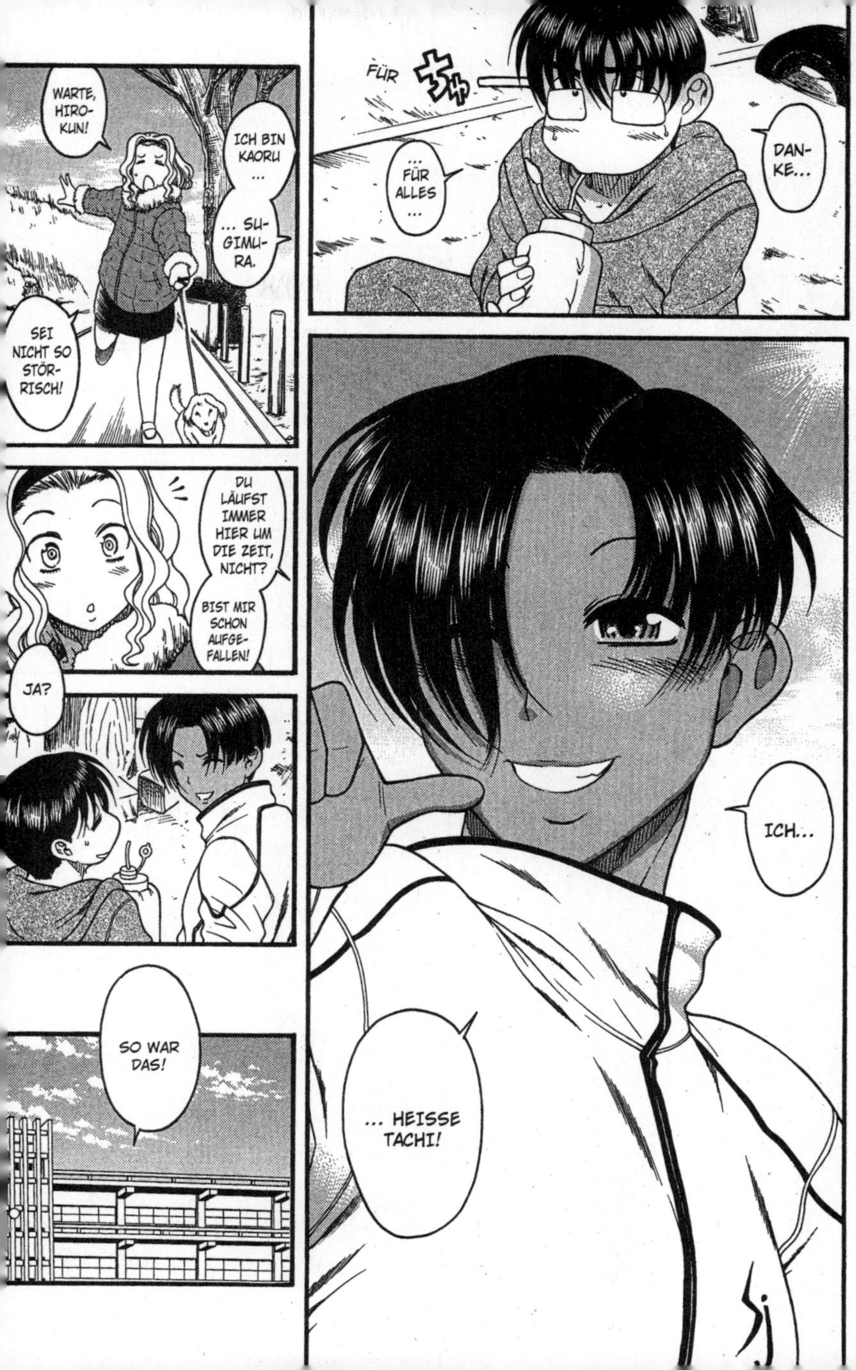

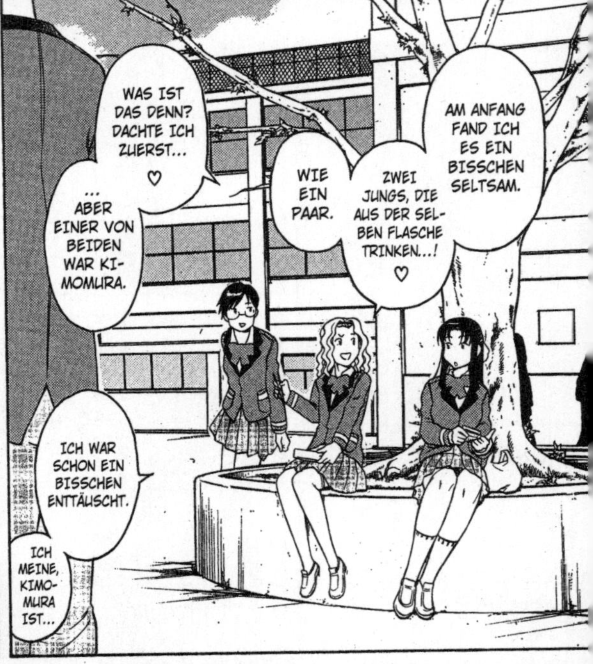
AM ANFANG FAND ICH ES EIN BISSCHEN SELTSAM.
ZWEI JUNGS, DIE AUS DER SELBEN FLASCHE TRINKEN...! ♡
WIE EIN PAAR.
WAS IST DAS DENN? DACHTE ICH ZUERST... ♡
... ABER EINER VON BEIDEN WAR KIMOMURA.
ICH WAR SCHON EIN BISSCHEN ENTTÄUSCHT.
ICH MEINE, KIMOMURA IST...

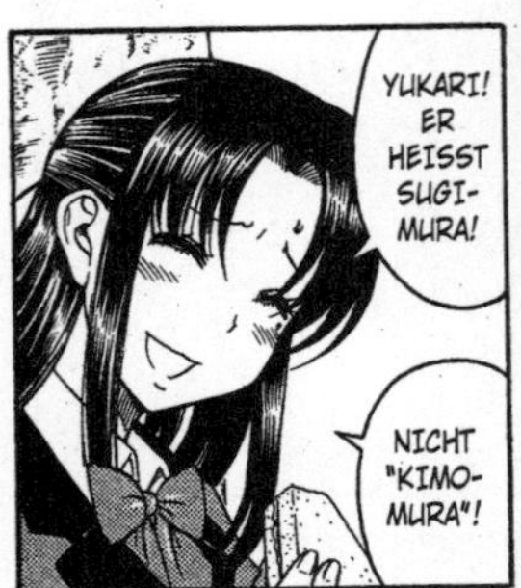
YUKARI! ER HEISST SUGIMURA!
NICHT "KIMOMURA"!

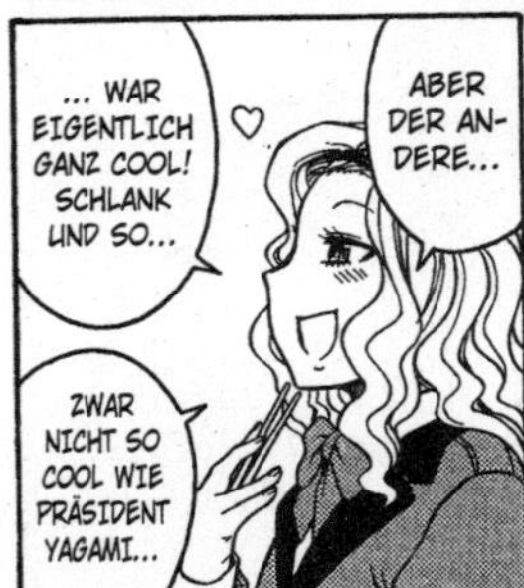
ABER DER ANDERE...
... WAR EIGENTLICH GANZ COOL! SCHLANK UND SO... ♡
ZWAR NICHT SO COOL WIE PRÄSIDENT YAGAMI...

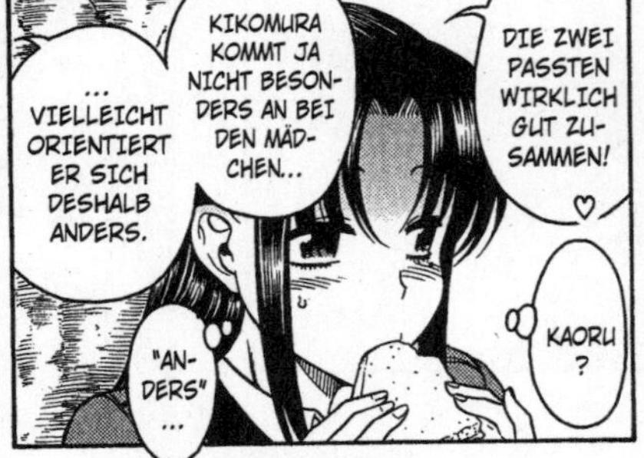
DIE ZWEI PASSTEN WIRKLICH GUT ZUSAMMEN! ♡
KIKOMURA KOMMT JA NICHT BESONDERS AN BEI DEN MÄDCHEN...
... VIELLEICHT ORIENTIERT ER SICH DESHALB ANDERS.
KAORU?
"ANDERS"...

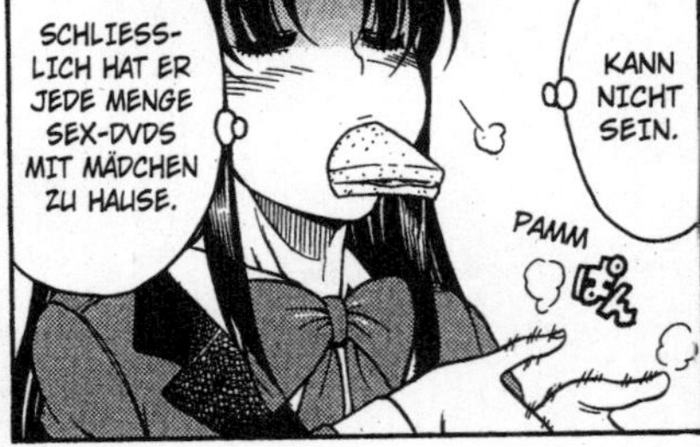
KANN NICHT SEIN.
SCHLIESSLICH HAT ER JEDE MENGE SEX-DVDS MIT MÄDCHEN ZU HAUSE.
PAMM

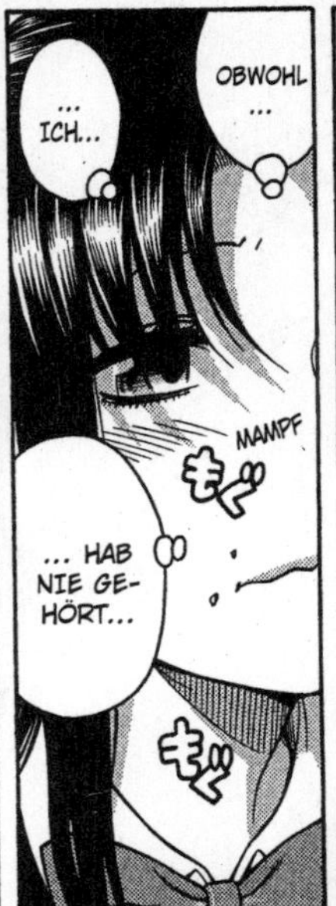
OBWOHL...
... ICH...
MAMPF
... HAB NIE GEHÖRT...

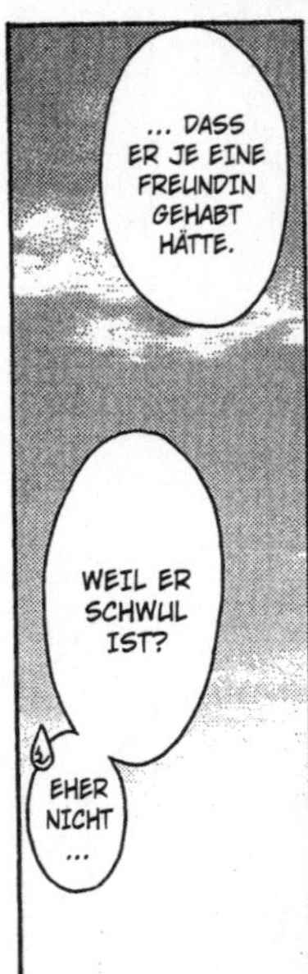
... DASS ER JE EINE FREUNDIN GEHABT HÄTTE.
WEIL ER SCHWUL IST?
EHER NICHT...

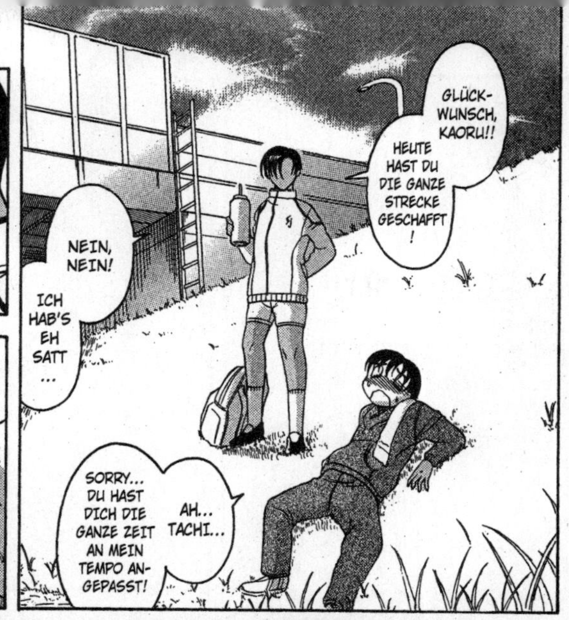
GLÜCKWUNSCH, KAORU!!
HEUTE HAST DU DIE GANZE STRECKE GESCHAFFT!
NEIN, NEIN!
ICH HAB'S EH SATT ...
AH... TACHI...
SORRY... DU HAST DICH DIE GANZE ZEIT AN MEIN TEMPO ANGEPASST!

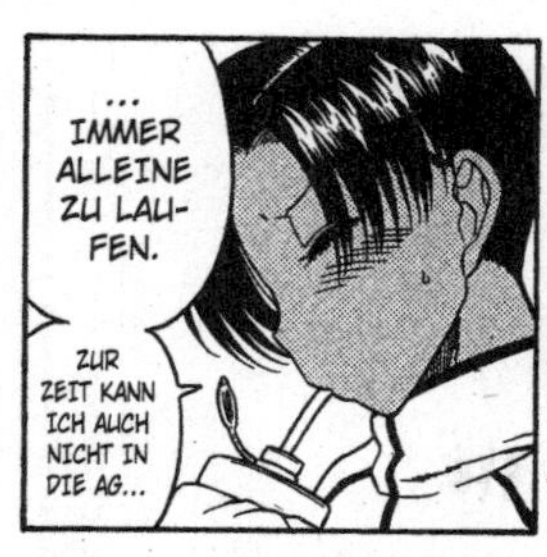
... IMMER ALLEINE ZU LAUFEN.
ZUR ZEIT KANN ICH AUCH NICHT IN DIE AG...

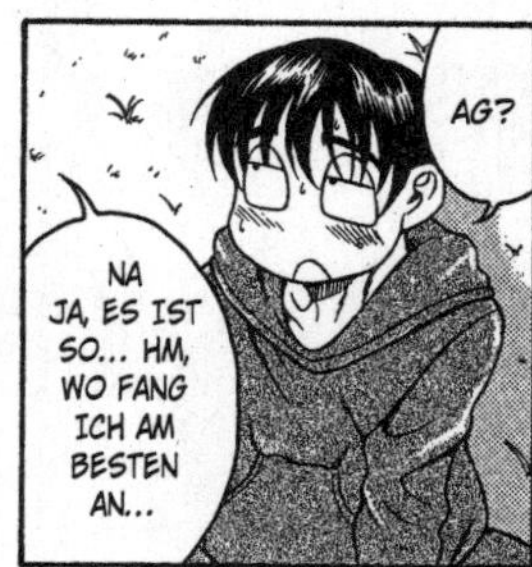
AG?
NA JA, ES IST SO... HM, WO FANG ICH AM BESTEN AN...

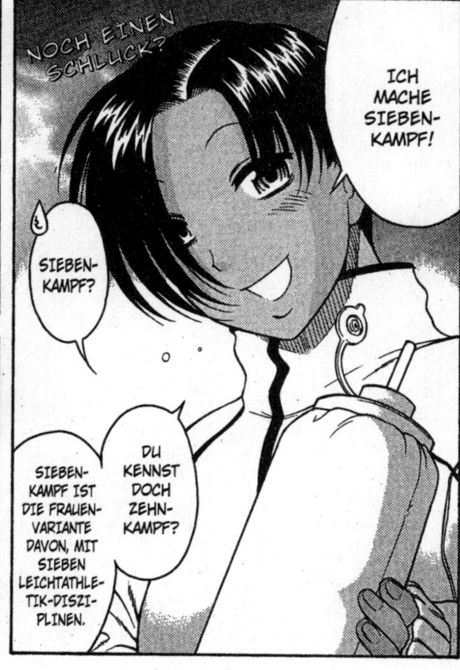
NOCH EINEN SCHLUCK?
ICH MACHE SIEBENKAMPF!
SIEBENKAMPF?
DU KENNST DOCH ZEHNKAMPF?
SIEBENKAMPF IST DIE FRAUENVARIANTE DAVON, MIT SIEBEN LEICHTATHLETIK-DISZIPLINEN.

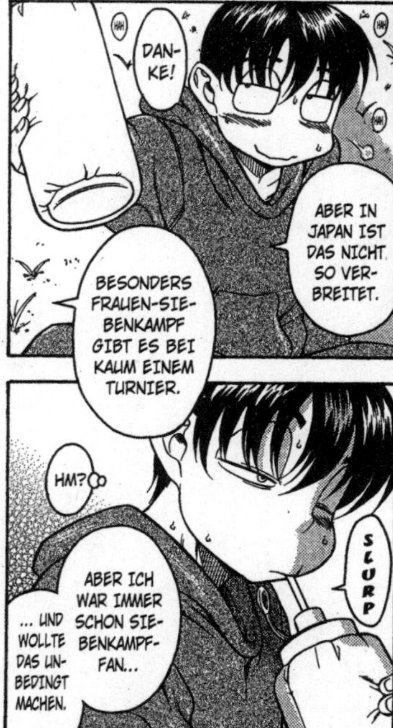
DANKE!
ABER IN JAPAN IST DAS NICHT SO VERBREITET.
BESONDERS FRAUEN-SIEBENKAMPF GIBT ES BEI KAUM EINEM TURNIER.
HM?
SLURP
ABER ICH WAR IMMER SCHON SIEBENKAMPF-FAN...
... UND WOLLTE DAS UNBEDINGT MACHEN.

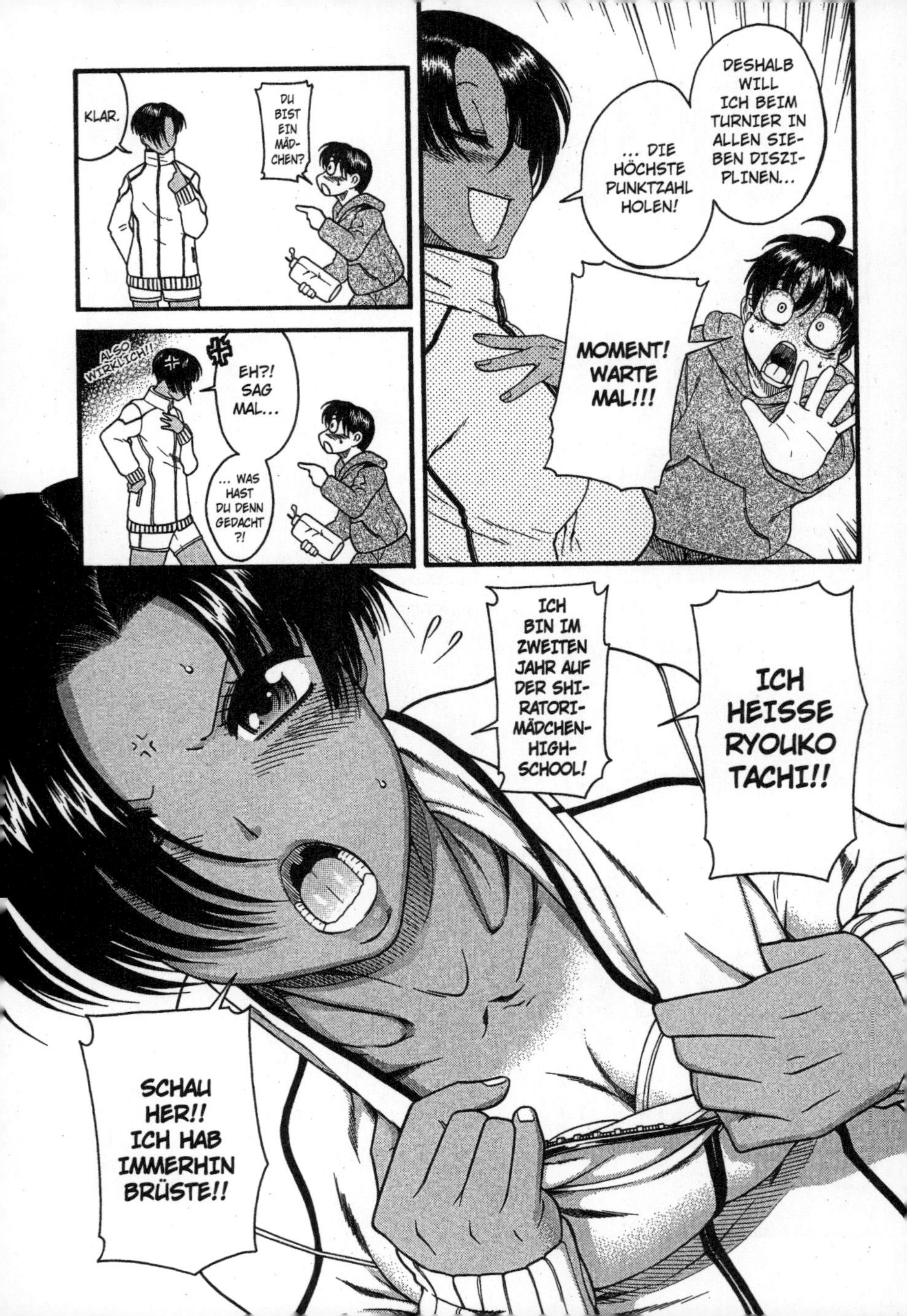
DESHALB WILL ICH BEIM TURNIER IN ALLEN SIEBEN DISZIPLINEN...
... DIE HÖCHSTE PUNKTZAHL HOLEN!
MOMENT! WARTE MAL!!!
DU BIST EIN MÄDCHEN?
KLAR.
EH?! SAG MAL...
... WAS HAST DU DENN GEDACHT?!
ALSO WIRKLICH!!
ICH HEISSE RYOUKO TACHI!!
ICH BIN IM ZWEITEN JAHR AUF DER SHIRATORI-MÄDCHEN-HIGH-SCHOOL!
SCHAU HER!! ICH HAB IMMERHIN BRÜSTE!!

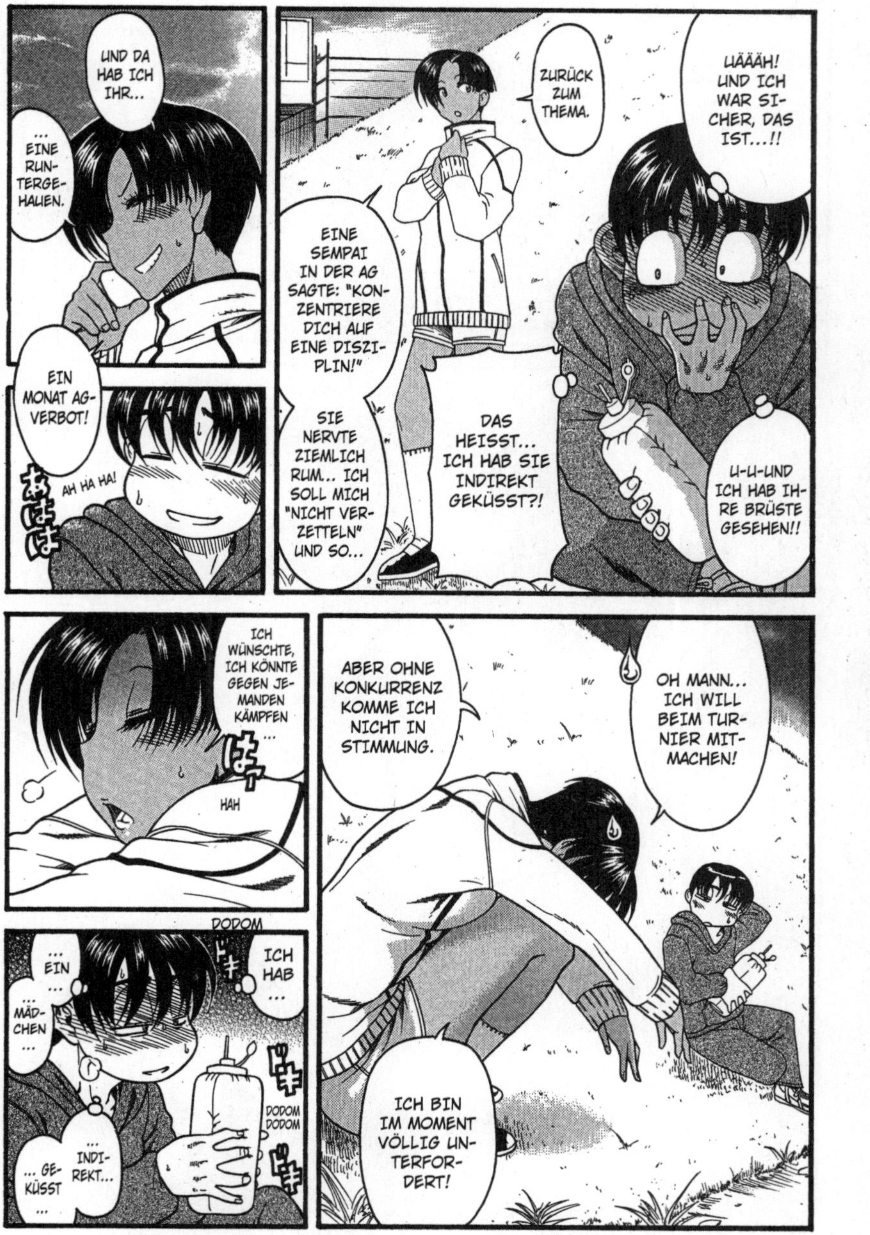

UND DA HAB ICH IHR...
... EINE RUNTERGEHAUEN.
EIN MONAT AG-VERBOT!
AH HA HA!
EINE SEMPAI IN DER AG SAGTE: "KONZENTRIERE DICH AUF EINE DISZIPLIN!"
SIE NERVTE ZIEMLICH RUM... ICH SOLL MICH "NICHT VERZETTELN" UND SO...
ZURÜCK ZUM THEMA.
DAS HEISST... ICH HAB SIE INDIREKT GEKÜSST?!
UÄÄÄH! UND ICH WAR SICHER, DAS IST...!!
U-U-UND ICH HAB IHRE BRÜSTE GESEHEN!!

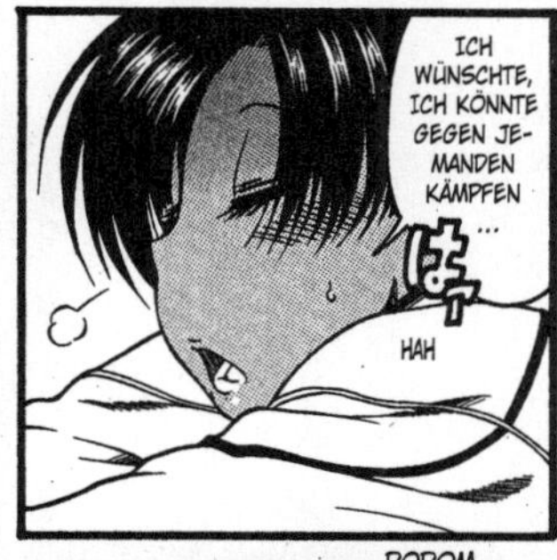

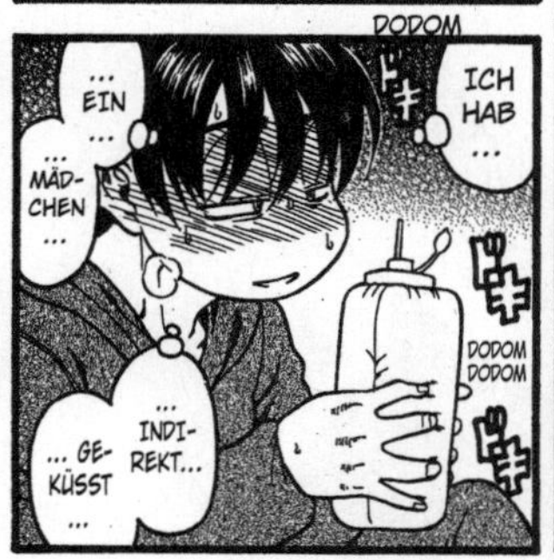

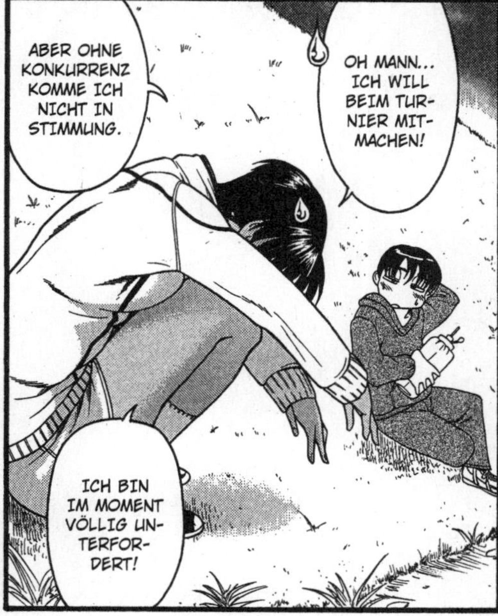

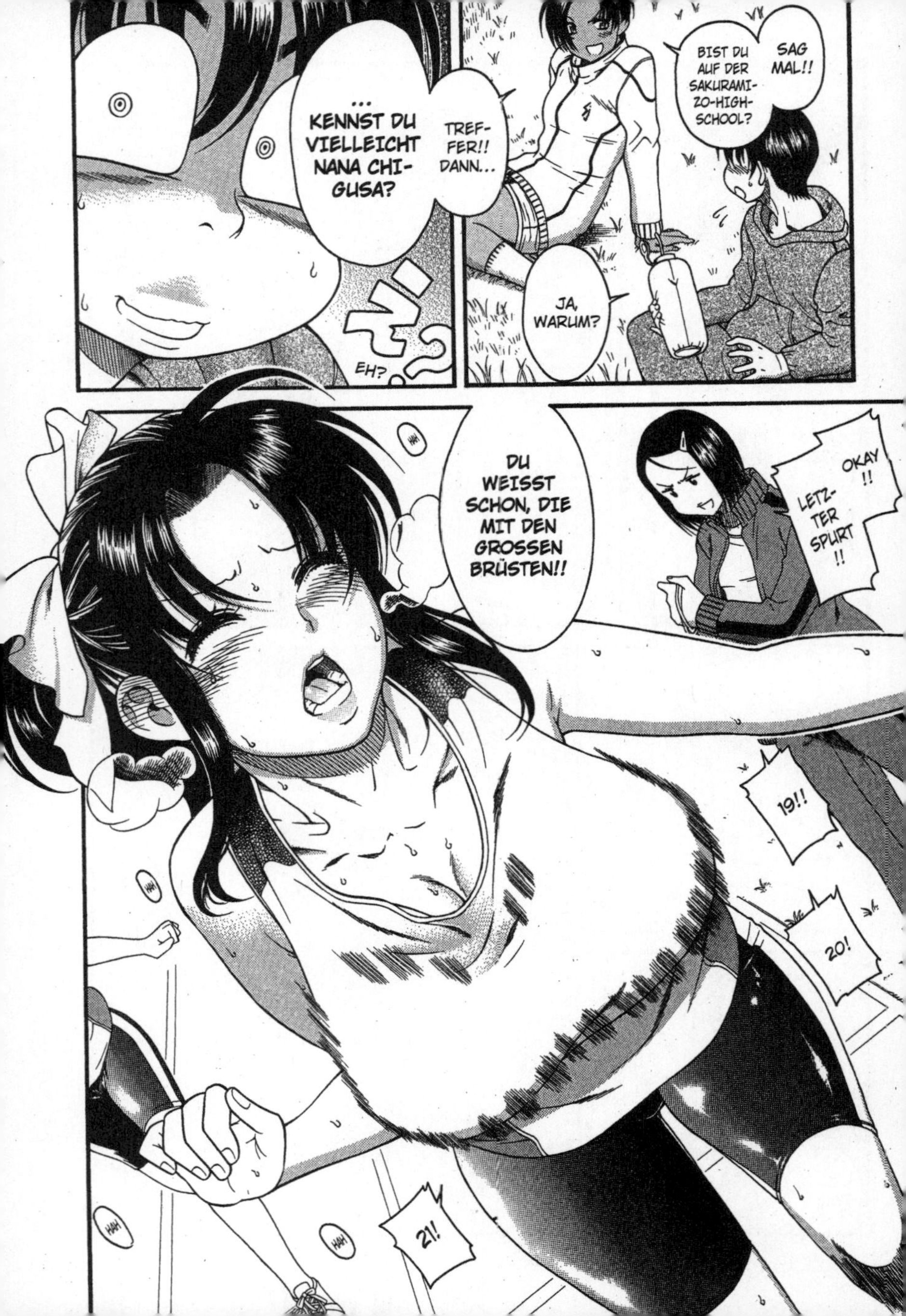
SAG MAL!!
BIST DU AUF DER SAKURAMIZO-HIGH-SCHOOL?
JA, WARUM?
TREFFER!! DANN...
... KENNST DU VIELLEICHT NANA CHI-GUSA?
EH?
OKAY!!
LETZTER SPURT!!
DU WEISST SCHON, DIE MIT DEN GROSSEN BRÜSTEN!!
HAH
HAH
19!!
20!
HAH
HAH
21!

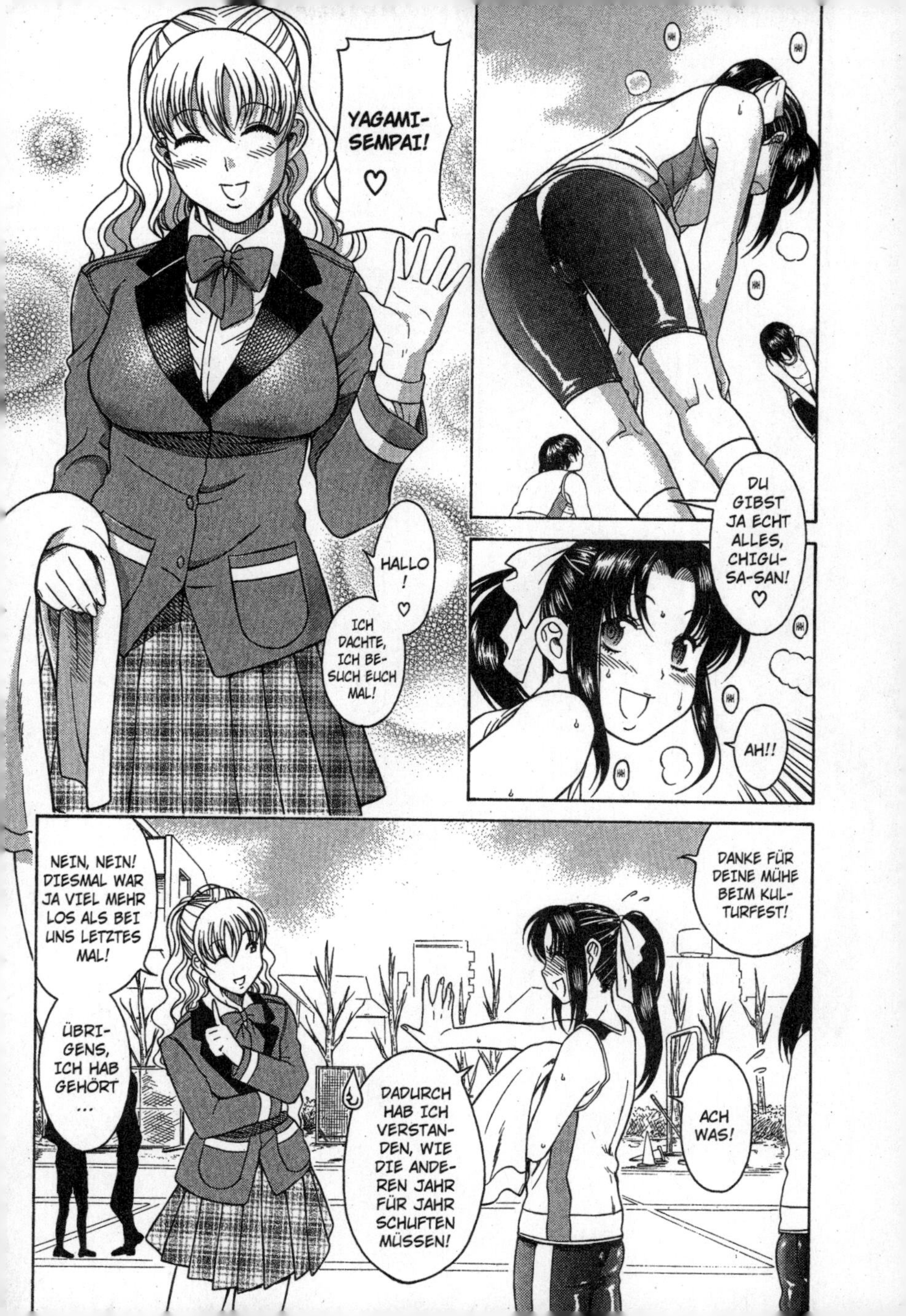

DU GIBST JA ECHT ALLES, CHIGUSA-SAN! ♡

AH!!

YAGAMI-SEMPAI! ♡

HALLO! ♡

ICH DACHTE, ICH BESUCH EUCH MAL!

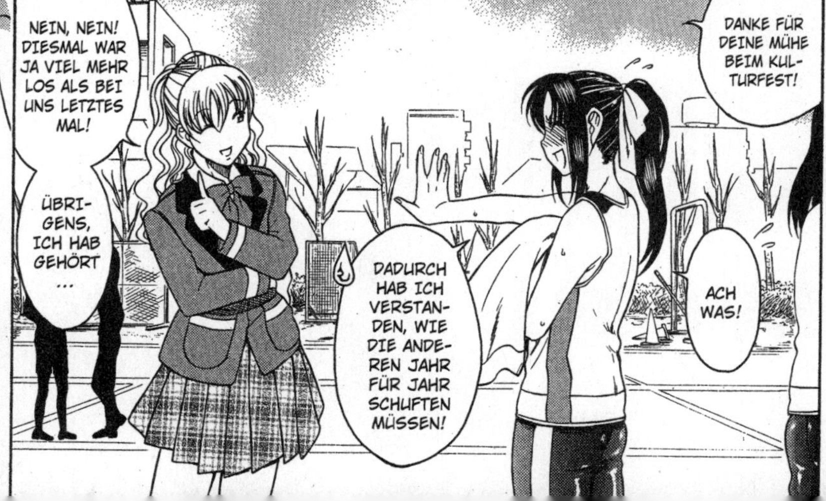

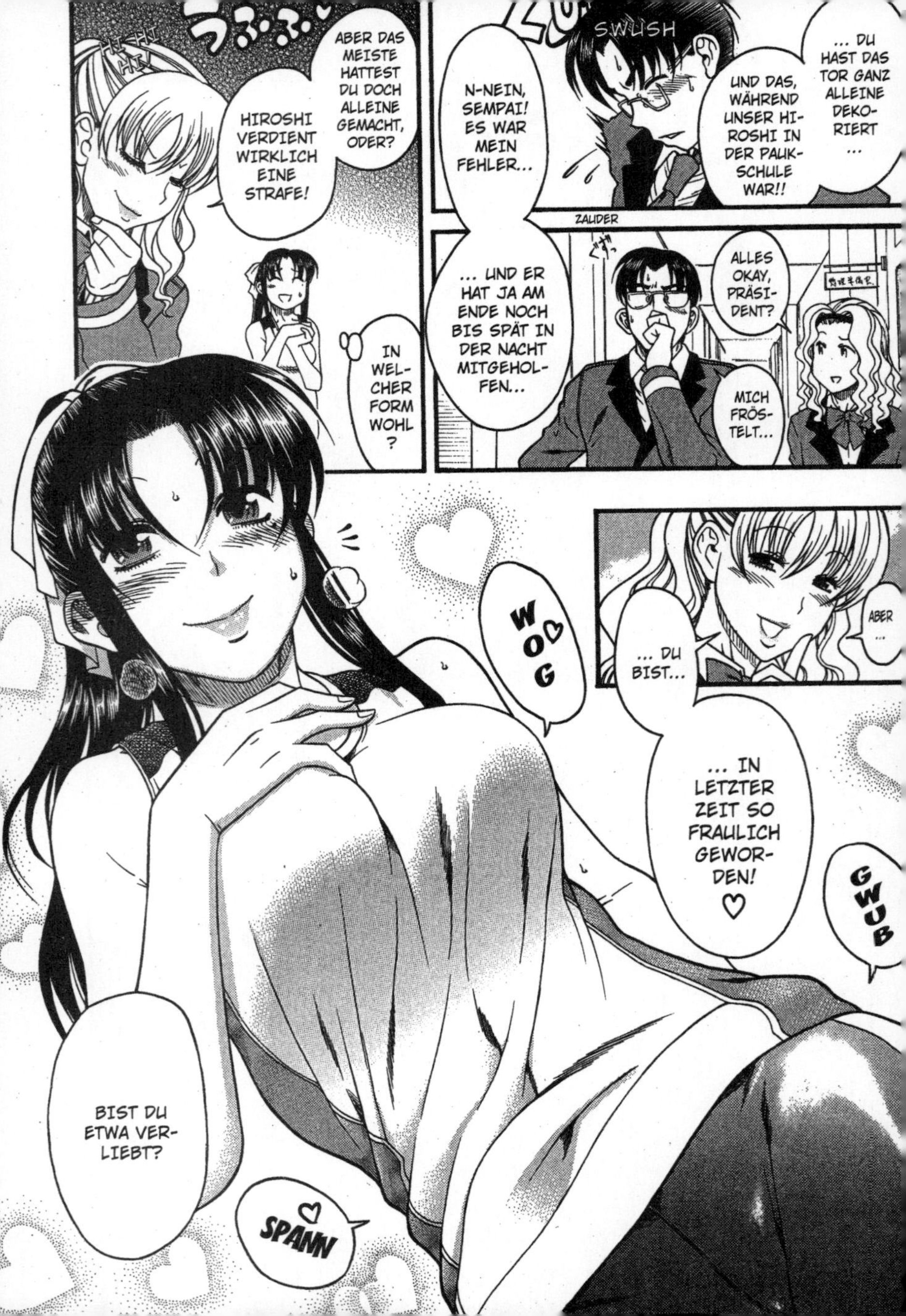
SWUSH
... DU HAST DAS TOR GANZ ALLEINE DEKO-RIERT ...
UND DAS, WÄHREND UNSER HI-ROSHI IN DER PAUK-SCHULE WAR!!
N-NEIN, SEMPAI! ES WAR MEIN FEHLER...
ABER DAS MEISTE HATTEST DU DOCH ALLEINE GEMACHT, ODER?
HIROSHI VERDIENT WIRKLICH EINE STRAFE!
ZAUDER
ALLES OKAY, PRÄSIDENT?
MICH FRÖSTELT...
... UND ER HAT JA AM ENDE NOCH BIS SPÄT IN DER NACHT MITGEHOL-FEN...
IN WEL-CHER FORM WOHL?
ABER ...
... DU BIST...
... IN LETZTER ZEIT SO FRAULICH GEWOR-DEN! ♡
GWUB
WOG ♡
BIST DU ETWA VER-LIEBT?
SPANN ♡

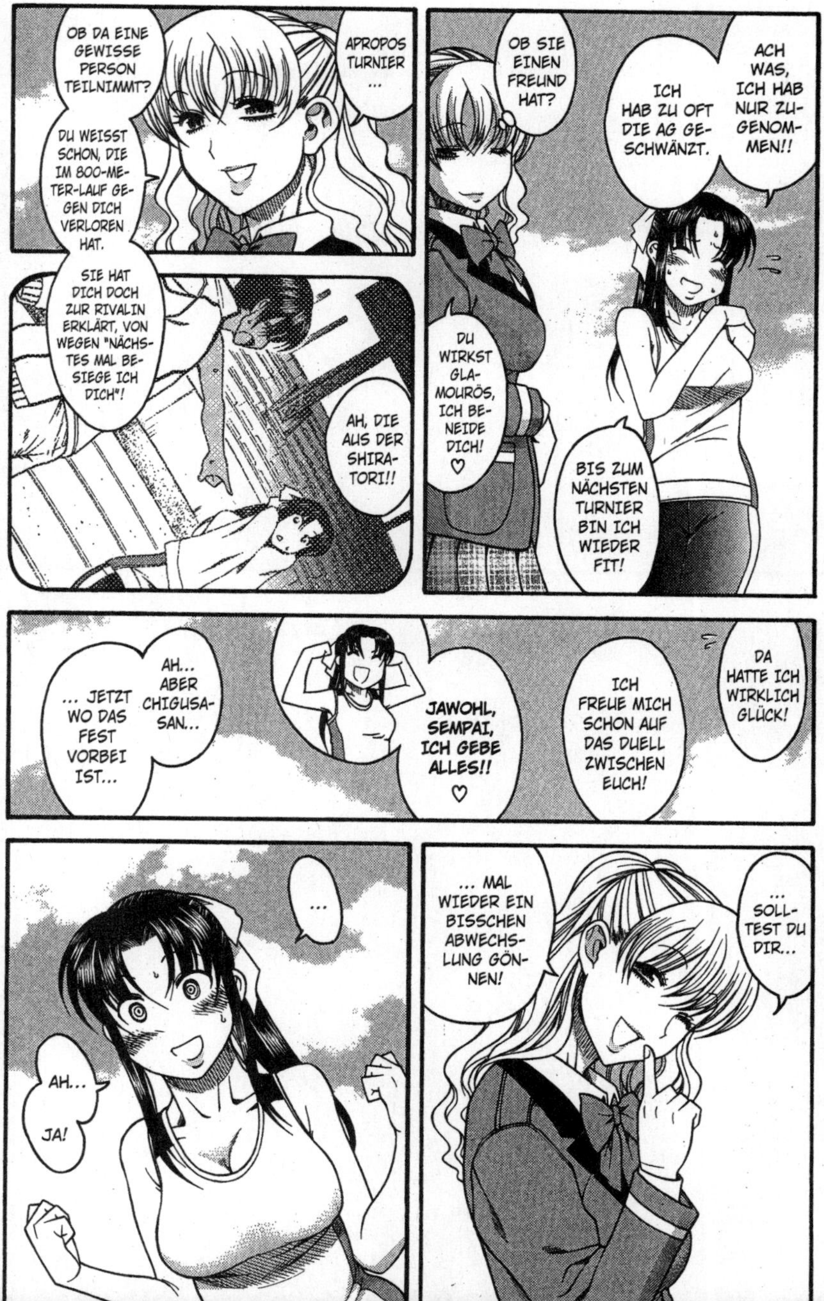

DU WIRKST GLAMOURÖS, ICH BENEIDE DICH! ♡

ACH WAS, ICH HAB NUR ZUGENOMMEN!!

ICH HAB ZU OFT DIE AG GESCHWÄNZT.

BIS ZUM NÄCHSTEN TURNIER BIN ICH WIEDER FIT!

OB SIE EINEN FREUND HAT?

APROPOS TURNIER ...

OB DA EINE GEWISSE PERSON TEILNIMMT?

DU WEISST SCHON, DIE IM 800-METER-LAUF GEGEN DICH VERLOREN HAT.

SIE HAT DICH DOCH ZUR RIVALIN ERKLÄRT, VON WEGEN "NÄCHSTES MAL BESIEGE ICH DICH"!

AH, DIE AUS DER SHIRATORI!!

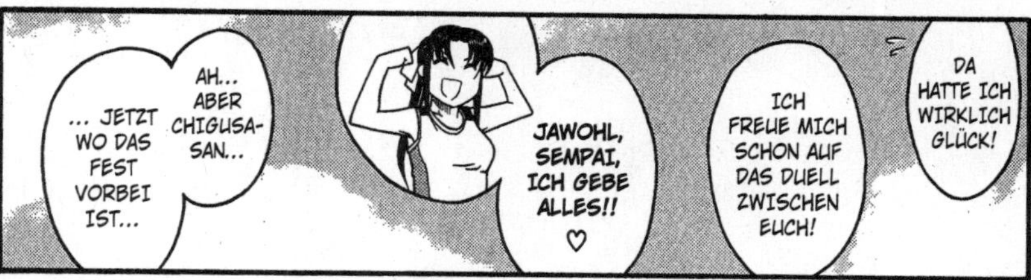

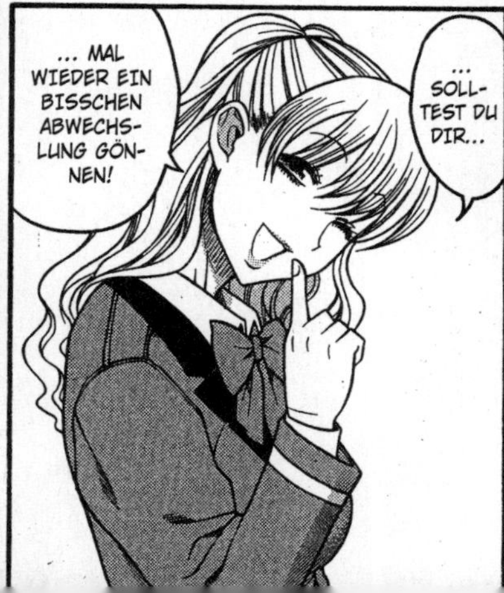

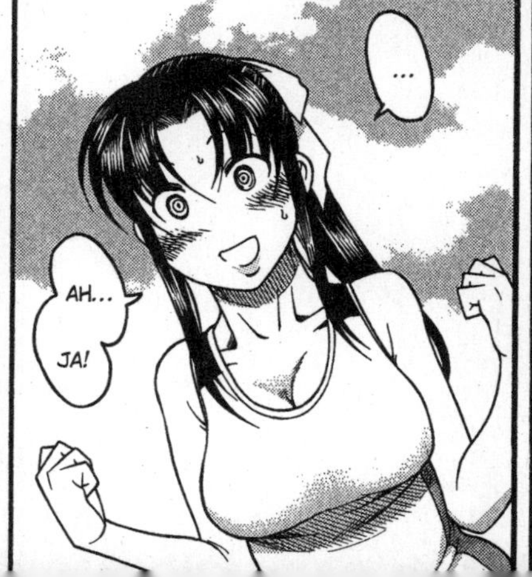

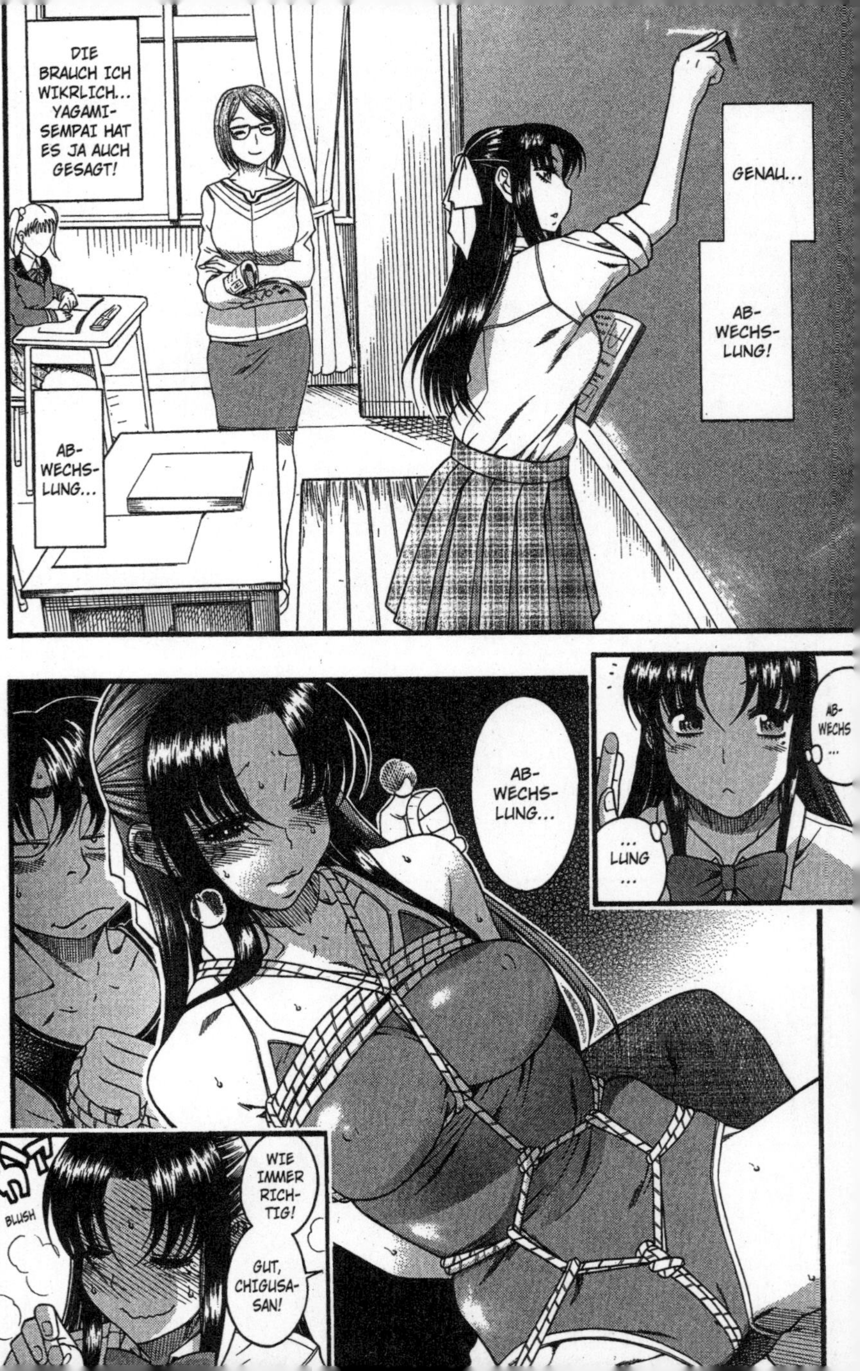

GENAU...

AB-WECHS-LUNG!

DIE BRAUCH ICH WIKRLICH... YAGAMI-SEMPAI HAT ES JA AUCH GESAGT!

AB-WECHS-LUNG...

AB-WECHS ...

... LUNG ...

AB-WECHS-LUNG...

WIE IMMER RICH-TIG!

GUT, CHIGUSA-SAN!

BLUSH

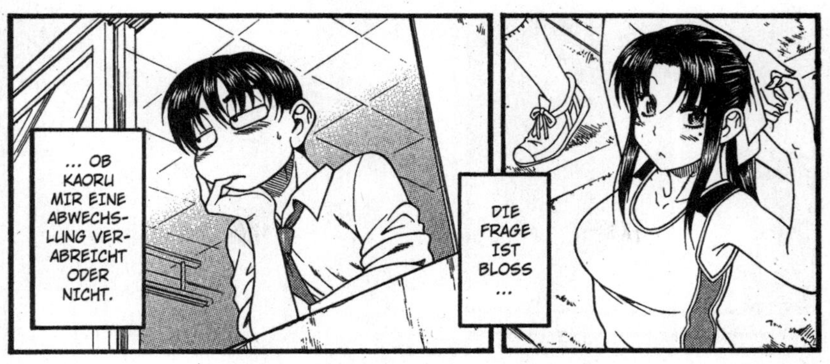
DIE FRAGE IST BLOSS ...
... OB KAORU MIR EINE ABWECHSLUNG VERABREICHT ODER NICHT.

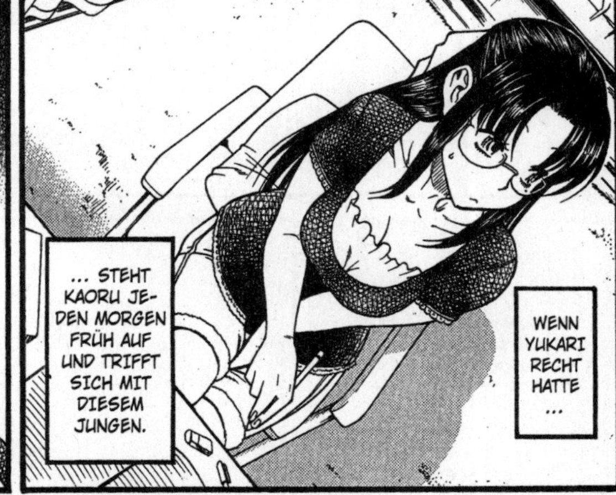
WENN YUKARI RECHT HATTE ...
... STEHT KAORU JEDEN MORGEN FRÜH AUF UND TRIFFT SICH MIT DIESEM JUNGEN.

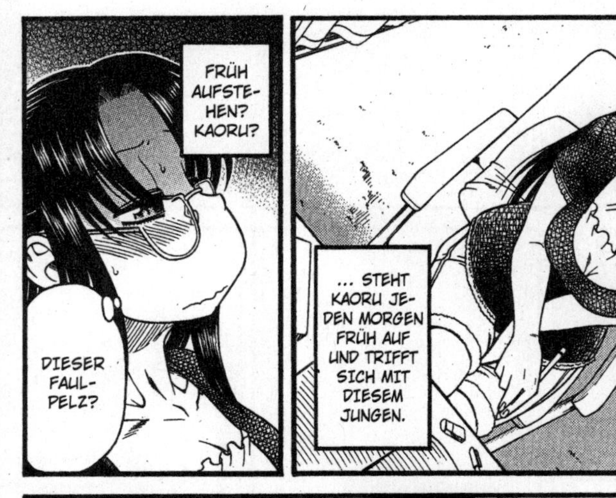
FRÜH AUFSTEHEN? KAORU?
DIESER FAULPELZ?

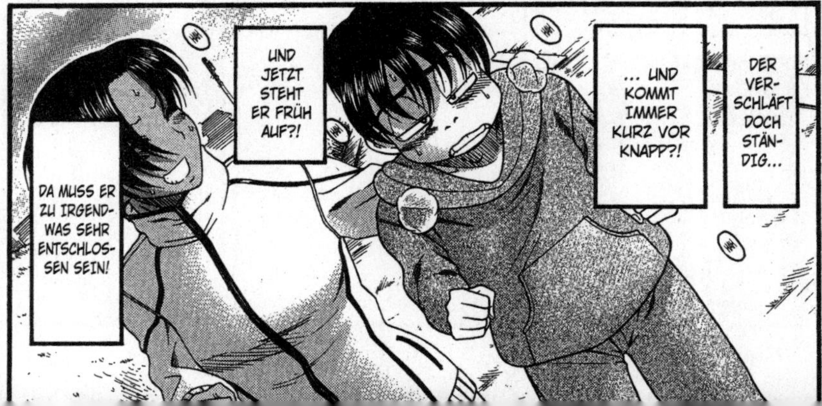
DER VERSCHLÄFT DOCH STÄNDIG...
... UND KOMMT IMMER KURZ VOR KNAPP?!
UND JETZT STEHT ER FRÜH AUF?!
DA MUSS ER ZU IRGENDWAS SEHR ENTSCHLOSSEN SEIN!

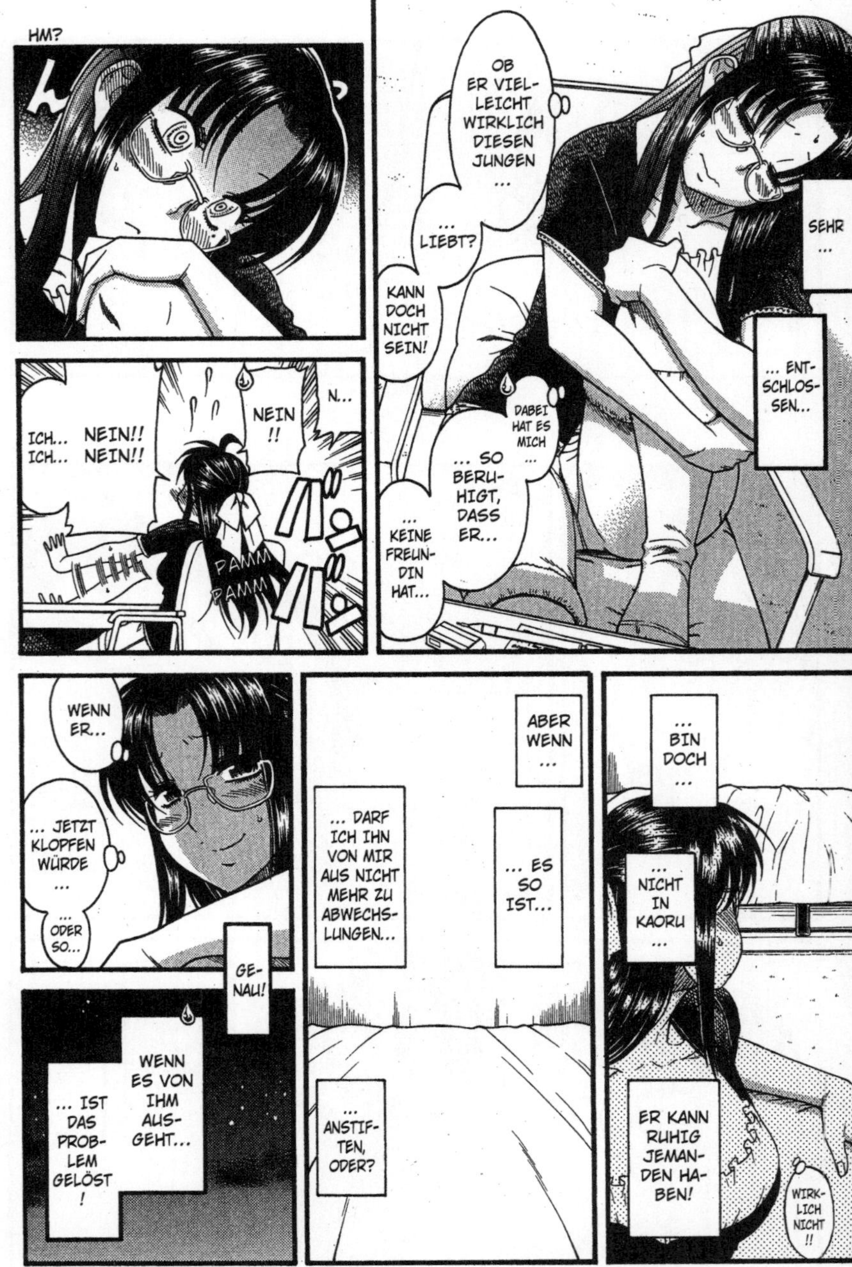
SEHR ...
... ENTSCHLOSSEN...
OB ER VIELLEICHT WIRKLICH DIESEN JUNGEN ...
... LIEBT?
KANN DOCH NICHT SEIN!
DABEI HAT ES MICH ...
... SO BERUHIGT, DASS ER...
... KEINE FREUNDIN HAT...
HM?
N...
NEIN !!
ICH... NEIN!! ICH... NEIN!!
PAMM PAMM
... BIN DOCH ...
... NICHT IN KAORU ...
ER KANN RUHIG JEMANDEN HABEN!
WIRKLICH NICHT !!
ABER WENN ...
... ES SO IST...
... DARF ICH IHN VON MIR AUS NICHT MEHR ZU ABWECHSLUNGEN...
... ANSTIFTEN, ODER?
WENN ER...
... JETZT KLOPFEN WÜRDE ...
... ODER SO...
GENAU!
WENN ES VON IHM AUSGEHT...
... IST DAS PROBLEM GELÖST!

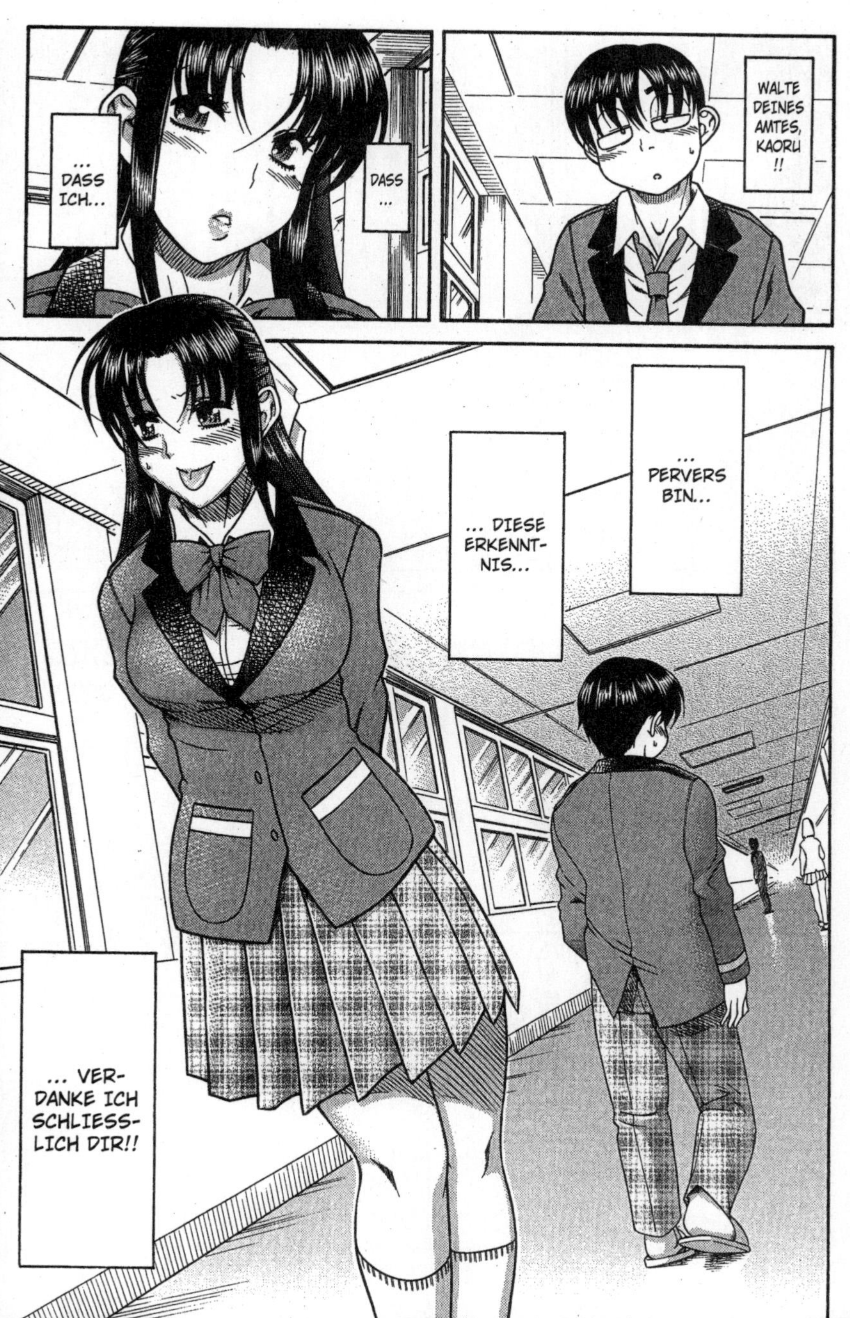
WALTE DEINES AMTES, KAORU !!
DASS ...
... DASS ICH...
... PERVERS BIN...
... DIESE ERKENNTNIS...
... VERDANKE ICH SCHLIESSLICH DIR!!

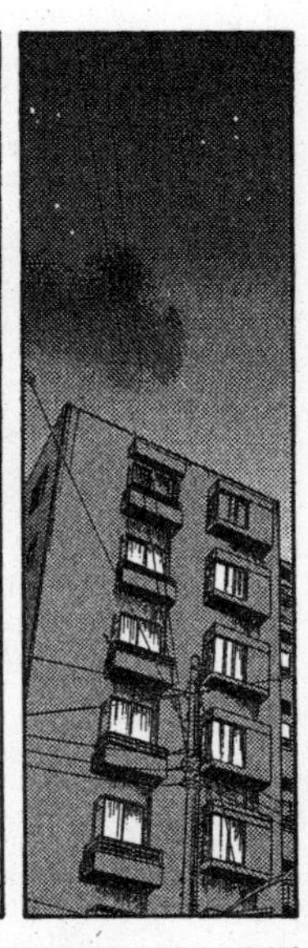
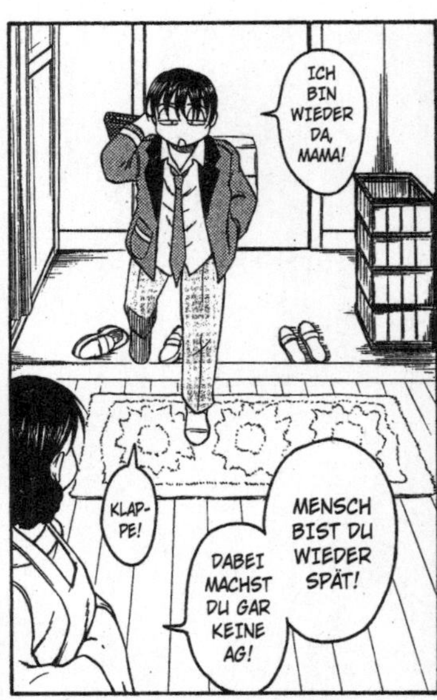
ICH BIN WIEDER DA, MAMA!
MENSCH BIST DU WIEDER SPÄT!
DABEI MACHST DU GAR KEINE AG!
KLAPPE!
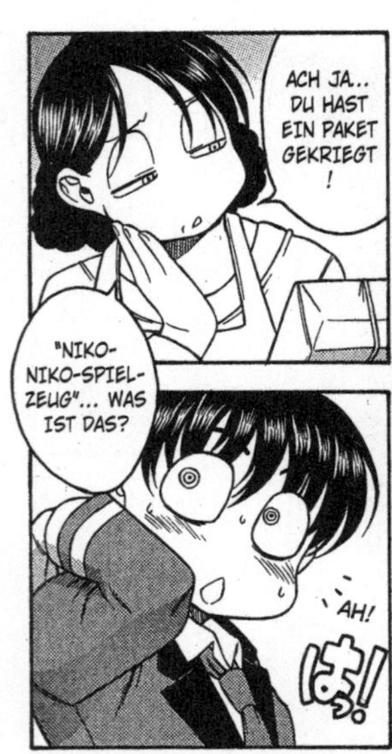
ACH JA... DU HAST EIN PAKET GEKRIEGT!
"NIKO-NIKO-SPIELZEUG"... WAS IST DAS?
AH!
はっ!
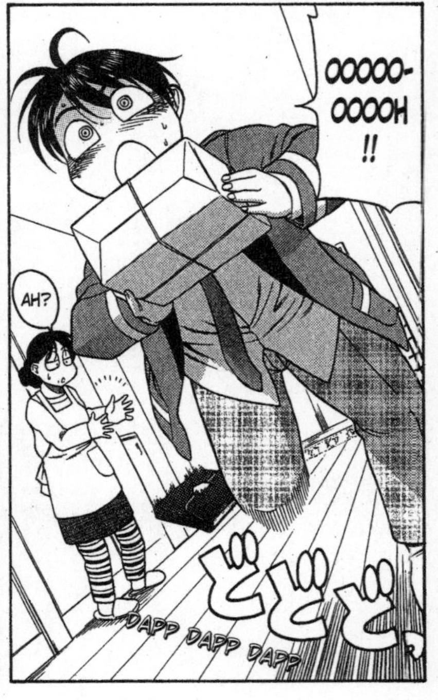
OOOOO-OOOOH!!
AH?
どどど
DAPP DAPP DAPP
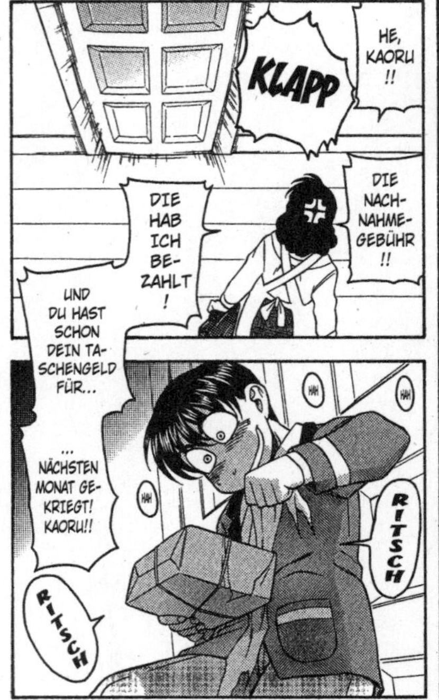
HE, KAORU!!
KLAPP
DIE NACHNAHMEGEBÜHR!!
DIE HAB ICH BEZAHLT!
UND DU HAST SCHON DEIN TASCHENGELD FÜR...
... NÄCHSTEN MONAT GEKRIEGT! KAORU!!
HAH
HAH
HAH
RITSCH
RITSCH

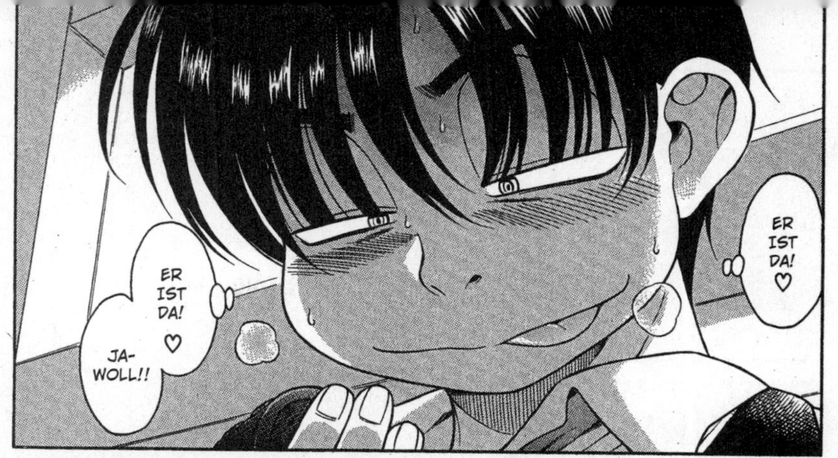

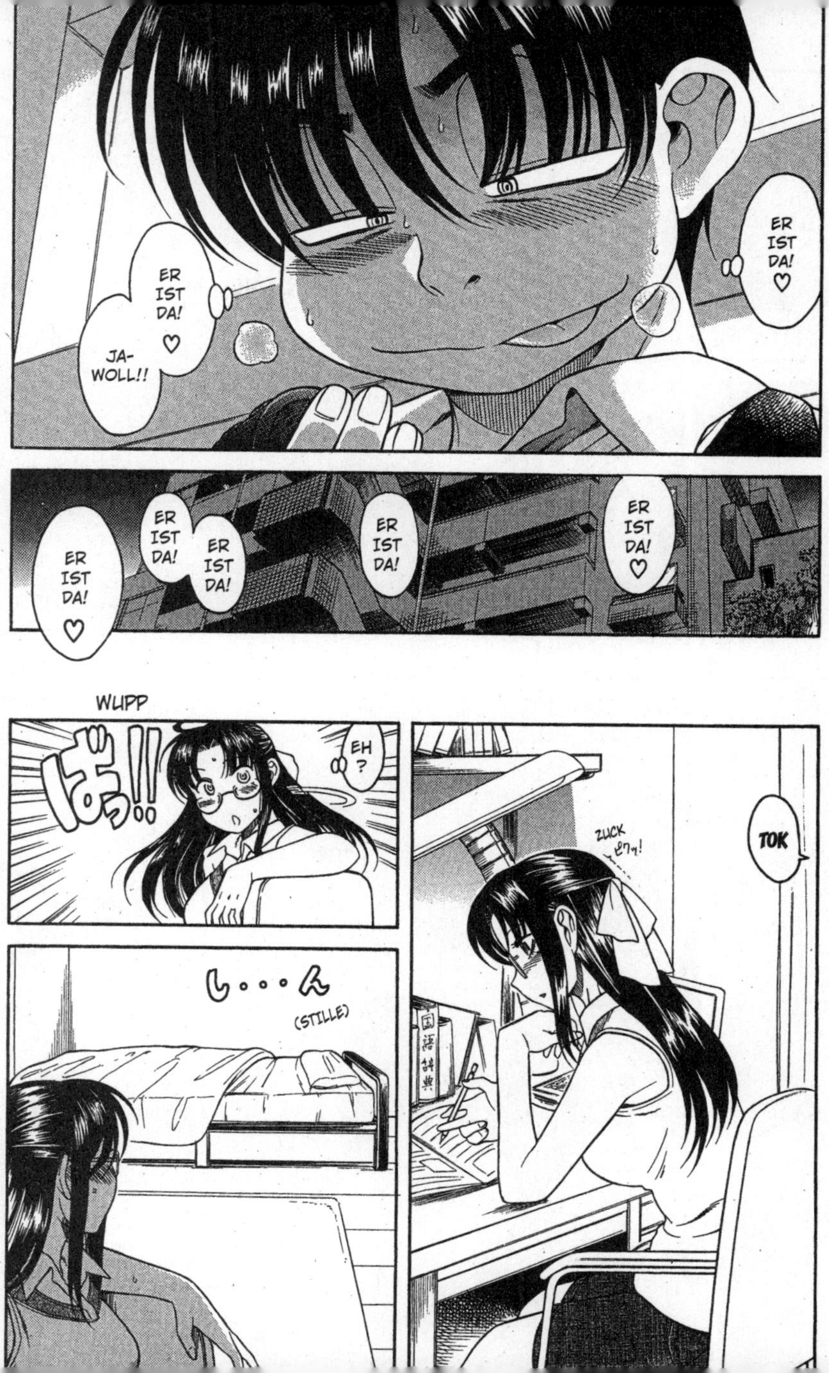

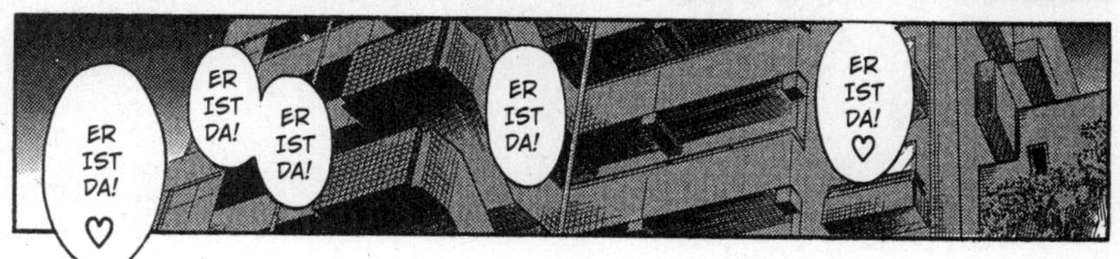

TOK

ZUCK ピクッ!

WUPP

ぱっ!!

EH?

し・・・ん

(STILLE)

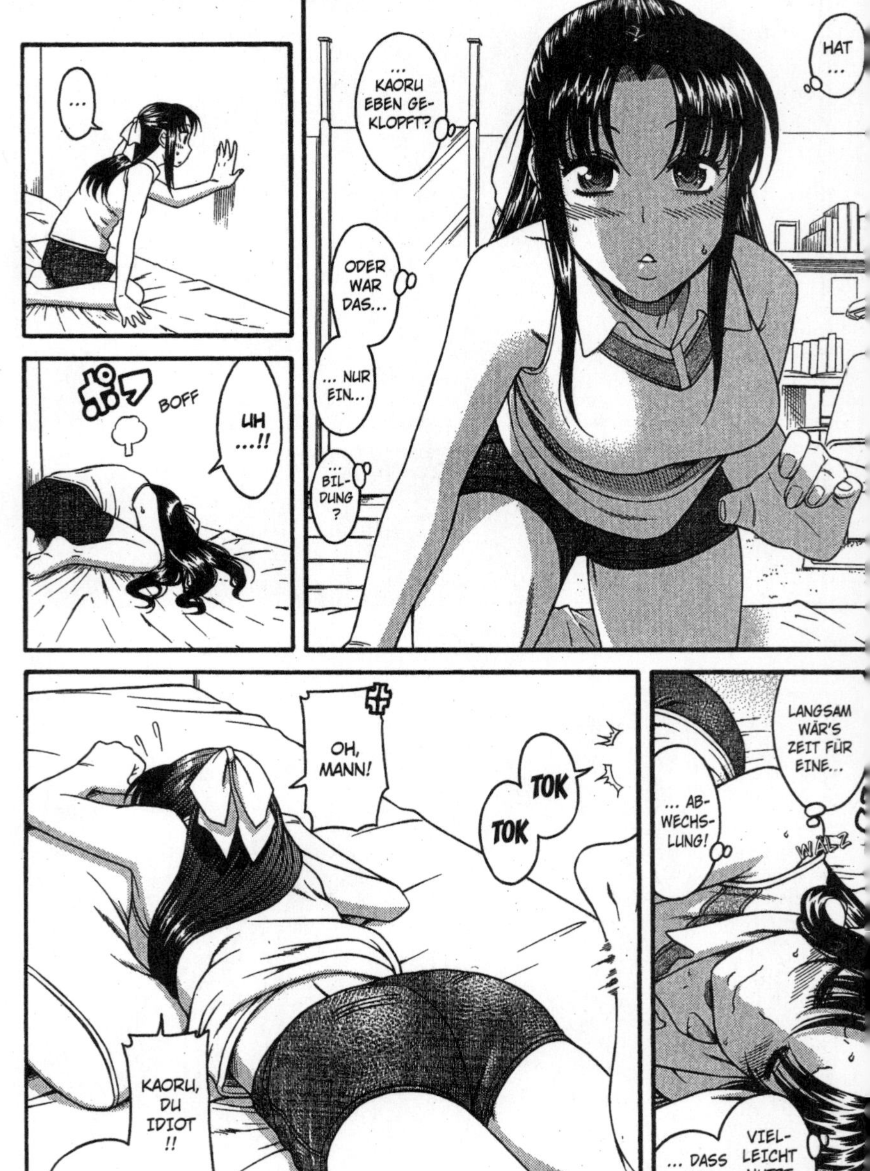
HAT …
… KAORU EBEN GE-KLOPFT?
ODER WAR DAS…
… NUR EIN…
… BIL-DUNG ?
…
BOFF
UH …!!
LANGSAM WÄR'S ZEIT FÜR EINE…
… AB-WECHS-LUNG!
VIEL-LEICHT NUTZT ER ES AUS…
… DASS ICH IMMER ZUERST KLOPFE.
TOK
TOK
OH, MANN!
KAORU, DU IDIOT !!
SO KANN ICH NICHT LERNEN!!

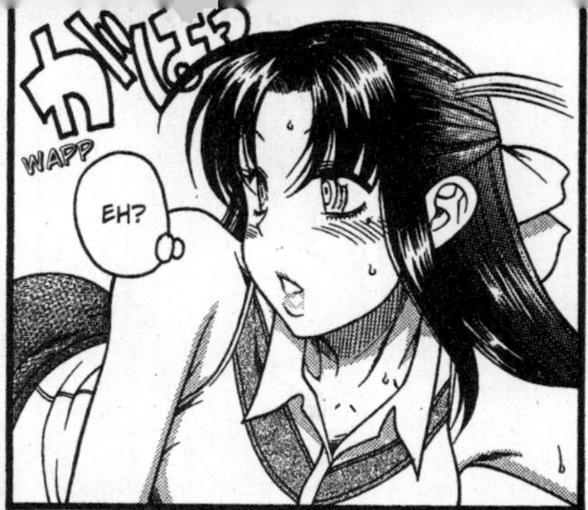
WAPP
EH?

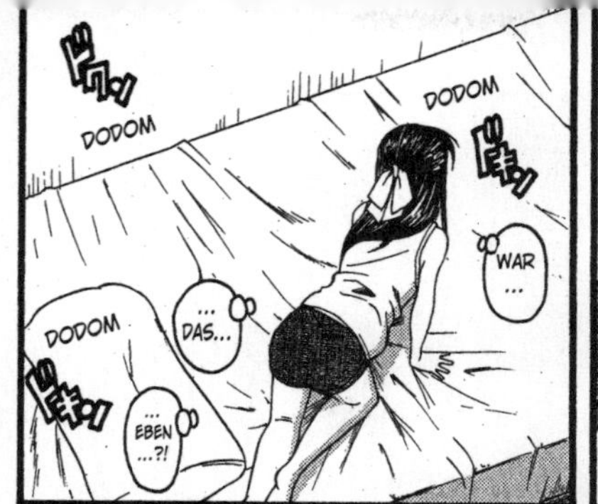
DODOM
WAR ...
DODOM
... DAS...
DODOM
... EBEN ...?!

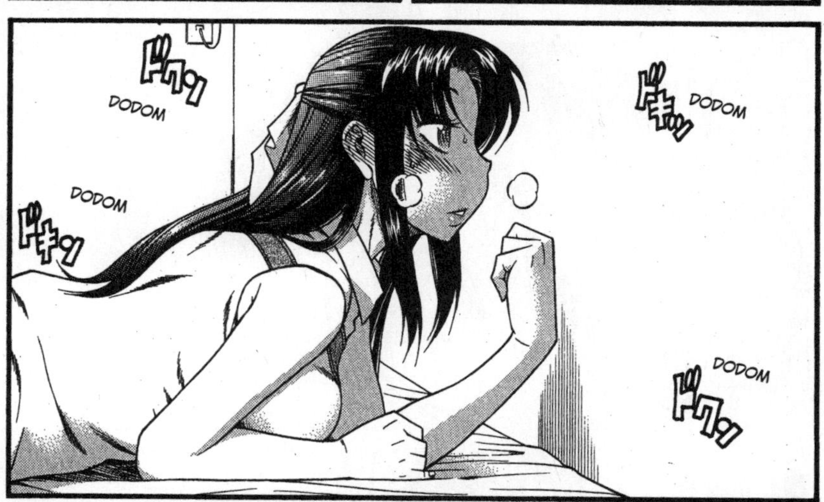
DODOM
DODOM
DODOM
DODOM

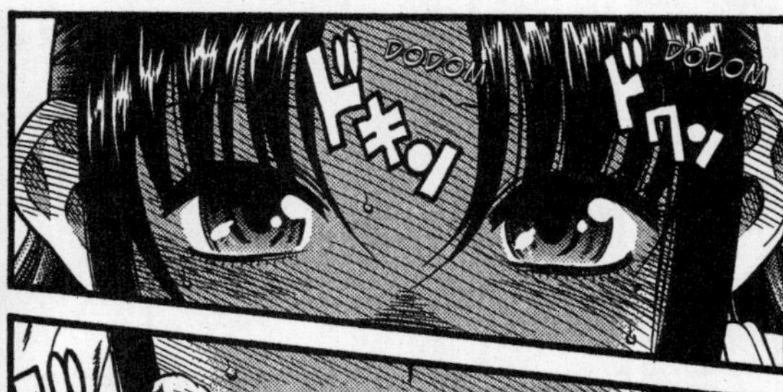
DODOM
DODOM

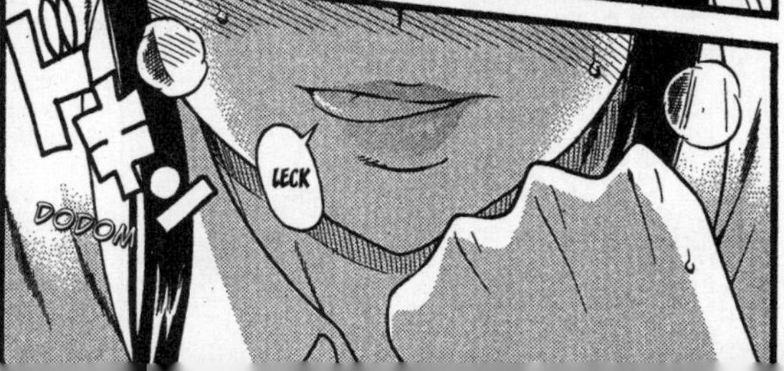
LECK
DODOM

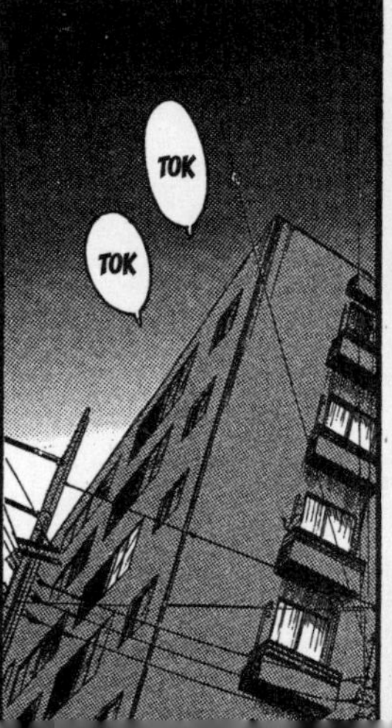
TOK
TOK

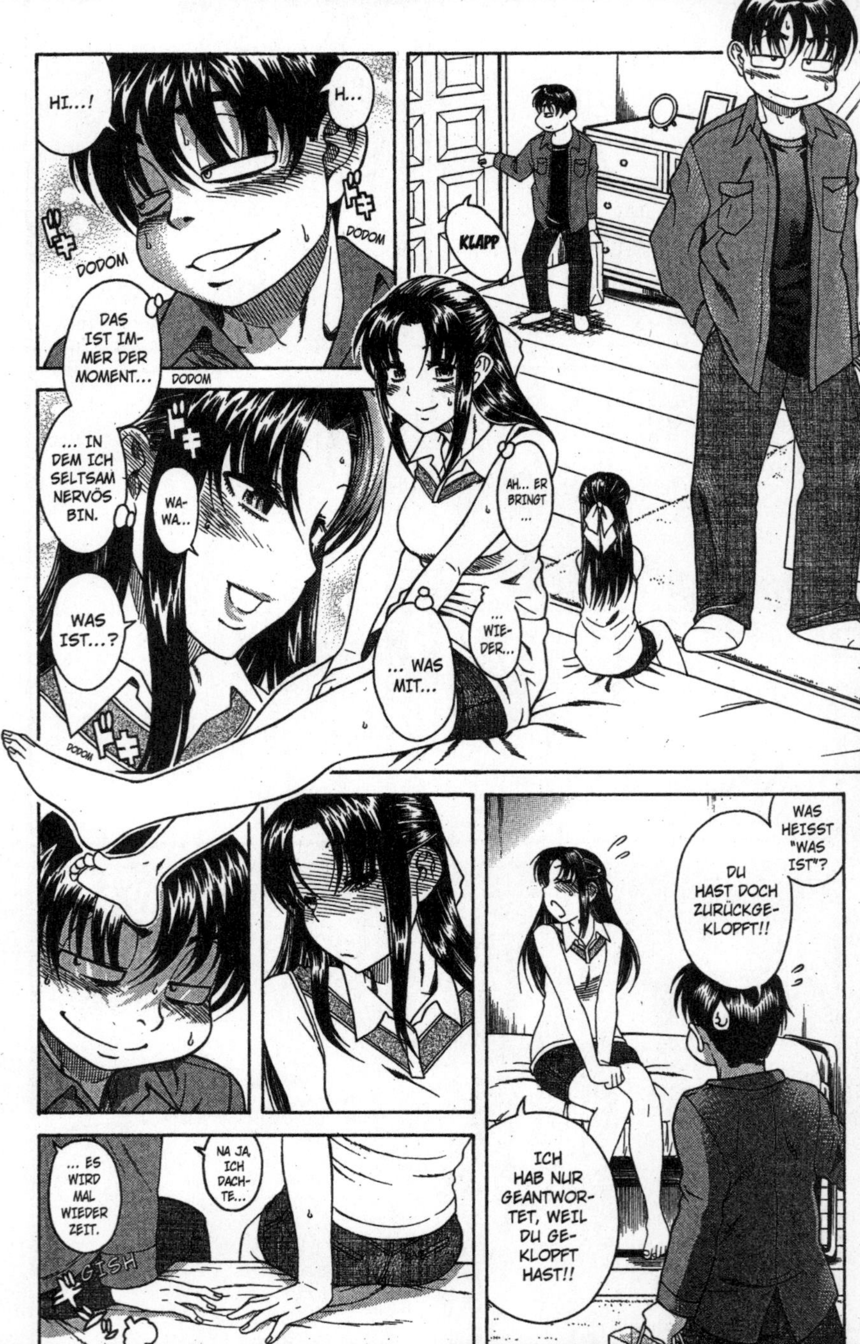

KLAPP
H...
HI...!
DODOM
DODOM
DAS IST IMMER DER MOMENT...
DODOM
... IN DEM ICH SELTSAM NERVÖS BIN.
AH... ER BRINGT ...
... WIEDER...
... WAS MIT...
WAWA...
WAS IST...?
DODOM
WAS HEISST "WAS IST"?
DU HAST DOCH ZURÜCKGEKLOPFT!!
ICH HAB NUR GEANTWORTET, WEIL DU GEKLOPFT HAST!!
NA JA, ICH DACHTE...
... ES WIRD MAL WIEDER ZEIT.
GISH

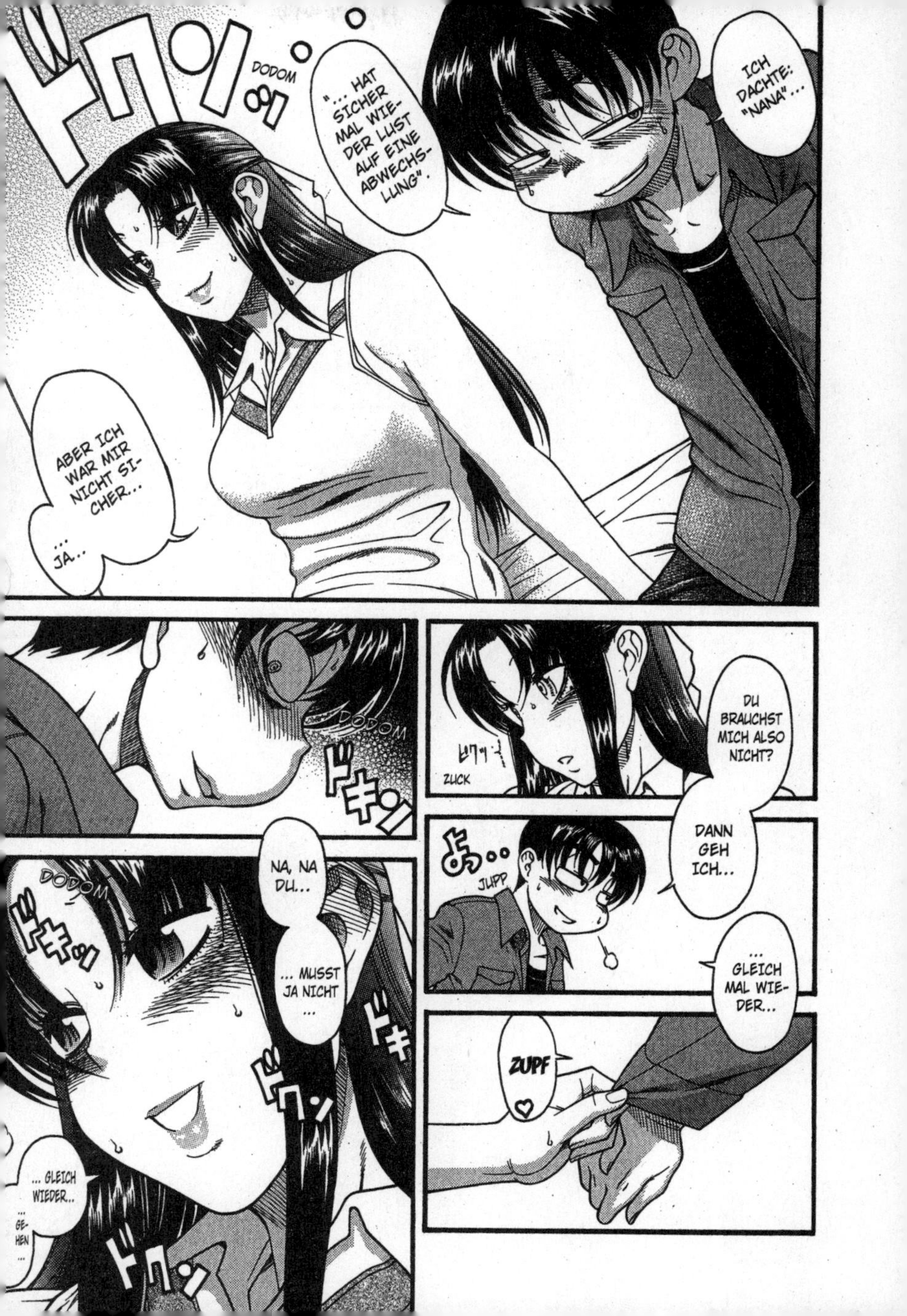

ICH DACHTE: "NANA"...
"... HAT SICHER MAL WIEDER LUST AUF EINE ABWECHSLUNG".
DODOM
ABER ICH WAR MIR NICHT SICHER...
... JA...
DU BRAUCHST MICH ALSO NICHT?
ZUCK
DODOM
DANN GEH ICH...
JUPP
... GLEICH MAL WIEDER...
NA, NA DU...
... MUSST JA NICHT ...
DODOM
ZUPF
... GLEICH WIEDER...
... GEHEN ...

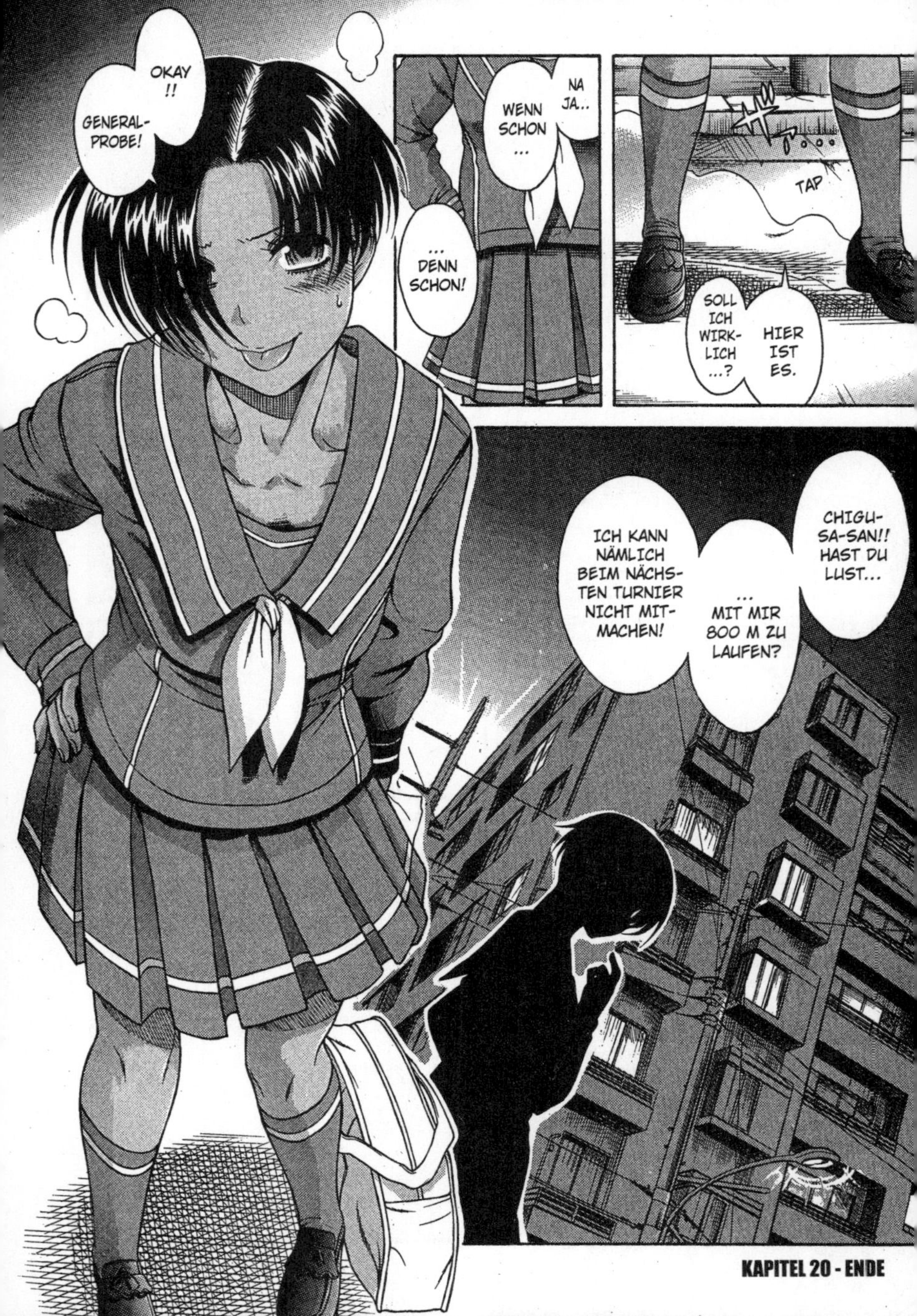

KAPITEL 20 - ENDE

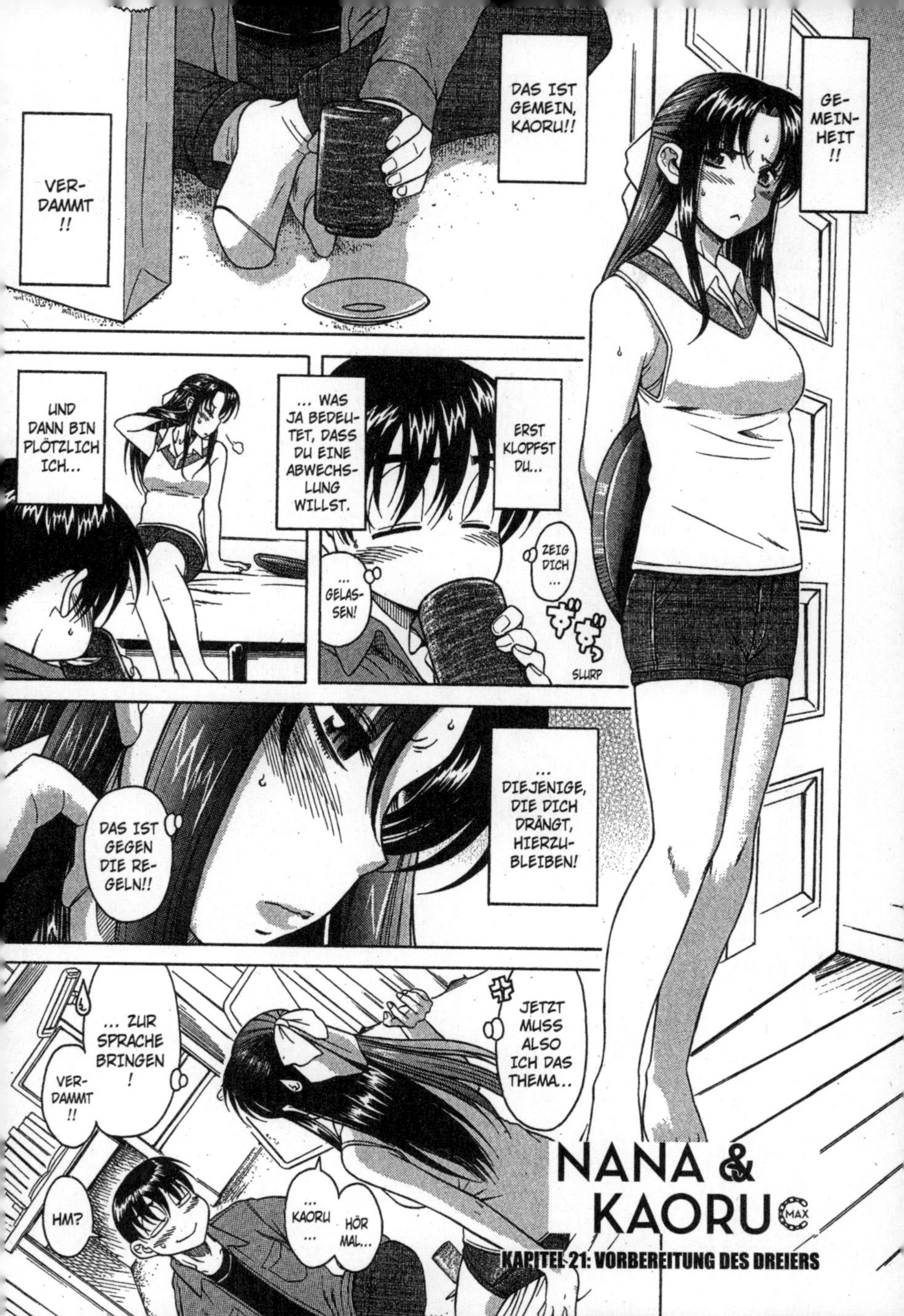
GEMEINHEIT!!
DAS IST GEMEIN, KAORU!!
VERDAMMT!!
ERST KLOPFST DU...
ZEIG DICH ...
SLURP
... WAS JA BEDEUTET, DASS DU EINE ABWECHSLUNG WILLST.
... GELASSEN!
UND DANN BIN PLÖTZLICH ICH...
... DIEJENIGE, DIE DICH DRÄNGT, HIERZUBLEIBEN!
DAS IST GEGEN DIE REGELN!!
JETZT MUSS ALSO ICH DAS THEMA...
... ZUR SPRACHE BRINGEN!
VERDAMMT!!
... KAORU ...
HÖR MAL...
HM?
NANA & KAORU MAX
KAPITEL 21: VORBEREITUNG DES DREIERS

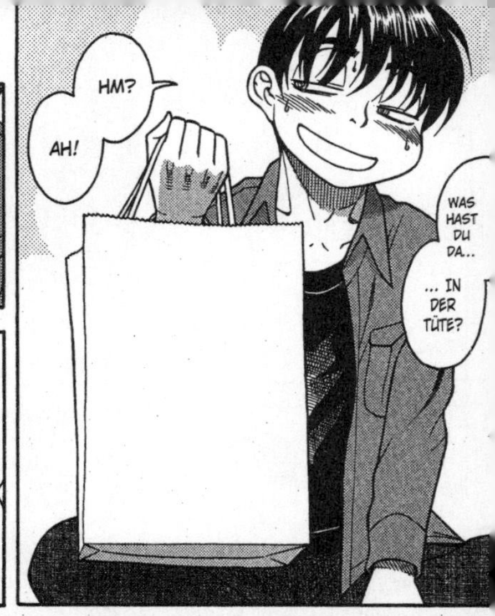
HM?
AH!
WAS HAST DU DA...
... IN DER TÜTE?

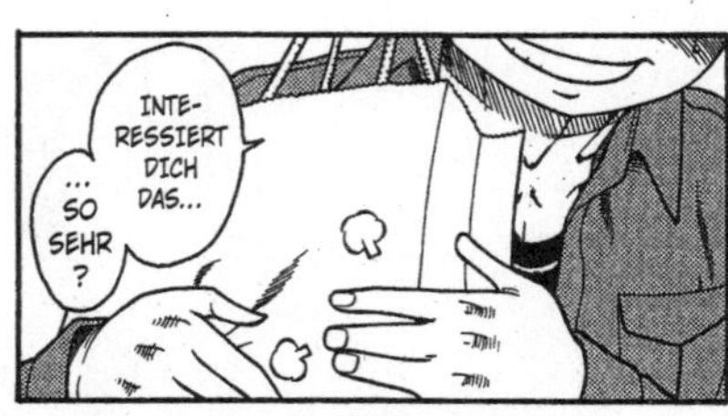
INTERESSIERT DICH DAS...
... SO SEHR?

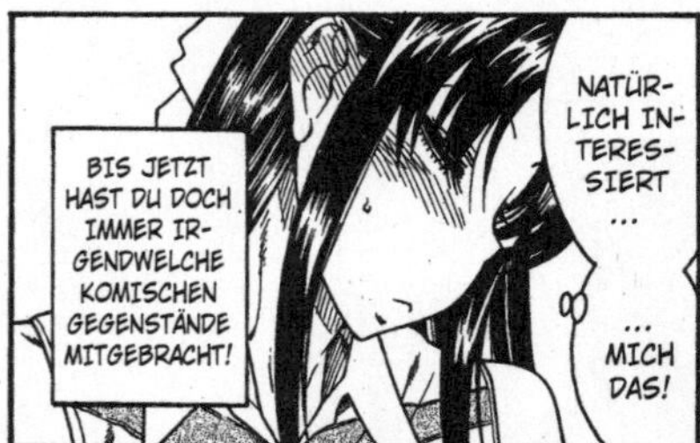
NATÜRLICH INTERESSIERT ...
... MICH DAS!
BIS JETZT HAST DU DOCH IMMER IRGENDWELCHE KOMISCHEN GEGENSTÄNDE MITGEBRACHT!

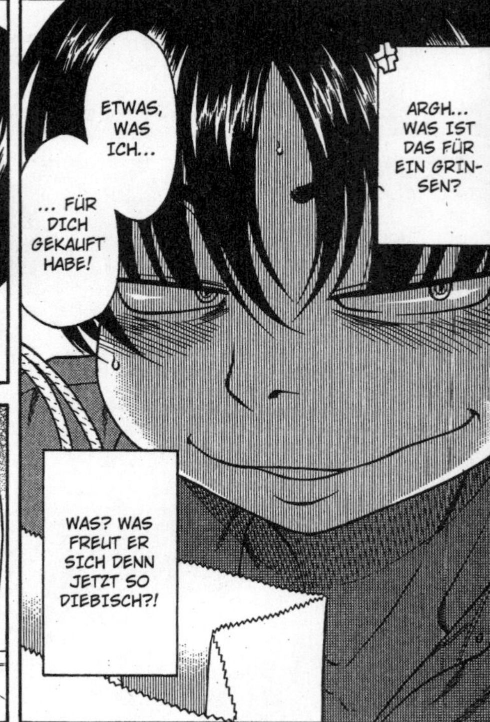
ARGH... WAS IST DAS FÜR EIN GRINSEN?
ETWAS, WAS ICH...
... FÜR DICH GEKAUFT HABE!
WAS? WAS FREUT ER SICH DENN JETZT SO DIEBISCH?!

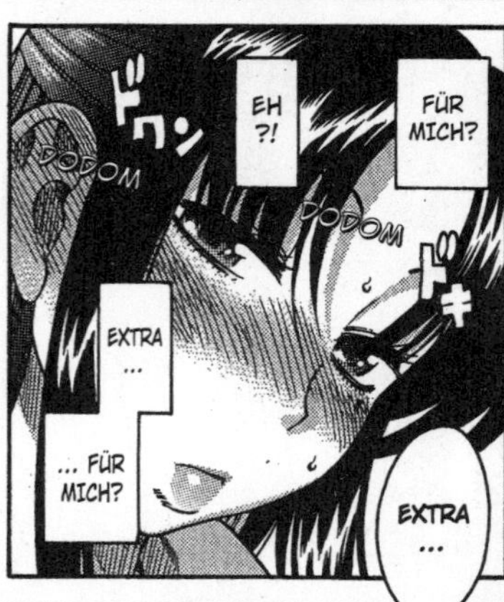
FÜR MICH?
EH?!
DODOM
DODOM
EXTRA ...
... FÜR MICH?
EXTRA ...
... FÜR DIE PERVERSE NANA! ♡

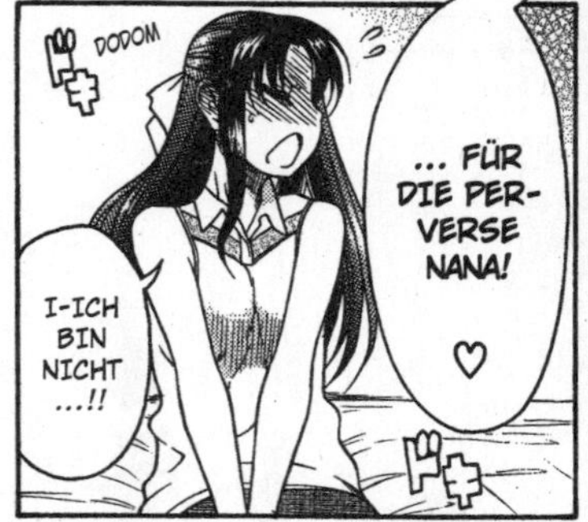
DODOM
I-ICH BIN NICHT ...!!

DODOM

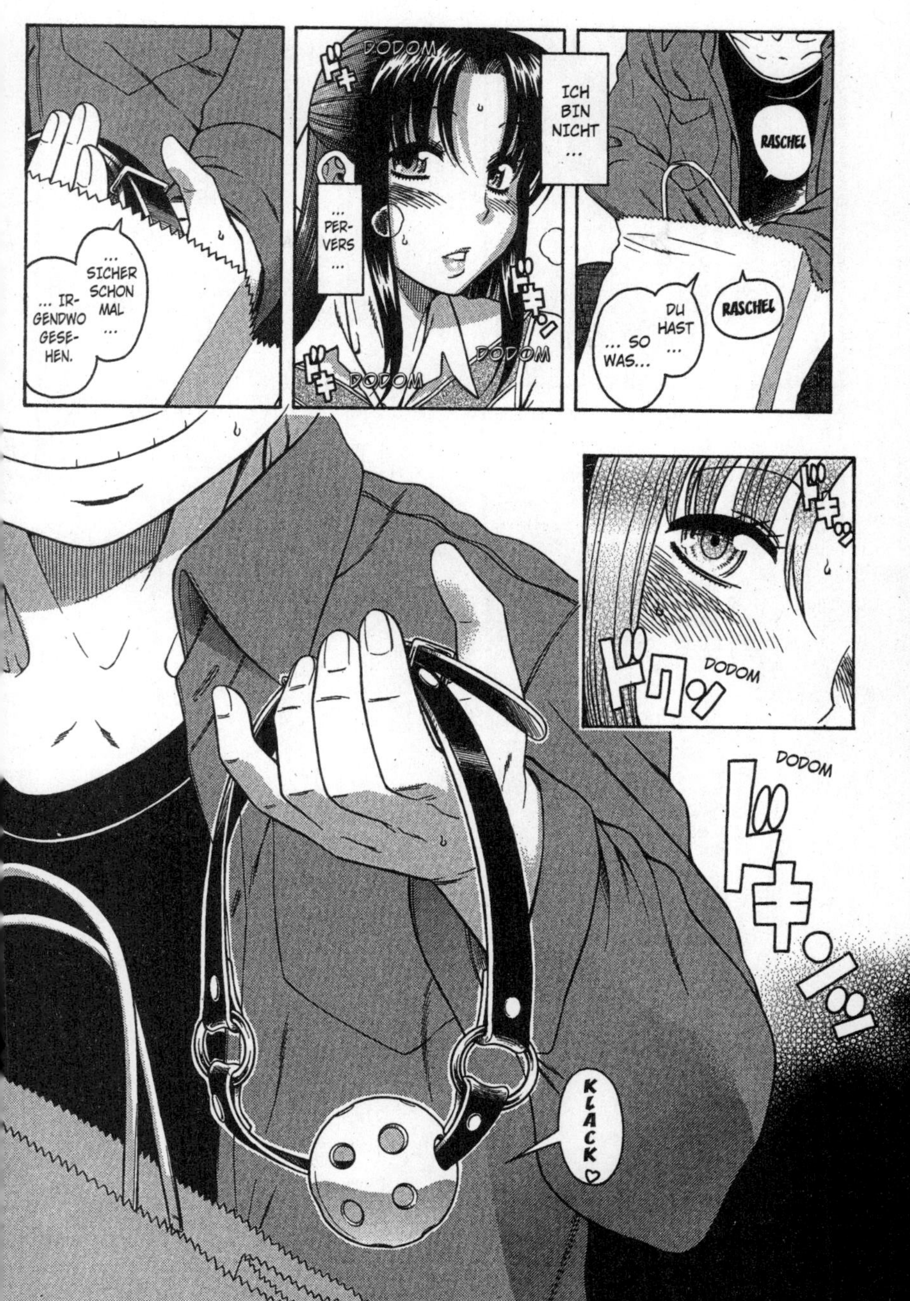
RASCHEL
RASCHEL
DU HAST ... ... SO WAS...
ICH BIN NICHT ...
... PER-VERS ...
DODOM
DODOM
DODOM
... SICHER SCHON MAL ...
... IR-GENDWO GESE-HEN.
DODOM
DODOM
KLACK ♡

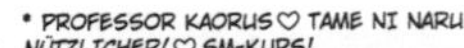
* PROFESSOR KAORUS♡ TAME NI NARU
NÜTZLICHER! ♡ SM-KURS!

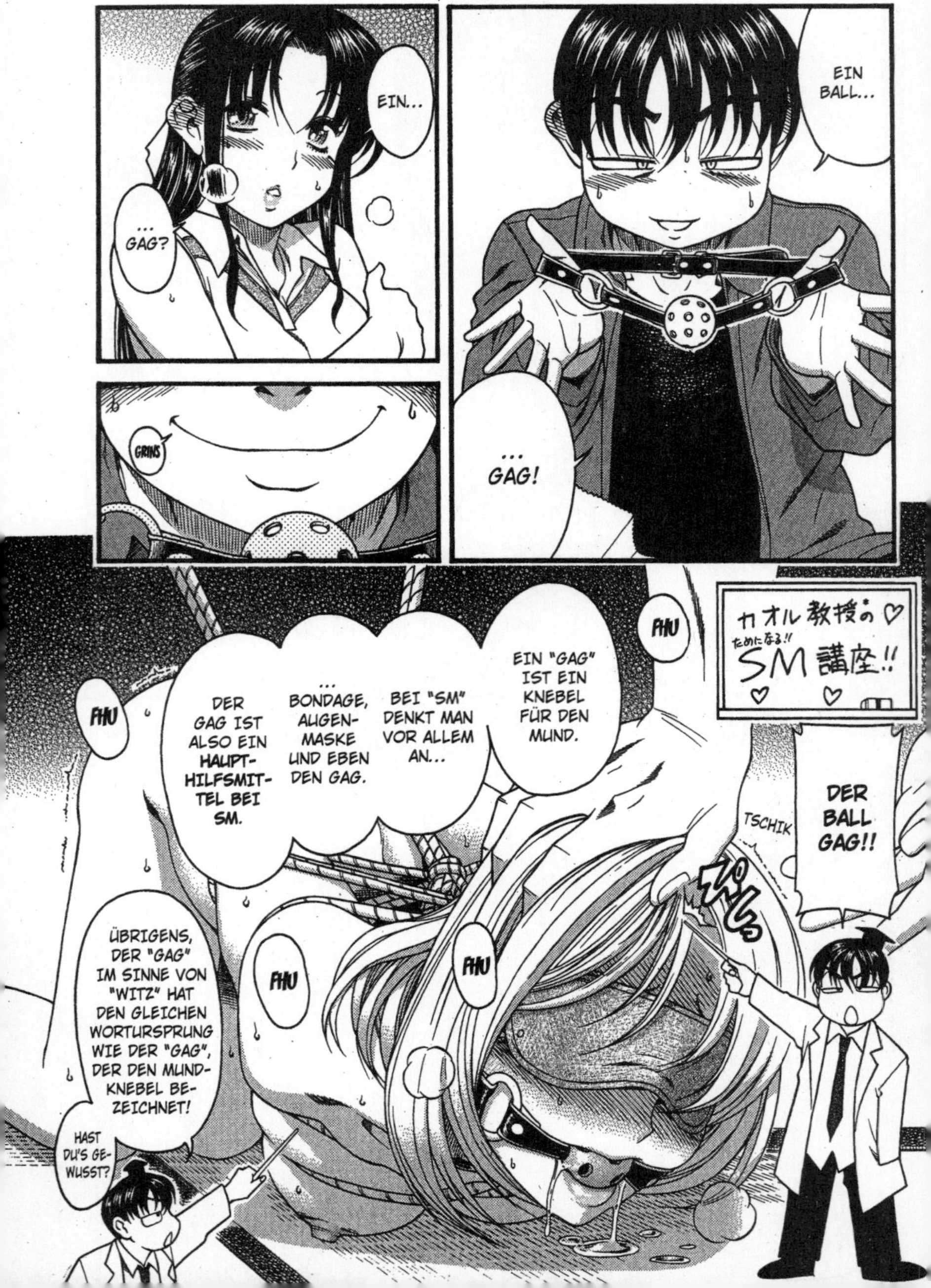

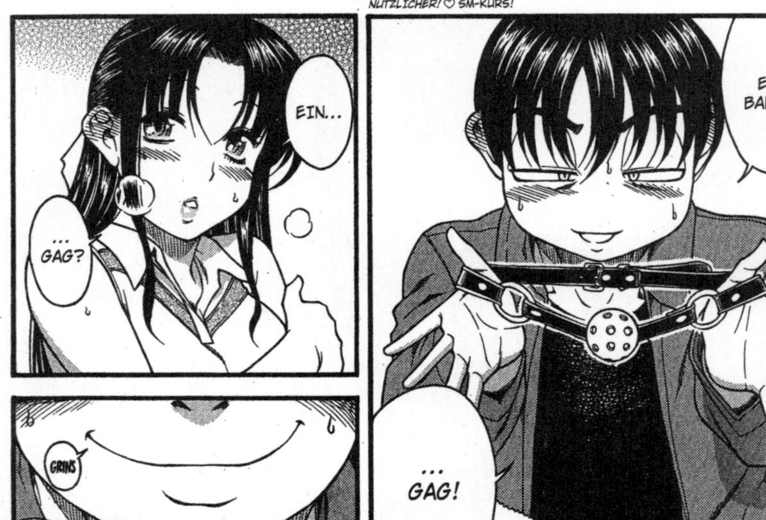

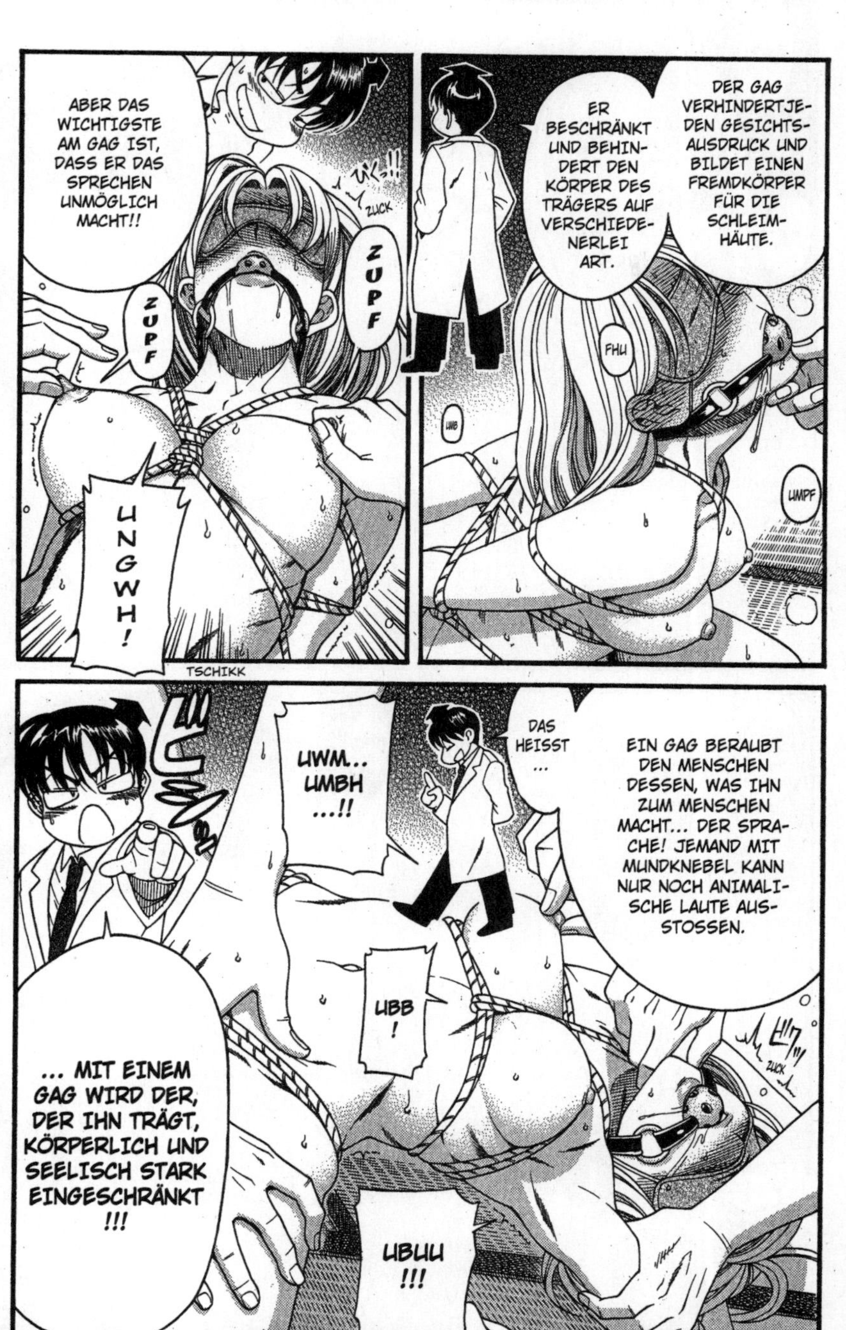
DER GAG VERHINDERT JEDEN GESICHTSAUSDRUCK UND BILDET EINEN FREMDKÖRPER FÜR DIE SCHLEIMHÄUTE.
ER BESCHRÄNKT UND BEHINDERT DEN KÖRPER DES TRÄGERS AUF VERSCHIEDENERLEI ART.
FHU
UMB
UMPF
ZUCK
ABER DAS WICHTIGSTE AM GAG IST, DASS ER DAS SPRECHEN UNMÖGLICH MACHT!!
ZUPF
ZUPF
UNGWH!
TSCHIKK
DAS HEISST ...
EIN GAG BERAUBT DEN MENSCHEN DESSEN, WAS IHN ZUM MENSCHEN MACHT... DER SPRACHE! JEMAND MIT MUNDKNEBEL KANN NUR NOCH ANIMALISCHE LAUTE AUSSTOSSEN.
UWM... UMBH ...!!
ZUCK
UBB !
... MIT EINEM GAG WIRD DER, DER IHN TRÄGT, KÖRPERLICH UND SEELISCH STARK EINGESCHRÄNKT !!!
UBUU !!!

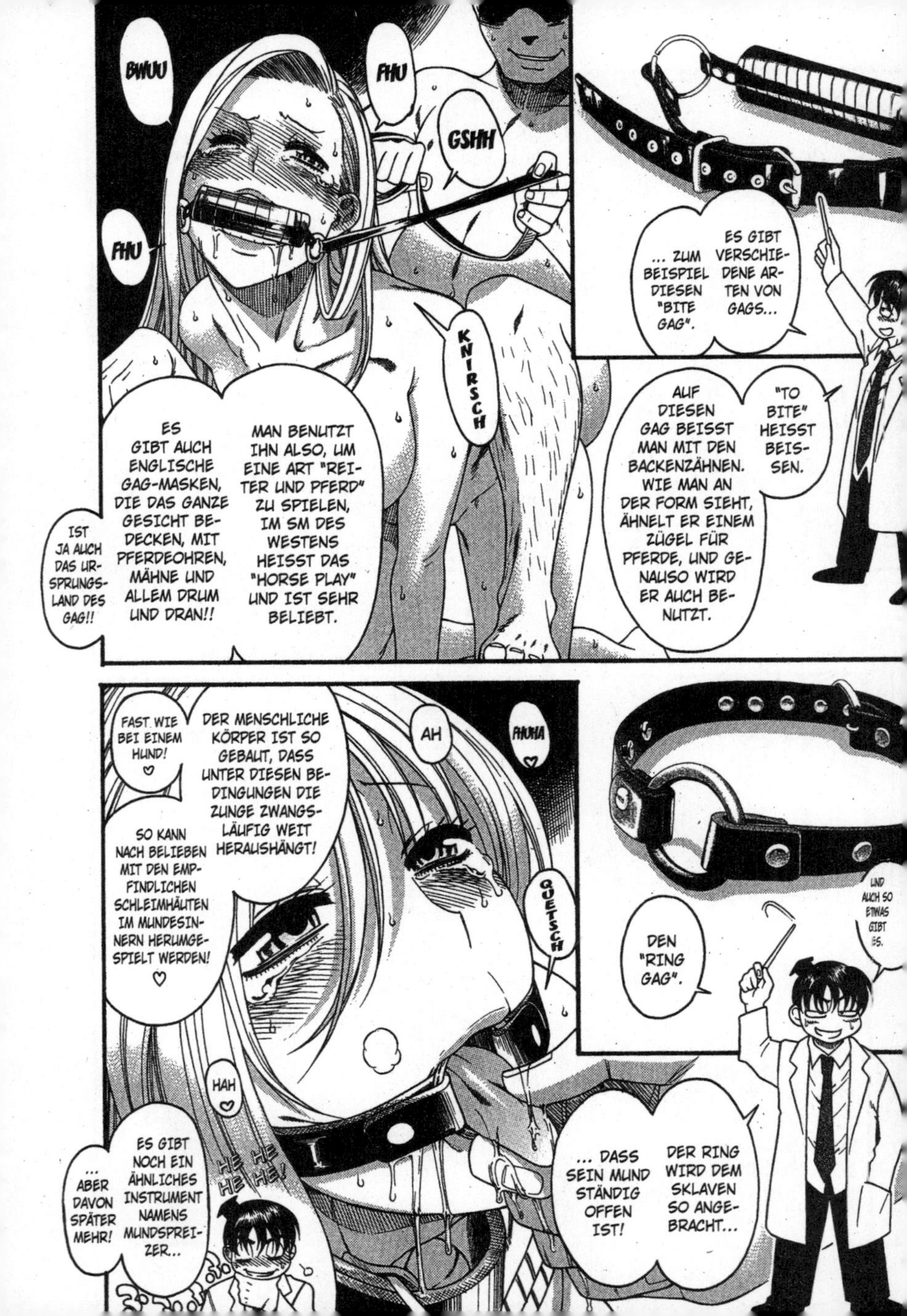

ES GIBT VERSCHIEDENE ARTEN VON GAGS...
... ZUM BEISPIEL DIESEN "BITE GAG".
"TO BITE" HEISST BEISSEN.
AUF DIESEN GAG BEISST MAN MIT DEN BACKENZÄHNEN. WIE MAN AN DER FORM SIEHT, ÄHNELT ER EINEM ZÜGEL FÜR PFERDE, UND GENAUSO WIRD ER AUCH BENUTZT.
GSHH
FHU
BWUU
FHU
KNIRSCH
MAN BENUTZT IHN ALSO, UM EINE ART "REITER UND PFERD" ZU SPIELEN, IM SM DES WESTENS HEISST DAS "HORSE PLAY" UND IST SEHR BELIEBT.
ES GIBT AUCH ENGLISCHE GAG-MASKEN, DIE DAS GANZE GESICHT BEDECKEN, MIT PFERDEOHREN, MÄHNE UND ALLEM DRUM UND DRAN!!
IST JA AUCH DAS URSPRUNGSLAND DES GAG!!

UND AUCH SO ETWAS GIBT ES.
DEN "RING GAG".
DER RING WIRD DEM SKLAVEN SO ANGEBRACHT...
... DASS SEIN MUND STÄNDIG OFFEN IST!
PHUHA ♡
AH
DER MENSCHLICHE KÖRPER IST SO GEBAUT, DASS UNTER DIESEN BEDINGUNGEN DIE ZUNGE ZWANGSLÄUFIG WEIT HERAUSHÄNGT!
FAST WIE BEI EINEM HUND! ♡
QUETSCH
SO KANN NACH BELIEBEN MIT DEN EMPFINDLICHEN SCHLEIMHÄUTEN IM MUNDESINNERN HERUMGESPIELT WERDEN! ♡
HAH ♡
HE HE HE HE!
ES GIBT NOCH EIN ÄHNLICHES INSTRUMENT NAMENS MUNDSPREIZER...
... ABER DAVON SPÄTER MEHR!

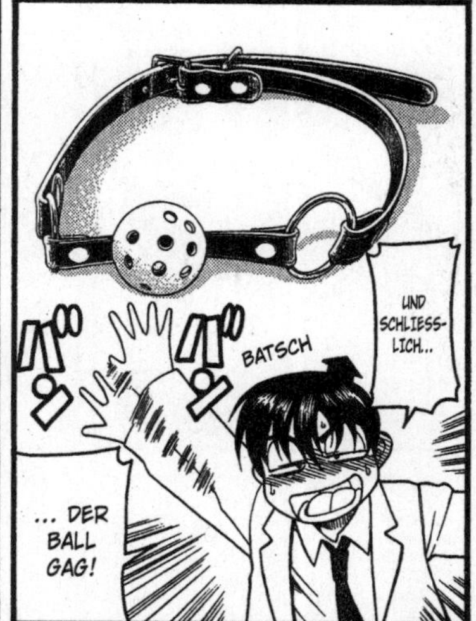
UND SCHLIESS-LICH...
BATSCH
... DER BALL GAG!

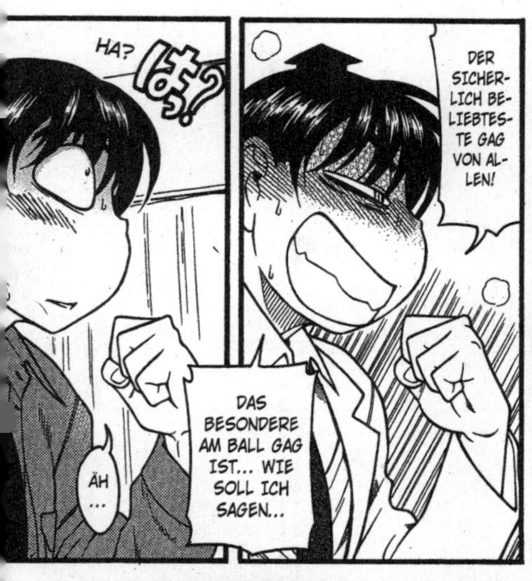
DER SICHER-LICH BE-LIEBTES-TE GAG VON AL-LEN!
DAS BESONDERE AM BALL GAG IST... WIE SOLL ICH SAGEN...
HA? はっ?
ÄH ...

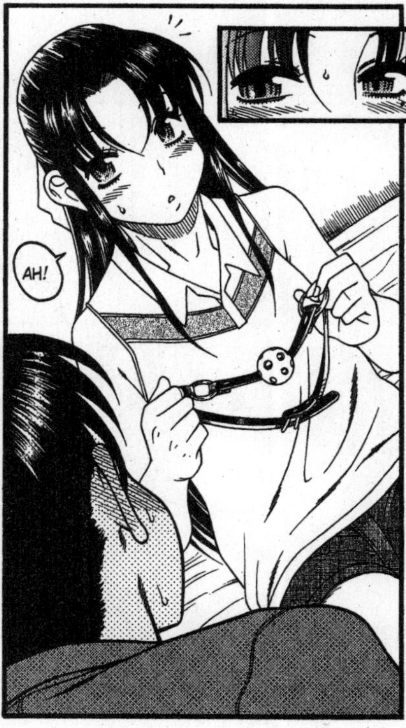
AH!

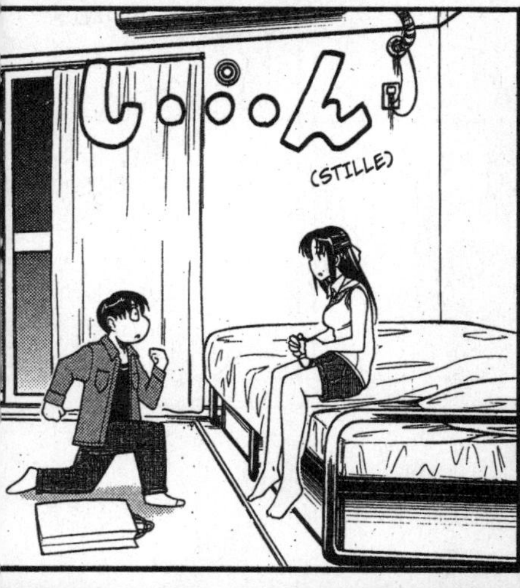
し・・・ん
(STILLE)

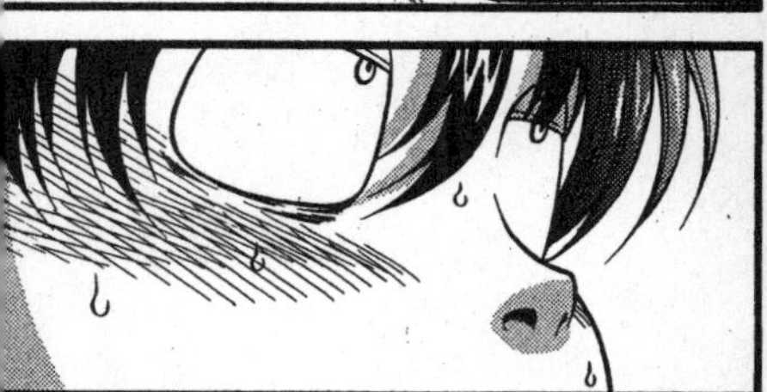

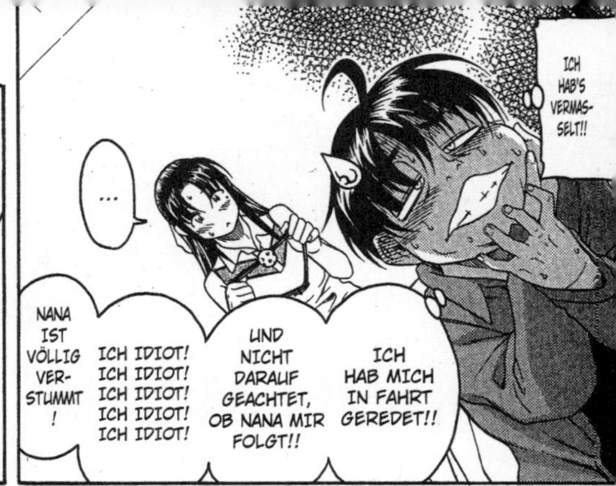
ICH HAB'S VERMASSELT!!
...
ICH HAB MICH IN FAHRT GEREDET!!
UND NICHT DARAUF GEACHTET, OB NANA MIR FOLGT!!
ICH IDIOT! ICH IDIOT! ICH IDIOT! ICH IDIOT! ICH IDIOT!
NANA IST VÖLLIG VERSTUMMT!

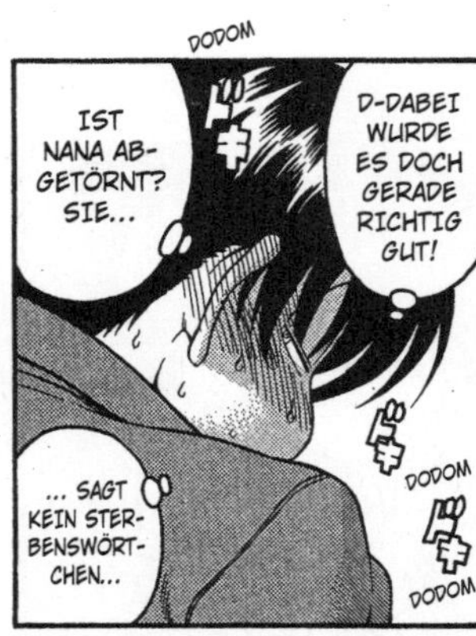
DODOM
D-DABEI WURDE ES DOCH GERADE RICHTIG GUT!
IST NANA ABGETÖRNT? SIE...
... SAGT KEIN STERBENSWÖRTCHEN...
DODOM
DODOM

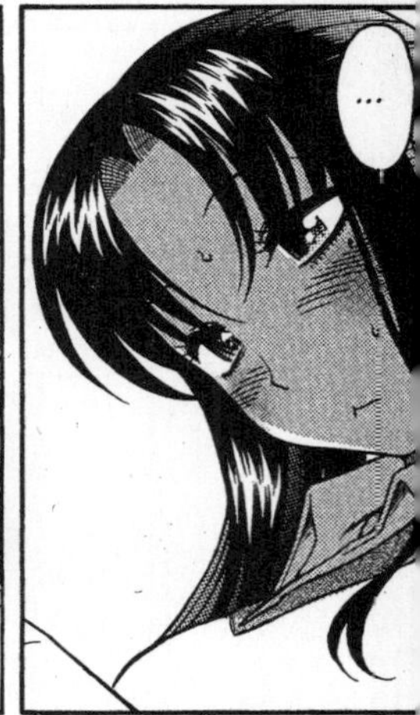
...

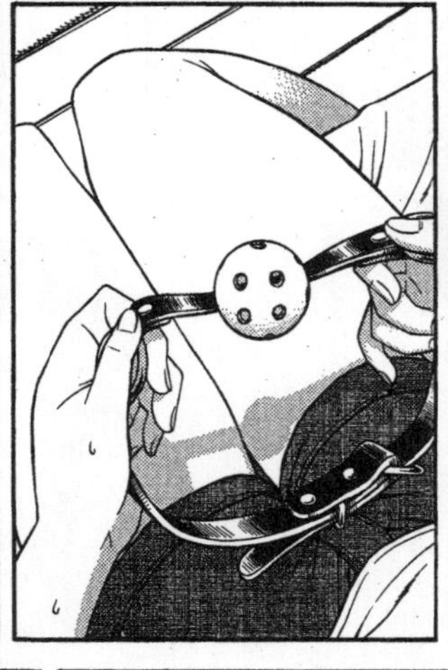

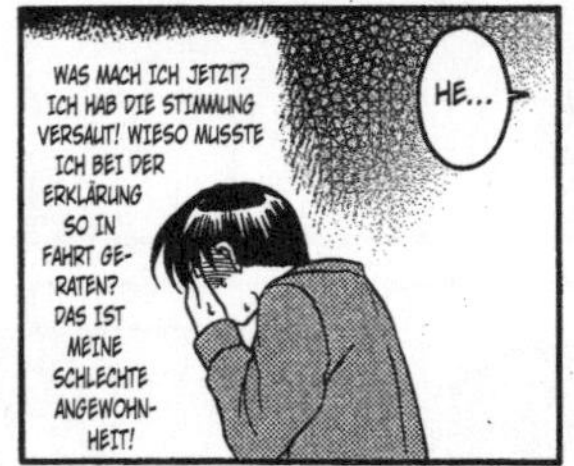
HE...
WAS MACH ICH JETZT? ICH HAB DIE STIMMUNG VERSAUT! WIESO MUSSTE ICH BEI DER ERKLÄRUNG SO IN FAHRT GERATEN? DAS IST MEINE SCHLECHTE ANGEWOHNHEIT!

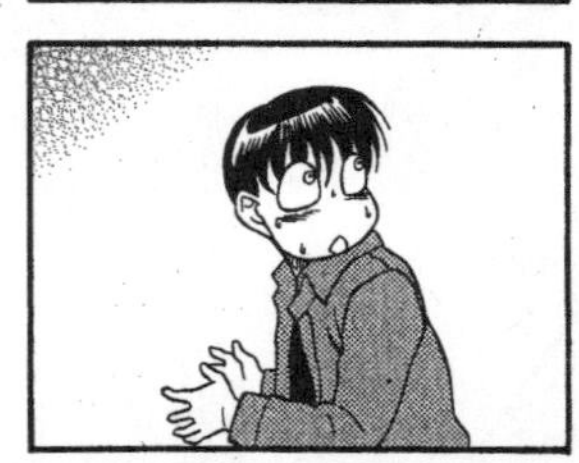

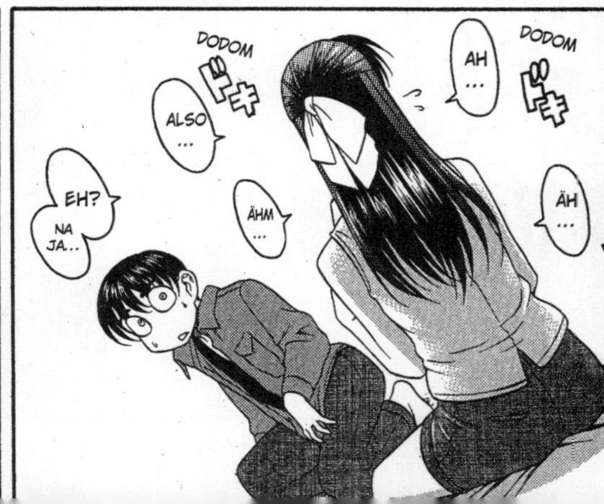
DODOM
AH ...
DODOM
ALSO ...
ÄH ...
ÄHM ...
EH? NA JA...

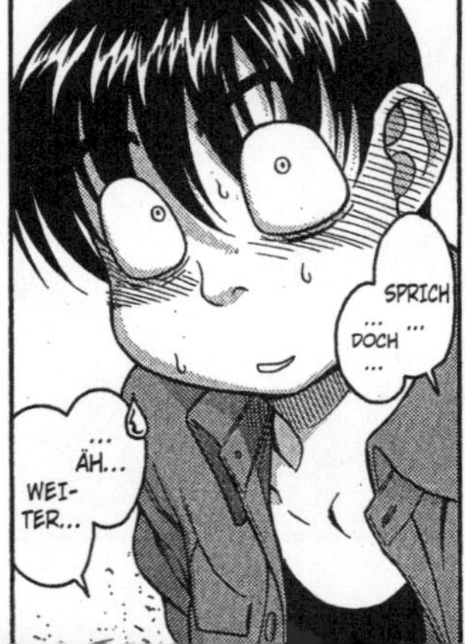
SPRICH ... DOCH ...
... ÄH... WEITER...

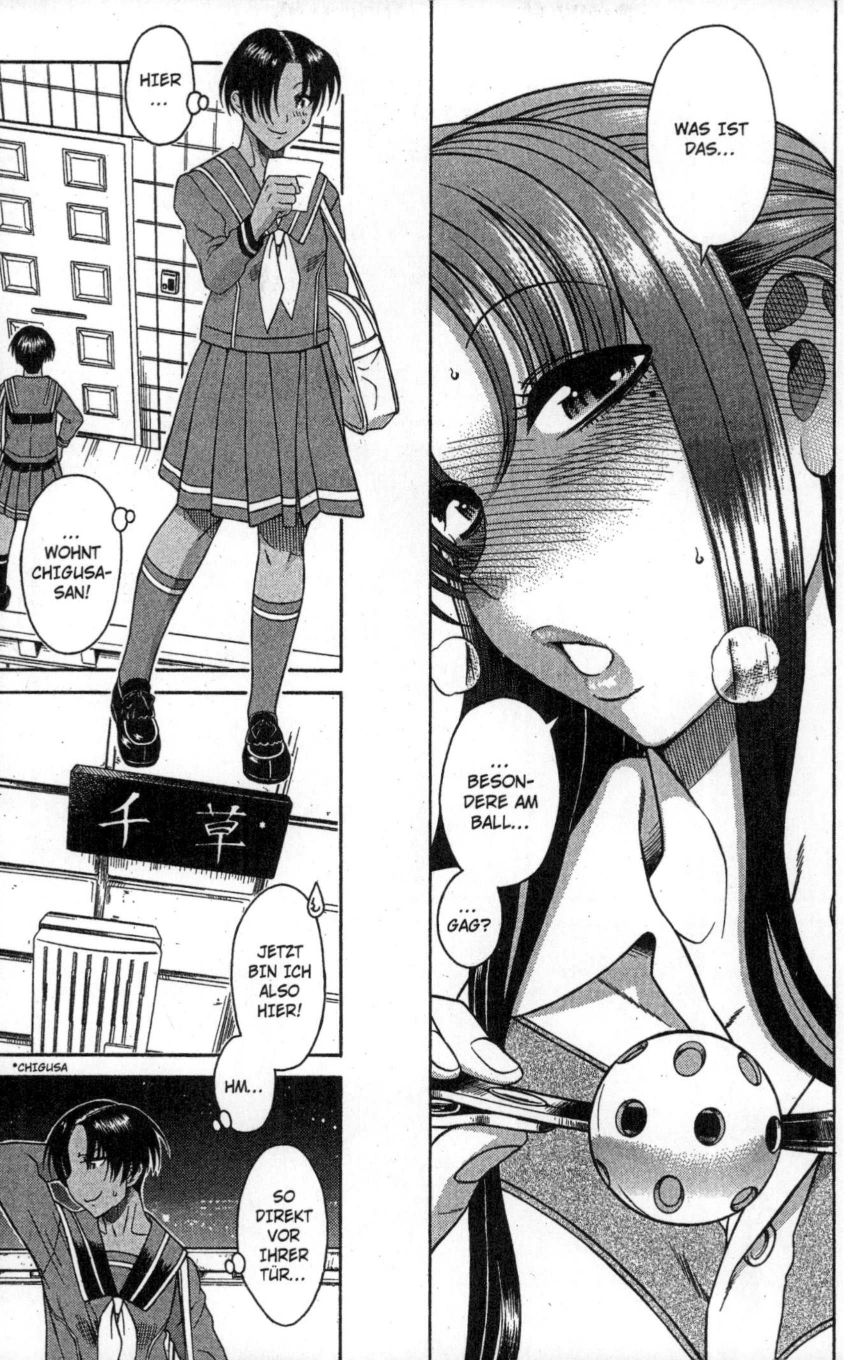
WAS IST DAS...
... BESONDERE AM BALL...
... GAG?
HIER ...
... WOHNT CHIGUSA-SAN!
千 草*
JETZT BIN ICH ALSO HIER!
HM...
*CHIGUSA
SO DIREKT VOR IHRER TÜR...

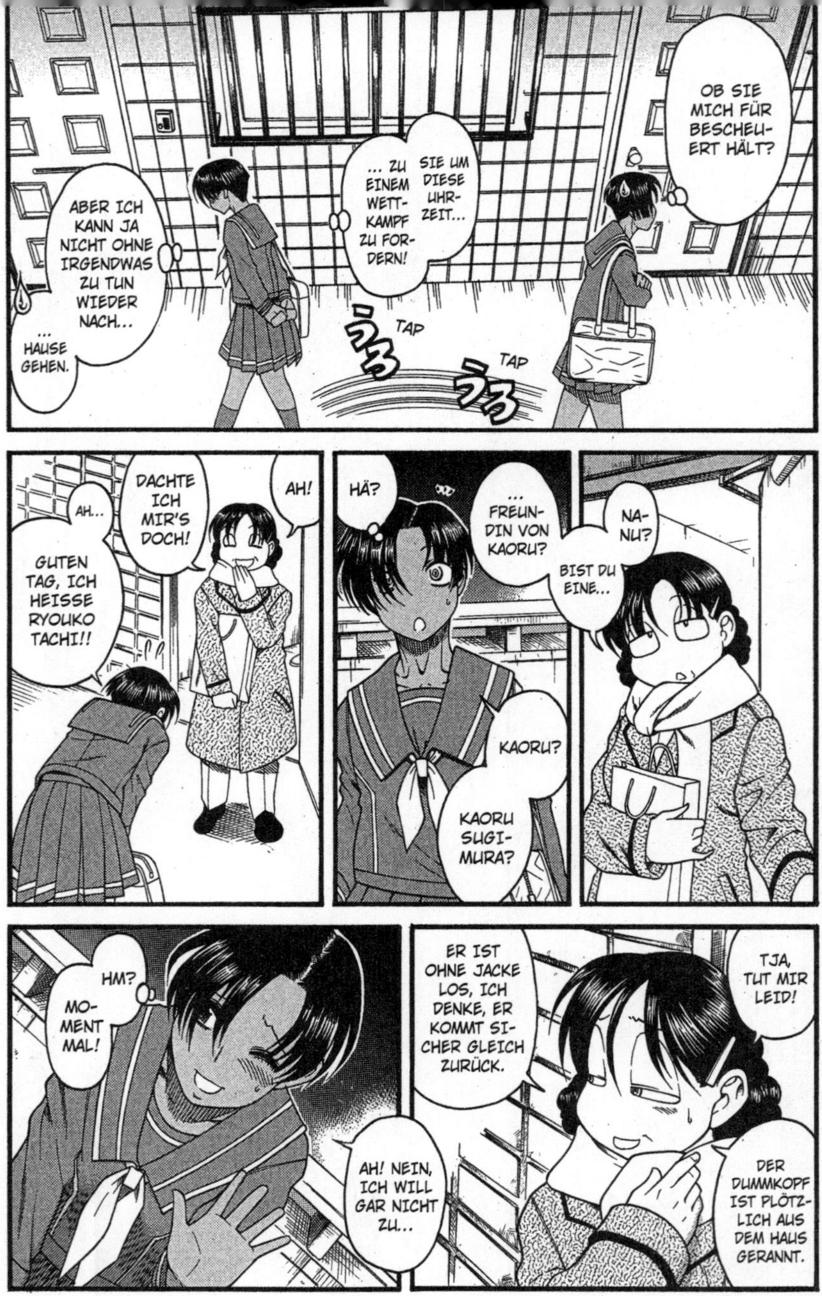

OB SIE MICH FÜR BESCHEU-ERT HÄLT?
SIE UM DIESE UHR-ZEIT…
… ZU EINEM WETT-KAMPF ZU FOR-DERN!
ABER ICH KANN JA NICHT OHNE IRGENDWAS ZU TUN WIEDER NACH…
… HAUSE GEHEN.
TAP
TAP

NANU?
BIST DU EINE…
… FREUN-DIN VON KAORU?
HÄ?
KAORU?
KAORU SUGI-MURA?
AH!
DACHTE ICH MIR'S DOCH!
AH…
GUTEN TAG, ICH HEISSE RYOUKO TACHI!!

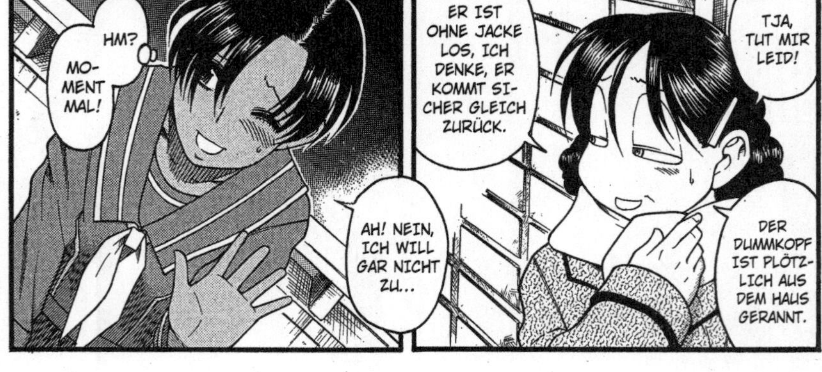

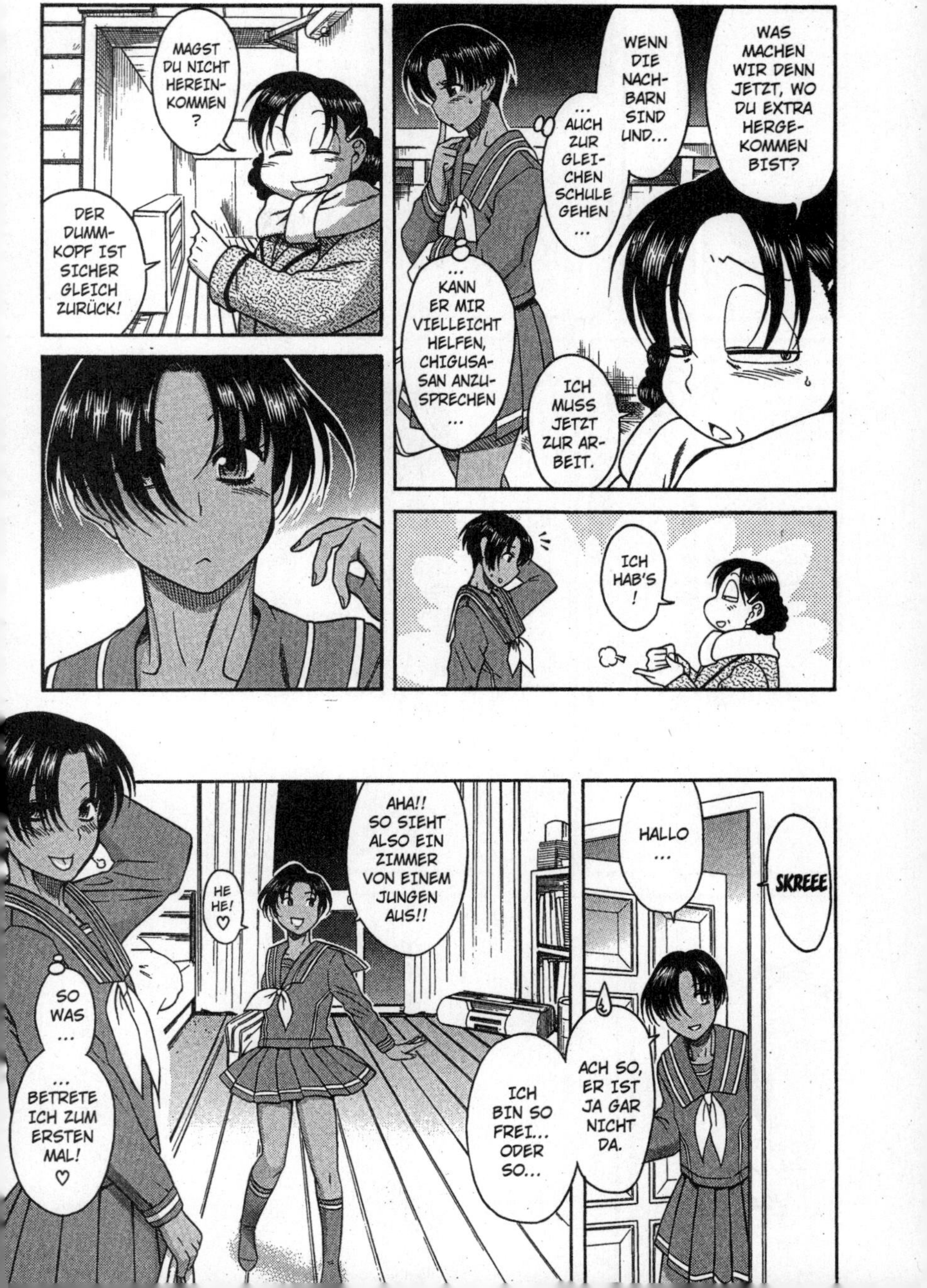

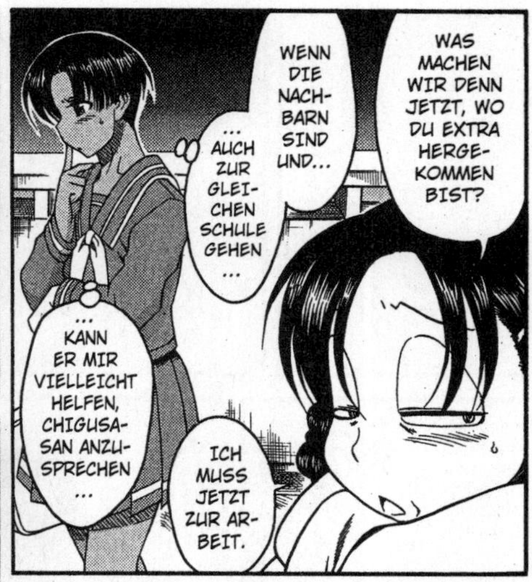

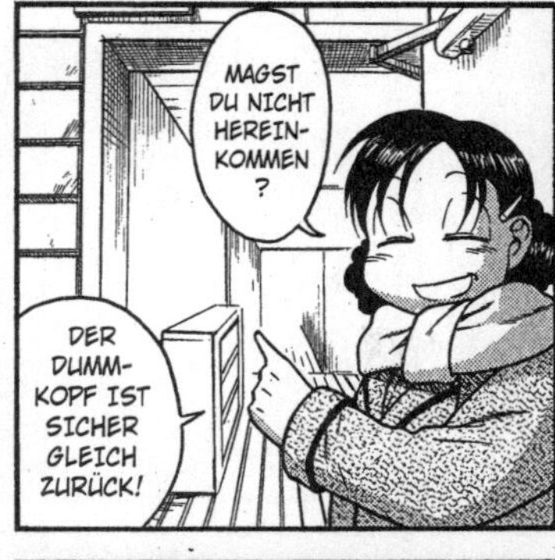

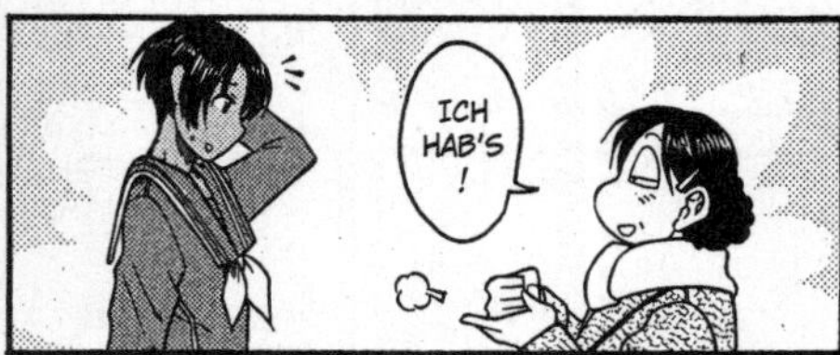

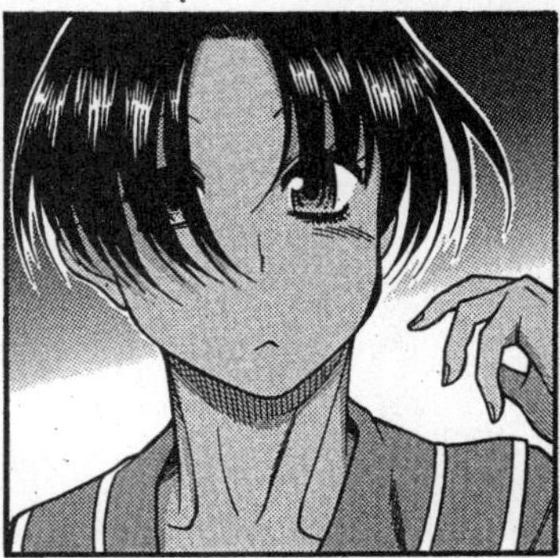

SKREEE

HALLO …

ACH SO, ER IST JA GAR NICHT DA.

ICH BIN SO FREI… ODER SO…

AHA!! SO SIEHT ALSO EIN ZIMMER VON EINEM JUNGEN AUS!!

HE HE! ♡

SO WAS …

… BETRETE ICH ZUM ERSTEN MAL! ♡

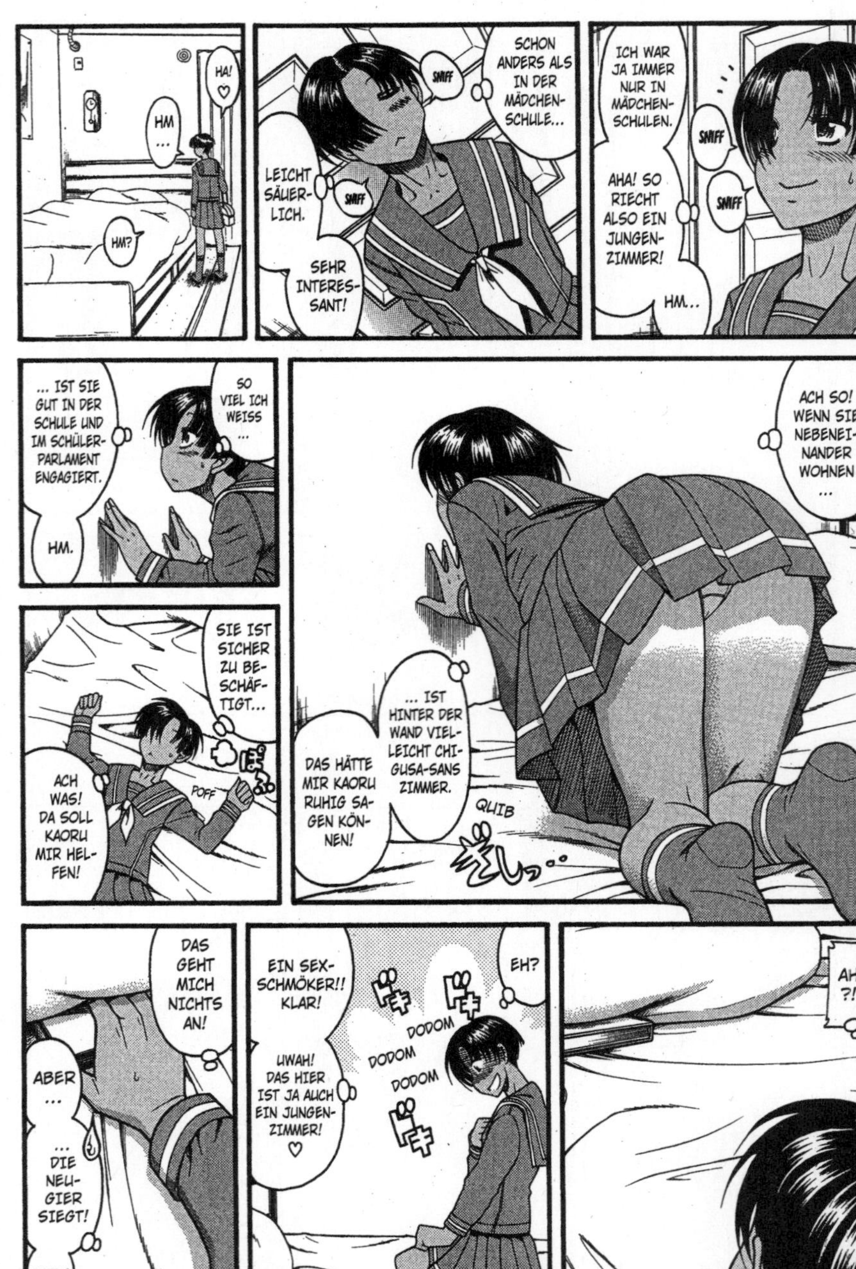

ICH WAR JA IMMER NUR IN MÄDCHENSCHULEN.
SNIFF
SNIFF
AHA! SO RIECHT ALSO EIN JUNGENZIMMER!
HM...
SCHON ANDERS ALS IN DER MÄDCHENSCHULE...
SNIFF
LEICHT SÄUERLICH.
SNIFF
SEHR INTERESSANT!
HA! ♡
HM ...
HM?
ACH SO! WENN SIE NEBENEINANDER WOHNEN ...
... IST HINTER DER WAND VIELLEICHT CHIGUSA-SANS ZIMMER.
DAS HÄTTE MIR KAORU RUHIG SAGEN KÖNNEN!
QUIB
SO VIEL ICH WEISS ...
... IST SIE GUT IN DER SCHULE UND IM SCHÜLERPARLAMENT ENGAGIERT.
HM.
SIE IST SICHER ZU BESCHÄFTIGT...
POFF
ACH WAS! DA SOLL KAORU MIR HELFEN!
AH ?!
EH?
EIN SEXSCHMÖKER!! KLAR!
DODOM
DODOM
DODOM
UWAH! DAS HIER IST JA AUCH EIN JUNGENZIMMER! ♡
DAS GEHT MICH NICHTS AN!
ABER ...
... DIE NEUGIER SIEGT!
SORRY!

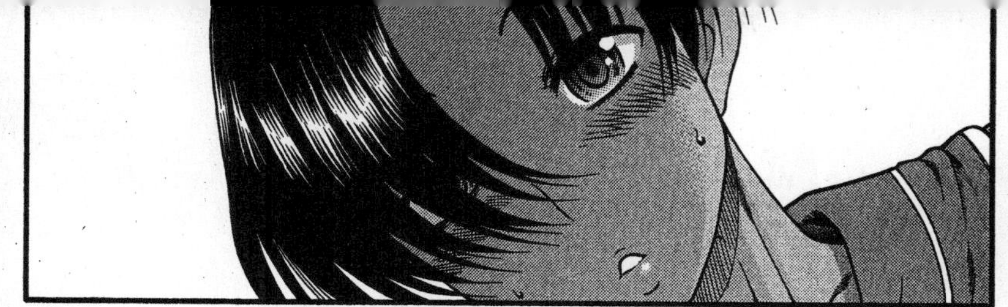

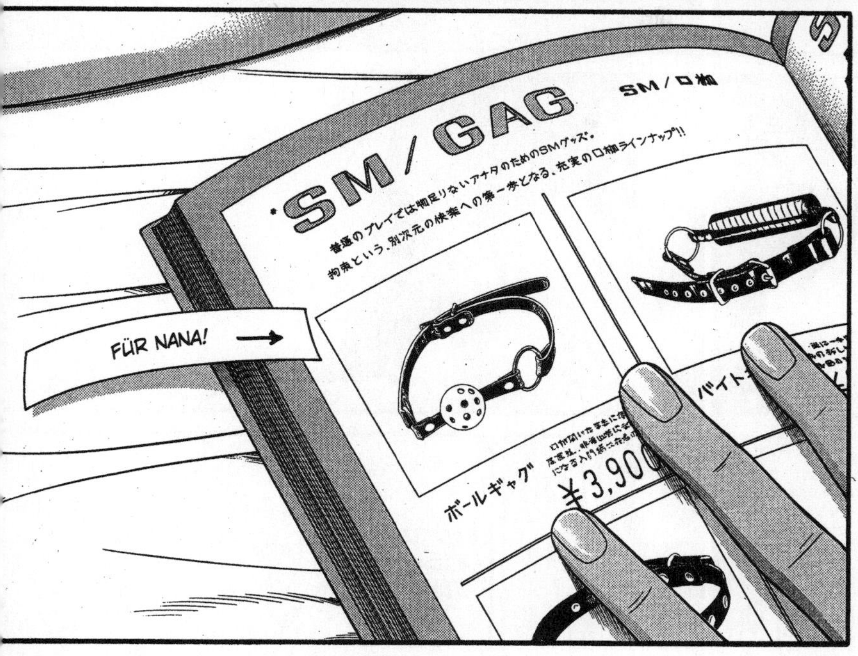

FÜR NANA!

SM / GAG

SM / 口枷

普通のプレイでは物足りないアナタのためのSMグッズ。

拘束という、別次元の快楽への第一歩となる、充実の口枷ラインナップ!!

ボールギャグ

¥3,900

* SM / MUNDKNEBEL
EIN REICHHALTIGES SORTIMENT VON SM-HILFSMITTELN FÜR ANSPRUCHSVOLLE
DER ERSTE SCHRITT IN EINE NEUE DIMENSION DES VERGNÜGENS NAMENS "EINENGUNG"!

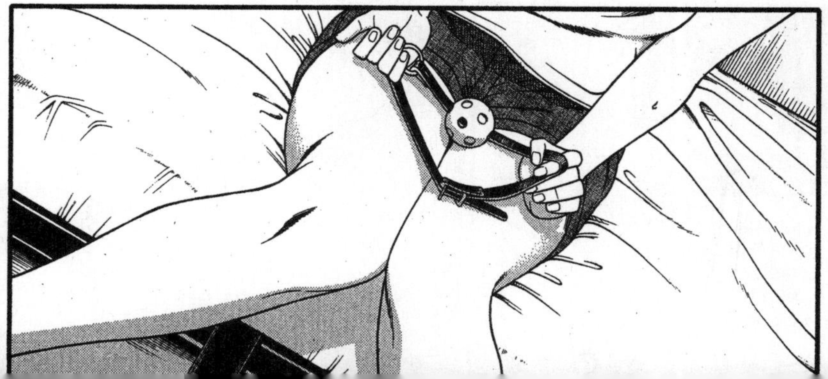

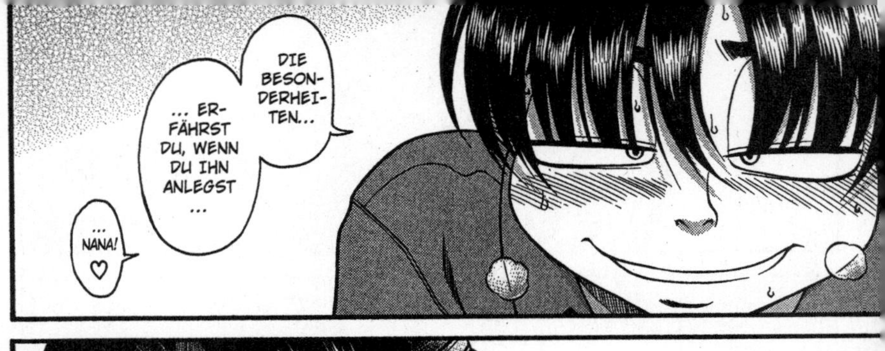
DIE BESONDERHEITEN...
... ERFÄHRST DU, WENN DU IHN ANLEGST ...
... NANA! ♡

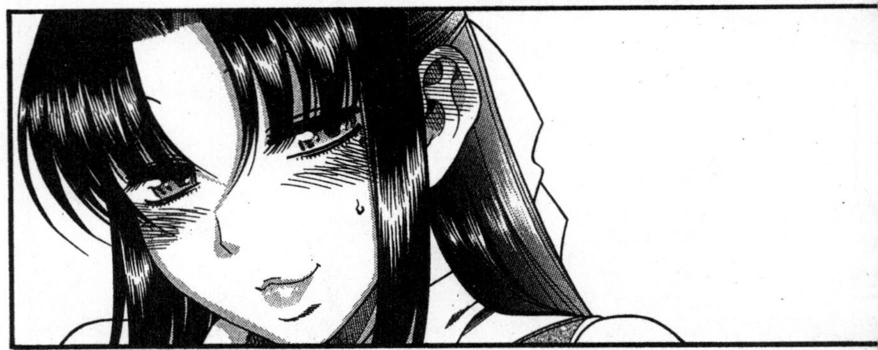

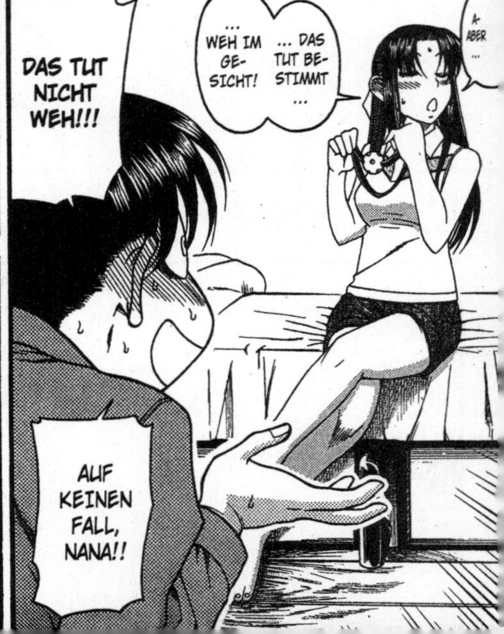
A-ABER ...
... DAS TUT BESTIMMT ...
... WEH IM GESICHT!
DAS TUT NICHT WEH!!!
AUF KEINEN FALL, NANA!!

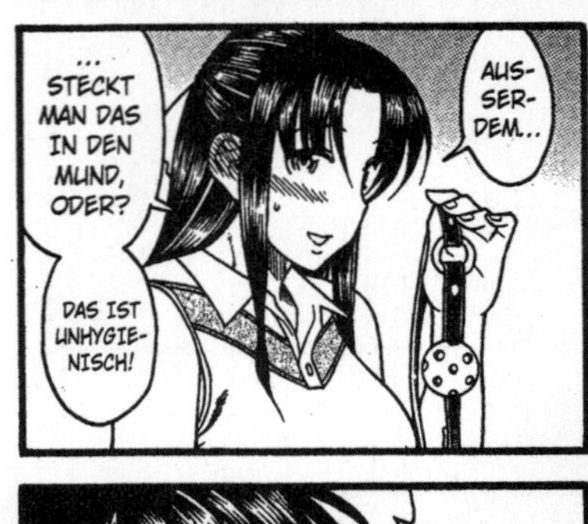
AUSSERDEM...
... STECKT MAN DAS IN DEN MUND, ODER?
DAS IST UNHYGIENISCH!

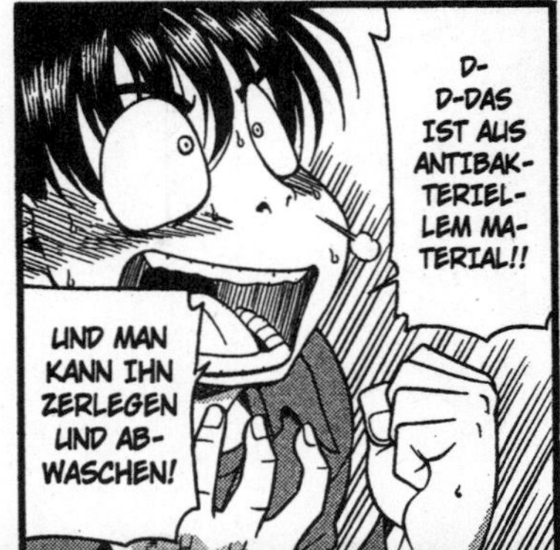
D-D-DAS IST AUS ANTIBAKTERIELLEM MATERIAL!!
UND MAN KANN IHN ZERLEGEN UND ABWASCHEN!

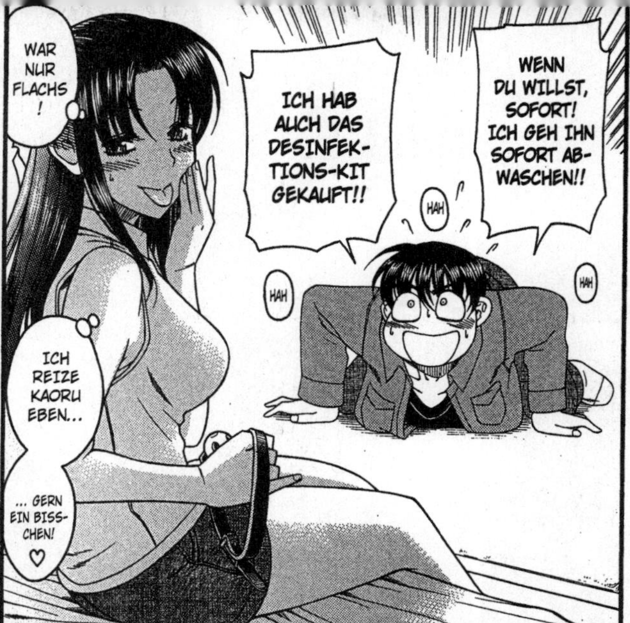
WENN DU WILLST, SOFORT! ICH GEH IHN SOFORT ABWASCHEN!!
ICH HAB AUCH DAS DESINFEKTIONS-KIT GEKAUFT!!
HAH
HAH
HAH

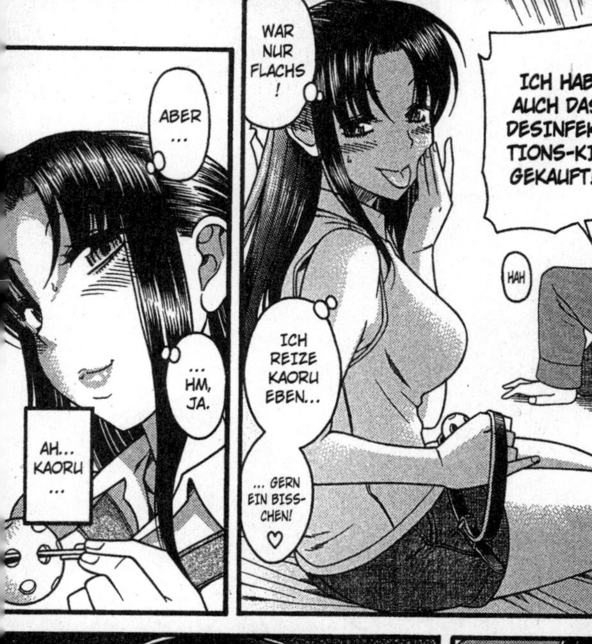
WAR NUR FLACHS!
ICH REIZE KAORU EBEN...
... GERN EIN BISSCHEN! ♡
ABER ...
... HM, JA.
AH... KAORU ...

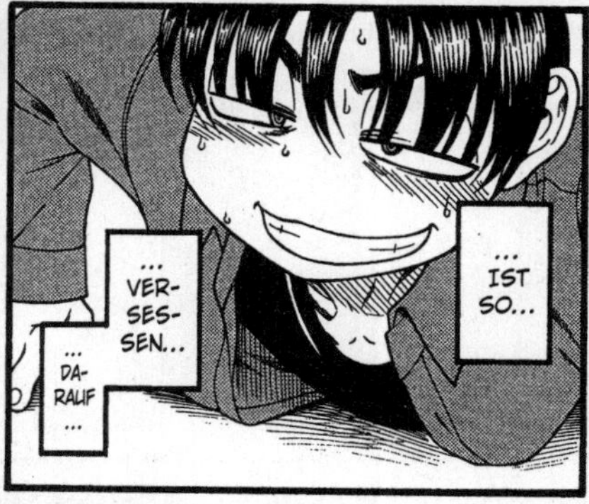
... IST SO...
... VERSESSEN...
... DARAUF ...

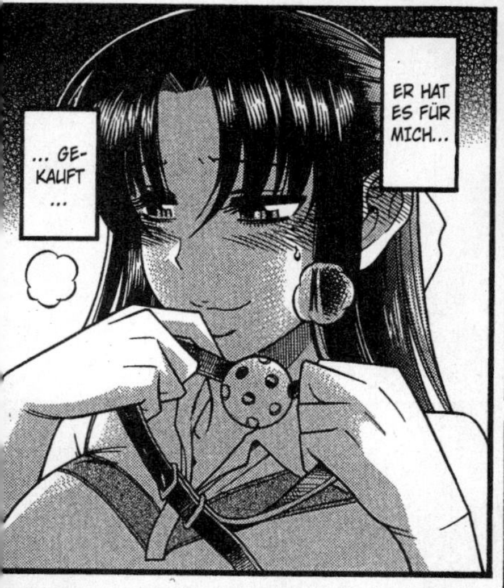
ER HAT ES FÜR MICH...
... GEKAUFT ...

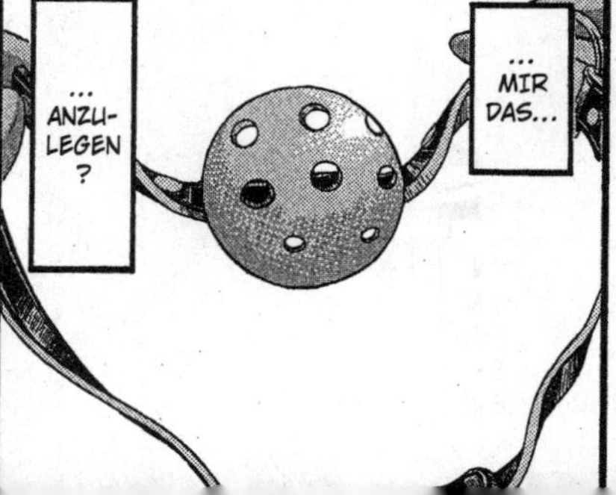
... MIR DAS...
... ANZULEGEN ?

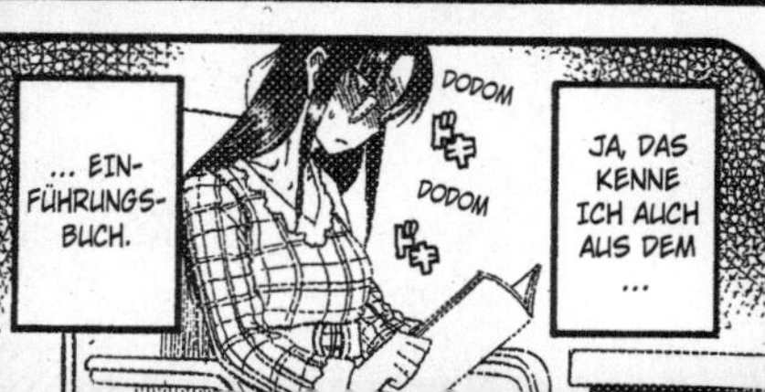
JA, DAS KENNE ICH AUCH AUS DEM ...
DODOM
DODOM
... EINFÜHRUNGSBUCH.

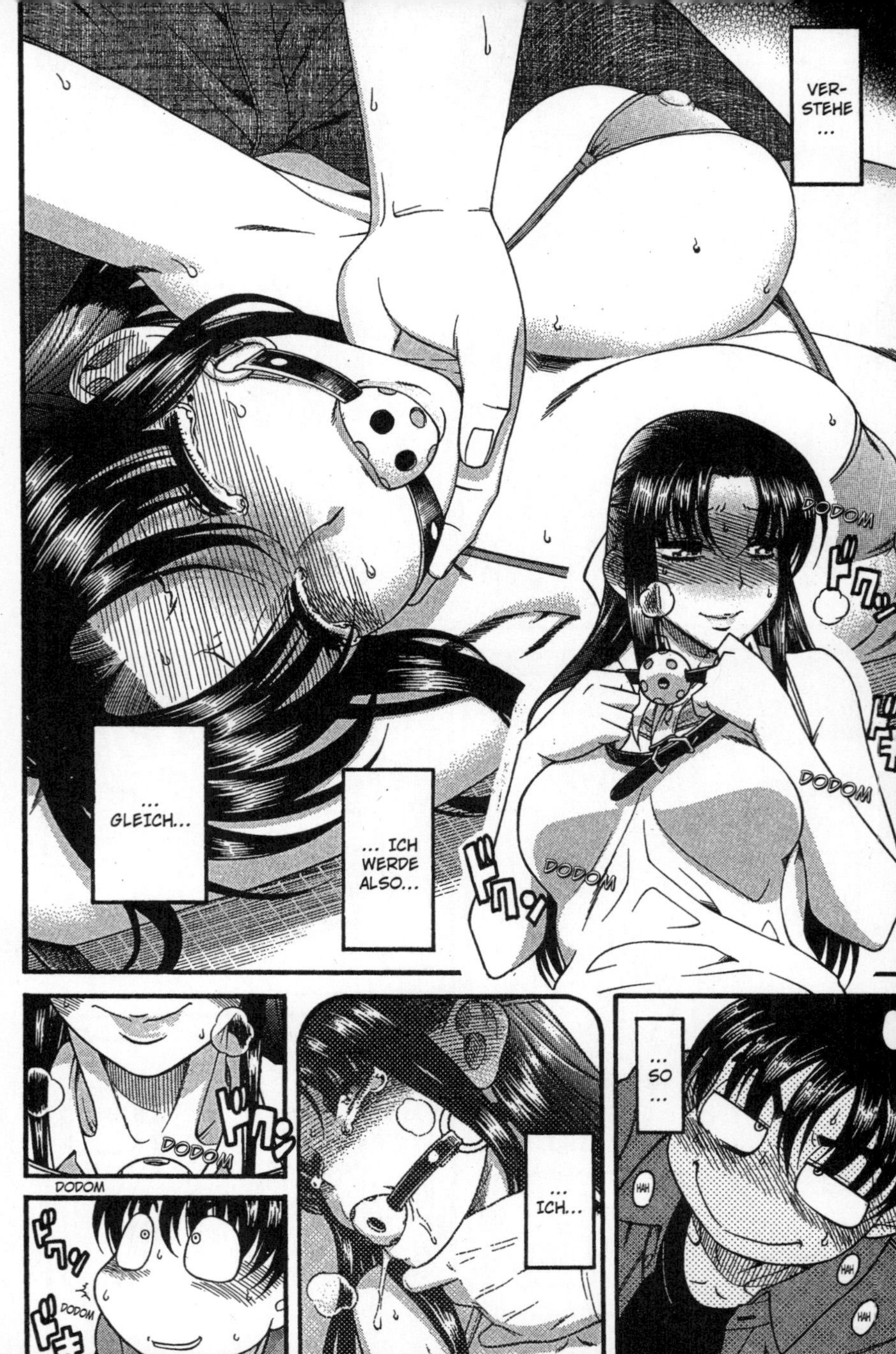
VER-
STEHE
...
DODOM
DODOM
... GLEICH...
... ICH
WERDE
ALSO...
DODOM
... SO
...
DODOM
DODOM
... ICH...
HAH
HAH
HAH
DODOM

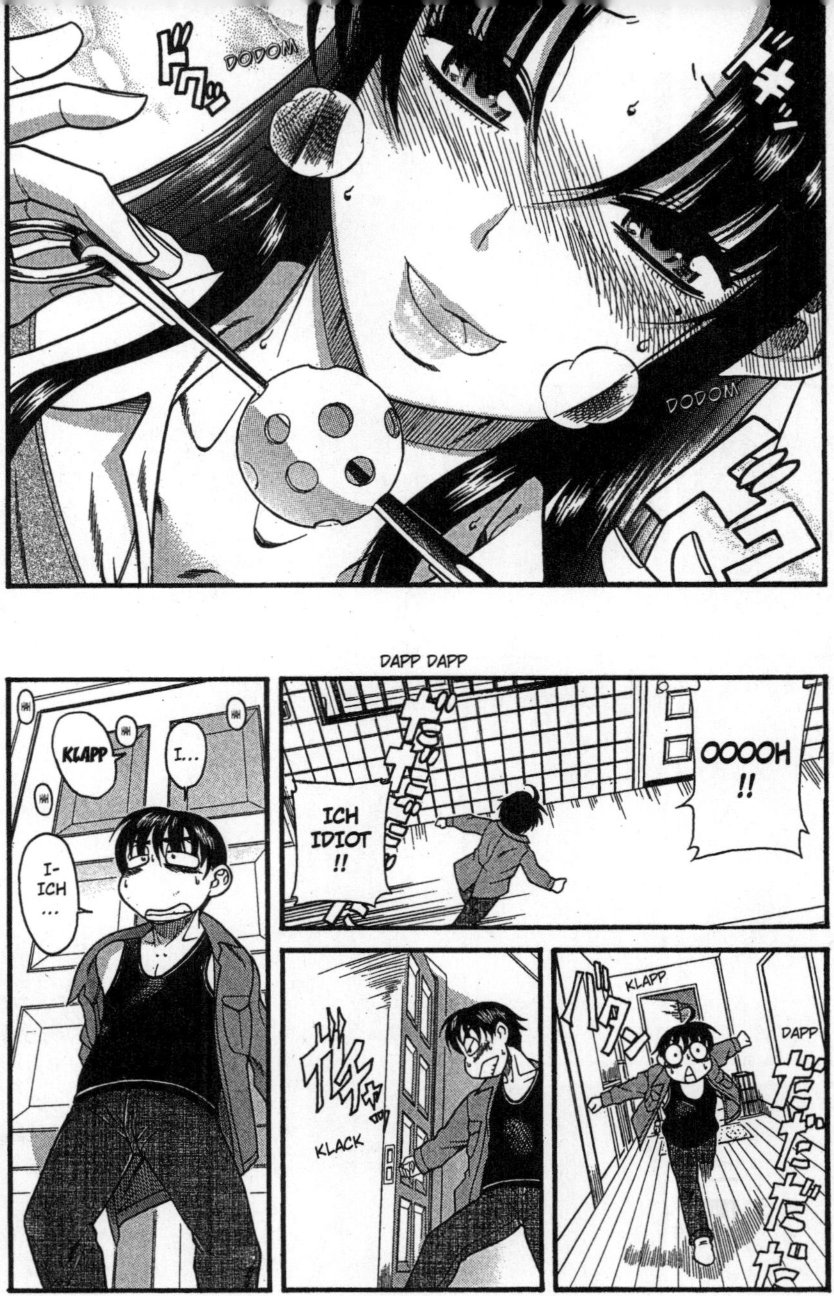

DODOM
DODOM

DAPP DAPP
OOOOH !!
ICH IDIOT !!
I...
KLAPP
HAH
HAH
HAH
HAH
I- ICH ...
KLAPP
DAPP
KLACK

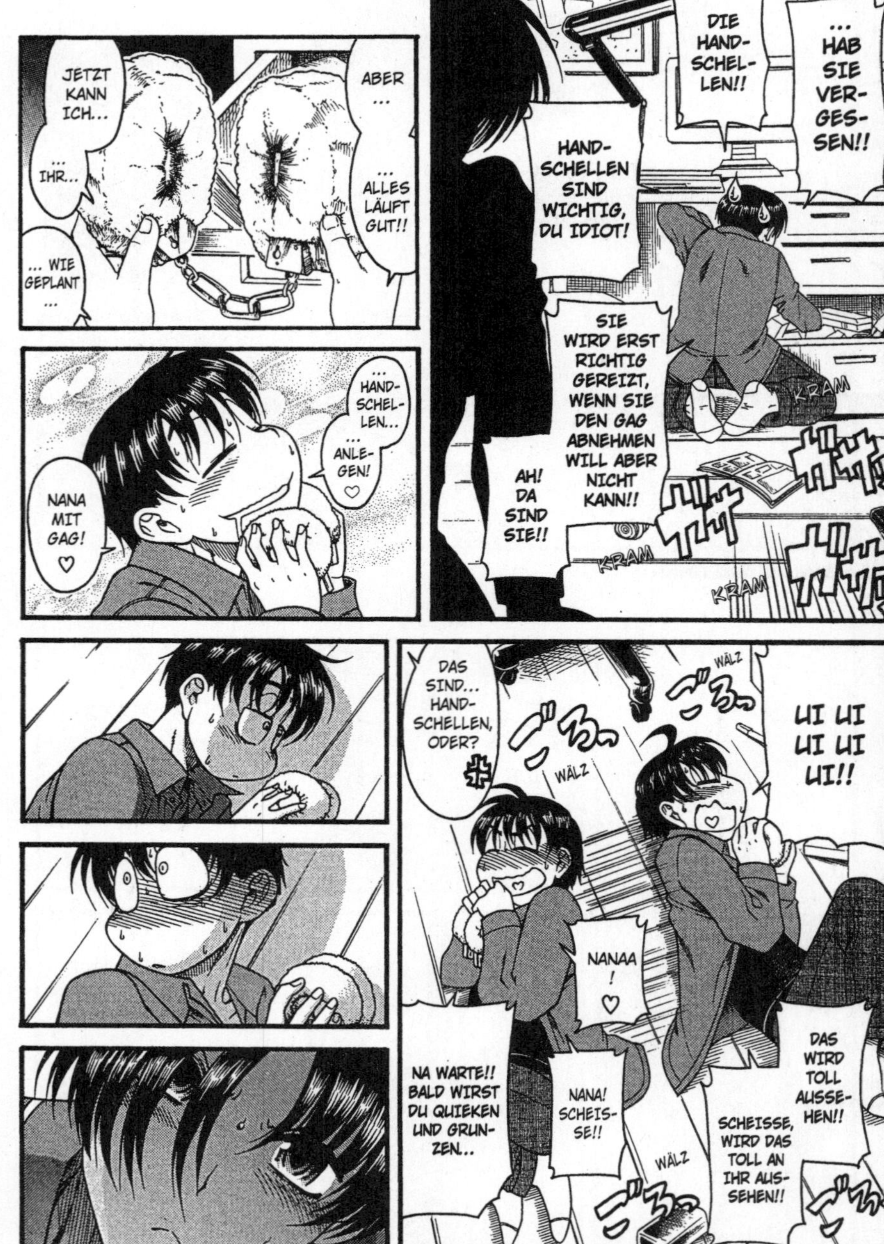
DIE HAND-SCHEL-LEN!!
... HAB SIE VER-GES-SEN!!
HAND-SCHELLEN SIND WICHTIG, DU IDIOT!
KRAM
SIE WIRD ERST RICHTIG GEREIZT, WENN SIE DEN GAG ABNEHMEN WILL ABER NICHT KANN!!
AH! DA SIND SIE!!
KRAM
KRAM
JETZT KANN ICH...
... IHR...
... WIE GEPLANT ...
ABER ...
... ALLES LÄUFT GUT!!
... HAND-SCHEL-LEN... ... ANLE-GEN! ♡
NANA MIT GAG! ♡
UI UI UI UI UI!!
WÄLZ
DAS SIND... HAND-SCHELLEN, ODER?
WÄLZ
NANAA! ♡
DAS WIRD TOLL AUSSE-HEN!!
SCHEISSE, WIRD DAS TOLL AN IHR AUS-SEHEN!!
WÄLZ
NANA! SCHEIS-SE!!
NA WARTE!! BALD WIRST DU QUIEKEN UND GRUN-ZEN..

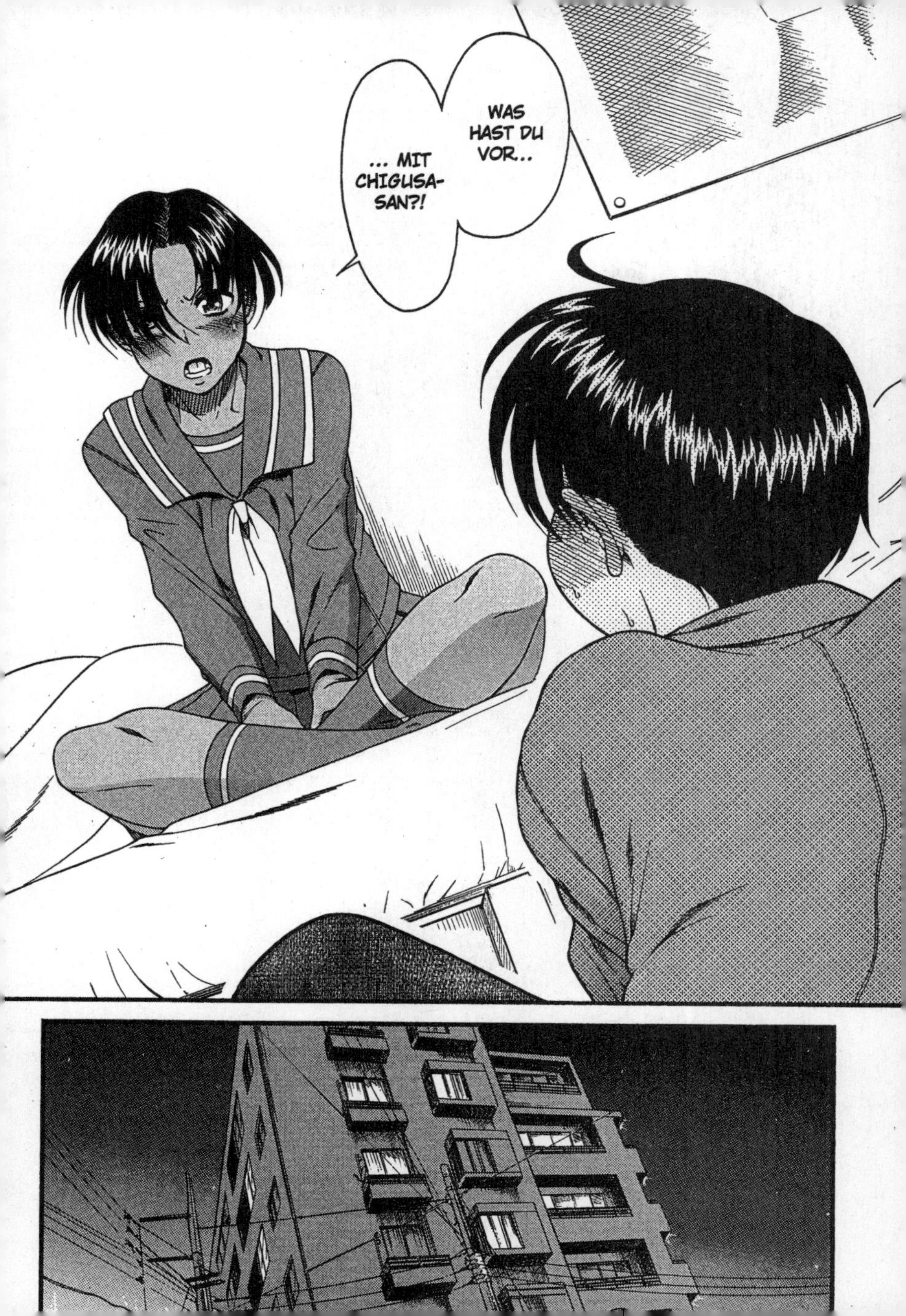

WAS HAST DU VOR...

... MIT CHIGUSA-SAN?!

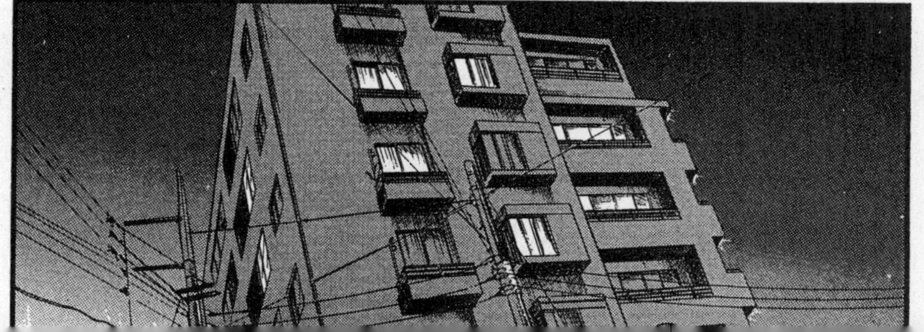

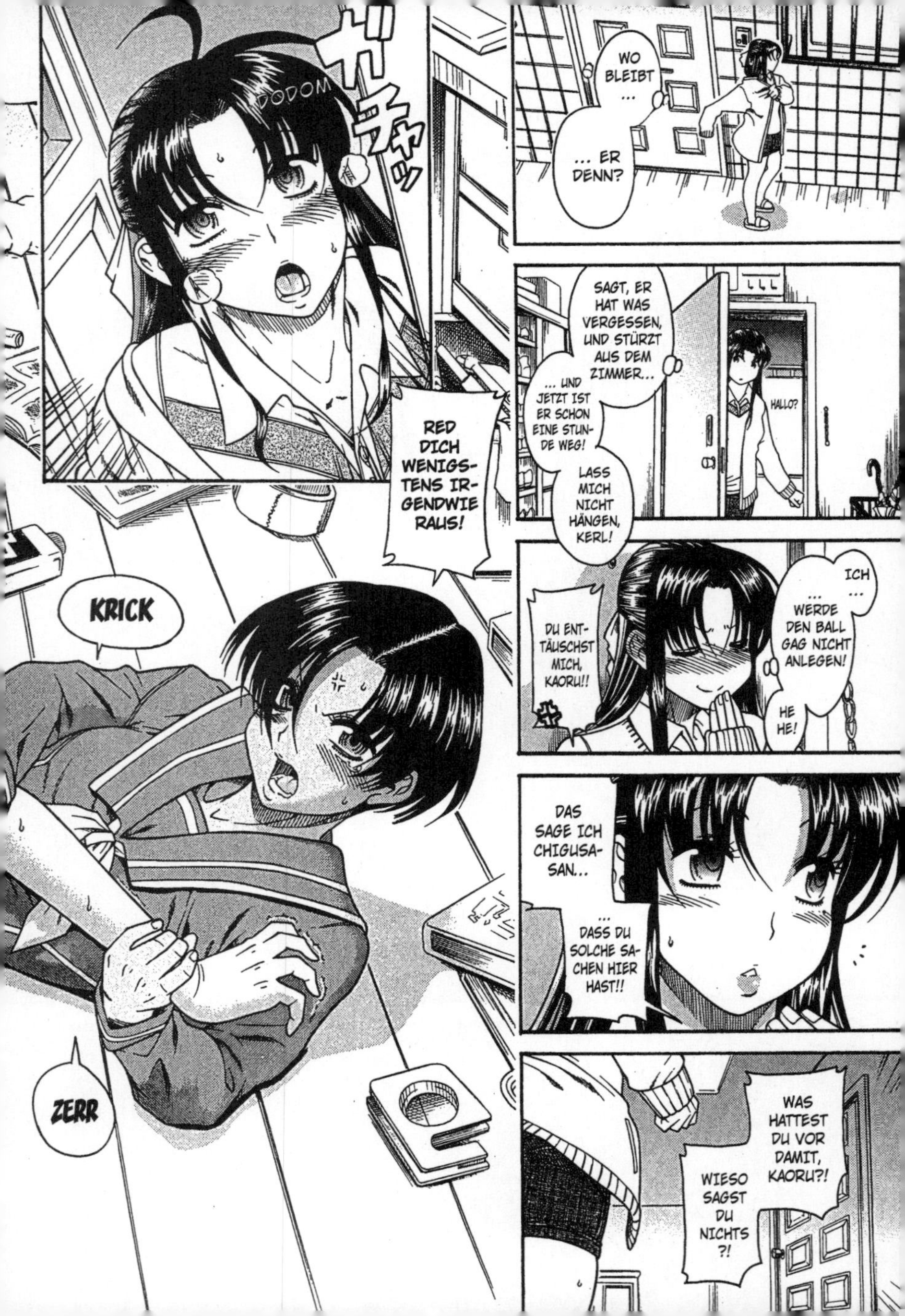
WO BLEIBT ...
... ER DENN?
SAGT, ER HAT WAS VERGESSEN, UND STÜRZT AUS DEM ZIMMER...
... UND JETZT IST ER SCHON EINE STUN-DE WEG!
LASS MICH NICHT HÄNGEN, KERL!
HALLO?
ICH ...
... WERDE DEN BALL GAG NICHT ANLEGEN!
HE HE!
DU ENT-TÄUSCHST MICH, KAORU!!
DAS SAGE ICH CHIGUSA-SAN...
... DASS DU SOLCHE SA-CHEN HIER HAST!!
WAS HATTEST DU VOR DAMIT, KAORU?!
WIESO SAGST DU NICHTS ?!
DODOM
RED DICH WENIGS-TENS IR-GENDWIE RAUS!
KRICK
ZERR

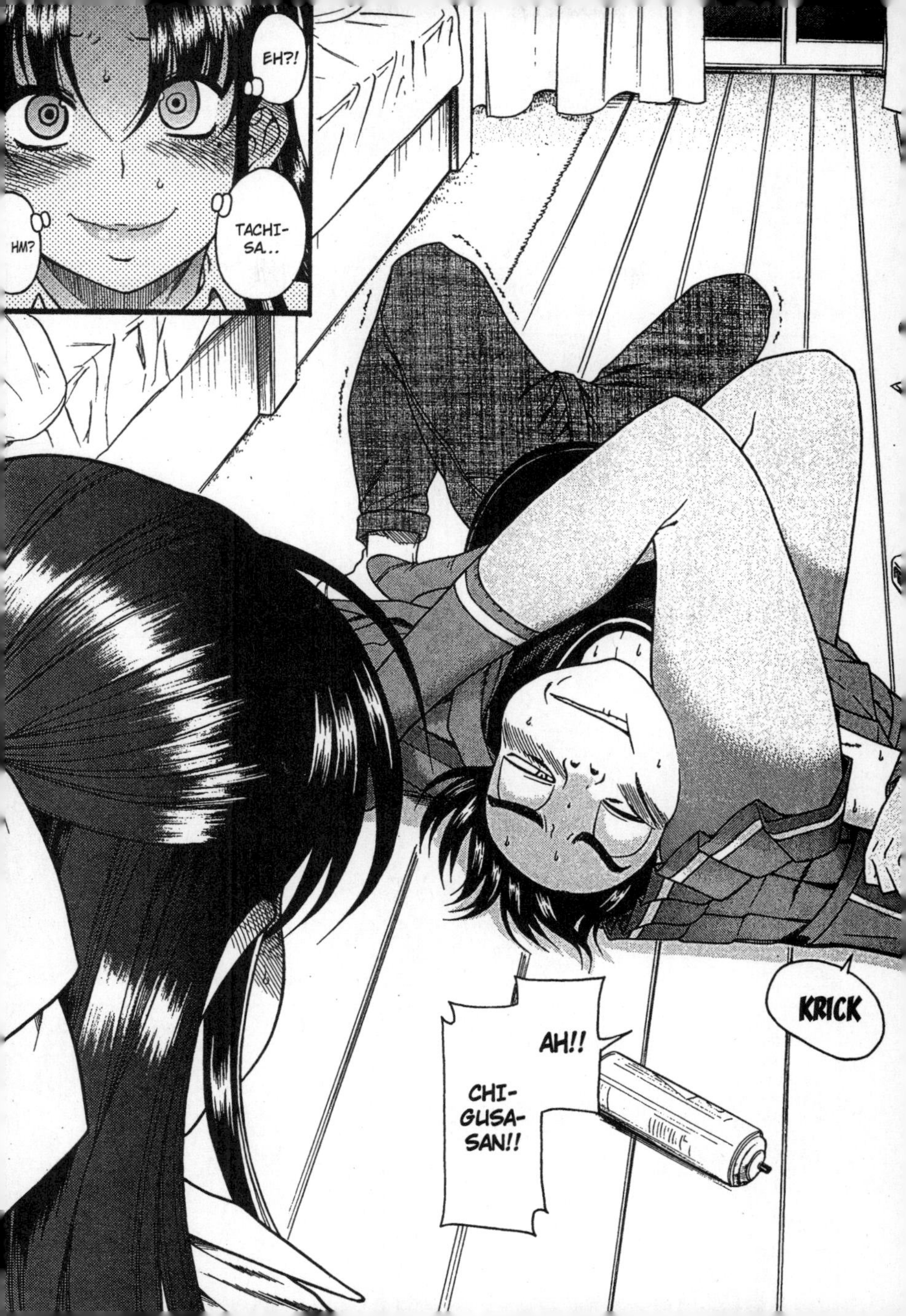
EH?!
TACHI-SA...
HM?
KRICK
AH!!
CHI-GUSA-SAN!!

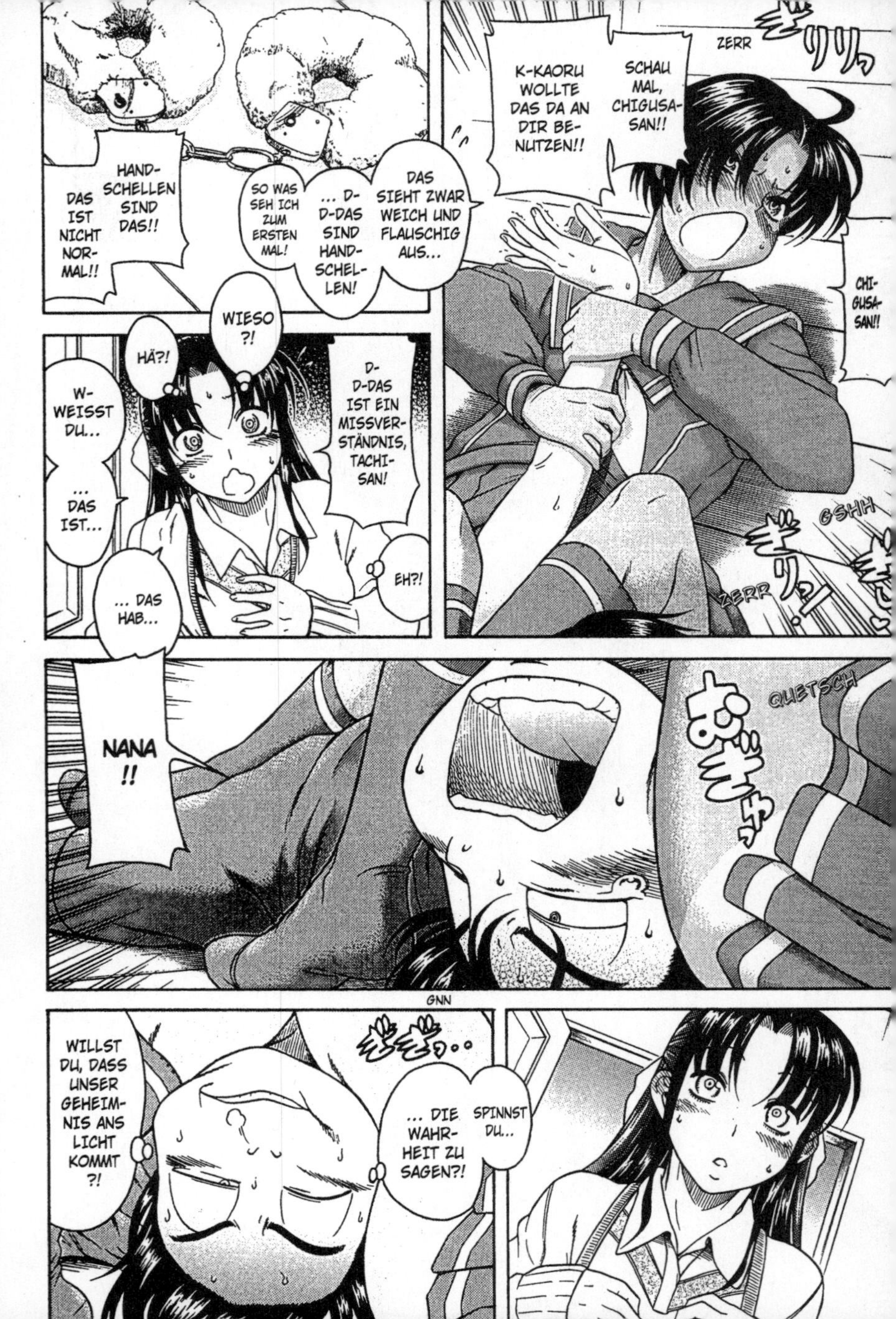
ZERR
SCHAU MAL, CHIGUSA-SAN!!
K-KAORU WOLLTE DAS DA AN DIR BENUTZEN!!
CHIGUSA-SAN!!
GSHH
ZERR
DAS SIEHT ZWAR WEICH UND FLAUSCHIG AUS...
... D-D-DAS SIND HANDSCHELLEN!
SO WAS SEH ICH ZUM ERSTEN MAL!
HANDSCHELLEN SIND DAS!!
DAS IST NICHT NORMAL!!
WIESO?!
HÄ?!
D-D-DAS IST EIN MISSVERSTÄNDNIS, TACHI-SAN!
W-WEISST DU...
... DAS IST...
EH?!
... DAS HAB...
QUETSCH
NANA!!
GNN
SPINNST DU...
... DIE WAHRHEIT ZU SAGEN?!
WILLST DU, DASS UNSER GEHEIMNIS ANS LICHT KOMMT?!

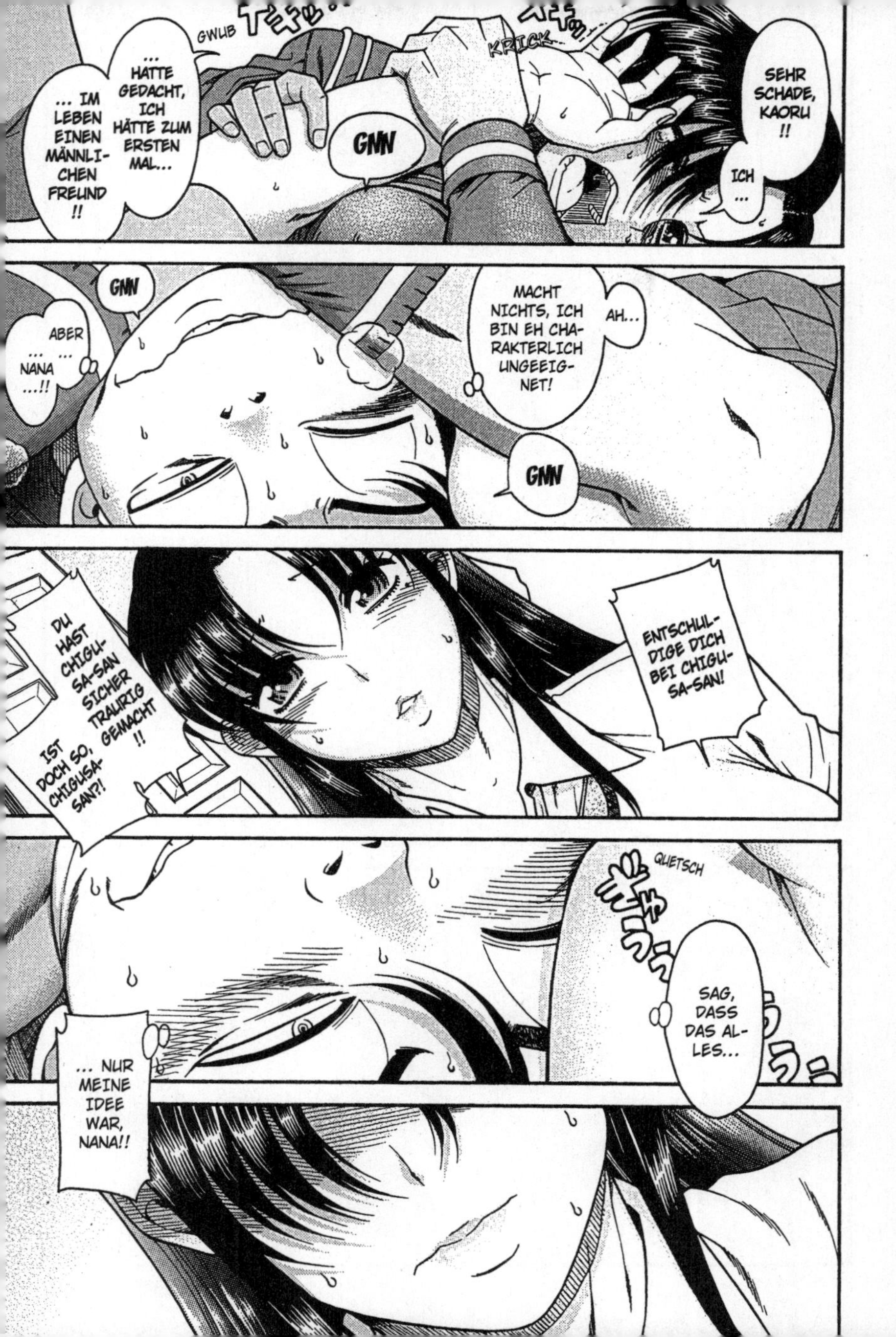
KRICK
SEHR SCHADE, KAORU !!
ICH ...
GNN
GWUB
... HATTE GEDACHT, ICH HÄTTE ZUM ERSTEN MAL...
... IM LEBEN EINEN MÄNNLICHEN FREUND !!
AH...
MACHT NICHTS, ICH BIN EH CHARAKTERLICH UNGEEIGNET!
GNN
GNN
ABER ... ... NANA ...!!
ENTSCHULDIGE DICH BEI CHIGUSA-SAN!
DU HAST CHIGUSA-SAN SICHER TRAURIG GEMACHT !!
IST DOCH SO, CHIGUSA-SAN?!
QUETSCH
SAG, DASS DAS ALLES...
... NUR MEINE IDEE WAR, NANA!!

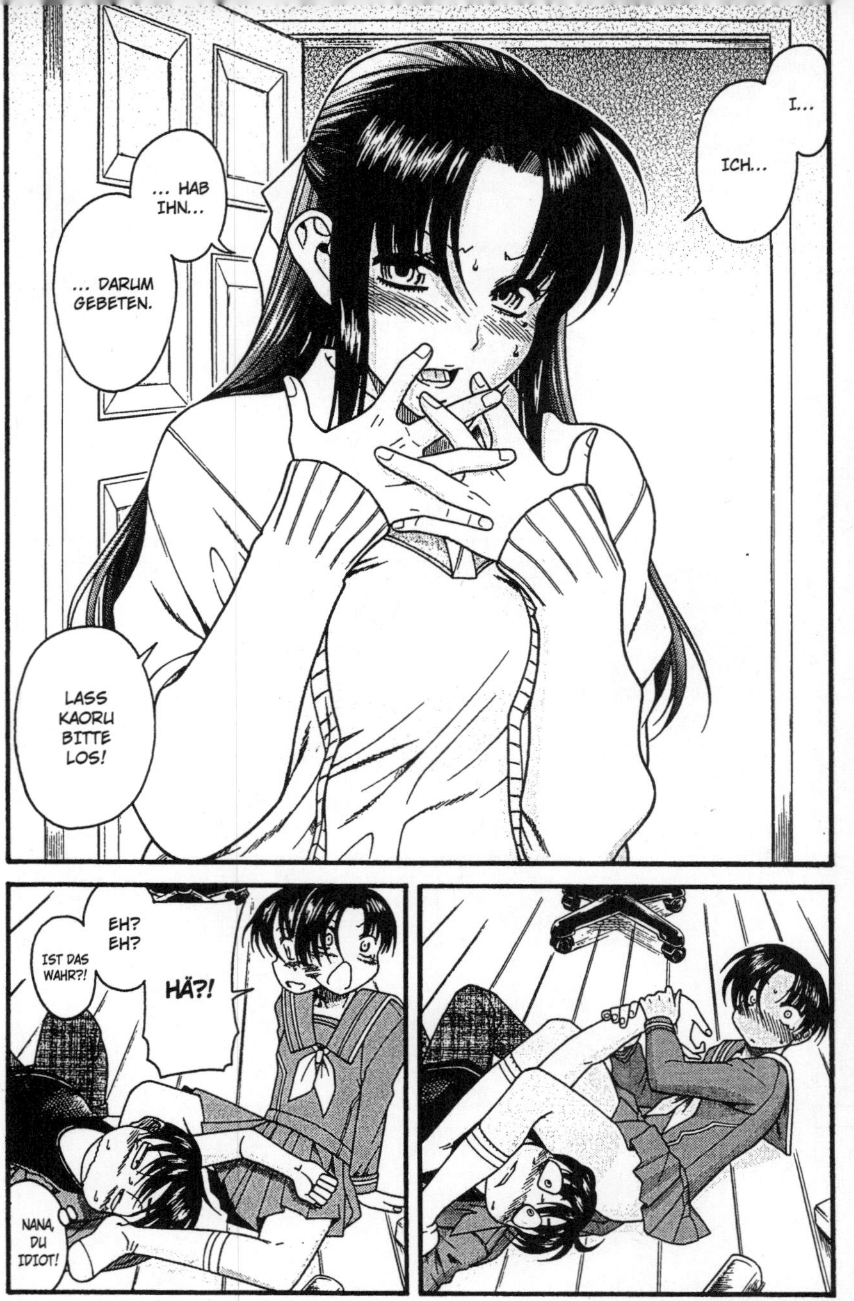

I...
ICH...
... HAB IHN...
... DARUM GEBETEN.
LASS KAORU BITTE LOS!

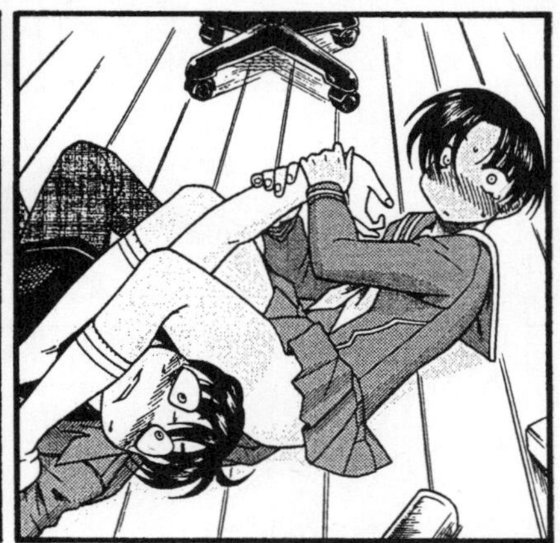

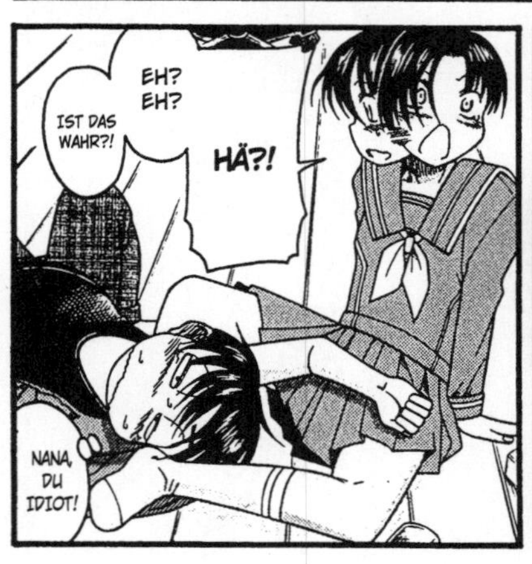

KAPITEL 21 - ENDE

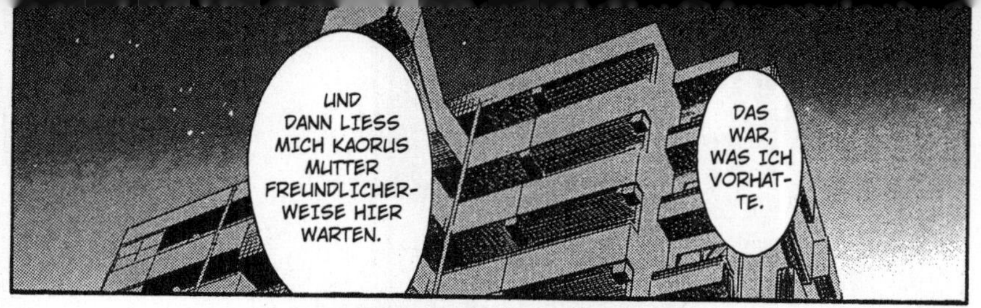
DAS WAR, WAS ICH VORHATTE.
UND DANN LIESS MICH KAORUS MUTTER FREUNDLICHERWEISE HIER WARTEN.

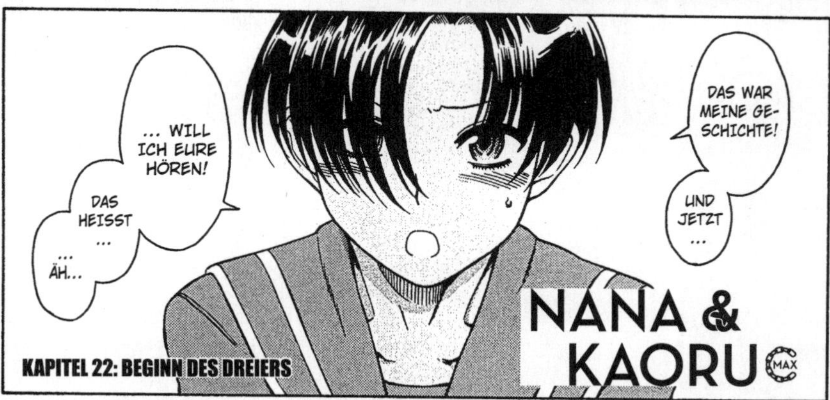
DAS WAR MEINE GESCHICHTE!
UND JETZT ...
... WILL ICH EURE HÖREN!
DAS HEISST ...
... ÄH...
NANA & KAORU MAX
KAPITEL 22: BEGINN DES DREIERS

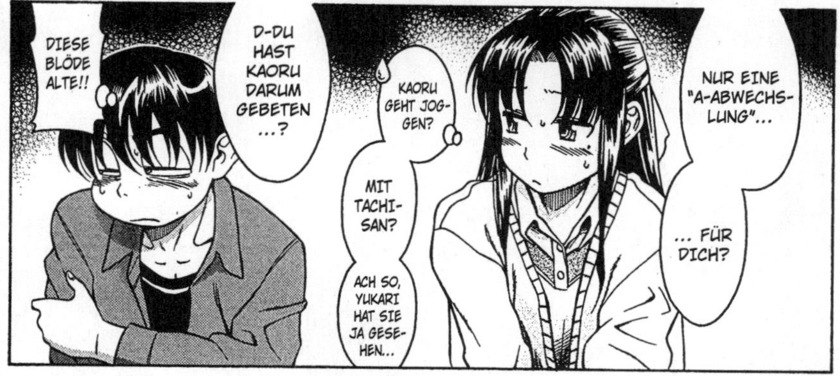
NUR EINE "A-ABWECHSLUNG"...
... FÜR DICH?
KAORU GEHT JOGGEN?
MIT TACHI-SAN?
ACH SO, YUKARI HAT SIE JA GESEHEN...
D-DU HAST KAORU DARUM GEBETEN ...?
DIESE BLÖDE ALTE!!

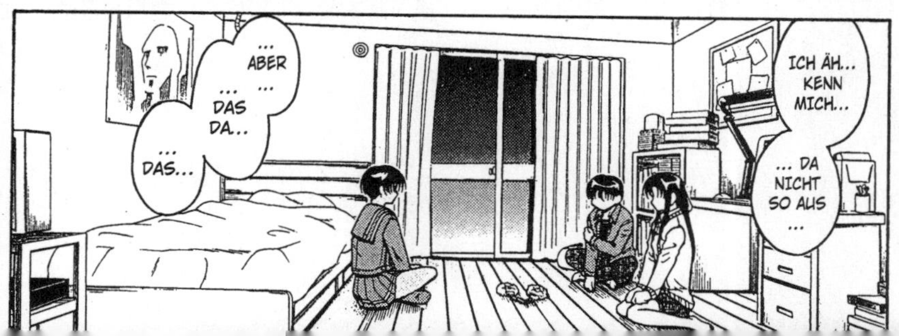
ICH ÄH... KENN MICH...
... DA NICHT SO AUS ...
... ABER ...
... DAS DA...
... DAS...

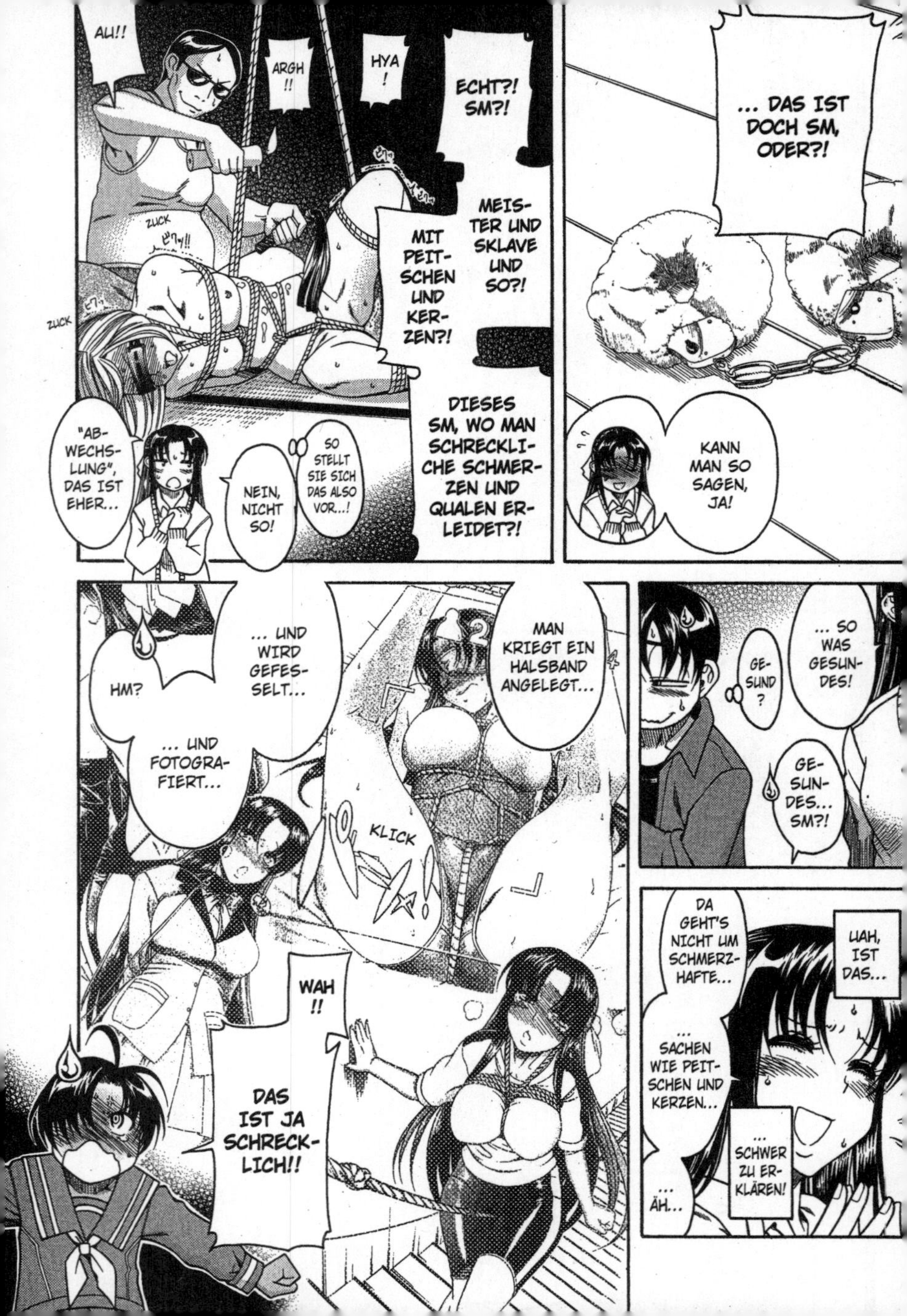

... DAS IST DOCH SM, ODER?!
KANN MAN SO SAGEN, JA!
ECHT?! SM?!
MEISTER UND SKLAVE UND SO?!
MIT PEITSCHEN UND KERZEN?!
DIESES SM, WO MAN SCHRECKLICHE SCHMERZEN UND QUALEN ERLEIDET?!
HYA!
ARGH!!
AU!!
ZUCK
ZUCK
SO STELLT SIE SICH DAS ALSO VOR...!
NEIN, NICHT SO!
"ABWECHSLUNG", DAS IST EHER...
... SO WAS GESUNDES!
GESUND?
GESUNDES... SM?!
MAN KRIEGT EIN HALSBAND ANGELEGT...
... UND WIRD GEFESSELT...
HM?
... UND FOTOGRAFIERT...
KLICK
WAH!!
DAS IST JA SCHRECKLICH!!
UAH, IST DAS...
DA GEHT'S NICHT UM SCHMERZHAFTE...
... SACHEN WIE PEITSCHEN UND KERZEN...
... SCHWER ZU ERKLÄREN!
... ÄH...

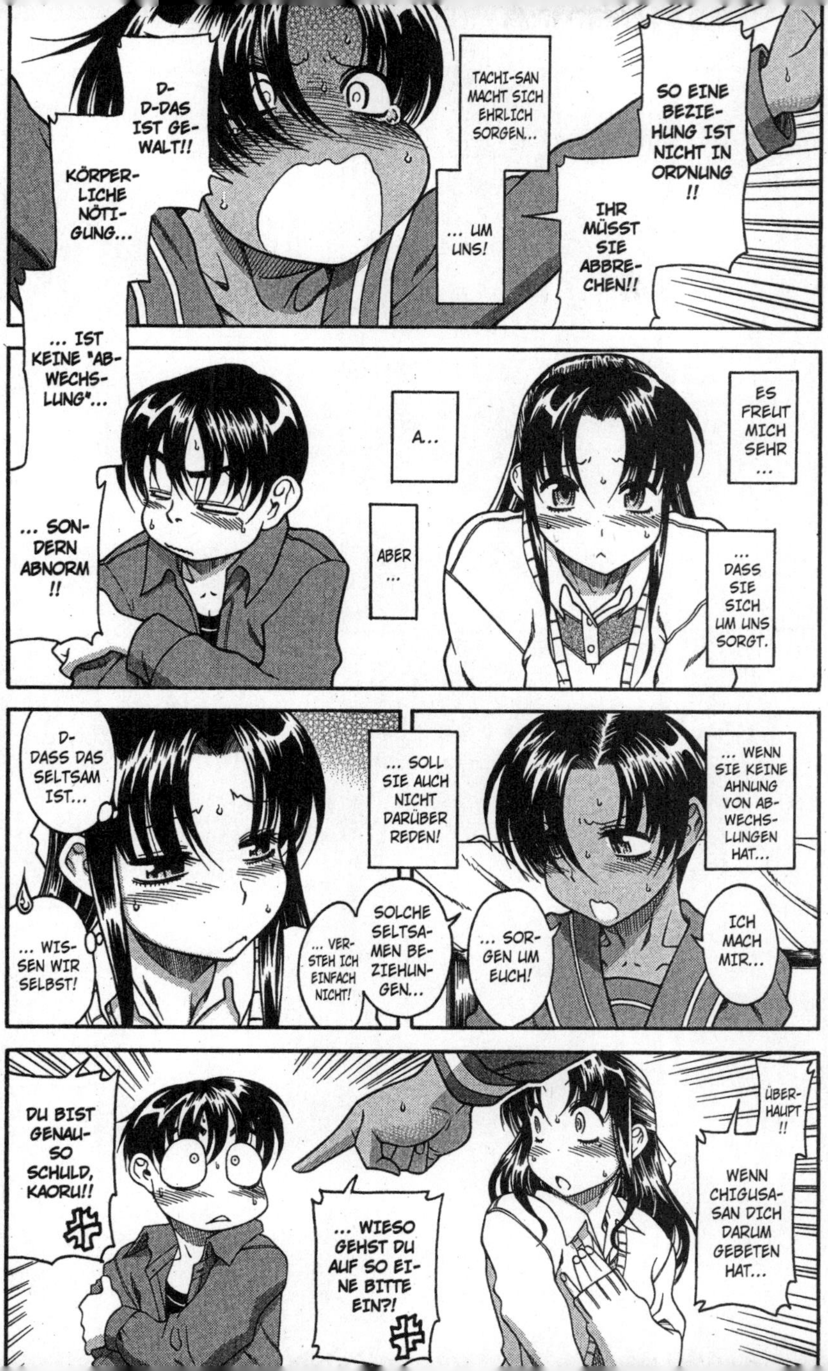

SO EINE BEZIEHUNG IST NICHT IN ORDNUNG!!
IHR MÜSST SIE ABBRECHEN!!
TACHI-SAN MACHT SICH EHRLICH SORGEN...
... UM UNS!
D-D-DAS IST GEWALT!!
KÖRPERLICHE NÖTIGUNG...
... IST KEINE "ABWECHSLUNG"...

ES FREUT MICH SEHR ...
... DASS SIE SICH UM UNS SORGT.
A...
ABER ...
... SONDERN ABNORM!!

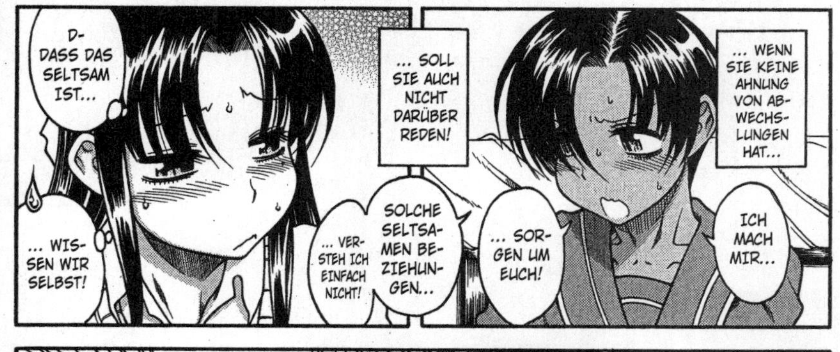

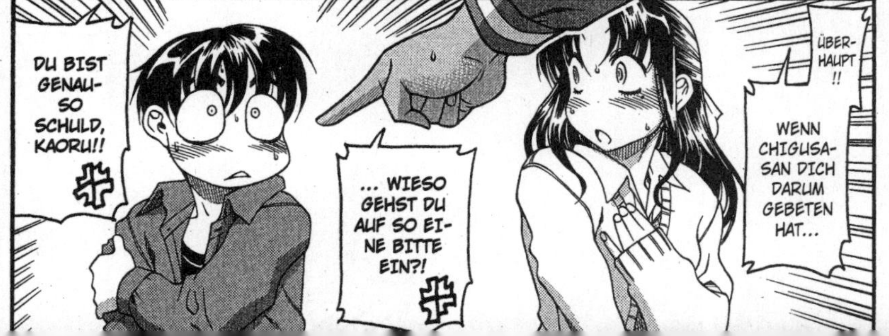

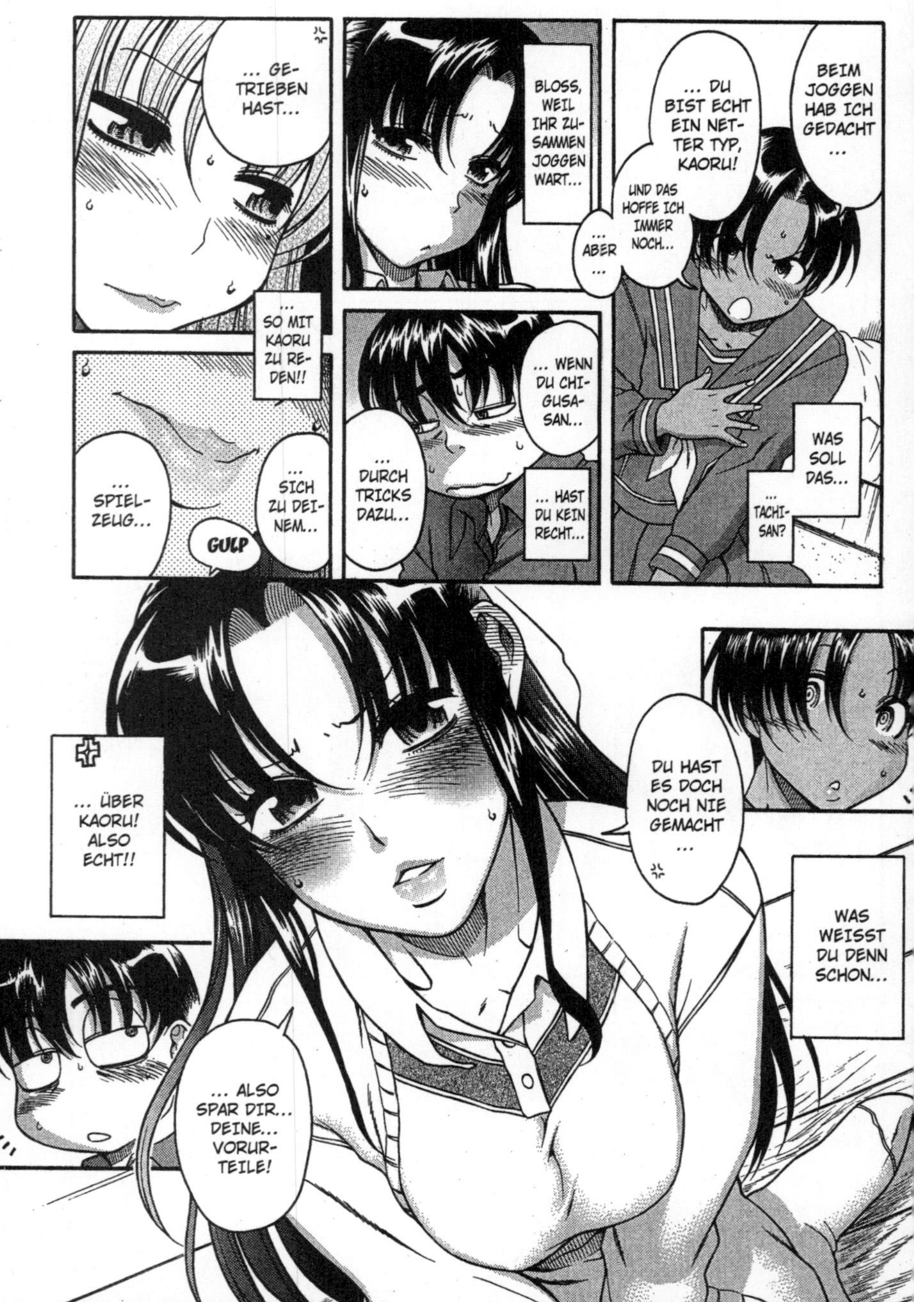
BEIM JOGGEN HAB ICH GEDACHT ...
... DU BIST ECHT EIN NETTER TYP, KAORU!
UND DAS HOFFE ICH IMMER NOCH...
... ABER ...
WAS SOLL DAS...
... TACHI-SAN?
BLOSS, WEIL IHR ZUSAMMEN JOGGEN WART...
... GETRIEBEN HAST...
... SO MIT KAORU ZU REDEN!!
... WENN DU CHIGUSA-SAN...
... HAST DU KEIN RECHT...
... DURCH TRICKS DAZU...
... SICH ZU DEINEM...
... SPIELZEUG...
GULP
WAS WEISST DU DENN SCHON...
DU HAST ES DOCH NOCH NIE GEMACHT ...
... ÜBER KAORU! ALSO ECHT!!
... ALSO SPAR DIR... DEINE... VORURTEILE!

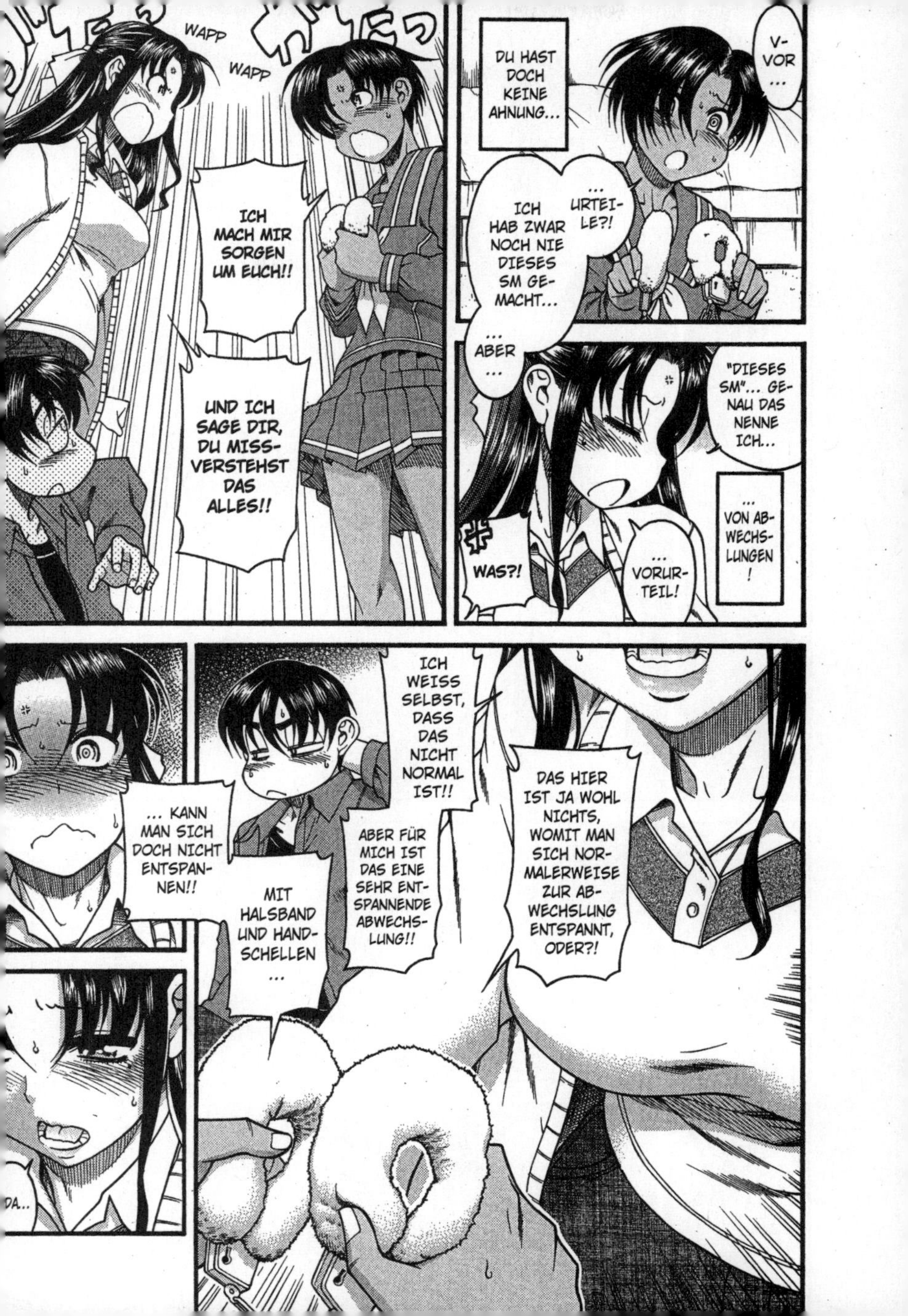

V-VOR …
DU HAST DOCH KEINE AHNUNG …
… URTEILE?!
ICH HAB ZWAR NOCH NIE DIESES SM GEMACHT …
… ABER …
WAPP
WAPP
ICH MACH MIR SORGEN UM EUCH!!
UND ICH SAGE DIR, DU MISSVERSTEHST DAS ALLES!!
"DIESES SM" … GENAU DAS NENNE ICH …
… VON ABWECHSLUNGEN!
… VORURTEIL!
WAS?!
DAS HIER IST JA WOHL NICHTS, WOMIT MAN SICH NORMALERWEISE ZUR ABWECHSLUNG ENTSPANNT, ODER?!
ICH WEISS SELBST, DASS DAS NICHT NORMAL IST!!
ABER FÜR MICH IST DAS EINE SEHR ENTSPANNENDE ABWECHSLUNG!!
MIT HALSBAND UND HANDSCHELLEN …
… KANN MAN SICH DOCH NICHT ENTSPANNEN!!
DA …

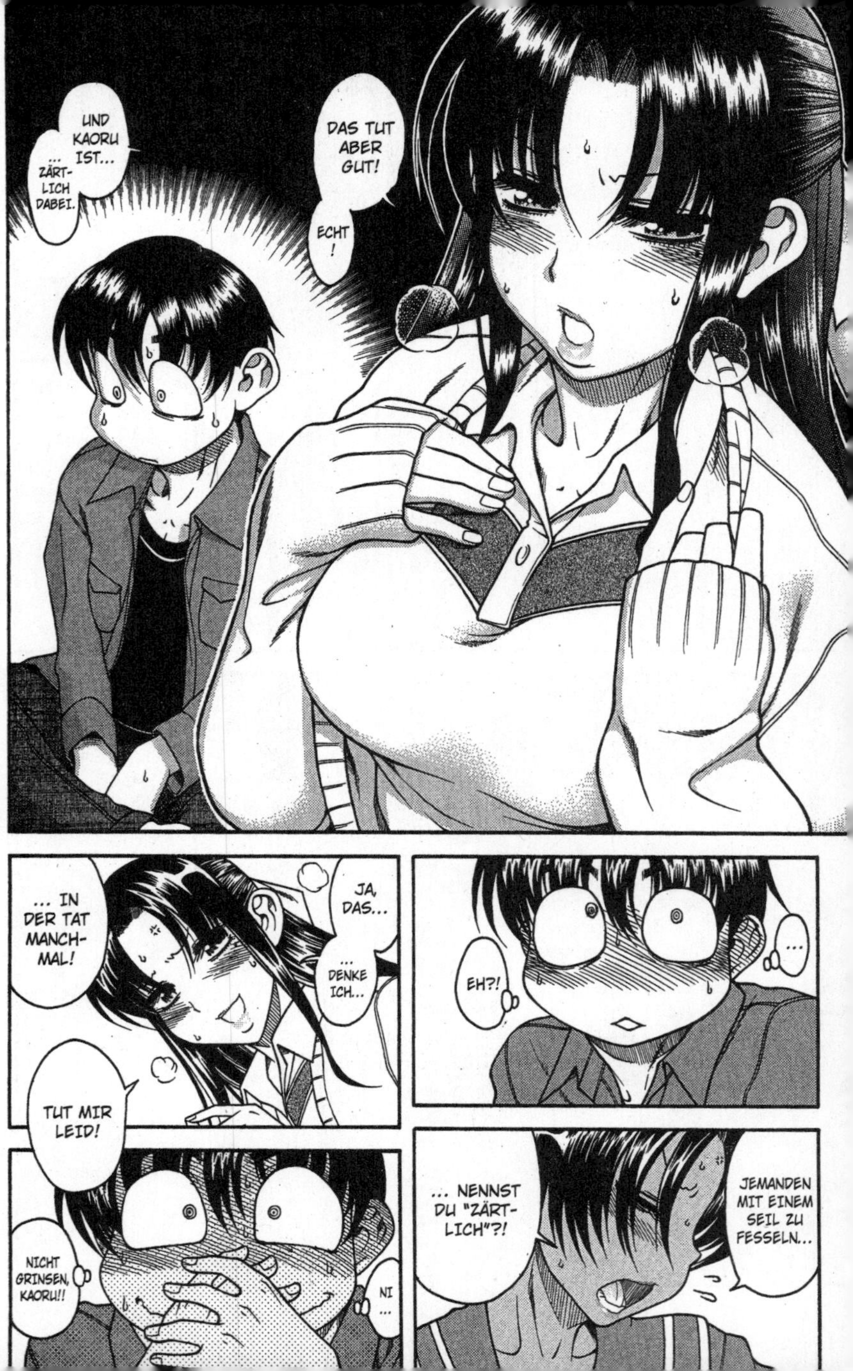

DAS TUT ABER GUT!
ECHT!
UND KAORU IST...
... ZÄRT-LICH DABEI.

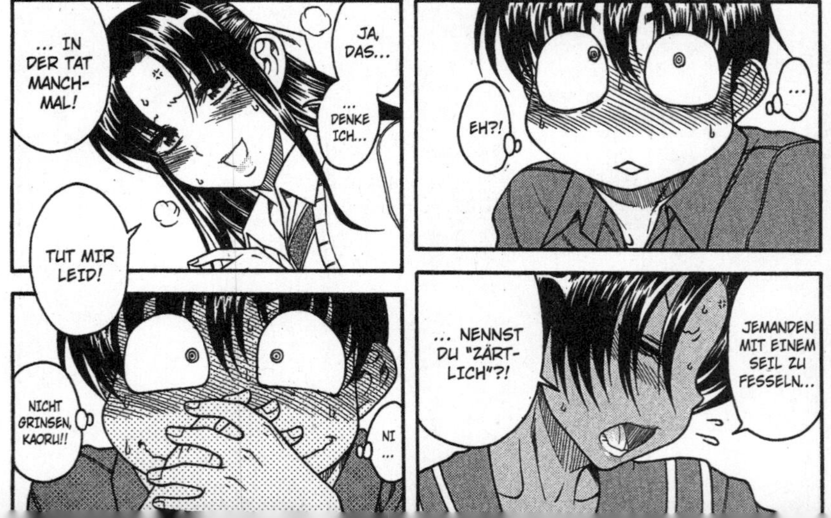

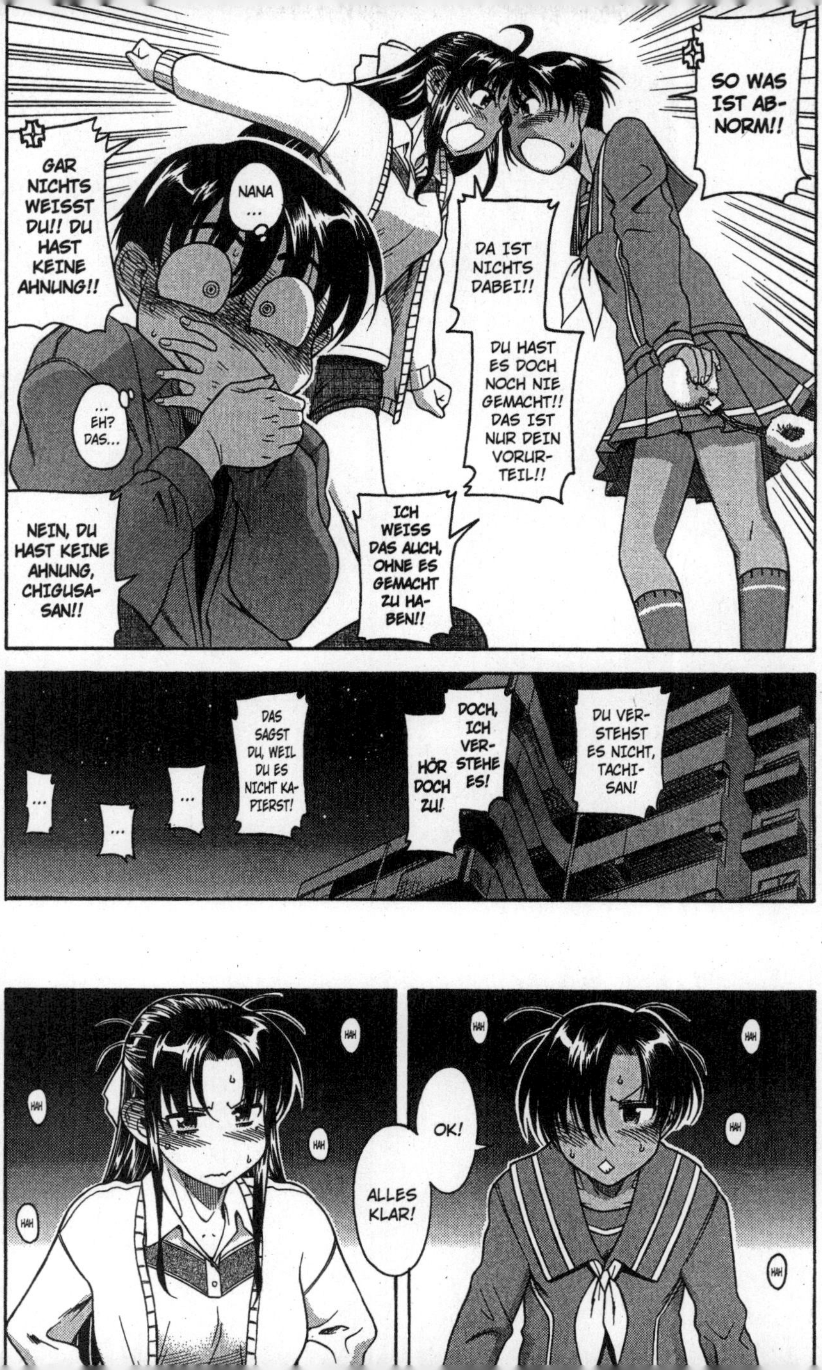

SO WAS IST ABNORM!!
GAR NICHTS WEISST DU!! DU HAST KEINE AHNUNG!!
NANA ...
DA IST NICHTS DABEI!!
DU HAST ES DOCH NOCH NIE GEMACHT!! DAS IST NUR DEIN VORURTEIL!!
... EH? DAS...
ICH WEISS DAS AUCH, OHNE ES GEMACHT ZU HABEN!!
NEIN, DU HAST KEINE AHNUNG, CHIGUSA-SAN!!

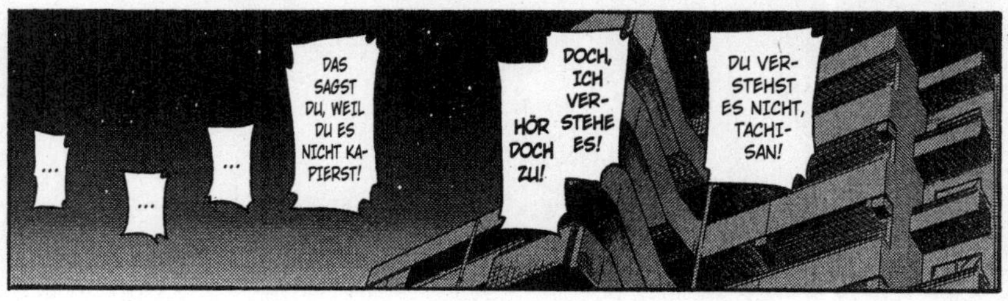

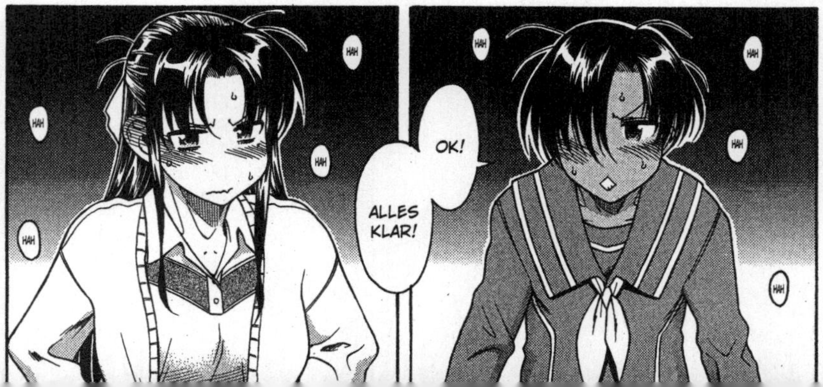

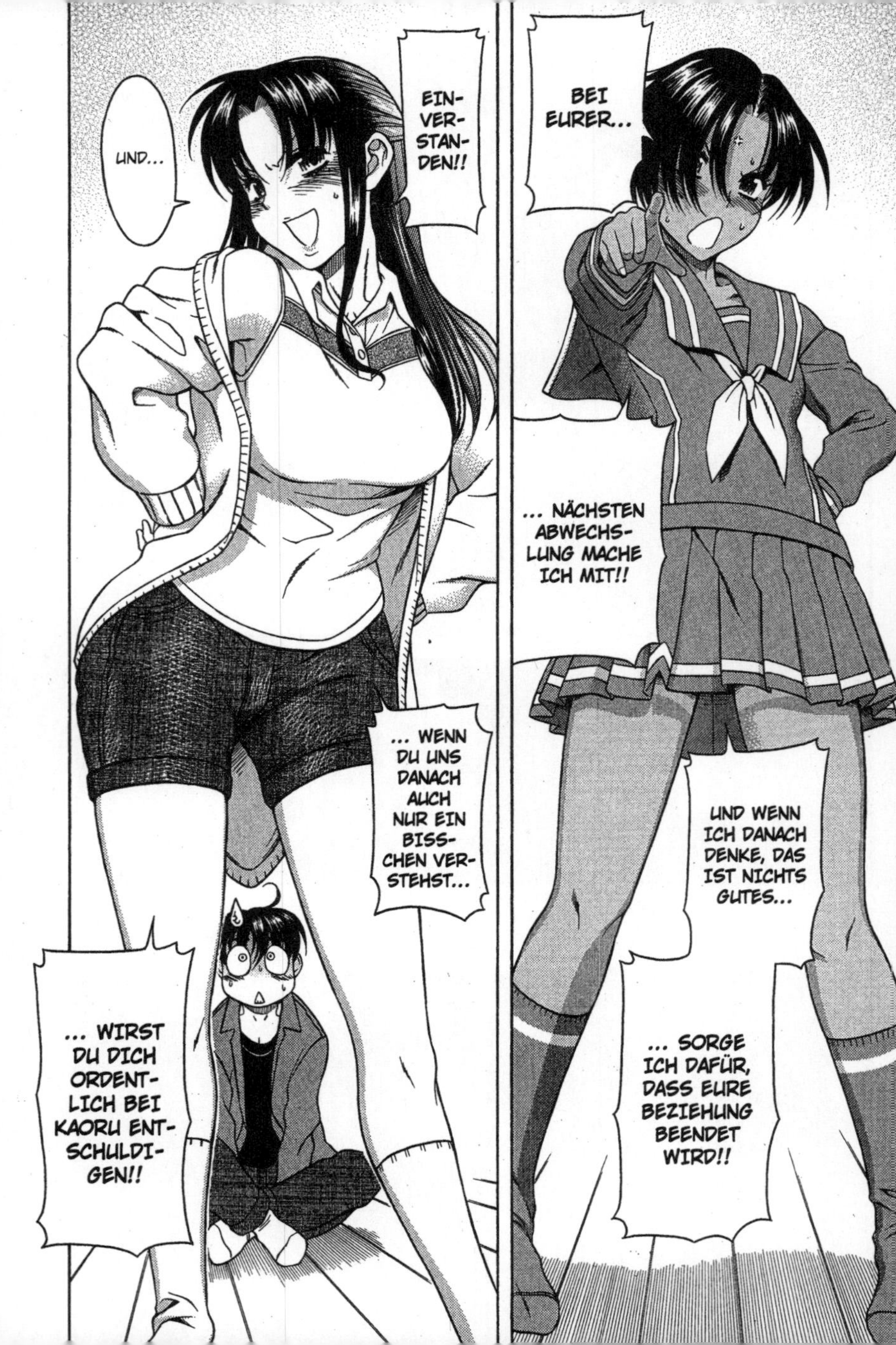
BEI EURER...
... NÄCHSTEN ABWECHSLUNG MACHE ICH MIT!!
UND WENN ICH DANACH DENKE, DAS IST NICHTS GUTES...
... SORGE ICH DAFÜR, DASS EURE BEZIEHUNG BEENDET WIRD!!
EINVERSTANDEN!!
UND...
... WENN DU UNS DANACH AUCH NUR EIN BISSCHEN VERSTEHST...
... WIRST DU DICH ORDENTLICH BEI KAORU ENTSCHULDIGEN!!

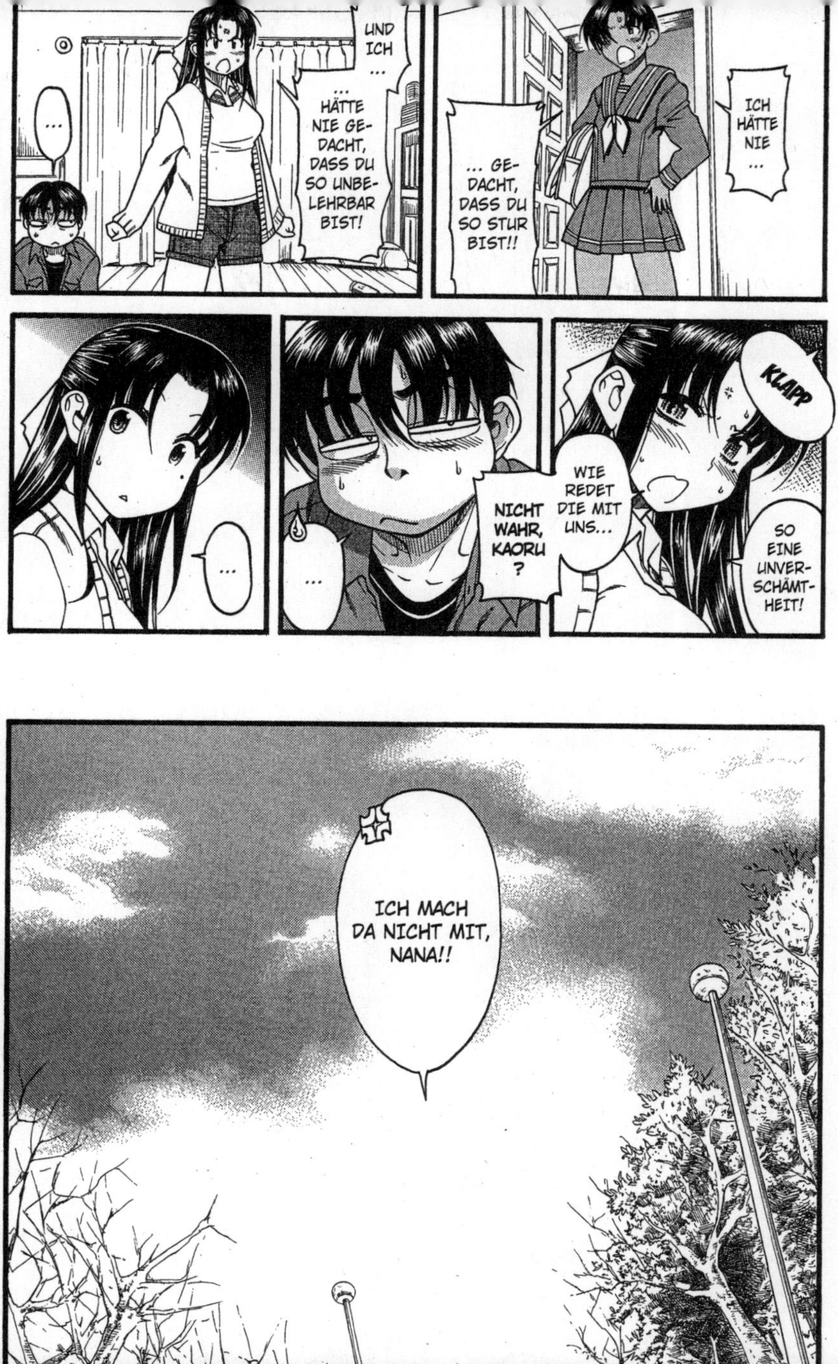

ICH HÄTTE NIE ...

... GEDACHT, DASS DU SO STUR BIST!!

UND ICH ...

... HÄTTE NIE GEDACHT, DASS DU SO UNBELEHRBAR BIST!

...

KLAPP

SO EINE UNVERSCHÄMTHEIT!

WIE REDET DIE MIT UNS...

NICHT WAHR, KAORU?

...

...

ICH MACH DA NICHT MIT, NANA!!

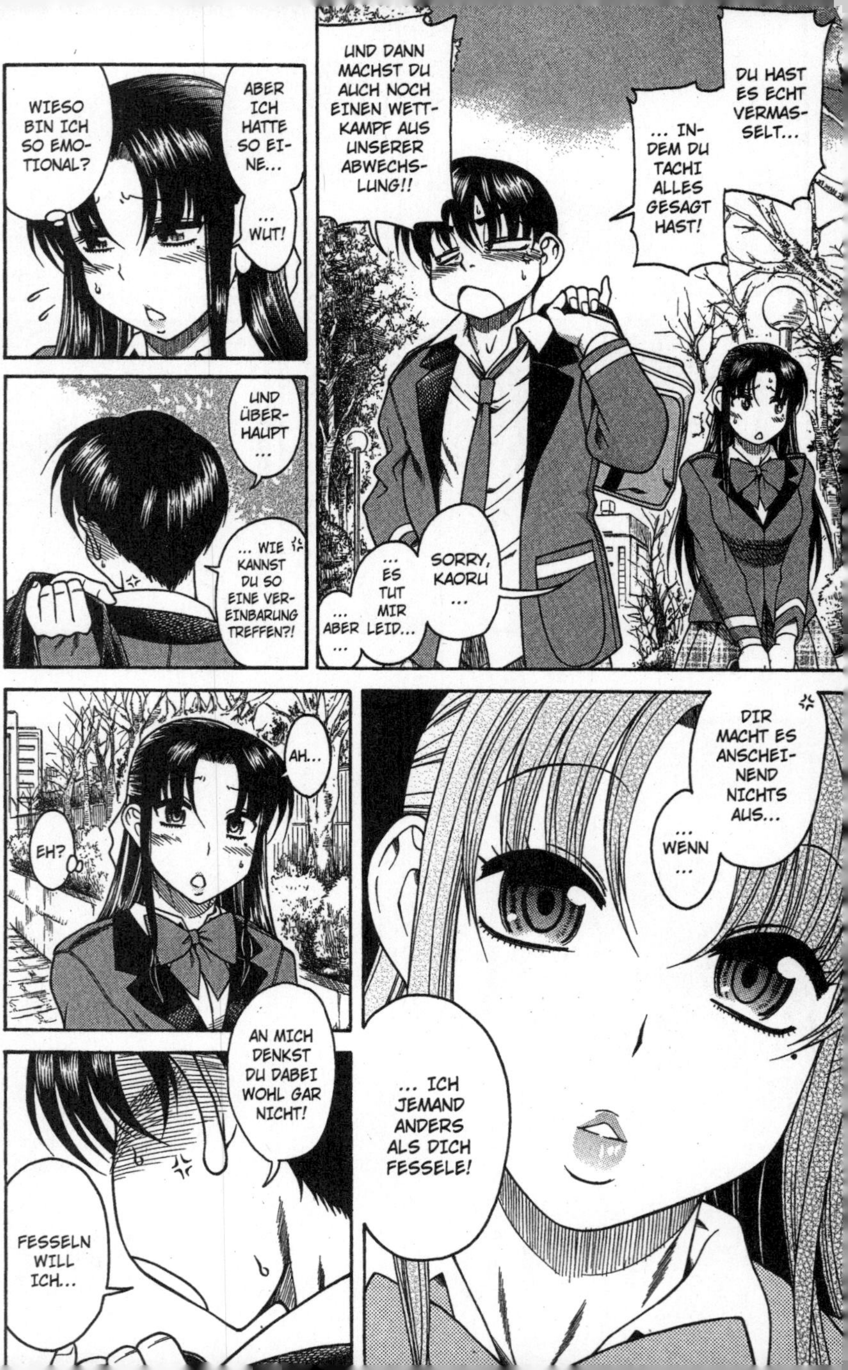

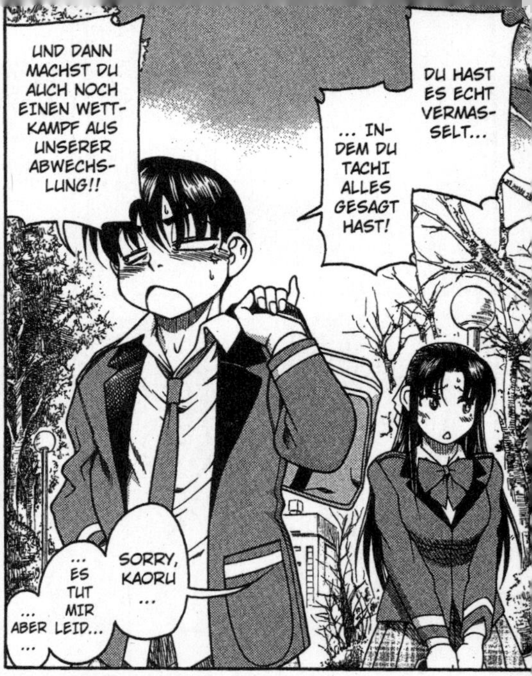

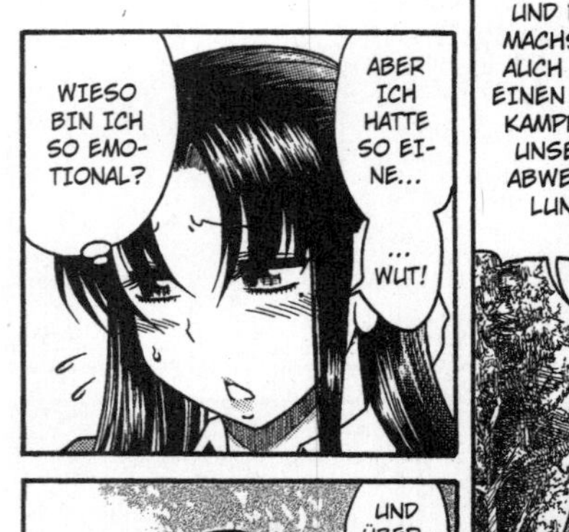

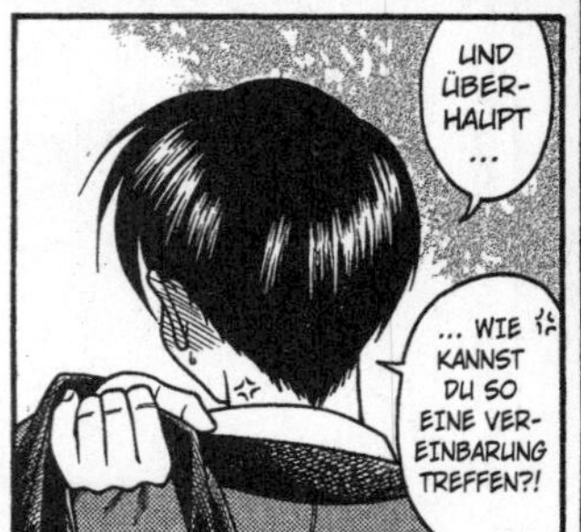

DIR MACHT ES ANSCHEINEND NICHTS AUS…

… WENN …

AH…

EH?

… ICH JEMAND ANDERS ALS DICH FESSELE!

AN MICH DENKST DU DABEI WOHL GAR NICHT!

FESSELN WILL ICH…

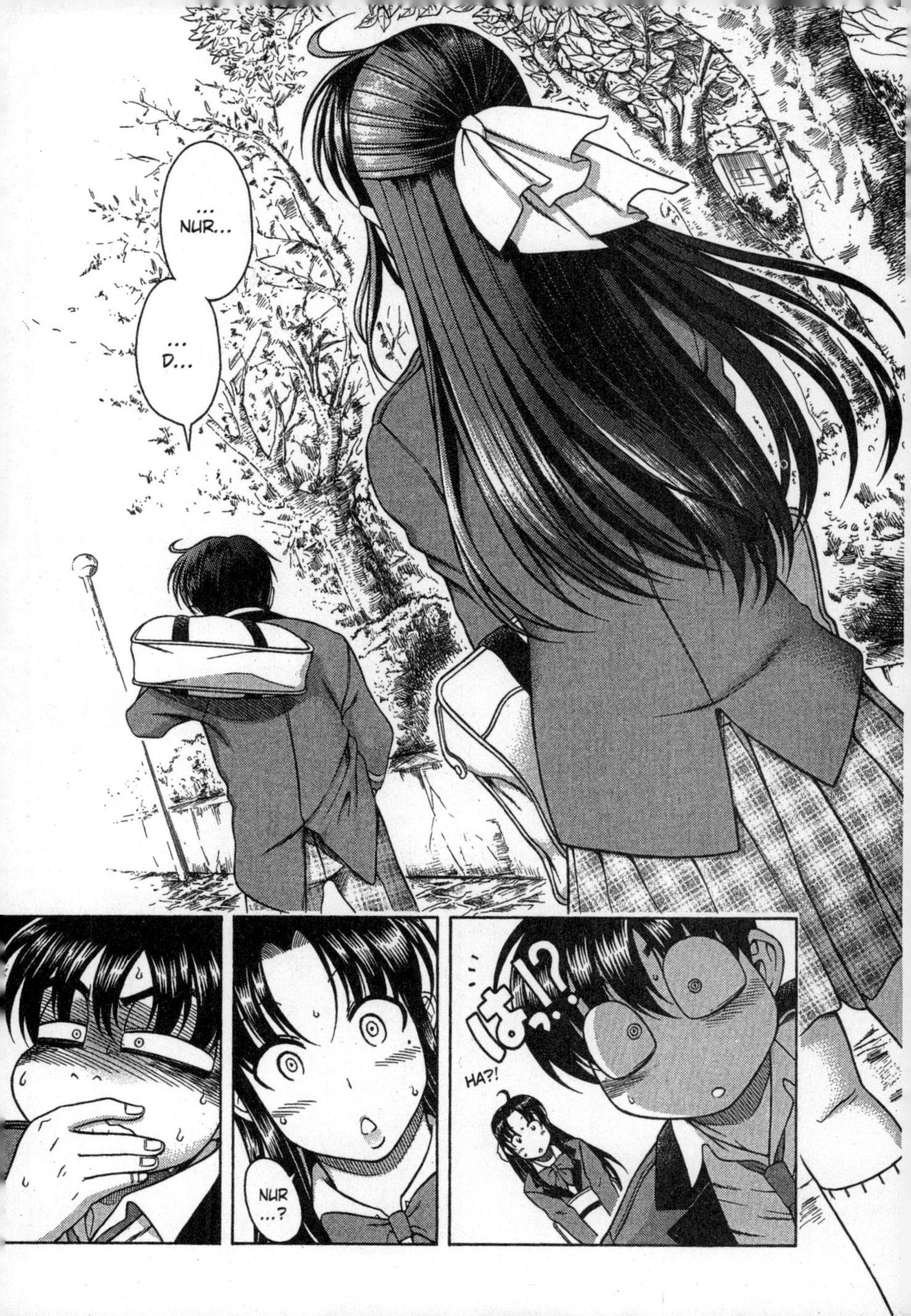
... NUR...
... D...
はっ!?
HA?!
NUR ...?

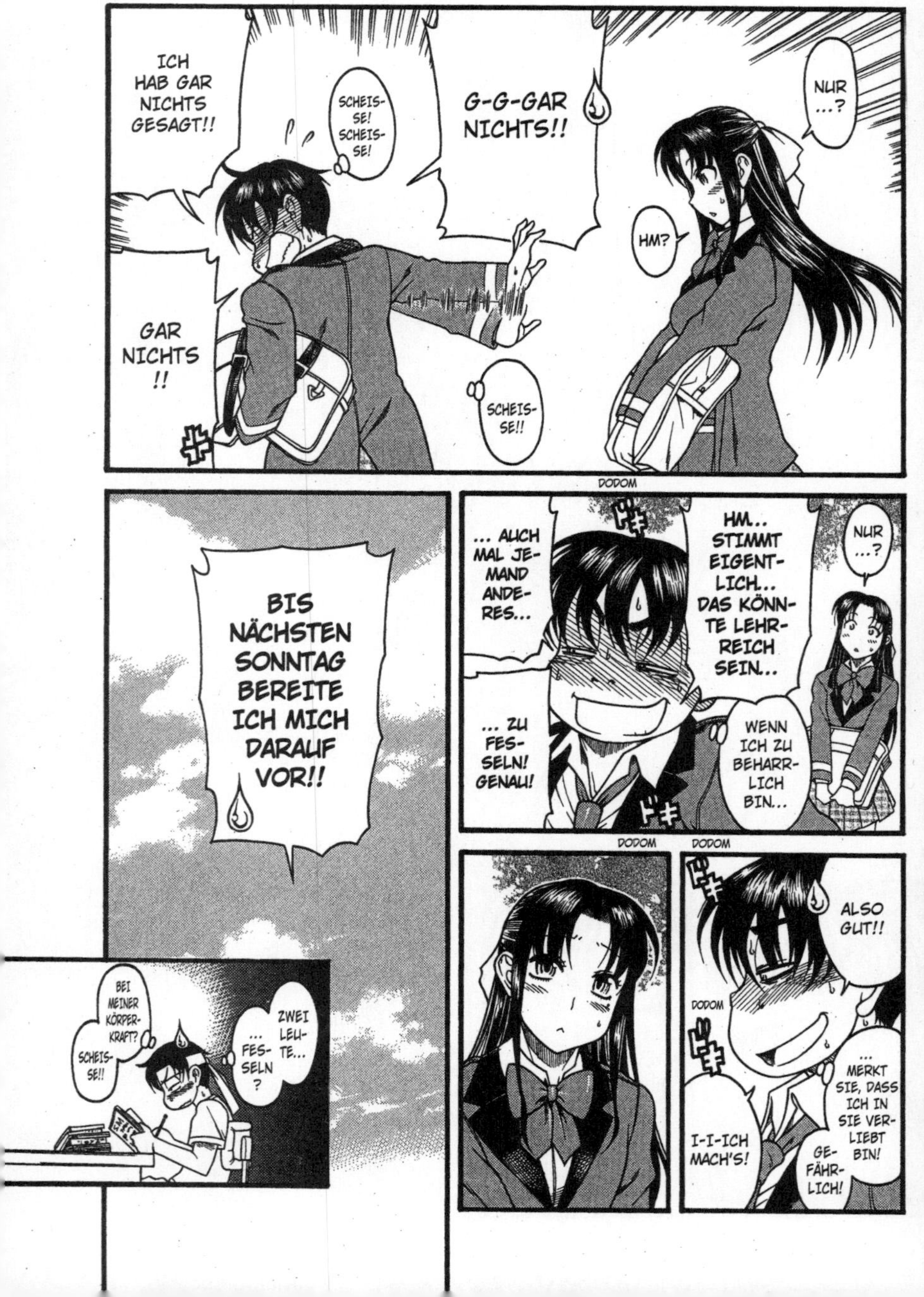

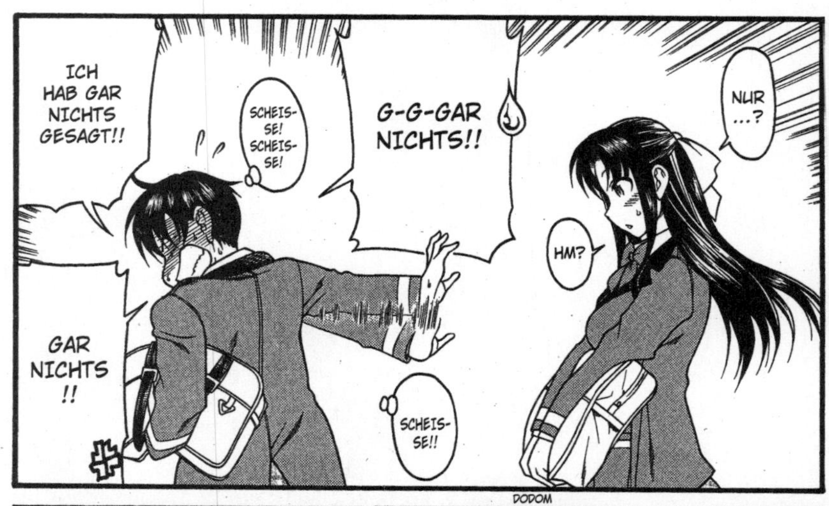
NUR ...?
HM?
G-G-GAR NICHTS!!
SCHEISSE! SCHEISSE!
ICH HAB GAR NICHTS GESAGT!!
GAR NICHTS !!
SCHEISSE!!

DODOM
NUR ...?
HM... STIMMT EIGENTLICH... DAS KÖNNTE LEHRREICH SEIN...
WENN ICH ZU BEHARRLICH BIN...
... AUCH MAL JEMAND ANDERES...
... ZU FESSELN! GENAU!
DODOM
DODOM
ALSO GUT!!
DODOM
... MERKT SIE, DASS ICH IN SIE VERLIEBT BIN!
GEFÄHRLICH!
I-I-ICH MACH'S!
BIS NÄCHSTEN SONNTAG BEREITE ICH MICH DARAUF VOR!!
ZWEI LEUTE...
... FESSELN ?
BEI MEINER KÖRPERKRAFT?
SCHEISSE!!

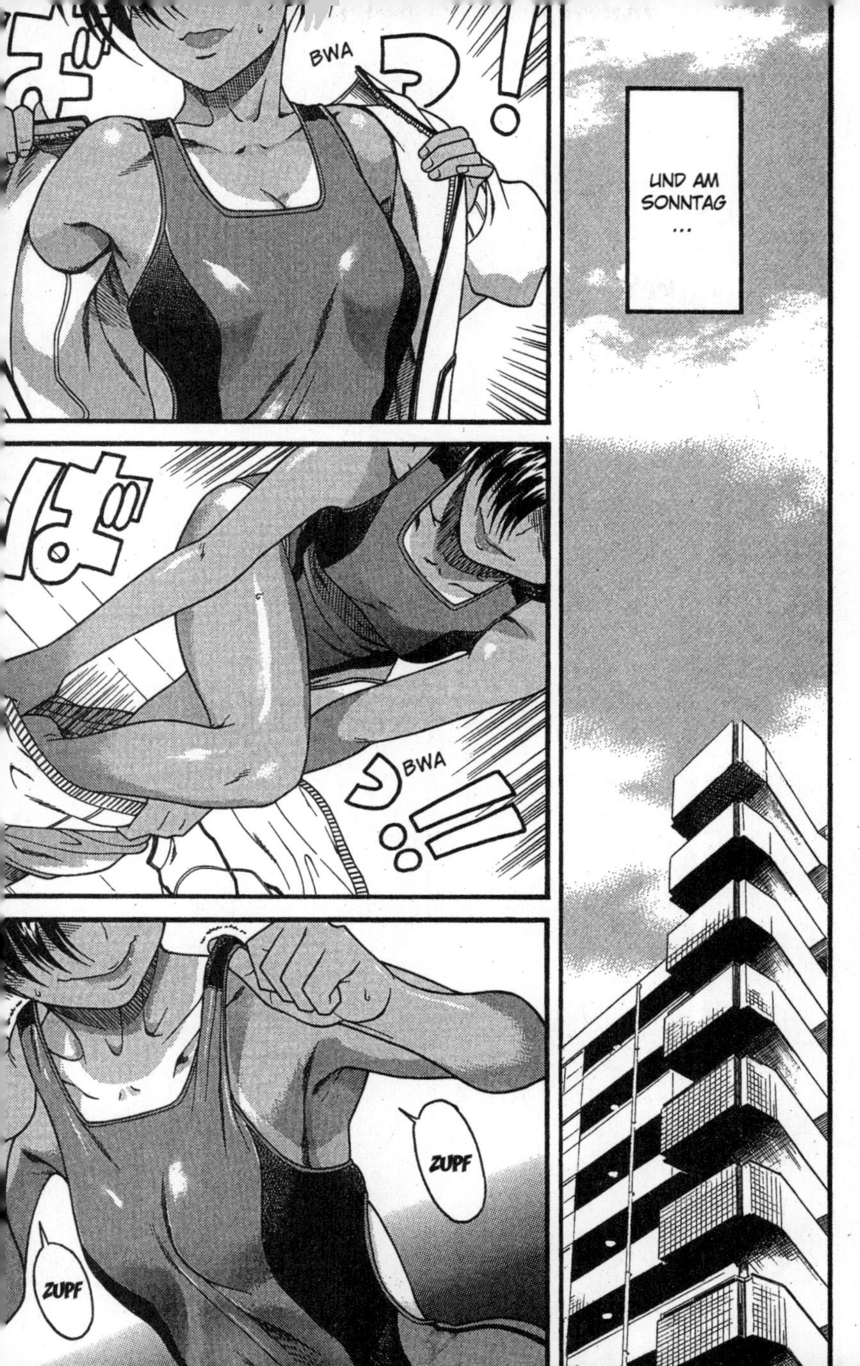

UND AM SONNTAG ...
BWA
BWA
ZUPF
ZUPF

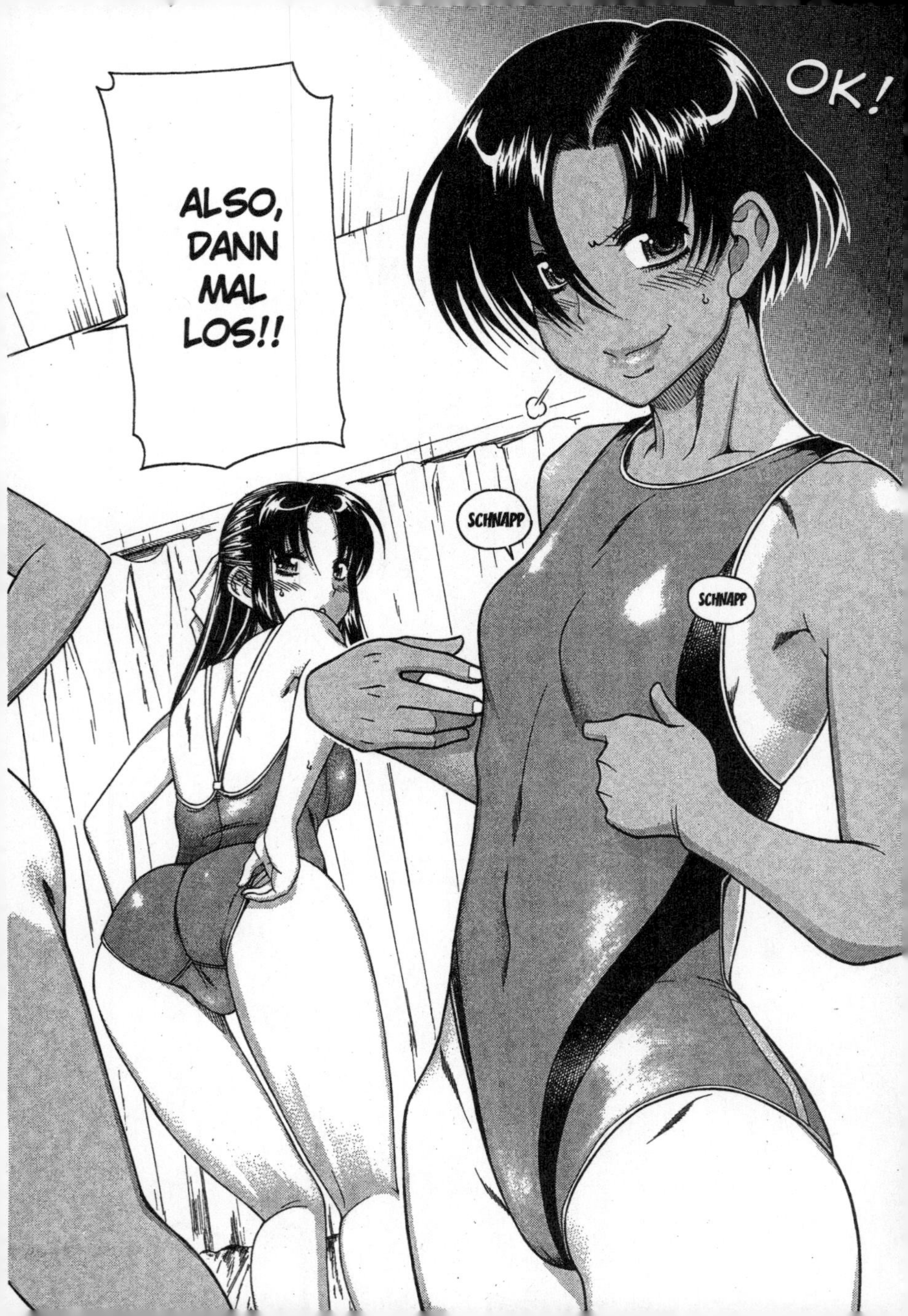
OK!
ALSO, DANN MAL LOS!!
SCHNAPP
SCHNAPP

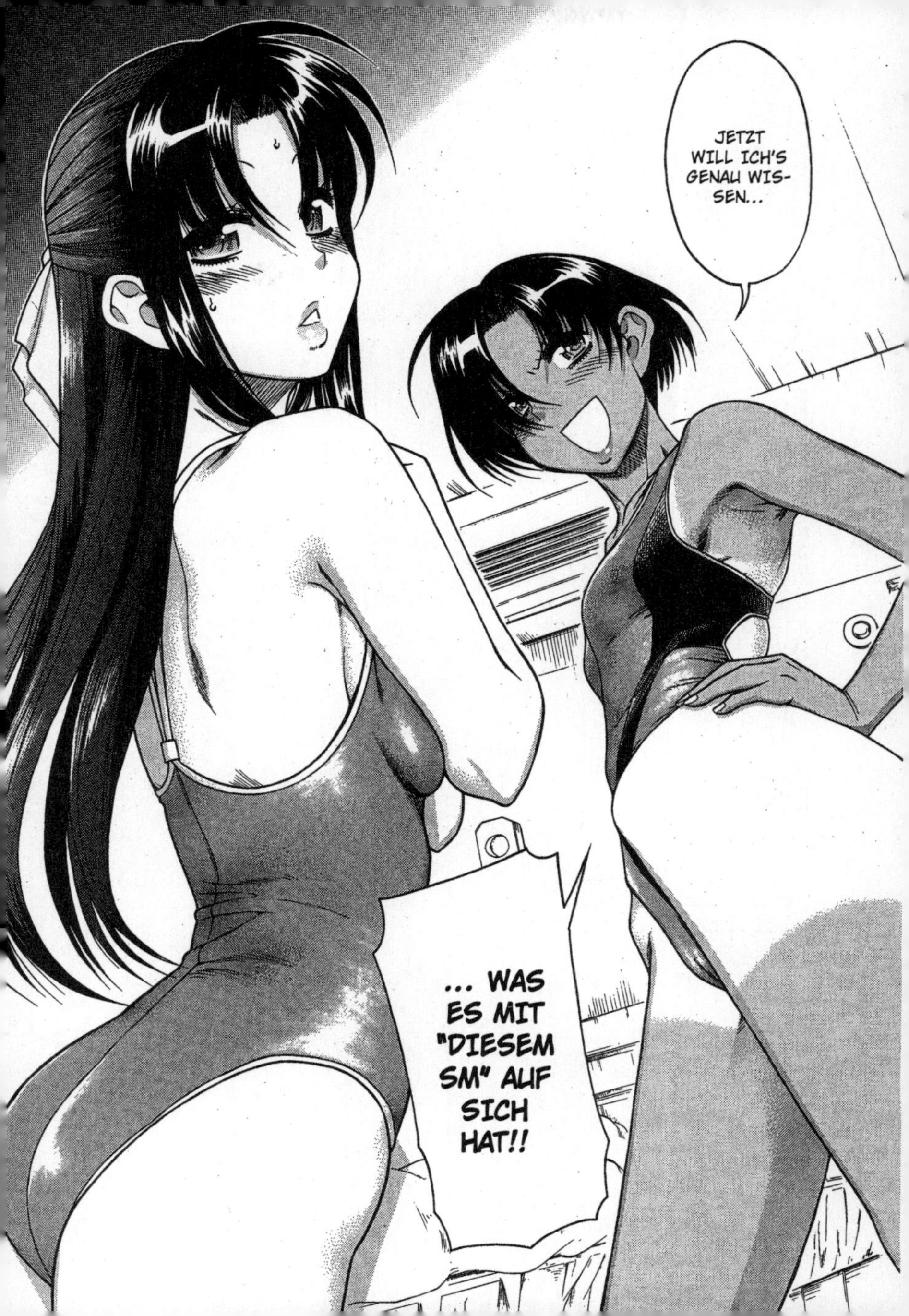
JETZT WILL ICH'S GENAU WIS-SEN...
... WAS ES MIT "DIESEM SM" AUF SICH HAT!!

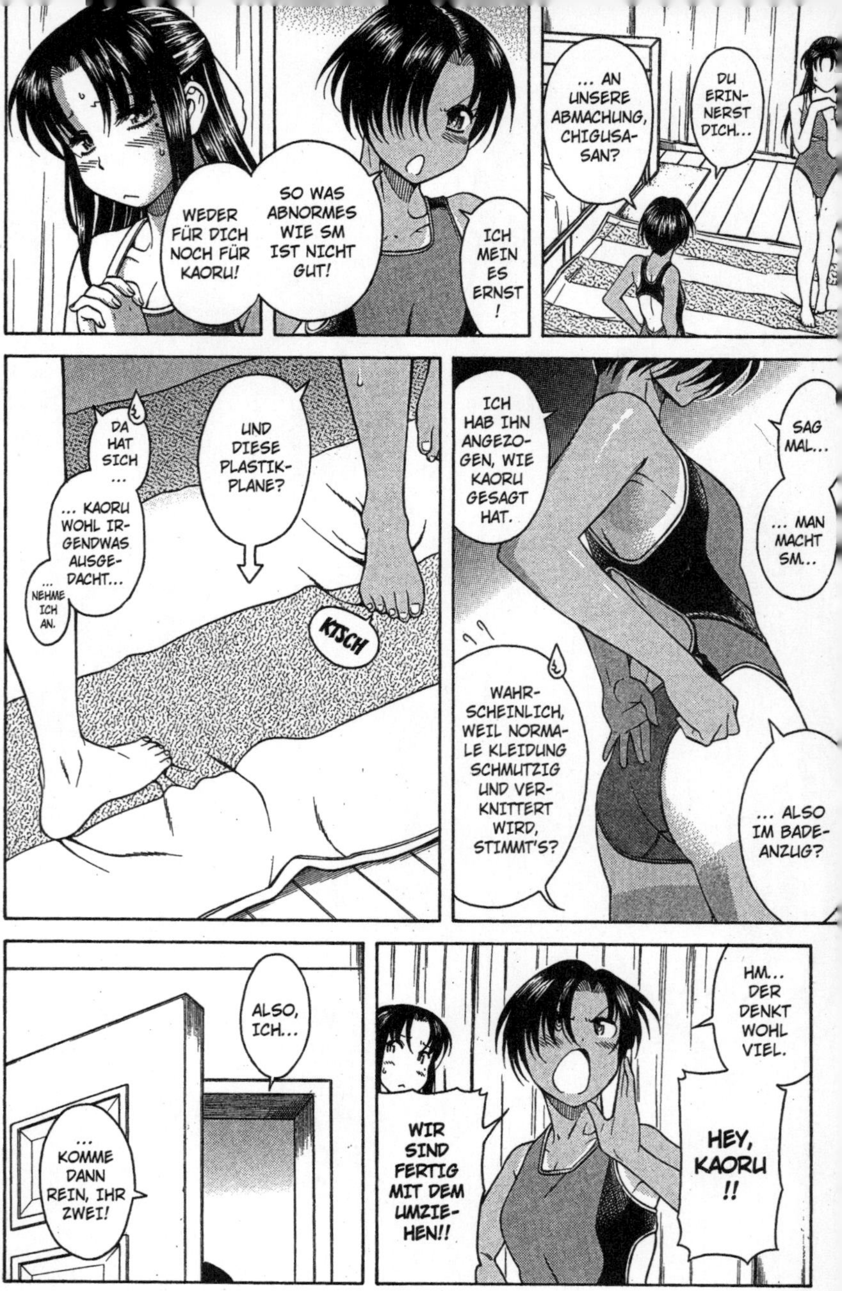

DU ERINNERST DICH...
... AN UNSERE ABMACHUNG, CHIGUSA-SAN?
ICH MEIN ES ERNST!
SO WAS ABNORMES WIE SM IST NICHT GUT!
WEDER FÜR DICH NOCH FÜR KAORU!

SAG MAL...
... MAN MACHT SM...
... ALSO IM BADEANZUG?
ICH HAB IHN ANGEZOGEN, WIE KAORU GESAGT HAT.
WAHRSCHEINLICH, WEIL NORMALE KLEIDUNG SCHMUTZIG UND VERKNITTERT WIRD, STIMMT'S?
UND DIESE PLASTIKPLANE?
KTSCH
DA HAT SICH ...
... KAORU WOHL IRGENDWAS AUSGEDACHT...
... NEHME ICH AN.

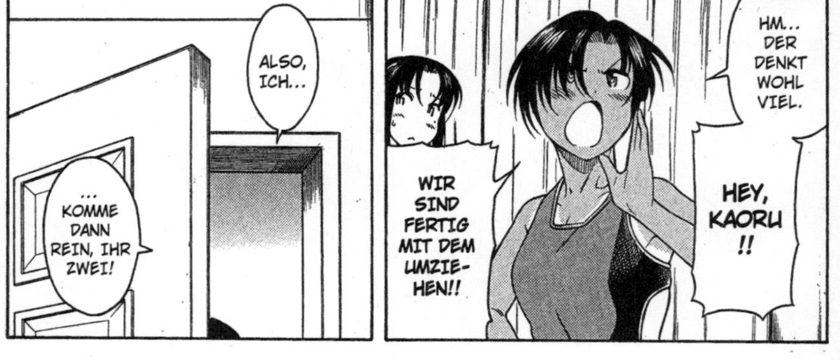
HM... DER DENKT WOHL VIEL.
HEY, KAORU!!
WIR SIND FERTIG MIT DEM UMZIEHEN!!
ALSO, ICH...
... KOMME DANN REIN, IHR ZWEI!

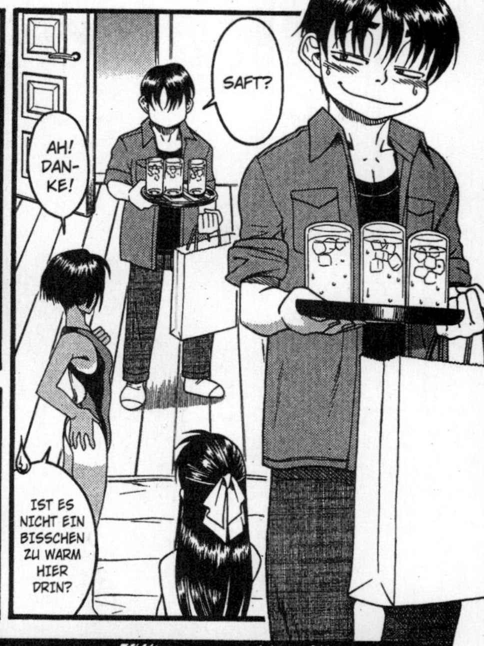
SAFT?
AH! DANKE!
IST ES NICHT EIN BISSCHEN ZU WARM HIER DRIN?

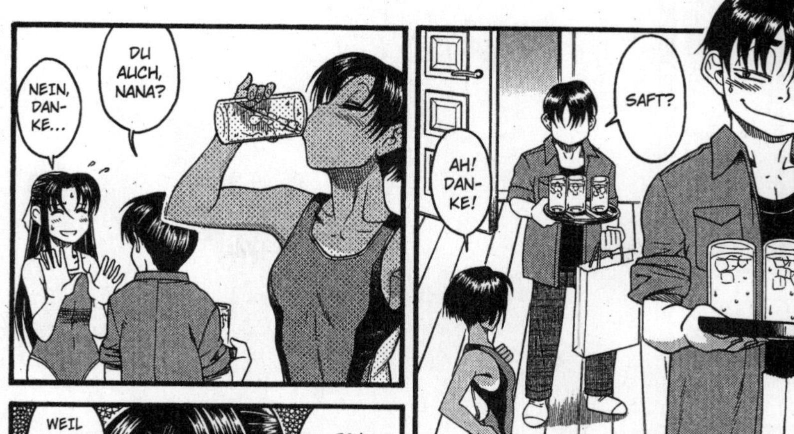
DU AUCH, NANA?
NEIN, DANKE...

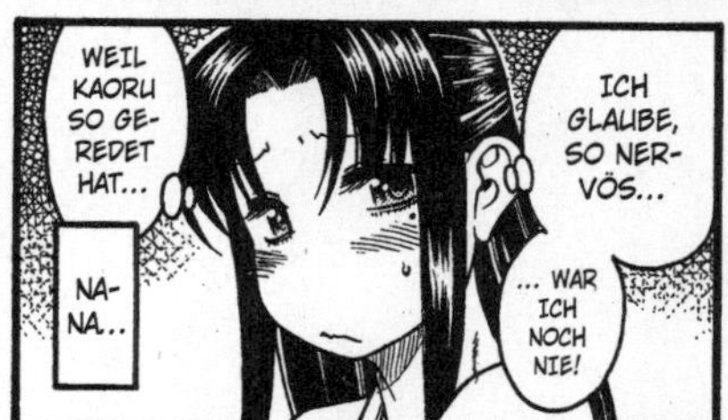
ICH GLAUBE, SO NERVÖS...
... WAR ICH NOCH NIE!
WEIL KAORU SO GEREDET HAT...
NANA...

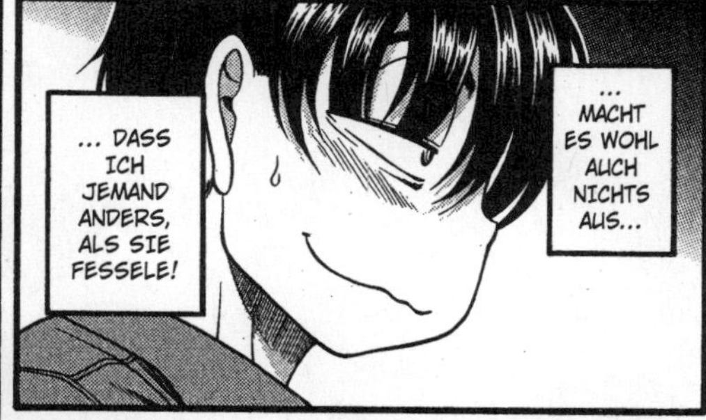
... MACHT ES WOHL AUCH NICHTS AUS...
... DASS ICH JEMAND ANDERS, ALS SIE FESSELE!

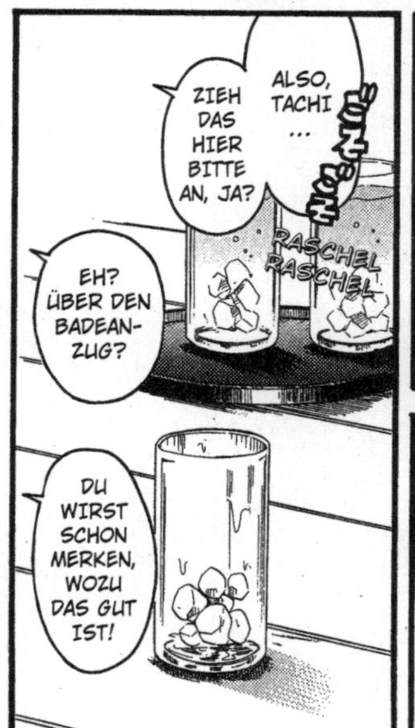
ALSO, TACHI ...
ZIEH DAS HIER BITTE AN, JA?
RASCHEL RASCHEL
EH? ÜBER DEN BADEANZUG?
DU WIRST SCHON MERKEN, WOZU DAS GUT IST!

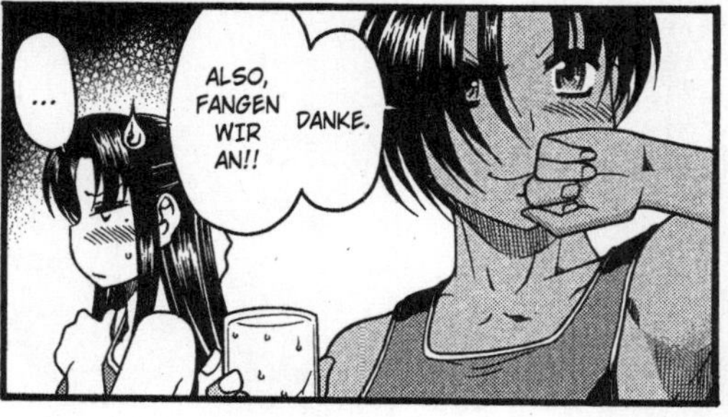
DANKE.
ALSO, FANGEN WIR AN!!
...

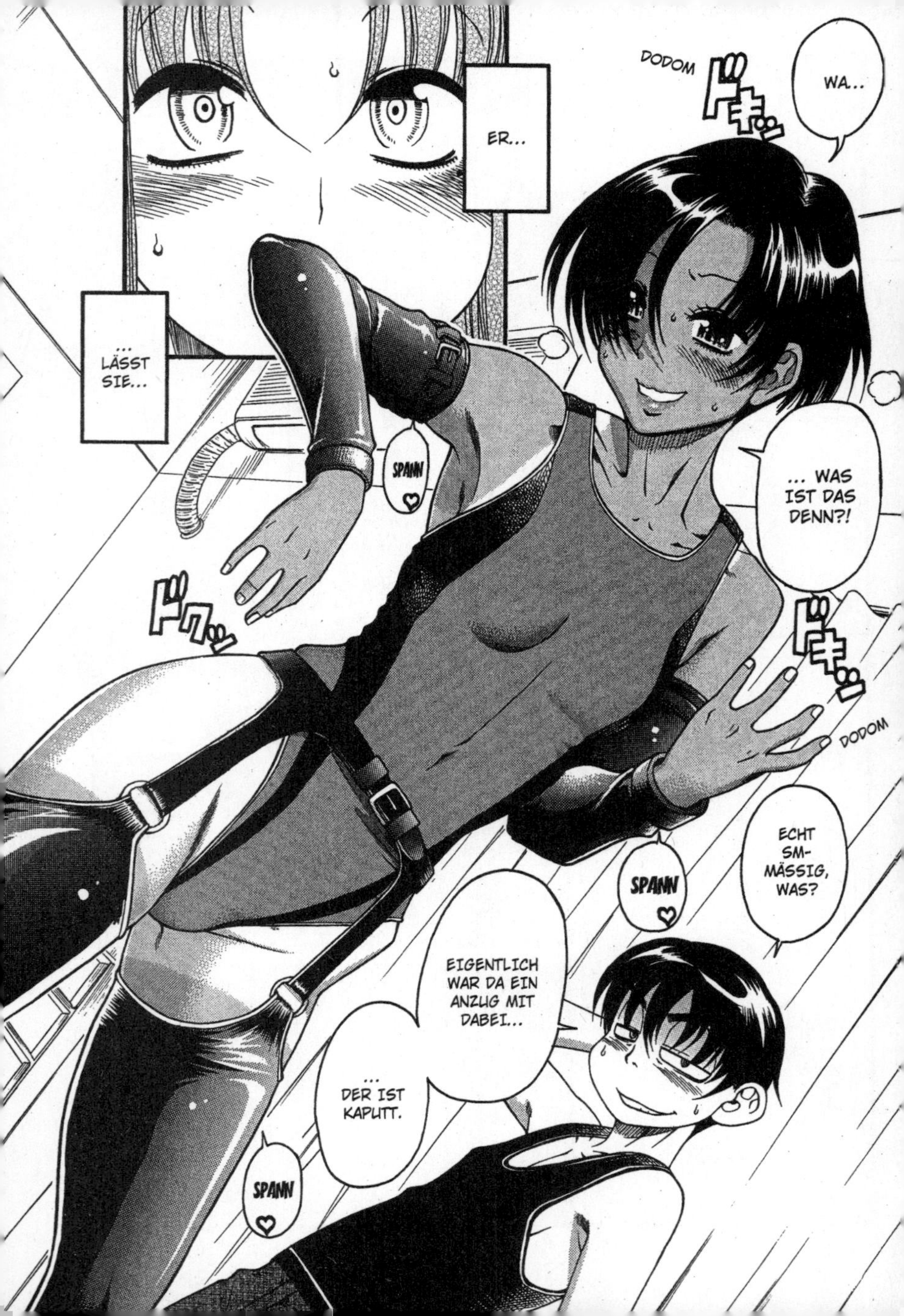
DODOM
WA...
ER...
... LÄSST SIE...
... WAS IST DAS DENN?!
SPANN
DODOM
ECHT SM-MÄSSIG, WAS?
SPANN
EIGENTLICH WAR DA EIN ANZUG MIT DABEI...
... DER IST KAPUTT.
SPANN

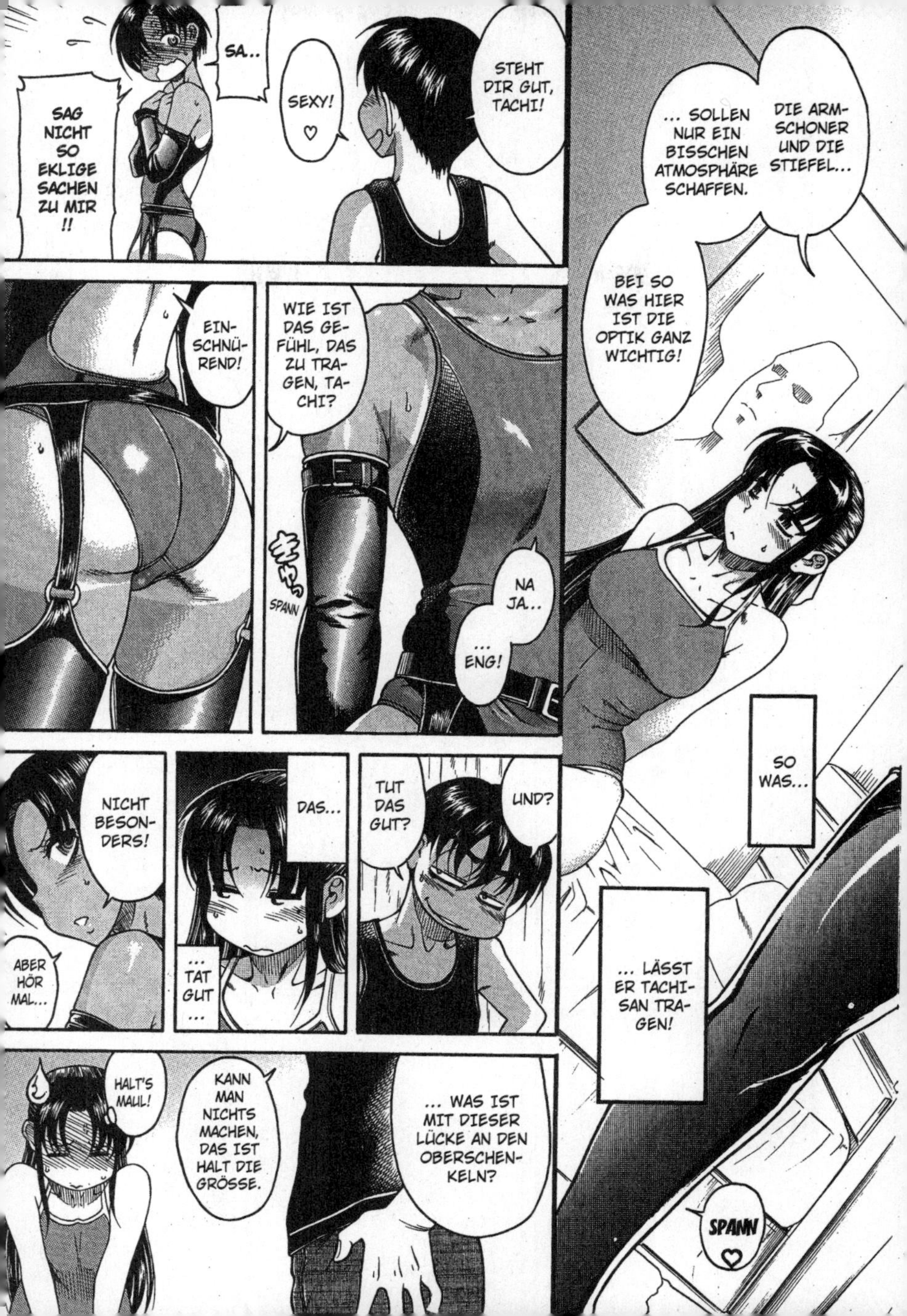
DIE ARM-SCHONER UND DIE STIEFEL...
... SOLLEN NUR EIN BISSCHEN ATMOSPHÄRE SCHAFFEN.
BEI SO WAS HIER IST DIE OPTIK GANZ WICHTIG!
SO WAS...
... LÄSST ER TACHI-SAN TRA-GEN!
SPANN ♡
STEHT DIR GUT, TACHI!
SEXY! ♡
SA...
SAG NICHT SO EKLIGE SACHEN ZU MIR !!
WIE IST DAS GE-FÜHL, DAS ZU TRA-GEN, TA-CHI?
NA JA...
... ENG!
SPANN
EIN-SCHNÜ-REND!
UND?
TUT DAS GUT?
DAS...
... TAT GUT ...
NICHT BESON-DERS!
ABER HÖR MAL...
... WAS IST MIT DIESER LÜCKE AN DEN OBERSCHEN-KELN?
KANN MAN NICHTS MACHEN, DAS IST HALT DIE GRÖSSE.
HALT'S MAUL!

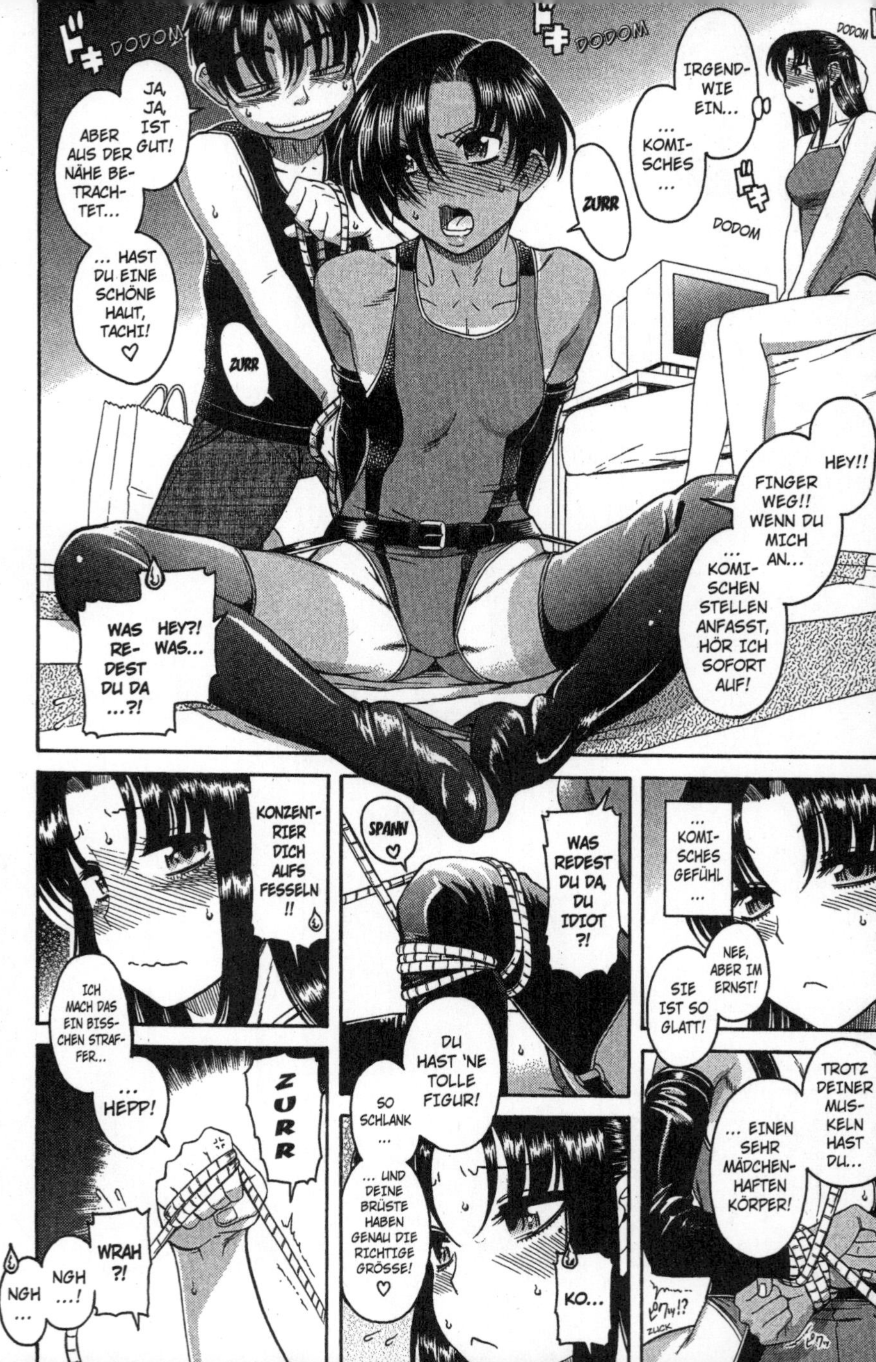
DODOM
IRGENDWIE EIN... ... KOMISCHES ...
DODOM
DODOM
ZURR
JA, JA, IST GUT!
ABER AUS DER NÄHE BETRACHTET...
... HAST DU EINE SCHÖNE HAUT, TACHI! ♡
ZURR
HEY!!
FINGER WEG!! WENN DU MICH AN... ... KOMISCHEN STELLEN ANFASST, HÖR ICH SOFORT AUF!
HEY?! WAS...
WAS REDEST DU DA ...?!
... KOMISCHES GEFÜHL ...
NEE, ABER IM ERNST!
SIE IST SO GLATT!
WAS REDEST DU DA, DU IDIOT ?!
SPANN ♡
KONZENTRIER DICH AUFS FESSELN !!
ICH MACH DAS EIN BISSCHEN STRAFFER...
... HEPP!
TROTZ DEINER MUSKELN HAST DU...
... EINEN SEHR MÄDCHENHAFTEN KÖRPER!
ZUCK
KO...
DU HAST 'NE TOLLE FIGUR!
SO SCHLANK ...
... UND DEINE BRÜSTE HABEN GENAU DIE RICHTIGE GRÖSSE! ♡
ZURR
WRAH ?!
NGH ...!
NGH ...

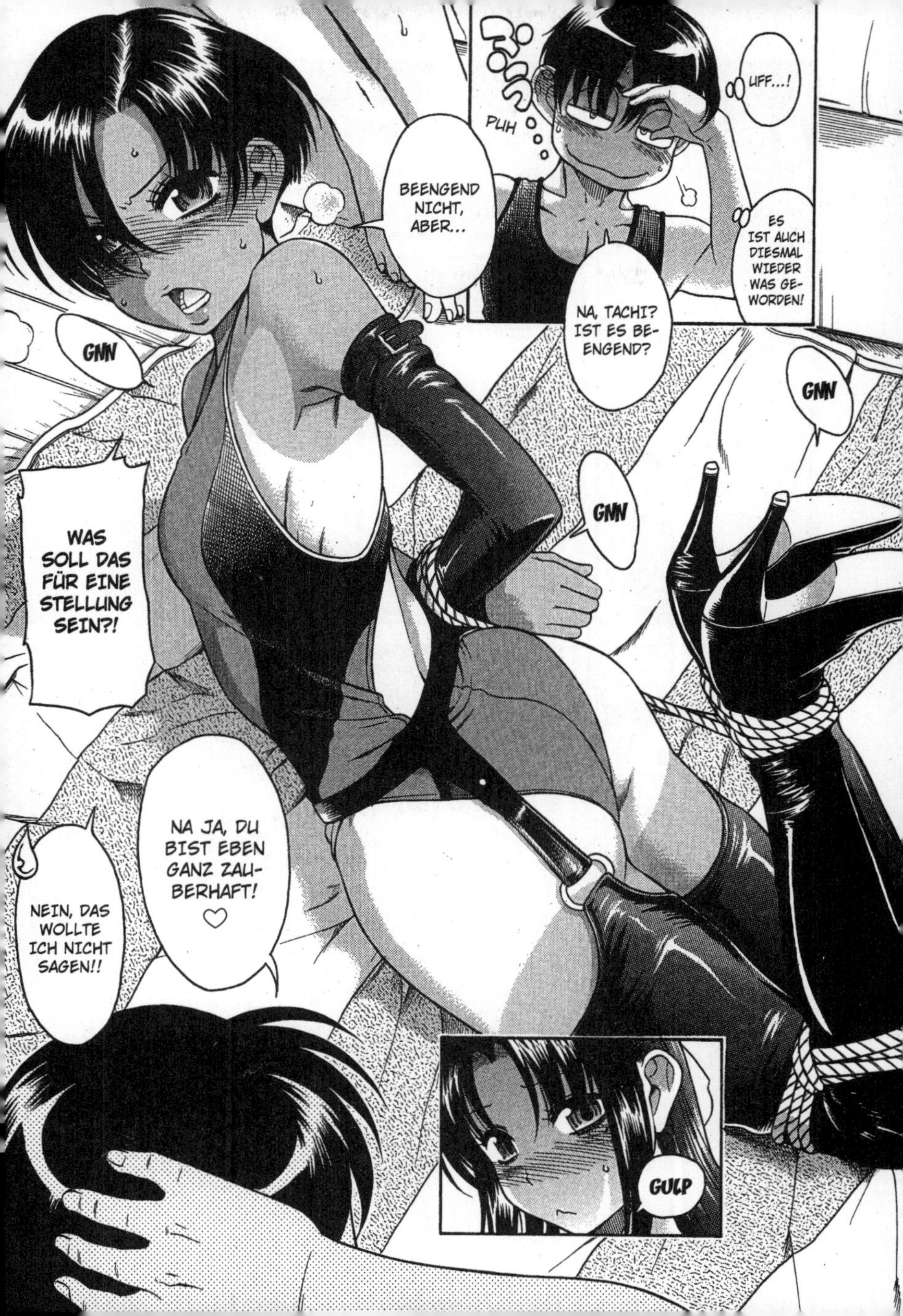
UFF...!
PUH
ES IST AUCH DIESMAL WIEDER WAS GE-WORDEN!
NA, TACHI? IST ES BE-ENGEND?
BEENGEND NICHT, ABER...
GNN
GNN
GNN
WAS SOLL DAS FÜR EINE STELLUNG SEIN?!
NA JA, DU BIST EBEN GANZ ZAU-BERHAFT! ♡
NEIN, DAS WOLLTE ICH NICHT SAGEN!!
GULP

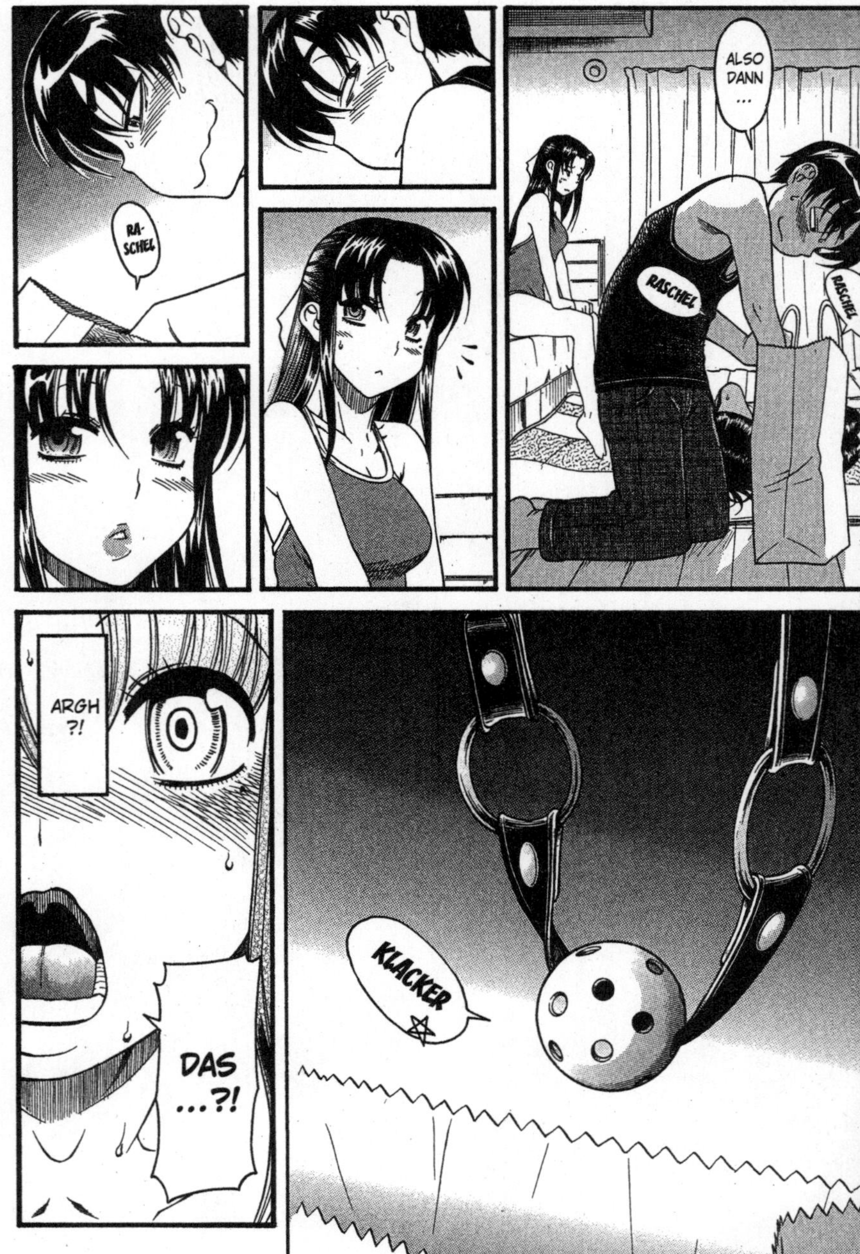

ALSO DANN ...
RASCHEL
RASCHEL
RA-SCHEL
KLACKER
ARGH ?!
DAS ...?!

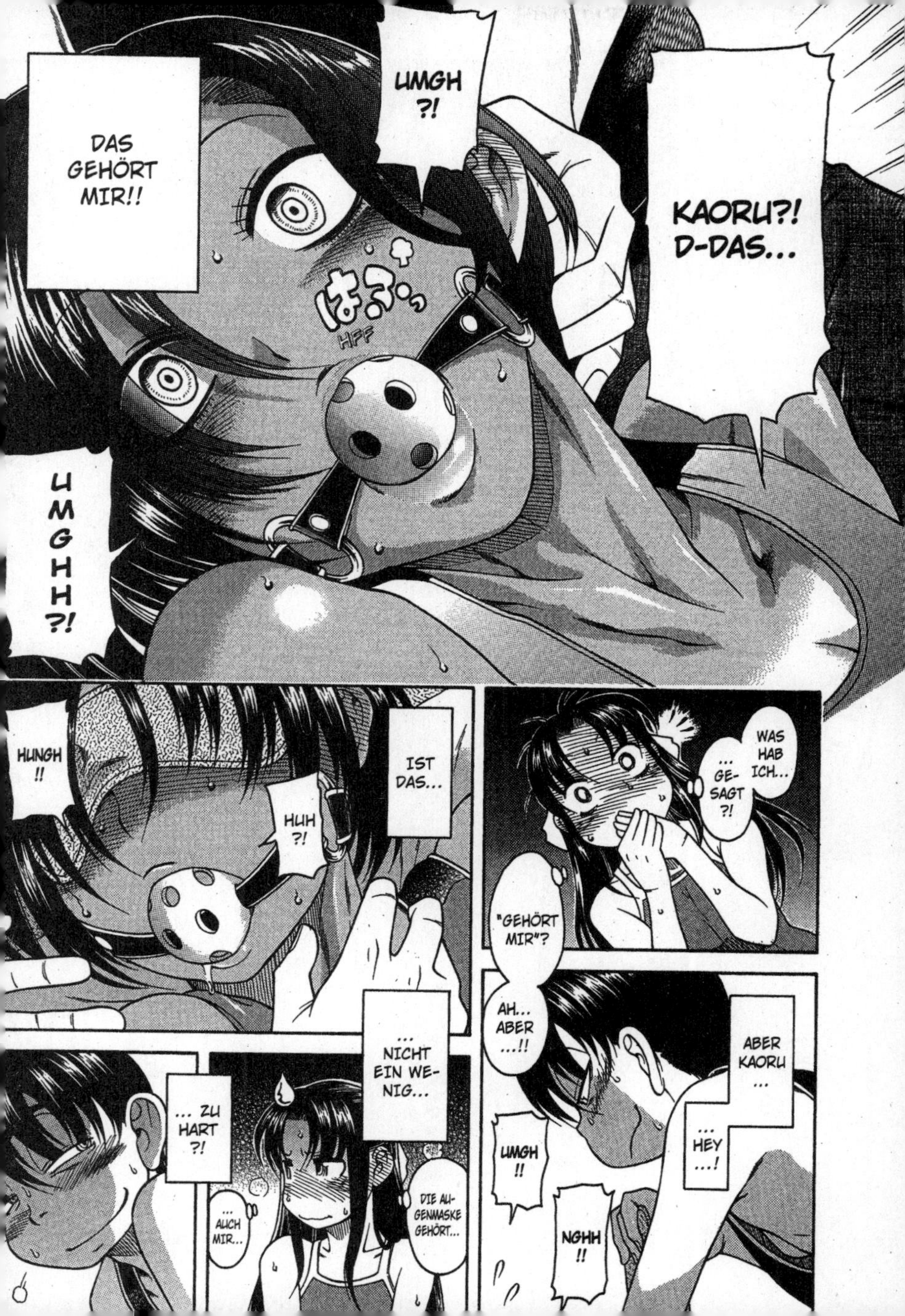
KAORU?! D-DAS...
UMGH ?!
DAS GEHÖRT MIR!!
はふっ
HPF
UMGHH ?!
WAS HAB ICH... ...GE-SAGT ?!
"GEHÖRT MIR"?
IST DAS...
HUH ?!
HUNGH !!
ABER KAORU ...
AH... ABER ...!!
... HEY ...!
UMGH !!
NGHH !!
... NICHT EIN WE-NIG...
DIE AU-GENMASKE GEHÖRT...
... AUCH MIR...
... ZU HART ?!

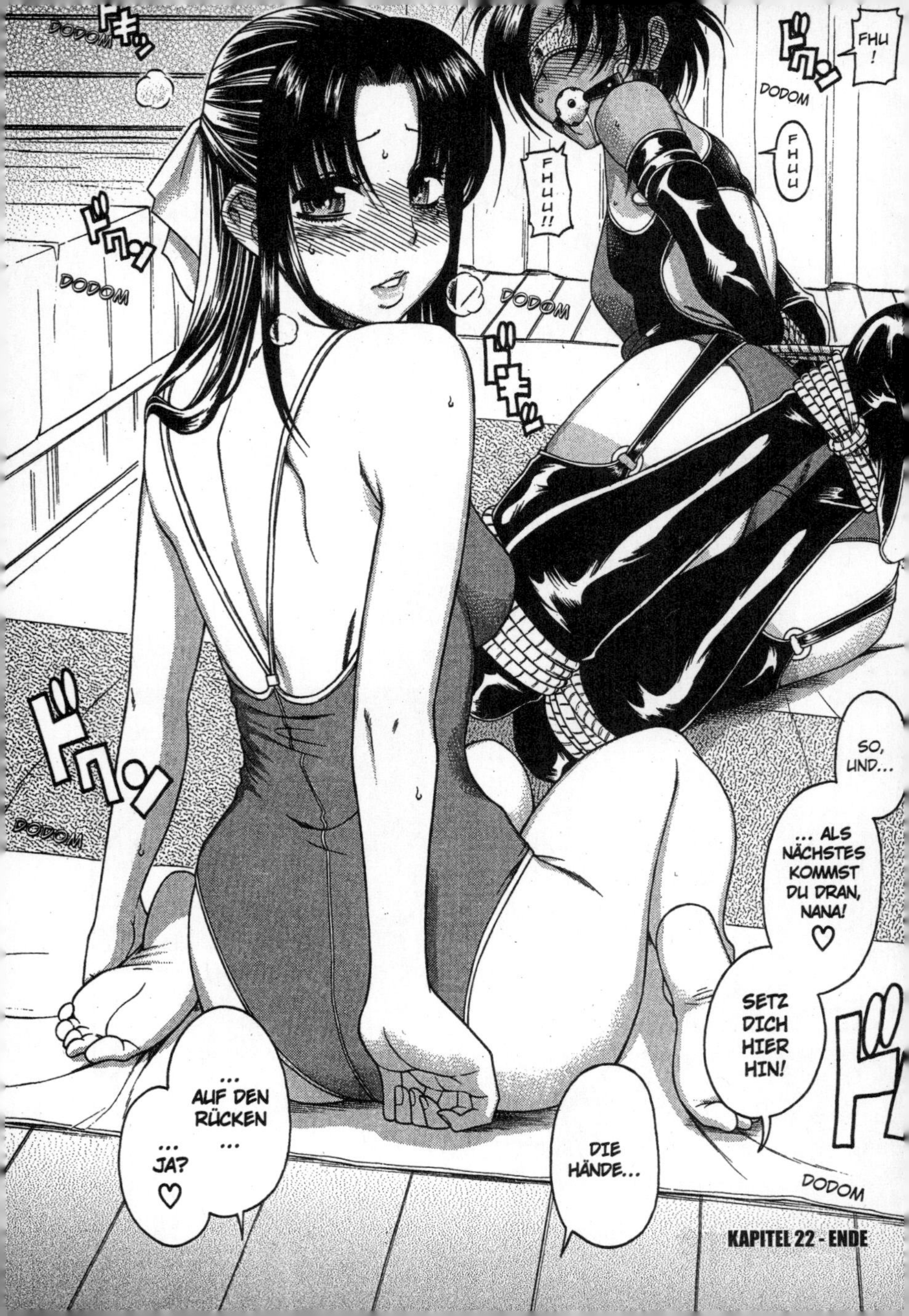

KAPITEL 22 - ENDE

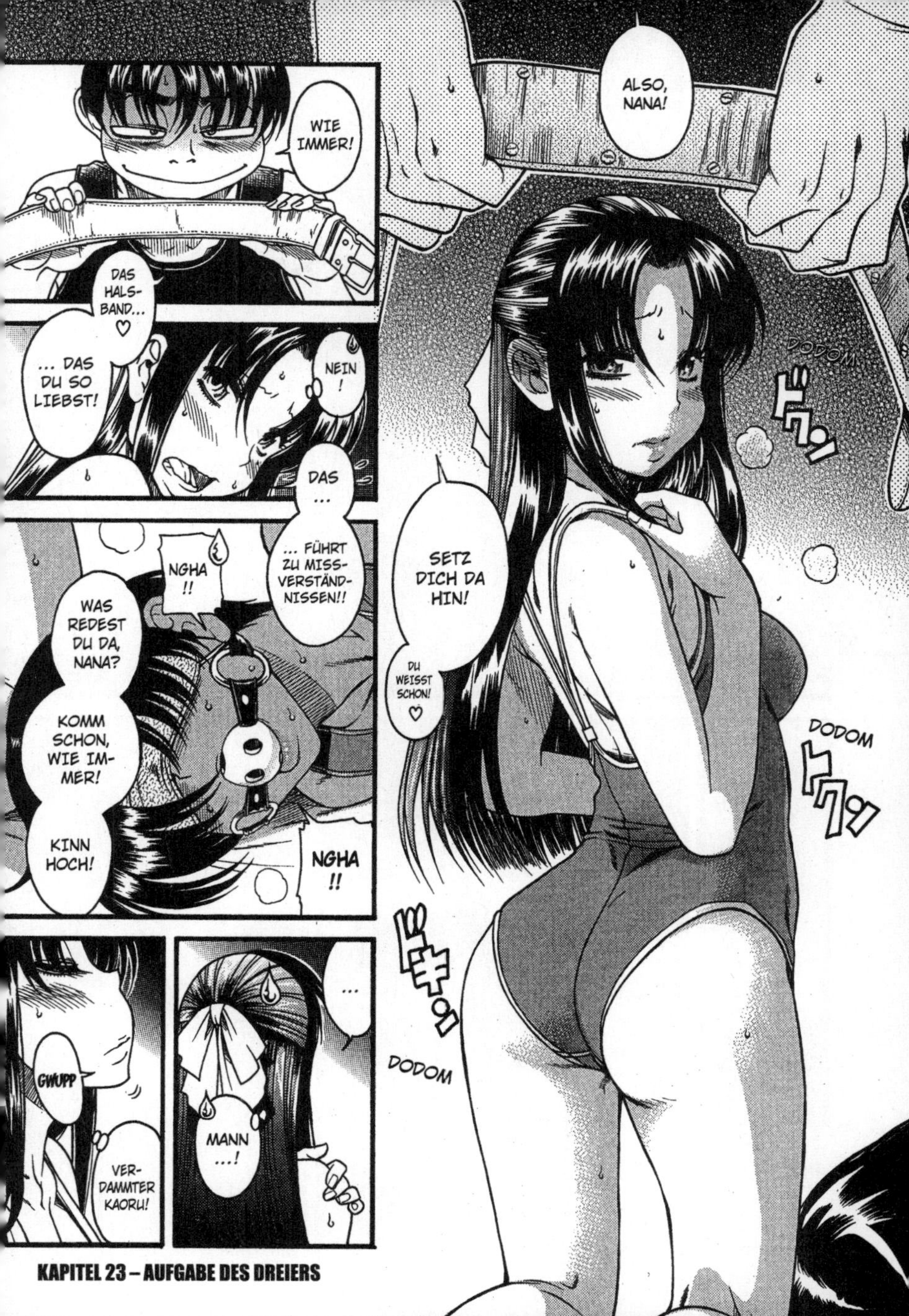

KAPITEL 23 – AUFGABE DES DREIERS

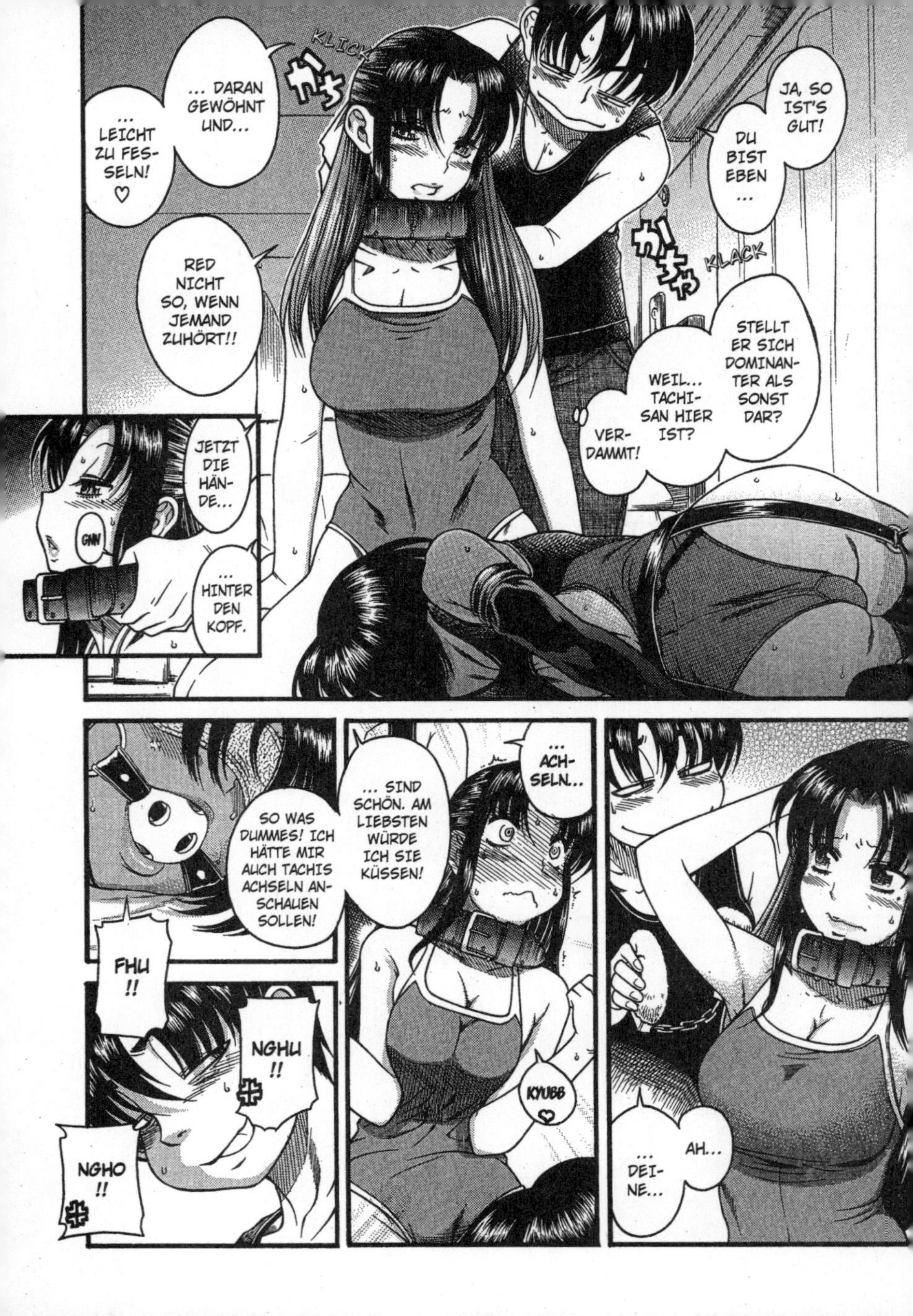

JA, SO IST'S GUT!

DU BIST EBEN ...

KLICK

... DARAN GEWÖHNT UND...

... LEICHT ZU FESSELN! ♡

RED NICHT SO, WENN JEMAND ZUHÖRT!!

KLACK

STELLT ER SICH DOMINANTER ALS SONST DAR?

WEIL... TACHI-SAN HIER IST?

VERDAMMT!

JETZT DIE HÄNDE...

GNN

... HINTER DEN KOPF.

AH...

... DEINE...

... ACHSELN...

... SIND SCHÖN. AM LIEBSTEN WÜRDE ICH SIE KÜSSEN!

SO WAS DUMMES! ICH HÄTTE MIR AUCH TACHIS ACHSELN ANSCHAUEN SOLLEN!

KYUBB

FHU !!

NGHU !!

NGHO !!

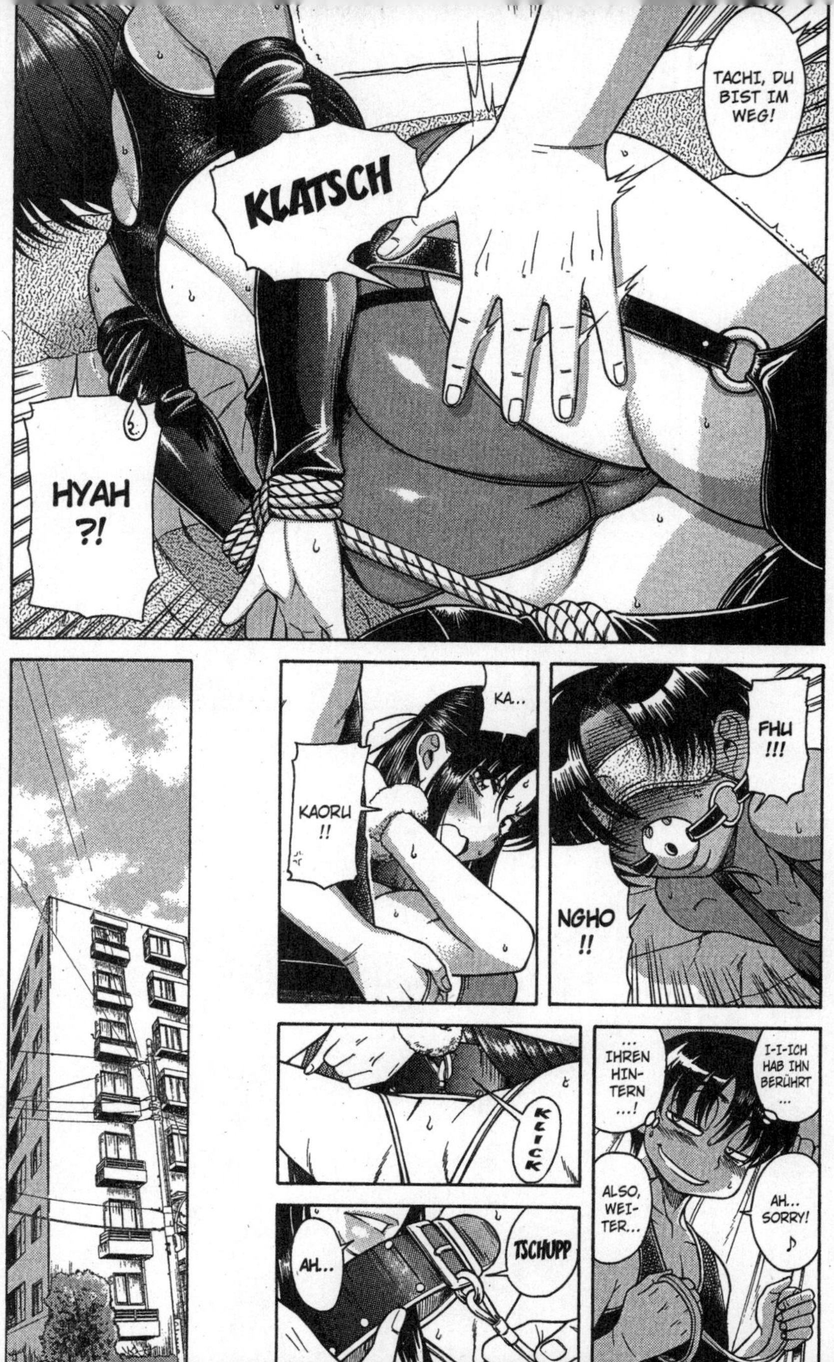

TACHI, DU BIST IM WEG!

KLATSCH

HYAH ?!

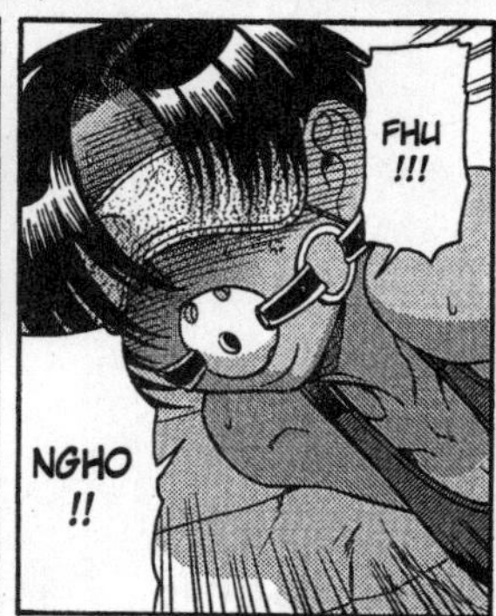

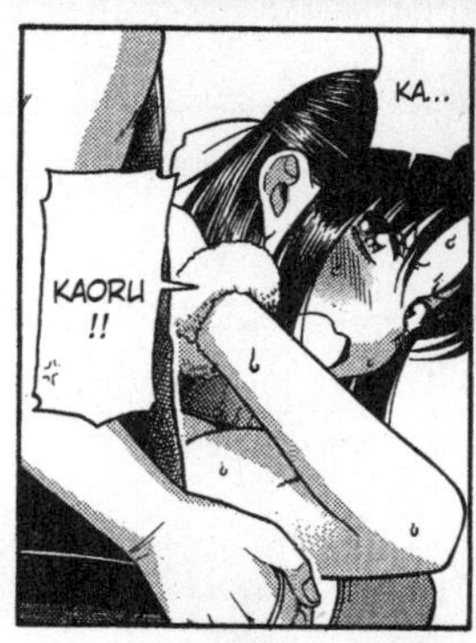

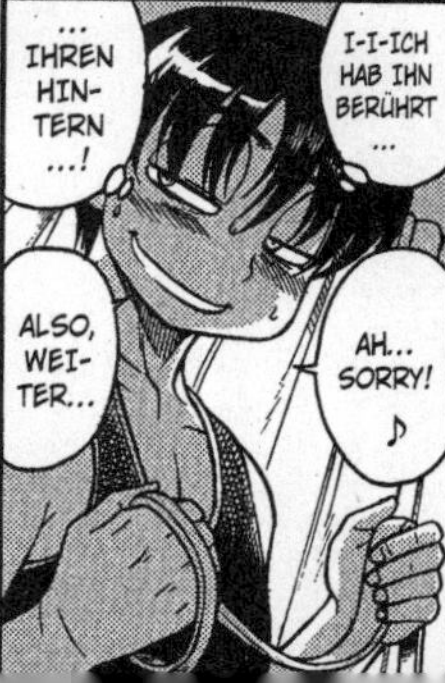

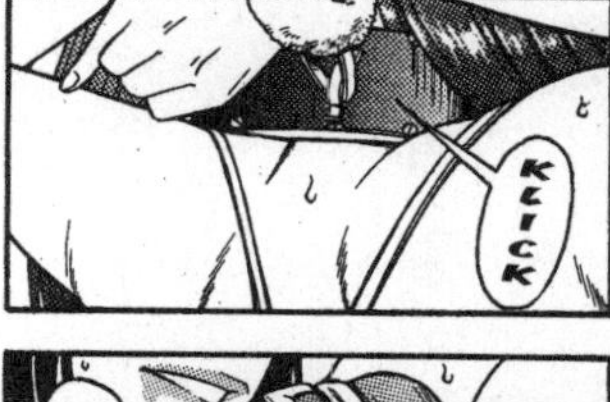

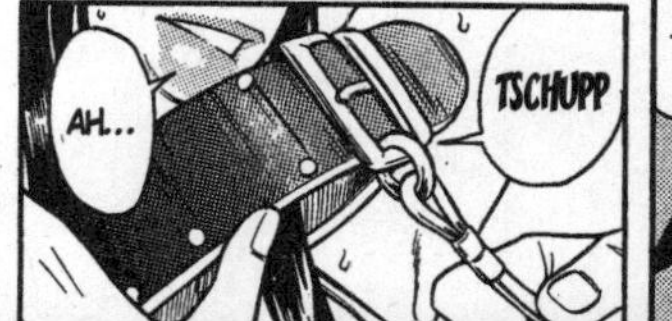

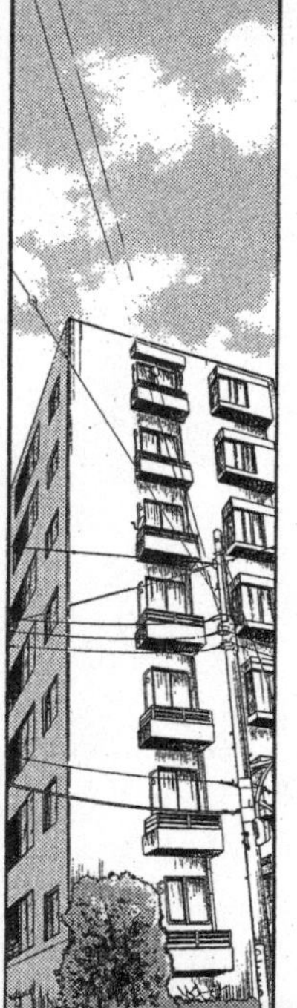

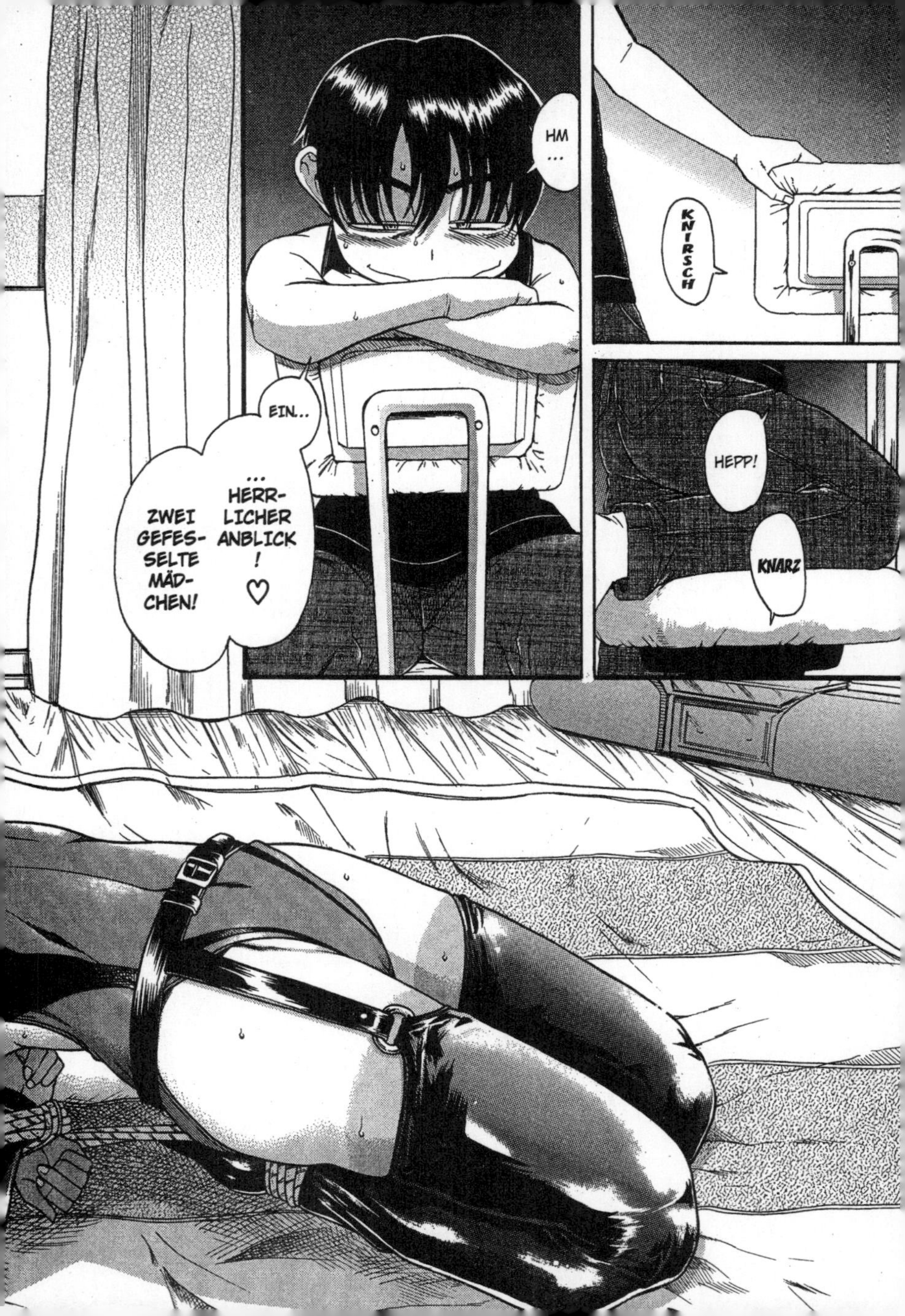
KNIRSCH
HEPP!
KNARZ
HM ...
EIN...
... HERRLICHER ANBLICK! ♡
ZWEI GEFESSELTE MÄDCHEN!

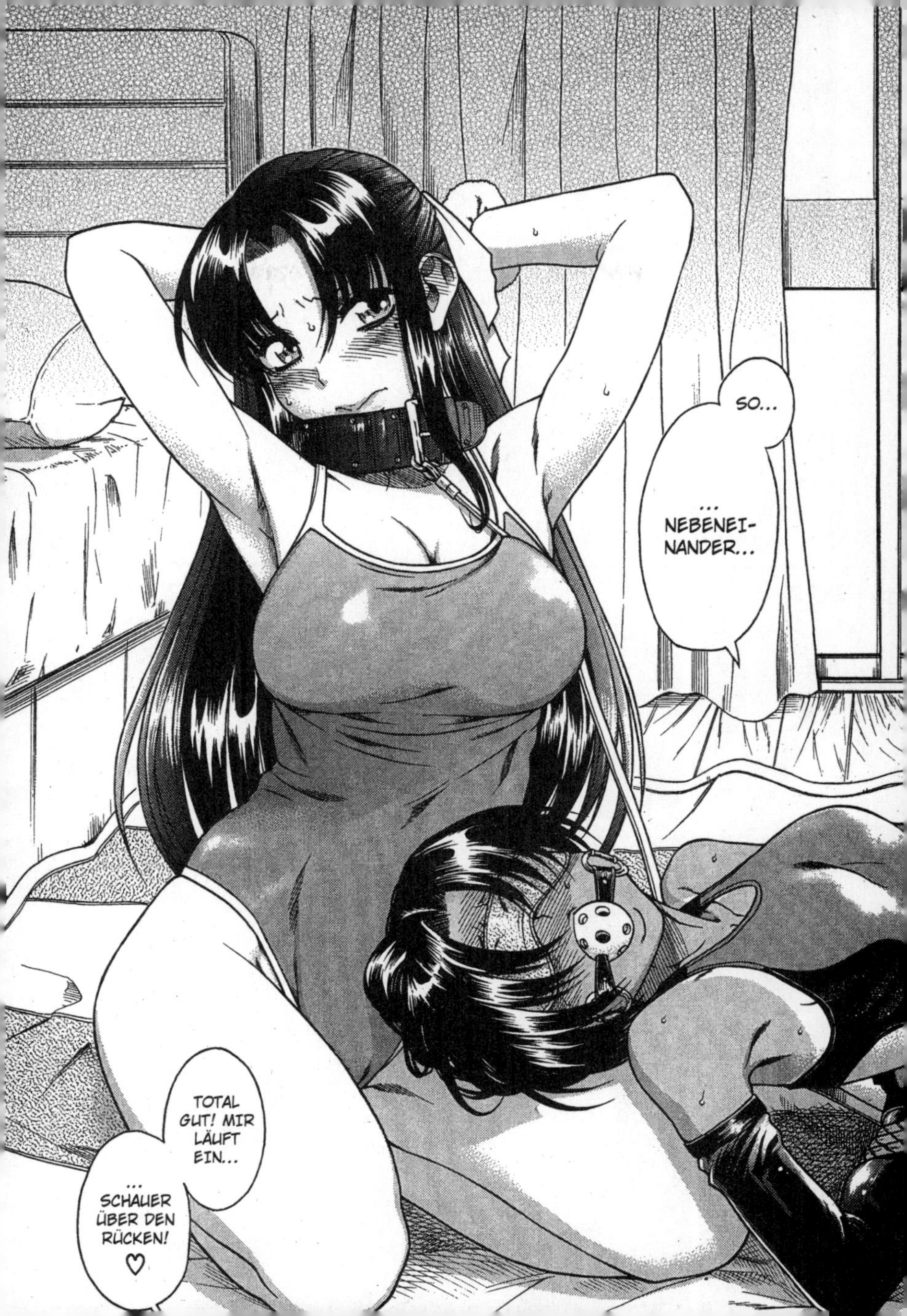
SO...
... NEBENEI-NANDER...
TOTAL GUT! MIR LÄUFT EIN...
... SCHAUER ÜBER DEN RÜCKEN! ♡

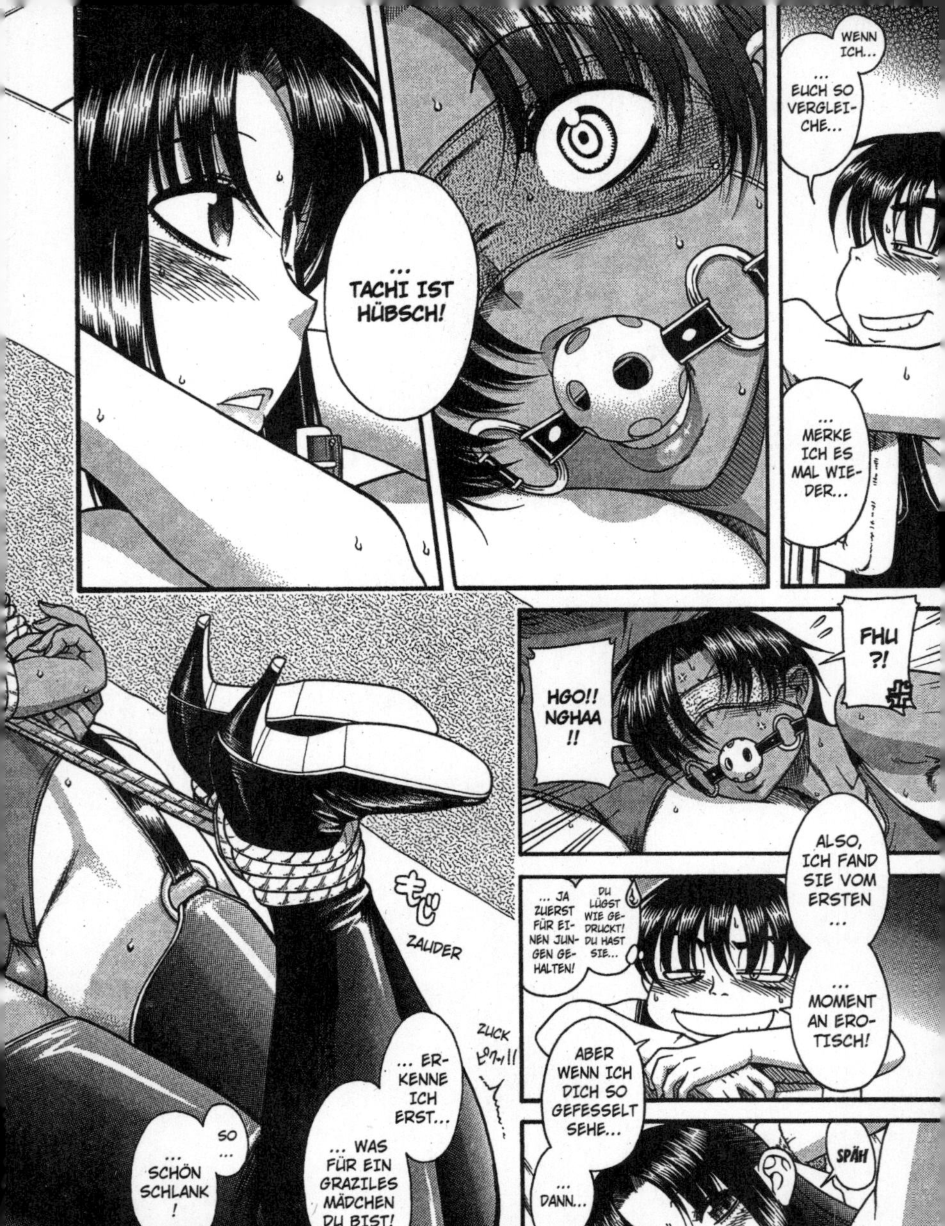
WENN ICH...
... EUCH SO VERGLEICHE...
... MERKE ICH ES MAL WIEDER...
... TACHI IST HÜBSCH!
FHU ?!
HGO!! NGHAA !!
ALSO, ICH FAND SIE VOM ERSTEN ...
... MOMENT AN EROTISCH!
DU LÜGST WIE GEDRUCKT! DU HAST SIE...
... JA ZUERST FÜR EINEN JUNGEN GEHALTEN!
SPÄH
ABER WENN ICH DICH SO GEFESSELT SEHE...
... DANN...
ZUCK
... ERKENNE ICH ERST...
... WAS FÜR EIN GRAZILES MÄDCHEN DU BIST!
SO ...
... SCHÖN SCHLANK !
ZAUDER

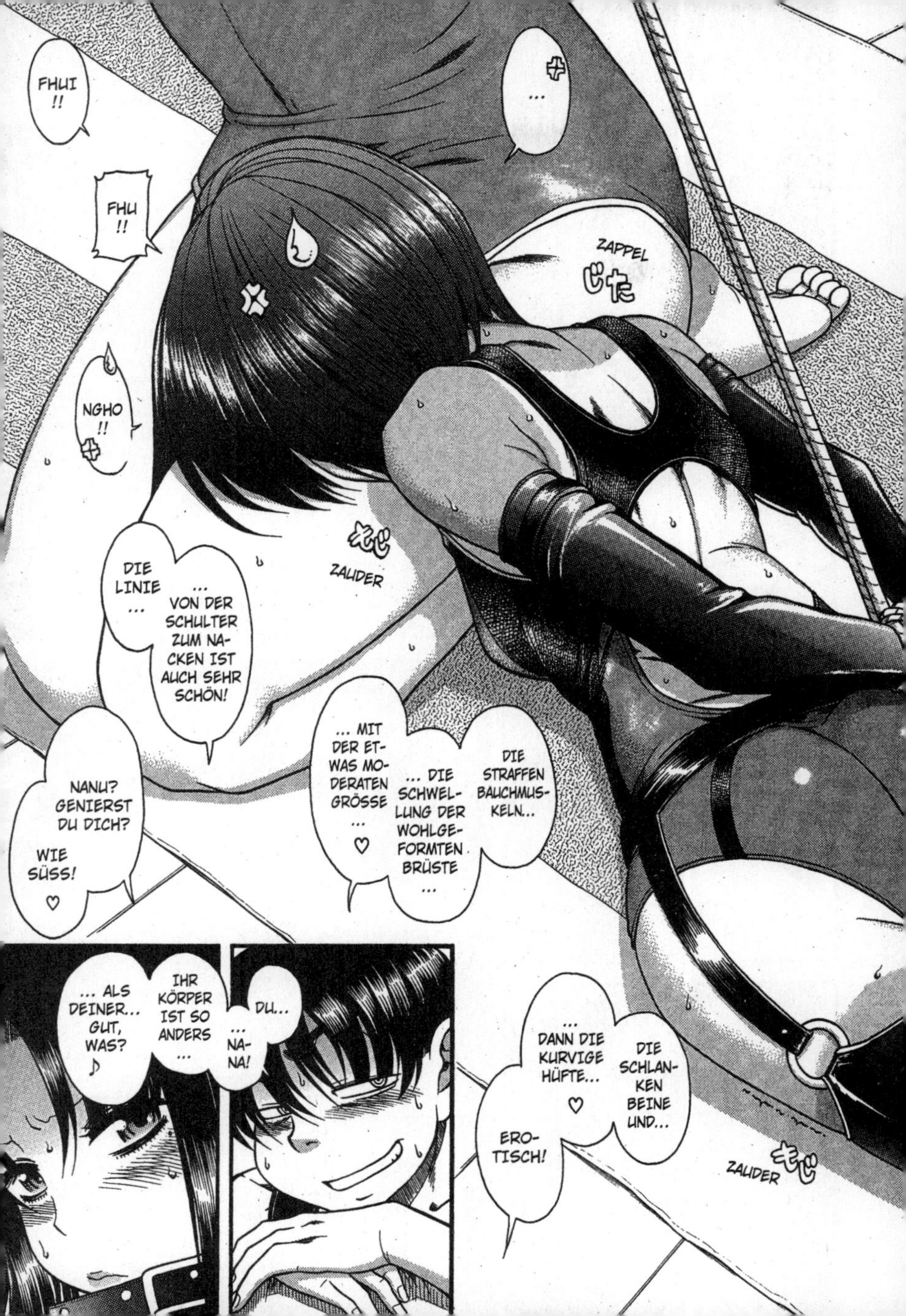
...
FHUI !!
FHU !!
ZAPPEL
じた
NGHO !!
もじ
ZAUDER
DIE LINIE ... ... VON DER SCHULTER ZUM NACKEN IST AUCH SEHR SCHÖN!
DIE STRAFFEN BAUCHMUSKELN...
... DIE SCHWELLUNG DER WOHLGEFORMTEN BRÜSTE ...
... MIT DER ETWAS MODERATEN GRÖSSE ... ♡
NANU? GENIERST DU DICH? WIE SÜSS! ♡
DIE SCHLANKEN BEINE UND...
... DANN DIE KURVIGE HÜFTE... ♡
EROTISCH!
ZAUDER
もじ
DU... ... NANA!
IHR KÖRPER IST SO ANDERS ...
... ALS DEINER... GUT, WAS? ♪

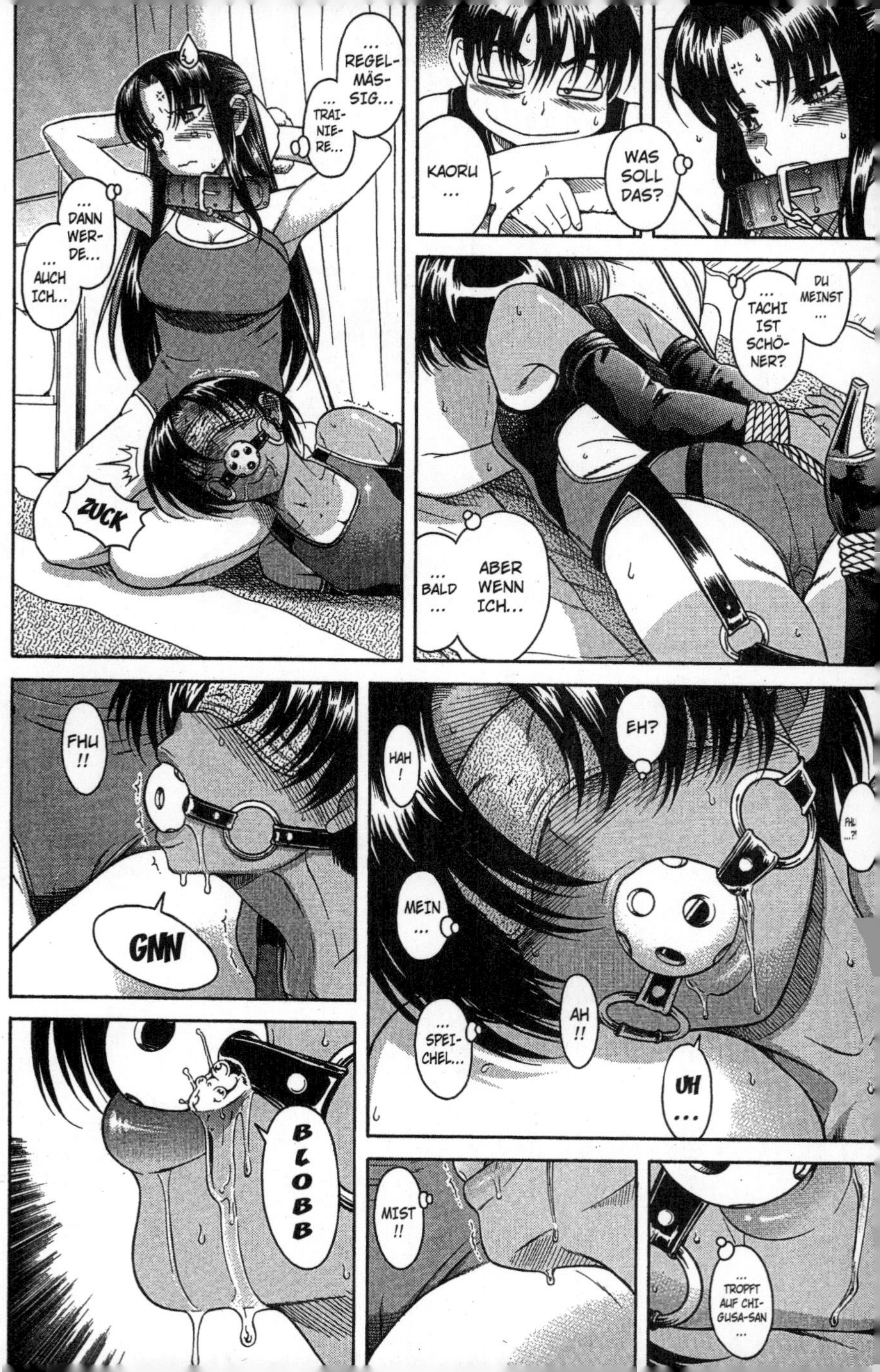

WAS SOLL DAS?
KAORU ...
... REGELMÄSSIG...
... TRAINIERE...
... DANN WERDE...
... AUCH ICH...
ZUCK
DU MEINST ...
... TACHI IST SCHÖNER?
ABER WENN ICH...
... BALD ...

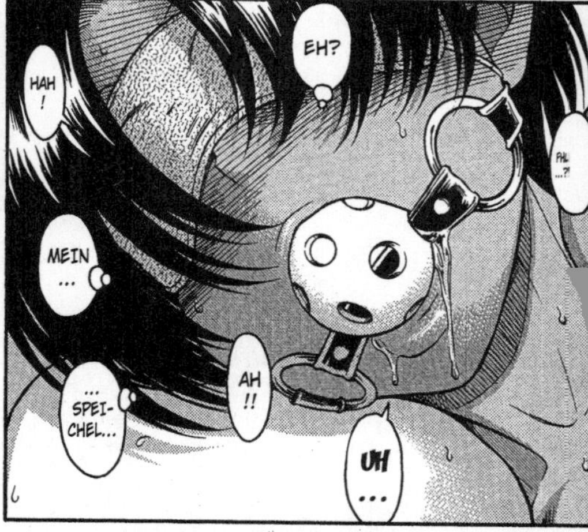
EH?
HAH!
FHU...?!
MEIN ...
AH !!
... SPEICHEL...
UH ...

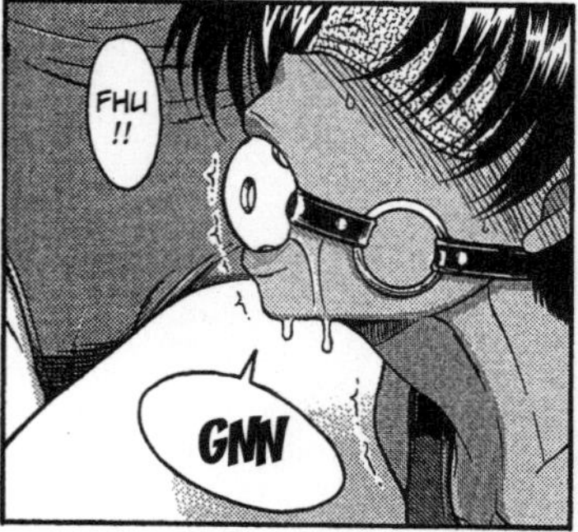
FHU !!
GMN

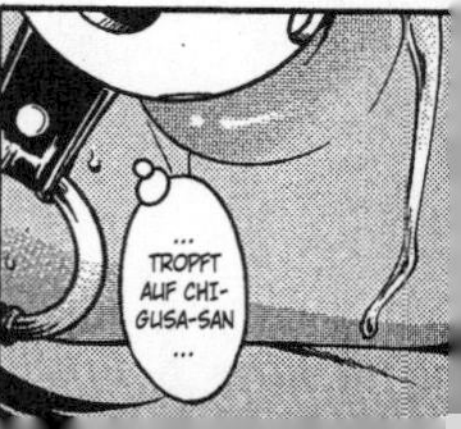
... TROPFT AUF CHIGUSA-SAN ...

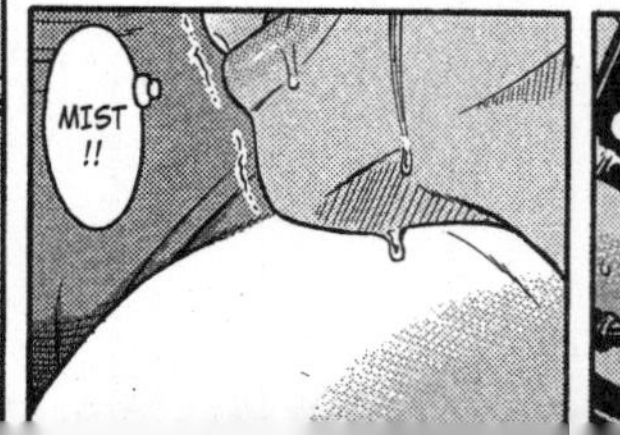
MIST !!

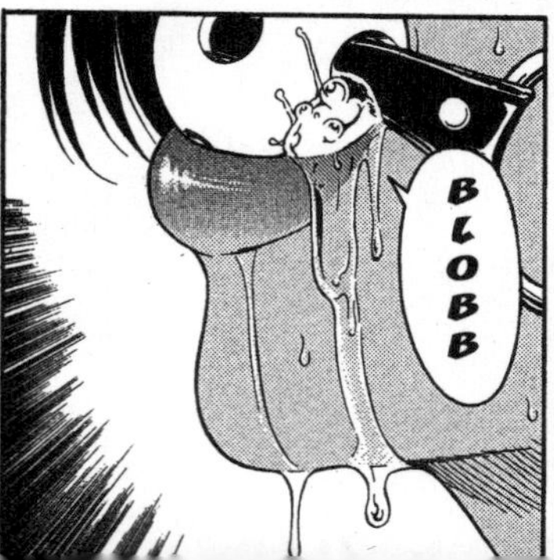
BLOBB

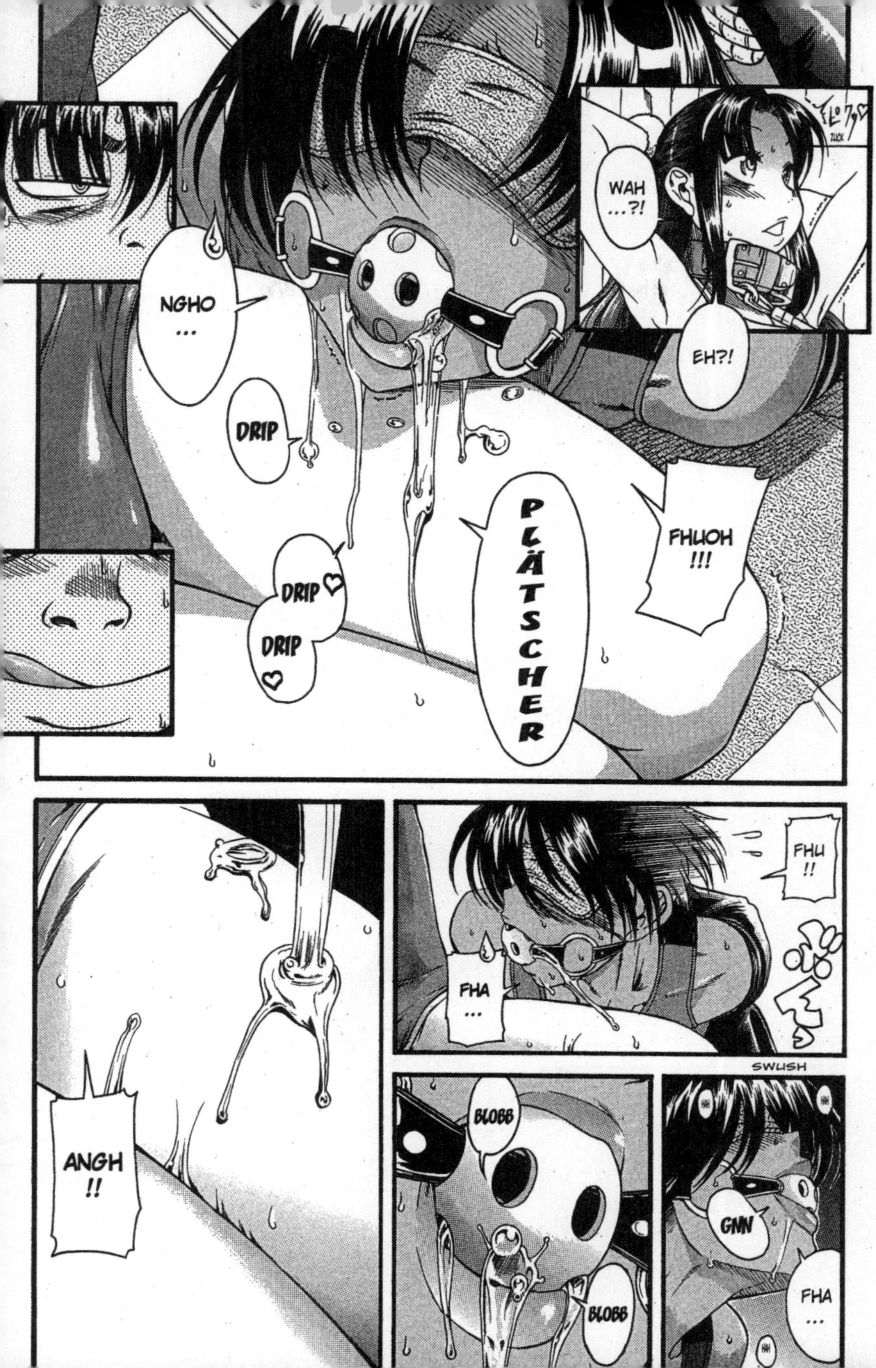

ZUCK
WAH ...?!
EH?!
FHUOH !!!
PLÄTSCHER
NGHO ...
DRIP
DRIP
DRIP
FHU !!
FHA ...
SWUSH
GNN
FHA ...
BLOBB
BLOBB
ANGH !!

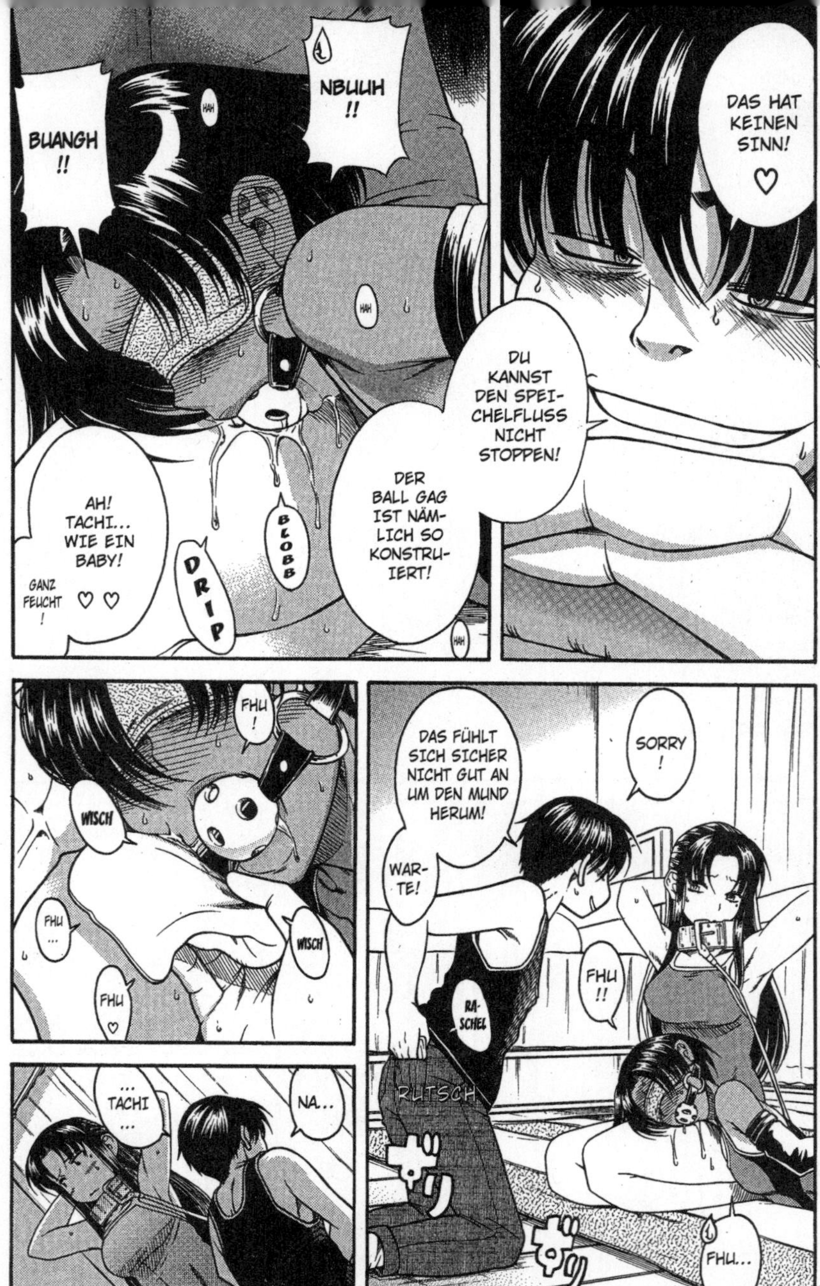

DAS HAT KEINEN SINN! ♡
DU KANNST DEN SPEICHELFLUSS NICHT STOPPEN!
DER BALL GAG IST NÄMLICH SO KONSTRUIERT!
HAH
NBUUH!!
HAH
BUANGH!!
HAH
AH! TACHI... WIE EIN BABY!
GANZ FEUCHT! ♡ ♡
BLOBB
DRIP
SORRY!
DAS FÜHLT SICH SICHER NICHT GUT AN UM DEN MUND HERUM!
WARTE!
FHU!!
RASCHEL
RUTSCH
FHU...
FHU!
WISCH
FHU...
WISCH
FHU ♡
NA...
...TACHI...

RUTSCH

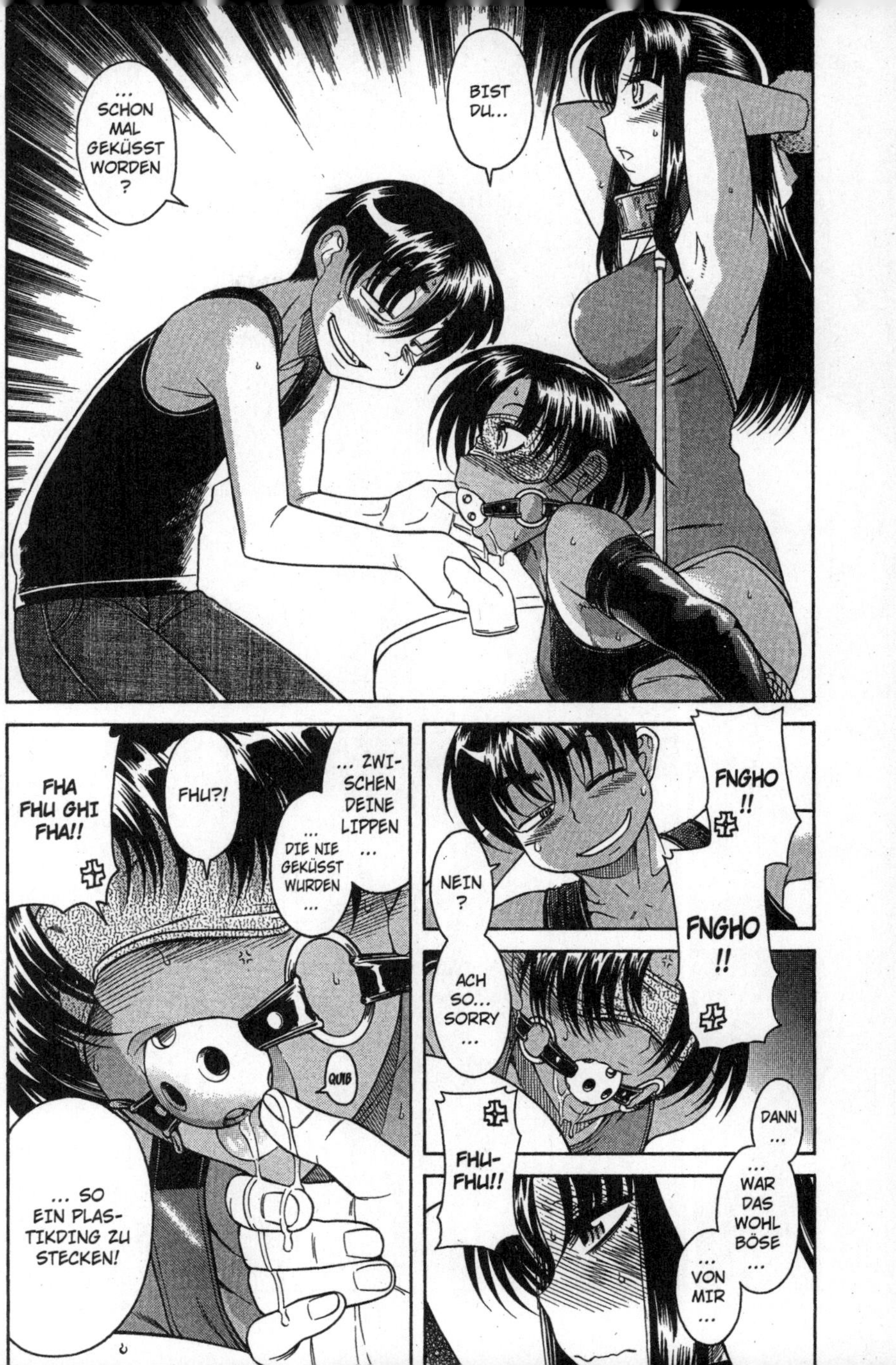

BIST DU...
... SCHON MAL GEKÜSST WORDEN ?
FNGHO !!
NEIN ?
FNGHO !!
ACH SO... SORRY ...
FHU-FHU!!
DANN ...
... WAR DAS WOHL BÖSE ...
... VON MIR ...
... ZWISCHEN DEINE LIPPEN ...
... DIE NIE GEKÜSST WURDEN ...
FHU?!
FHA FHU GHI FHA!!
QUIB
... SO EIN PLASTIKDING ZU STECKEN!

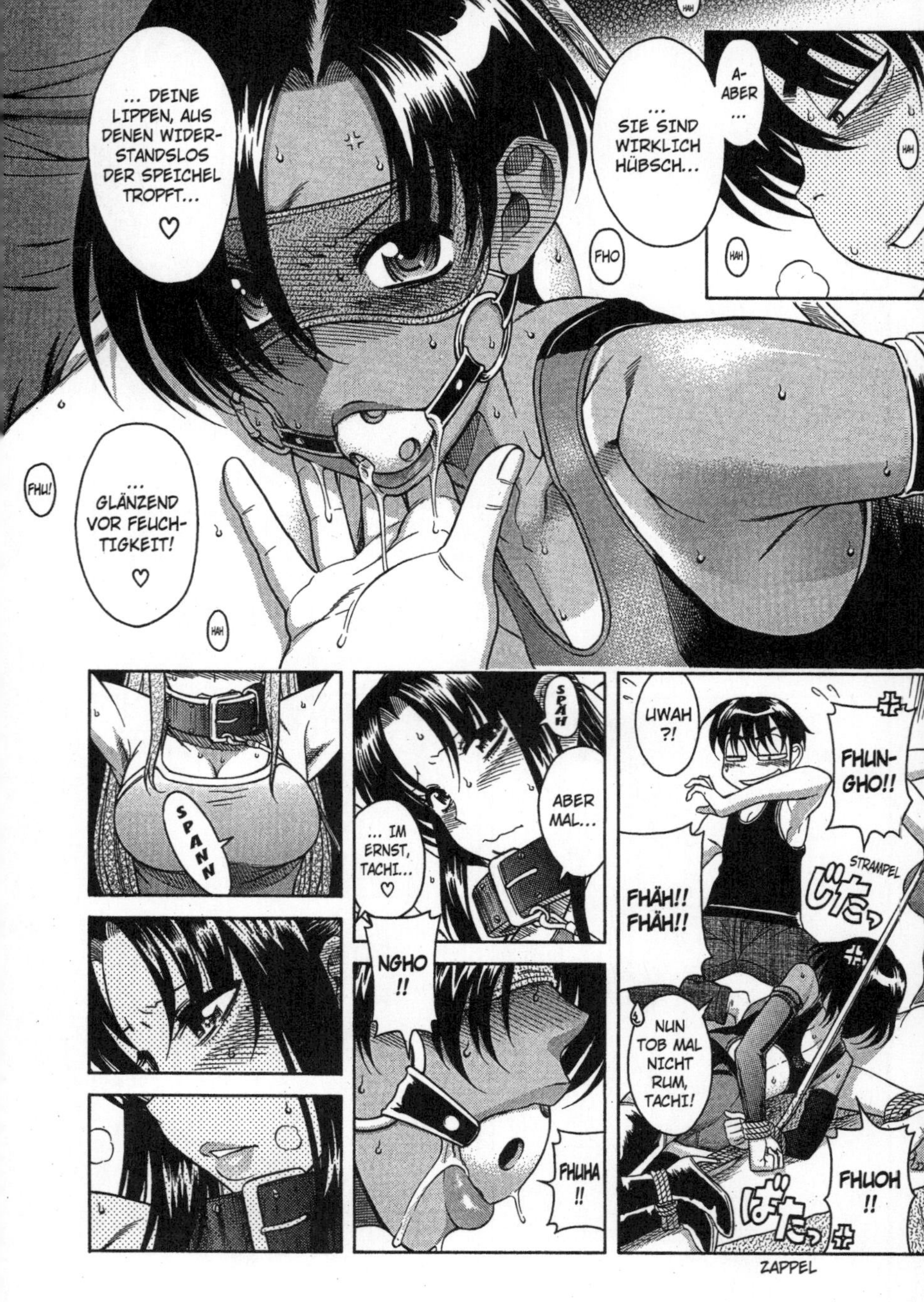
HAH
A-ABER ...
... SIE SIND WIRKLICH HÜBSCH...
HAH
HAH
FHO
... DEINE LIPPEN, AUS DENEN WIDERSTANDSLOS DER SPEICHEL TROPFT... ♡
FHU!
... GLÄNZEND VOR FEUCHTIGKEIT! ♡
HAH
UWAH ?!
FHUNG-GHO!!
STRAMPEL
FHÄH!! FHÄH!!
NUN TOB MAL NICHT RUM, TACHI!
FHUOH !!
ZAPPEL
SPAH
ABER MAL...
... IM ERNST, TACHI... ♡
NGHO !!
FHUHA !!
SPANN

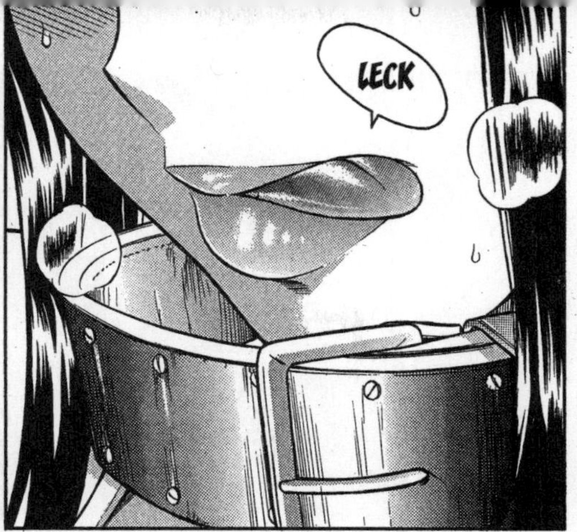
LECK

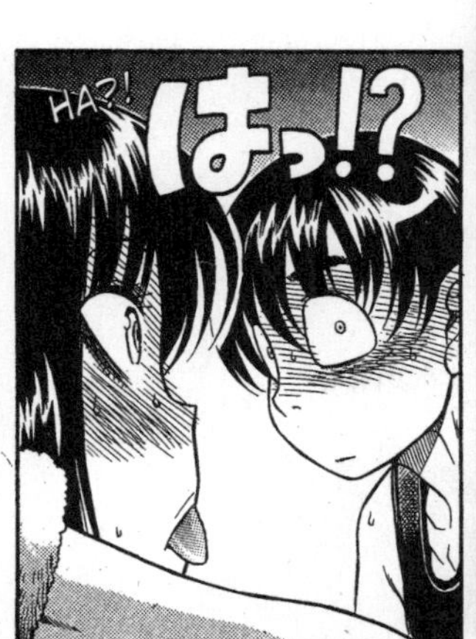
HA?!
はっ!?

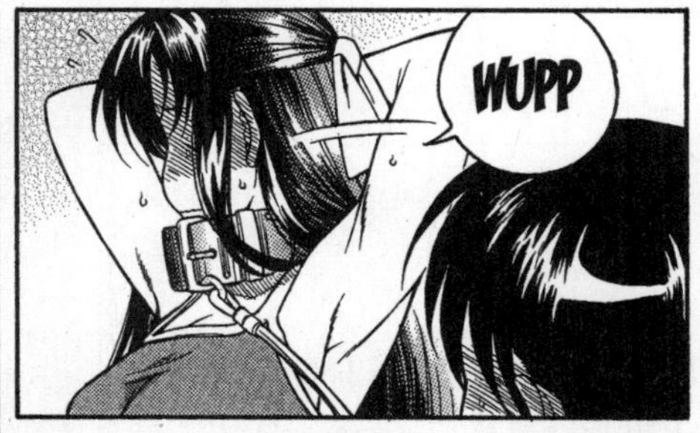
WUPP

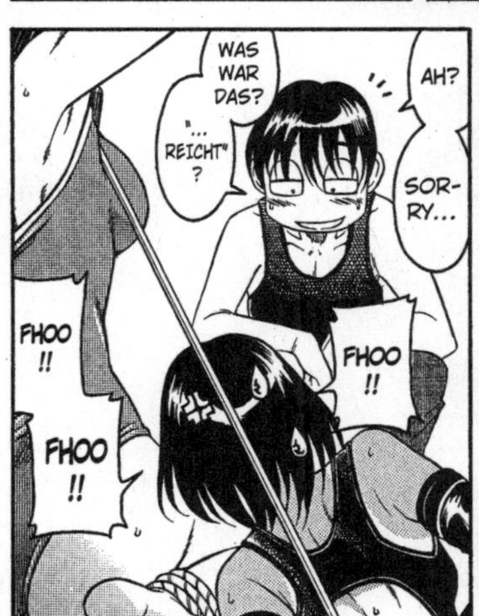
AH?
SOR-
RY...
WAS
WAR
DAS?
"...
REICHT"
?
FHOO
!!
FHOO
!!
FHOO
!!

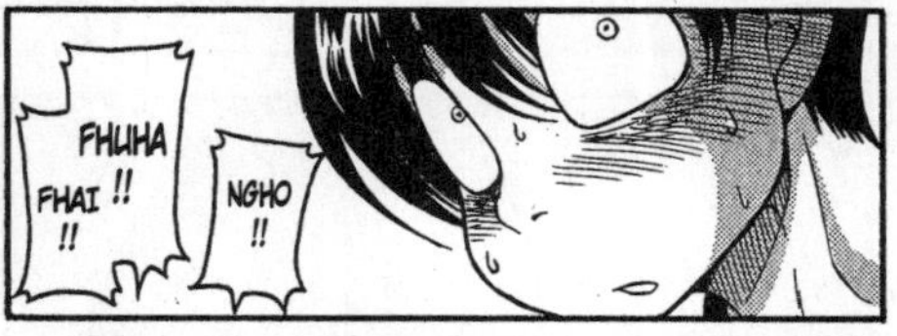
NGHO
!!
FHUHA
!!
FHAI
!!

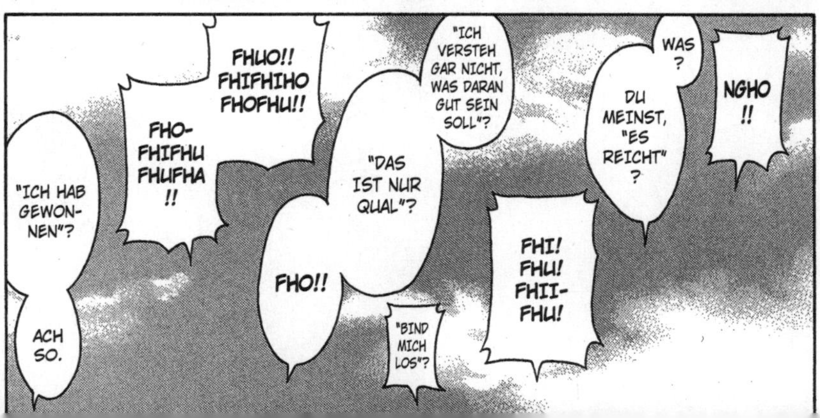
NGHO
!!
WAS
?
DU
MEINST,
"ES
REICHT"
?
FHI!
FHU!
FHII-
FHU!
"ICH
VERSTEH
GAR NICHT,
WAS DARAN
GUT SEIN
SOLL"?
"DAS
IST NUR
QUAL"?
"BIND
MICH
LOS"?
FHUO!!
FHIFHIHO
FHOFHU!!
FHO-
FHIFHU
FHUFHA
!!
FHO!!
"ICH HAB
GEWON-
NEN"?
ACH
SO.

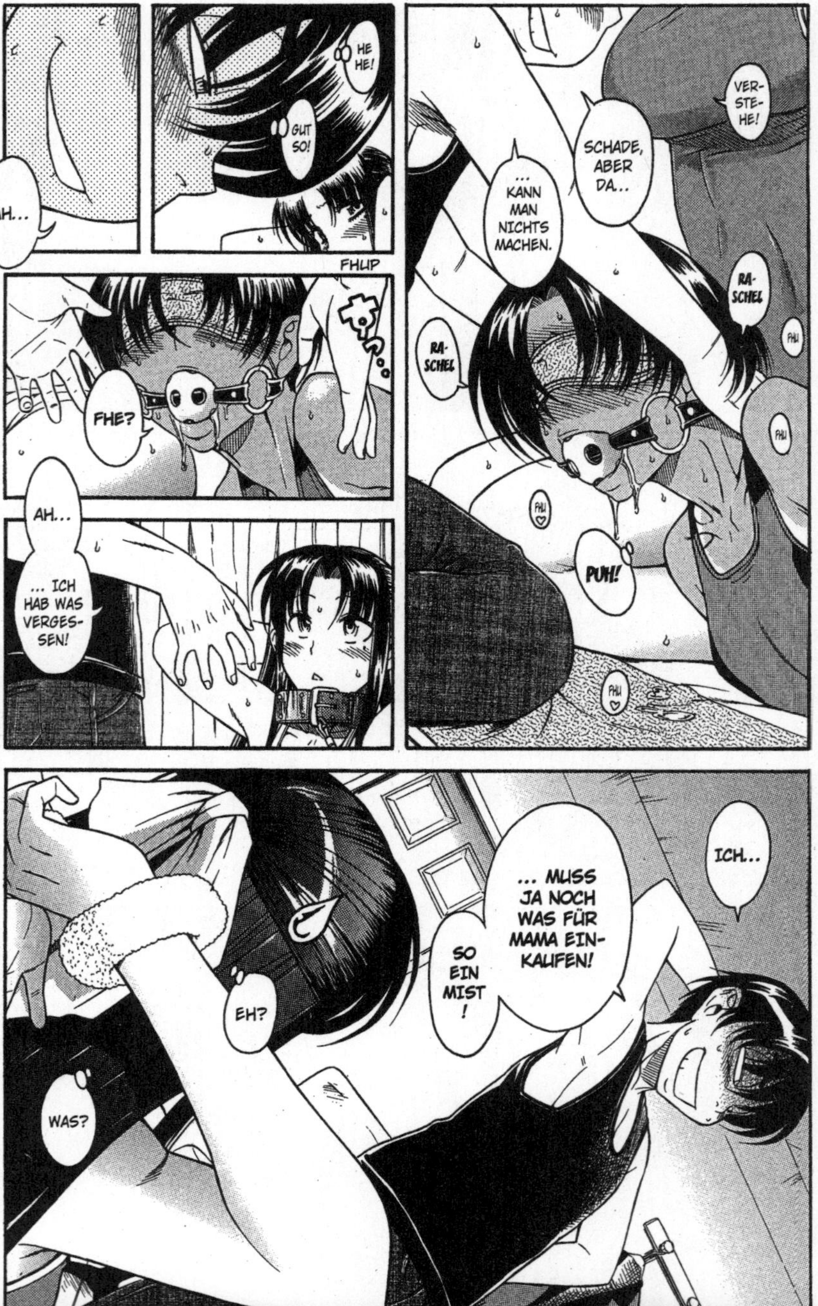

VER-STE-HE!
SCHADE, ABER DA...
... KANN MAN NICHTS MACHEN.
HE HE!
GUT SO!
AH...
FHUP
RA-SCHEL
RA-SCHEL
PHU
PHU
FHE?
PHU
PUH!
PHU
AH...
... ICH HAB WAS VERGES-SEN!
ICH...
... MUSS JA NOCH WAS FÜR MAMA EIN-KAUFEN!
SO EIN MIST!
EH?
WAS?

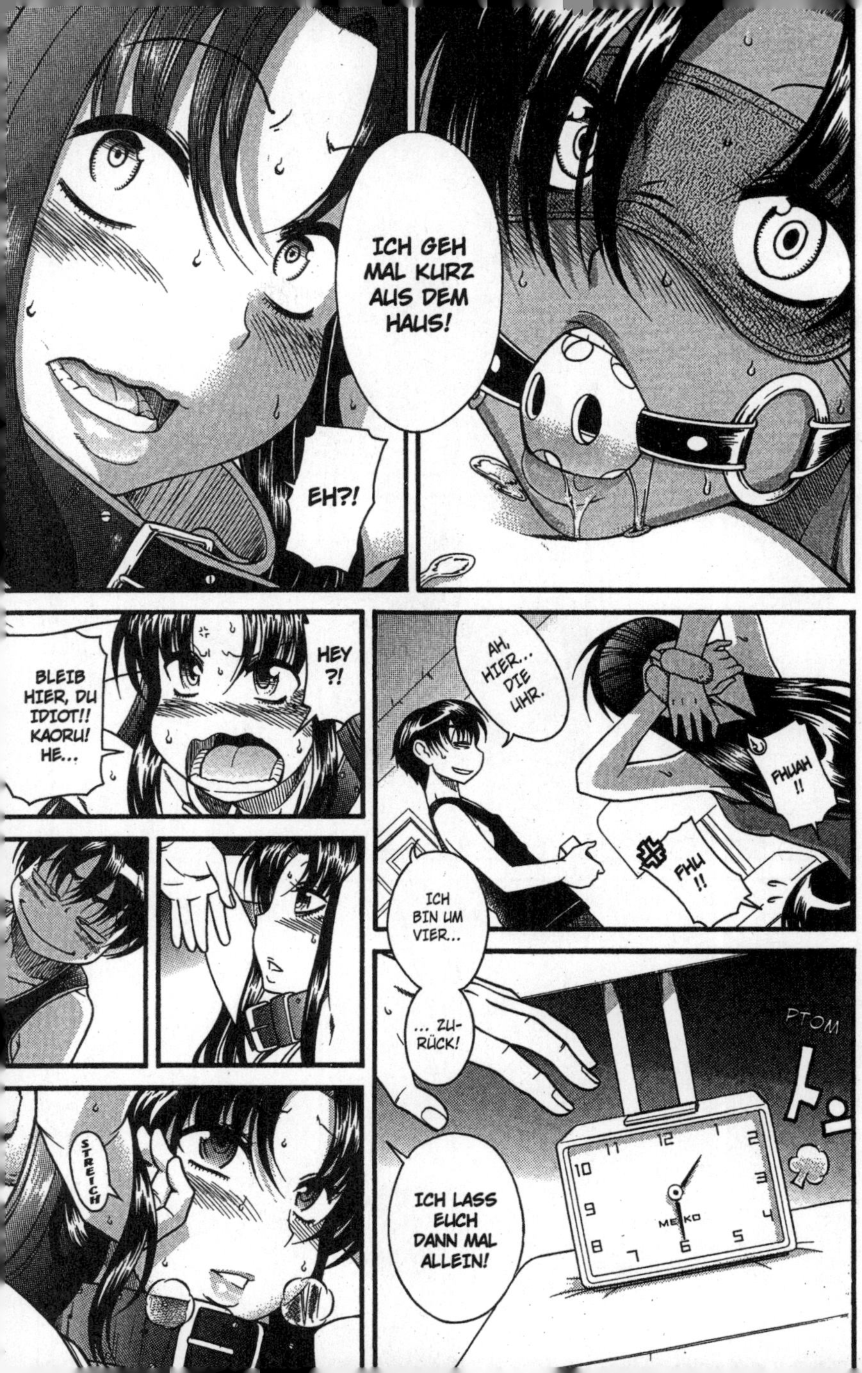

ICH GEH MAL KURZ AUS DEM HAUS!
EH?!

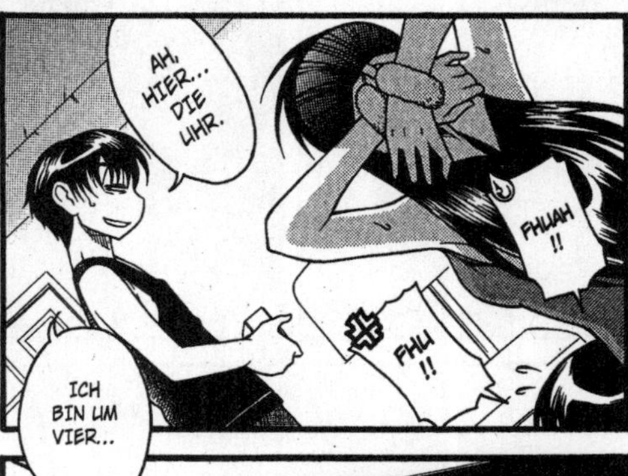

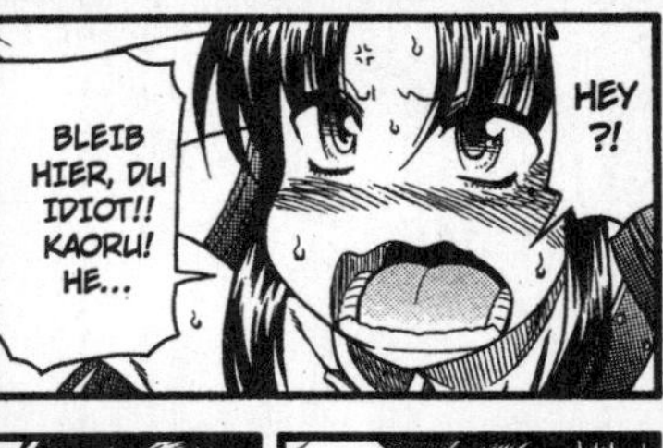

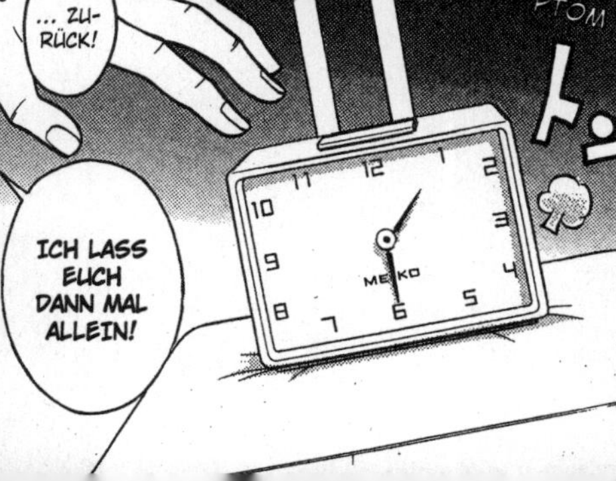

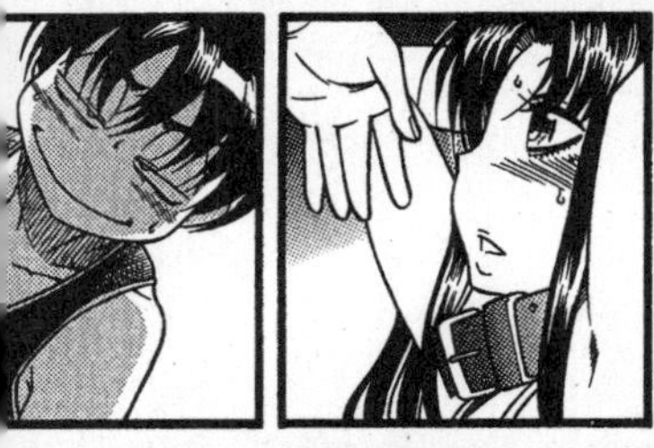

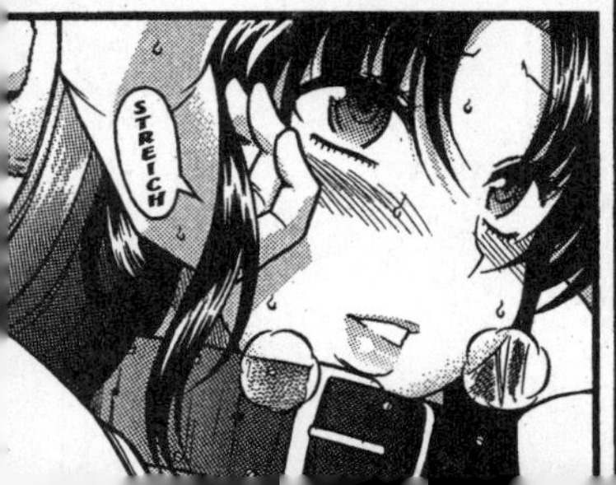

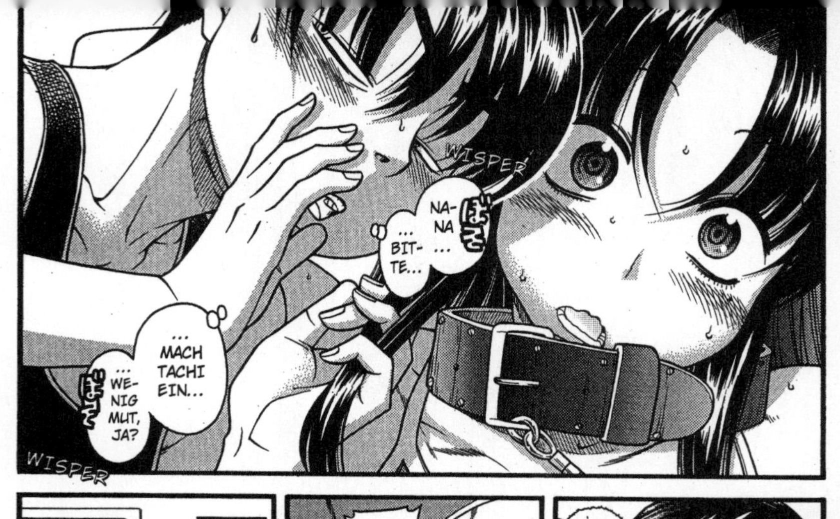
WISPER
NA-NA ...
... BIT-TE...
... MACH TACHI EIN...
... WE-NIG MUT, JA?
WISPER

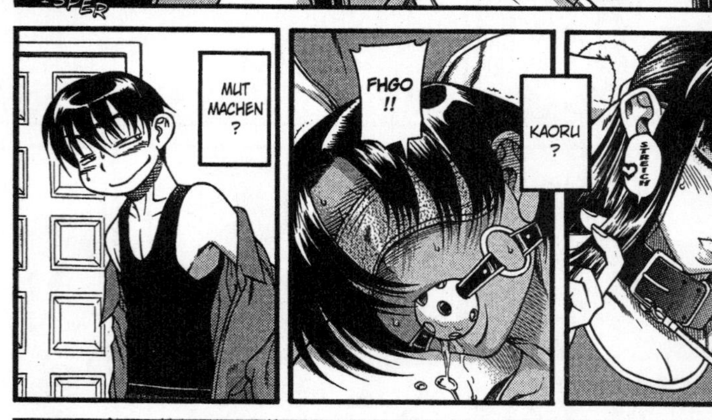
KAO ...
STREICH
KAORU ?
FHGO !!
MUT MACHEN ?

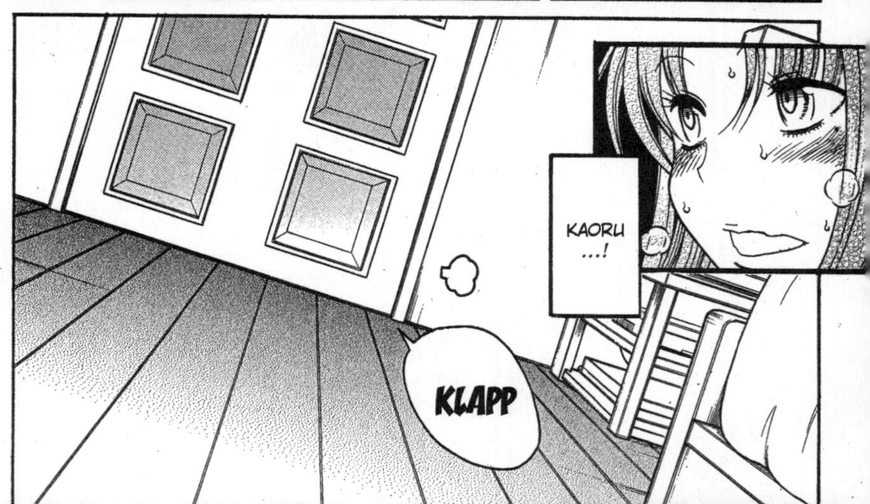
KAORU ...!
KLAPP

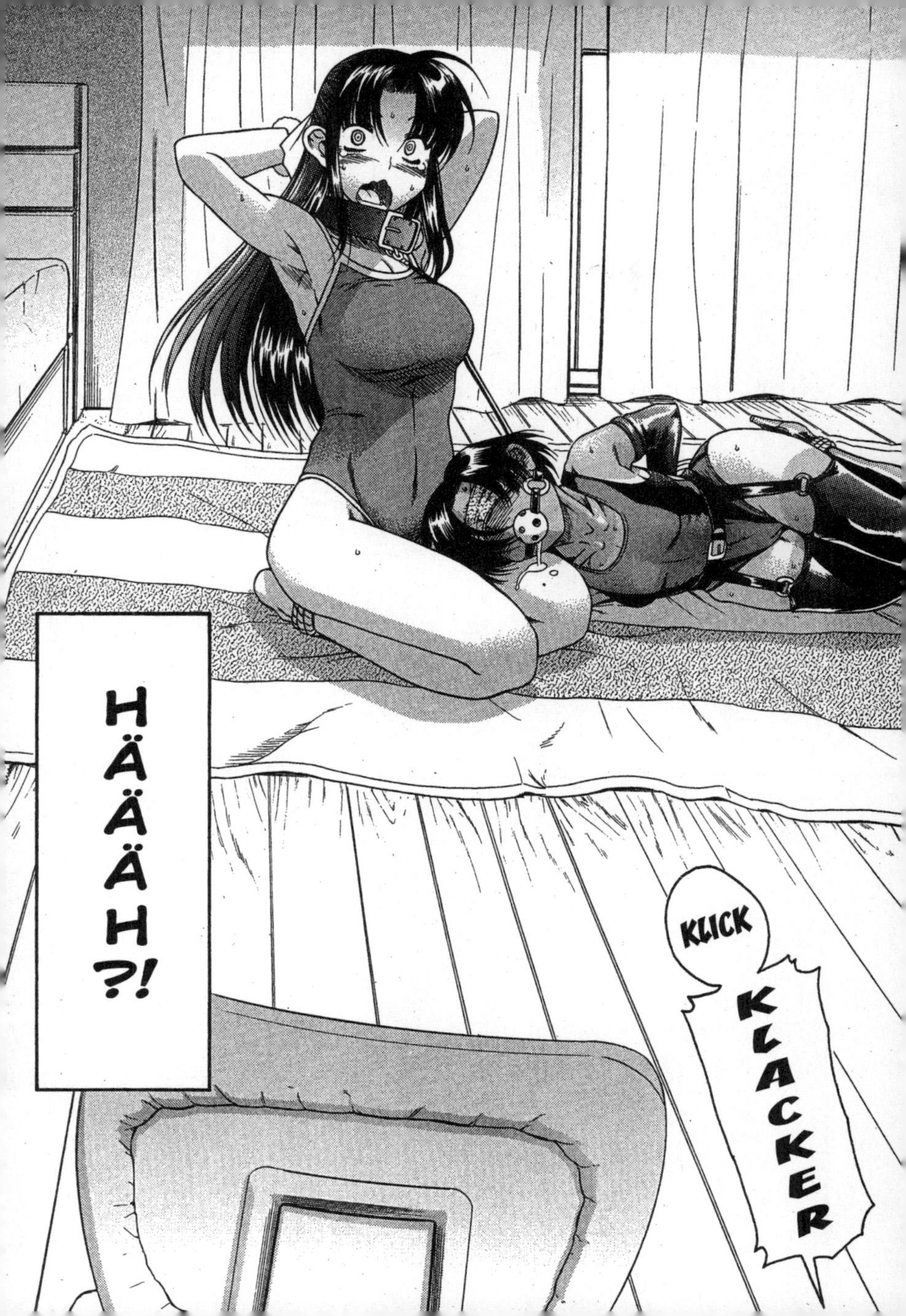
HÄÄÄH?!
KLICK
KLACKER

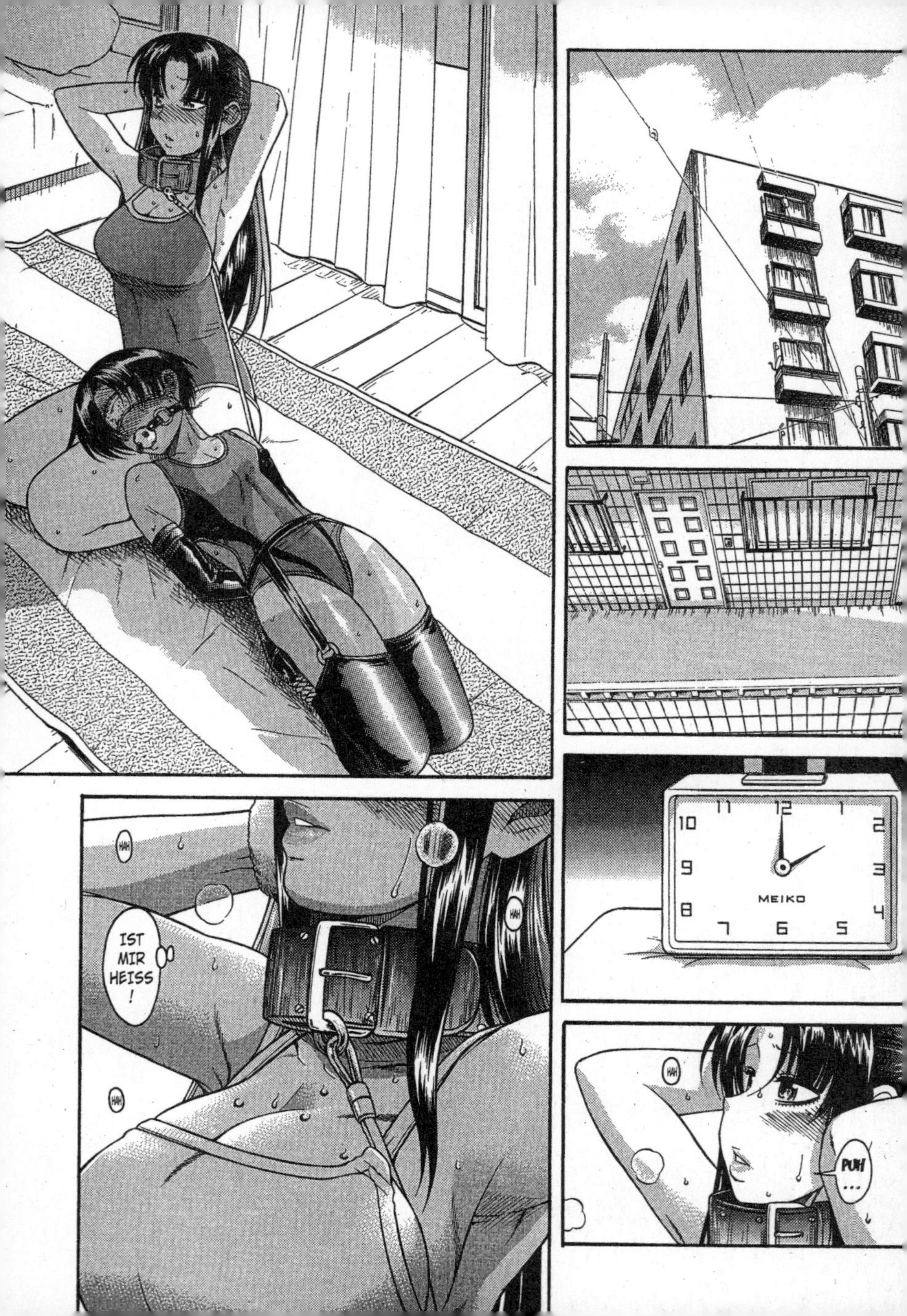

MEIKO

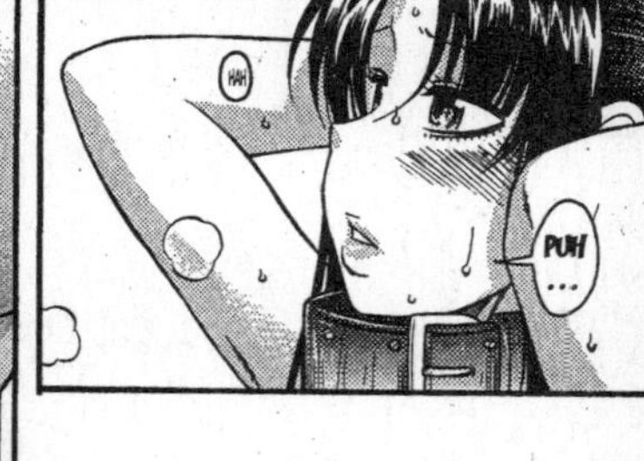

HAH
HAH
IST MIR HEISS!
HAH

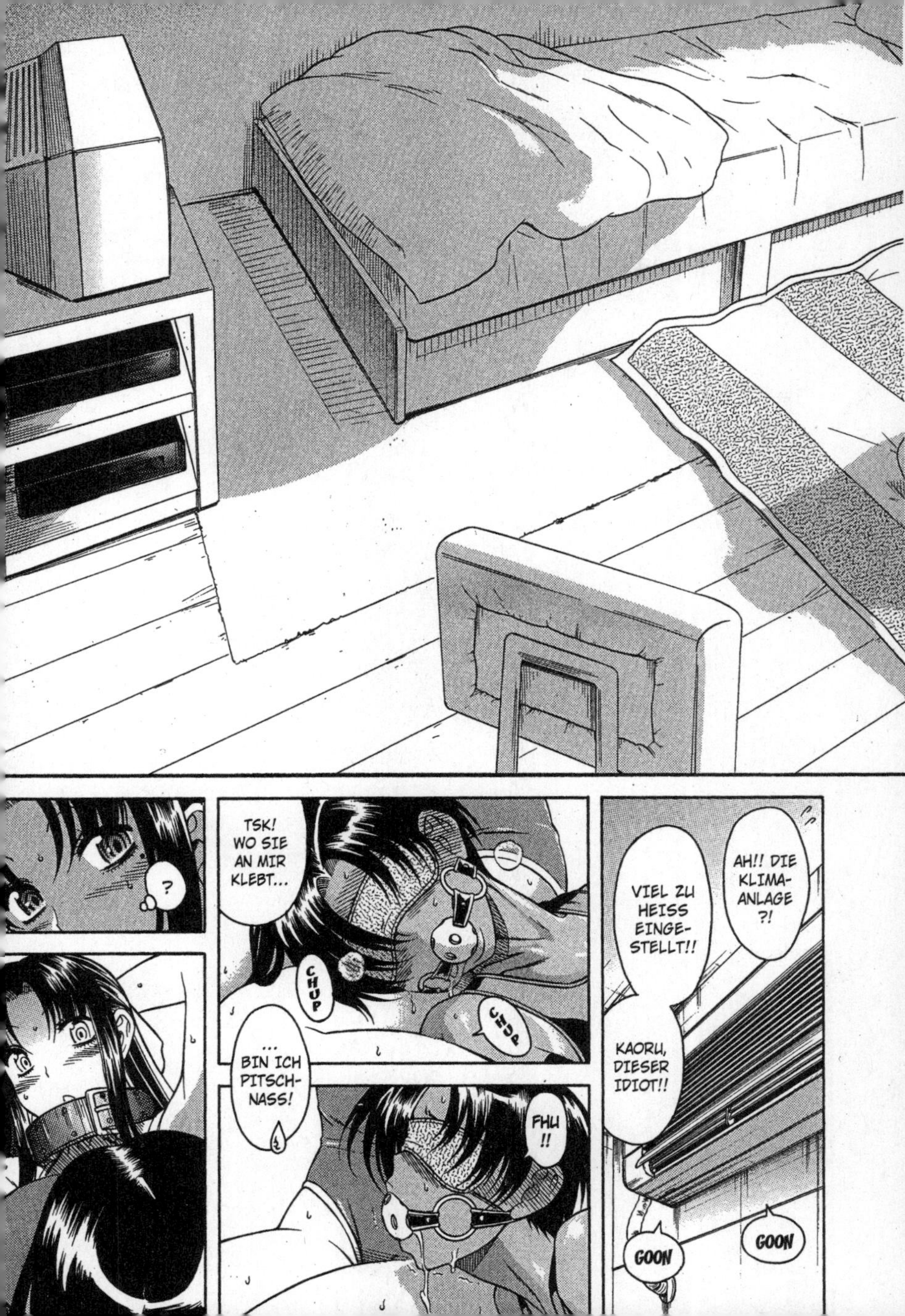

AH!! DIE KLIMA-ANLAGE ?!
VIEL ZU HEISS EINGE-STELLT!!
KAORU, DIESER IDIOT!!
GOON
GOON
TSK! WO SIE AN MIR KLEBT...
CHUP
CHUP
... BIN ICH PITSCH-NASS!
FHU !!
?

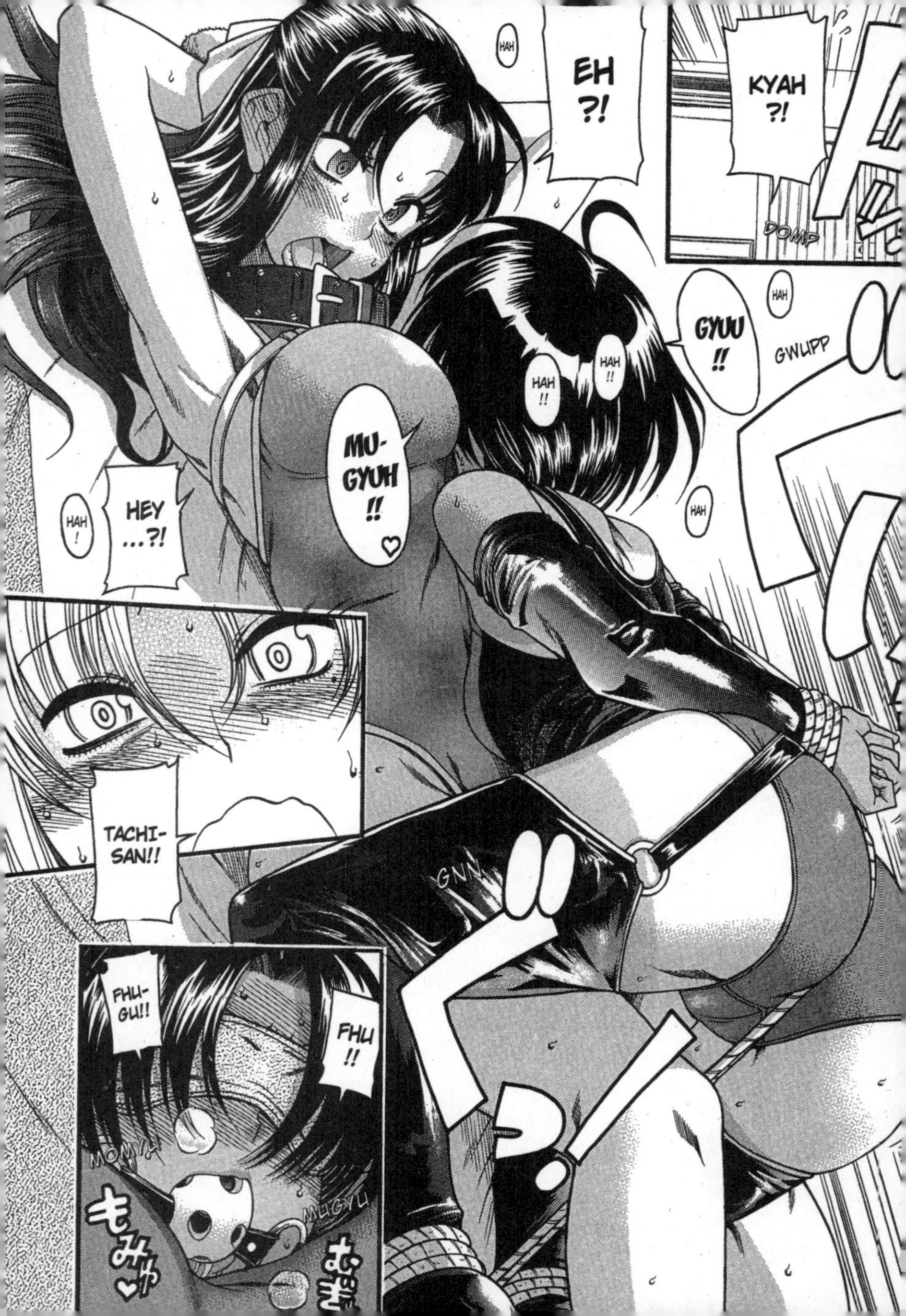
KYAH ?!
DOMP
EH ?!
HAH
HAH
GYUU !!
GWUPP
HAH !!
HAH !!
MU-GYUH !! ♡
HAH
HEY ...?!
HAH !
TACHI-SAN!!
GNN
FHU !!
FHU-GU!!
MUGYU
MOMYU
もみゅ♥

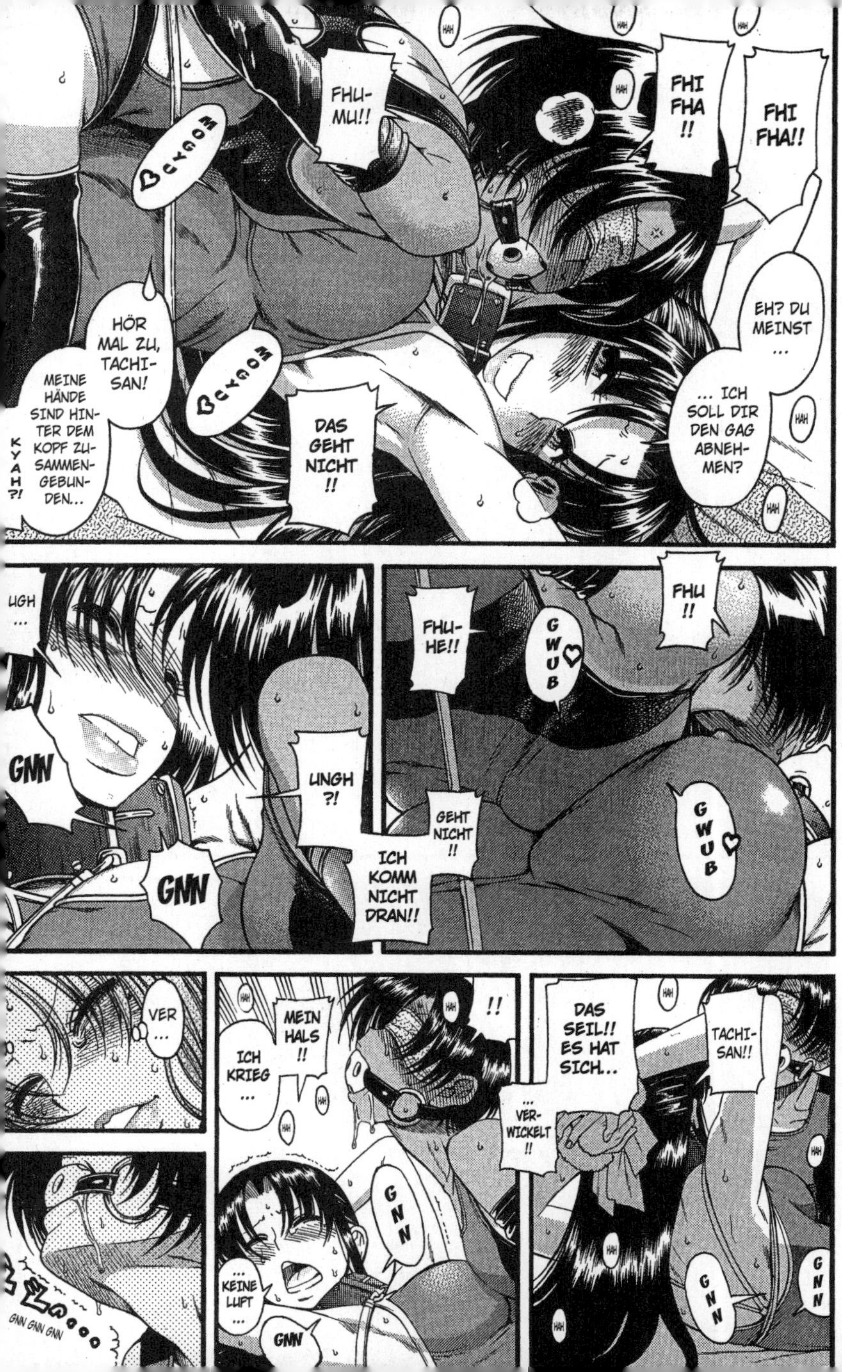

HAH
FHI FHA!!
FHI FHA!!
FHU-MU!!
EH? DU MEINST ...
... ICH SOLL DIR DEN GAG ABNEHMEN?
HAH
DAS GEHT NICHT!!
HÖR MAL ZU, TACHI-SAN!
MEINE HÄNDE SIND HINTER DEM KOPF ZUSAMMENGEBUNDEN...
KYAH?!

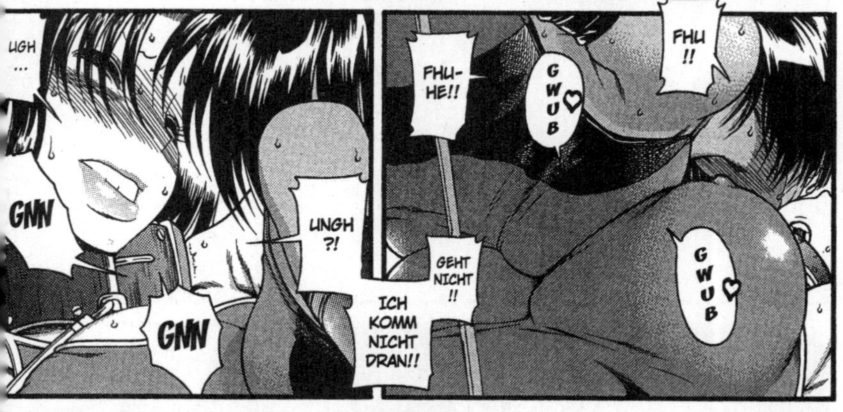
FHU!!
GWUB
FHU-HE!!
GWUB
UNGH?!
GEHT NICHT!!
ICH KOMM NICHT DRAN!!
UGH ...
GNN
GNN

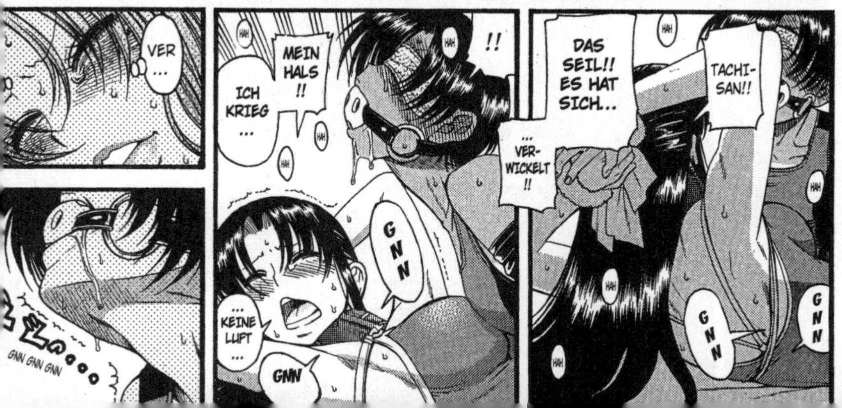
TACHI-SAN!!
DAS SEIL!! ES HAT SICH...
... VERWICKELT!!
GNN
GNN
!!
MEIN HALS!!
ICH KRIEG ...
GNN
... KEINE LUFT ...
GNN
VER ...
GNN GNN GNN

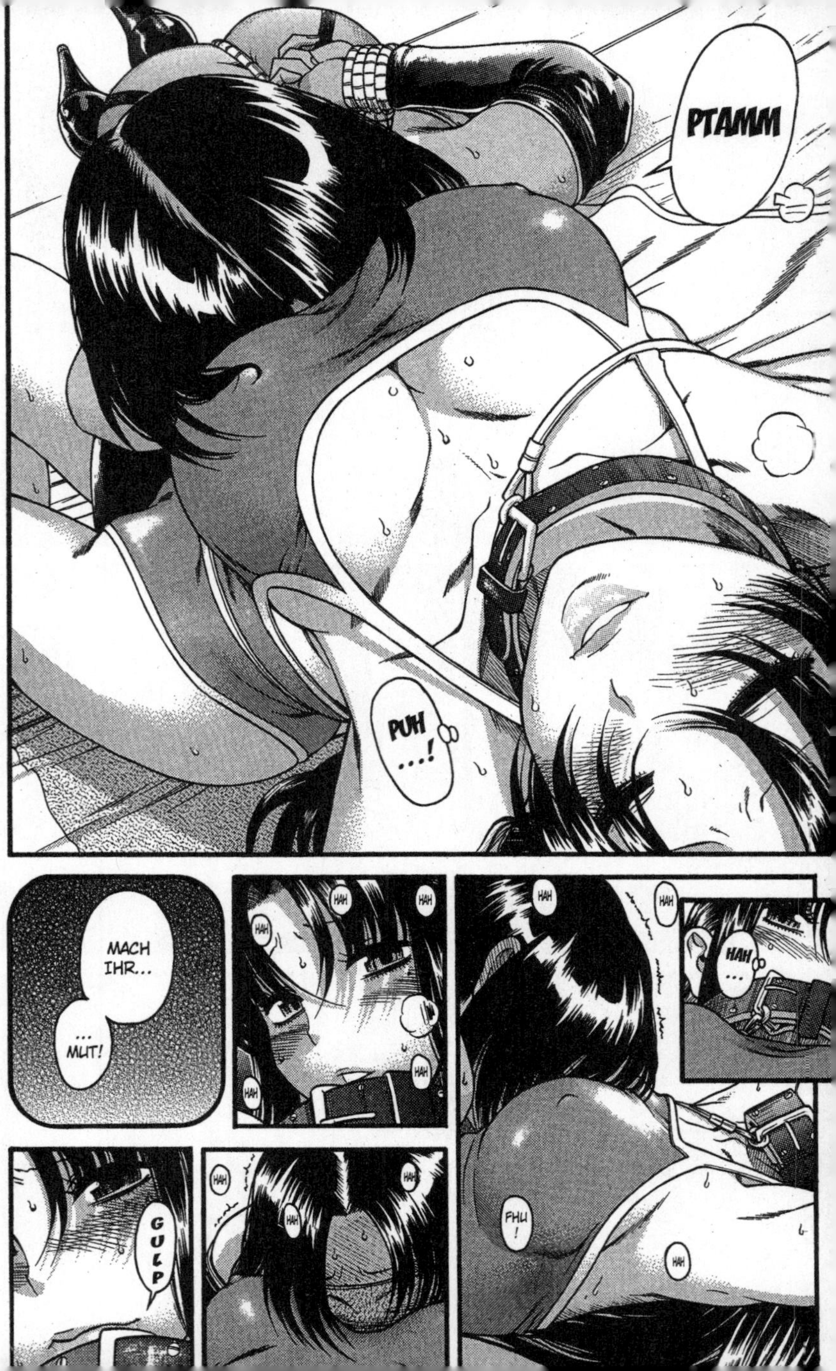

PTAMM
PUH ...!

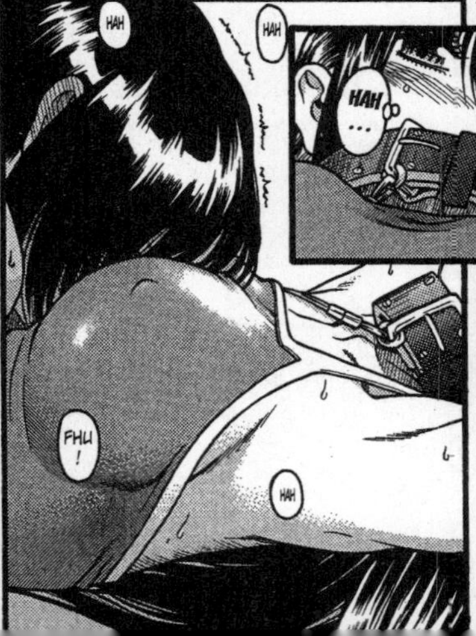
HAH
HAH
HAH ...
FHU!
HAH

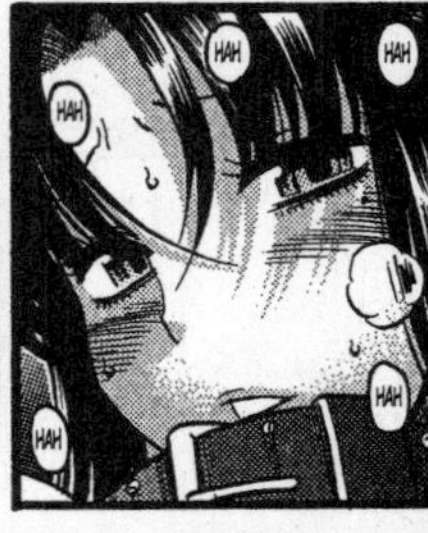
HAH
HAH
HAH
HAH
HAH

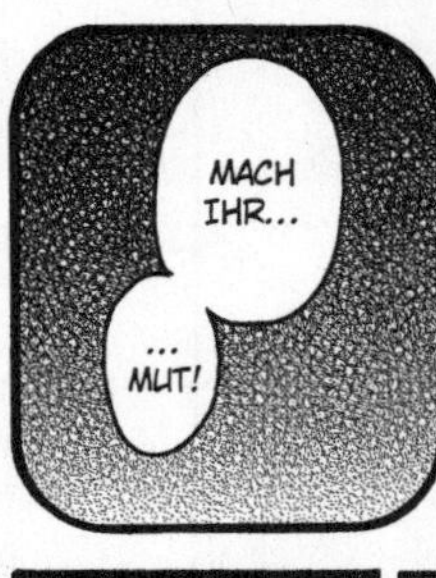
MACH IHR...
... MUT!

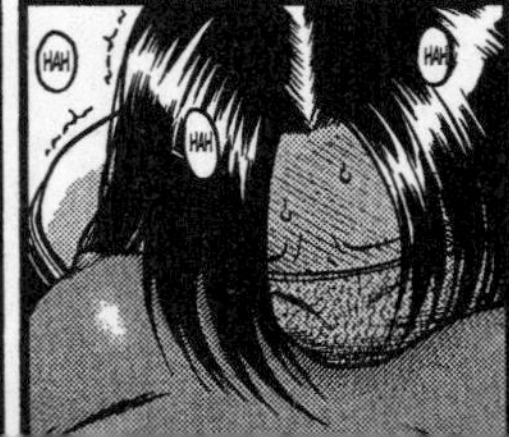
HAH
HAH
HAH

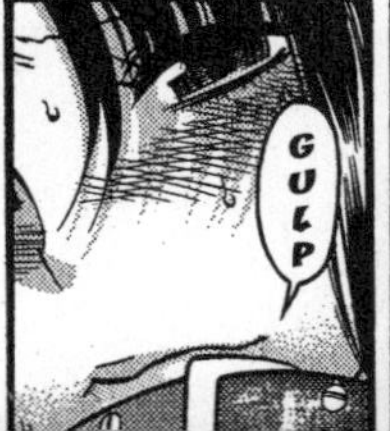
GULP

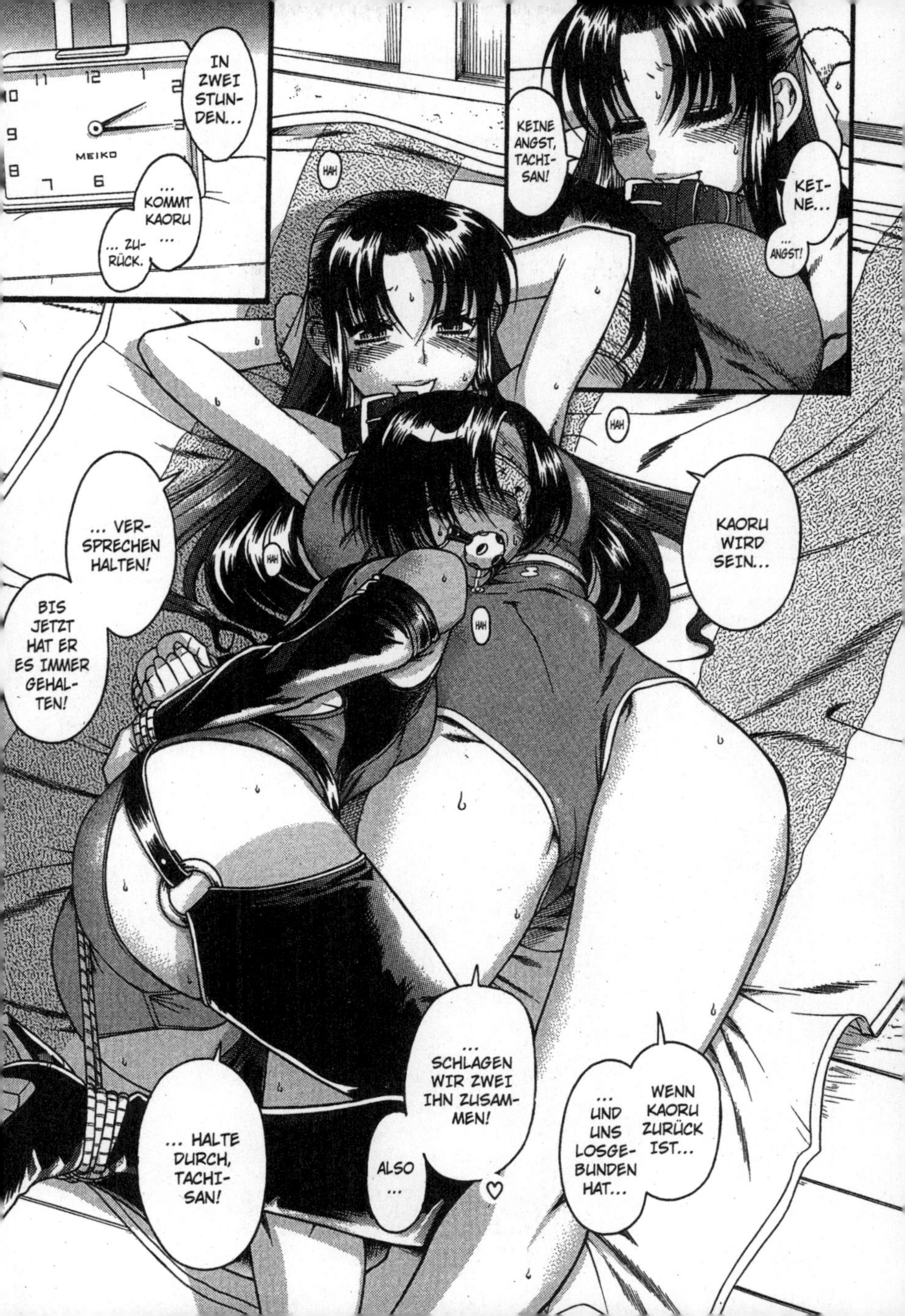
KEINE ANGST, TACHI-SAN!
KEI-NE... ... ANGST!
IN ZWEI STUN-DEN...
... KOMMT KAORU ...
... ZU-RÜCK.
HAH
HAH
KAORU WIRD SEIN...
... VER-SPRECHEN HALTEN!
BIS JETZT HAT ER ES IMMER GEHAL-TEN!
HAH
HAH
WENN KAORU ZURÜCK IST...
... UND UNS LOSGE-BUNDEN HAT...
... SCHLAGEN WIR ZWEI IHN ZUSAM-MEN!
ALSO ...
... HALTE DURCH, TACHI-SAN!

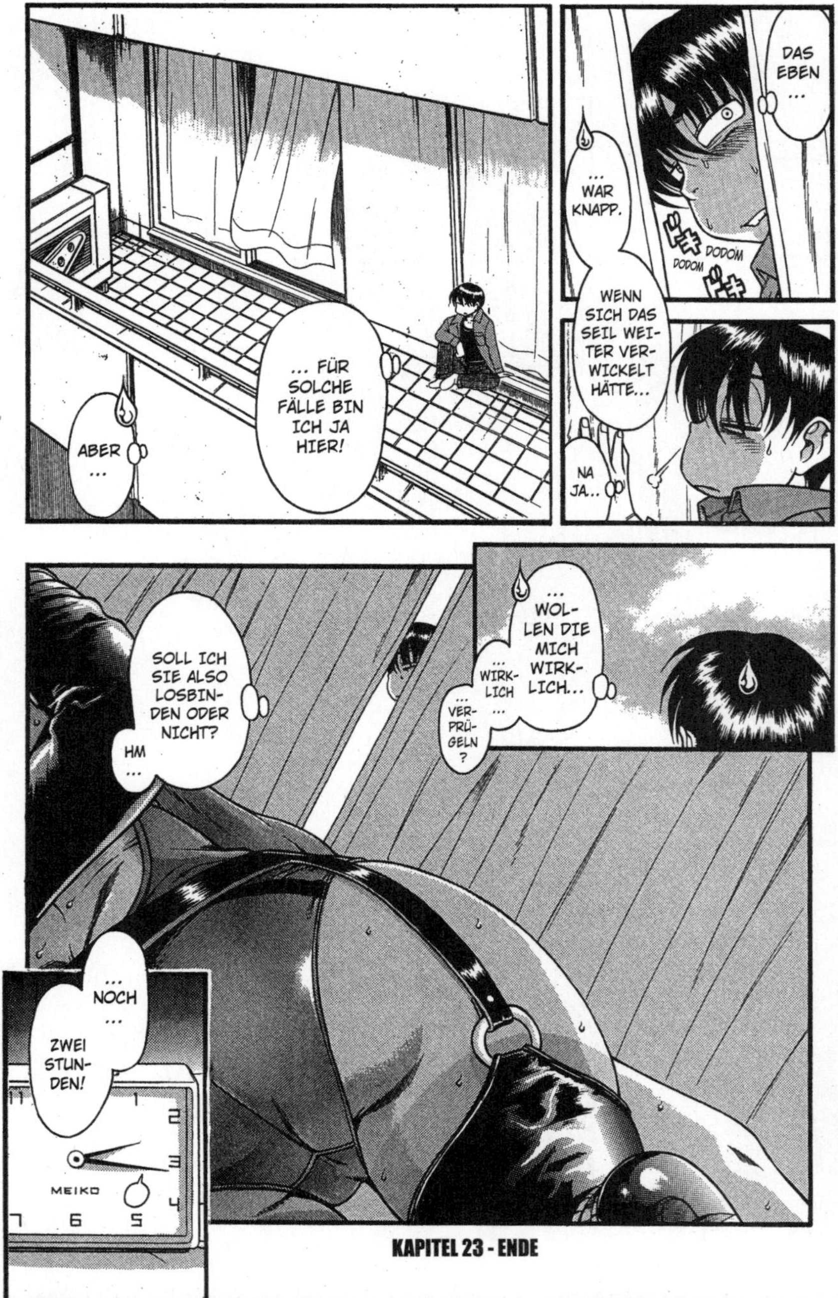

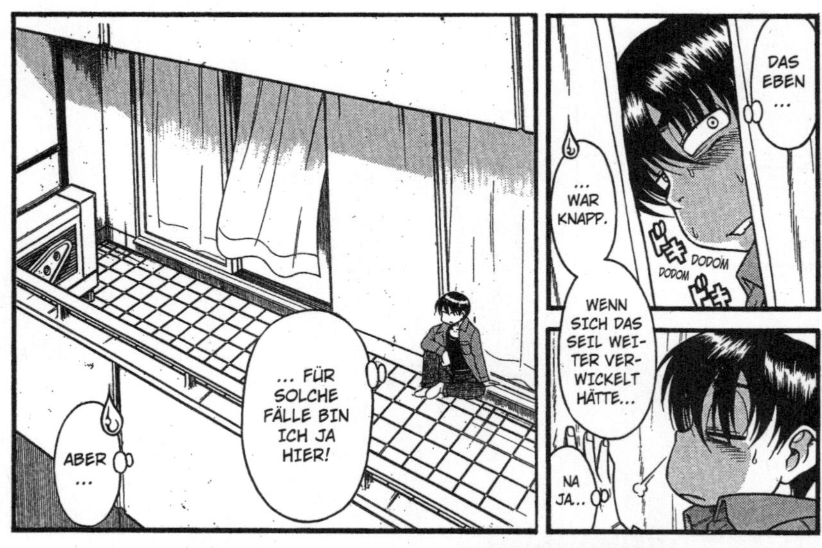

... WOLLEN DIE MICH WIRKLICH...

... WIRKLICH ...

... VERPRÜGELN ?

SOLL ICH SIE ALSO LOSBINDEN ODER NICHT?

HM ...

... NOCH ...

ZWEI STUNDEN!

MEIKO

KAPITEL 23 - ENDE

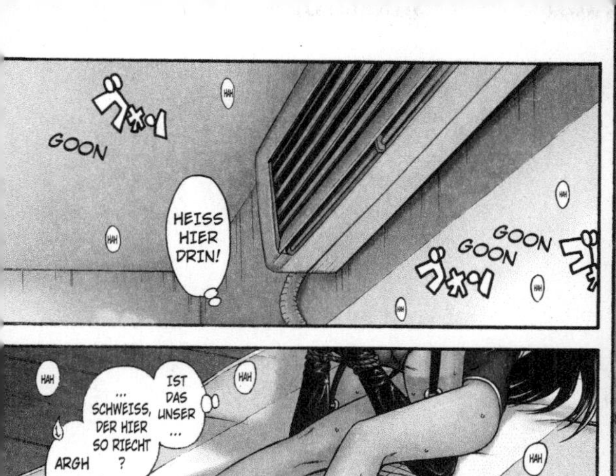
GOON
HAH
HEISS HIER DRIN!
HAH
GOON GOON
HAH
HAH
HAH

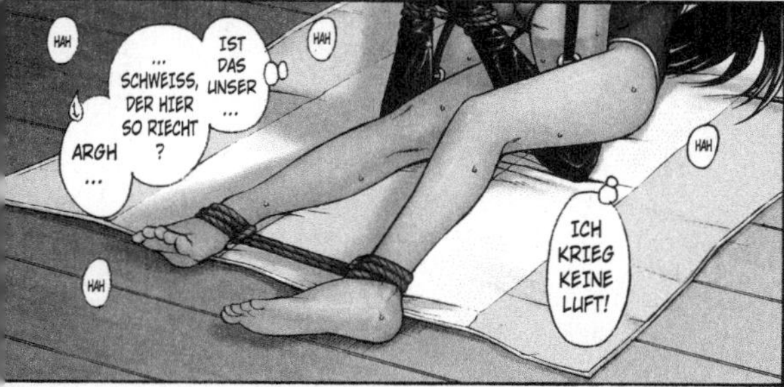
HAH
IST DAS UNSER ...
... SCHWEISS, DER HIER SO RIECHT ?
ARGH ...
HAH
HAH
ICH KRIEG KEINE LUFT!
HAH

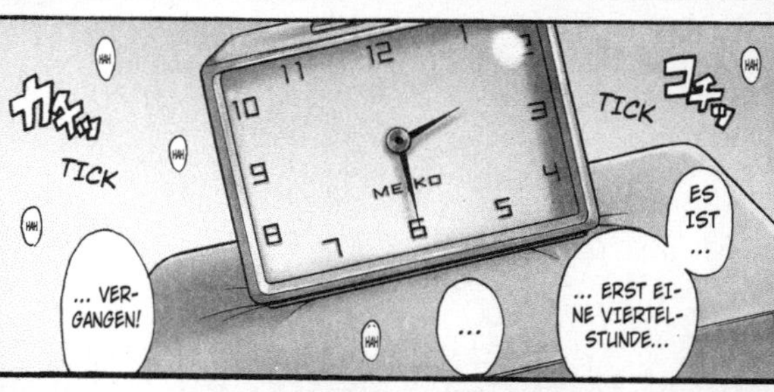
HAH
TICK
HAH
TICK
HAH
HAH
ES IST ...
... ERST EI-NE VIERTEL-STUNDE...
...
... VER-GANGEN!
HAH

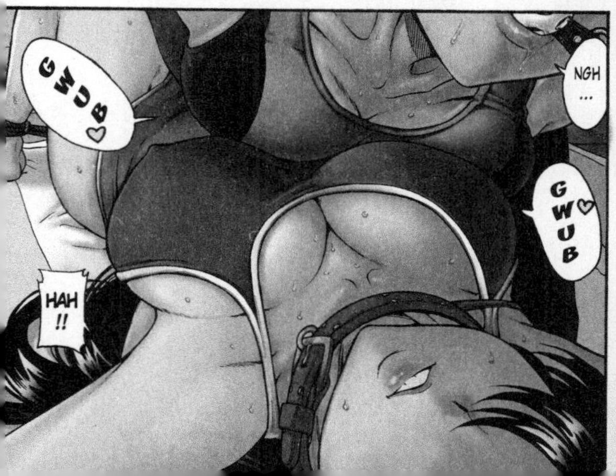
NGH ...
GWUB
GWUB
HAH !!

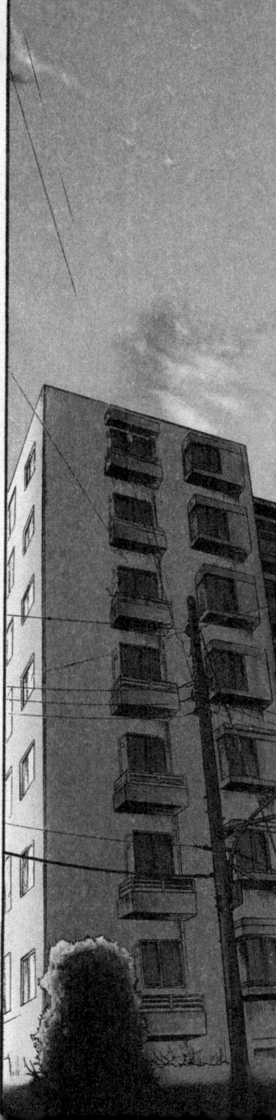

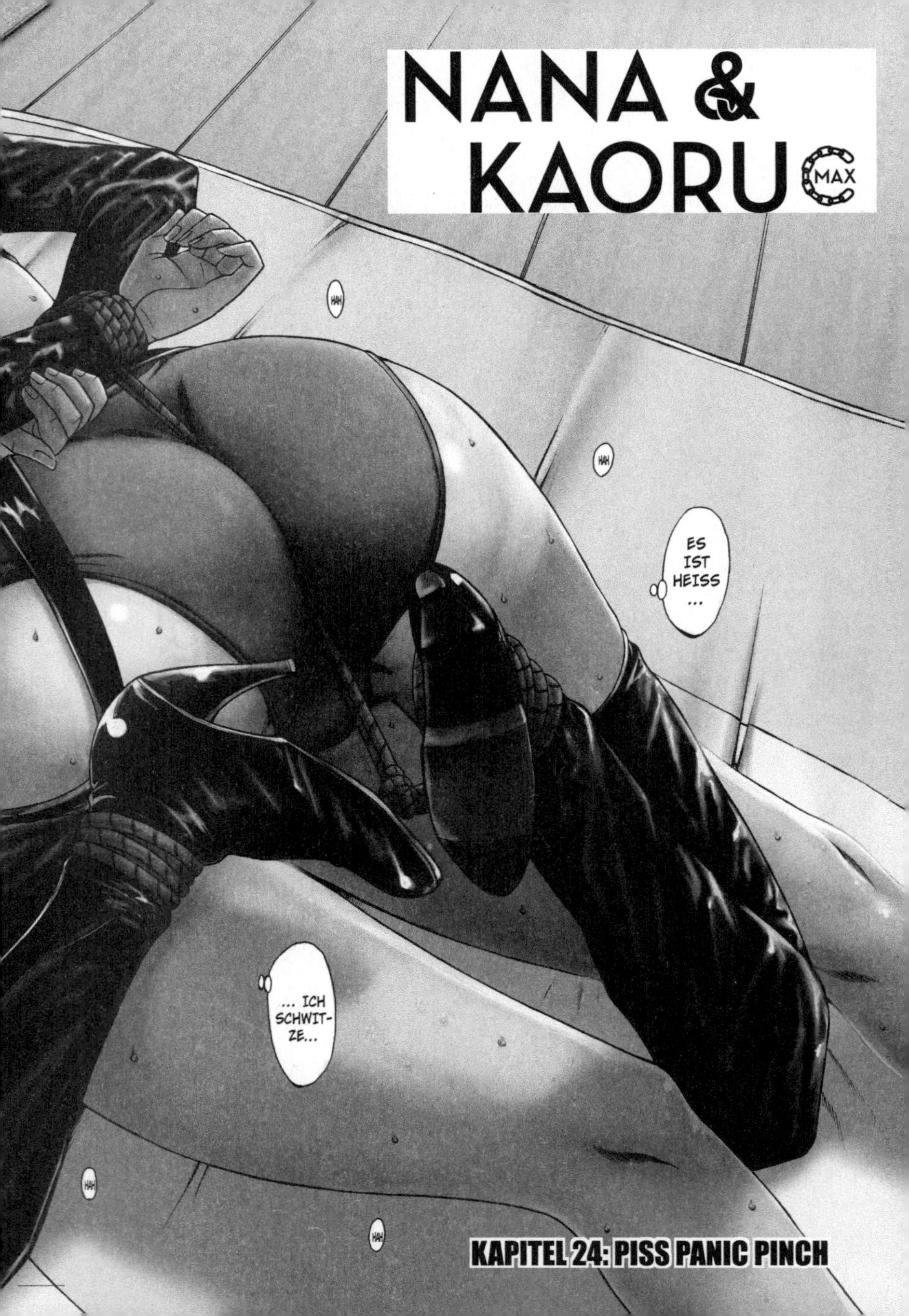
NANA & KAORU
MAX
HAH
HAH
ES IST HEISS ...
... ICH SCHWITZE...
HAH
HAH
KAPITEL 24: PISS PANIC PINCH

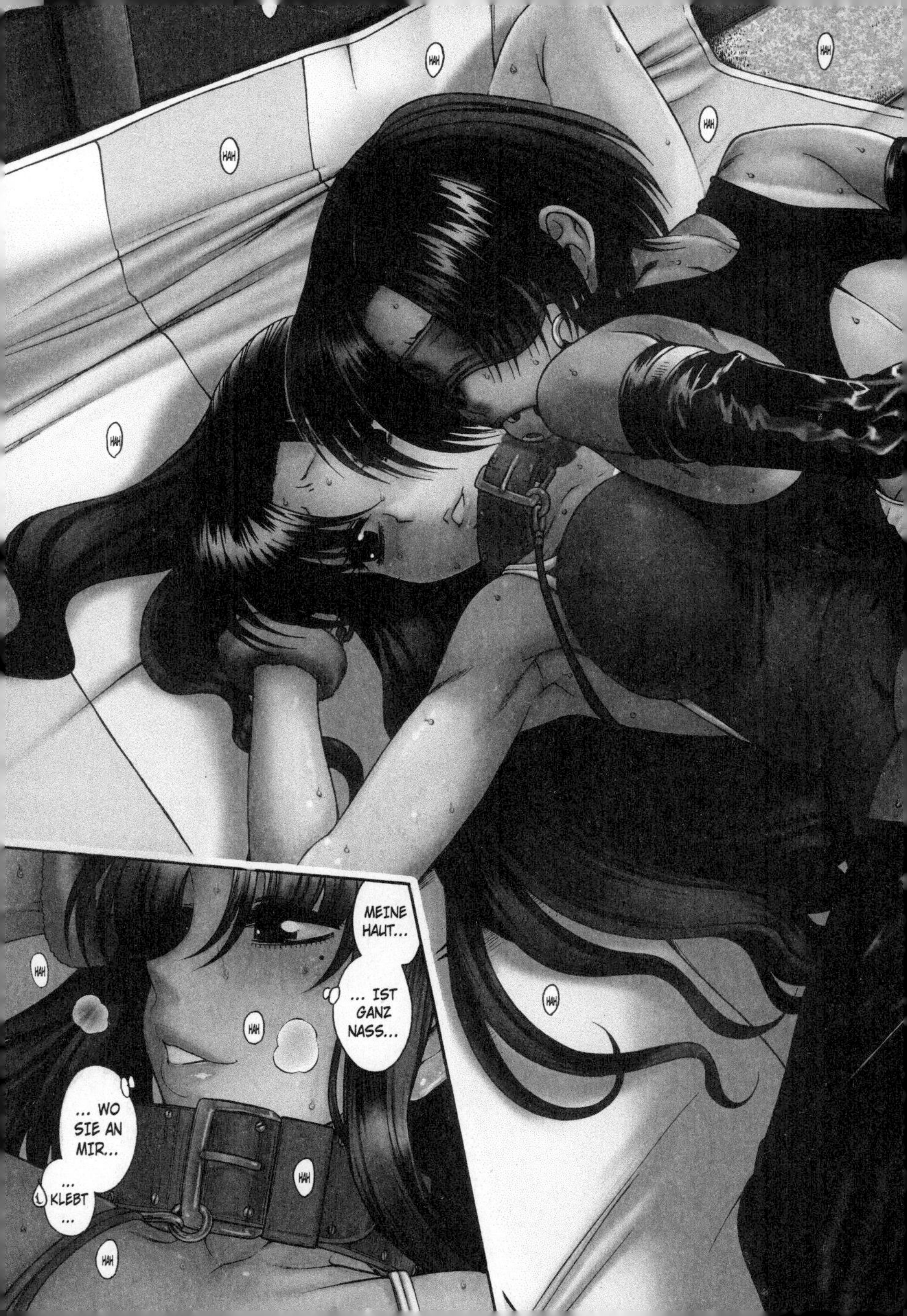
HAH
HAH
HAH
HAH
HAH
MEINE HAUT...
... IST GANZ NASS...
HAH
HAH
HAH
... WO SIE AN MIR...
... KLEBT ...
HAH
HAH

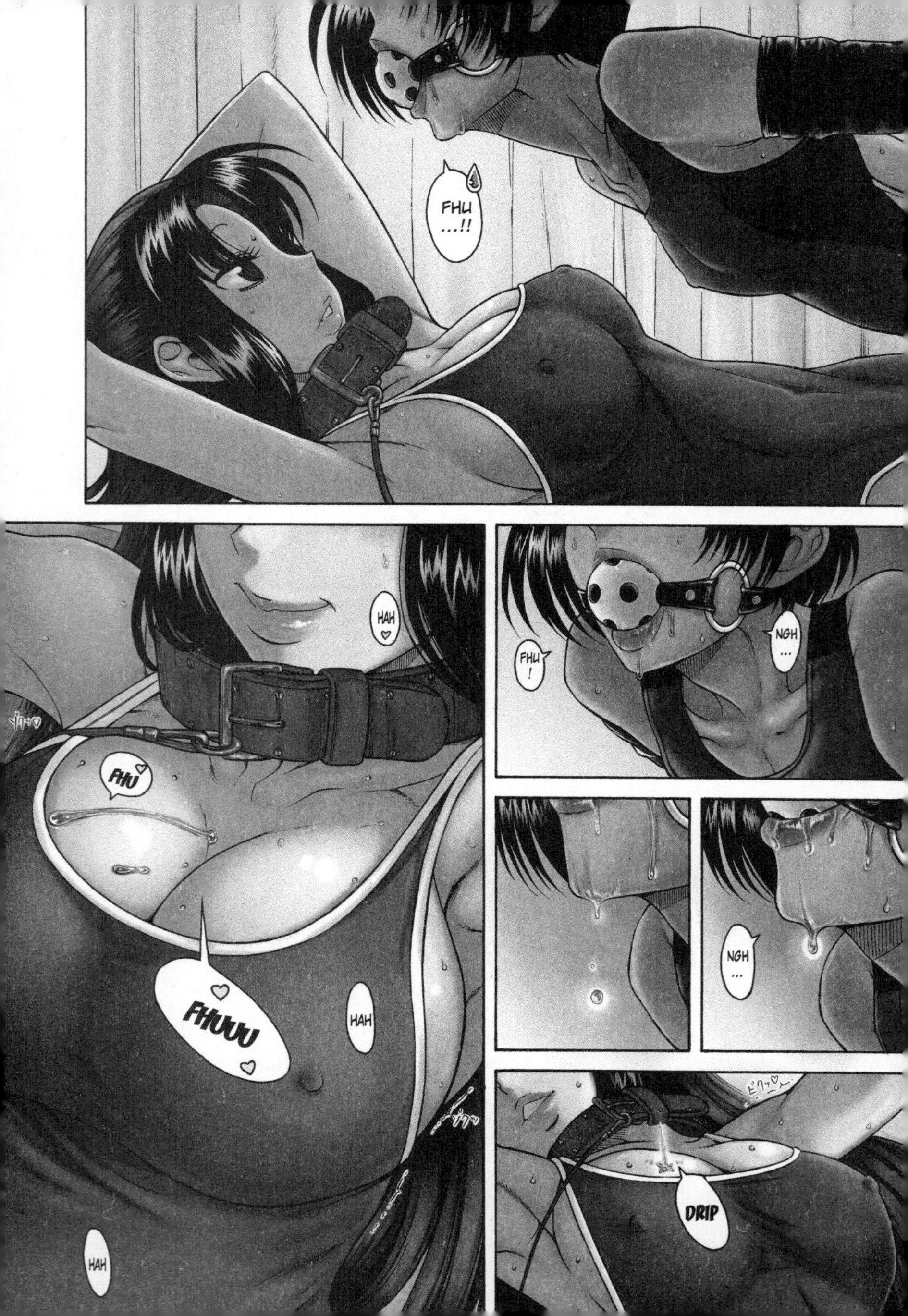

FHU
...!!

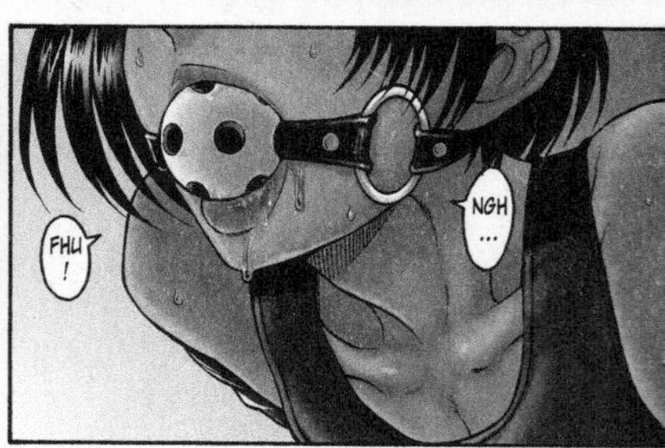

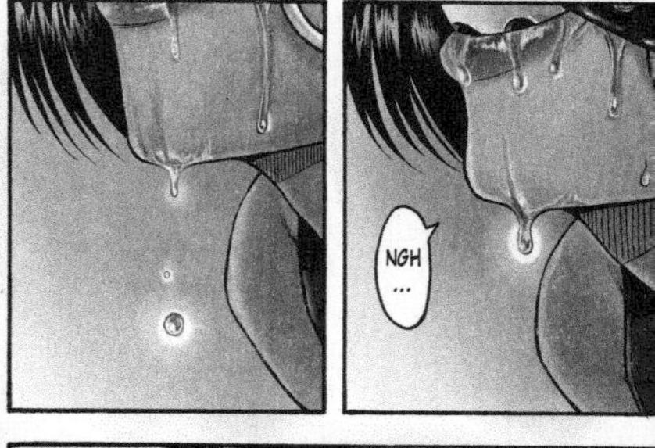

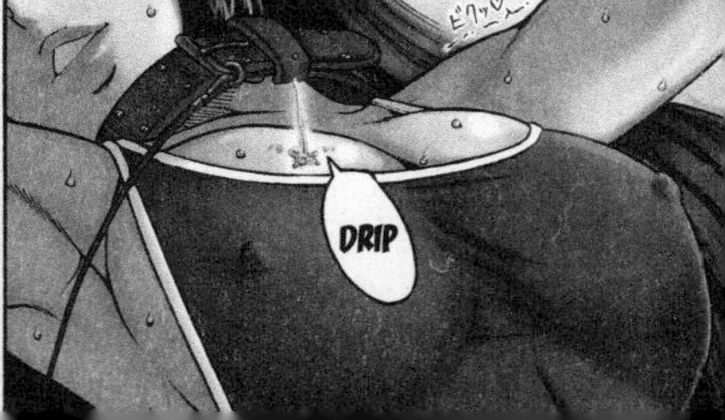

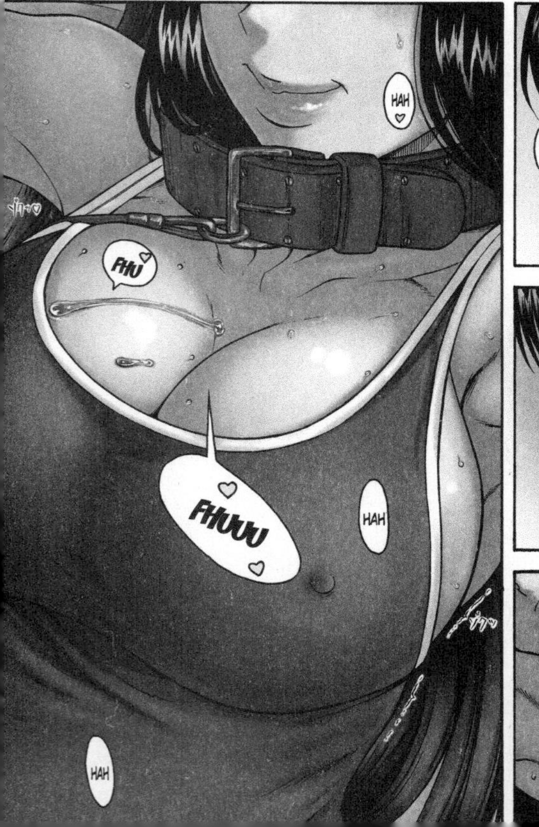

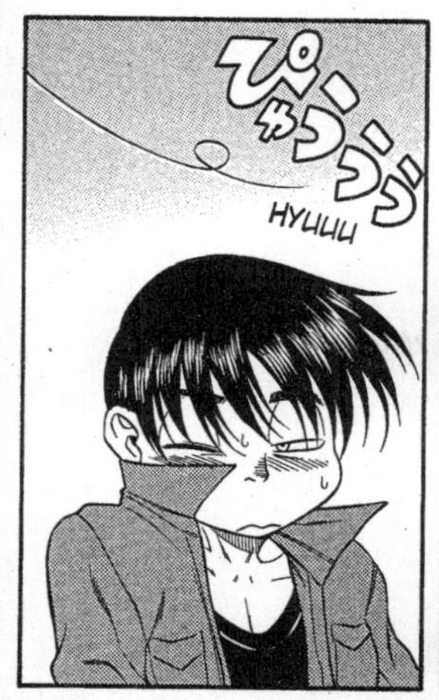

HYUUU

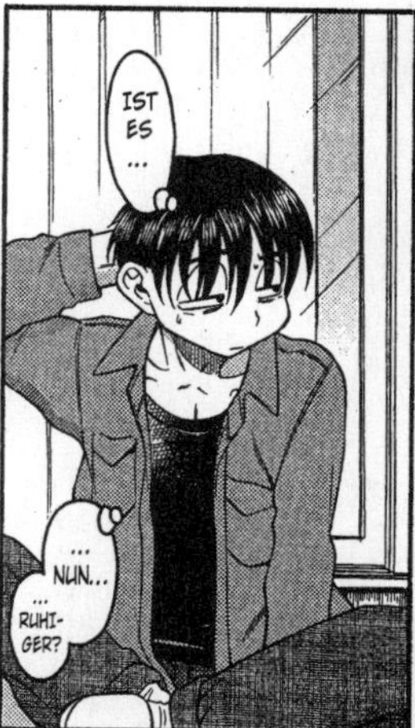

IST ES ...
... NUN...
... RUHIGER?

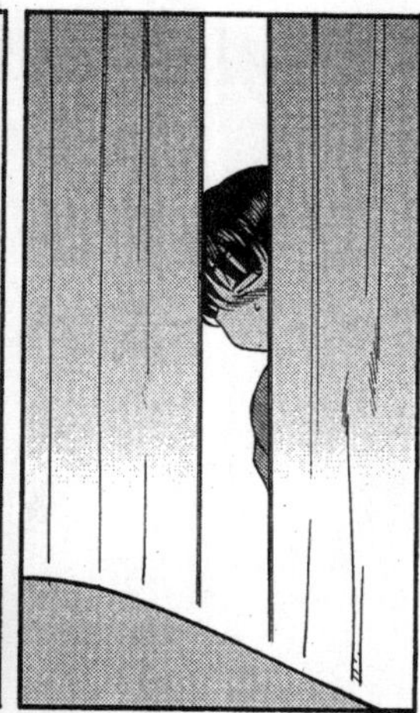
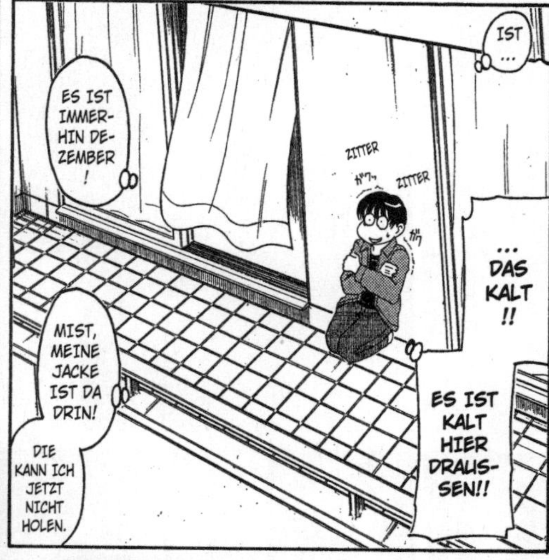

IST ...
ES IST IMMERHIN DEZEMBER!
ZITTER
ZITTER
... DAS KALT!!
MIST, MEINE JACKE IST DA DRIN!
DIE KANN ICH JETZT NICHT HOLEN.
ES IST KALT HIER DRAUSSEN!!

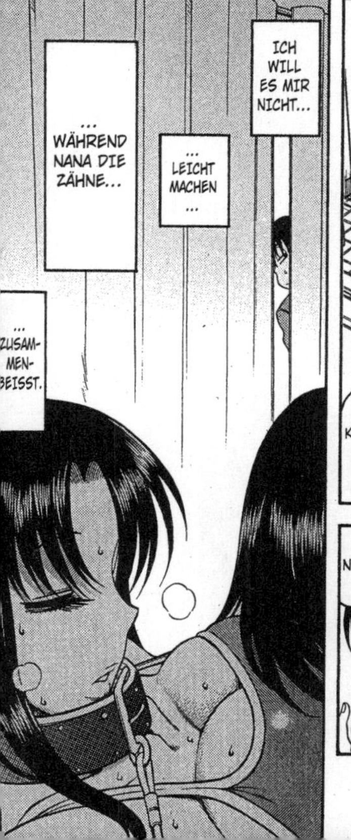

ICH WILL ES MIR NICHT...
... LEICHT MACHEN ...
... WÄHREND NANA DIE ZÄHNE...
... ZUSAMMENBEISST.

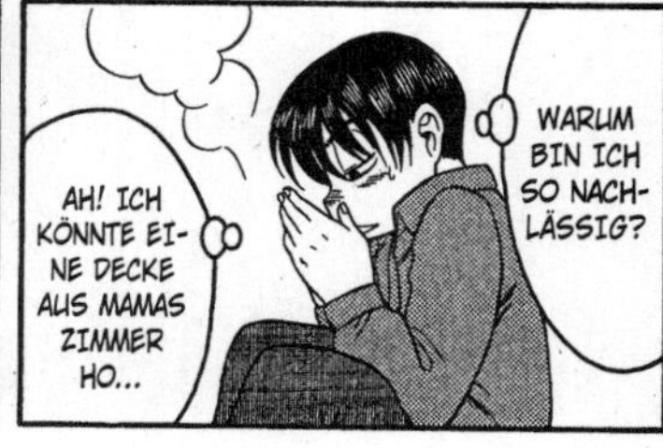

WARUM BIN ICH SO NACHLÄSSIG?
AH! ICH KÖNNTE EINE DECKE AUS MAMAS ZIMMER HO...

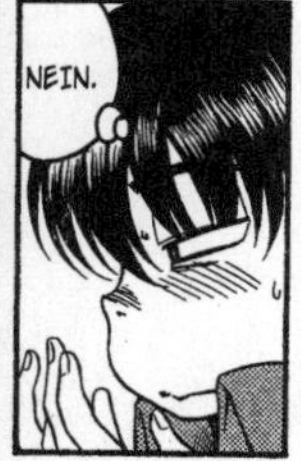

NEIN.

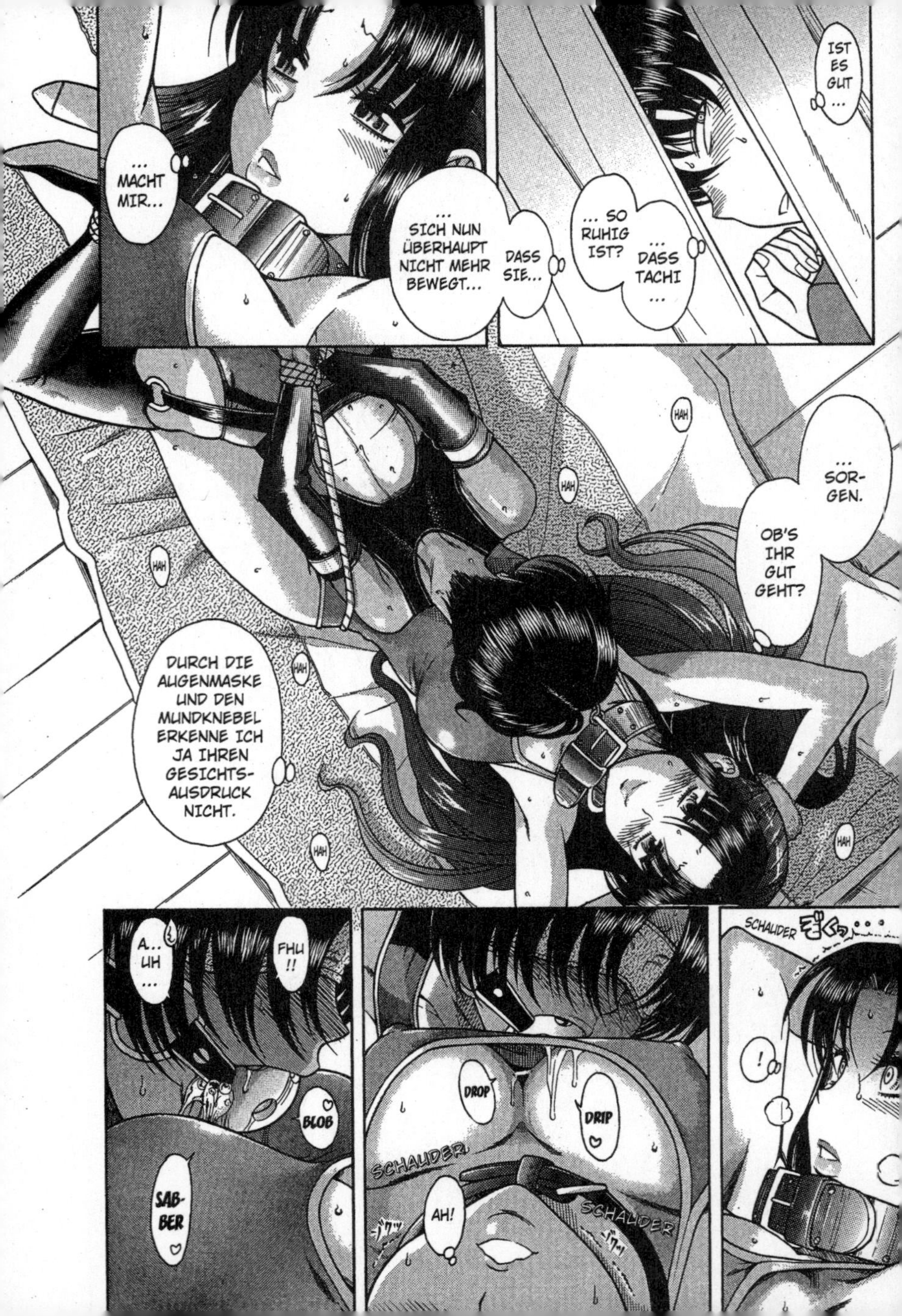
IST ES GUT ...
... DASS TACHI ...
... SO RUHIG IST?
DASS SIE...
... SICH NUN ÜBERHAUPT NICHT MEHR BEWEGT...
... MACHT MIR...
... SORGEN.
OB'S IHR GUT GEHT?
HAH
HAH
HAH
HAH
HAH
HAH
DURCH DIE AUGENMASKE UND DEN MUNDKNEBEL ERKENNE ICH JA IHREN GESICHTS-AUSDRUCK NICHT.
SCHAUDER
!
FHU !!
A... UH ...
DROP
DRIP
SCHAUDER
SCHAUDER
AH!
BLOB
SAB-BER

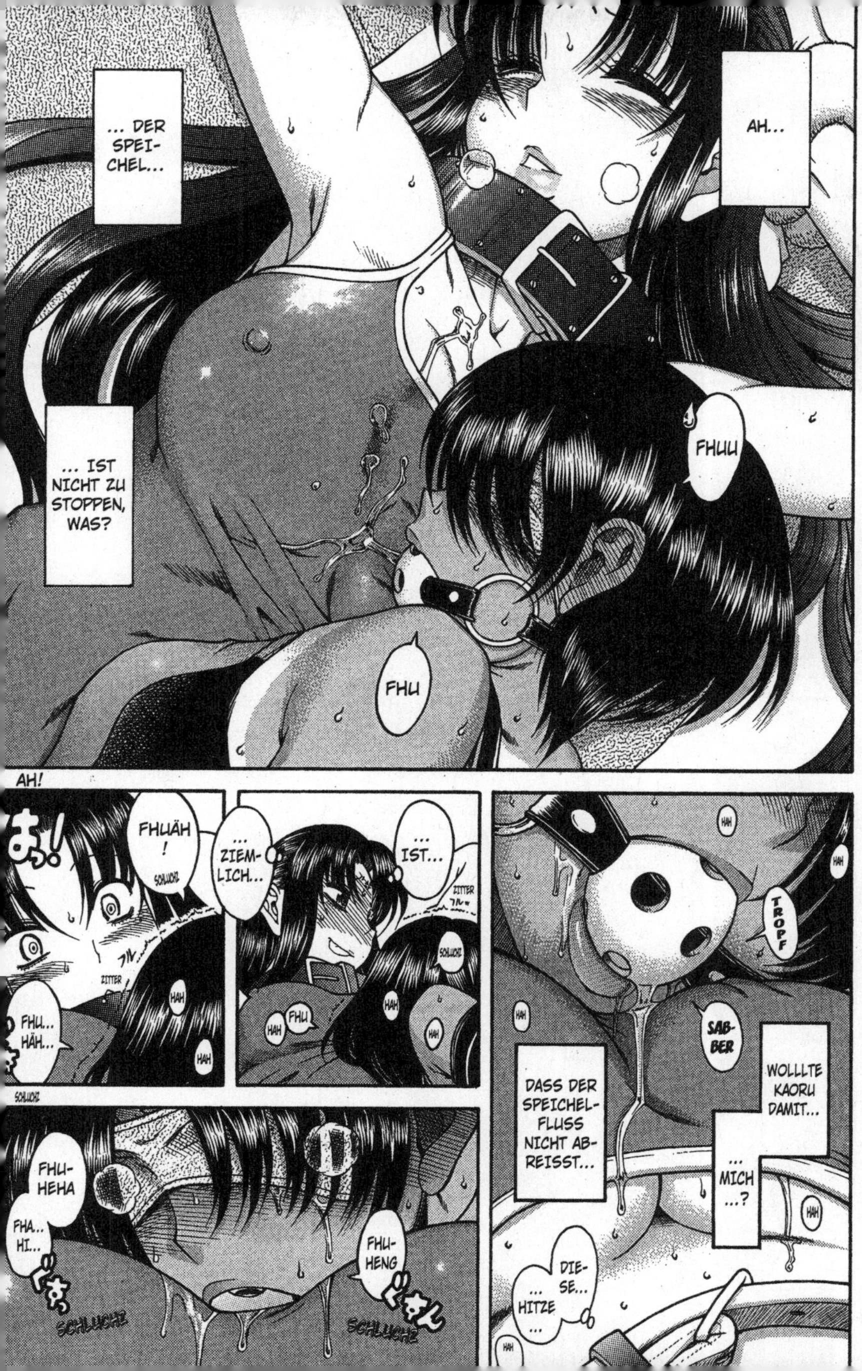

AH…

… DER SPEICHEL…

FHUU

… IST NICHT ZU STOPPEN, WAS?

FHU

AH!

WOLLLTE KAORU DAMIT…

… MICH …?

DASS DER SPEICHELFLUSS NICHT ABREISST…

TROPF

SABBER

HAH

DIESE… … HITZE …

… IST…

… ZIEMLICH…

ZITTER

SCHLUCHZ

HAH

FHU

FHUÄH !

SCHLUCHZ

ZITTER

FHU… HÄH…

HAH

SCHLUCHZ

FHU-HENG

SCHLUCHZ

FHU-HEHA

FHA… HI…

SCHLUCHZ

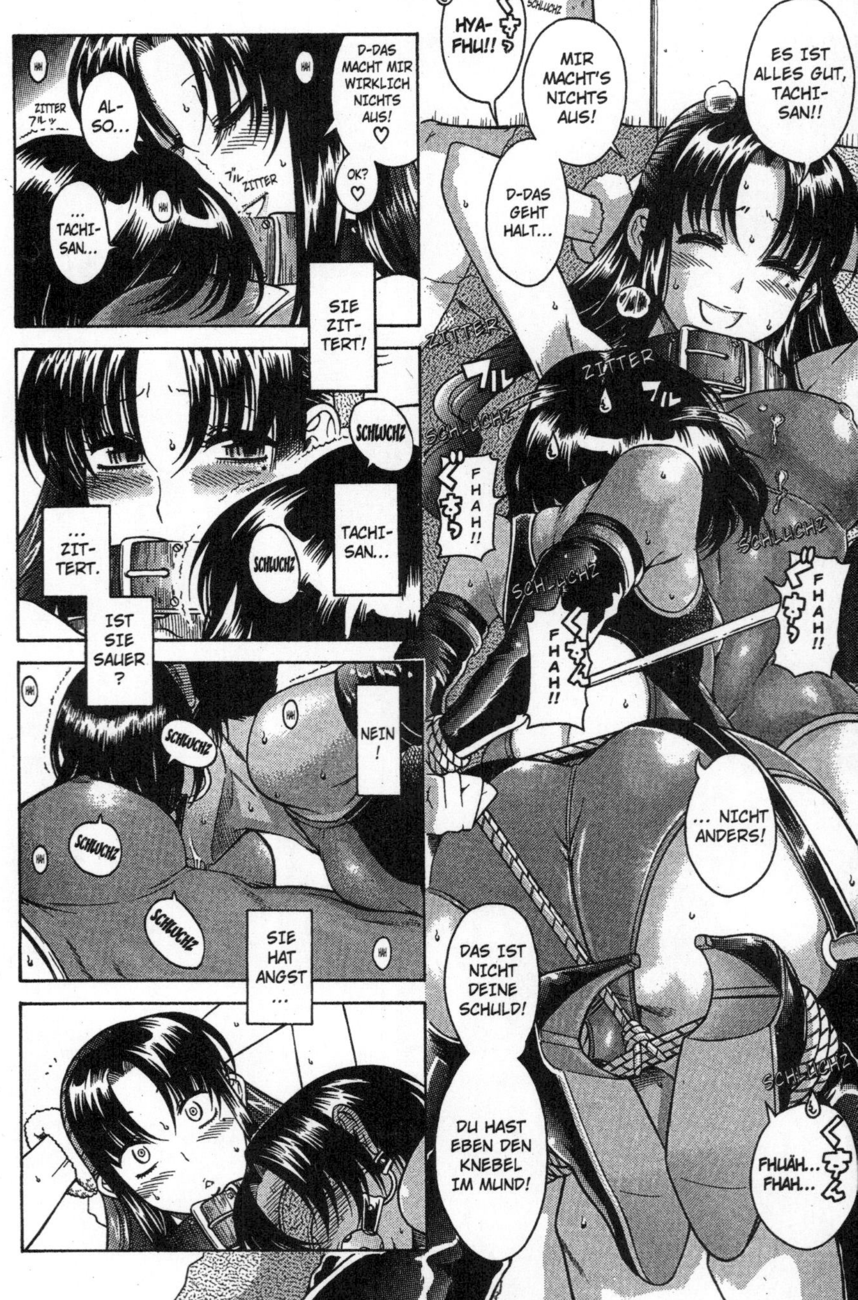

ES IST ALLES GUT, TACHI-SAN!!
MIR MACHT'S NICHTS AUS!
D-DAS GEHT HALT...
HYA-FHU!!
SCHLUCHZ
ZITTER
ZITTER
SCHLUCHZ
FHAH!!
FHAH!!
FHAH!!
SCHLUCHZ
SCHLUCHZ
... NICHT ANDERS!
DAS IST NICHT DEINE SCHULD!
DU HAST EBEN DEN KNEBEL IM MUND!
SCHLUCHZ
FHUÄH... FHAH...
D-DAS MACHT MIR WIRKLICH NICHTS AUS! ♡
OK? ♡
HAH
HAH
AL-SO...
ZITTER
ZITTER
HAH
... TACHI-SAN...
SIE ZIT-TERT!
SCHLUCHZ
TACHI-SAN...
SCHLUCHZ
... ZIT-TERT.
IST SIE SAUER ?
NEIN !
HAH
SCHLUCHZ
HAH
SCHLUCHZ
HAH
SCHLUCHZ
HAH
SIE HAT ANGST ...

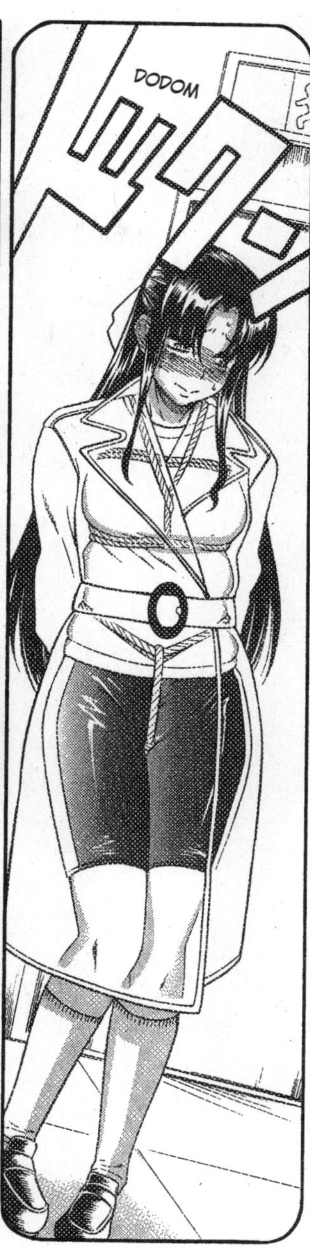
DODOM
ドクン

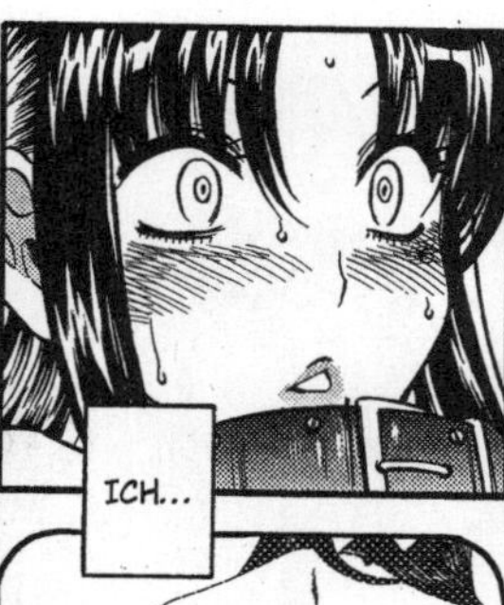
ICH...

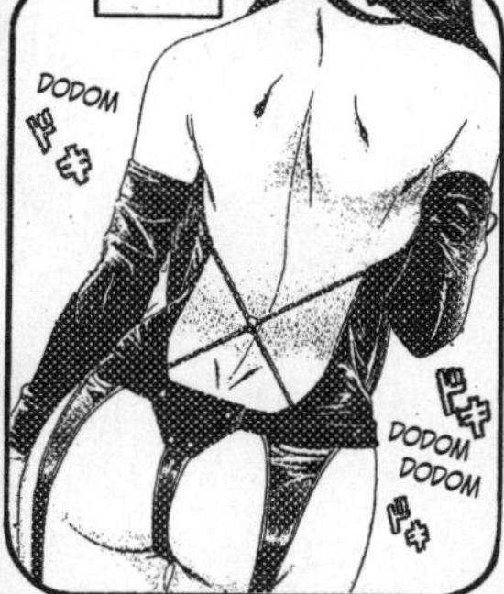
DODOM
ドキ
ドキ
DODOM
DODOM
ドキ

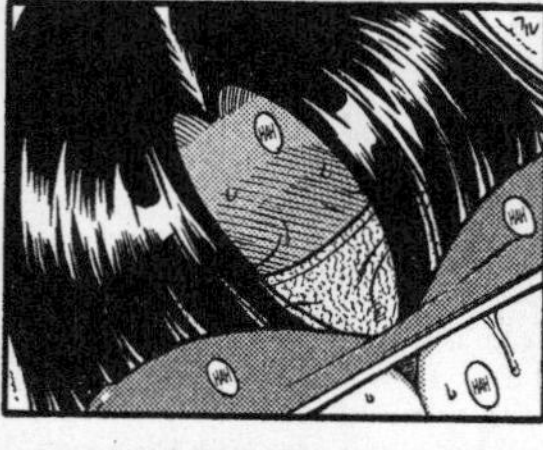
HAH
HAH
HAH

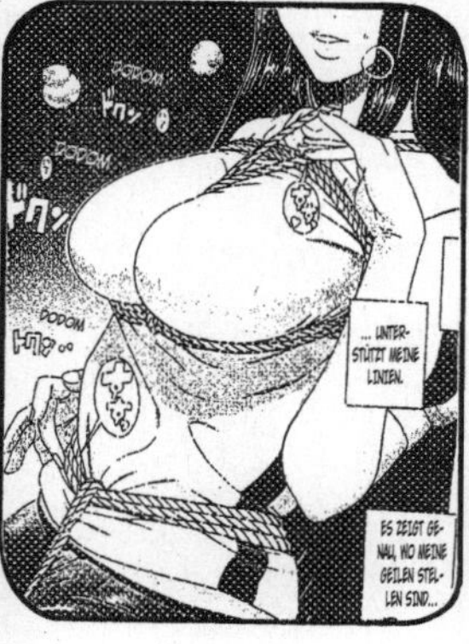
DODOM
ドクン
DODOM
ドクン
DODOM
ES ZEIGT GENAU, WO MEINE GEILEN STELLEN SIND...
... UNTERSTÜTZT MEINE LINIEN.

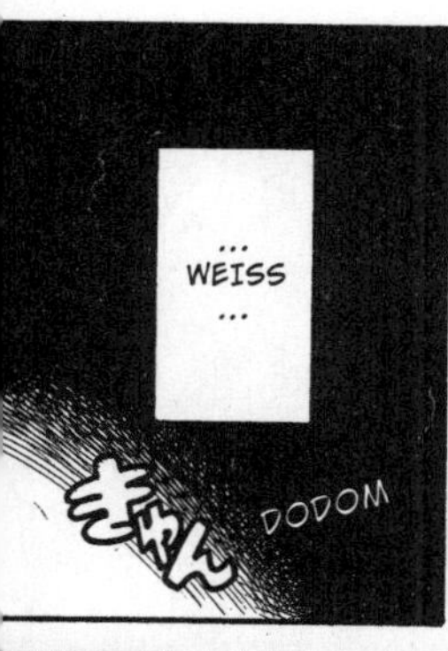
... WEISS ...
きゅん
DODOM

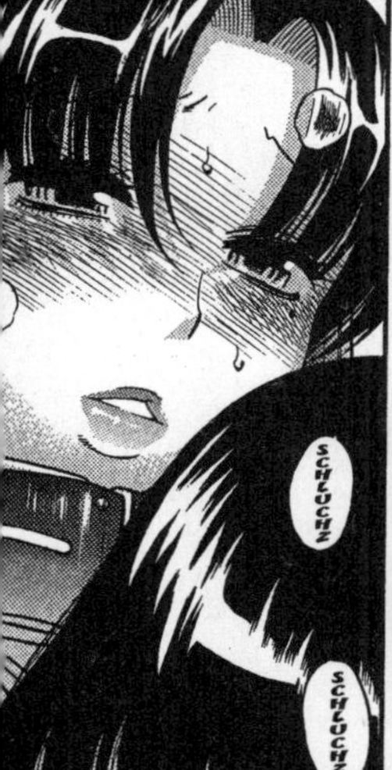
SCHLUCHZ
SCHLUCHZ

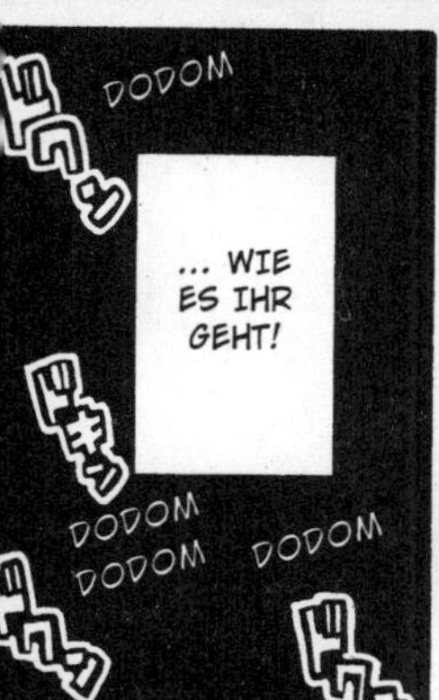
ドクン
DODOM
... WIE ES IHR GEHT!
ドキッ
DODOM
DODOM
DODOM
ドクン
ドクン

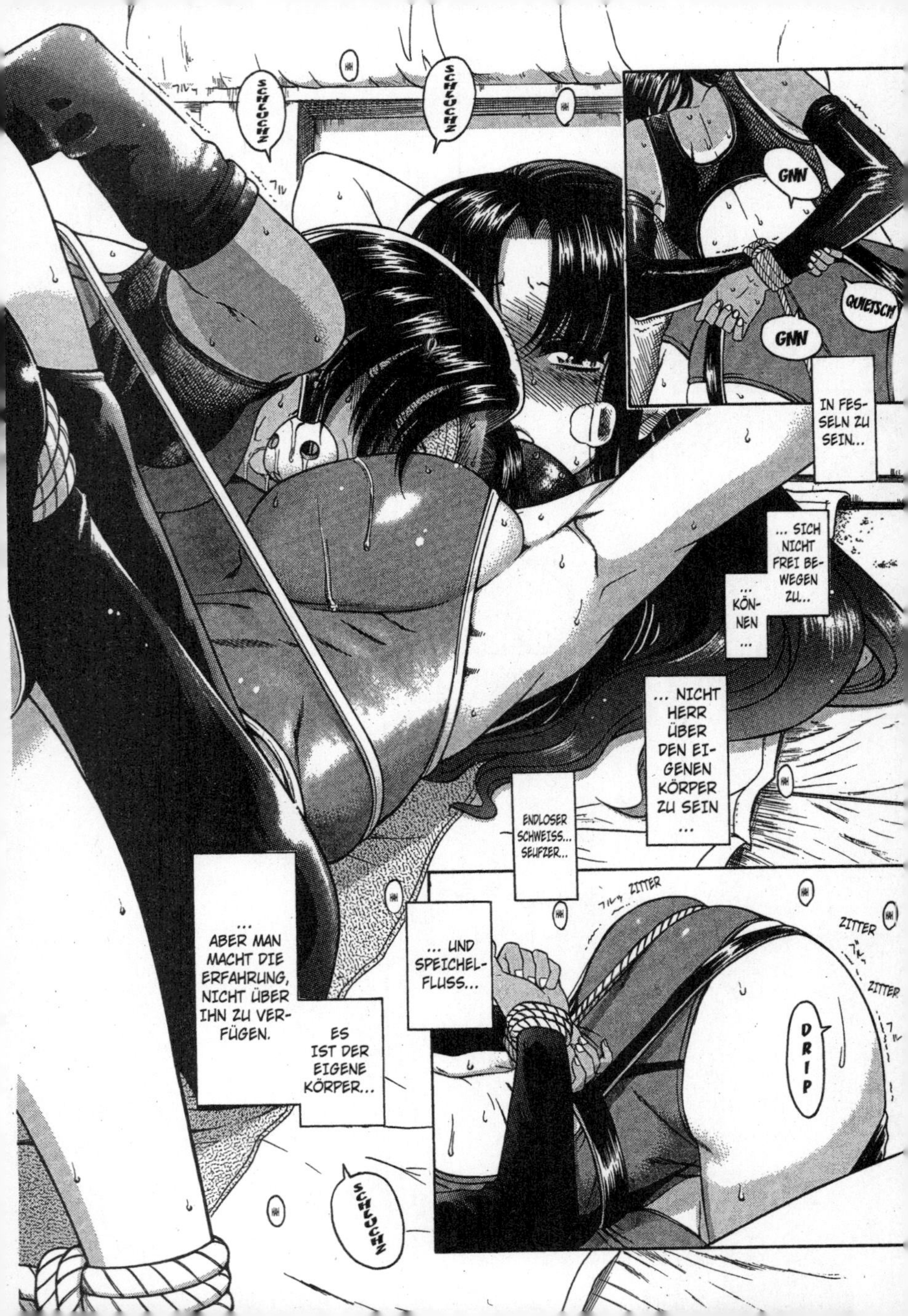

SCHLUCHZ
HAH
SCHLUCHZ
HAH
GNN
QUIETSCH
GNN
IN FES-SELN ZU SEIN...
... SICH NICHT FREI BE-WEGEN ZU...
... KÖN-NEN ...
... NICHT HERR ÜBER DEN EI-GENEN KÖRPER ZU SEIN ...
HAH
ENDLOSER SCHWEISS... SEUFZER...
HAH
HAH
HAH
ZITTER
HAH
ZITTER
ZITTER
... ABER MAN MACHT DIE ERFAHRUNG, NICHT ÜBER IHN ZU VER-FÜGEN.
ES IST DER EIGENE KÖRPER...
... UND SPEICHEL-FLUSS...
DRIP
HAH
SCHLUCHZ

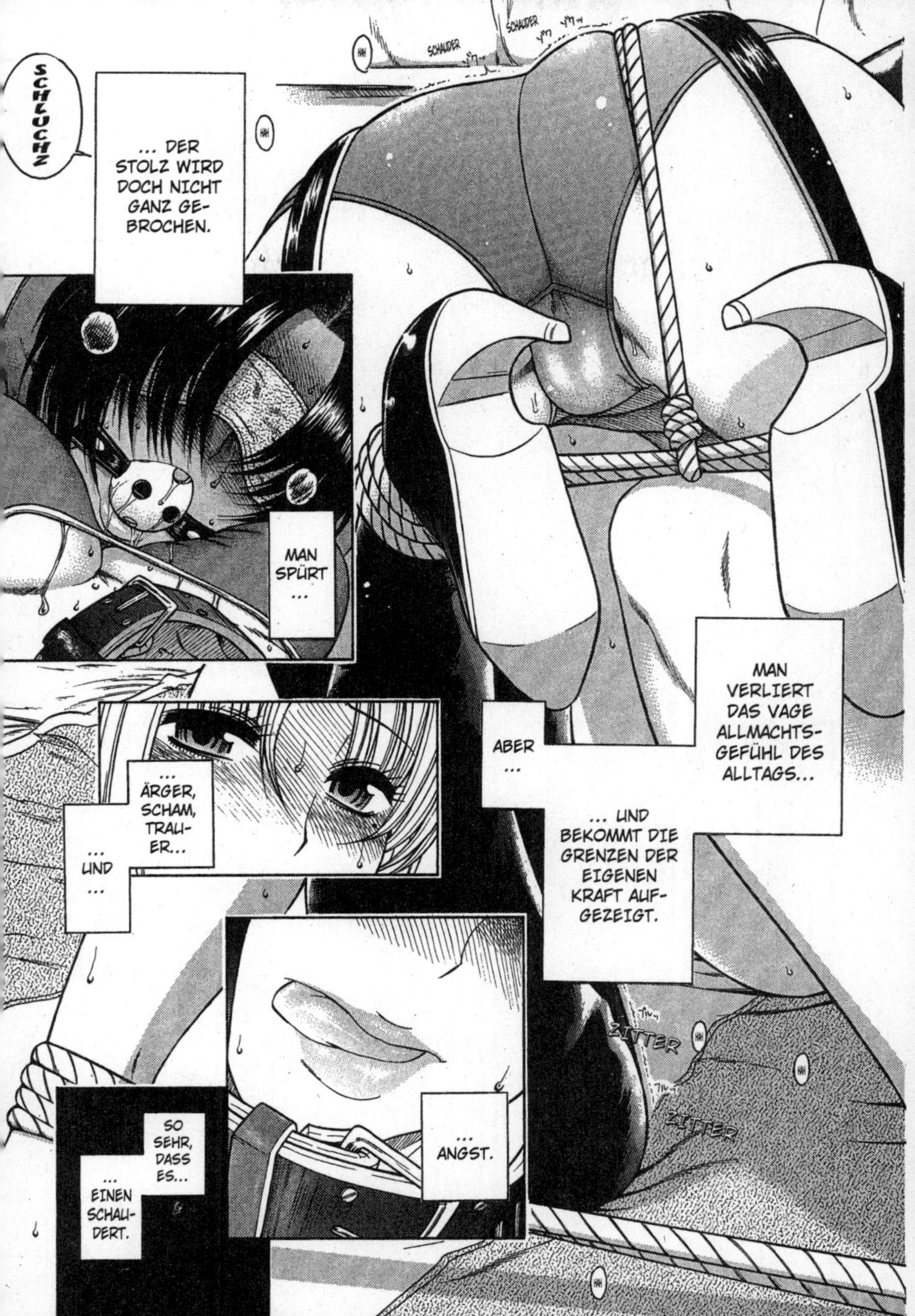
SCHAUDER
SCHAUDER
HAH
SCHLUCHZ
HAH
... DER STOLZ WIRD DOCH NICHT GANZ GE-BROCHEN.
MAN SPÜRT ...
MAN VERLIERT DAS VAGE ALLMACHTS-GEFÜHL DES ALLTAGS...
ABER ...
... ÄRGER, SCHAM, TRAU-ER...
... UND ...
... UND BEKOMMT DIE GRENZEN DER EIGENEN KRAFT AUF-GEZEIGT.
ZITTER
HAH
HAH
ZITTER
... ANGST.
SO SEHR, DASS ES...
... EINEN SCHAU-DERT.
HAH

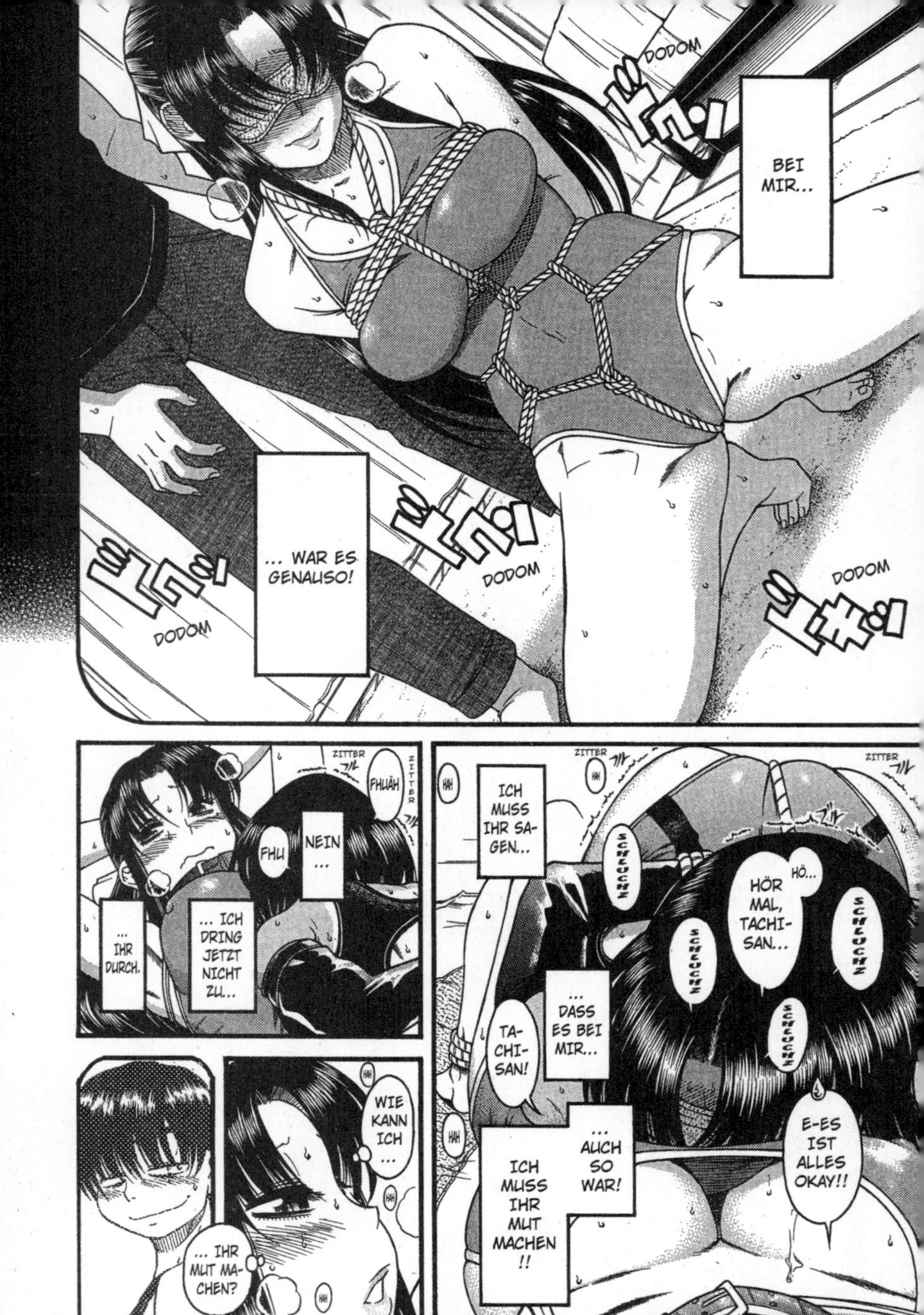
DODOM
BEI MIR...
DODOM
DODOM
... WAR ES GENAUSO!
DODOM
ZITTER
HAH
ICH MUSS IHR SA-GEN...
SCHLUCHZ
HÖ... HÖR MAL, TACHI-SAN...
SCHLUCHZ
SCHLUCHZ
SCHLUCHZ
... DASS ES BEI MIR...
TA-CHI-SAN!
... AUCH SO WAR!
E-ES IST ALLES OKAY!!
HAH
ICH MUSS IHR MUT MACHEN !!
ZITTER
ZITTER
FHUÄH
NEIN ...
FHU
HAH
... ICH DRING JETZT NICHT ZU...
... IHR DURCH.
HAH
WIE KANN ICH ...
HAH
... IHR MUT MA-CHEN?
HAH

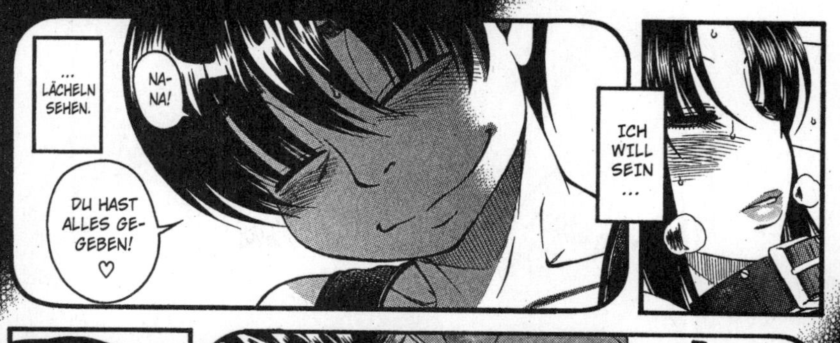
ICH WILL SEIN ...
NA-NA!
... LÄCHELN SEHEN.
DU HAST ALLES GE-GEBEN! ♡

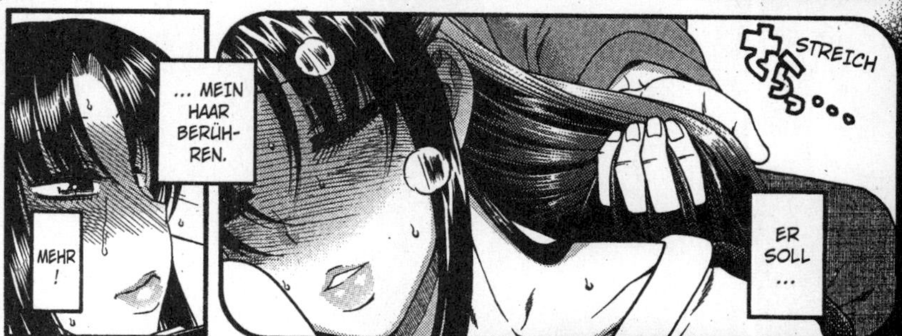
STREICH
ER SOLL ...
... MEIN HAAR BERÜH-REN.
MEHR !

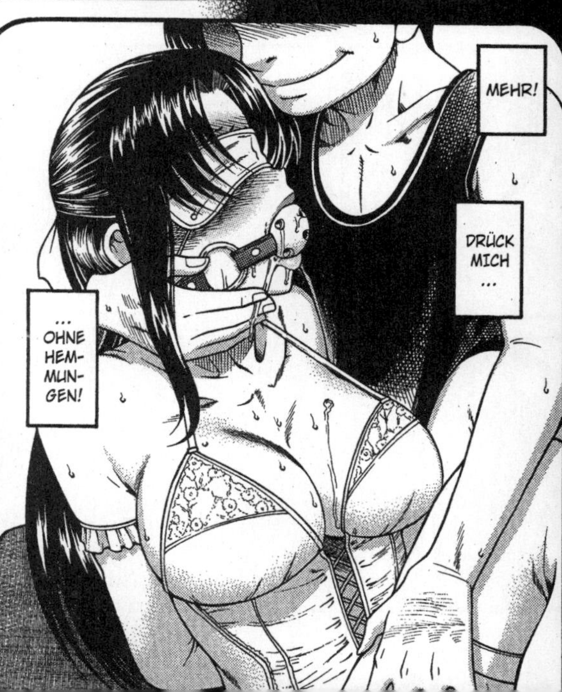
MEHR!
DRÜCK MICH ...
... OHNE HEM-MUN-GEN!

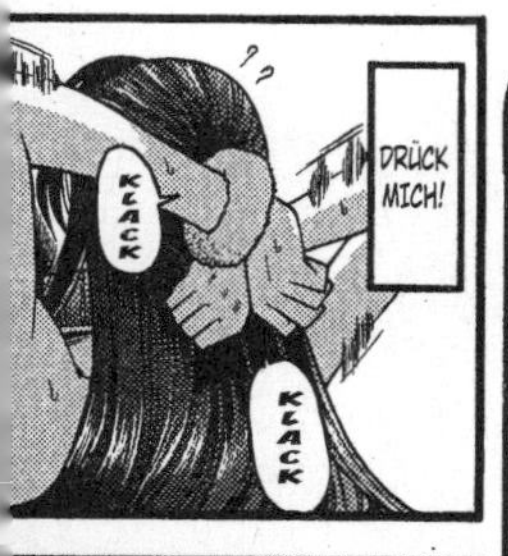
DRÜCK MICH!
KLACK
KLACK

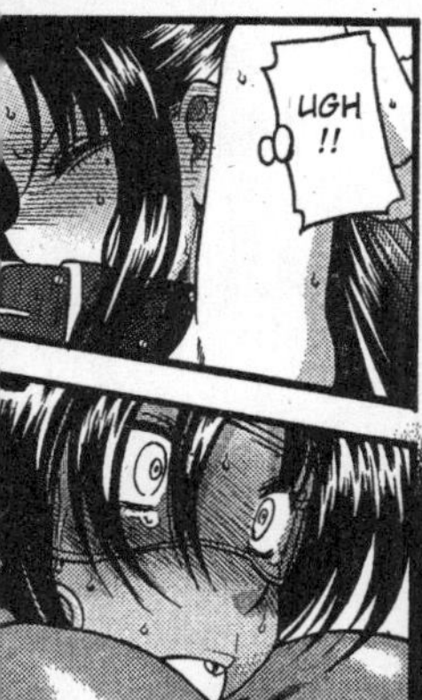
UGH !!

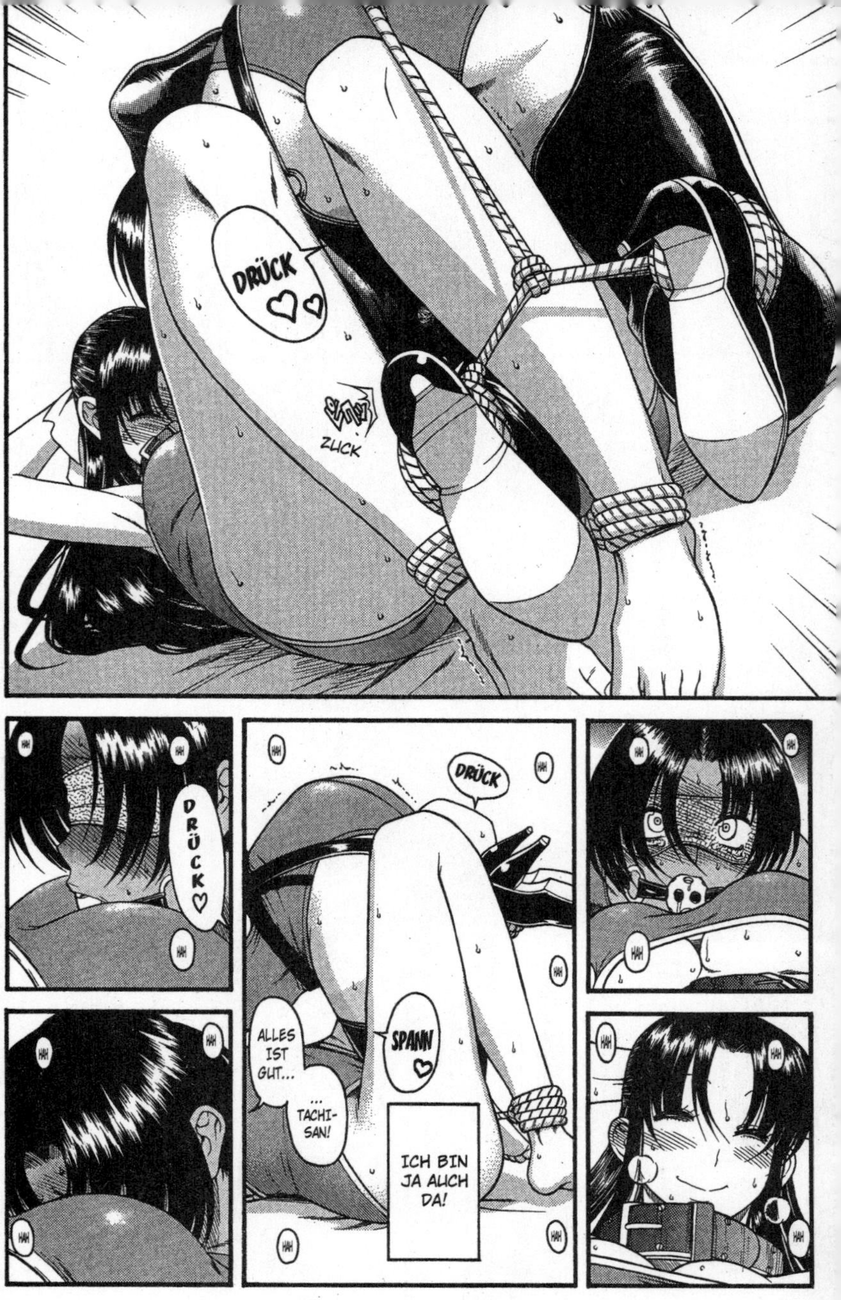

DRÜCK ♡♡
ZUCK
HAH HAH HAH
HAH HAH
DRÜCK
HAH HAH
HAH HAH
DRÜCK♡
HAH
HAH HAH
HAH HAH
SPANN ♡
ALLES IST GUT...
... TACHI-SAN!
ICH BIN JA AUCH DA!
HAH HAH
HAH HAH
HAH

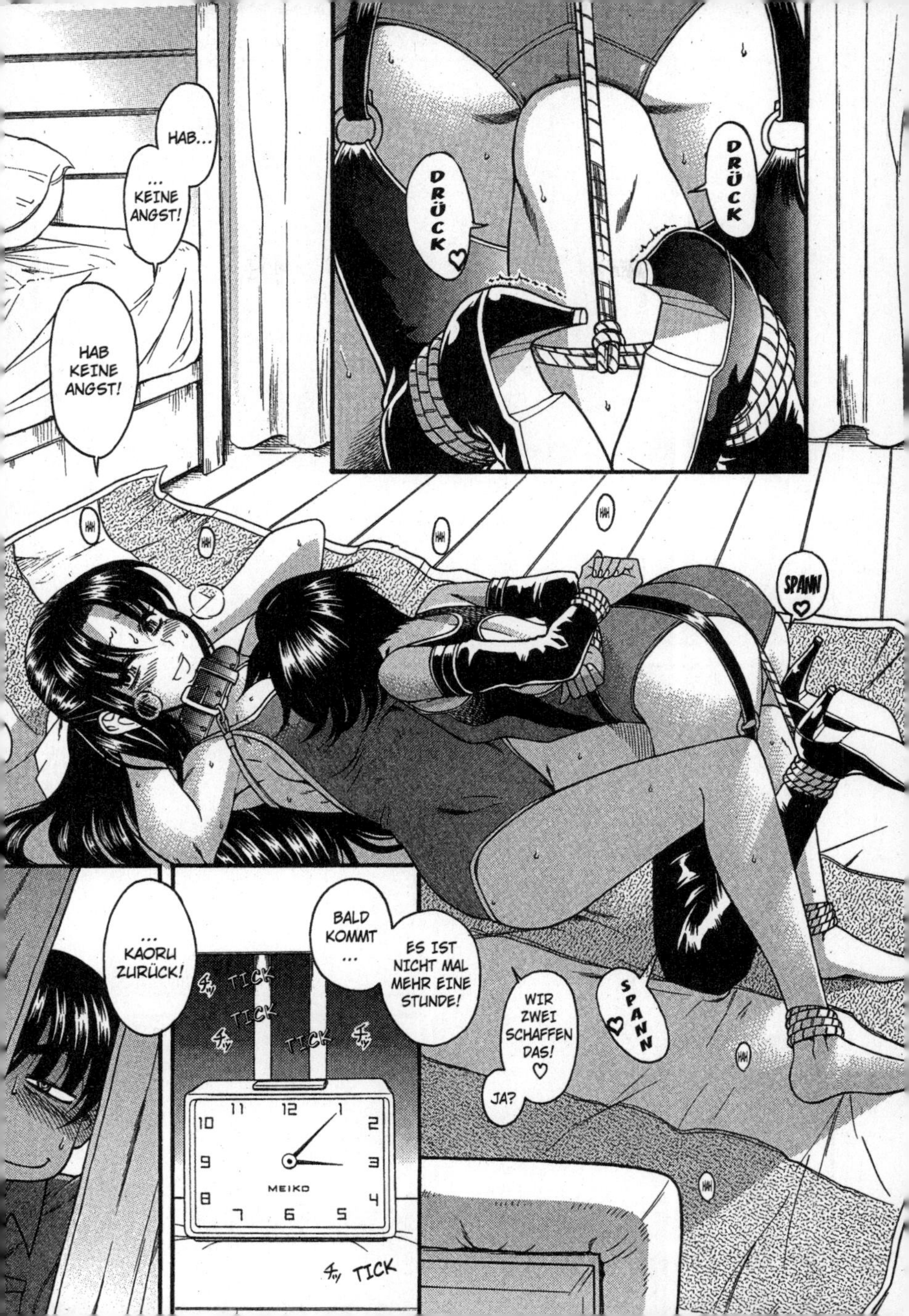

DRÜCK
DRÜCK ♡
HAB...
... KEINE ANGST!
HAB KEINE ANGST!
HAH
HAH
HAH
HAH
HAH
SPANN ♡
SPANN ♡
WIR ZWEI SCHAFFEN DAS! ♡
JA?
HAH
HAH
ES IST NICHT MAL MEHR EINE STUNDE!
BALD KOMMT ...
... KAORU ZURÜCK!
TICK
TICK
TICK
MEIKO
TICK

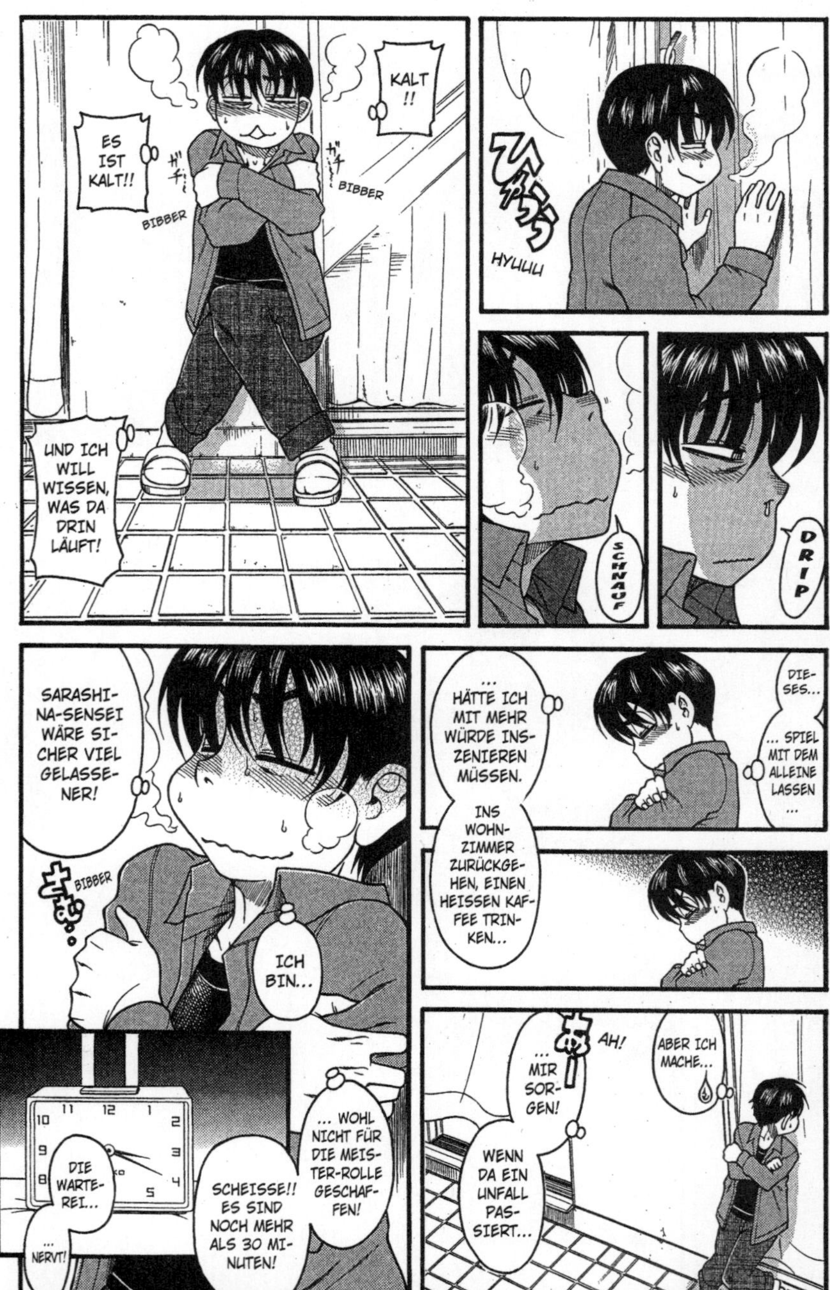
HYUUU
KALT!!
ES IST KALT!!
BIBBER
BIBBER
UND ICH WILL WISSEN, WAS DA DRIN LÄUFT!
DRIP
SCHNAUF
DIE-SES...
... SPIEL MIT DEM ALLEINE LASSEN ...
... HÄTTE ICH MIT MEHR WÜRDE INS-ZENIEREN MÜSSEN.
INS WOHN-ZIMMER ZURÜCKGE-HEN, EINEN HEISSEN KAF-FEE TRIN-KEN...
SARASHI-NA-SENSEI WÄRE SI-CHER VIEL GELASSE-NER!
BIBBER
ICH BIN...
ABER ICH MACHE...
AH!
... MIR SOR-GEN!
WENN DA EIN UNFALL PAS-SIERT...
... WOHL NICHT FÜR DIE MEIS-TER-ROLLE GESCHAF-FEN!
SCHEISSE!! ES SIND NOCH MEHR ALS 30 MI-NUTEN!
DIE WARTE-REI...
... NERVT!

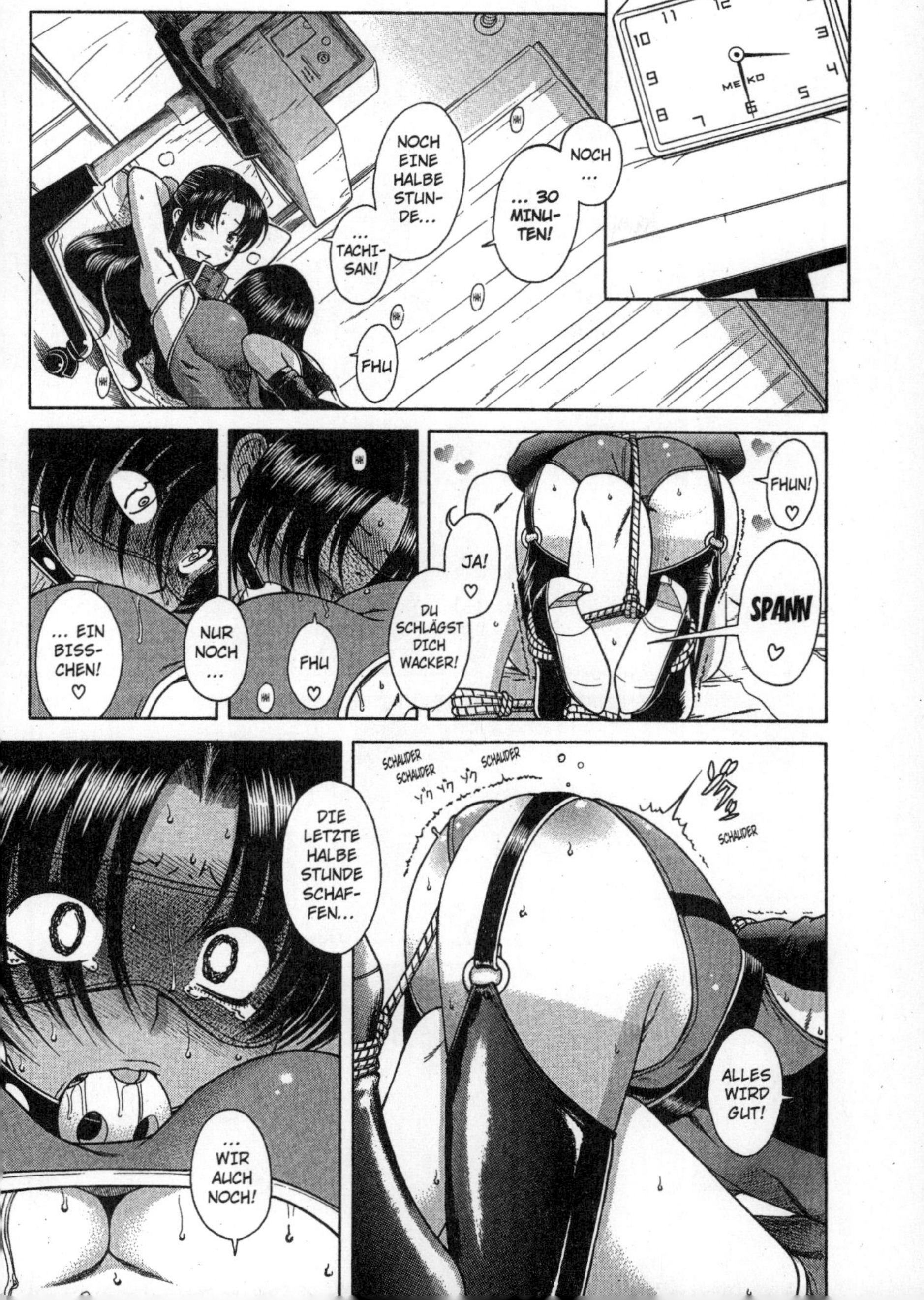

NOCH ...
... 30 MINUTEN!
NOCH EINE HALBE STUNDE...
... TACHI-SAN!
FHU
FHUN! ♡
SPANN ♡
JA! ♡
DU SCHLÄGST DICH WACKER!
FHU ♡
NUR NOCH ...
... EIN BISSCHEN! ♡
SCHAUDER SCHAUDER SCHAUDER
SCHAUDER
ALLES WIRD GUT!
DIE LETZTE HALBE STUNDE SCHAFFEN...
... WIR AUCH NOCH!

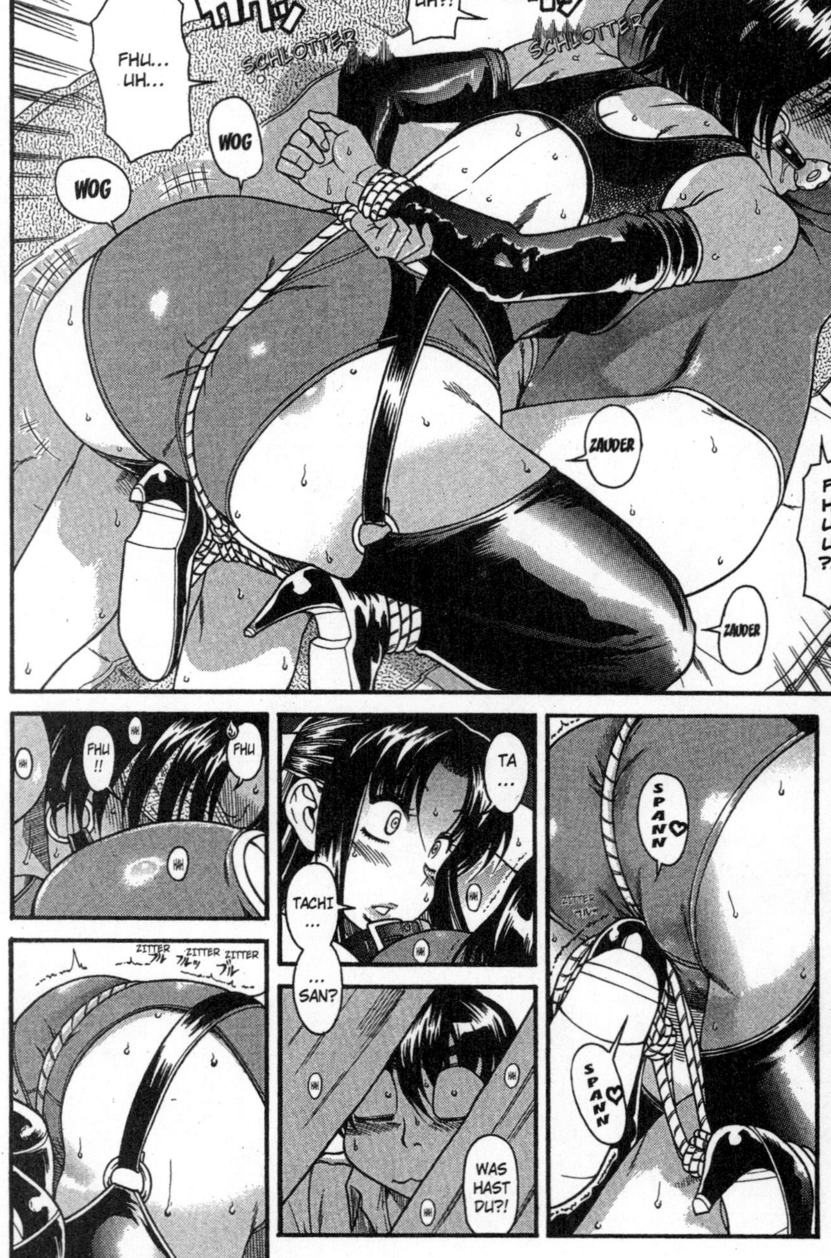

SCHLOTTER
UH?!
SCHLOTTER
FHU... UH...
WOG
WOG
ZAUDER
FHUUU?!
ZAUDER
SPANN ♡
ZITTER
TA ...
TACHI ...
... SAN?
FHU
FHU !!
HAH
SPANN ♡
HAH
HAH
WAS HAST DU?!
ZITTER
ZITTER
ZITTER

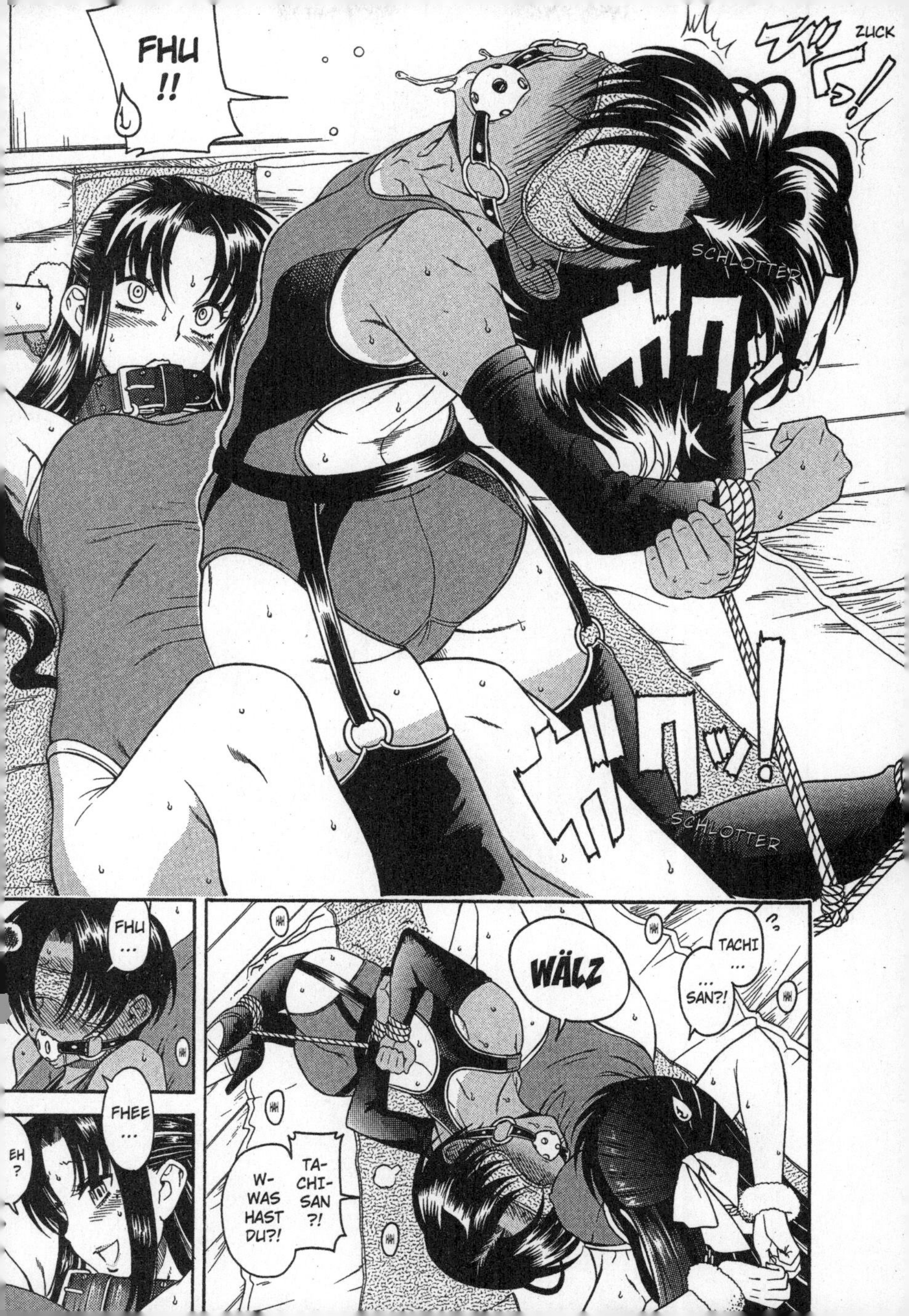

ZUCK
SCHLOTTER
FHU !!
SCHLOTTER
TACHI ... ... SAN?!
HAH
WÄLZ
HAH
HAH
TA-CHI-SAN ?!
W-WAS HAST DU?!
HAH
FHU ...
HAH
FHEE ...
EH ?

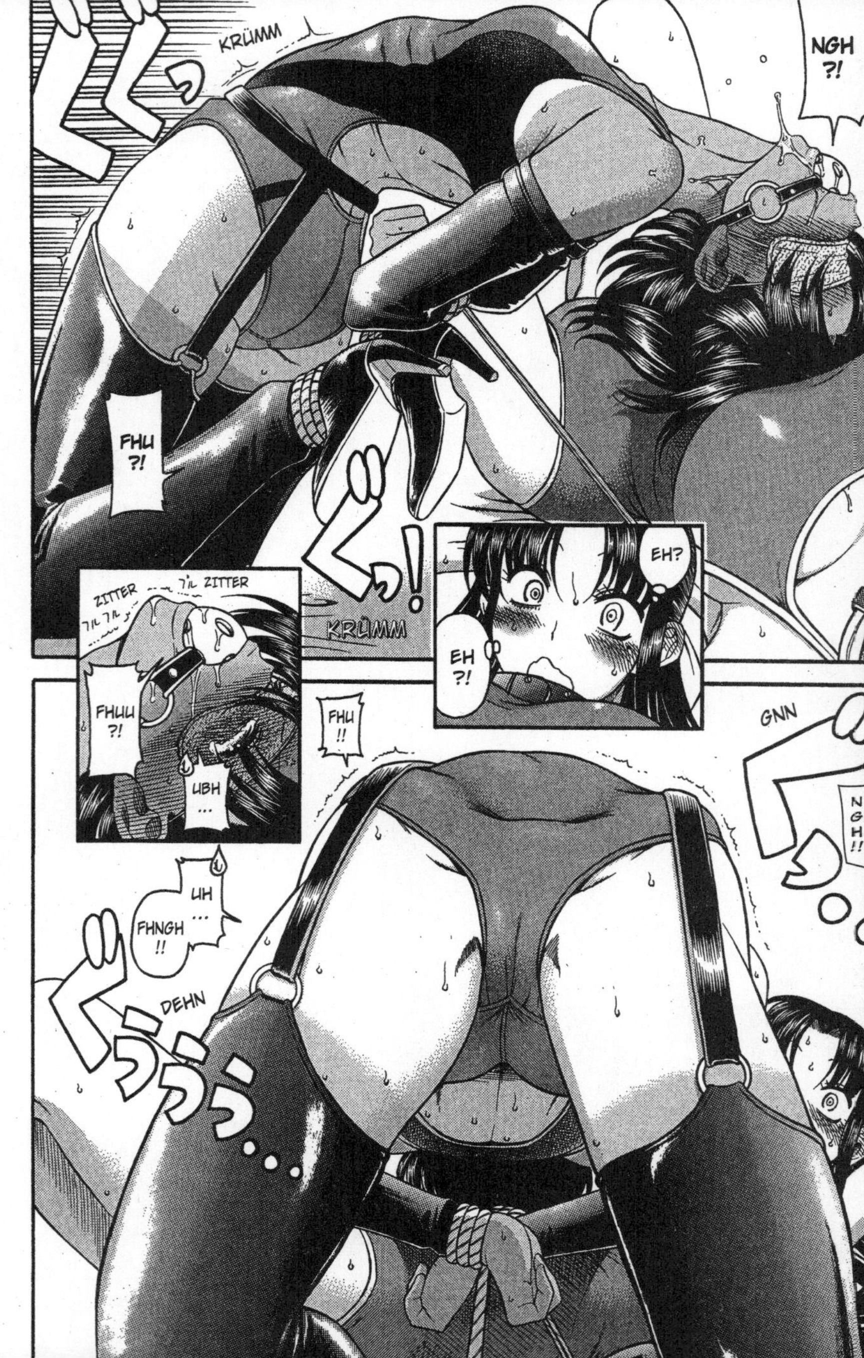

KRÜMM
NGH ?!
FHU ?!
EH?
EH ?!
KRÜMM
ZITTER ZITTER
FHUU ?!
UBH ...
FHU !!
GNN
NGH!!
UH ...
FHNGH !!
DEHN

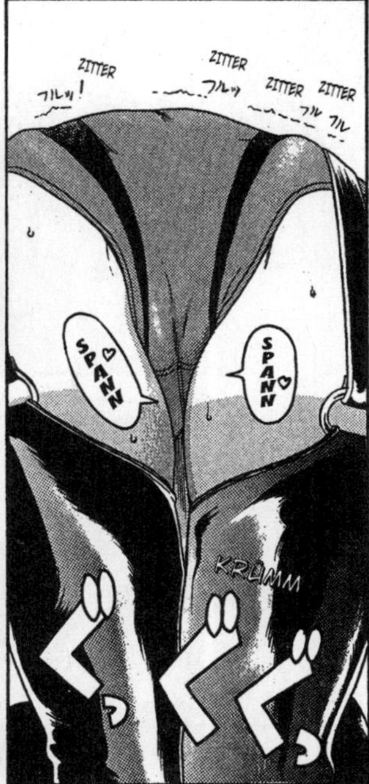

ZITTER
フルッ!
ZITTER
フルッ
ZITTER ZITTER
フル フル
SPANN
SPANN
KRUMM

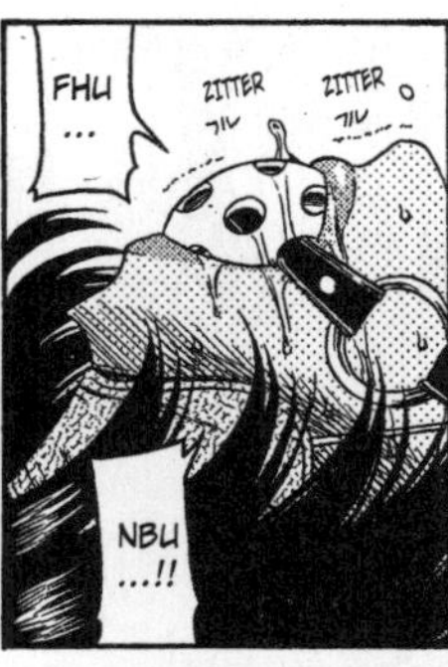

ZITTER
フル
ZITTER
フル
FHU
...
NBU
...!!

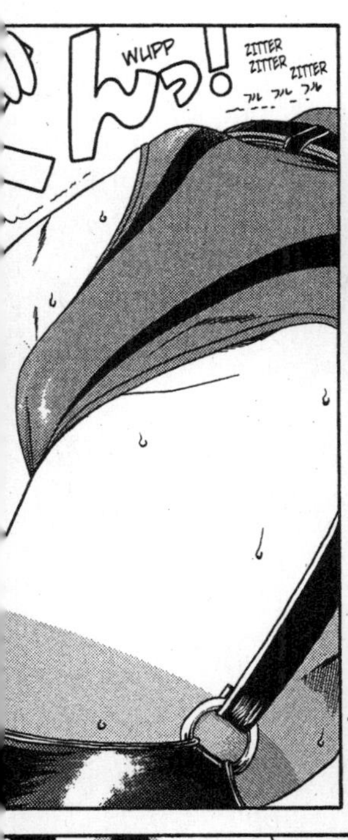

ZITTER
ZITTER
ZITTER
フル フル フル
WUPP
んっ!

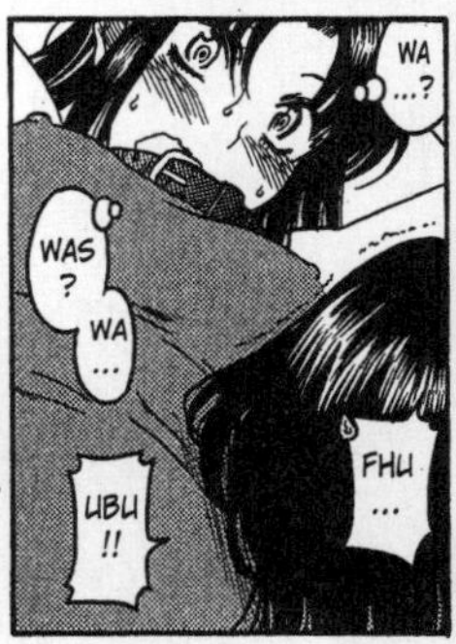

WA
...?
WAS
?
WA
...
FHU
...
UBU
!!

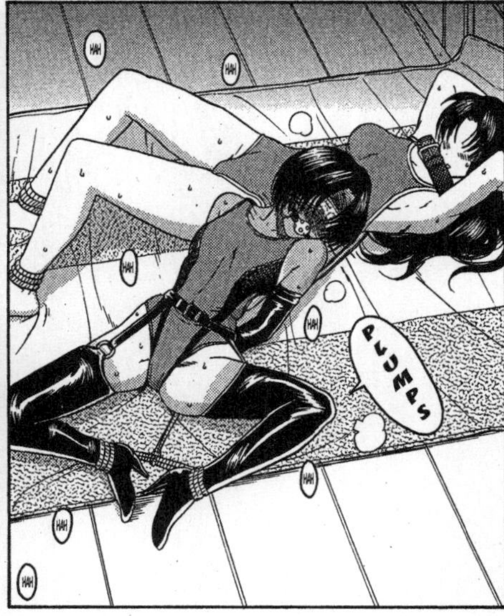

HAH
HAH
HAH
HAH
HAH
PLUMPS
HAH
HAH

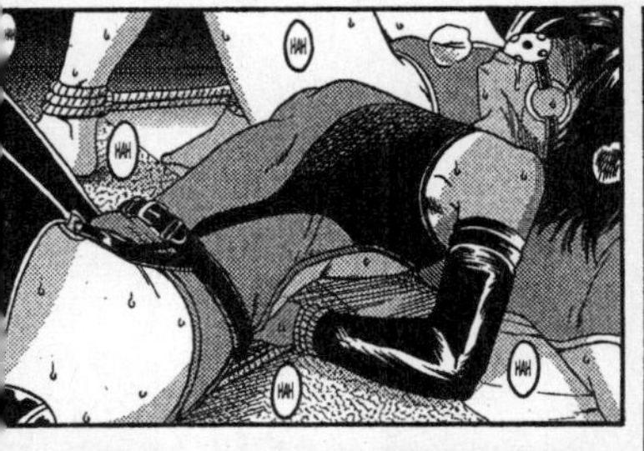

HAH
HAH
HAH
HAH

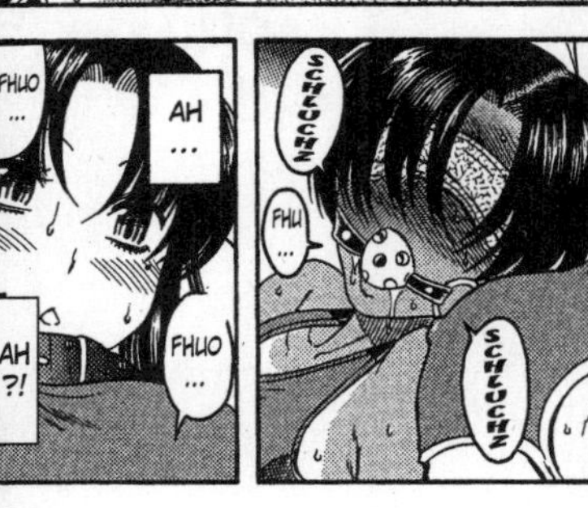

SCHLUCHZ
FHU
...
SCHLUCHZ
FHUO
...
AH
...
FHUO
...
AH
?!

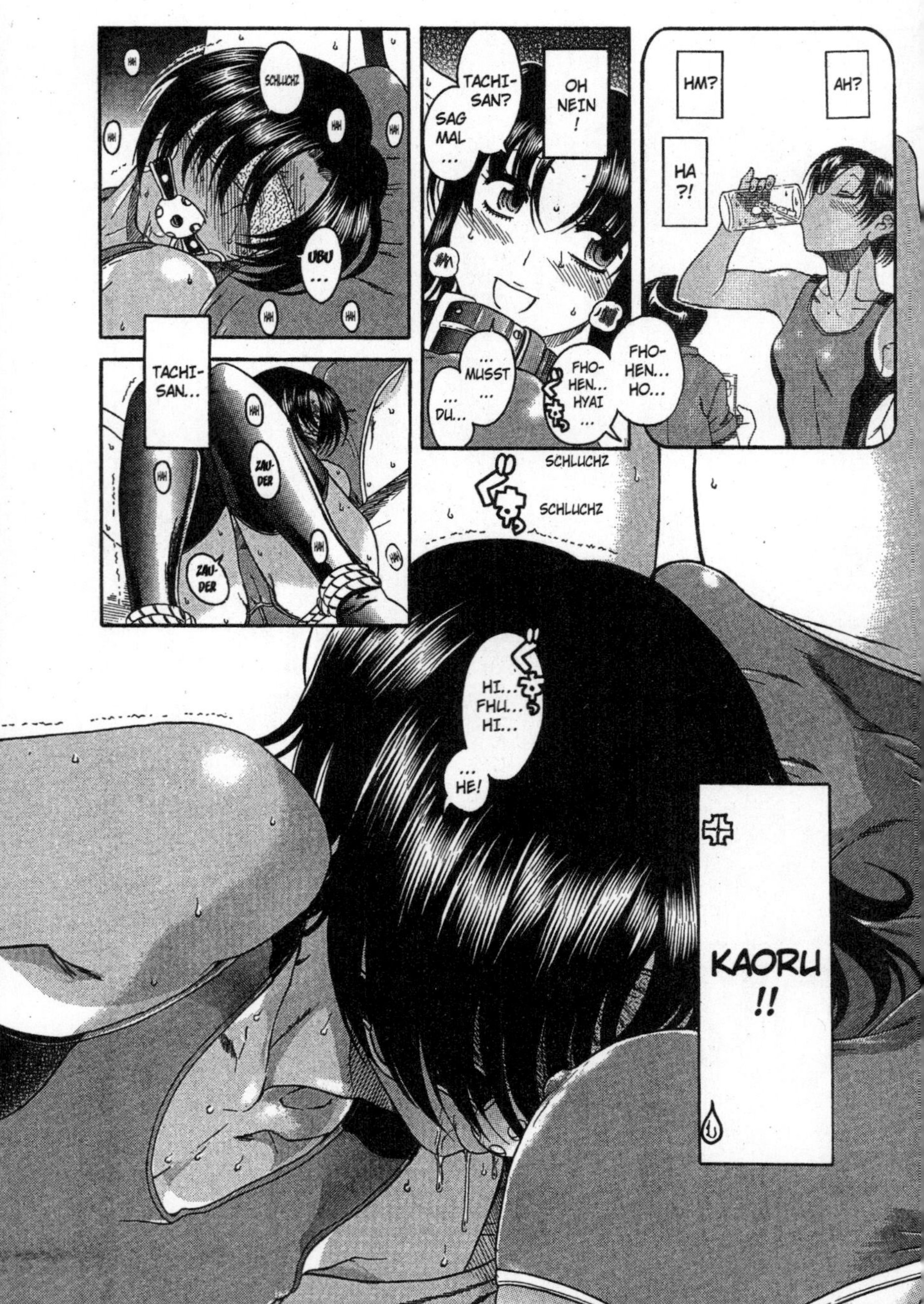
HM?
AH?
HA
?!
OH
NEIN
!
TACHI-
SAN?
SAG
MAL
...
FHO-
HEN... HO...
FHO-
HEN...
HYAI
...
...
MUSST
...
...
DU...
SCHLUCHZ
UBU
...
TACHI-
SAN...
ZAU-
DER
ZAU-
DER
SCHLUCHZ
SCHLUCHZ
HI...
FHU...
HI...
...
HE!
KAORU
!!

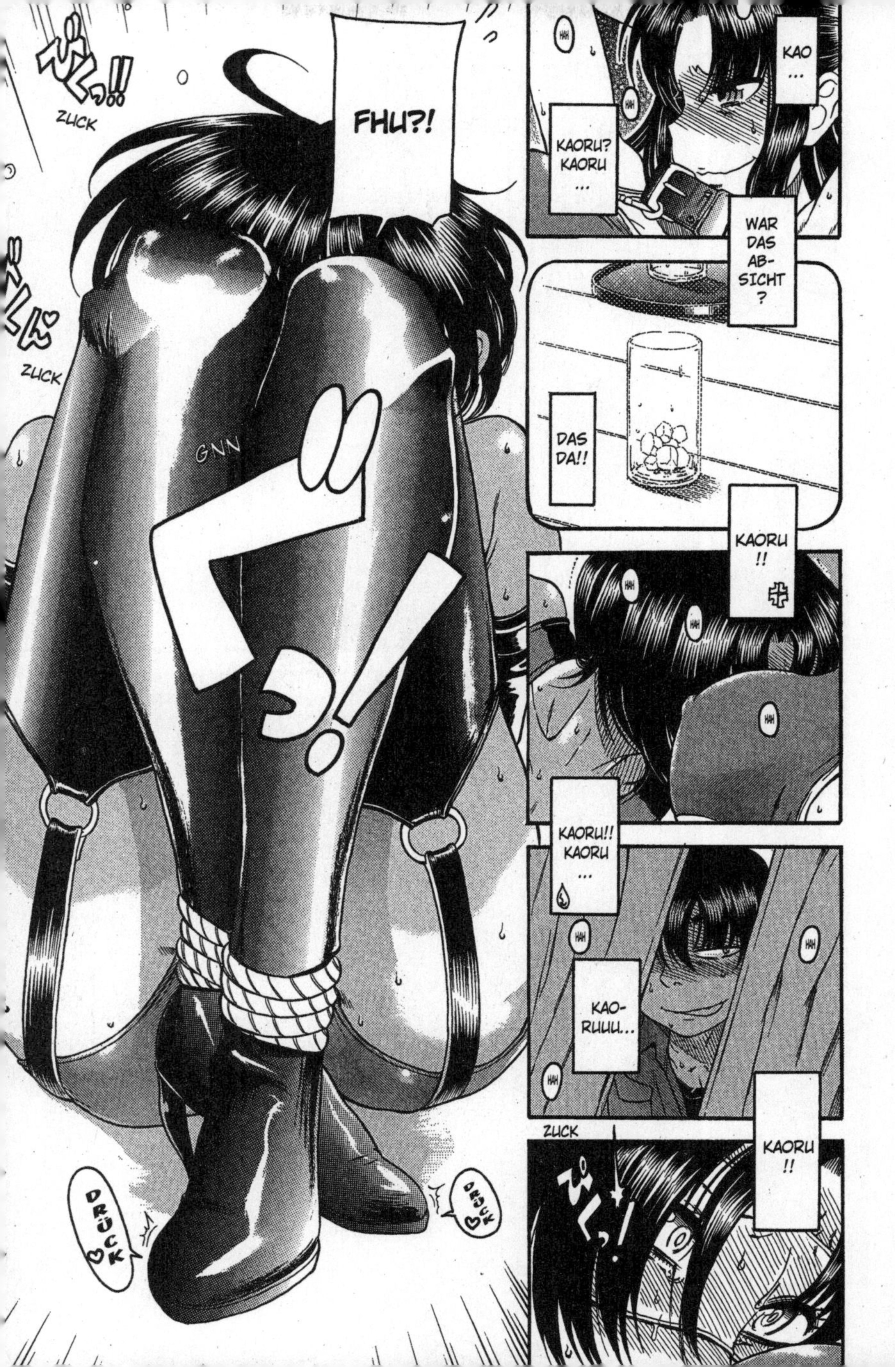

HAH
KAO ...
HAH
KAORU? KAORU ...
WAR DAS AB-SICHT ?
DAS DA!!
KAORU !!
HAH
HAH
HAH
KAORU!! KAORU ...
HAH
HAH
KAO-RUUU...
HAH
KAORU !!
ZUCK
FHU?!
ZUCK
ZUCK
GNN
DRÜCK
DRÜCK

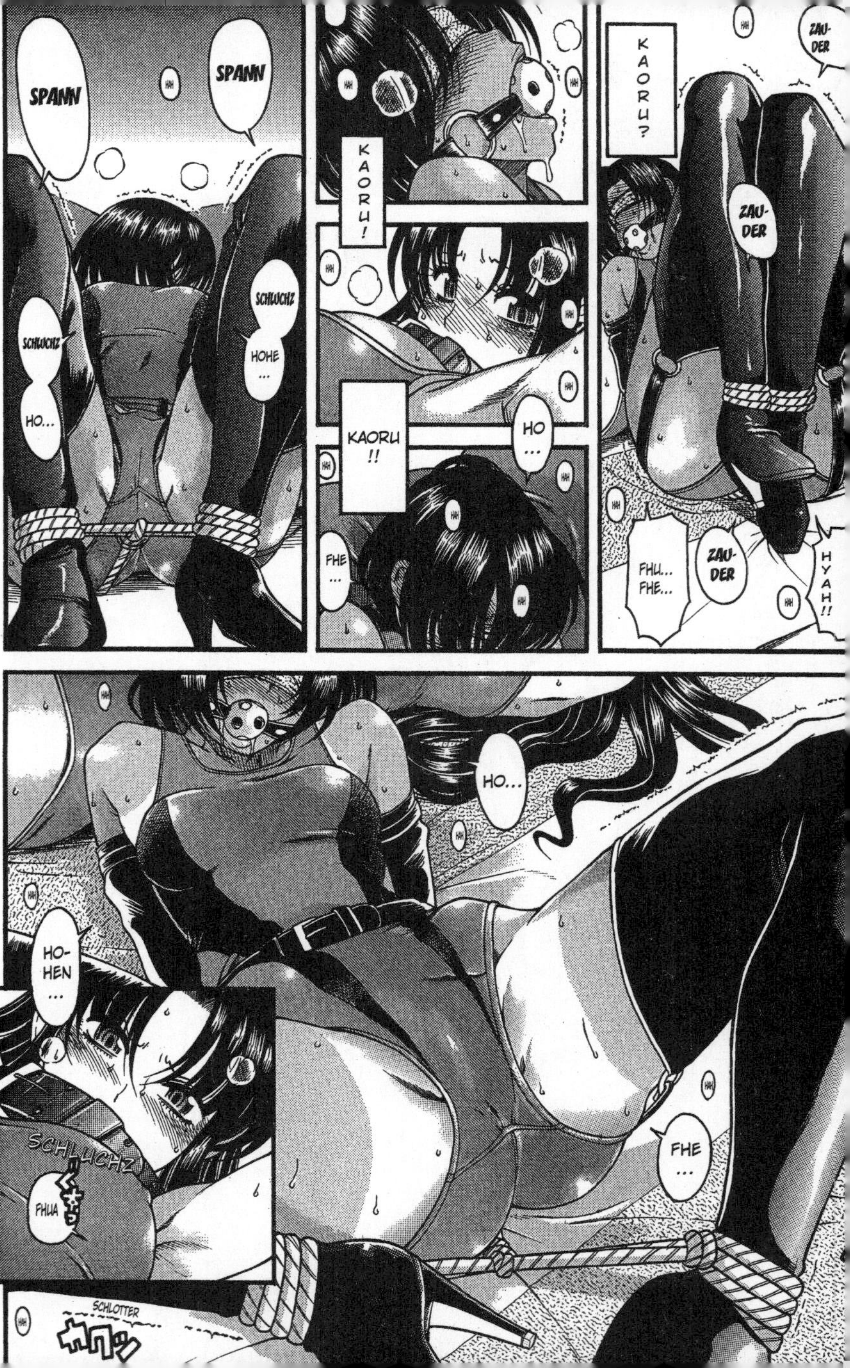

ZAUDER
KAORU?
ZAU-DER
HYAH!!
ZAU-DER
FHU... FHE...
KAORU!
HO ...
KAORU !!
FHE ...
SPANN
SPANN
SCHLUCHZ
HOHE ...
SCHLUCHZ
HO...
HO...
FHE ...
HO-HEN ...
SCHLUCHZ
FHUA
SCHLOTTER

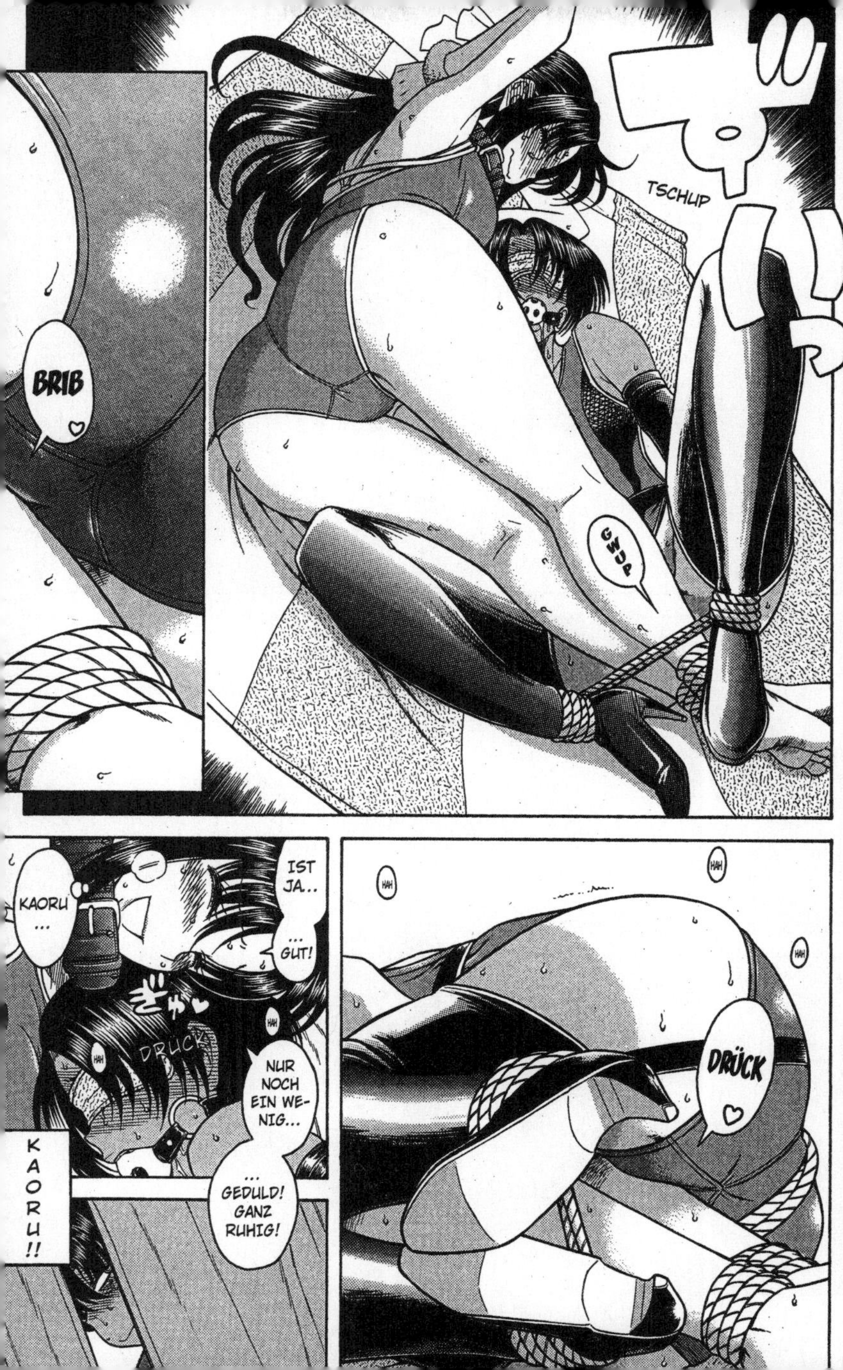

TSCHUP
GWUP
BRIB

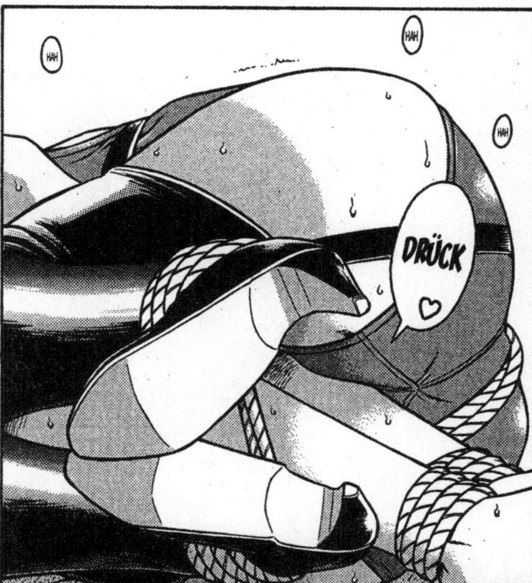

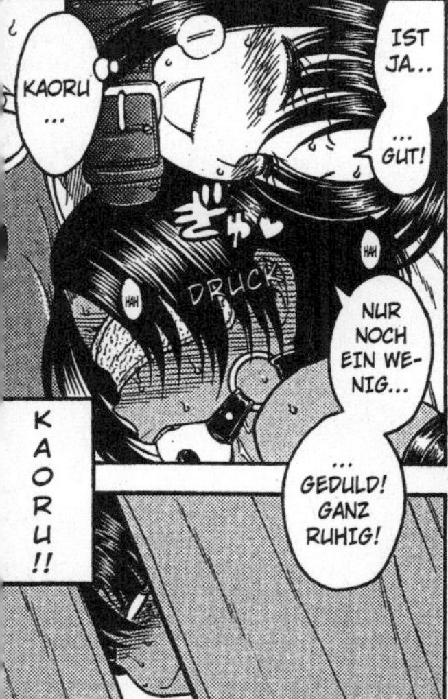

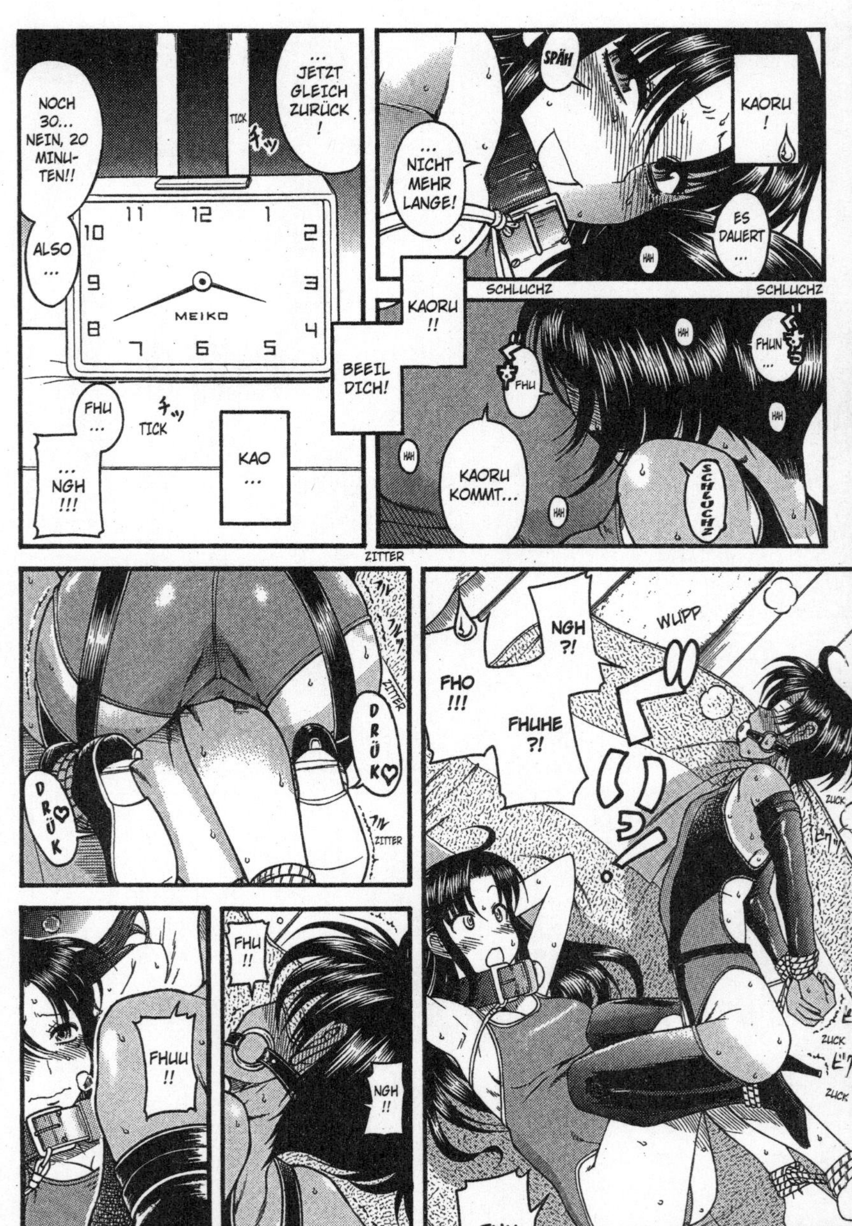

SPÄH
KAORU!
... NICHT MEHR LANGE!
ES DAUERT ...
HAH
... JETZT GLEICH ZURÜCK!
TICK
NOCH 30... NEIN, 20 MINUTEN!!
ALSO ...
SCHLUCHZ
SCHLUCHZ
KAORU!!
BEEIL DICH!
HAH
FHUN ...
FHU
HAH
KAORU KOMMT...
HAH
SCHLUCHZ
HAH
FHU ...
TICK
... NGH !!!
KAO ...
ZITTER
WUPP
NGH ?!
FHO !!!
FHUHE ?!
ZUCK
ZUCK
ZUCK
FHU !!!
ZITTER
DRÜK
DRÜK
ZITTER
FHU !!
FHUU !!
NGH !!

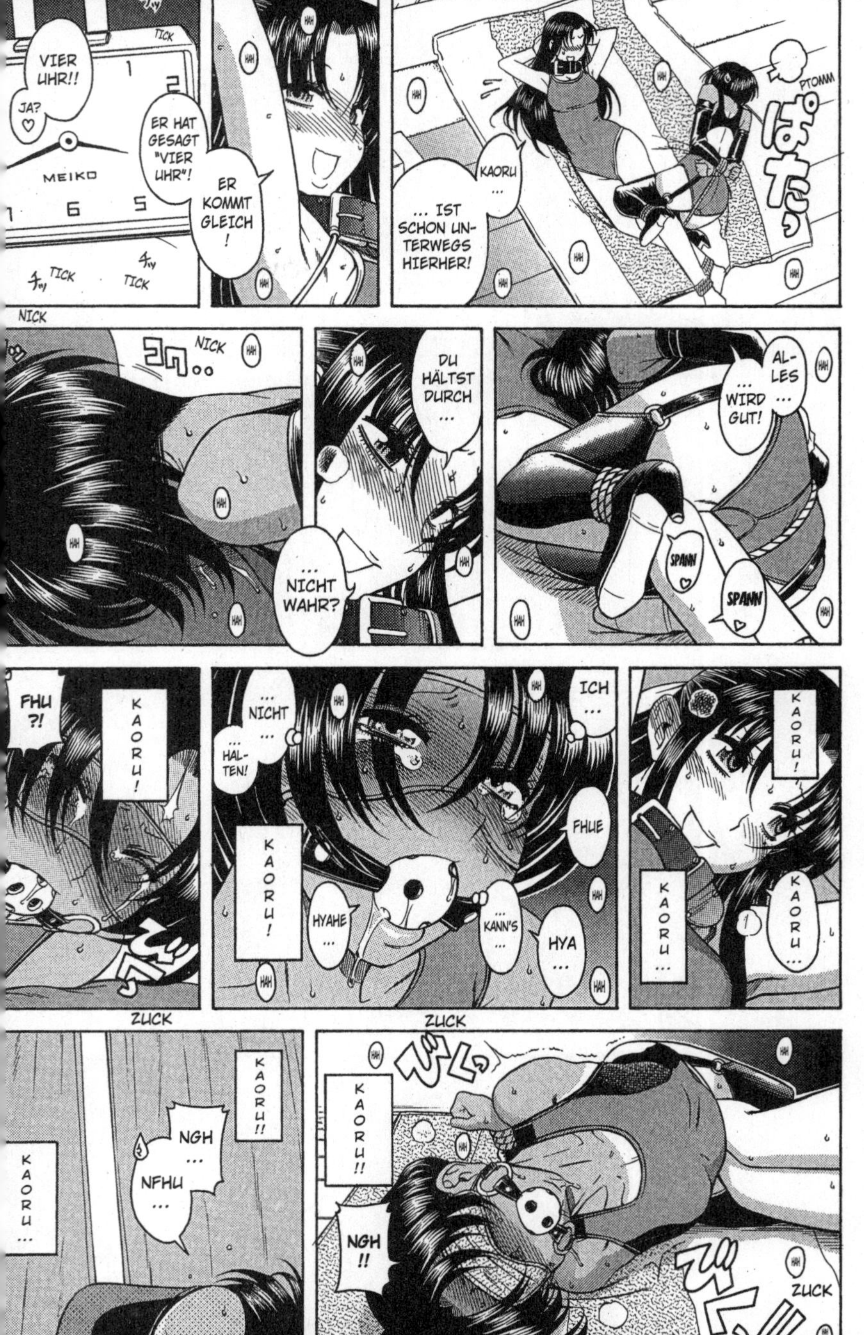

PTONM
KAORU ...
... IST SCHON UNTERWEGS HIERHER!
TICK
VIER UHR!!
JA? ♡
ER HAT GESAGT "VIER UHR"!
ER KOMMT GLEICH!
TICK
TICK
NICK
ALLES ... WIRD GUT!
SPANN ♡
SPANN ♡
DU HÄLTST DURCH ...
... NICHT WAHR?
NICK
KAORU!
KAORU ...
KAORU ...
ICH ...
FHUE
... KANN'S ...
HYA ...
... NICHT ...
... HALTEN!
KAORU!
HYAHE
FHU ?!
KAORU!
ZUCK
ZUCK
KAORU!!
NGH !!
ZUCK
KAORU!!
NGH ...
NFHU ...
KAORU ...

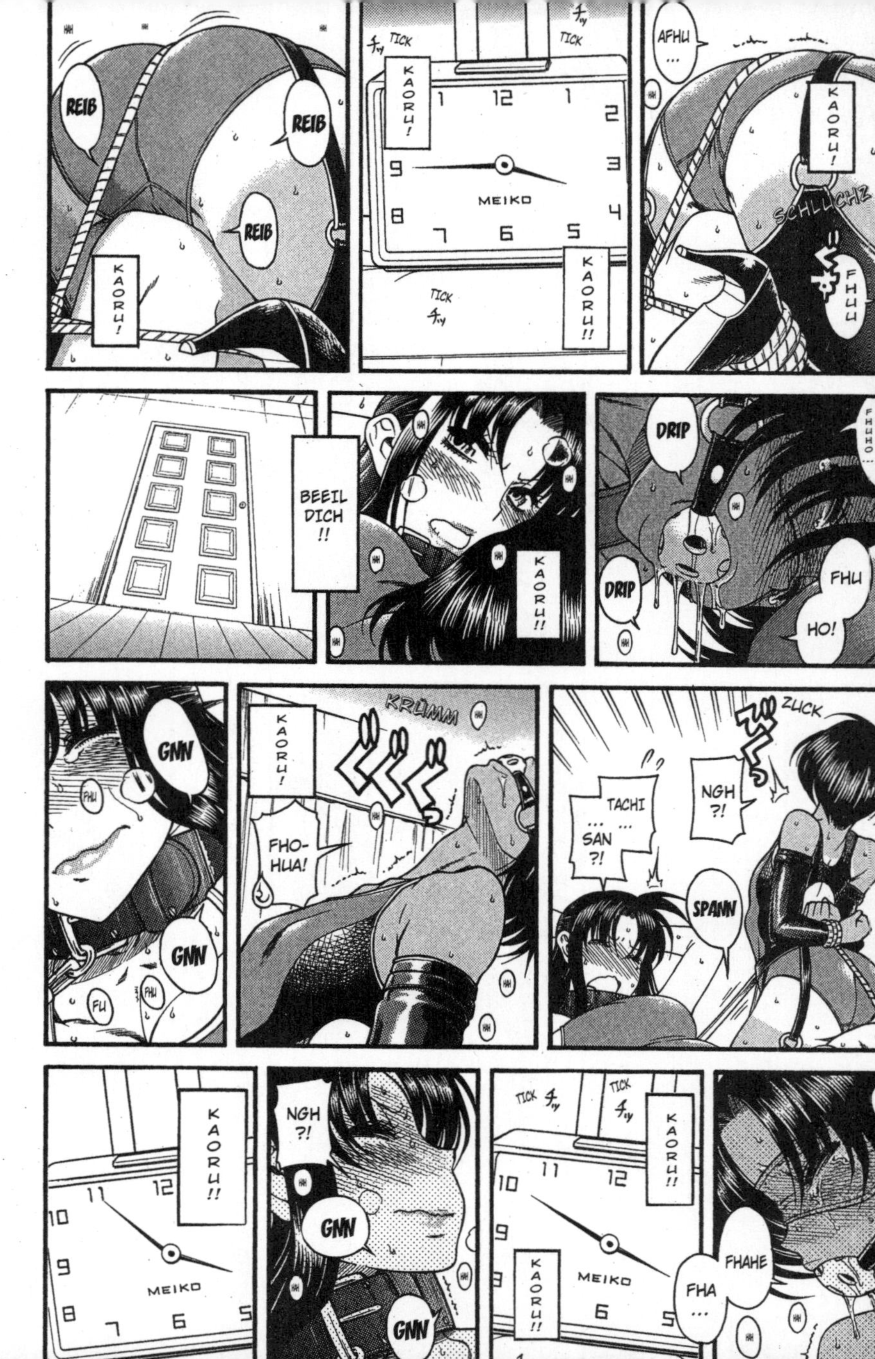
AFHU ...
KAORU!
SCHLUCHZ
FHUU
TICK
KAORU!
TICK
MEIKO
KAORU!!
TICK
REIB
REIB
REIB
KAORU!
FHUHO ...
DRIP
DRIP
FHU
HO!
BEEIL DICH !!
KAORU!!
ZUCK
NGH ?!
TACHI ... ... SAN ?!
SPANN
KRÜMM
KAORU!
FHO-HUA!
GNN
FHU
GNN
FU
FHU
FHAHE
FHA ...
TICK
TICK
KAORU!!
MEIKO
KAORU!!
NGH ?!
GNN
GNN
KAORU!!
MEIKO

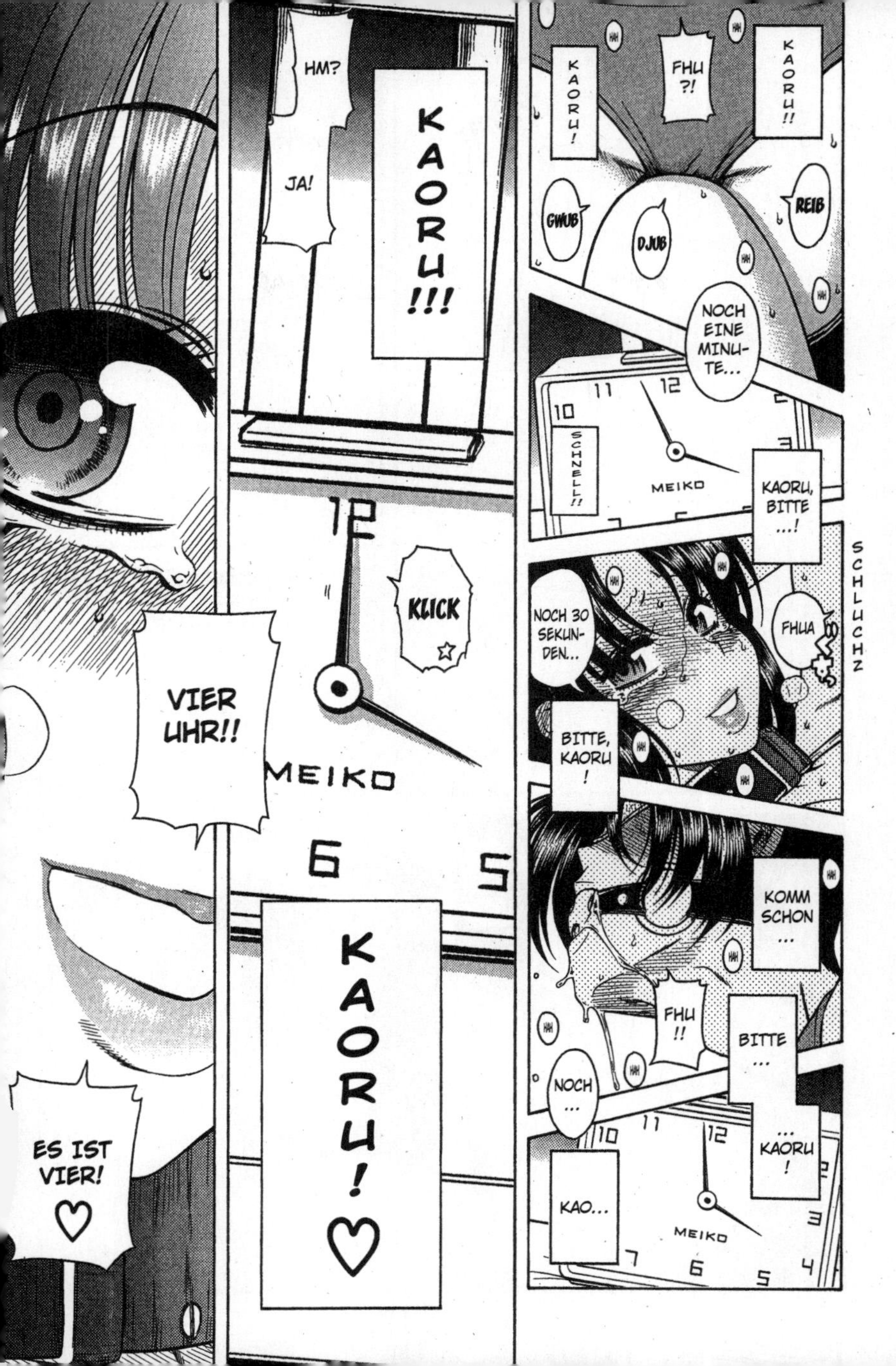
KAORU!!
FHU ?!
KAORU!
REIB
DJUB
GWUB
NOCH EINE MINU-TE...
KAORU, BITTE ...!
MEIKO
SCHNELL!!
SCHLUCHZ
FHUA
NOCH 30 SEKUN-DEN...
BITTE, KAORU!
KOMM SCHON ...
BITTE ...
FHU!!
NOCH ...
... KAORU!
MEIKO
KAO...
KAORU!!!
HM?
JA!
KLICK
MEIKO
KAORU! ♡
VIER UHR!!
ES IST VIER! ♡

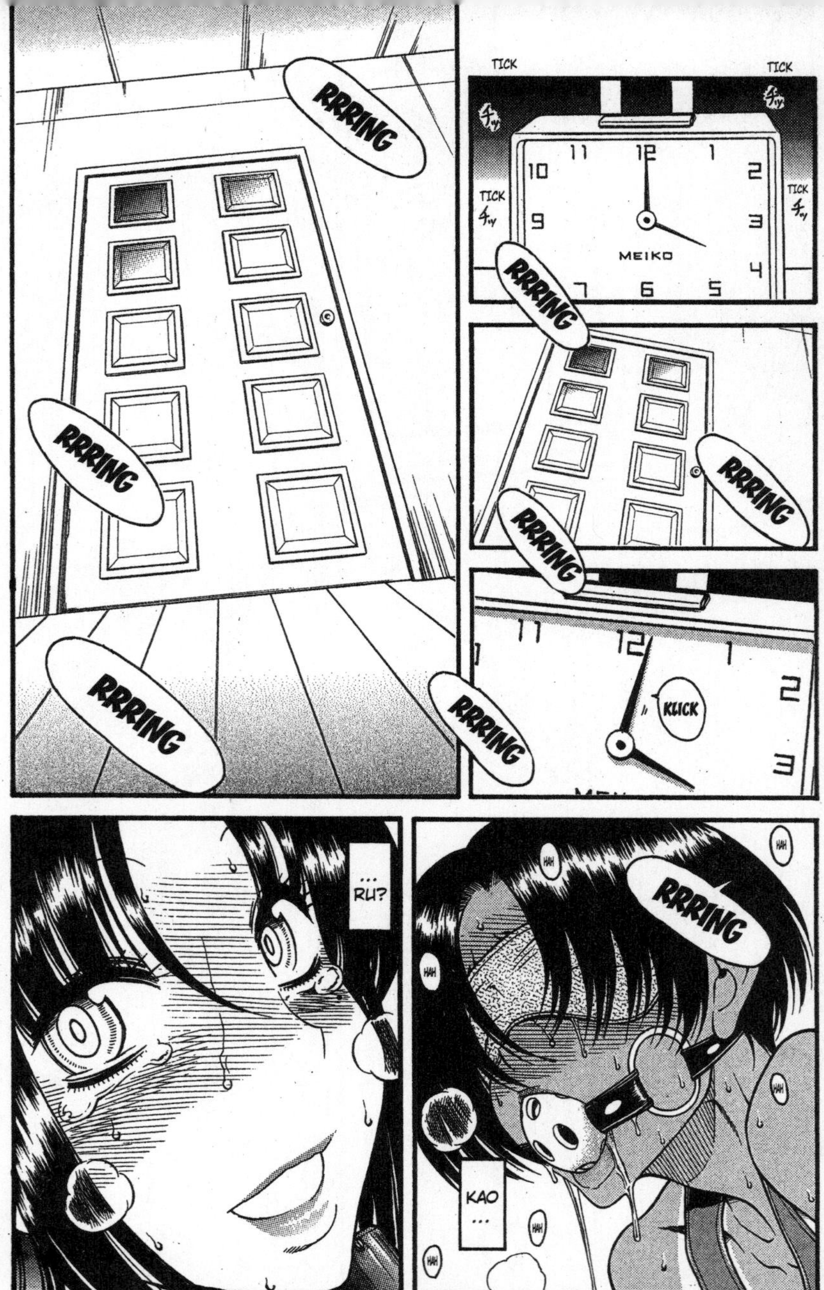

KAPITEL 24 - ENDE

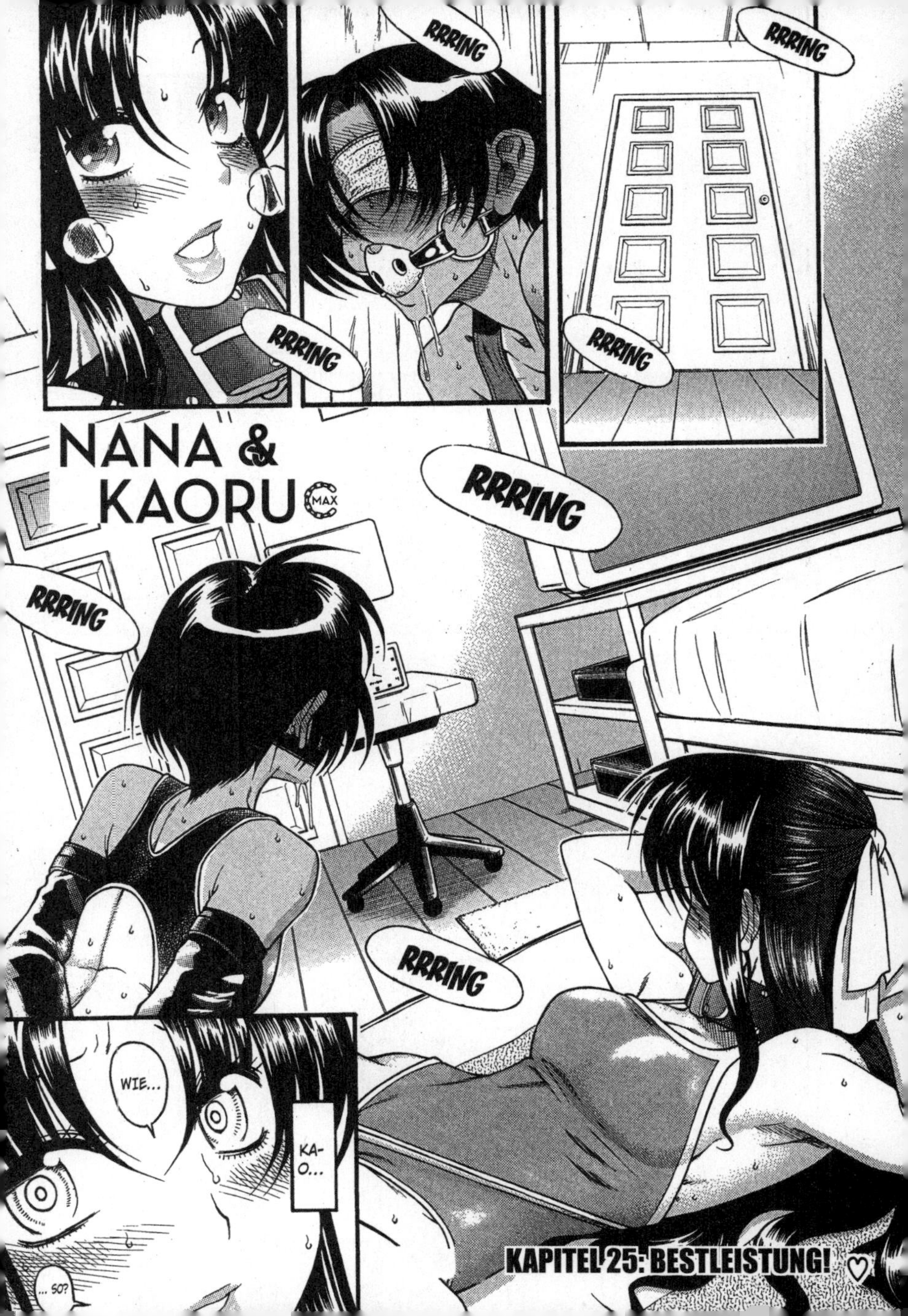
RRRING
RRRING
RRRING
RRRING
NANA & KAORU
MAX
RRRING
RRRING
RRRING
KAPITEL 25: BESTLEISTUNG!
WIE...
KA-
O...
... SO?

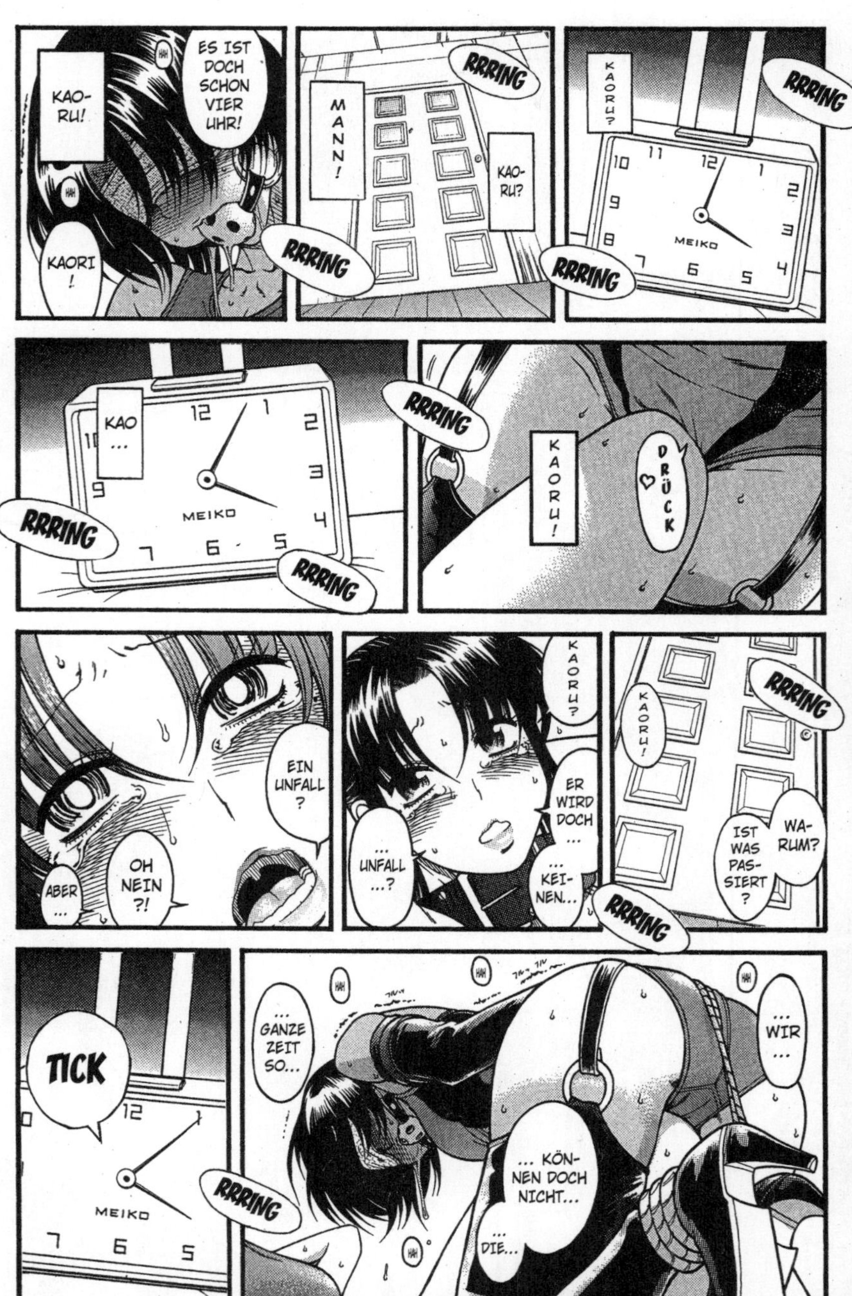
KAORU?
RRRING
RRRING
KAO-RU?
MANN!
RRRING
RRRING
ES IST DOCH SCHON VIER UHR!
KAO-RU!
KAORI!
MEIKO
KAORU!
DRÜCK
RRRING
KAO...
RRRING
RRRING
MEIKO
KAORU!
WA-RUM?
IST WAS PAS-SIERT?
RRRING
RRRING
KAORU?
ER WIRD DOCH ...
... KEI-NEN...
... UNFALL ...?
EIN UNFALL?
OH NEIN ?!
ABER ...
... WIR ...
... KÖN-NEN DOCH NICHT...
... DIE...
... GANZE ZEIT SO...
TICK
RRRING
MEIKO

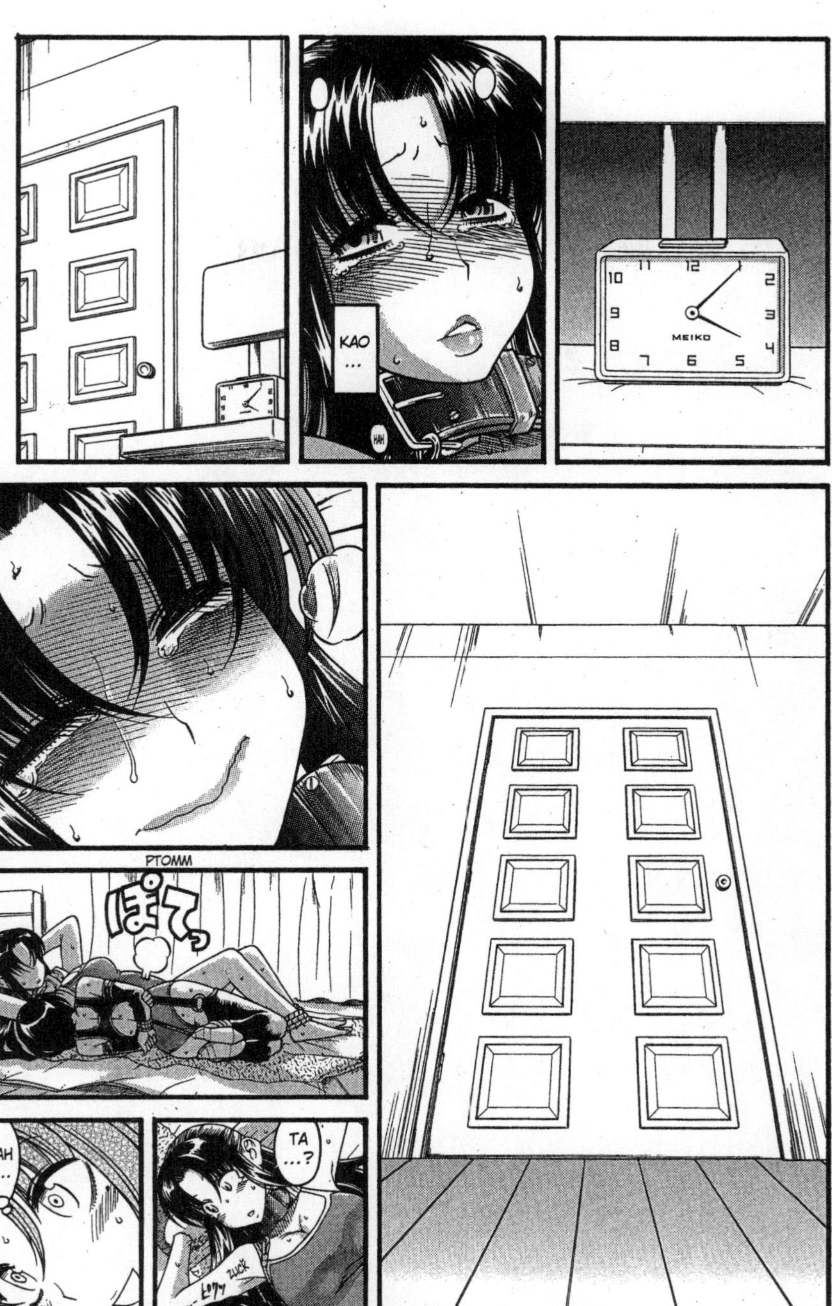
MEIKO
KAO
...
HAH
PTOMM
ぽてっ
TA
...?
ZUCK
AH
...

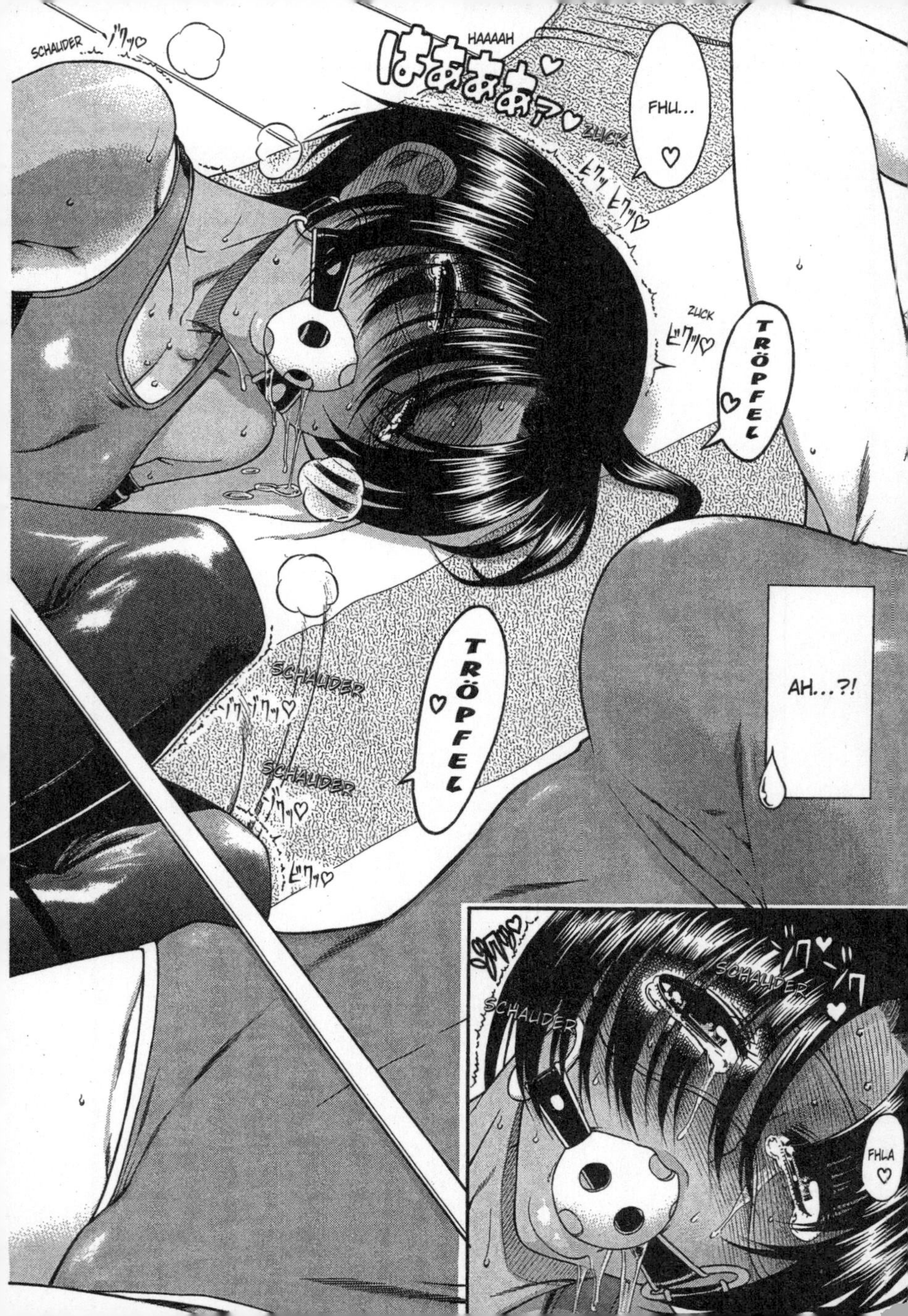
FHU... ♡
HAAAAH
はぁぁぁあ♡
ZUCK
ビクッ ビクッ♡
SCHAUDER
ゾクッ♡
TRÖPFEL ♡
ZUCK
ビクッ♡
AH...?!
TRÖPFEL ♡
SCHAUDER
ゾクゾクッ♡
SCHAUDER
ゾクッ♡
ビクッ♡
SCHAUDER
SCHAUDER
FHLA ♡

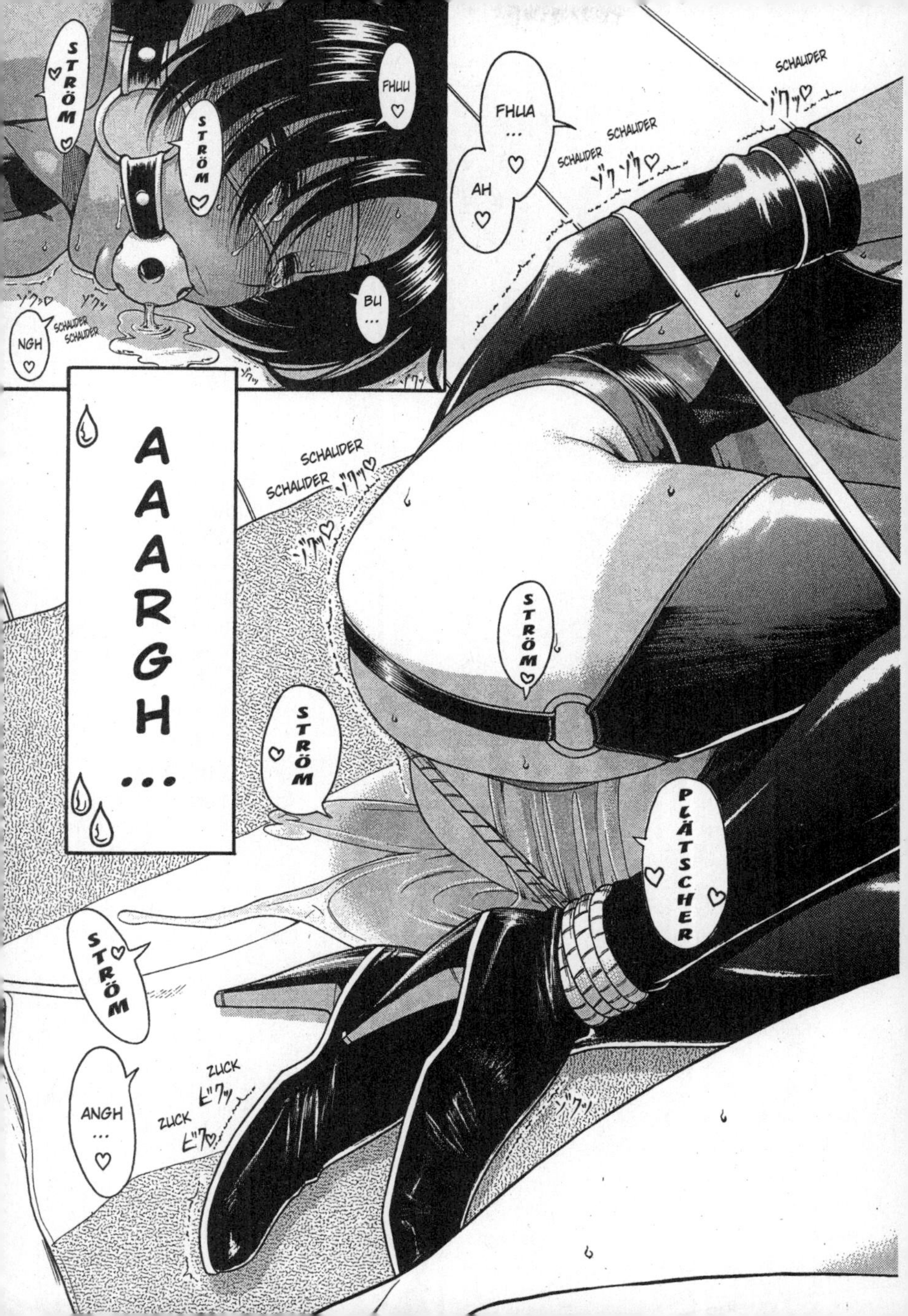

SCHAUDER
ゾクッ♡
FHUA … ♡
AH ♡
SCHAUDER
SCHAUDER
ゾクゾク♡
FHUU ♡
STRÖM ♡
STRÖM ♡
BU …
NGH ♡
SCHAUDER
SCHAUDER
AAAARGH …
SCHAUDER
SCHAUDER
ゾクッ♡
STRÖM ♡
STRÖM ♡
PLÄTSCHER ♡ ♡ ♡
STRÖM ♡
ZUCK
ビクッ
ZUCK
ビクッ♡
ANGH … ♡
ゾクッ

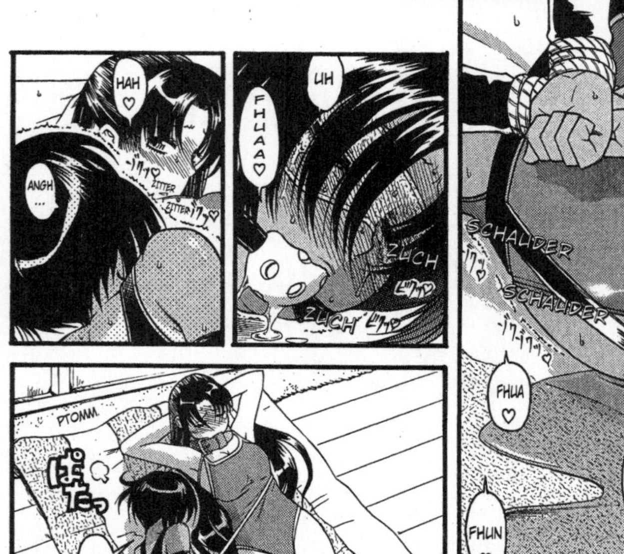
SCHAUDER
SCHAUDER
ZUCK
FHUA ♡
FHUA ♡
FHUN ♡
UH
FHUAA ♡
ZUCH
ZUCH
HAH ♡
ANGH ...
ZITTER
ZITTER
PTOMM.
FHUU ♡

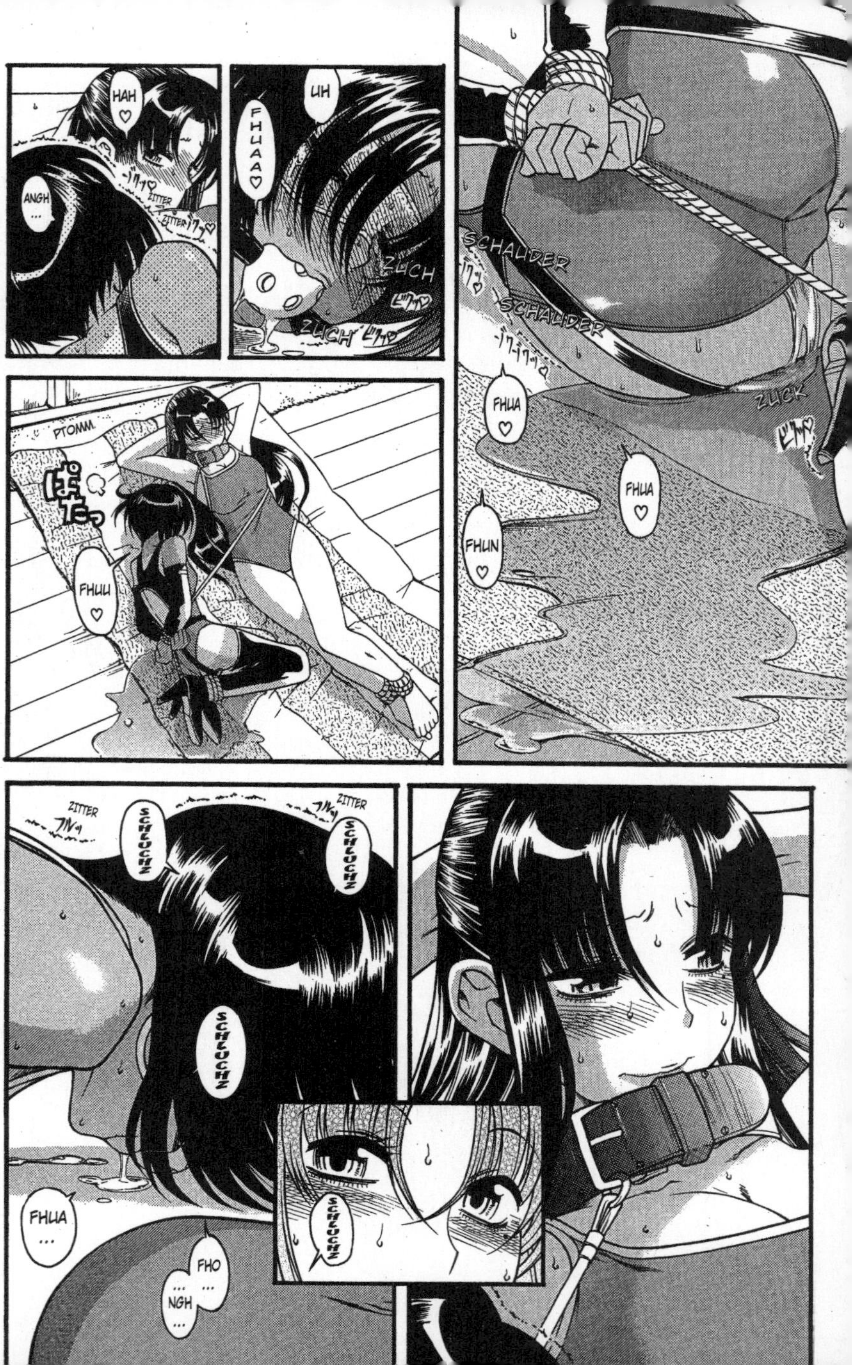

SCHLUCHZ
ZITTER
ZITTER
SCHLUCHZ
SCHLUCHZ
SCHLUCHZ
FHUA ...
FHO ...
NGH ...

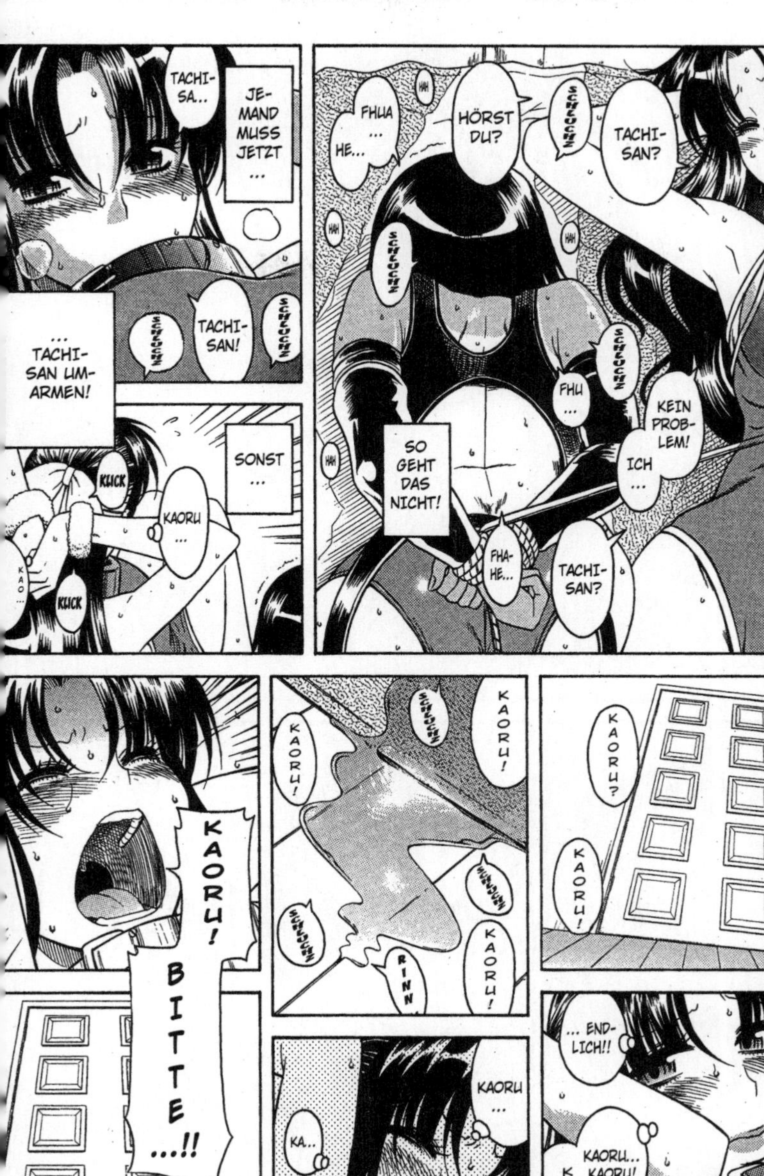
TACHI-SAN?
SCHLUCHZ
HÖRST DU?
FHUA ... HE...
HAH
HAH
HAH
SCHLUCHZ
SCHLUCHZ
KEIN PROBLEM! ICH ...
FHU ...
SO GEHT DAS NICHT!
TACHI-SAN?
FHA-HE...
HAH
TACHI-SA...
JE-MAND MUSS JETZT ...
SCHLUCHZ
TACHI-SAN!
SCHLUCHZ
... TACHI-SAN UMARMEN!
SONST ...
KAORU ...
KLICK
KLICK
KAO...
KAO-RU!
KAORU?
KAORU!
KAORU!
KAORU!
SCHLUCHZ
SCHLUCHZ
SCHLUCHZ
KAORU!
RINN
KAORU! BITTE ...!!
KOMM JETZT ...
... ENDLICH!!
KAORU... KAORU!
KAORU!
KAORU ...
KA...

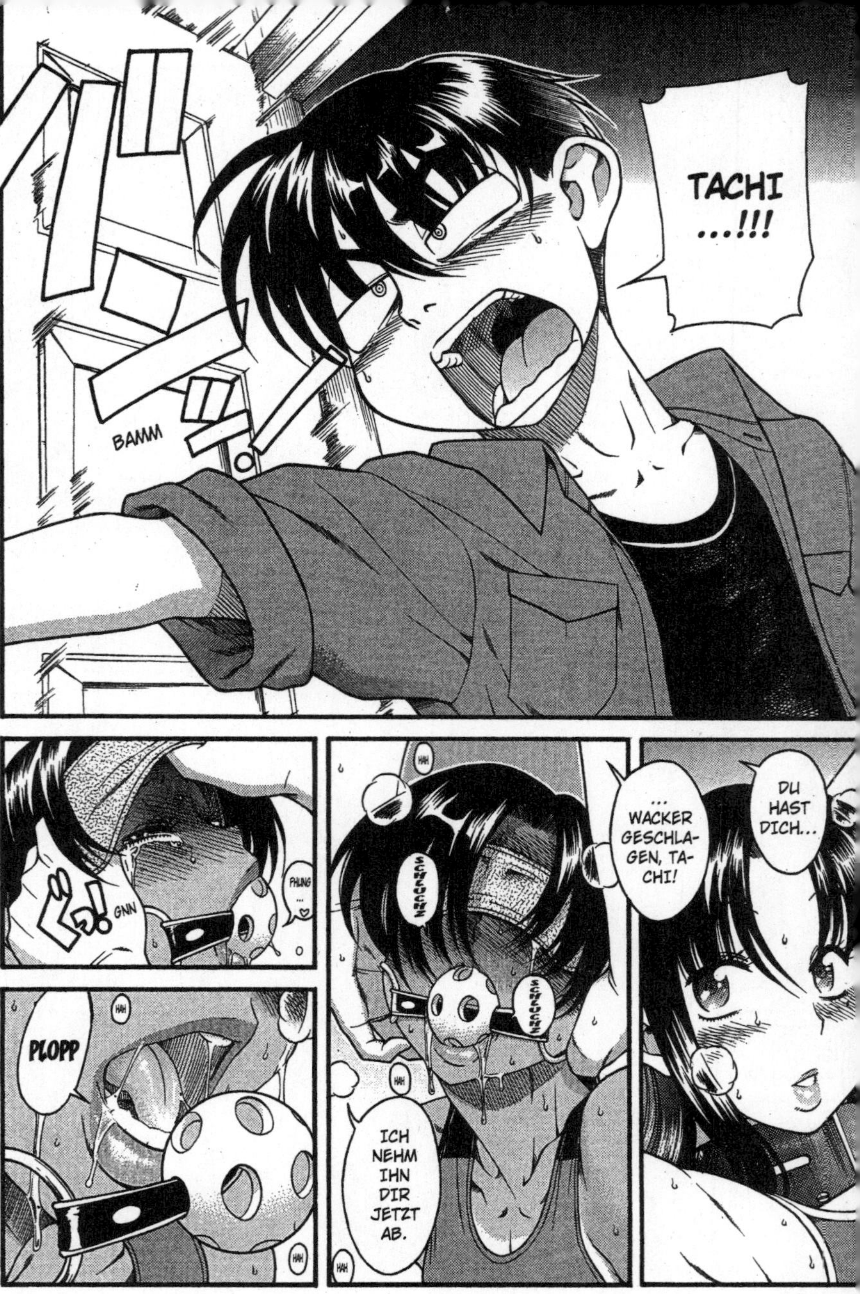

TACHI ...!!!

BAMM

DU HAST DICH...

... WACKER GESCHLAGEN, TACHI!

HAH

SCHLUCHZ

SCHLUCHZ

HAH

ICH NEHM IHN DIR JETZT AB.

HAH

GNN

PHUNG ... ♥

HAH

PLOPP

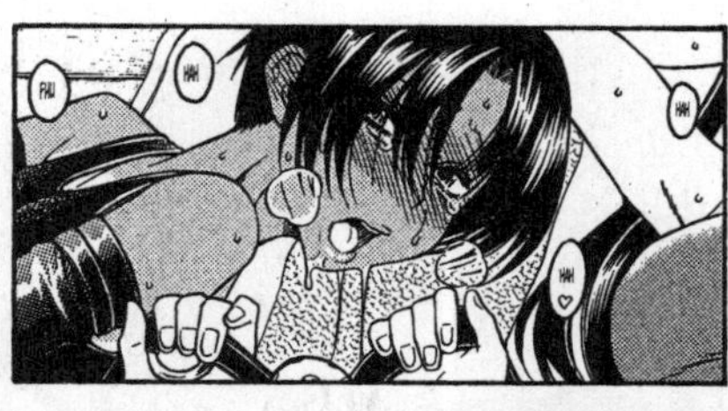

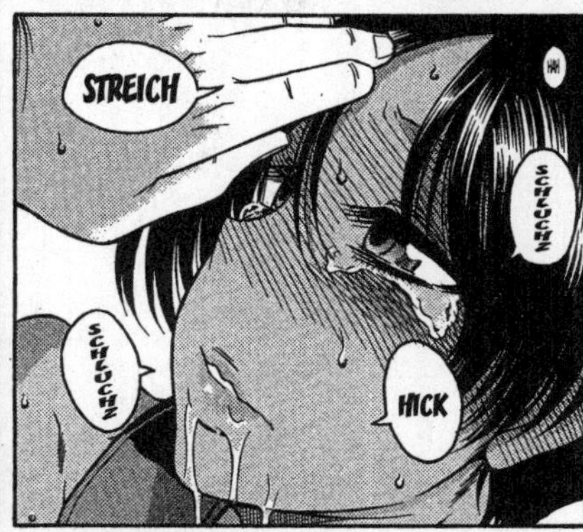
STREICH
SCHLUCHZ
SCHLUCHZ
HICK

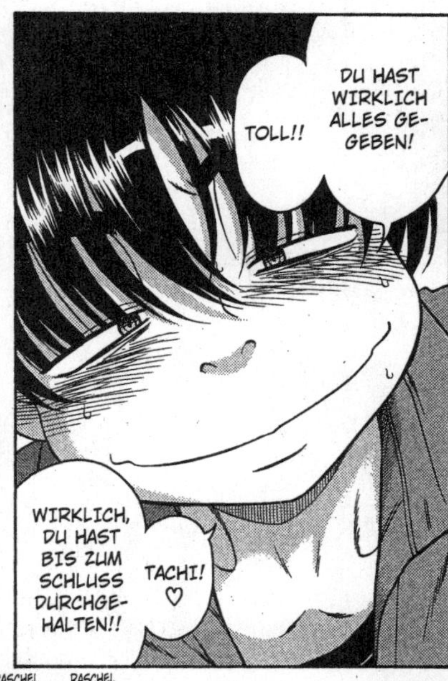
DU HAST WIRKLICH ALLES GEGEBEN!
TOLL!!
WIRKLICH, DU HAST BIS ZUM SCHLUSS DURCHGEHALTEN!!
TACHI! ♡

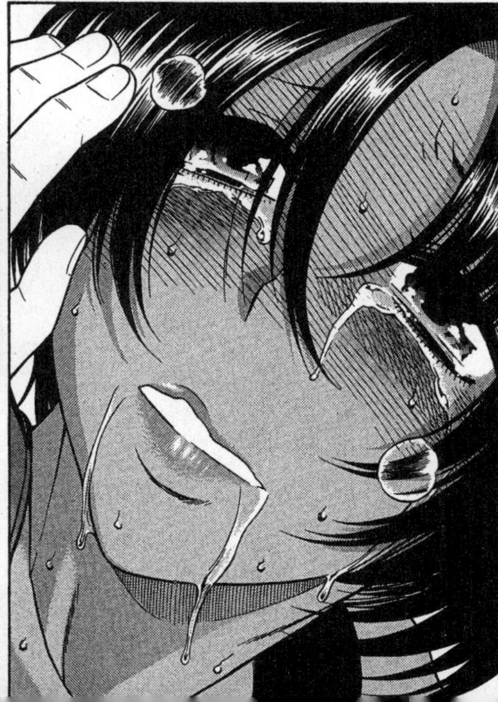

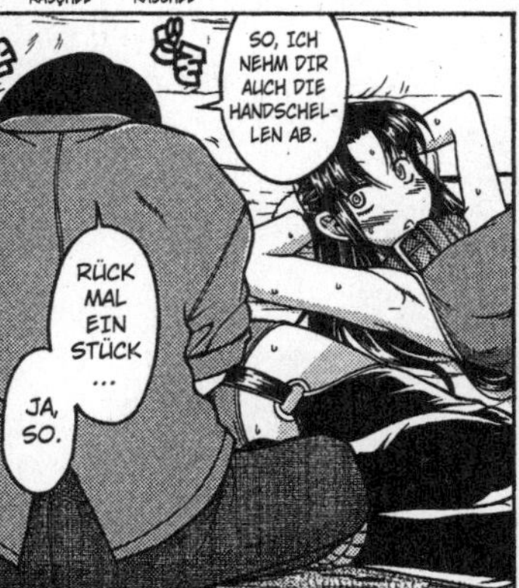
RASCHEL RASCHEL
SO, ICH NEHM DIR AUCH DIE HANDSCHELLEN AB.
RÜCK MAL EIN STÜCK ...
JA, SO.

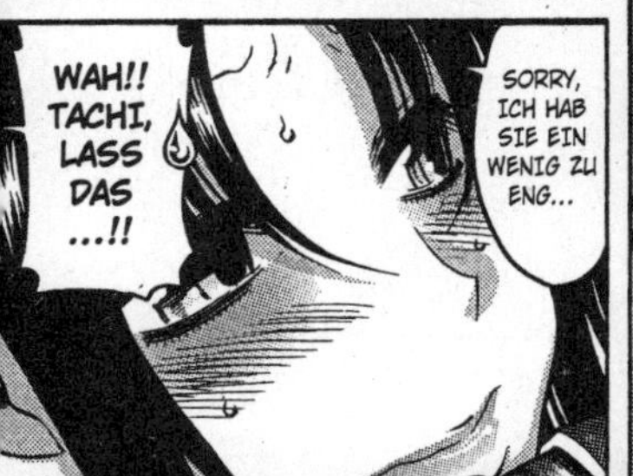
SORRY, ICH HAB SIE EIN WENIG ZU ENG...
WAH!! TACHI, LASS DAS ...!!

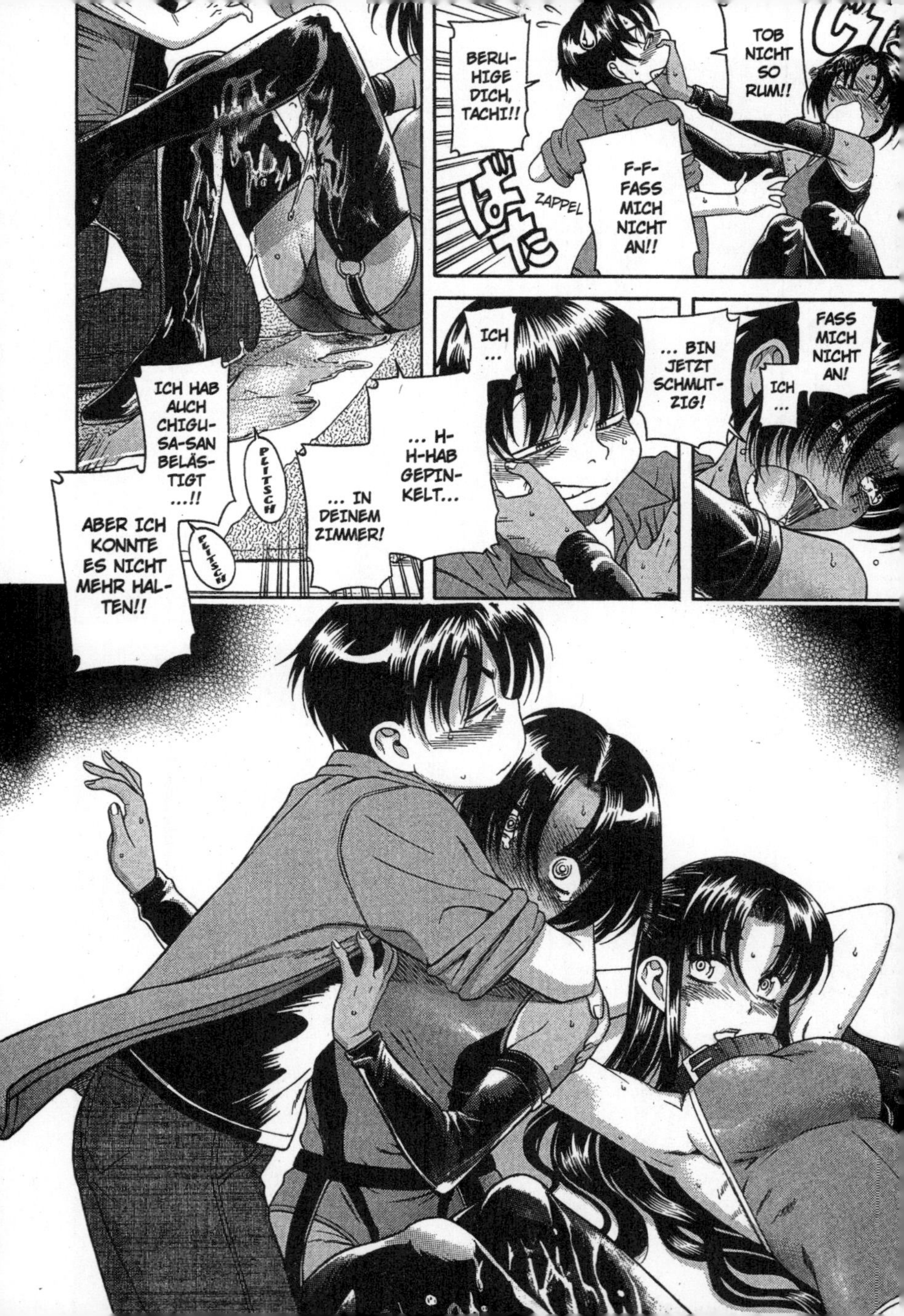
TOB NICHT SO RUM!!
BERUHIGE DICH, TACHI!!
F-F-FASS MICH NICHT AN!!
ZAPPEL
FASS MICH NICHT AN!
ICH ...
... BIN JETZT SCHMUTZIG!
ICH ...
... H-H-HAB GEPINKELT...
... IN DEINEM ZIMMER!
ICH HAB AUCH CHIGUSA-SAN BELÄSTIGT ...!!
PLEITSCH
PLEITSCH
ABER ICH KONNTE ES NICHT MEHR HALTEN!!

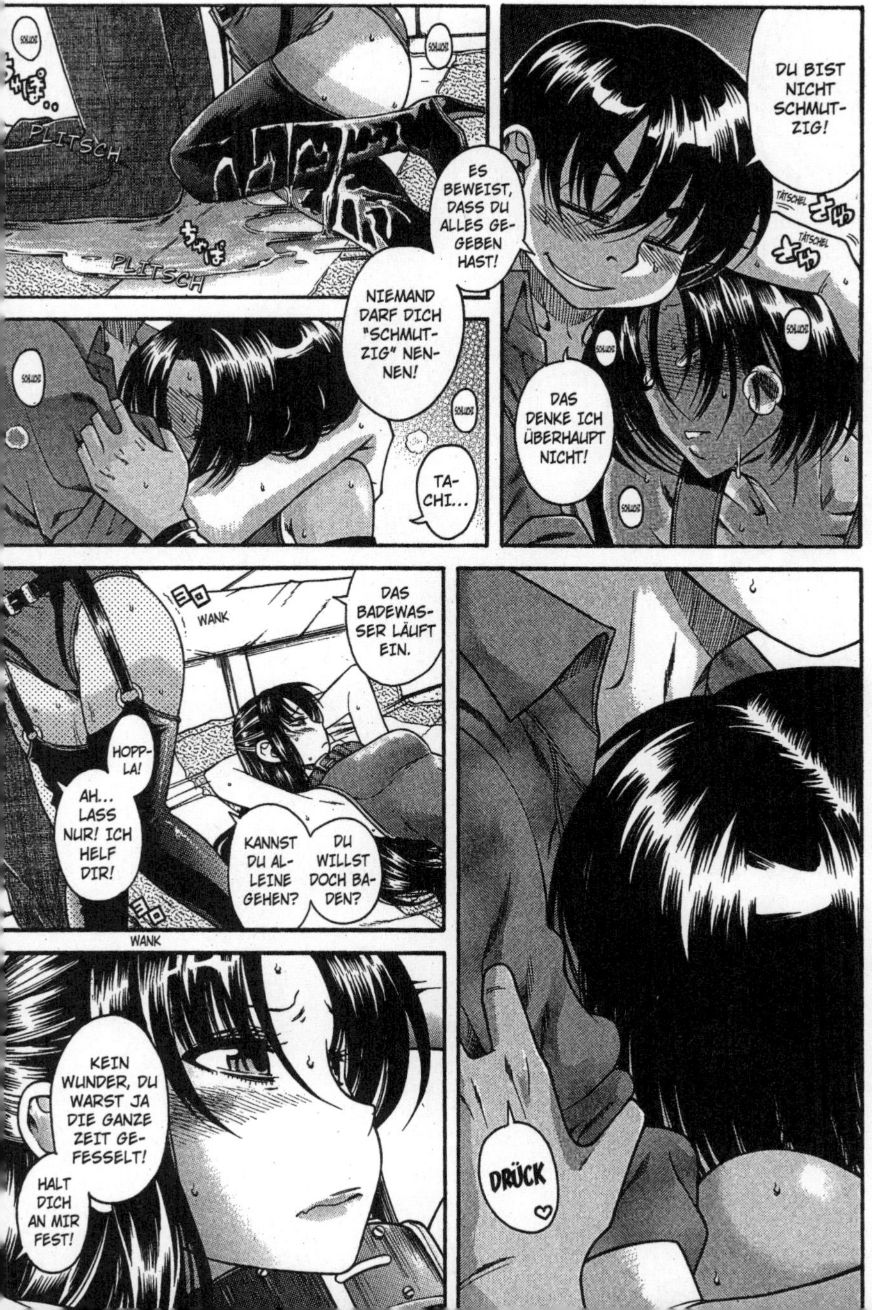

DU BIST NICHT SCHMUTZIG!
TÄTSCHEL
TÄTSCHEL
ES BEWEIST, DASS DU ALLES GEGEBEN HAST!
PLITSCH
PLITSCH
DAS DENKE ICH ÜBERHAUPT NICHT!
NIEMAND DARF DICH "SCHMUTZIG" NENNEN!
TACHI...

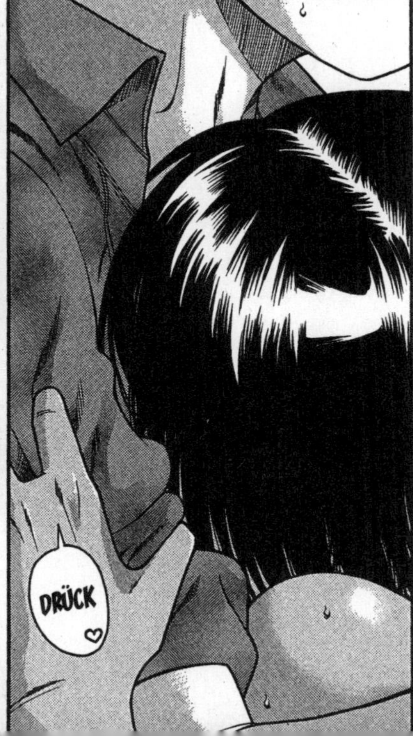

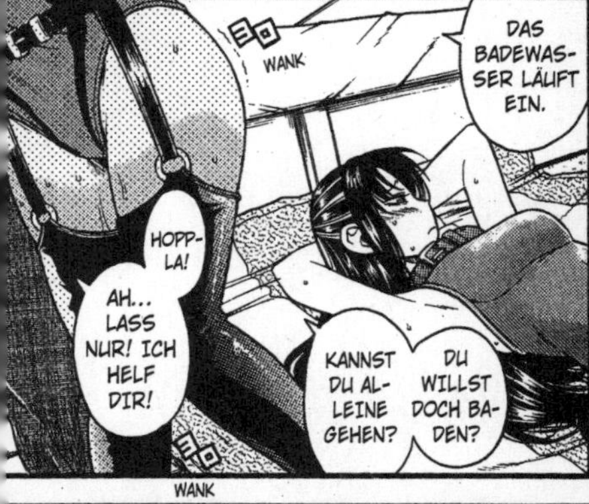

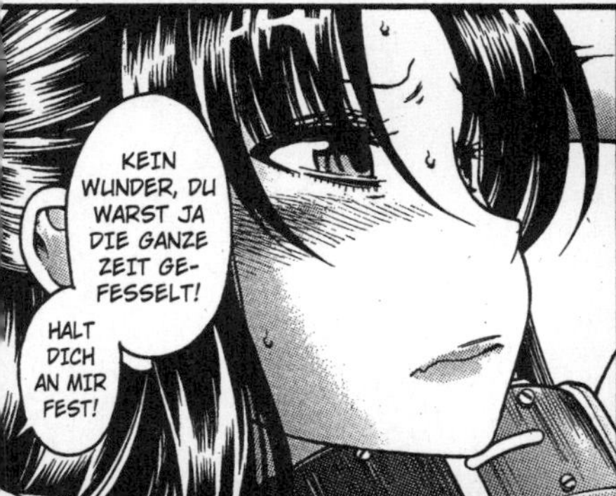

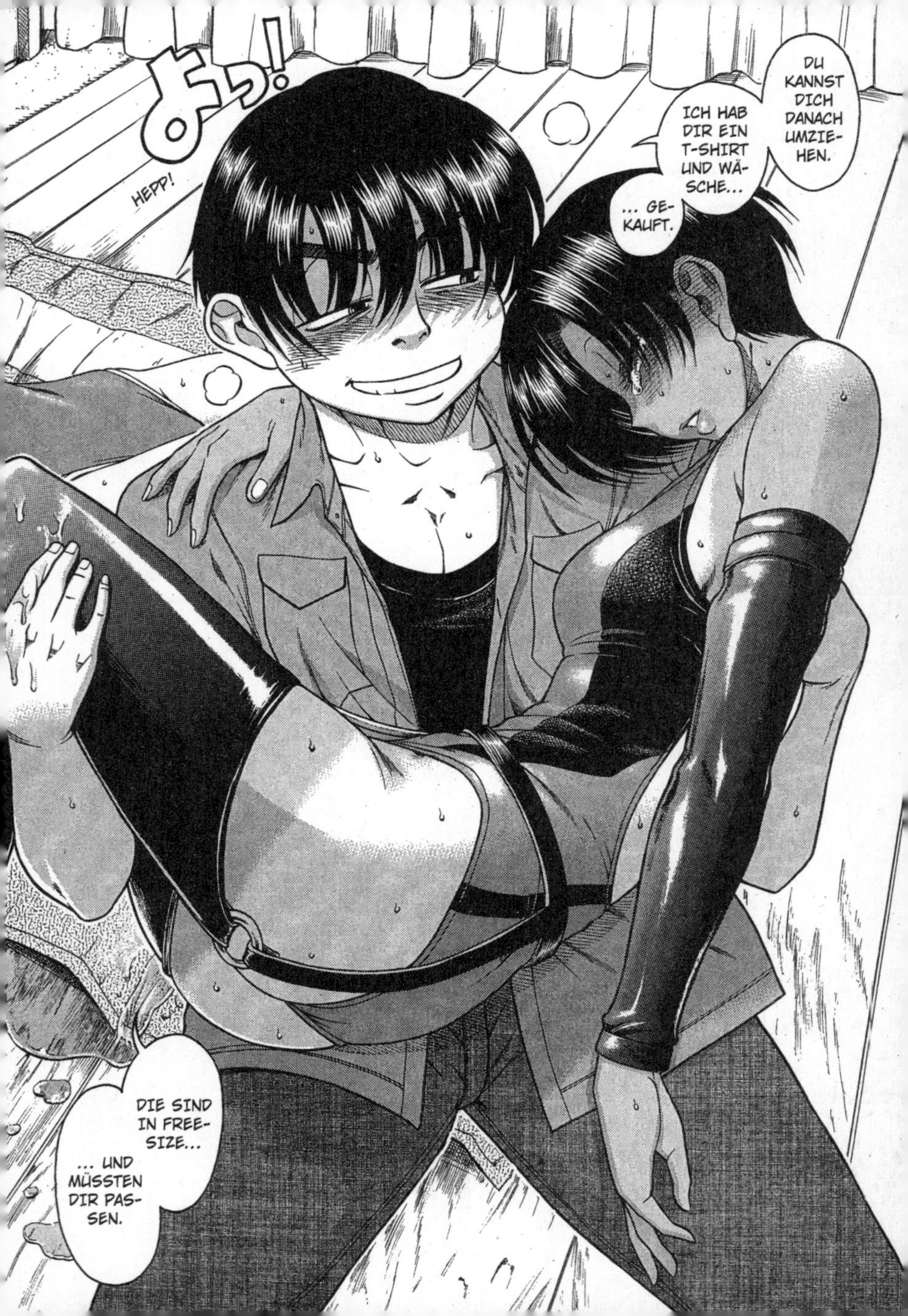
よっ!
HEPP!
DU KANNST DICH DANACH UMZIEHEN.
ICH HAB DIR EIN T-SHIRT UND WÄSCHE...
... GEKAUFT.
DIE SIND IN FREE-SIZE...
... UND MÜSSTEN DIR PASSEN.

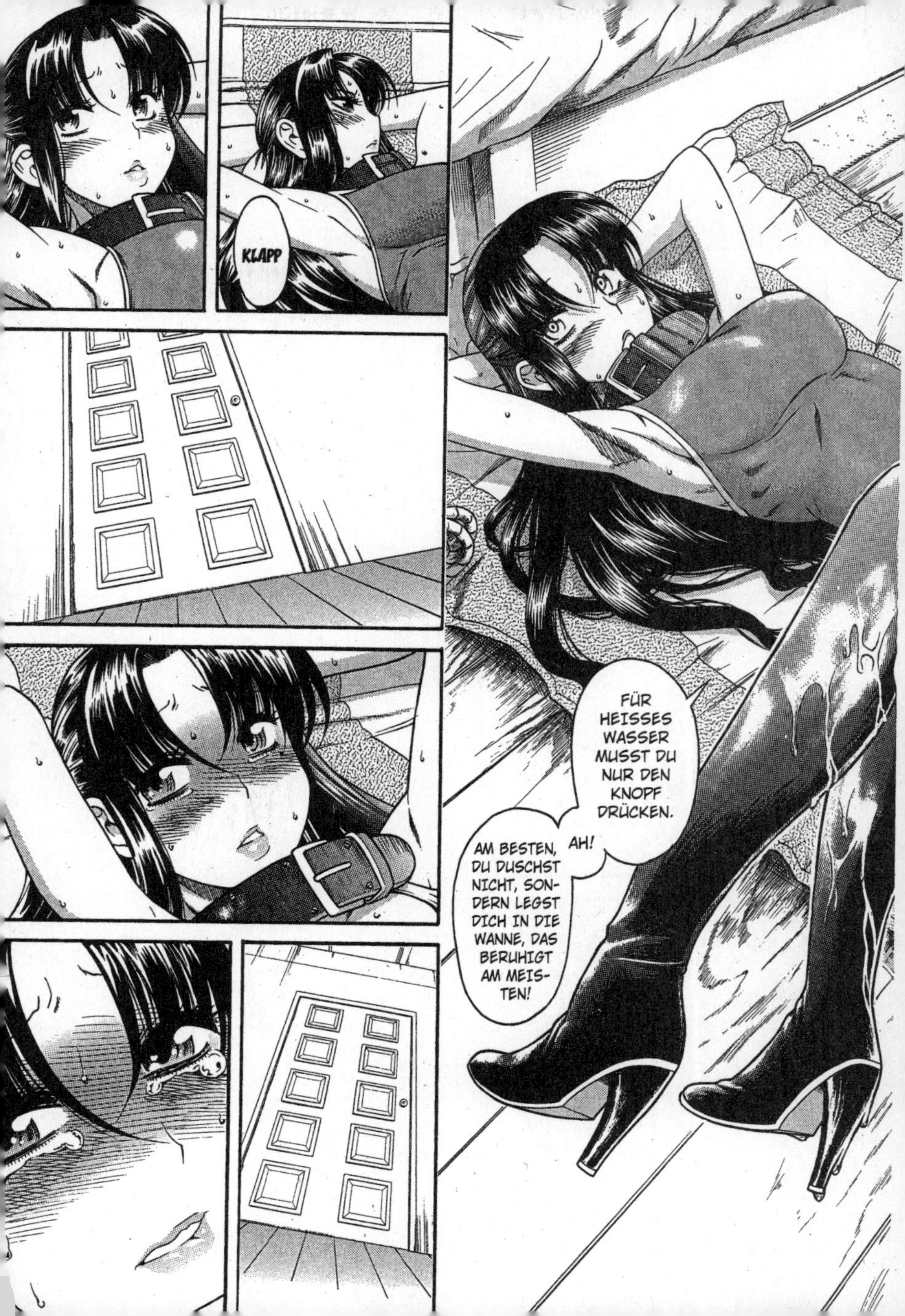
KLAPP
FÜR HEISSES WASSER MUSST DU NUR DEN KNOPF DRÜCKEN.
AH!
AM BESTEN, DU DUSCHST NICHT, SONDERN LEGST DICH IN DIE WANNE, DAS BERUHIGT AM MEISTEN!

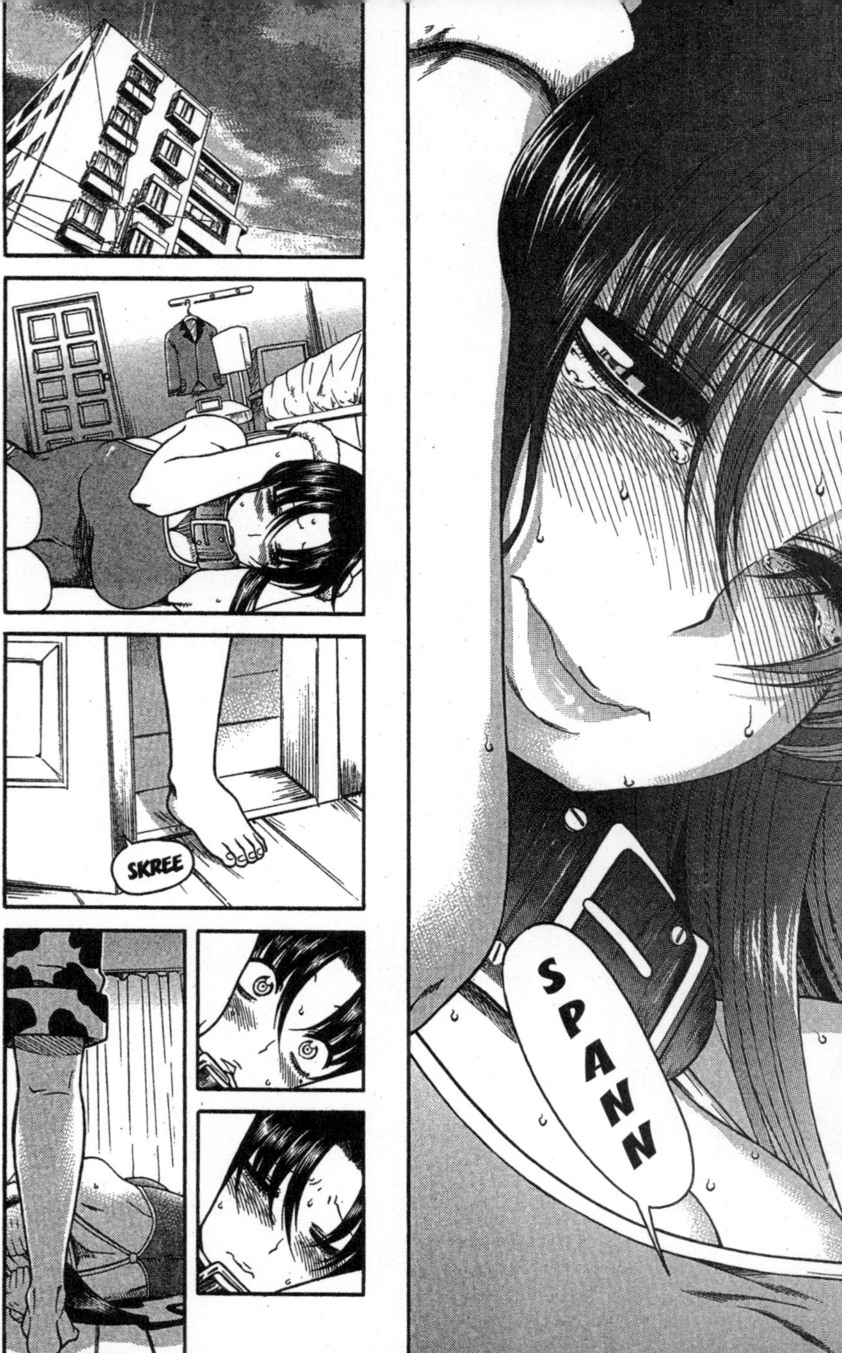
SKREE
SPANN

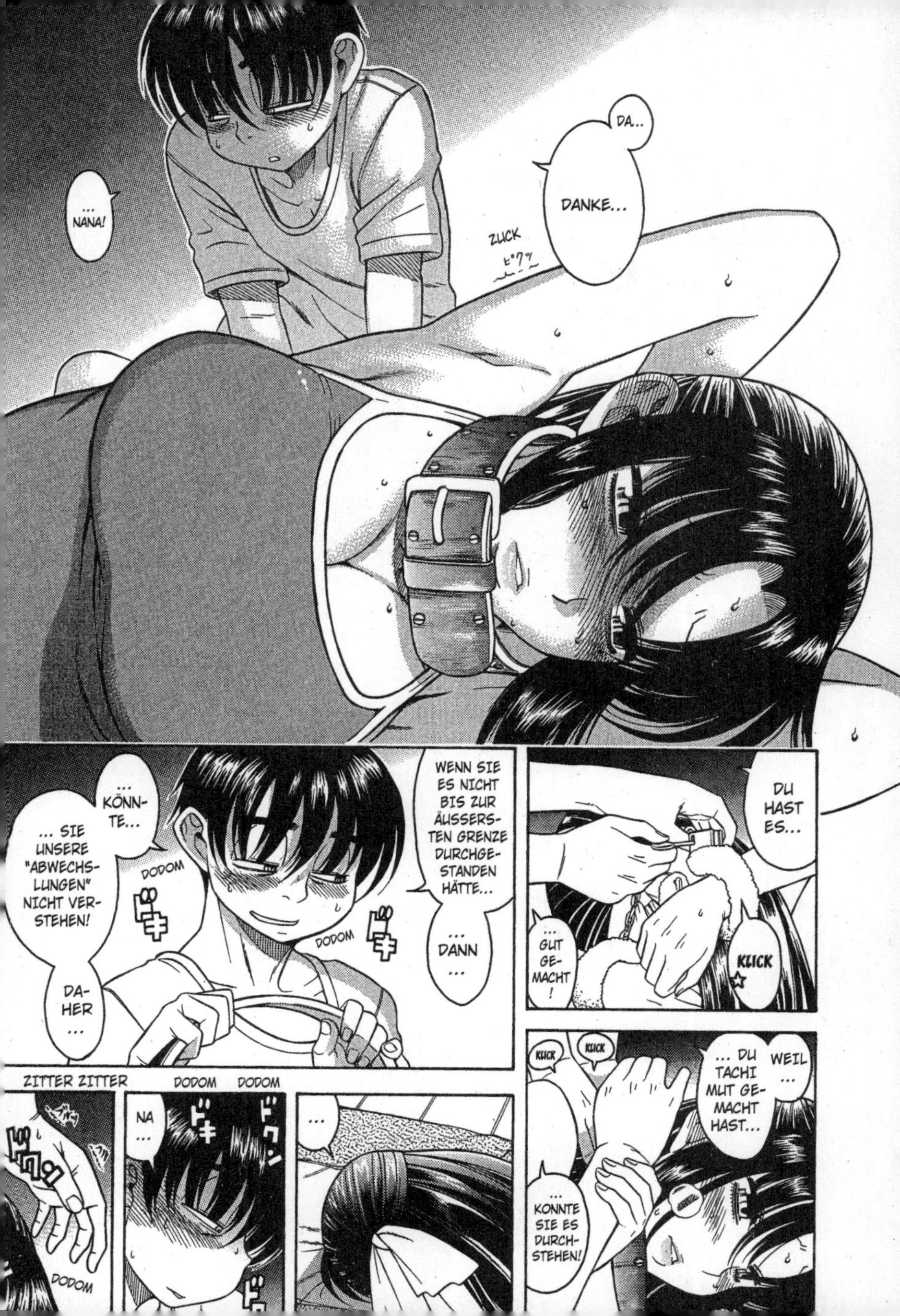
DA...
DANKE...
ZUCK
... NANA!
DU HAST ES...
KLICK
... GUT GEMACHT!
WENN SIE ES NICHT BIS ZUR ÄUSSERSTEN GRENZE DURCHGESTANDEN HÄTTE...
... DANN ...
... KÖNNTE...
... SIE UNSERE "ABWECHSLUNGEN" NICHT VERSTEHEN!
DODOM
DODOM
DAHER ...
WEIL ...
... DU TACHI MUT GEMACHT HAST...
KLICK
KLICK
... KONNTE SIE ES DURCHSTEHEN!
...
DODOM
DODOM
NA ...
ZITTER ZITTER
DODOM

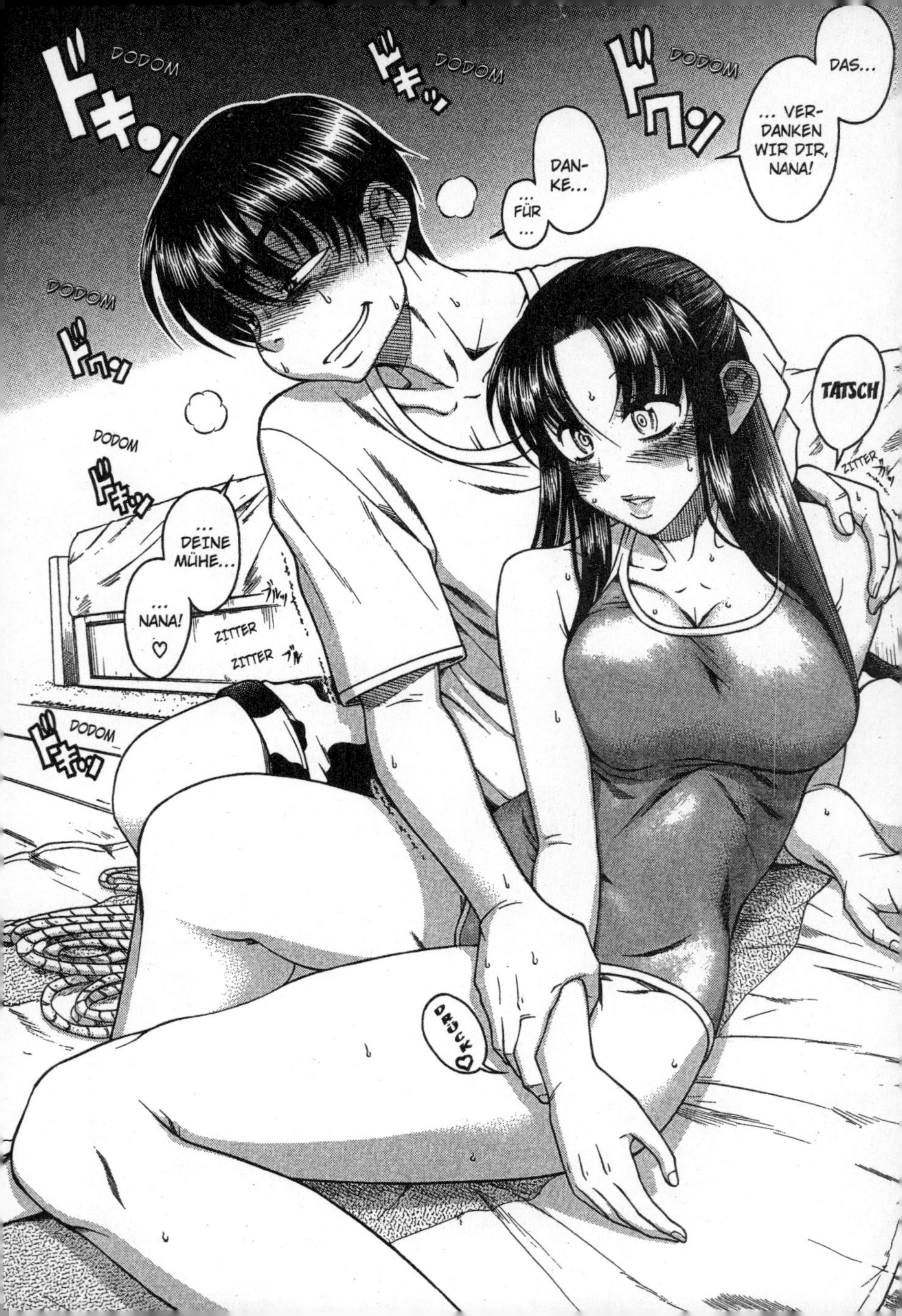
DAS...
... VER-DANKEN WIR DIR, NANA!
DODOM
DAN-KE...
... FÜR ...
DODOM
DODOM
DODOM
TATSCH
ZITTER
DODOM
... DEINE MÜHE...
... NANA! ♡
ZITTER
ZITTER
DODOM
DRÜCK ♡

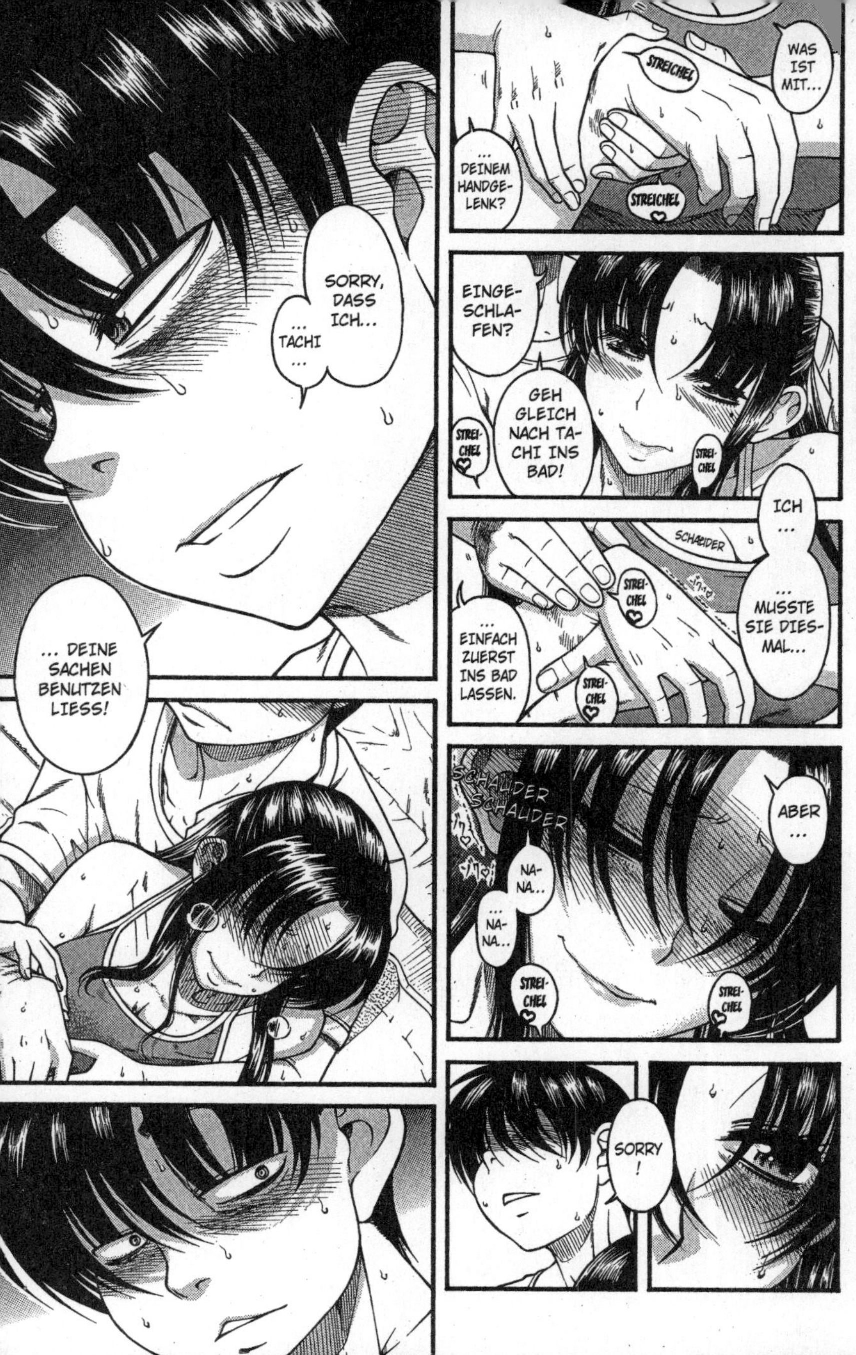
WAS IST MIT...
STREICHEL
... DEINEM HANDGE-LENK?
STREICHEL
EINGE-SCHLA-FEN?
GEH GLEICH NACH TA-CHI INS BAD!
STREI-CHEL
STREI-CHEL
ICH ...
... MUSSTE SIE DIES-MAL...
SCHAUDER
STREI-CHEL
... EINFACH ZUERST INS BAD LASSEN.
STREI-CHEL
ABER ...
SCHAUDER SCHAUDER
NA-NA...
... NA-NA...
STREI-CHEL
STREI-CHEL
SORRY!
SORRY, DASS ICH...
... TACHI ...
... DEINE SACHEN BENUTZEN LIESS!

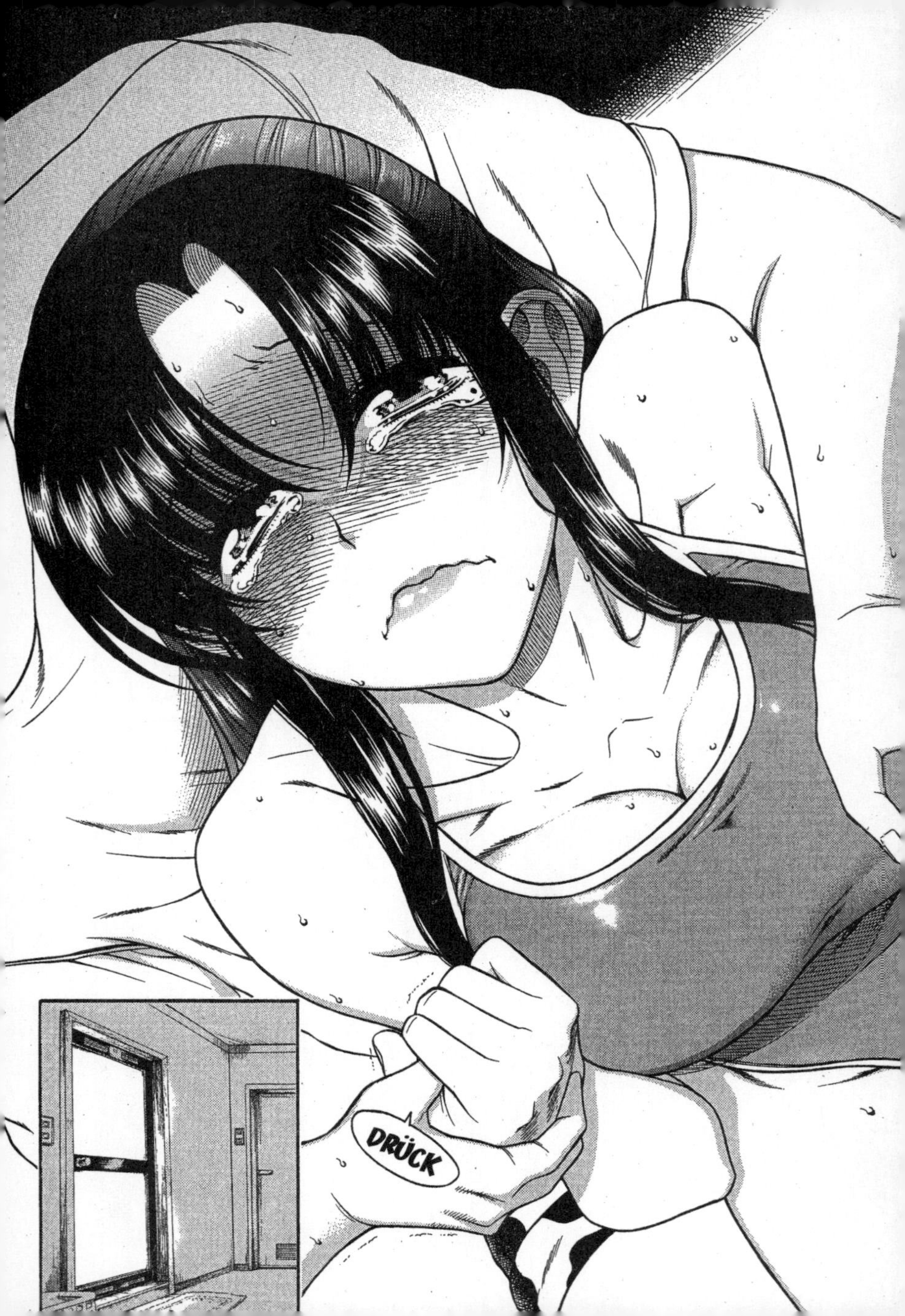
DRÜCK

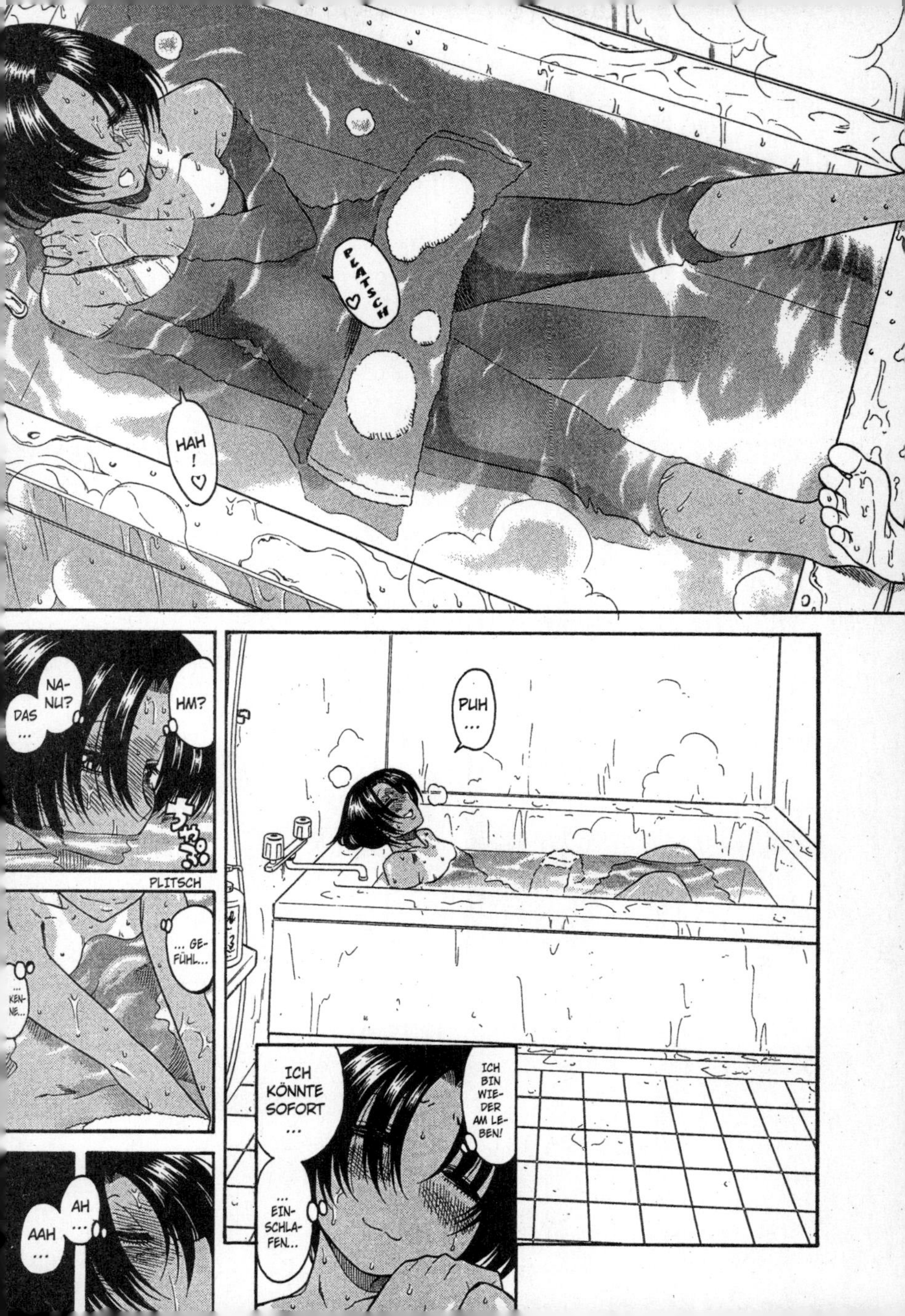
PLATSCH ♡
HAH! ♡
PUH ...
HM?
NANU? DAS ...
PLITSCH
... GEFÜHL...
... KENNE...
ICH BIN WIEDER AM LEBEN!
ICH KÖNNTE SOFORT ...
... EINSCHLAFEN...
AH ...
AAH ...

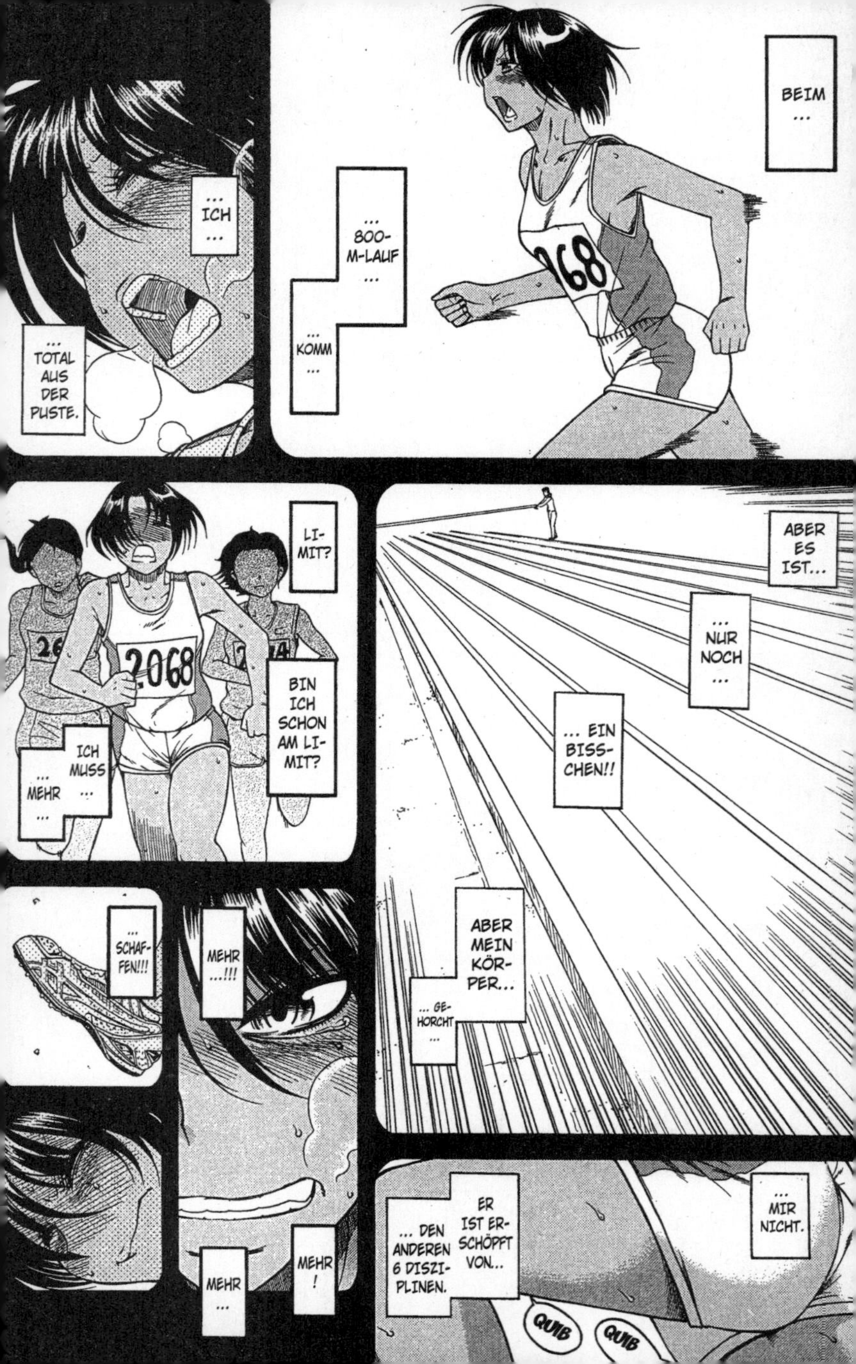
BEIM …
… 800-M-LAUF …
… KOMM …
… ICH …
… TOTAL AUS DER PUSTE.
ABER ES IST…
… NUR NOCH …
… EIN BISS-CHEN!!
LI-MIT?
BIN ICH SCHON AM LI-MIT?
ICH MUSS …
… MEHR …
ABER MEIN KÖR-PER…
… GE-HORCHT …
… MIR NICHT.
ER IST ER-SCHÖPFT VON…
… DEN ANDEREN 6 DISZI-PLINEN.
QUIB
QUIB
… SCHAF-FEN!!!
MEHR …!!!
MEHR !
MEHR …

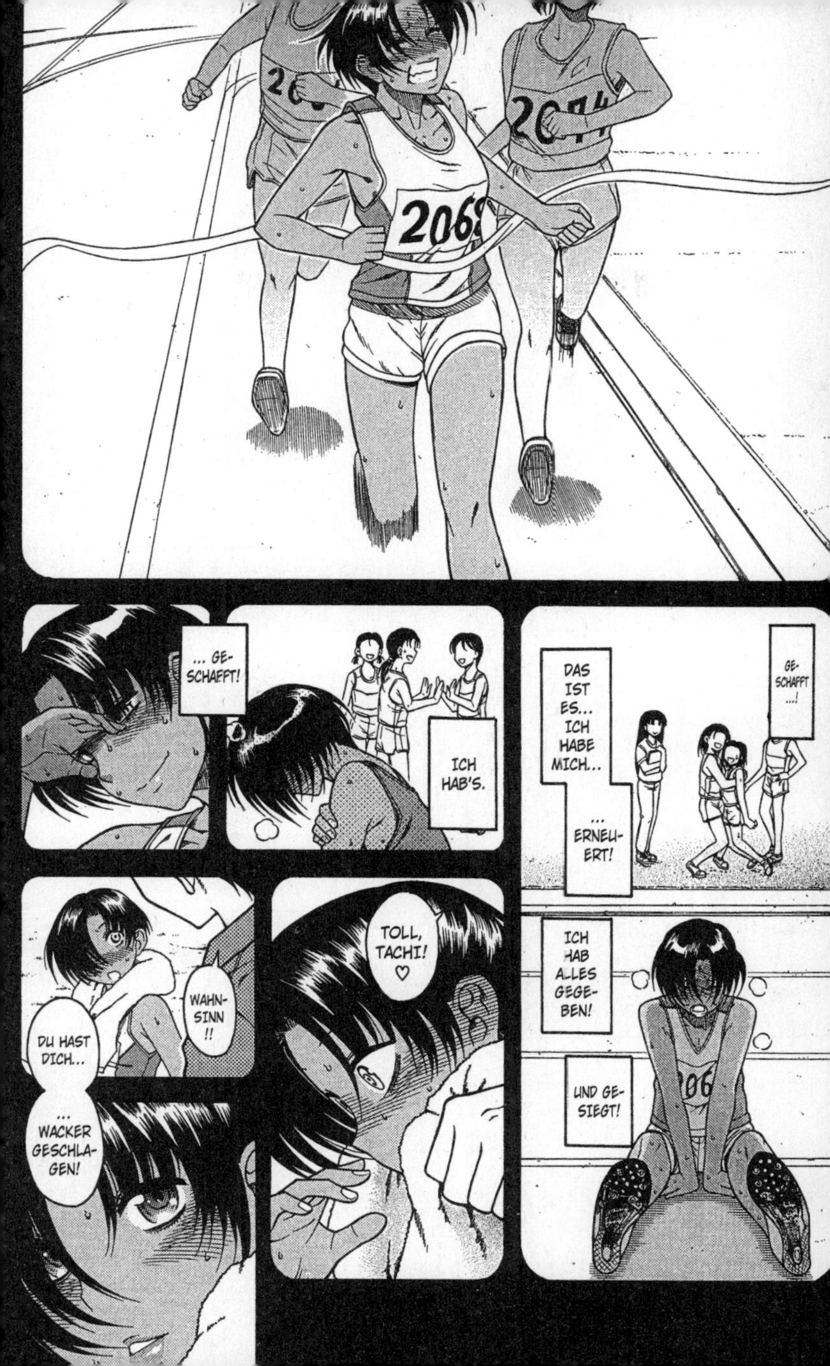
GE-
SCHAFFT
...!
DAS
IST
ES...
ICH
HABE
MICH...
...
ERNEU-
ERT!
ICH
HAB'S.
... GE-
SCHAFFT!
ICH
HAB
ALLES
GEGE-
BEN!
UND GE-
SIEGT!
TOLL,
TACHI!
♡
WAHN-
SINN
!!
DU HAST
DICH...
...
WACKER
GESCHLA-
GEN!

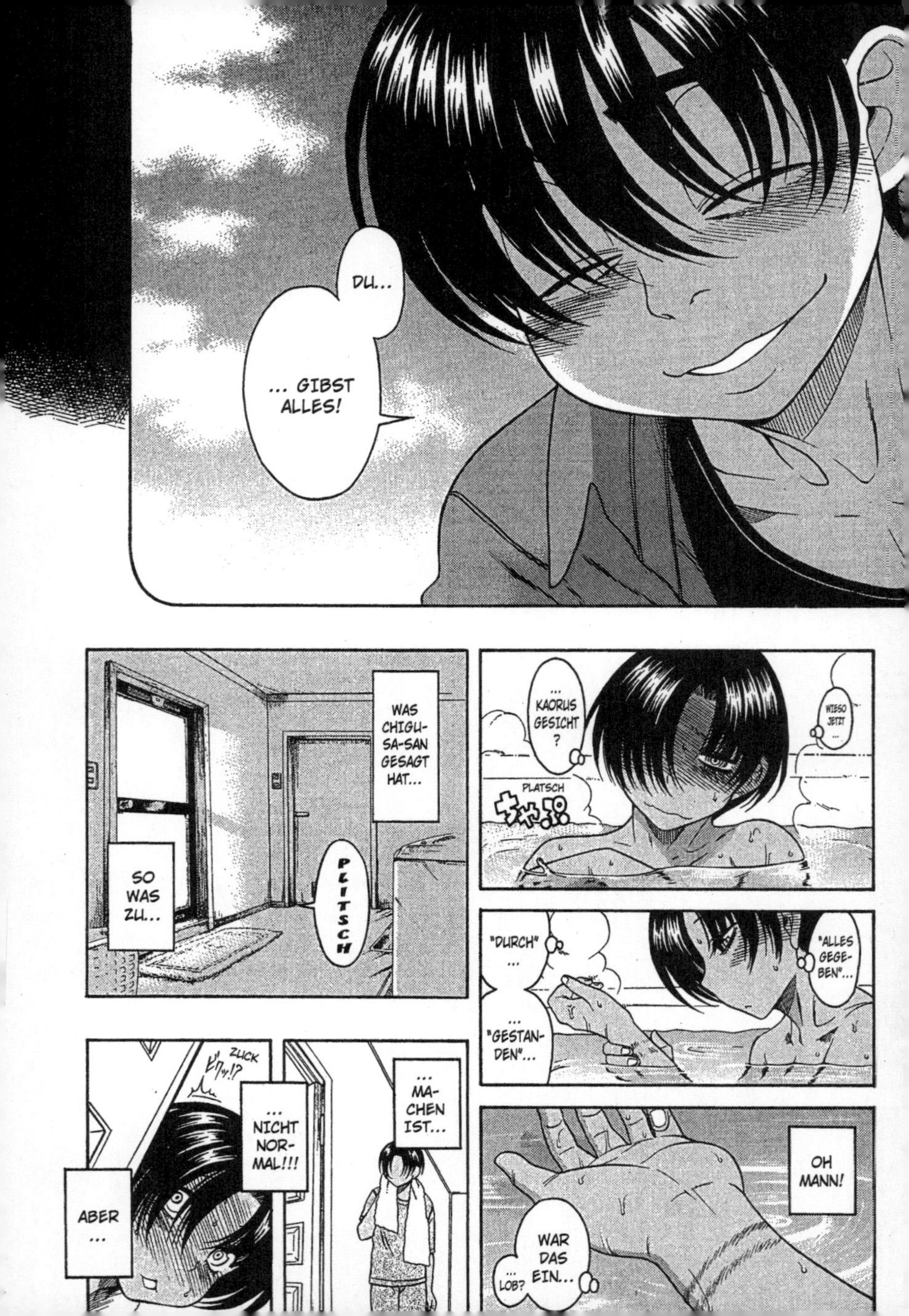

DU...
... GIBST ALLES!

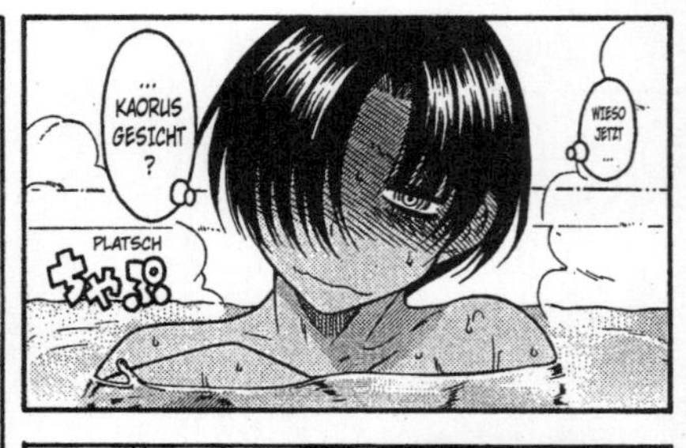
WIESO JETZT ...
... KAORUS GESICHT ?
PLATSCH

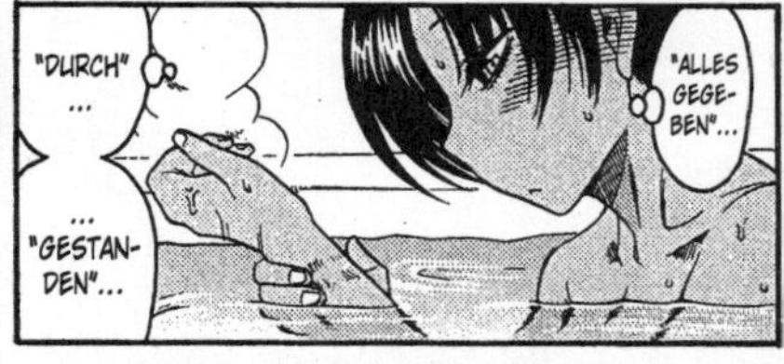
"ALLES GEGEBEN"...
"DURCH" ...
... "GESTANDEN"...

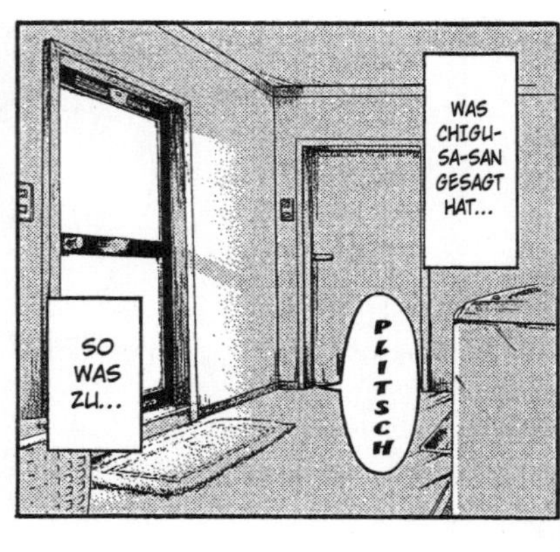
WAS CHIGUSA-SAN GESAGT HAT...
PLITSCH
SO WAS ZU...

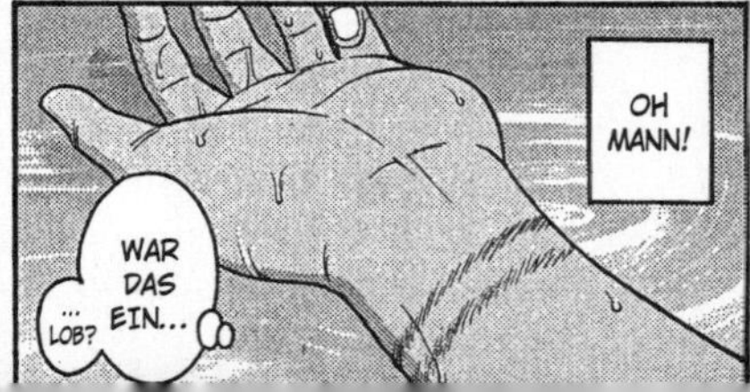
OH MANN!
WAR DAS EIN...
... LOB?

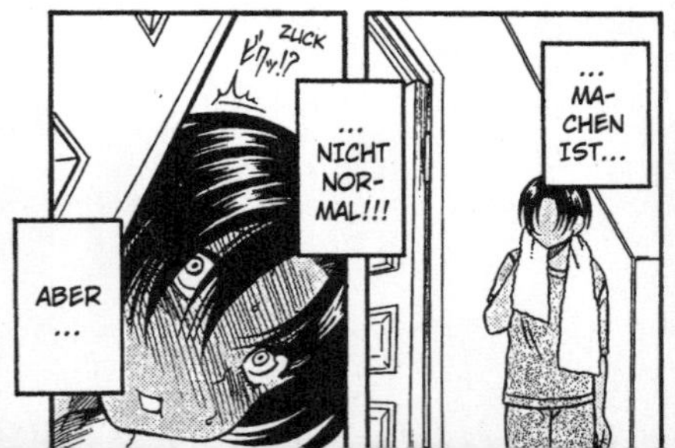
... MACHEN IST...
ZUCK
... NICHT NORMAL!!!
ABER ...

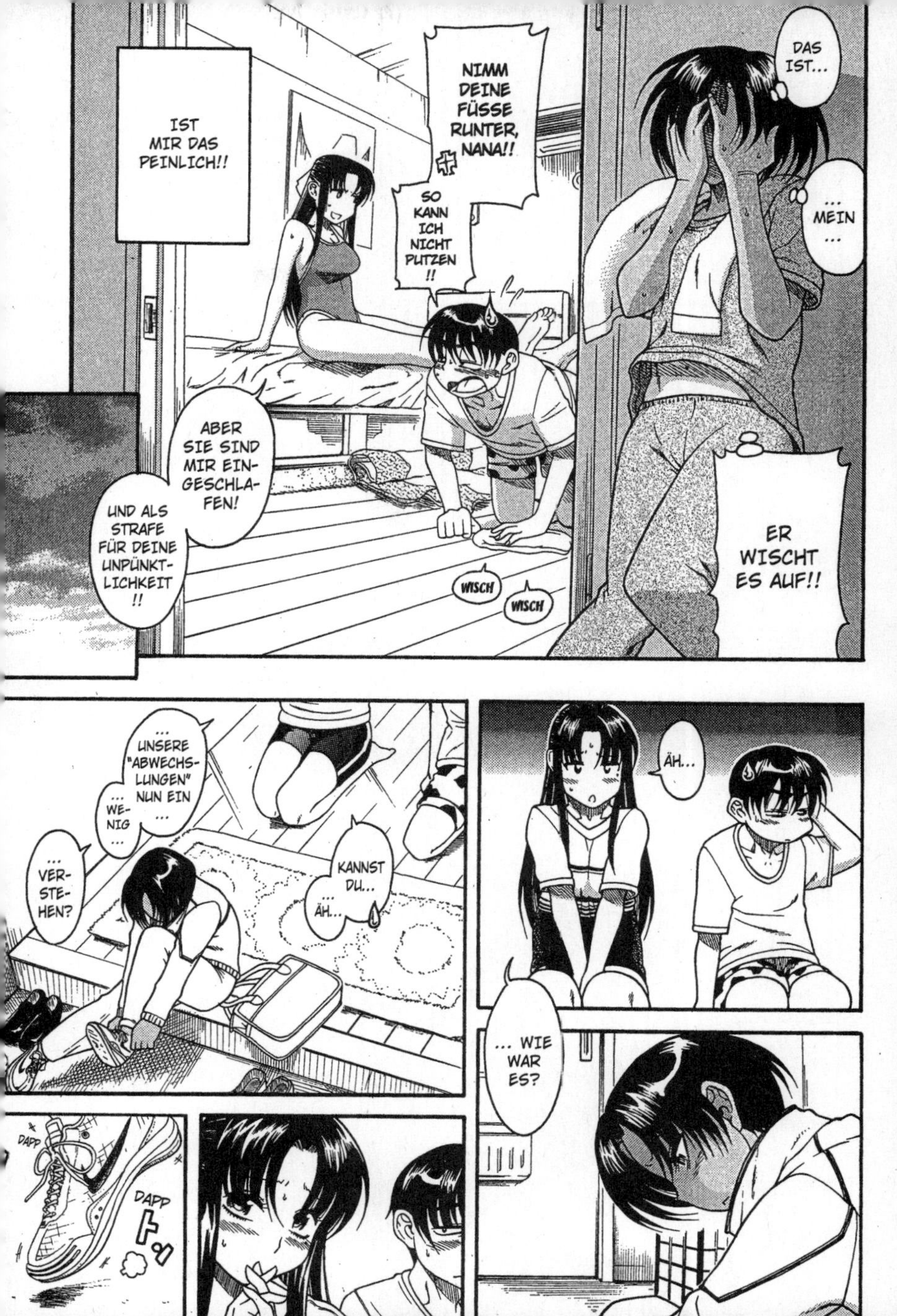

DAS IST...
... MEIN ...
ER WISCHT ES AUF!!
NIMM DEINE FÜSSE RUNTER, NANA!!
SO KANN ICH NICHT PUTZEN !!
IST MIR DAS PEINLICH!!
ABER SIE SIND MIR EINGESCHLAFEN!
UND ALS STRAFE FÜR DEINE UNPÜNKTLICHKEIT !!
WISCH
WISCH
ÄH...
... WIE WAR ES?
KANNST DU... ... ÄH...
... UNSERE "ABWECHSLUNGEN" NUN EIN ...
... WENIG ...
... VERSTEHEN?
DAPP
DAPP

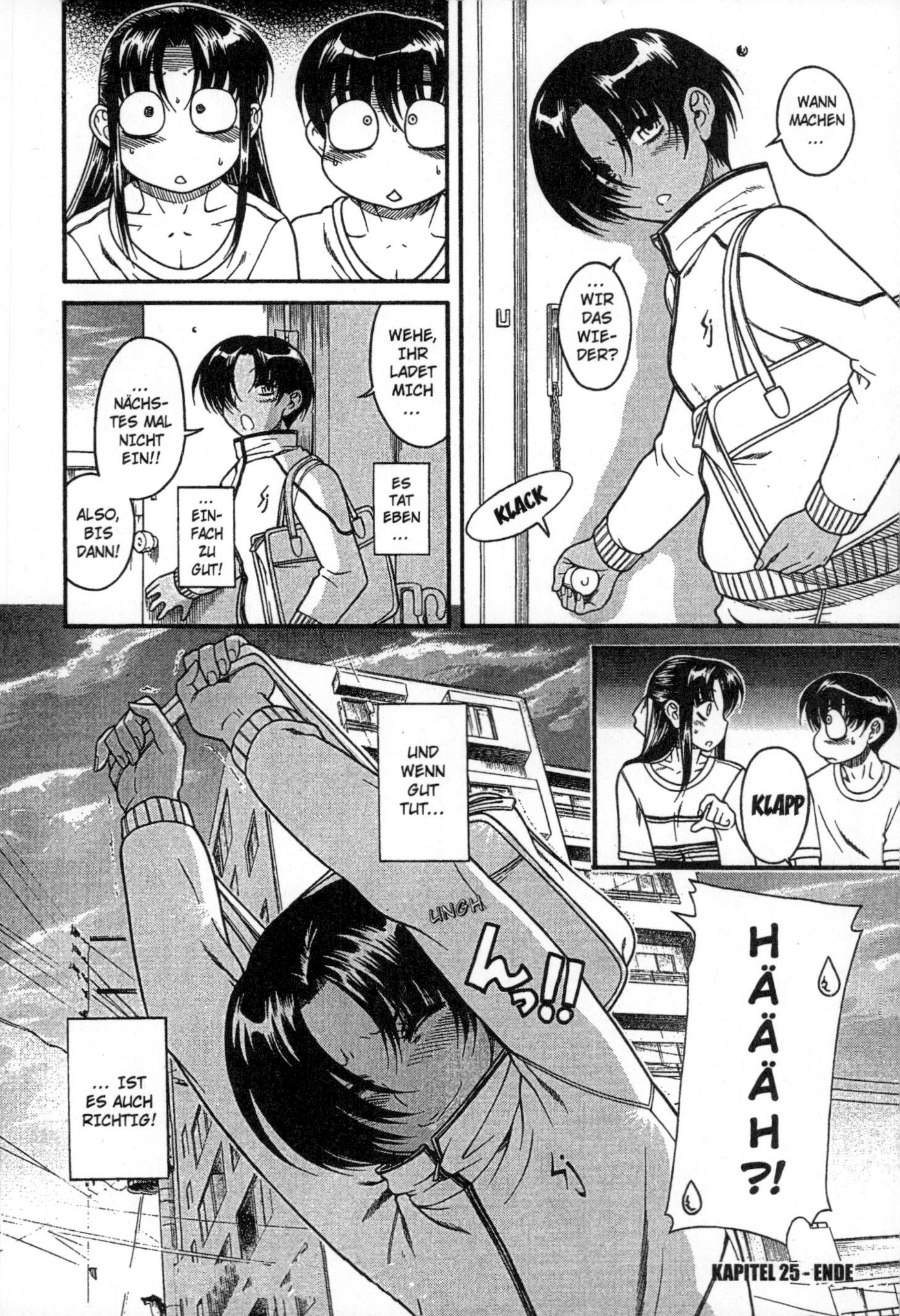
WANN MACHEN ...
... WIR DAS WIE-DER?
KLACK
WEHE, IHR LADET MICH ...
... NÄCHSTES MAL NICHT EIN!!
ES TAT EBEN ...
... EIN-FACH ZU GUT!
ALSO, BIS DANN!
KLAPP
UND WENN GUT TUT...
HÄÄÄH?!
UNGH
ん!!
... IST ES AUCH RICHTIG!
KAPITEL 25 - ENDE

NACHDEM ALLES VORBEI WAR...

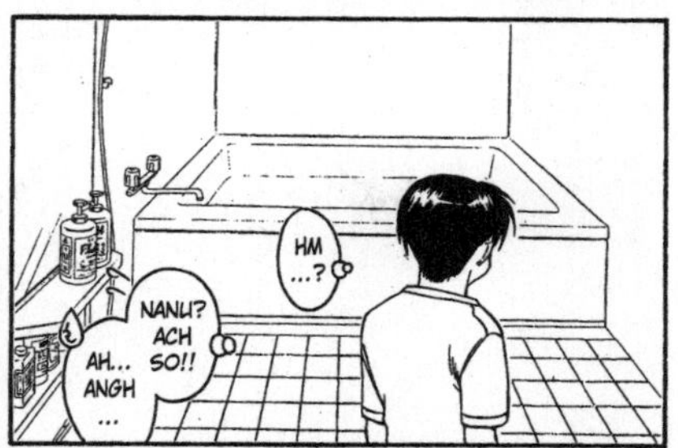

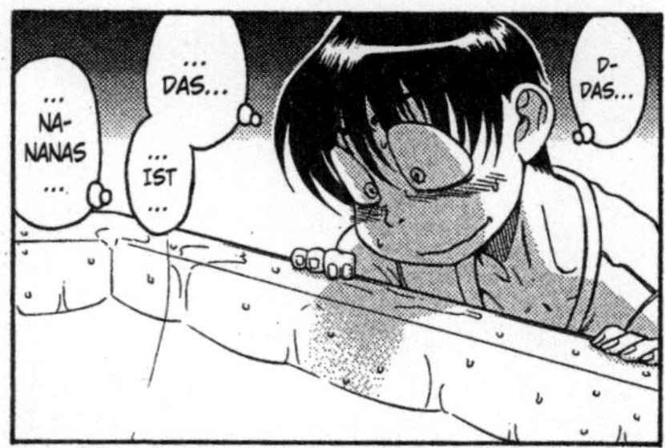

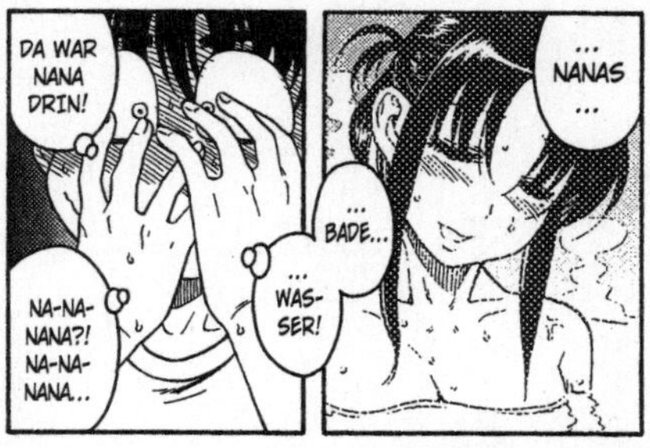

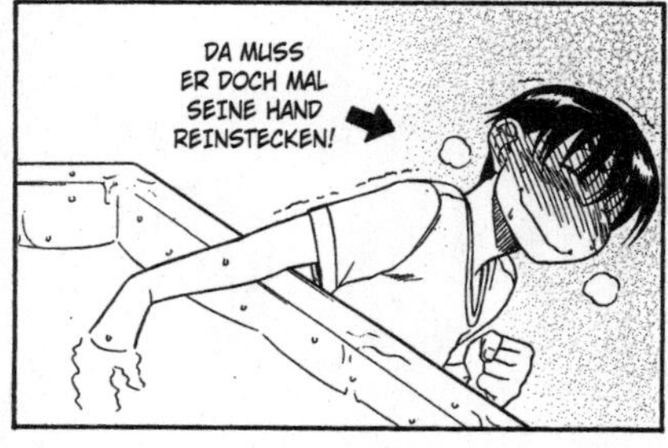

NANA & KAORU

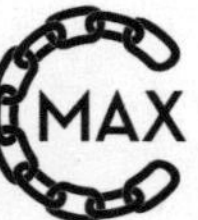

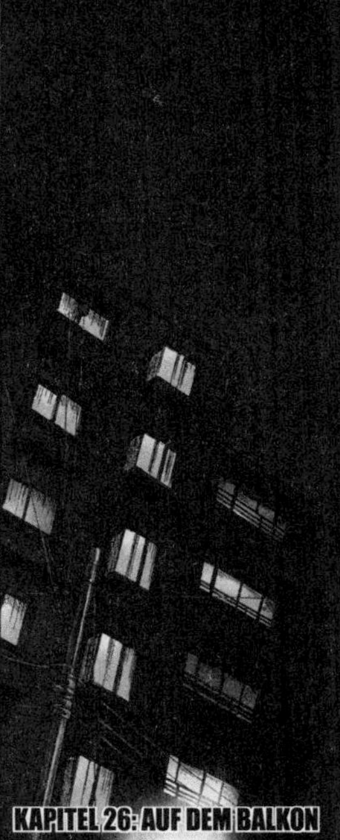
KAPITEL 26: AUF DEM BALKON

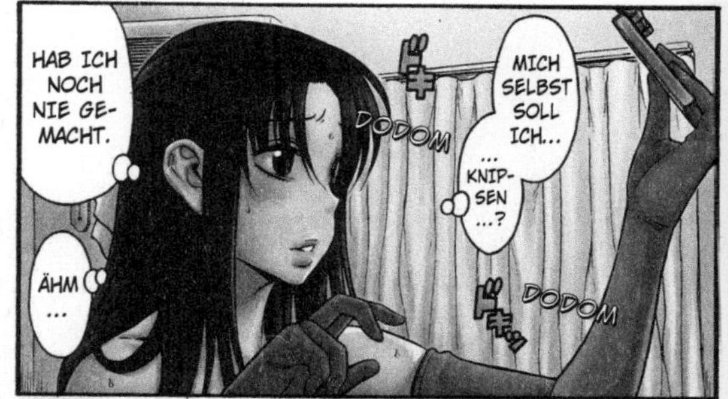
MICH SELBST SOLL ICH...
... KNIPSEN ...?
DODOM
HAB ICH NOCH NIE GEMACHT.
DODOM
ÄHM ...

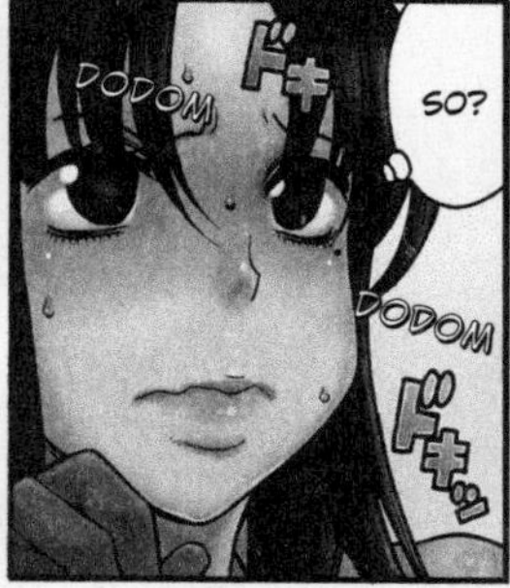
SO?
DODOM
DODOM

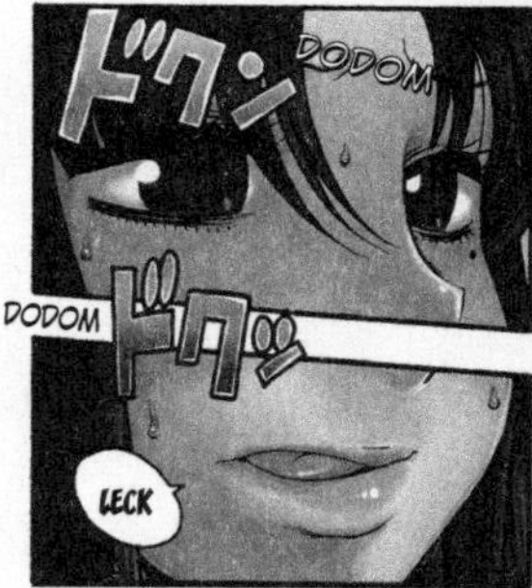
DODOM
DODOM
LECK

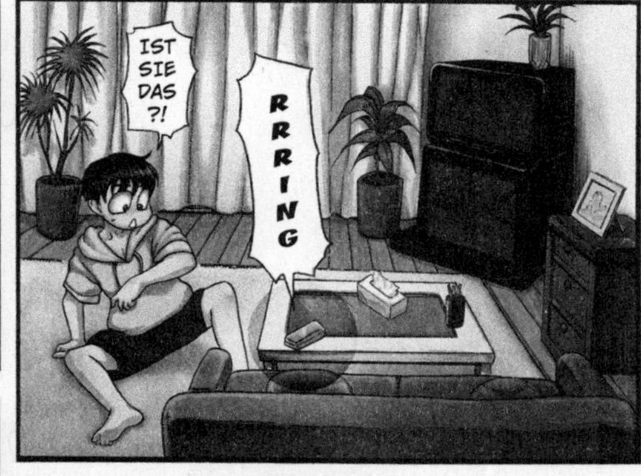
RRRING
IST SIE DAS ?!

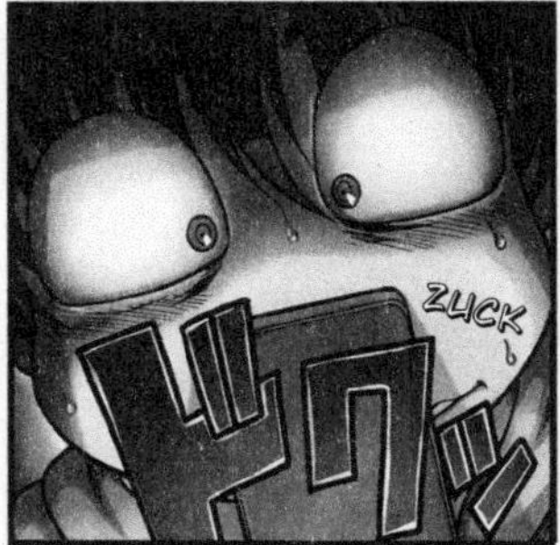
ZUCK

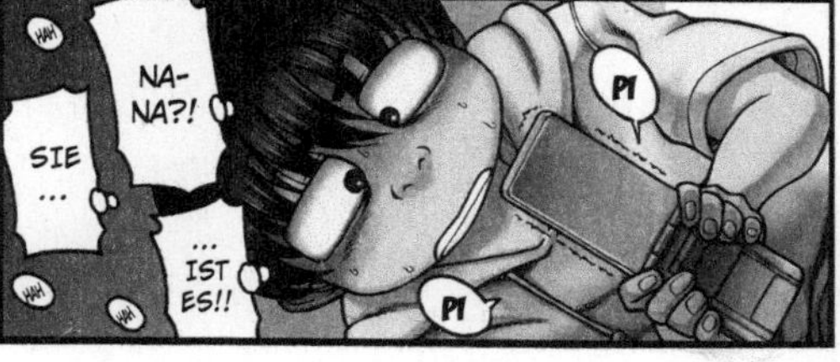
PI
PI
NA-NA?!
SIE ...
... IST ES!!
HAH
HAH
HAH

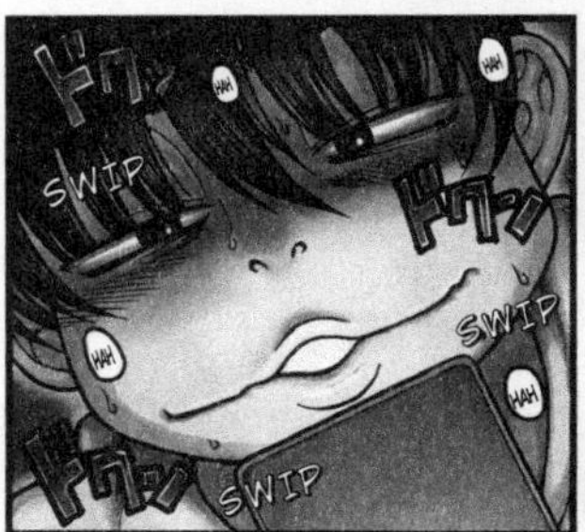
HAH
SWIP
SWIP
HAH
HAH
HAH
SWIP

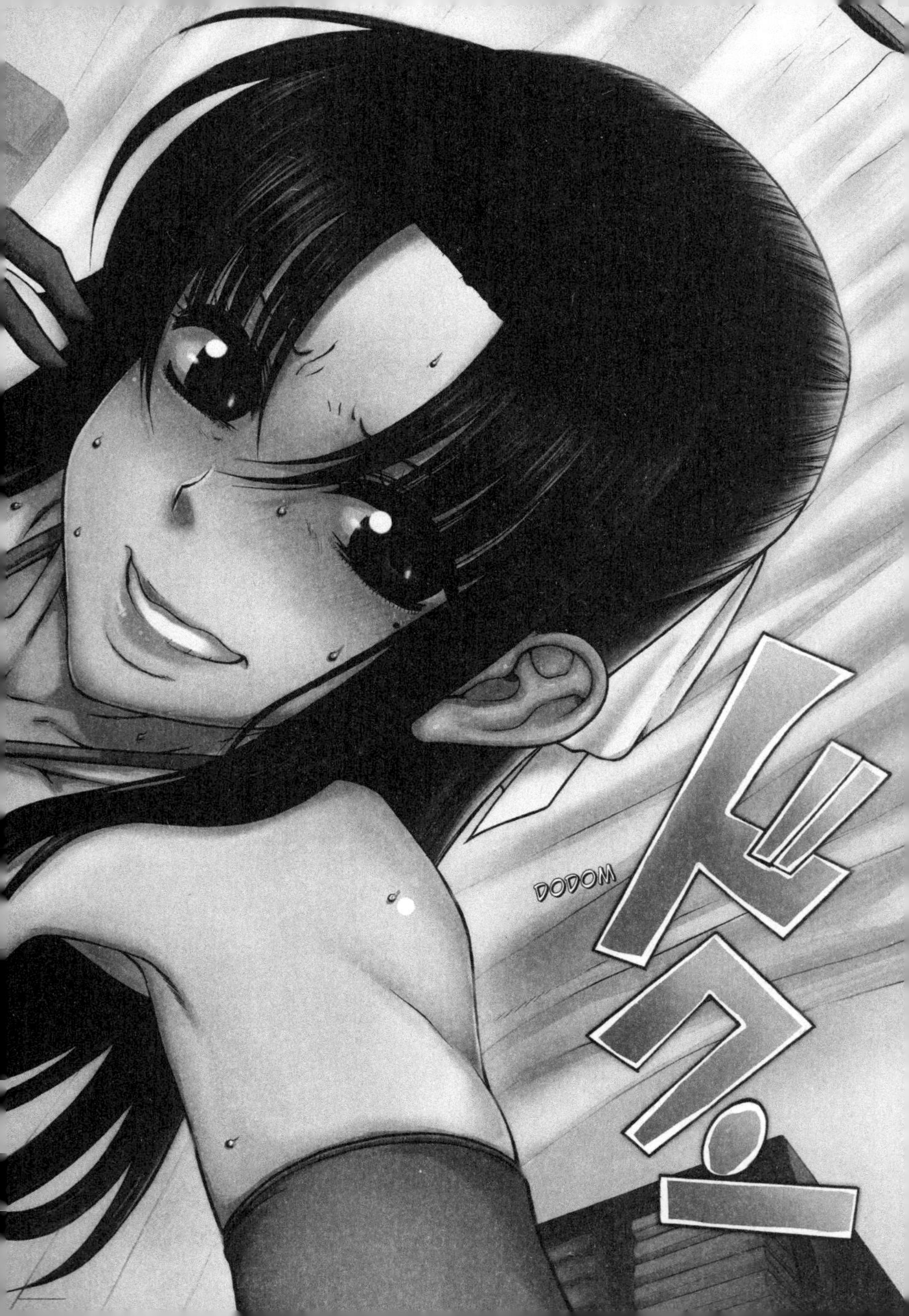
ドク!
DODOM

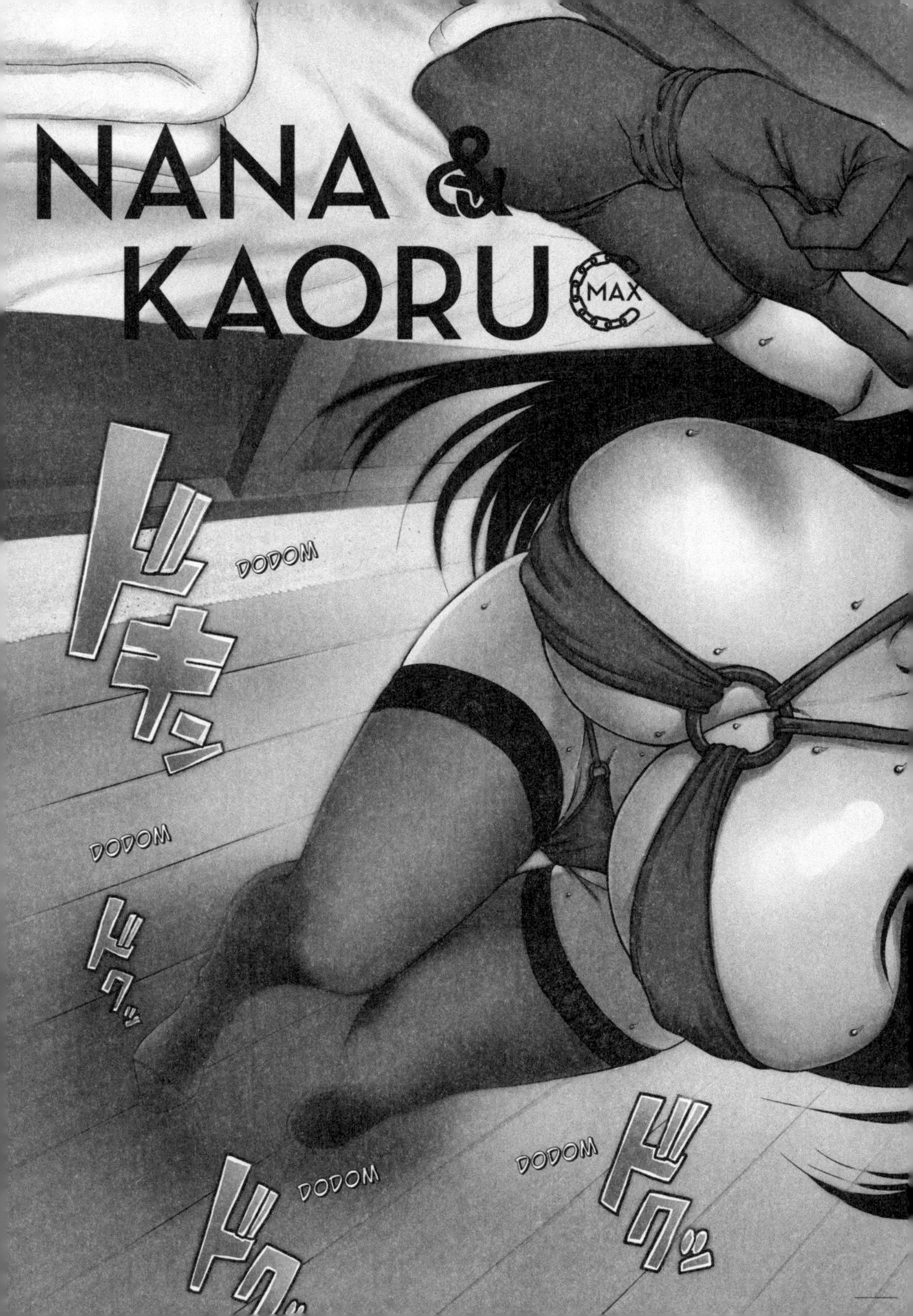
NANA &
KAORU
MAX
ドキッ
DODOM
DODOM
ドクッ
DODOM
ドクッ
DODOM
ドクッ

NANA &

KAORU

MAX

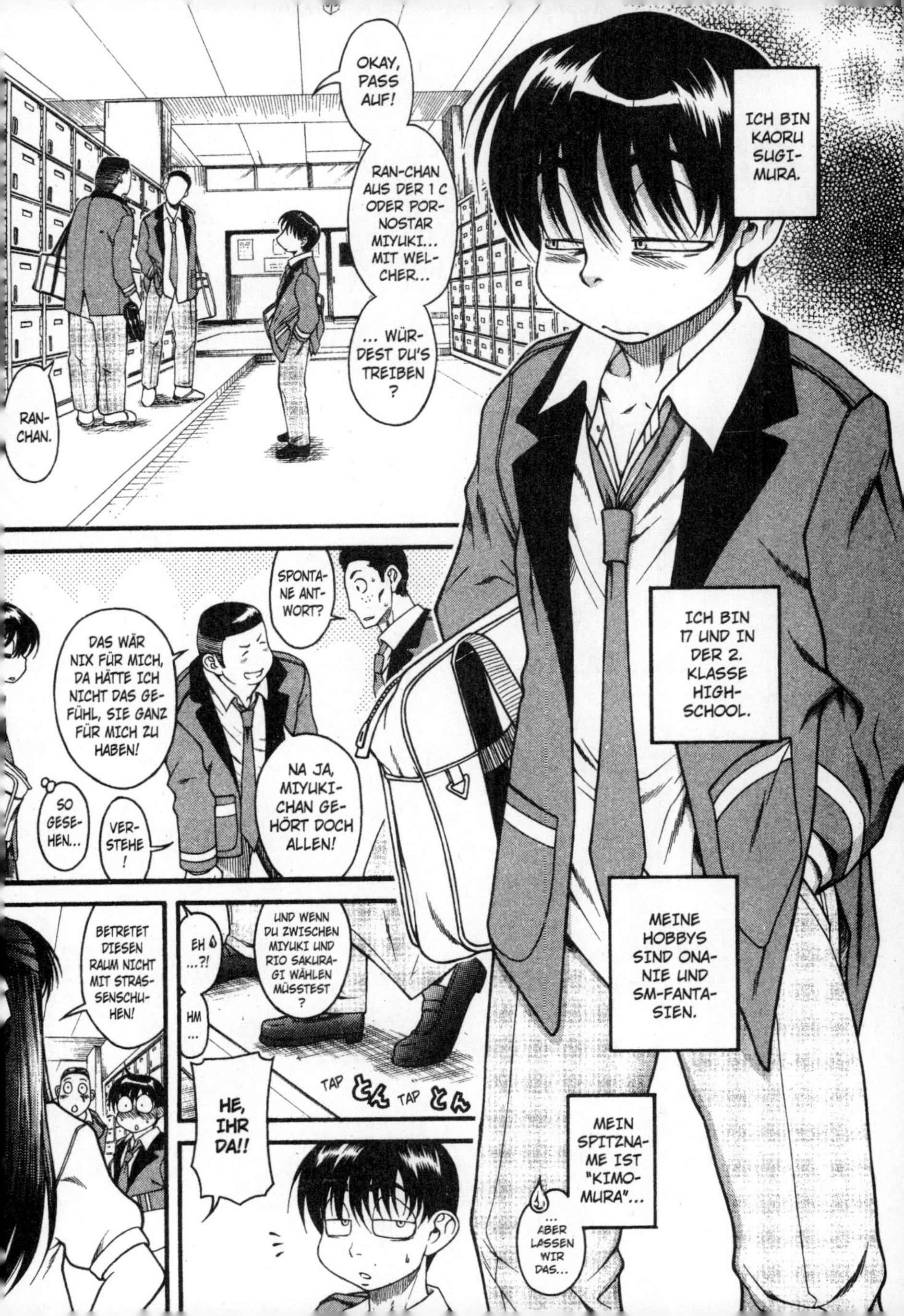
ICH BIN KAORU SUGIMURA.
OKAY, PASS AUF!
RAN-CHAN AUS DER 1 C ODER PORNOSTAR MIYUKI... MIT WELCHER...
... WÜRDEST DU'S TREIBEN ?
RAN-CHAN.
ICH BIN 17 UND IN DER 2. KLASSE HIGHSCHOOL.
SPONTANE ANTWORT?
DAS WÄR NIX FÜR MICH, DA HÄTTE ICH NICHT DAS GEFÜHL, SIE GANZ FÜR MICH ZU HABEN!
NA JA, MIYUKI-CHAN GEHÖRT DOCH ALLEN!
VERSTEHE!
SO GESEHEN...
MEINE HOBBYS SIND ONANIE UND SM-FANTASIEN.
UND WENN DU ZWISCHEN MIYUKI UND RIO SAKURAGI WÄHLEN MÜSSTEST ?
EH ...?!
HM ...
BETRETET DIESEN RAUM NICHT MIT STRASSENSCHUHEN!
TAP TAP
HE, IHR DA!!
MEIN SPITZNAME IST "KIMOMURA"...
... ABER LASSEN WIR DAS...

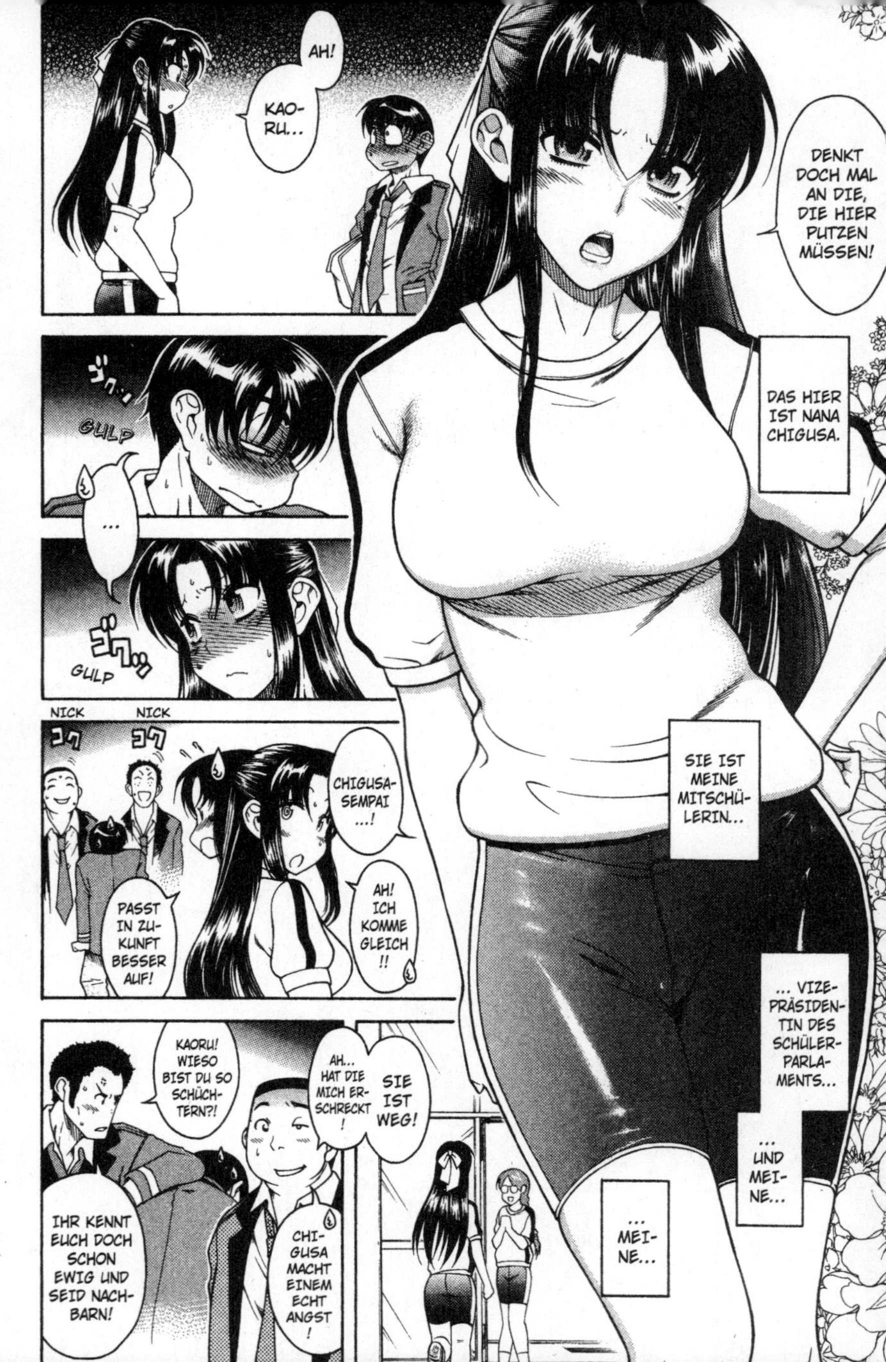
DENKT DOCH MAL AN DIE, DIE HIER PUTZEN MÜSSEN!
AH!
KAO-RU...
DAS HIER IST NANA CHIGUSA.
GULP
...
GULP
SIE IST MEINE MITSCHÜLERIN...
NICK
NICK
CHIGUSA-SEMPAI ...!
AH! ICH KOMME GLEICH !!
PASST IN ZU-KUNFT BESSER AUF!
... VIZE-PRÄSIDEN-TIN DES SCHÜLER-PARLA-MENTS...
... UND MEI-NE...
... MEI-NE...
SIE IST WEG!
AH... HAT DIE MICH ER-SCHRECKT!
KAORU! WIESO BIST DU SO SCHÜCH-TERN?!
CHI-GUSA MACHT EINEM ECHT ANGST!
IHR KENNT EUCH DOCH SCHON EWIG UND SEID NACH-BARN!

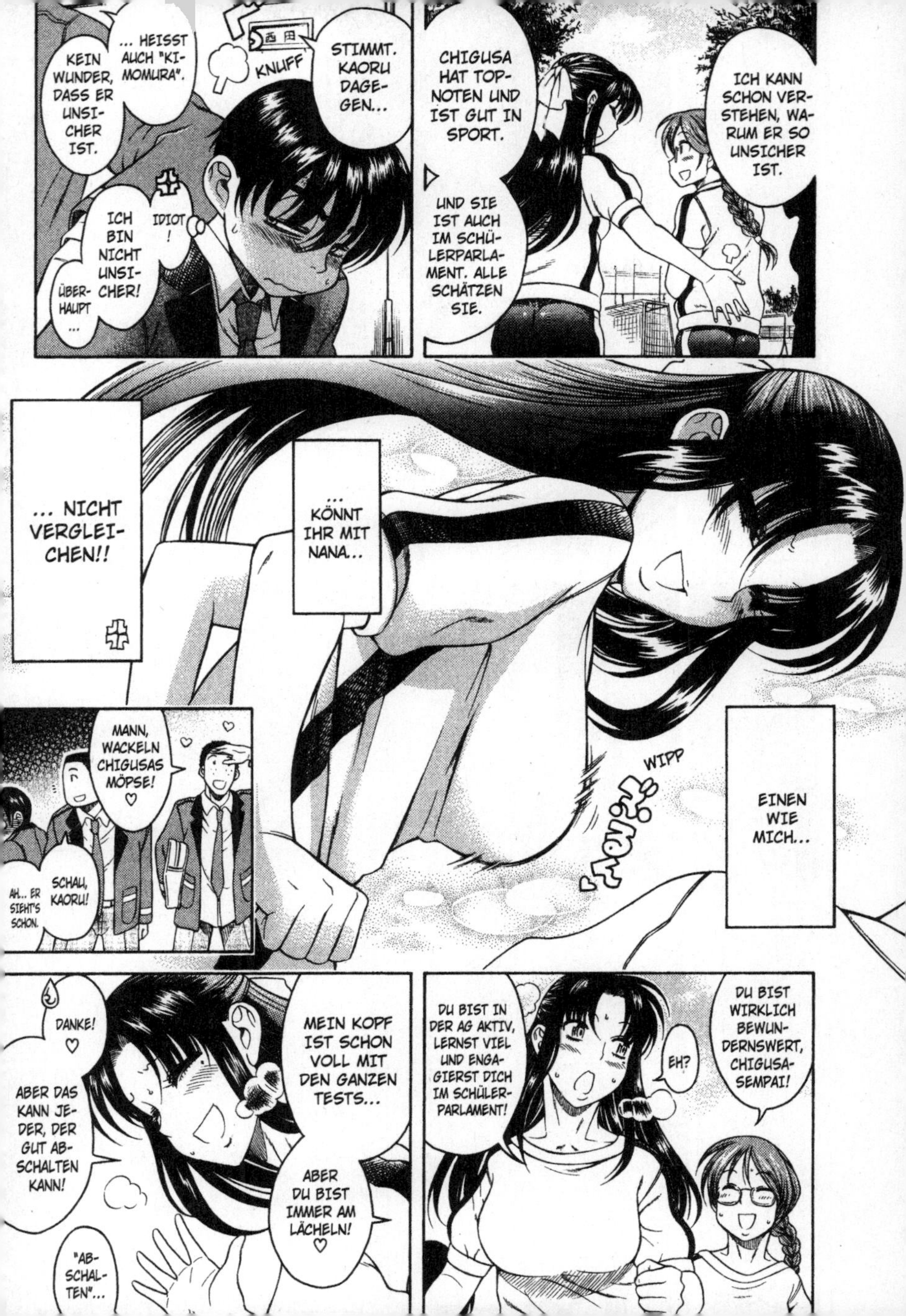
ICH KANN SCHON VERSTEHEN, WARUM ER SO UNSICHER IST.
CHIGUSA HAT TOPNOTEN UND IST GUT IN SPORT.
UND SIE IST AUCH IM SCHÜLERPARLAMENT. ALLE SCHÄTZEN SIE.
STIMMT. KAORU DAGEGEN...
KNUFF
... HEISST AUCH "KIMOMURA".
KEIN WUNDER, DASS ER UNSICHER IST.
IDIOT!
ICH BIN NICHT UNSICHER!
ÜBERHAUPT ...
EINEN WIE MICH...
... KÖNNT IHR MIT NANA...
... NICHT VERGLEICHEN!!
WIPP
MANN, WACKELN CHIGUSAS MÖPSE! ♡
SCHAU, KAORU!
AH... ER SIEHT'S SCHON.
DU BIST WIRKLICH BEWUNDERNSWERT, CHIGUSA-SEMPAI!
EH?
DU BIST IN DER AG AKTIV, LERNST VIEL UND ENGAGIERST DICH IM SCHÜLERPARLAMENT!
MEIN KOPF IST SCHON VOLL MIT DEN GANZEN TESTS...
ABER DU BIST IMMER AM LÄCHELN! ♡
DANKE! ♡
ABER DAS KANN JEDER, DER GUT ABSCHALTEN KANN!
"ABSCHALTEN"...

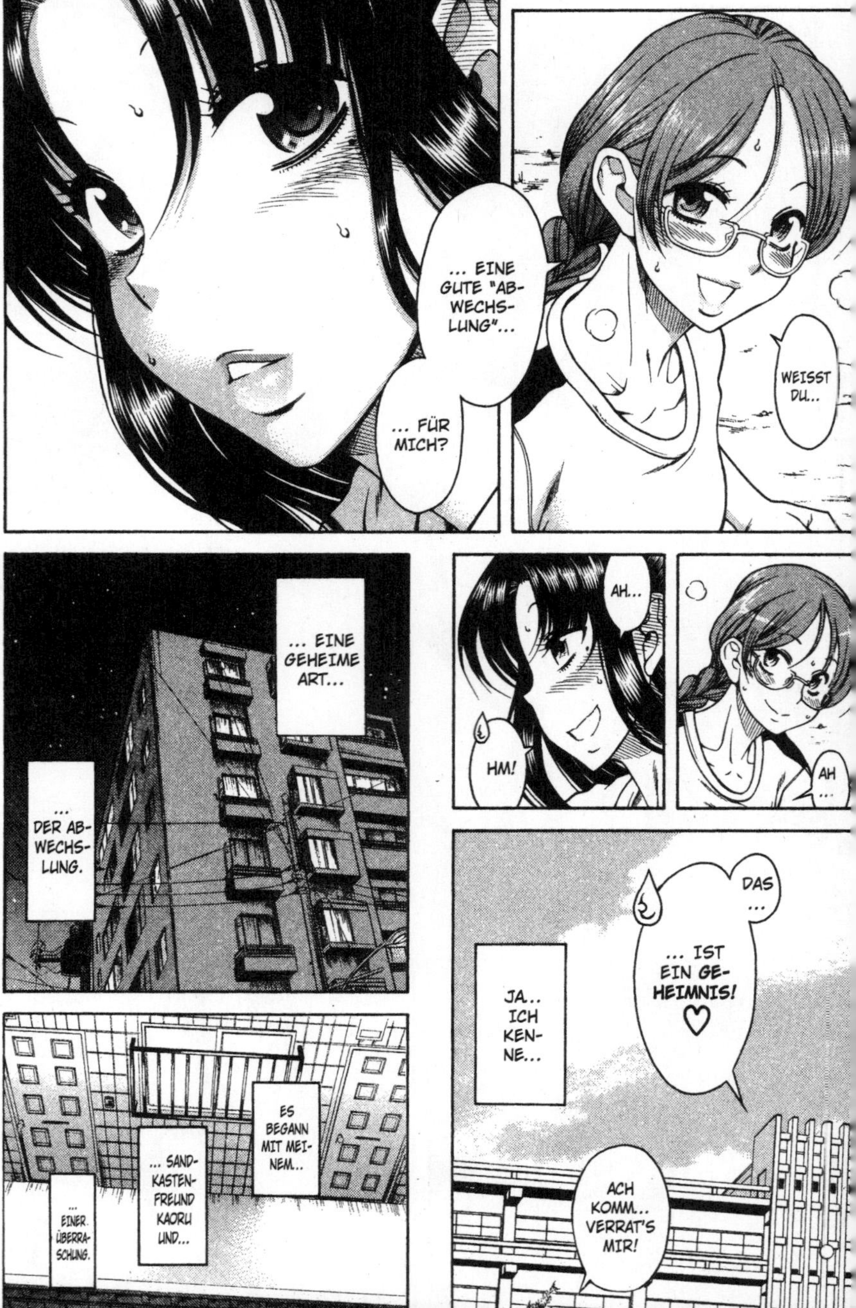

WEISST DU...

... EINE GUTE "ABWECHSLUNG"...

... FÜR MICH?

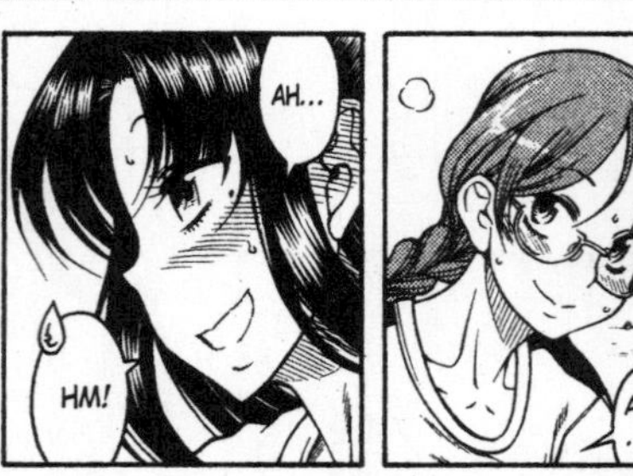

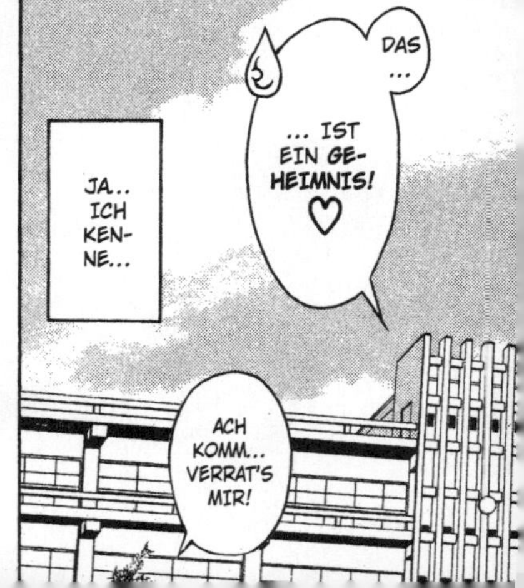

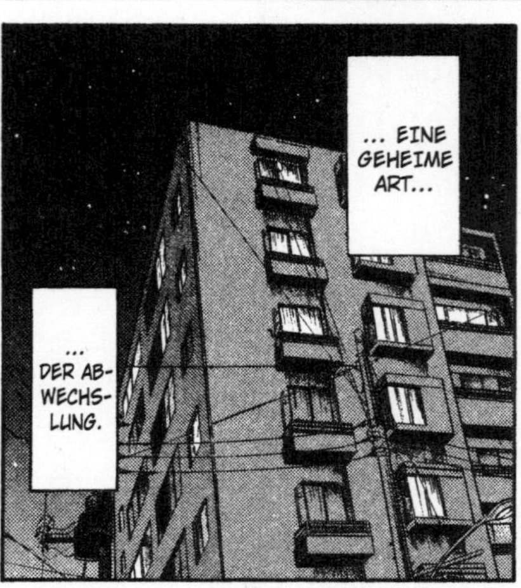

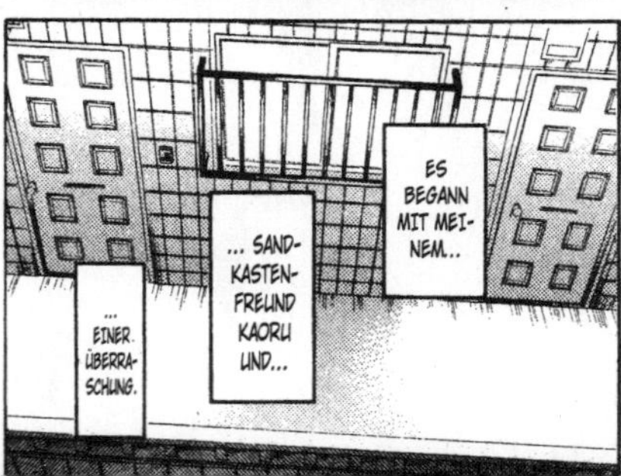

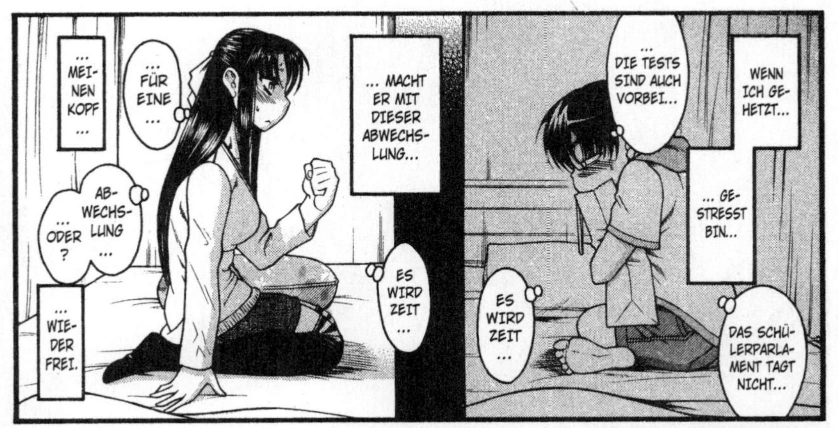
... DIE TESTS SIND AUCH VORBEI...
WENN ICH GEHETZT...
... GESTRESST BIN...
DAS SCHÜLERPARLAMENT TAGT NICHT...
ES WIRD ZEIT ...
... MACHT ER MIT DIESER ABWECHSLUNG...
ES WIRD ZEIT ...
... FÜR EINE ...
... MEINEN KOPF ...
ABWECHSLUNG ...
... ODER ?
... WIEDER FREI.

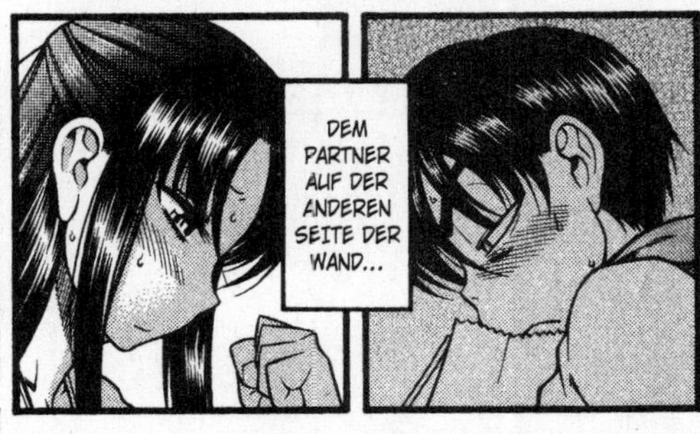
DEM PARTNER AUF DER ANDEREN SEITE DER WAND...

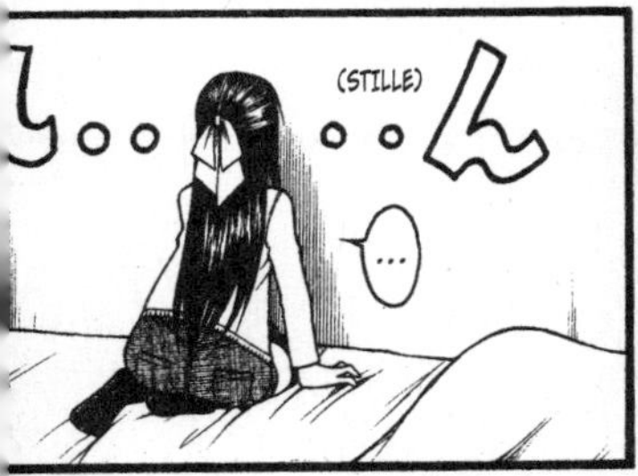
(STILLE)
...

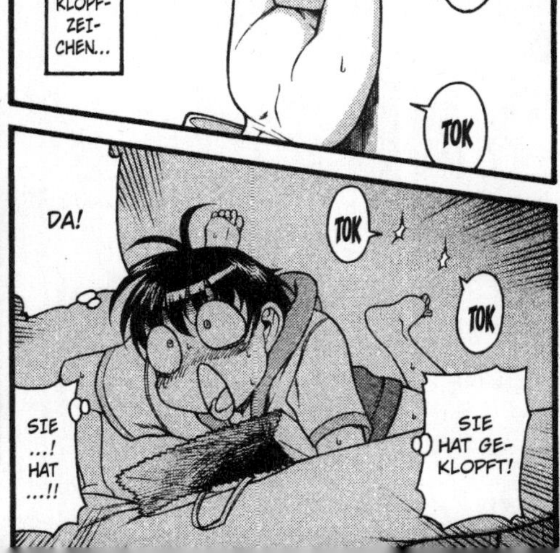
... GEBEN WIR KLOPFZEICHEN...
TOK
TOK
DA!
TOK
TOK
SIE HAT GEKLOPFT!
SIE ...! HAT ...!!

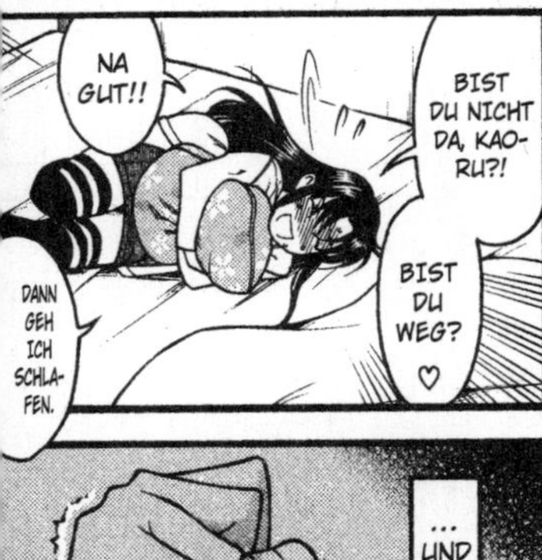
NA GUT!!
BIST DU NICHT DA, KAORU?!
BIST DU WEG? ♡
DANN GEH ICH SCHLAFEN.

... UND SO ...

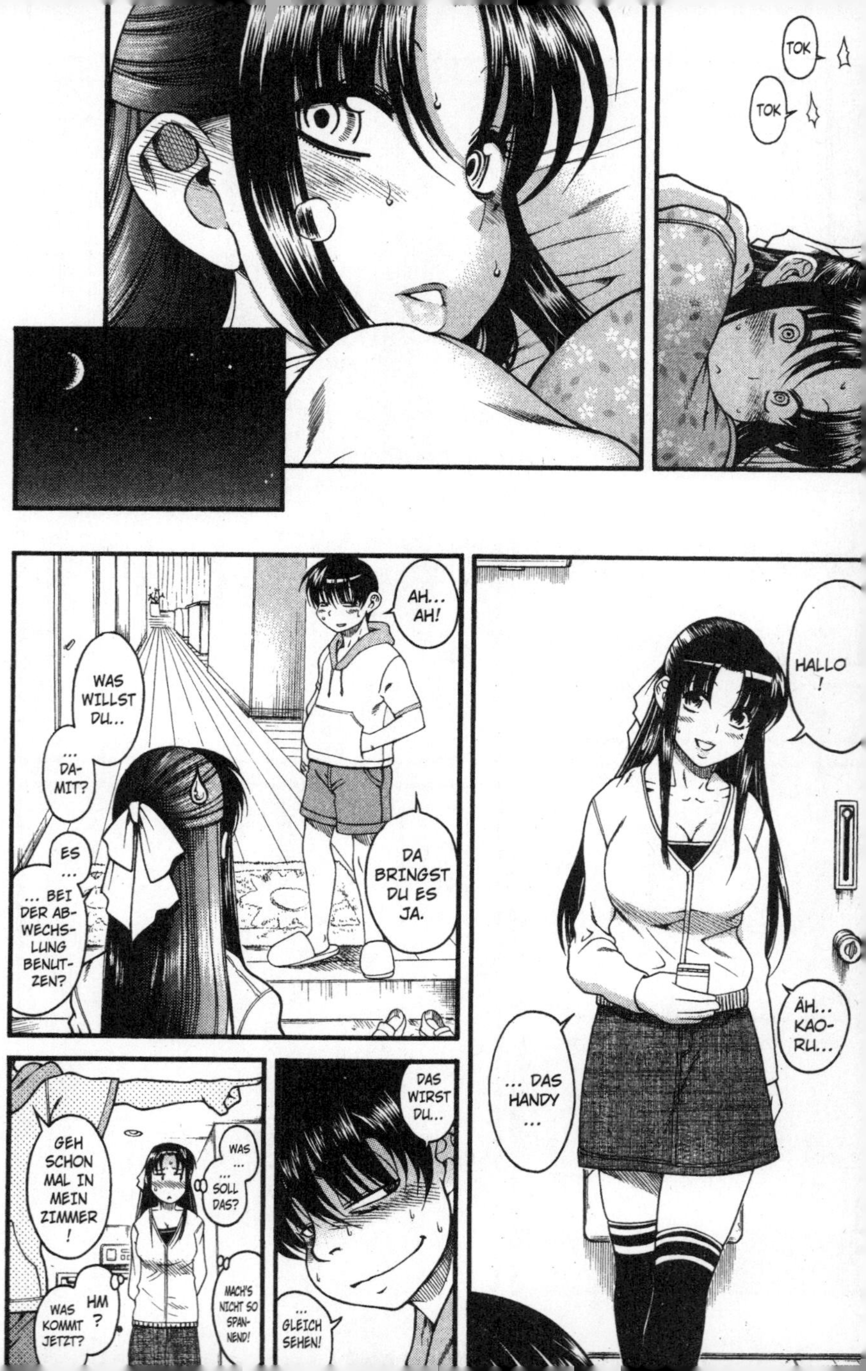

TOK
TOK
HALLO!
ÄH... KAORU...
... DAS HANDY ...
AH... AH!
WAS WILLST DU...
... DAMIT?
DA BRINGST DU ES JA.
ES ...
... BEI DER ABWECHSLUNG BENUTZEN?
DAS WIRST DU...
... GLEICH SEHEN!
MACH'S NICHT SO SPANNEND!
GEH SCHON MAL IN MEIN ZIMMER!
WAS ...
... SOLL DAS?
HM?
WAS KOMMT JETZT?

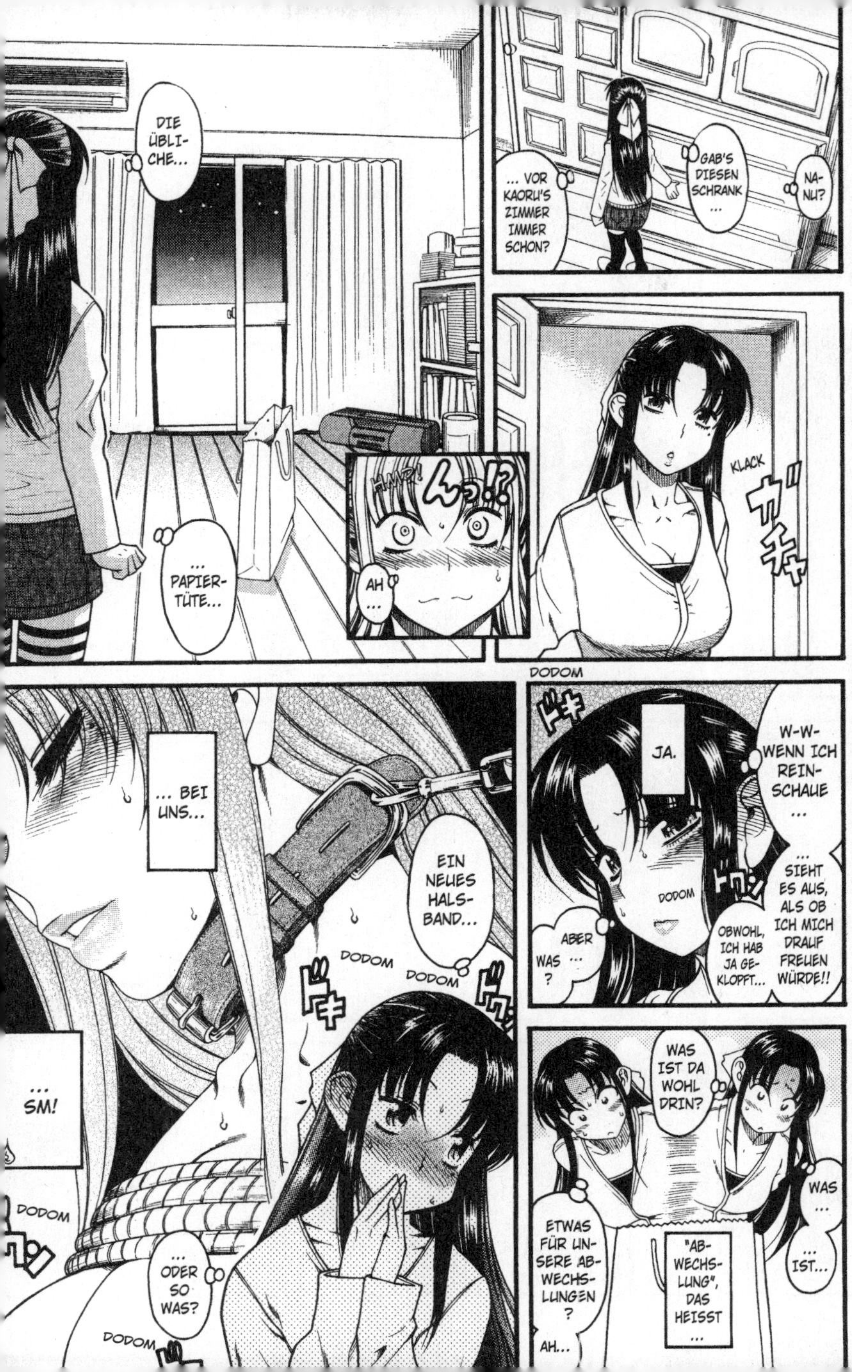

NA-NU?
GAB'S DIESEN SCHRANK ...
... VOR KAORU'S ZIMMER IMMER SCHON?
DIE ÜBLI-CHE...
... PAPIER-TÜTE...
KLACK
ガチャ
HMPF! んっ!?
AH ...
DODOM
ドキ
W-W-WENN ICH REIN-SCHAUE ...
JA.
... SIEHT ES AUS, ALS OB ICH MICH DRAUF FREUEN WÜRDE!!
OBWOHL, ICH HAB JA GE-KLOPFT...
DODOM
ABER ... WAS ?
ドクン
... BEI UNS...
EIN NEUES HALS-BAND...
DODOM
DODOM
ドキ
... SM!
... ODER SO WAS?
DODOM
DODOM
WAS IST DA WOHL DRIN?
WAS ... ... IST...
"AB-WECHS-LUNG", DAS HEISST ...
ETWAS FÜR UN-SERE AB-WECHS-LUNGEN ?
AH...

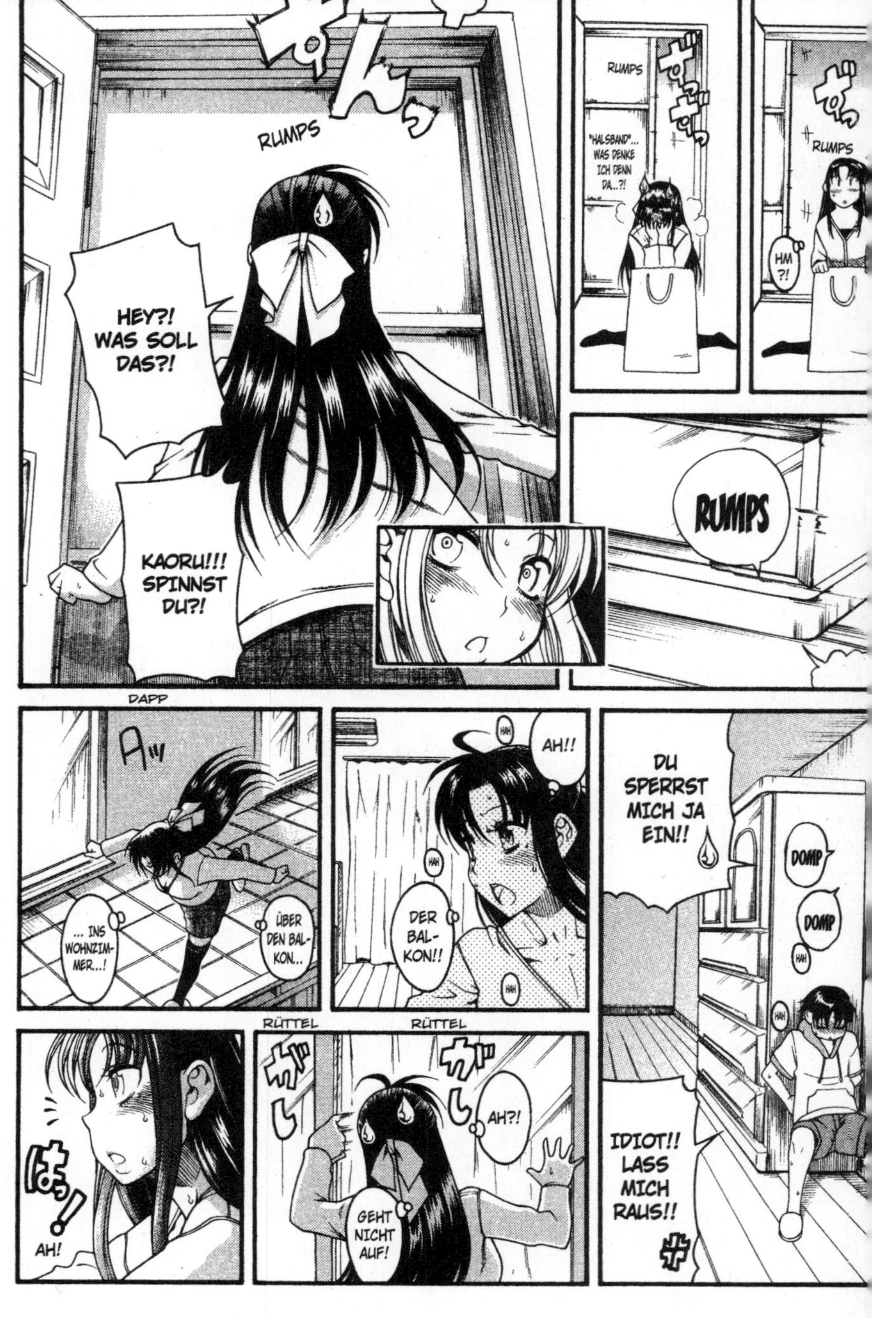
RUMPS
HM ?!
RUMPS
"HALSBAND"... WAS DENKE ICH DENN DA..?!
RUMPS
RUMPS
HEY?! WAS SOLL DAS?!
KAORU!!! SPINNST DU?!
DU SPERRST MICH JA EIN!!
DOMP
DOMP
HAH
HAH
IDIOT!! LASS MICH RAUS!!
HAH
AH!!
HAH
DER BAL-KON!!
HAH
DAPP
ÜBER DEN BAL-KON...
... INS WOHNZIM-MER...!
RÜTTEL
RÜTTEL
AH?!
GEHT NICHT AUF!
AH!

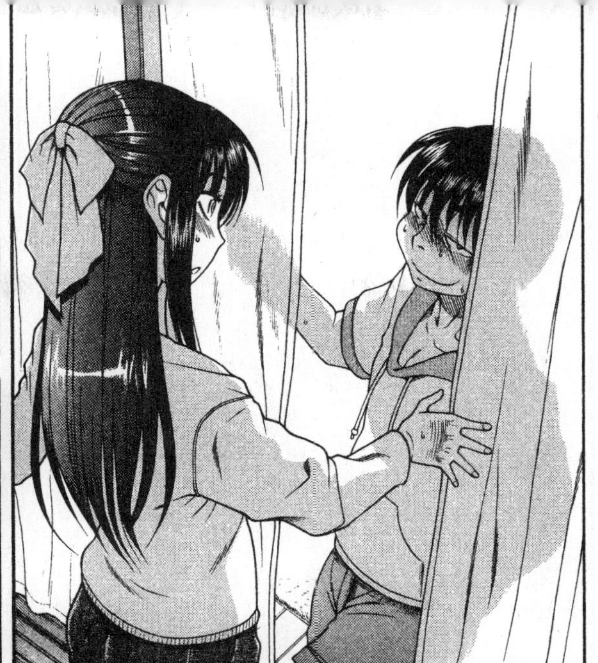

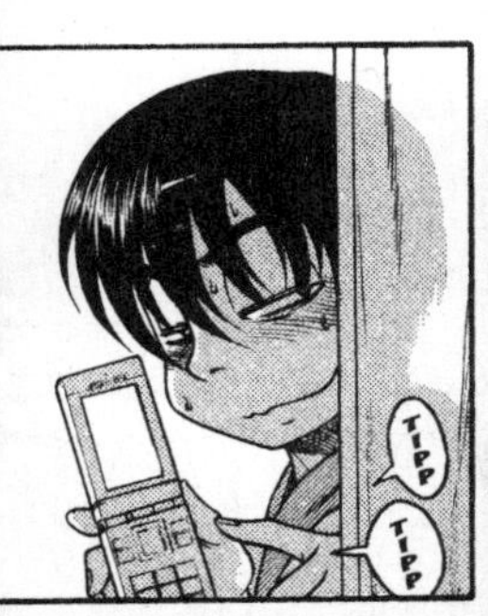
TIPP
TIPP

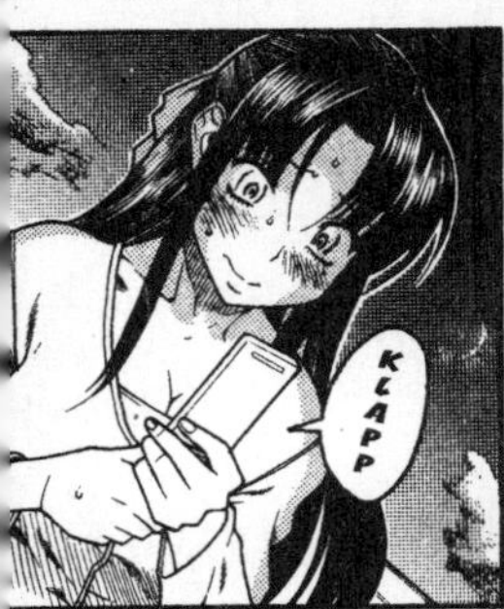
KLAPP

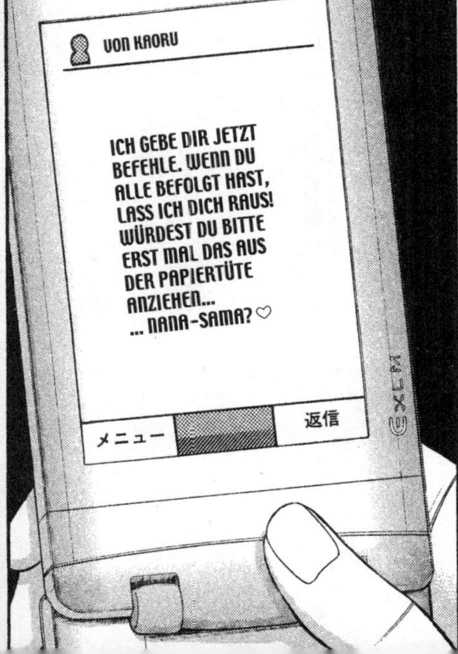
VON KAORU
ICH GEBE DIR JETZT BEFEHLE. WENN DU ALLE BEFOLGT HAST, LASS ICH DICH RAUS! WÜRDEST DU BITTE ERST MAL DAS AUS DER PAPIERTÜTE ANZIEHEN...
... NANA-SAMA? ♡
メニュー
返信

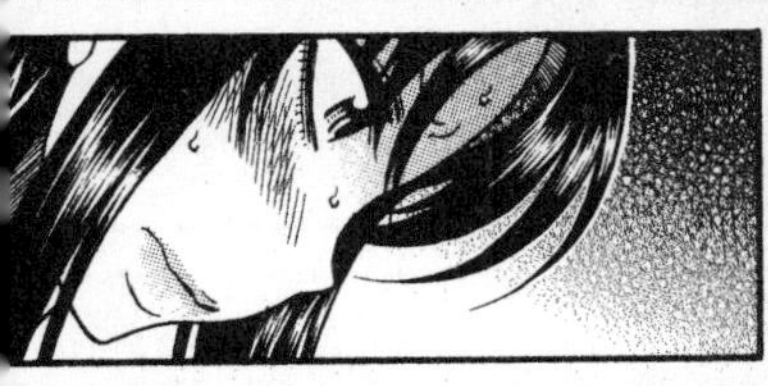

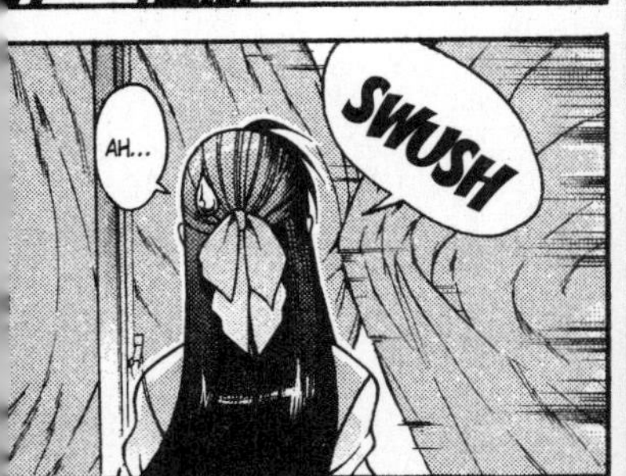
SWUSH
AH...

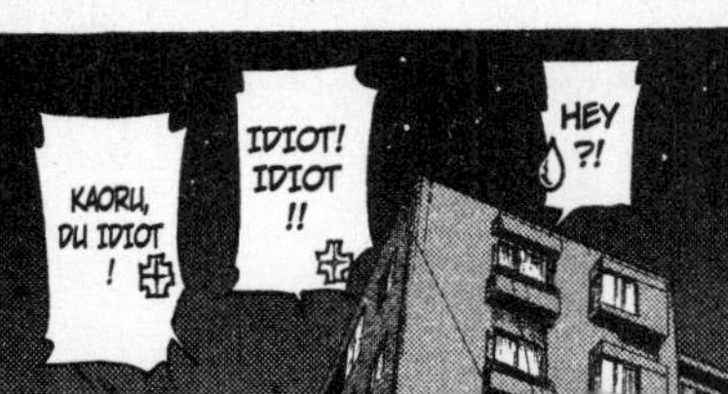
HEY ?!
IDIOT! IDIOT !!
KAORU, DU IDIOT !

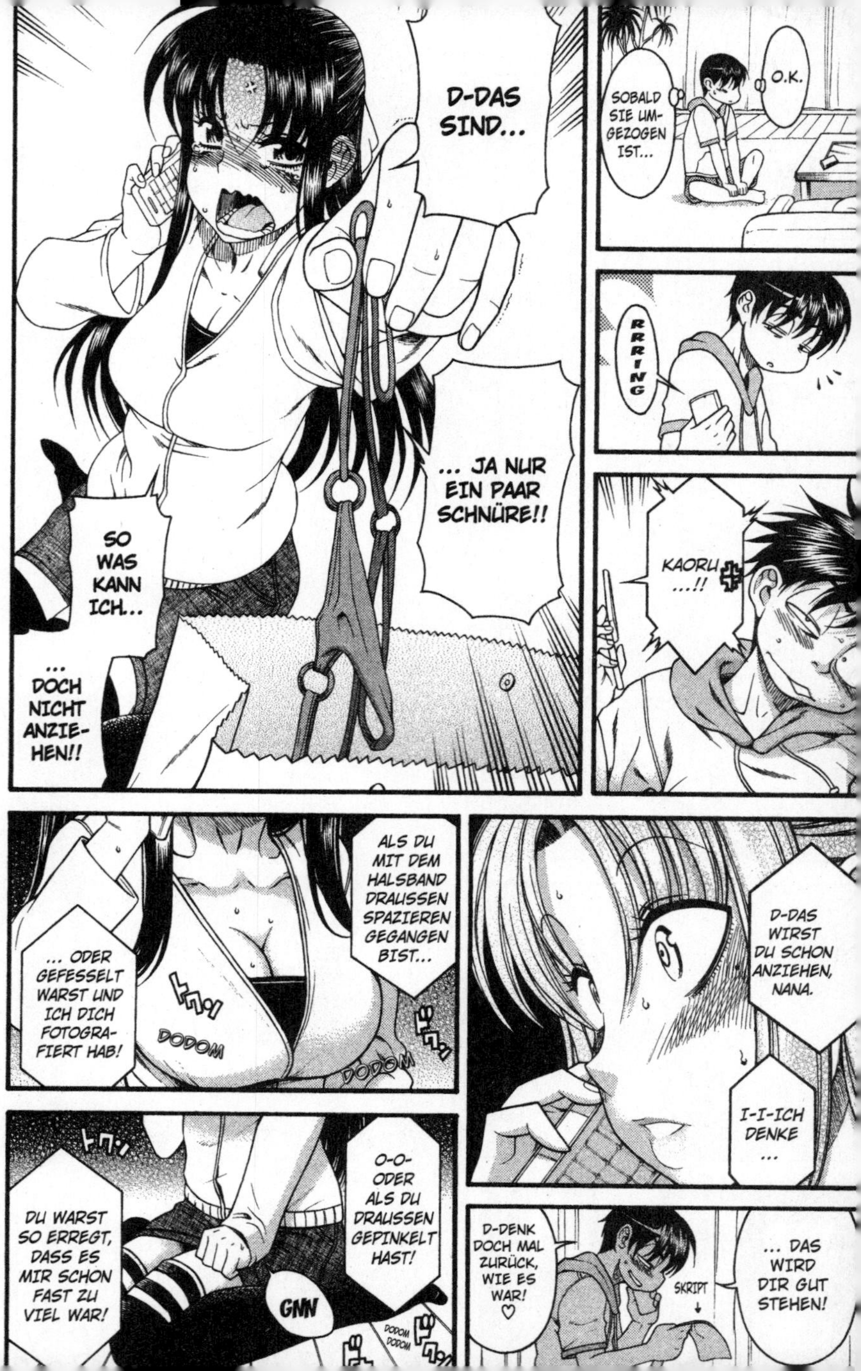

O.K.

SOBALD SIE UMGEZOGEN IST...

RRRING

KAORU ...!!

D-DAS SIND...

... JA NUR EIN PAAR SCHNÜRE!!

SO WAS KANN ICH...

... DOCH NICHT ANZIEHEN!!

D-DAS WIRST DU SCHON ANZIEHEN, NANA.

I-I-ICH DENKE ...

ALS DU MIT DEM HALSBAND DRAUSSEN SPAZIEREN GEGANGEN BIST...

... ODER GEFESSELT WARST UND ICH DICH FOTOGRAFIERT HAB!

DODOM

DODOM

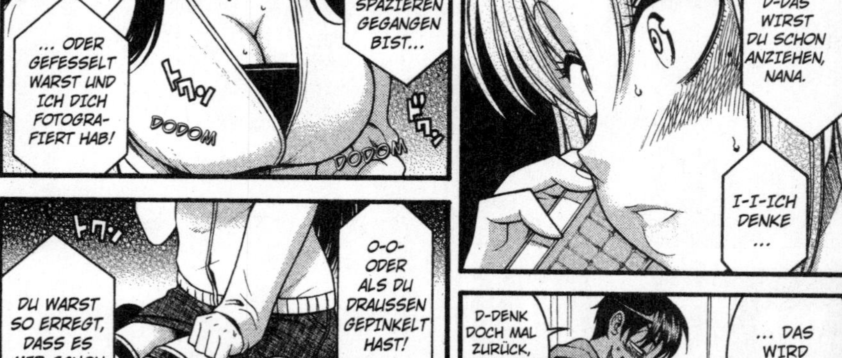

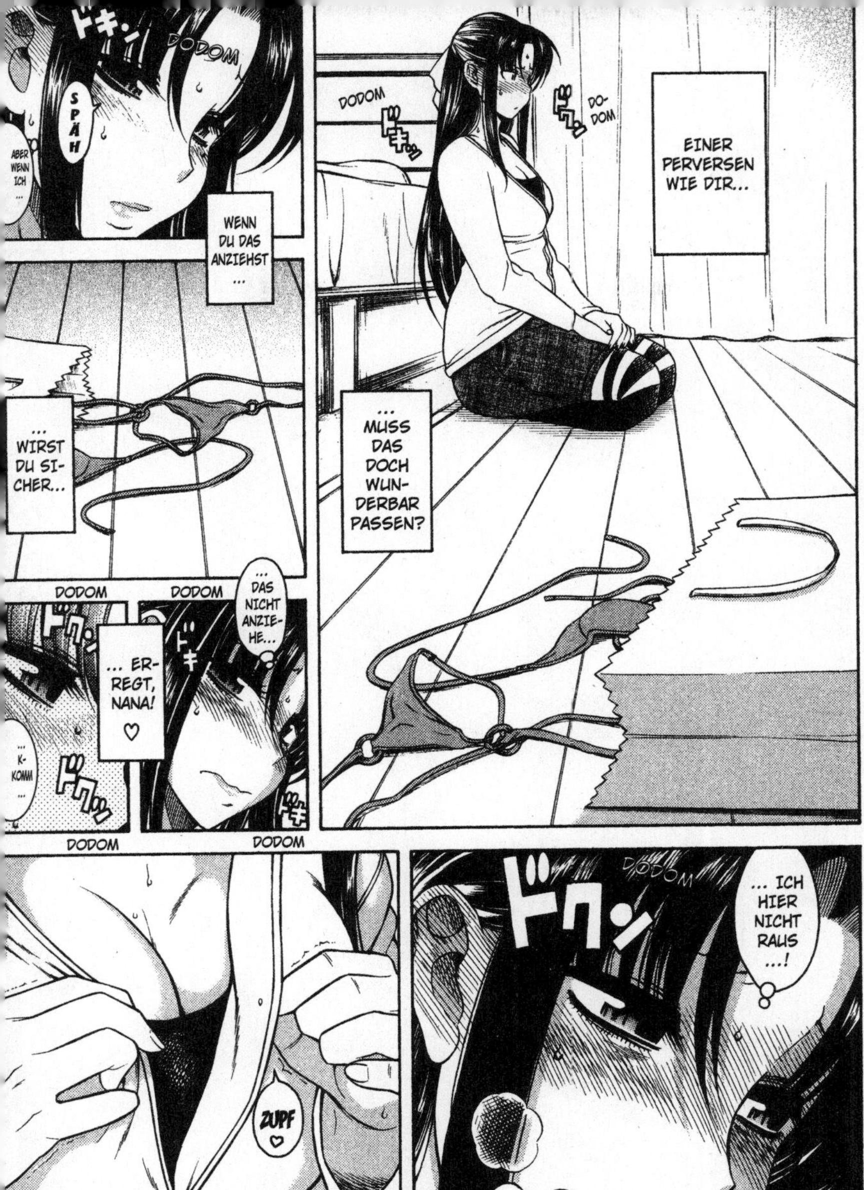

DODOM
DO-DOM
EINER PERVERSEN WIE DIR...
... MUSS DAS DOCH WUNDERBAR PASSEN?
DODOM
SPÄH
WENN DU DAS ANZIEHST ...
ABER WENN ICH ...
... WIRST DU SICHER...
DODOM
DODOM
... DAS NICHT ANZIE-HE...
... ER-REGT, NANA! ♡
... K-KOMM ...
DODOM
DODOM
DODOM
... ICH HIER NICHT RAUS ...!
LECK
DODOM
DODOM
ZUPF ♡

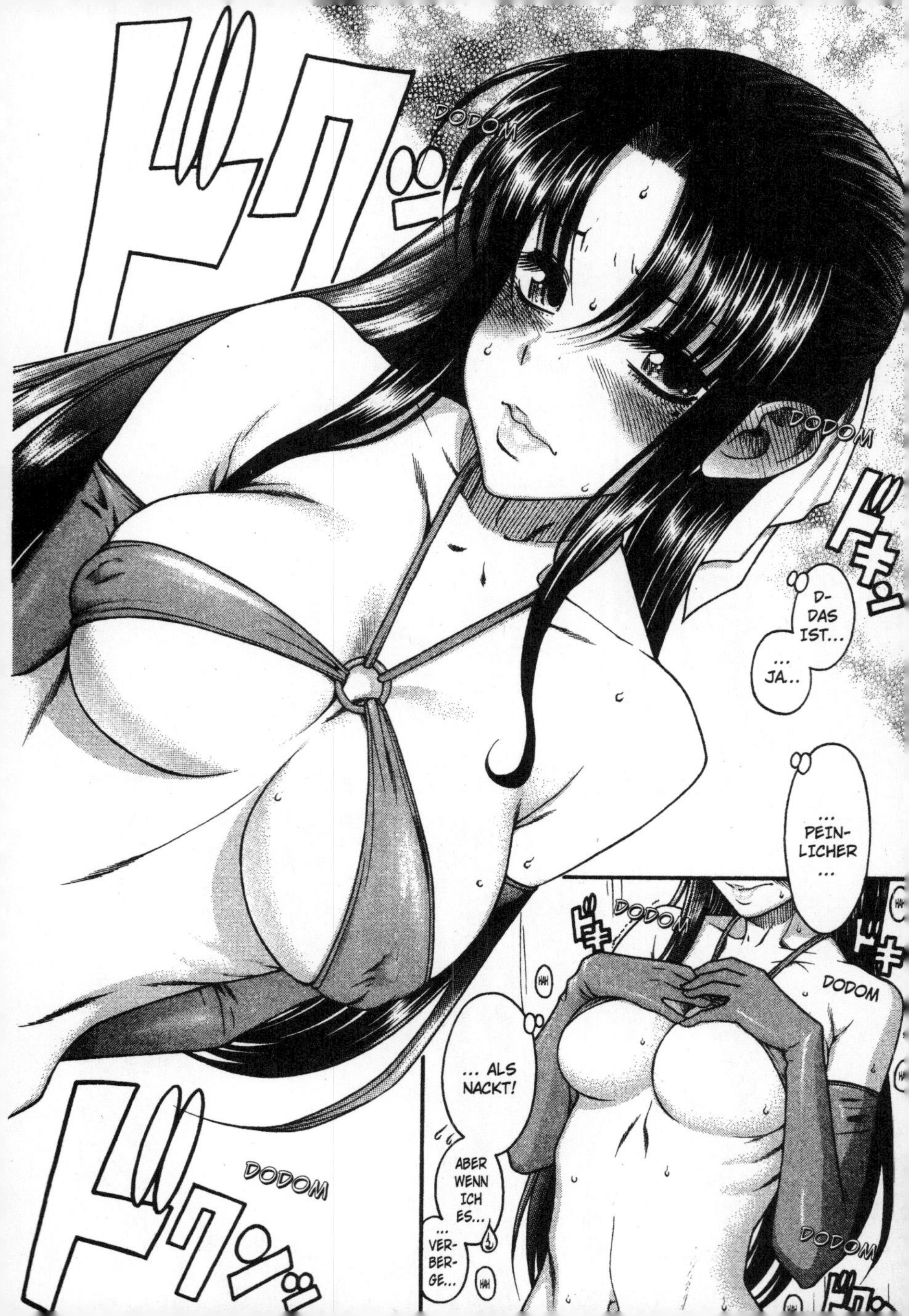
DODOM
DODOM
D-DAS IST...
... JA...
... PEIN-LICHER ...
DODOM
HAH
DODOM
... ALS NACKT!
ABER WENN ICH ES... ... VERBER-GE...
HAH
DODOM
DODOM

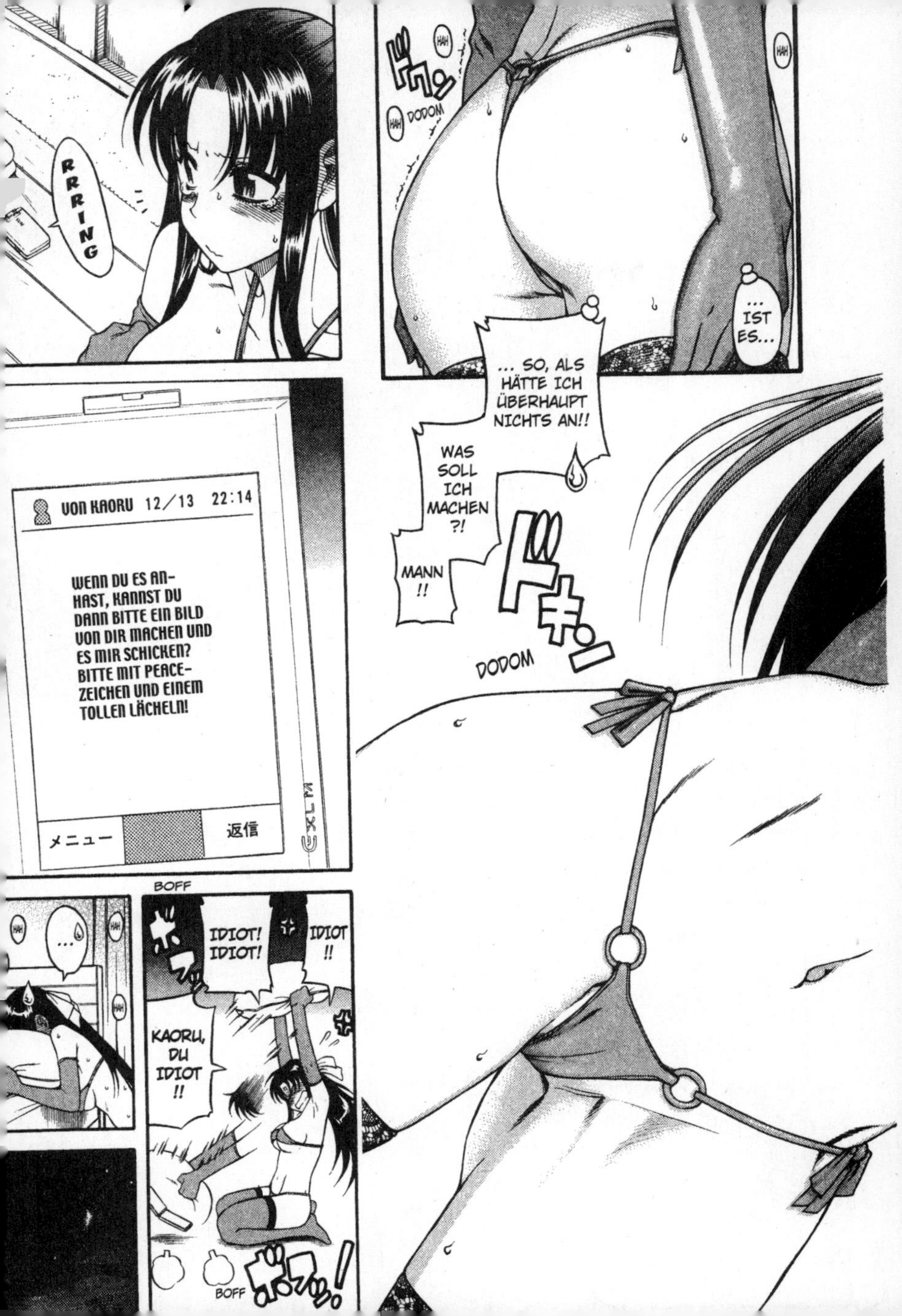

HAH
HAH
DODOM
HAH
... IST ES...
... SO, ALS HÄTTE ICH ÜBERHAUPT NICHTS AN!!
RRRING
WAS SOLL ICH MACHEN ?!
MANN !!
DODOM
VON KAORU 12/13 22:14
WENN DU ES AN-HAST, KANNST DU DANN BITTE EIN BILD VON DIR MACHEN UND ES MIR SCHICKEN? BITTE MIT PEACE-ZEICHEN UND EINEM TOLLEN LÄCHELN!
メニュー
返信
BOFF
IDIOT !!
IDIOT! IDIOT!
KAORU, DU IDIOT !!
...
HAH
HAH
HAH
BOFF

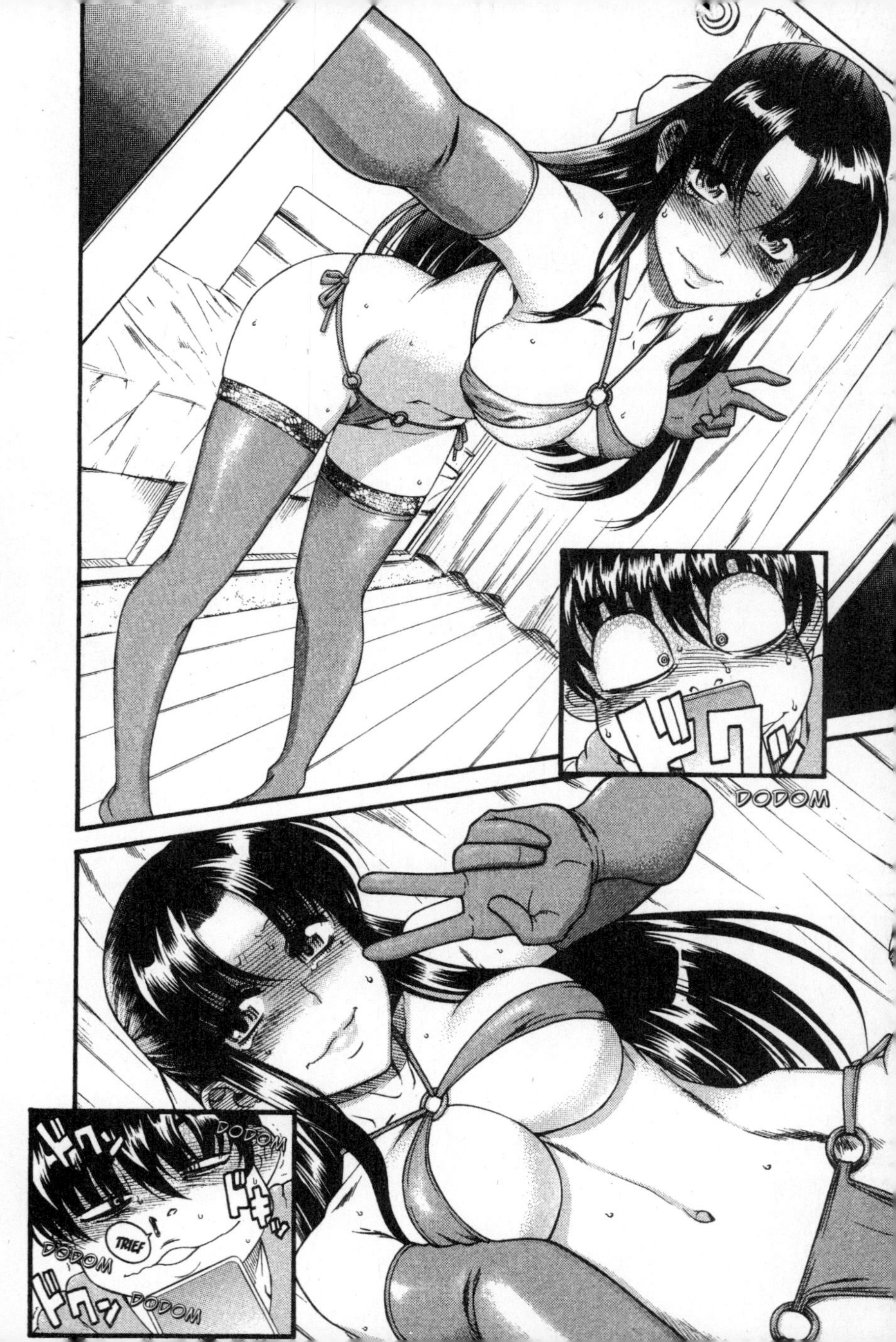
DODOM
DODOM
TRIEF
DODOM
DODOM

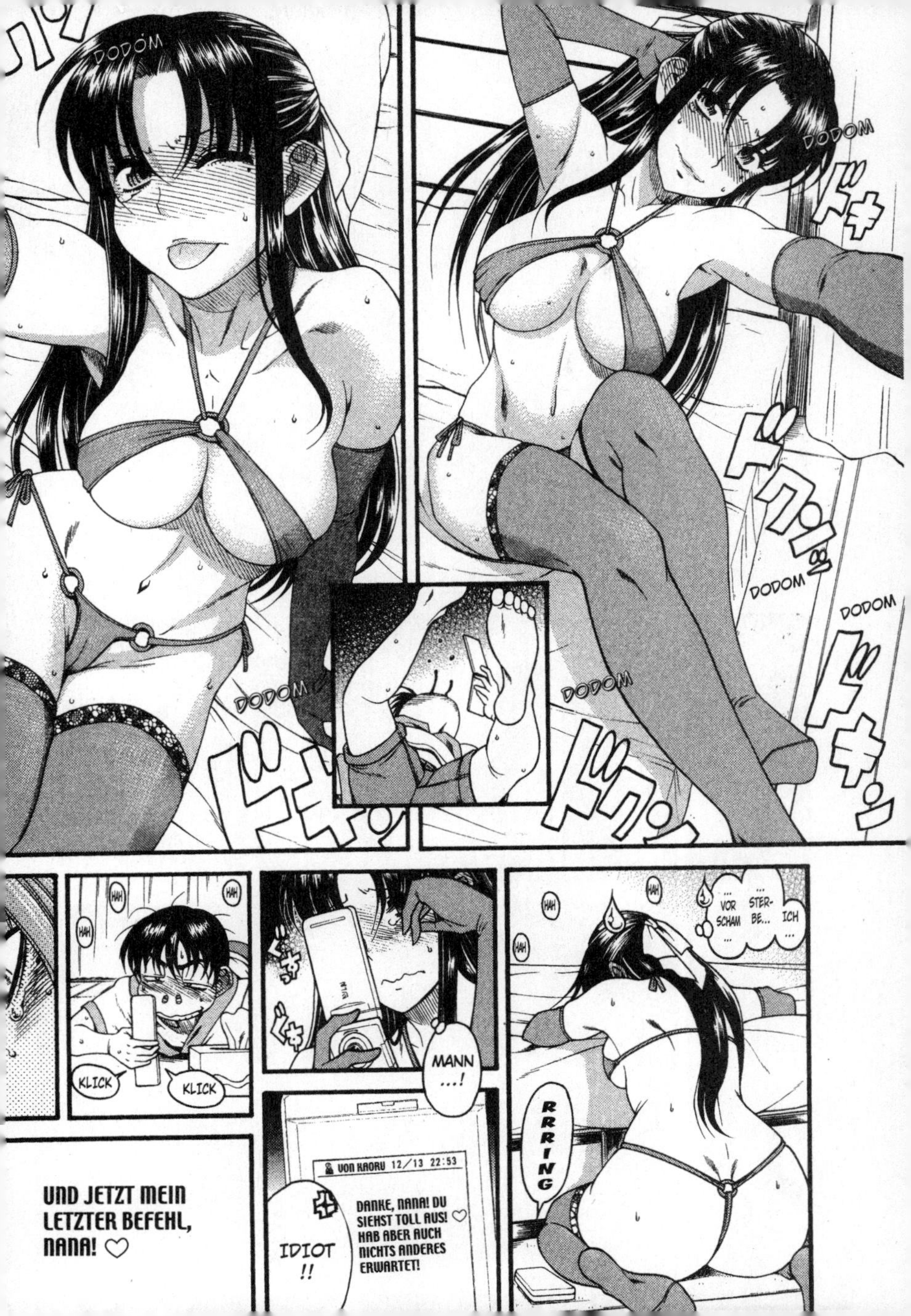

DODOM
DODOM
DODOM
DODOM
DODOM
DODOM

... ICH ...
... STER-BE...
... VOR SCHAM ...
HAH
HAH
HAH
MANN ...!
HAH
HAH
HAH
KLICK
KLICK

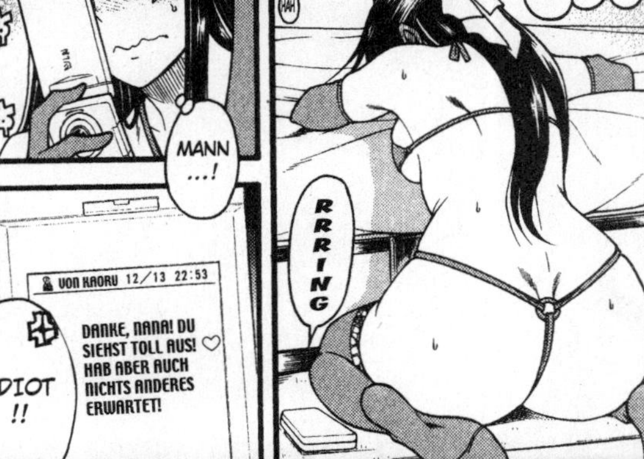

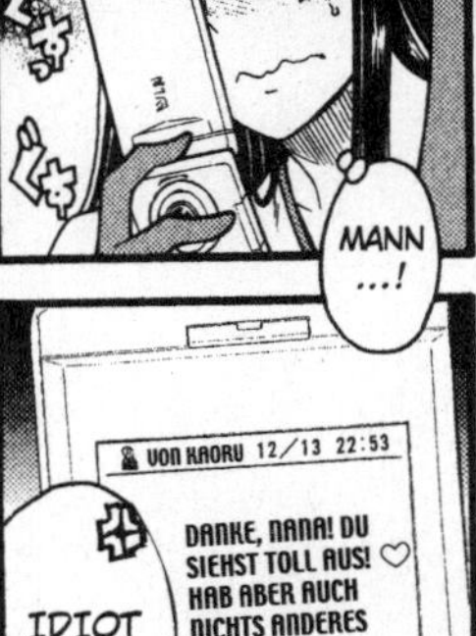

UND JETZT MEIN LETZTER BEFEHL, NANA! ♡

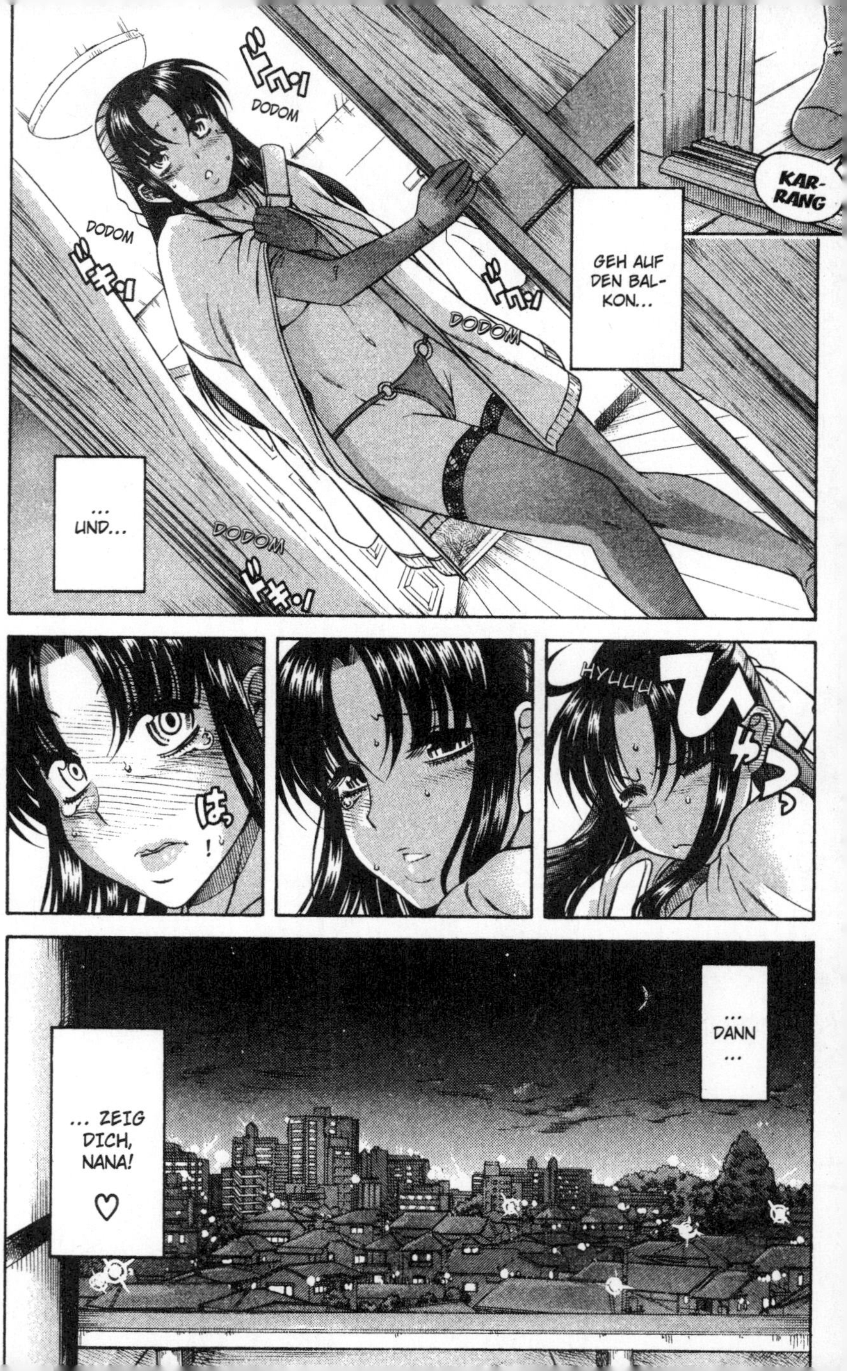

KAR-RANG

GEH AUF DEN BAL-KON...

DODOM

DODOM

DODOM

... UND...

DODOM

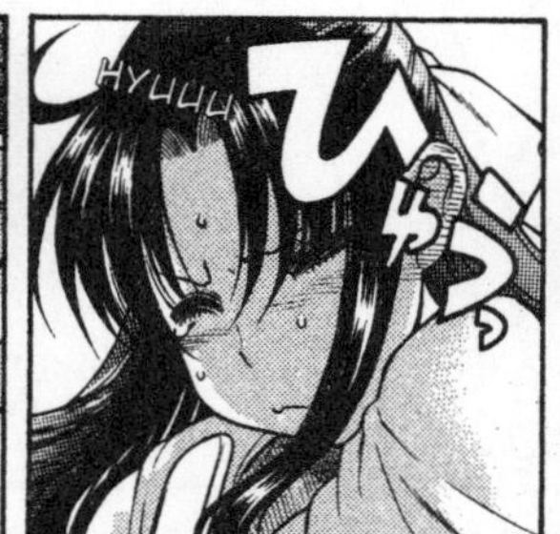

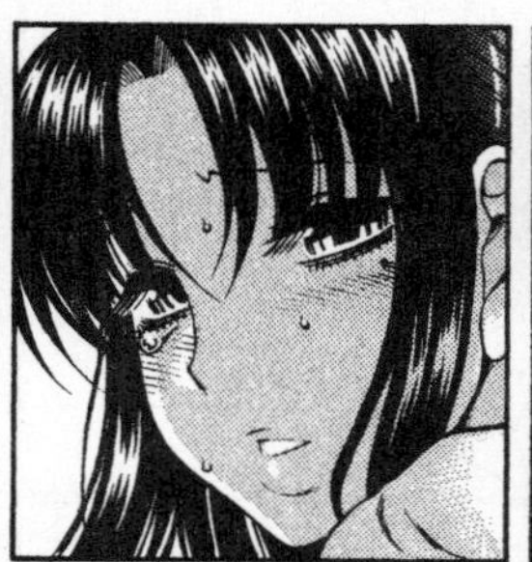

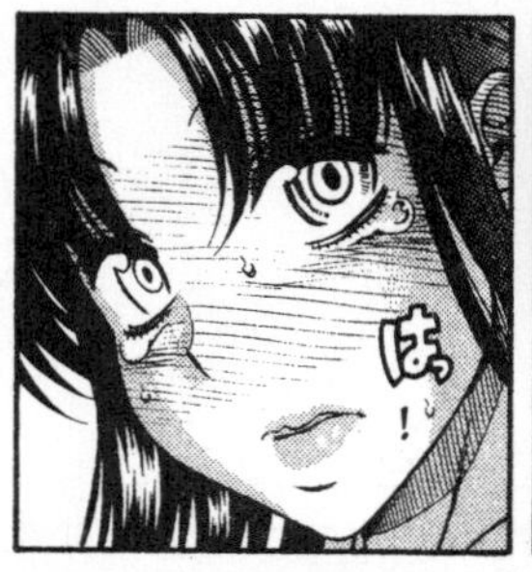

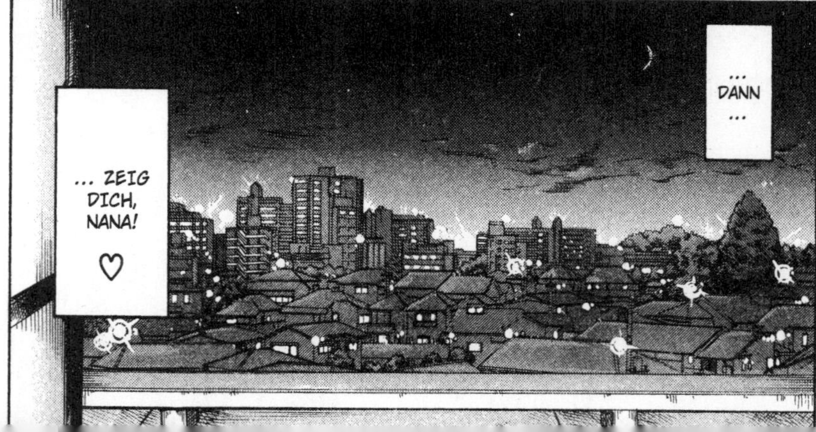

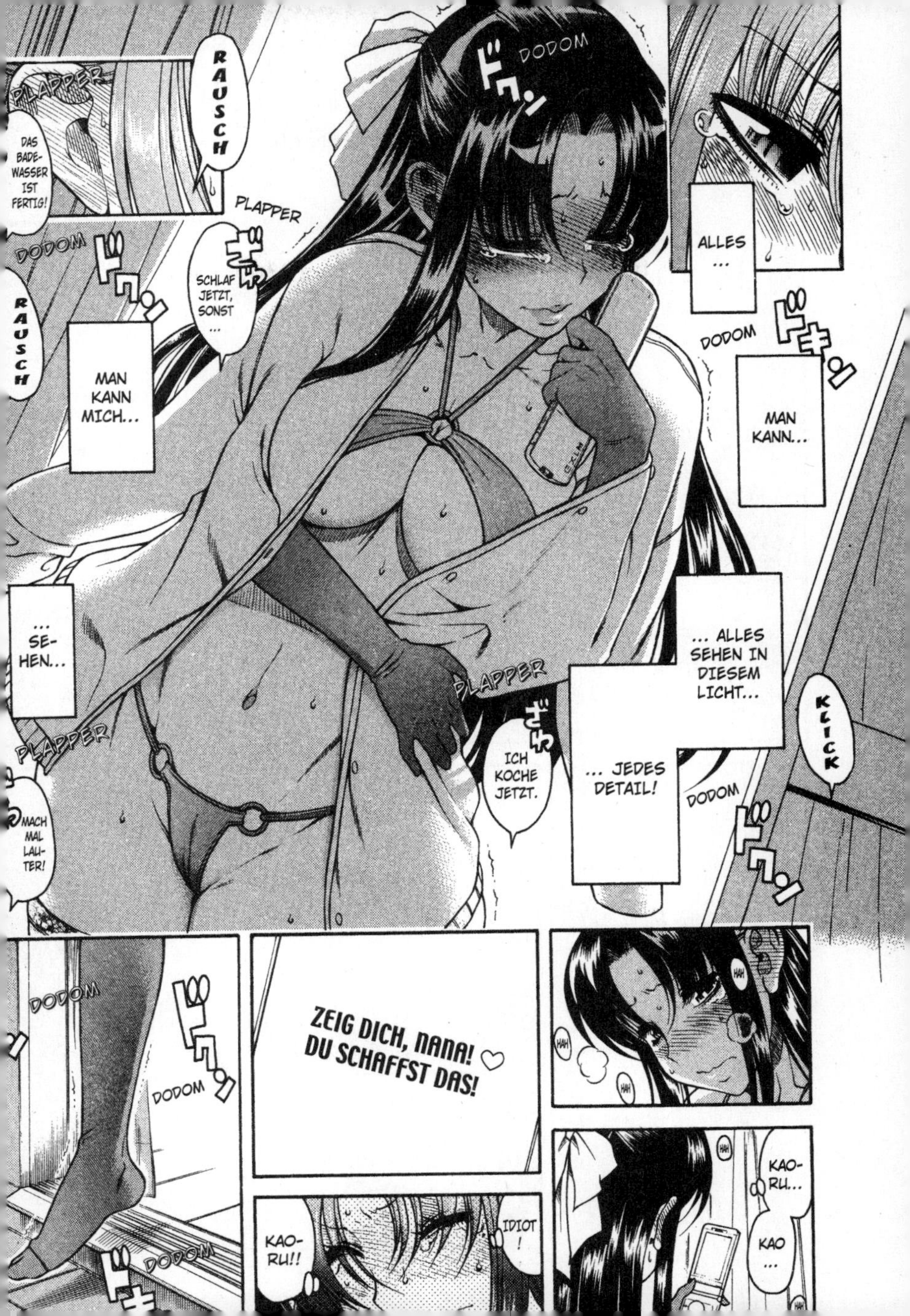
DODOM
ALLES …
RAUSCH
DAS BADE-WASSER IST FERTIG!
PLAPPER
PLAPPER
SCHLAF JETZT, SONST …
DODOM
RAUSCH
MAN KANN MICH…
DODOM
MAN KANN…
… SE-HEN…
… ALLES SEHEN IN DIESEM LICHT…
PLAPPER
ICH KOCHE JETZT.
… JEDES DETAIL!
KLICK
DODOM
PLAPPER
MACH MAL LAU-TER!
HAH
HAH
HAH
ZEIG DICH, NANA! DU SCHAFFST DAS!
DODOM
DODOM
HAH
KAO-RU…
KAO …
IDIOT!
KAO-RU!!
DODOM
HAH

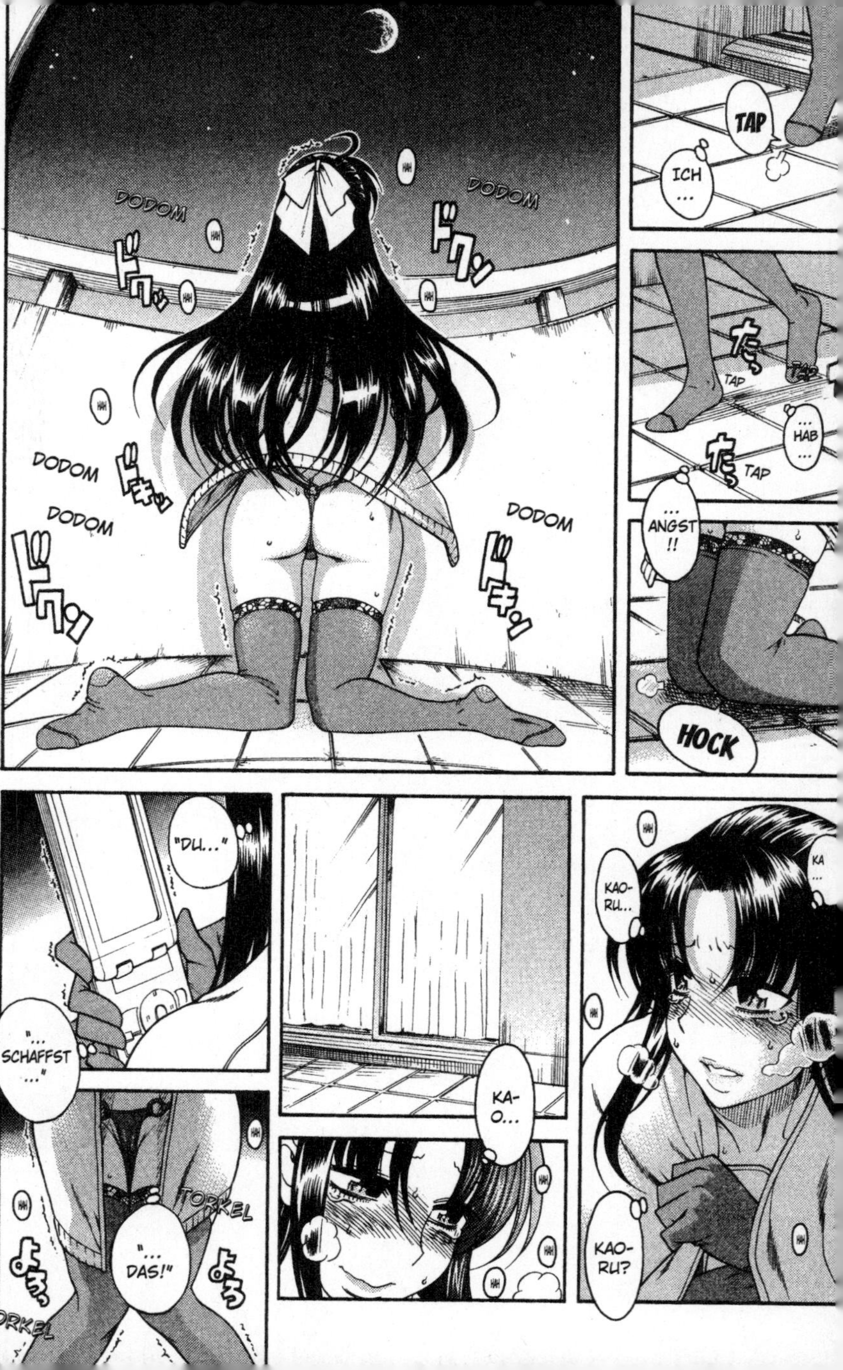

TAP
ICH ...
TAP
TAP
... HAB ...
TAP
... ANGST !!
HOCK
HAH
DODOM
ドクッ
DODOM
ドクッ
HAH
DODOM
ドキッ
DODOM
ドクッ
DODOM
ドキッ

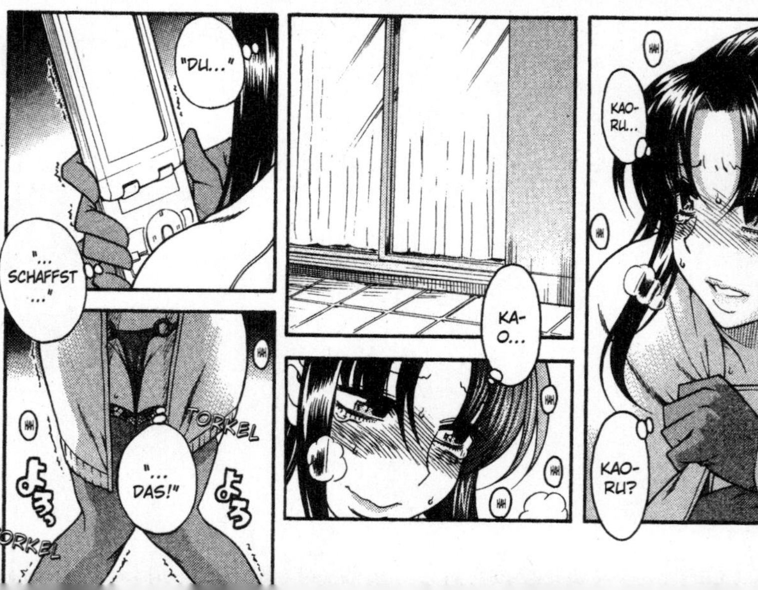

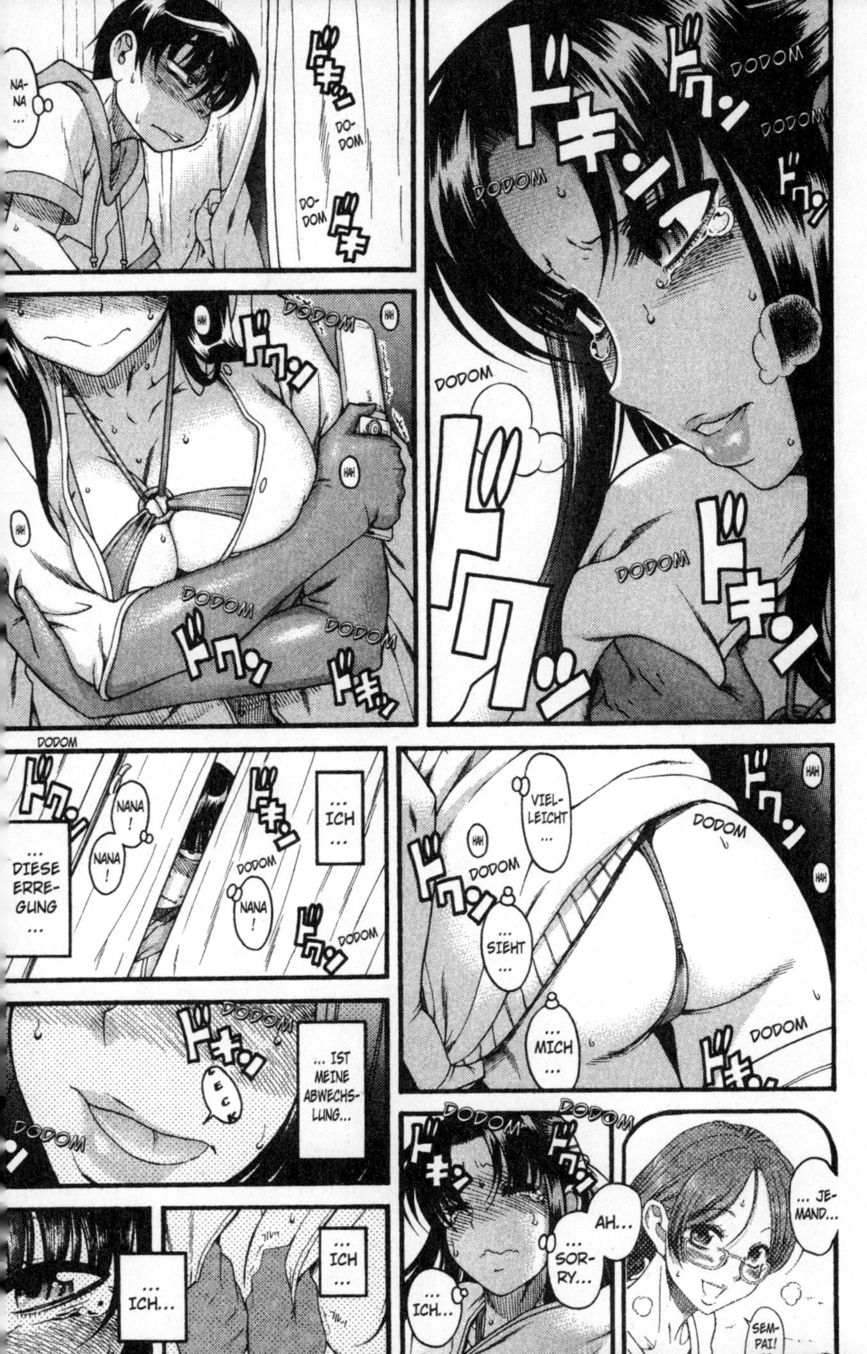
DODOM
DODOM
DODOM
DODOM
DODOM
NA-NA …
DO-DOM
DO-DOM
HAH
HAH
HAH
HAH
DODOM
DODOM
DODOM
HAH
VIEL-LEICHT …
HAH
DODOM
DODOM
… SIEHT …
… MICH …
DODOM
HAH
… ICH …
NANA!
NANA!
NANA!
DODOM
DODOM
… DIESE ERRE-GUNG …
DODOM
… IST MEINE ABWECHS-LUNG…
DODOM
DODOM
DODOM
… JE-MAND…
SEM-PAI!
AH… SOR-RY…
ICH…
… ICH
… ICH…

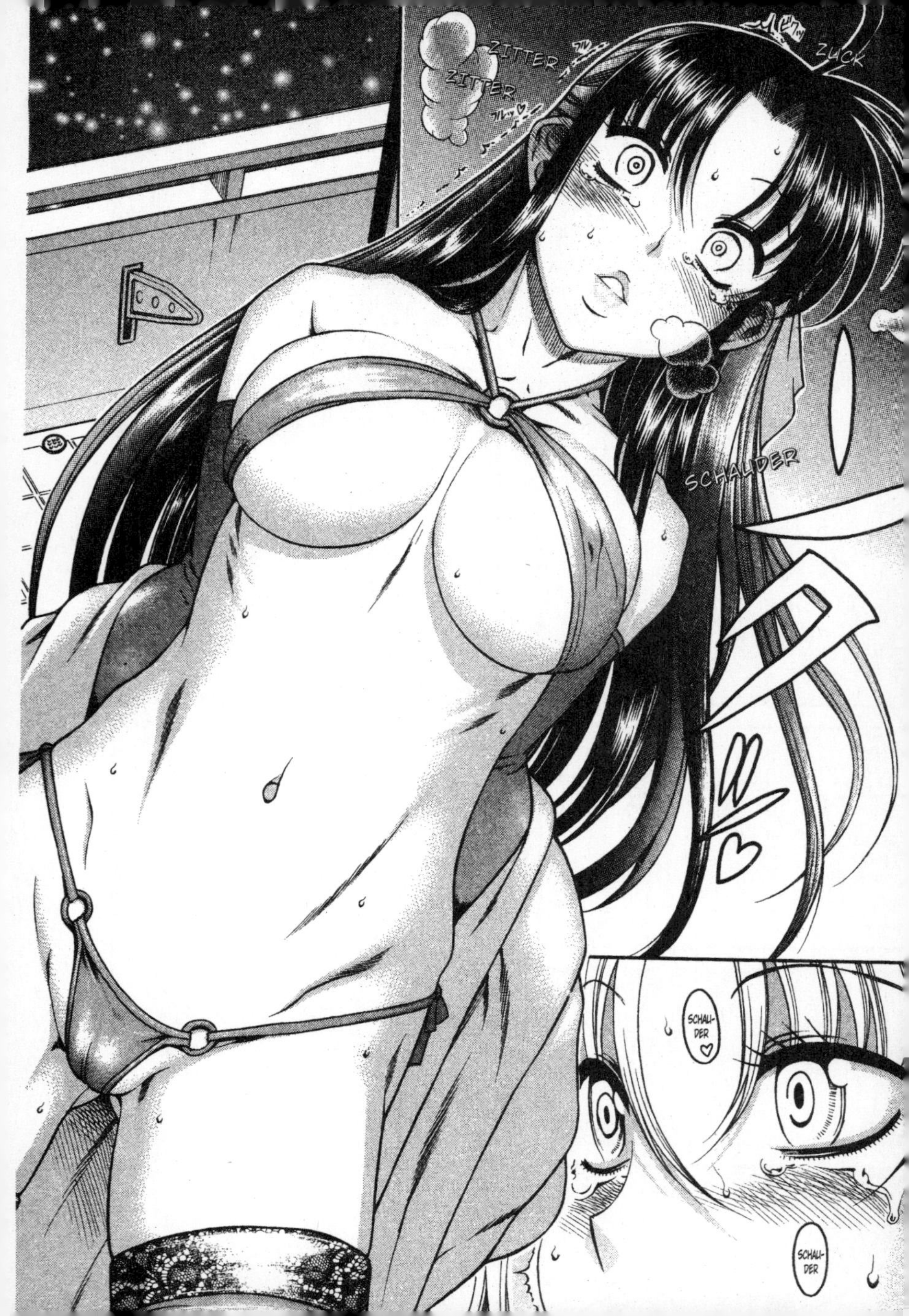
ZUCK
ZITTER
ZITTER
SCHAUDER
SCHAU-DER ♡
SCHAU-DER

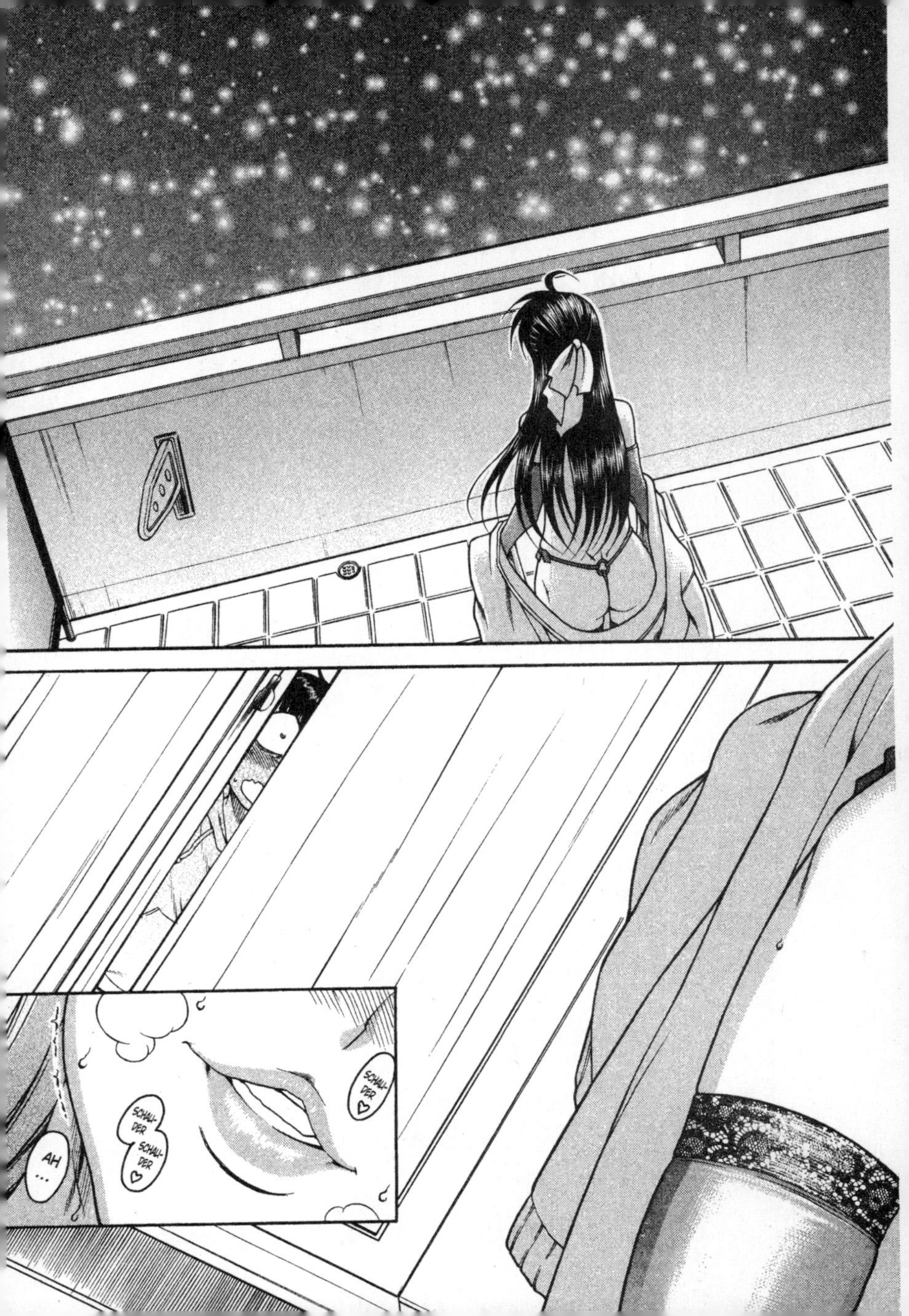
SCHAU-DER ♥
SCHAU-DER SCHAU-DER ♥
AH ...

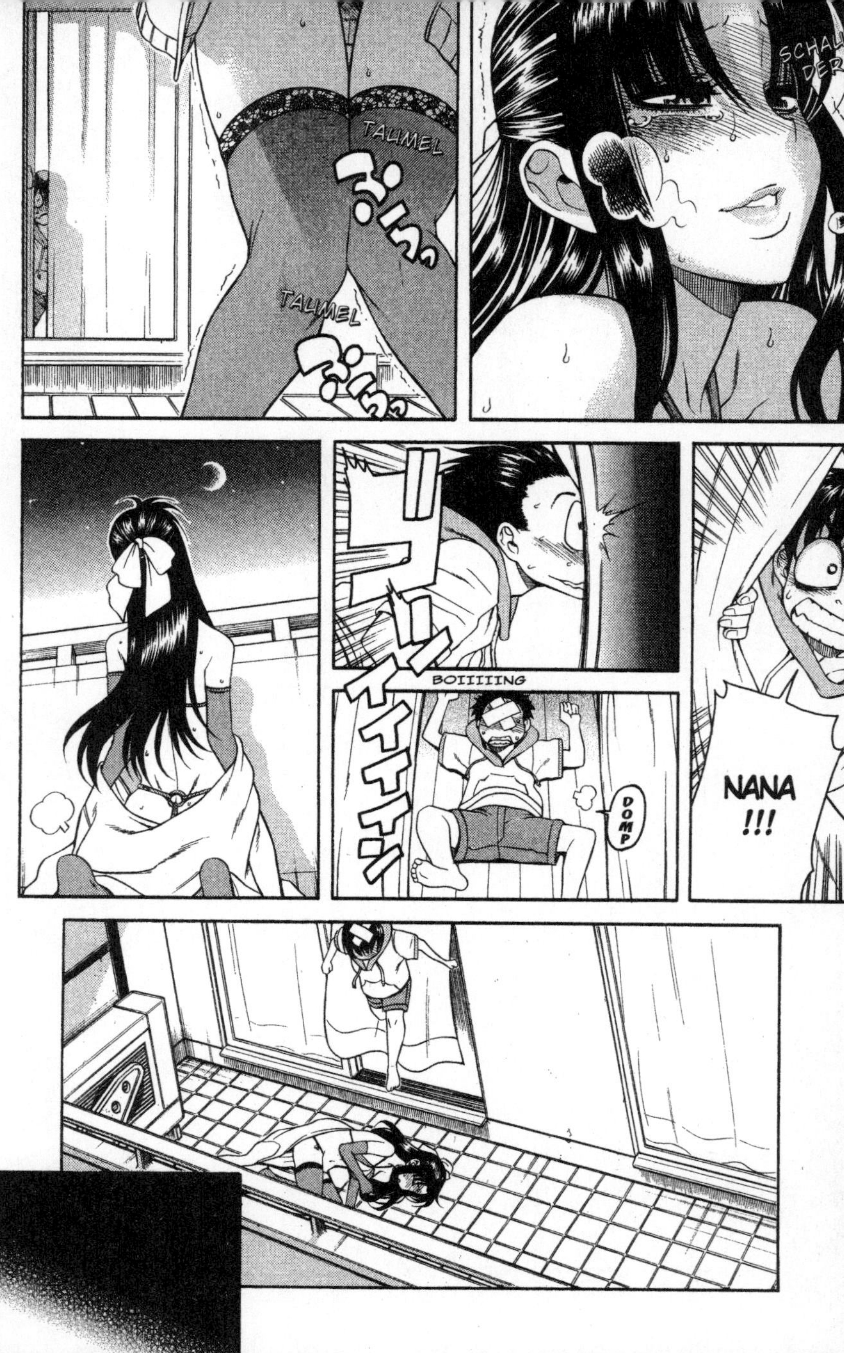
SCHAU
DER
TAUMEL
TAUMEL
NANA
!!!
BOIIIIING
DOMP

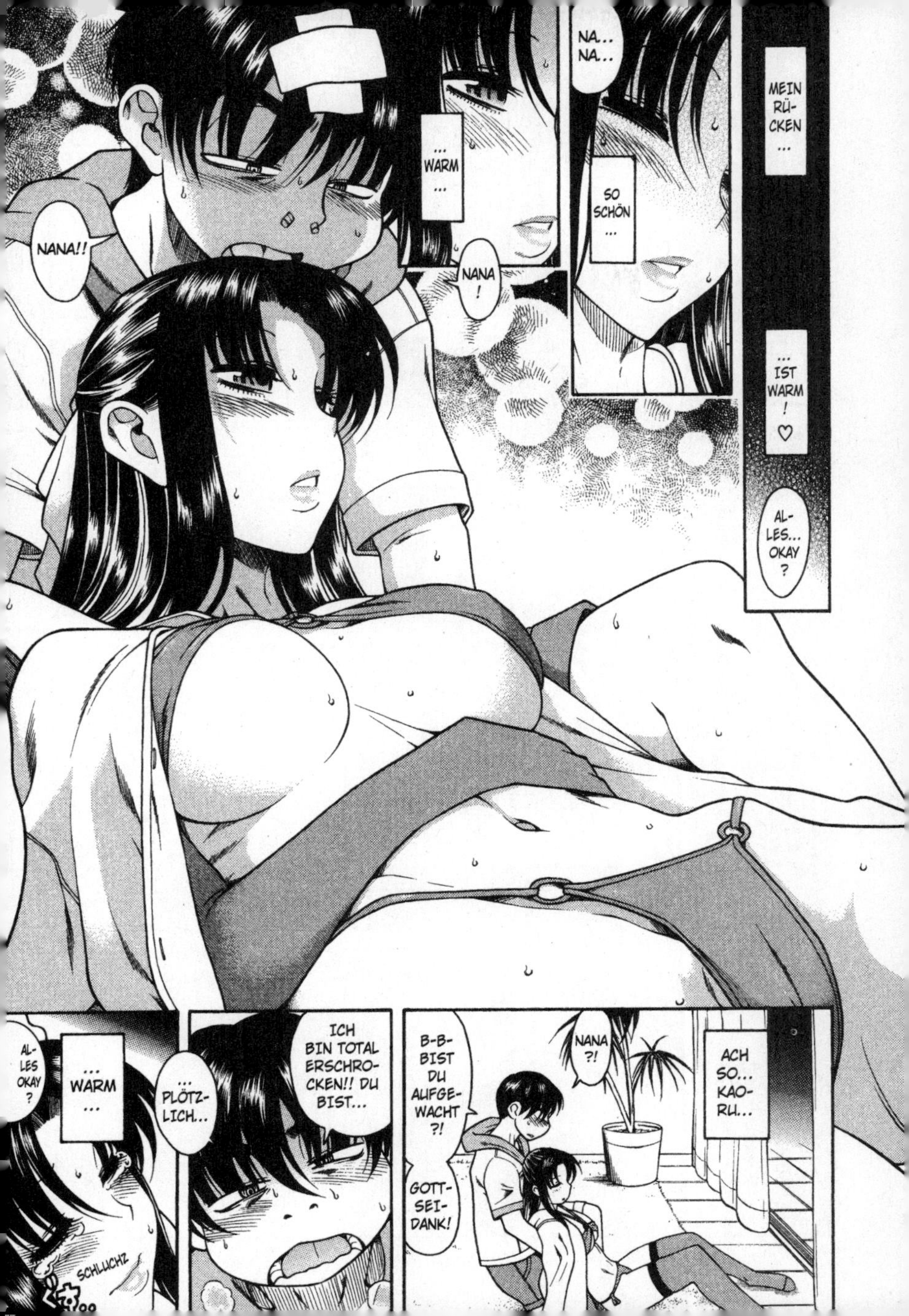
MEIN RÜCKEN ...
... IST WARM! ♡
ALLES... OKAY?
NA... NA...
SO SCHÖN ...
NANA!
... WARM ...
NANA!!
ACH SO... KAORU...
NANA?!
B-B-BIST DU AUFGEWACHT?!
GOTTSEIDANK!
ICH BIN TOTAL ERSCHROCKEN!! DU BIST...
... PLÖTZLICH...
... WARM ...
ALLES OKAY?
SCHLUCHZ

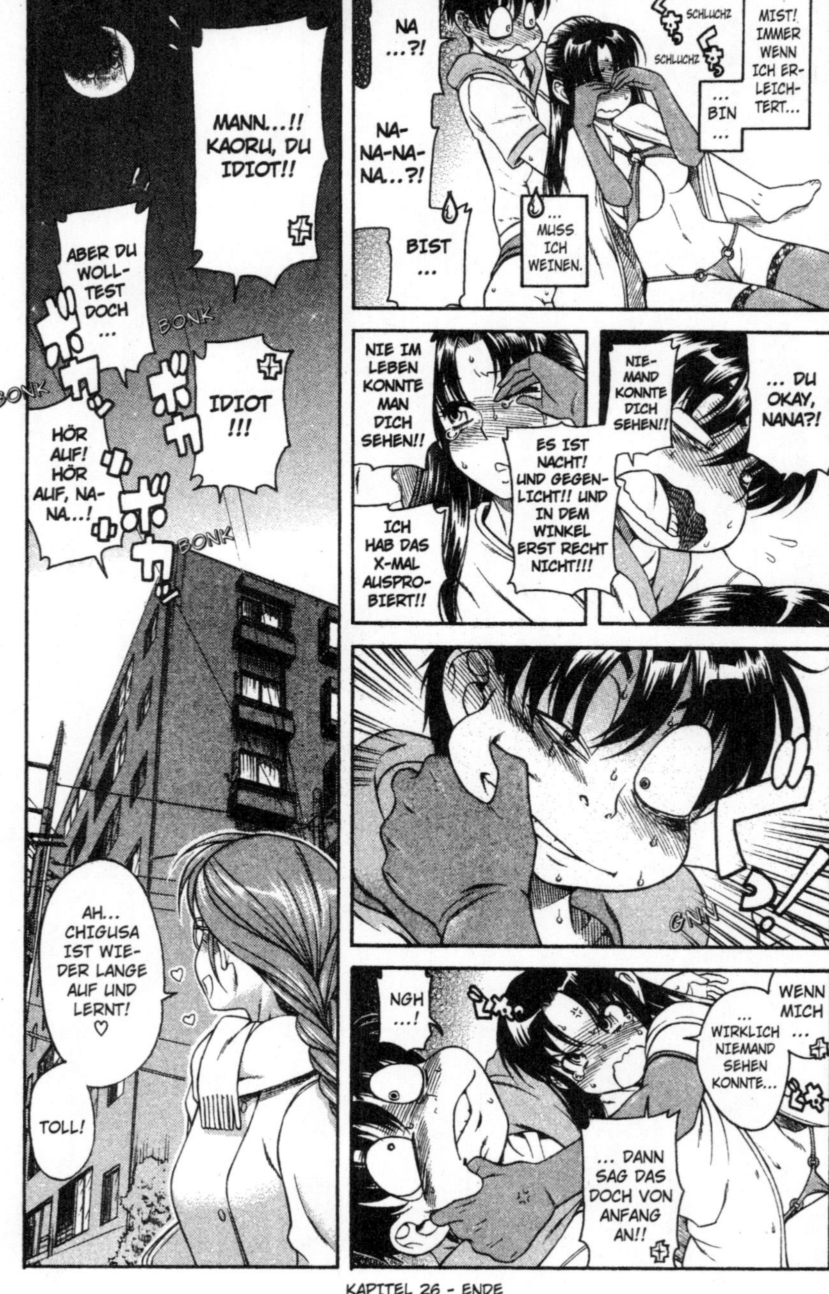

MIST! IMMER WENN ICH ERLEICHTERT... BIN ...
SCHLUCHZ
SCHLUCHZ
... MUSS ICH WEINEN.
NA ...?!
NA-NA-NA-NA...?!
BIST ...
... DU OKAY, NANA?!
NIEMAND KONNTE DICH SEHEN!!
ES IST NACHT! UND GEGENLICHT!! UND IN DEM WINKEL ERST RECHT NICHT!!!
NIE IM LEBEN KONNTE MAN DICH SEHEN!!
ICH HAB DAS X-MAL AUSPROBIERT!!
GNN
WENN MICH ... WIRKLICH NIEMAND SEHEN KONNTE...
NGH ...!
... DANN SAG DAS DOCH VON ANFANG AN!!
MANN...!! KAORU, DU IDIOT!!
ABER DU WOLLTEST DOCH ...
BONK
IDIOT!!!
BONK
HÖR AUF! HÖR AUF, NANA...!
BONK
AH... CHIGUSA IST WIEDER LANGE AUF UND LERNT! ♡
TOLL!
KAPITEL 26 - ENDE

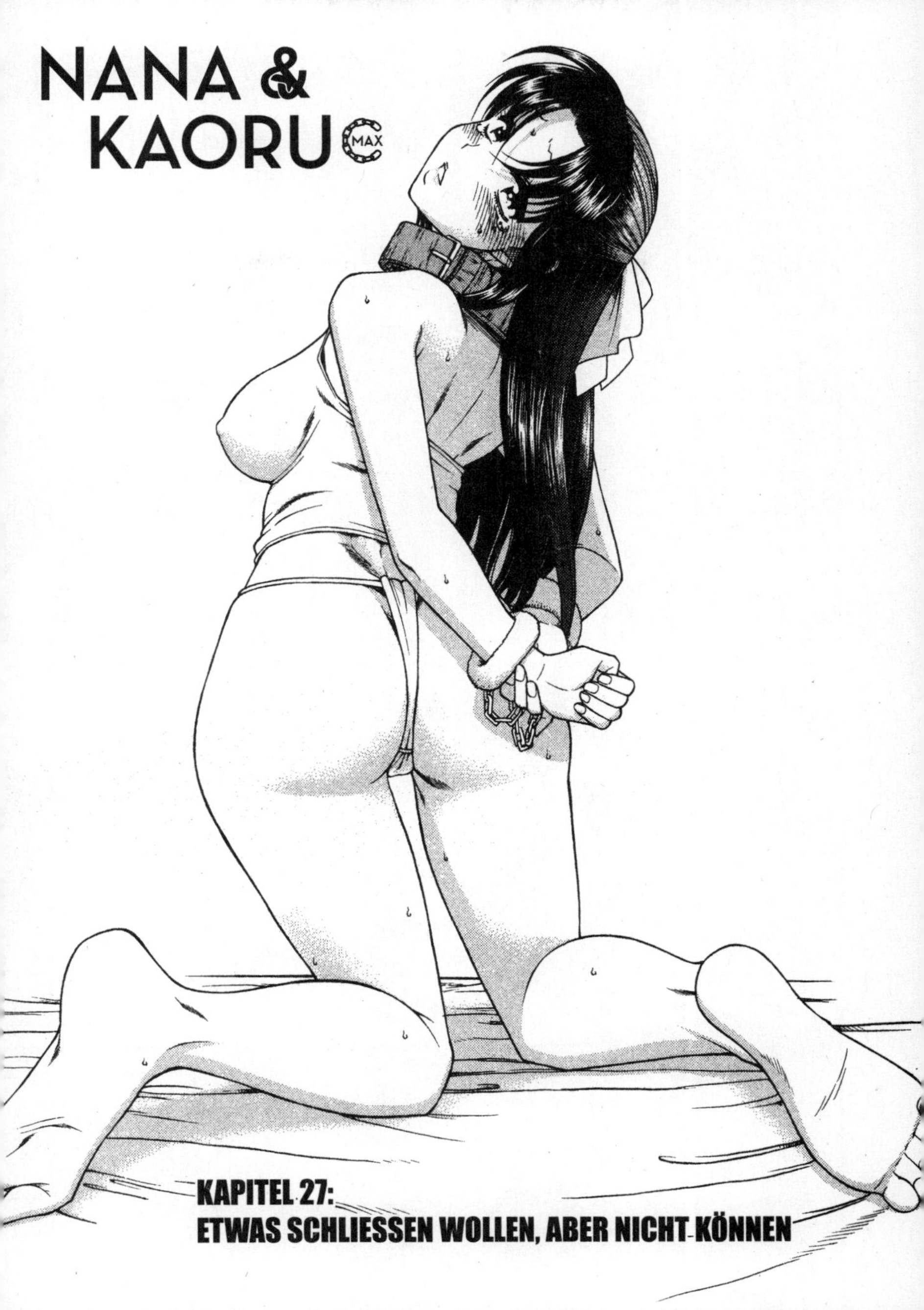
NANA & KAORU MAX
KAPITEL 27:
ETWAS SCHLIESSEN WOLLEN, ABER NICHT KÖNNEN

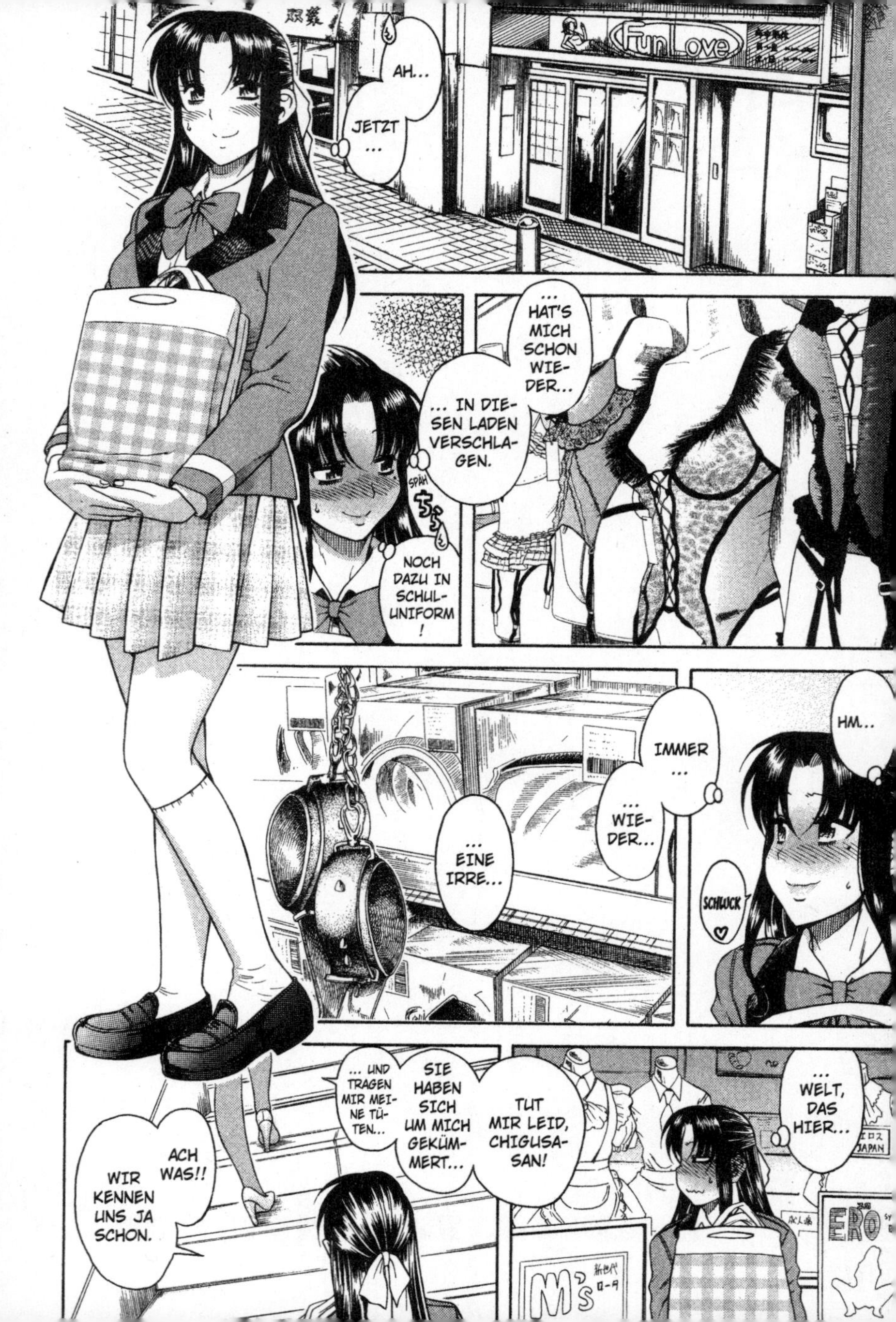
Fun Love
AH...
JETZT ...
... HAT'S MICH SCHON WIE-DER...
... IN DIE-SEN LADEN VERSCHLA-GEN.
SPÄH
NOCH DAZU IN SCHUL-UNIFORM !
HM...
IMMER ...
... WIE-DER...
... EINE IRRE...
SCHLUCK
... WELT, DAS HIER...
TUT MIR LEID, CHIGUSA-SAN!
SIE HABEN SICH UM MICH GEKÜM-MERT...
... UND TRAGEN MIR MEI-NE TÜ-TEN...
ACH WAS!!
WIR KENNEN UNS JA SCHON.
ERO

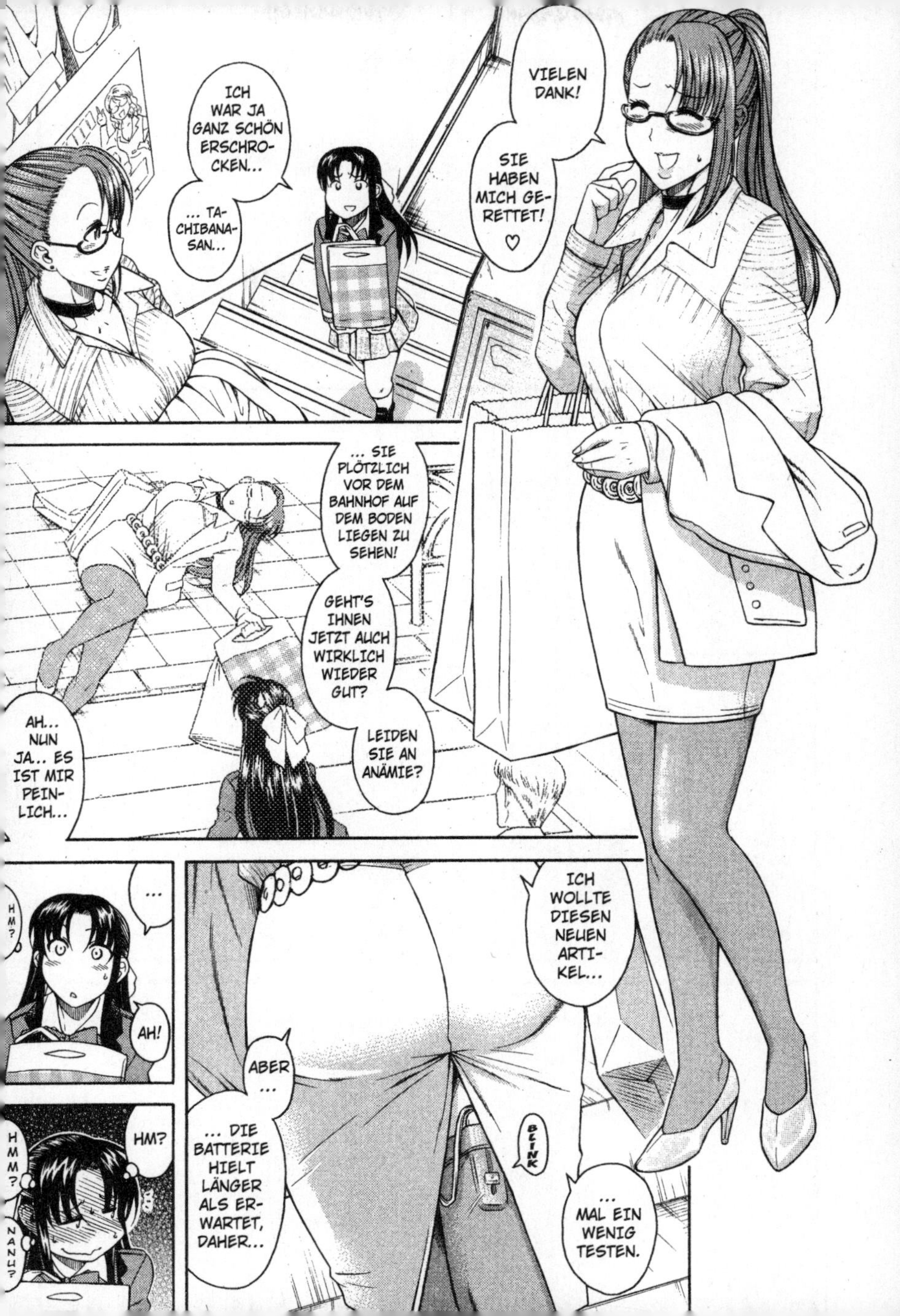
VIELEN DANK!
SIE HABEN MICH GERETTET! ♡
ICH WAR JA GANZ SCHÖN ERSCHROCKEN...
... TACHIBANA-SAN...
... SIE PLÖTZLICH VOR DEM BAHNHOF AUF DEM BODEN LIEGEN ZU SEHEN!
GEHT'S IHNEN JETZT AUCH WIRKLICH WIEDER GUT?
LEIDEN SIE AN ANÄMIE?
AH... NUN JA... ES IST MIR PEINLICH...
ICH WOLLTE DIESEN NEUEN ARTIKEL...
...
HM?
AH!
ABER ...
... DIE BATTERIE HIELT LÄNGER ALS ERWARTET, DAHER...
BLINK
... MAL EIN WENIG TESTEN.
HM?
HMM?
NANU?

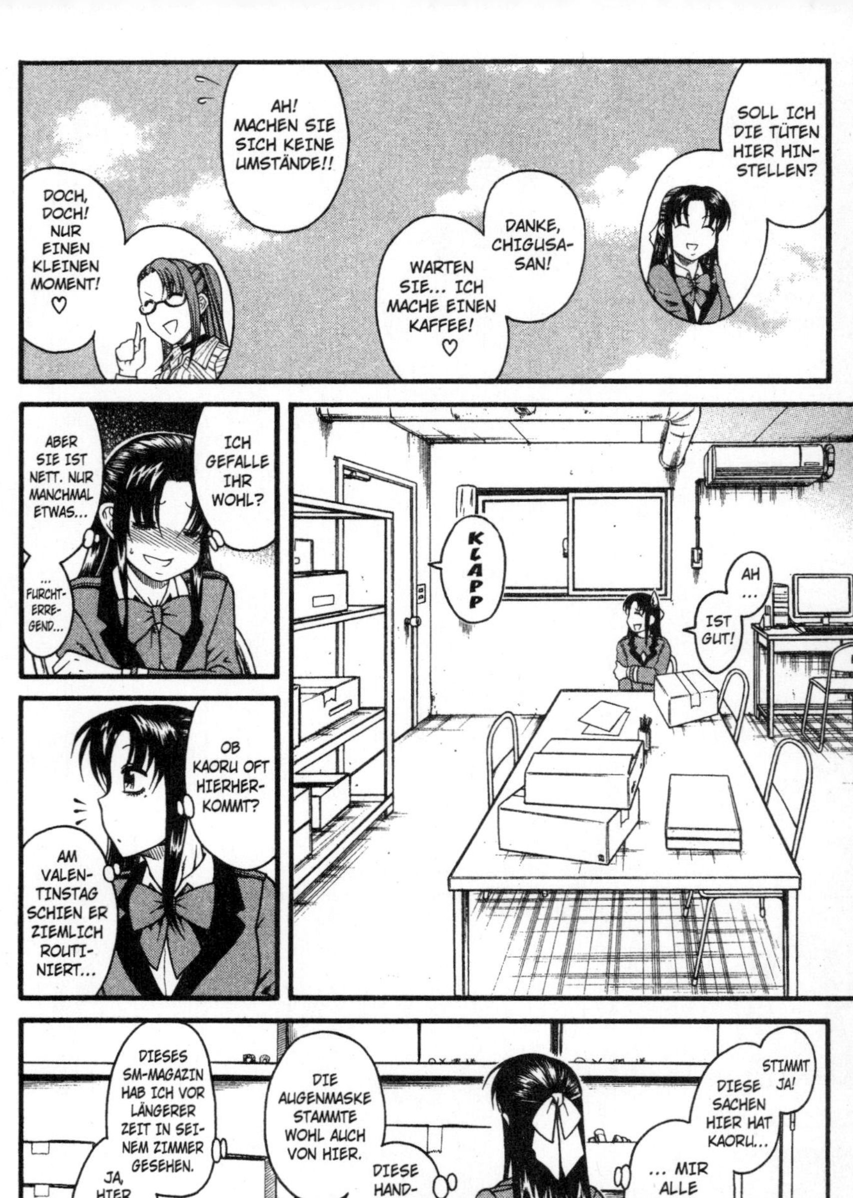

SOLL ICH DIE TÜTEN HIER HINSTELLEN?
DANKE, CHIGUSA-SAN!
WARTEN SIE... ICH MACHE EINEN KAFFEE! ♡
AH! MACHEN SIE SICH KEINE UMSTÄNDE!!
DOCH, DOCH! NUR EINEN KLEINEN MOMENT! ♡
AH... IST GUT!
KLAPP
ICH GEFALLE IHR WOHL?
ABER SIE IST NETT. NUR MANCHMAL ETWAS...
... FURCHTERREGEND...
OB KAORU OFT HIERHERKOMMT?
AM VALENTINSTAG SCHIEN ER ZIEMLICH ROUTINIERT...
STIMMT JA!
DIESE SACHEN HIER HAT KAORU...
... MIR ALLE SCHON MAL GEZEIGT.
DIE AUGENMASKE STAMMTE WOHL AUCH VON HIER.
DIESE HANDSCHELLEN HAB ICH SCHON MAL GETRAGEN...
DIESES SM-MAGAZIN HAB ICH VOR LÄNGERER ZEIT IN SEINEM ZIMMER GESEHEN.
JA, HIER HAT ER SICHER SCHON EINIGES GE...
HM?

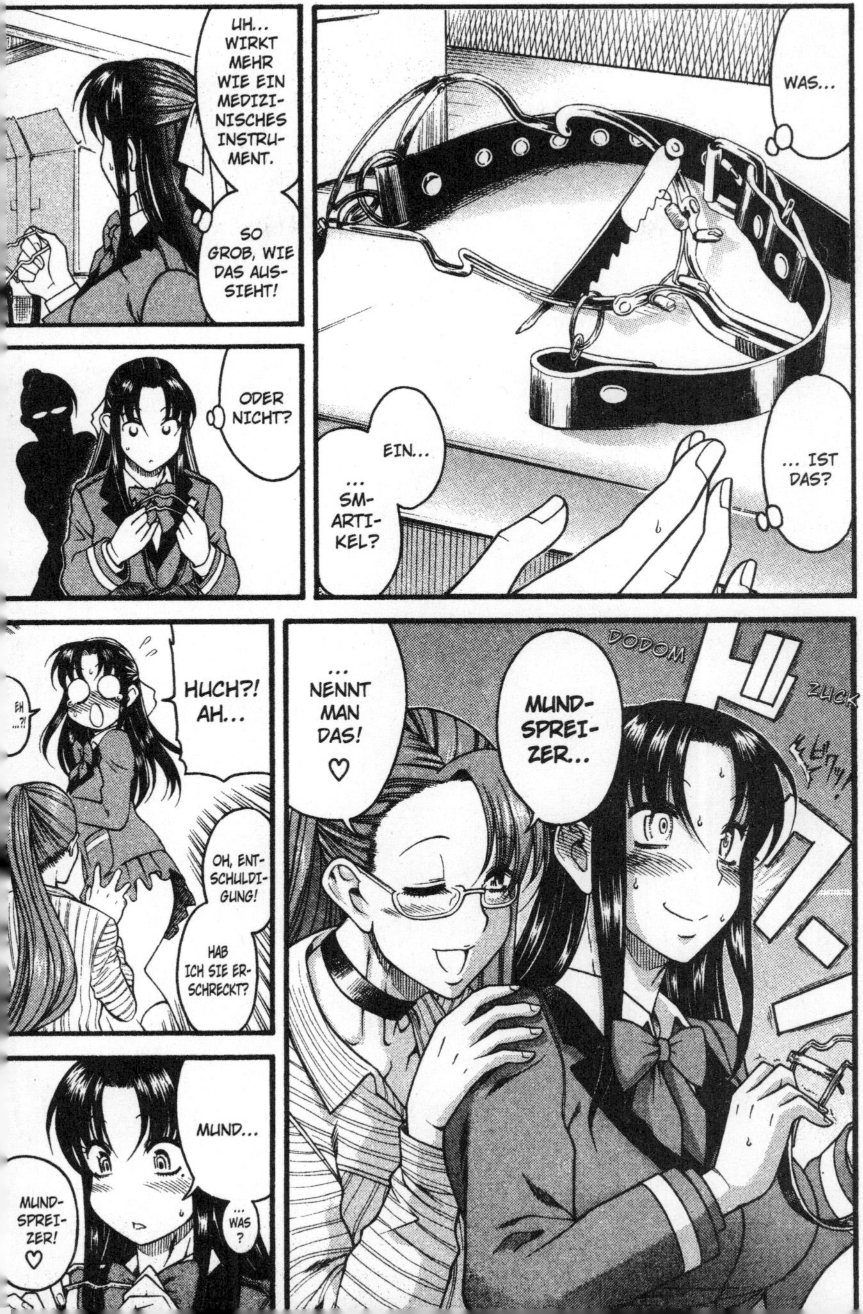

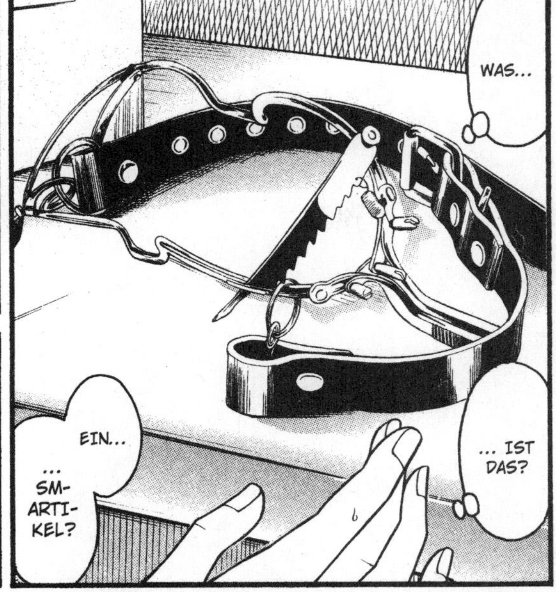
WAS...
... IST DAS?
EIN...
... SM-ARTIKEL?

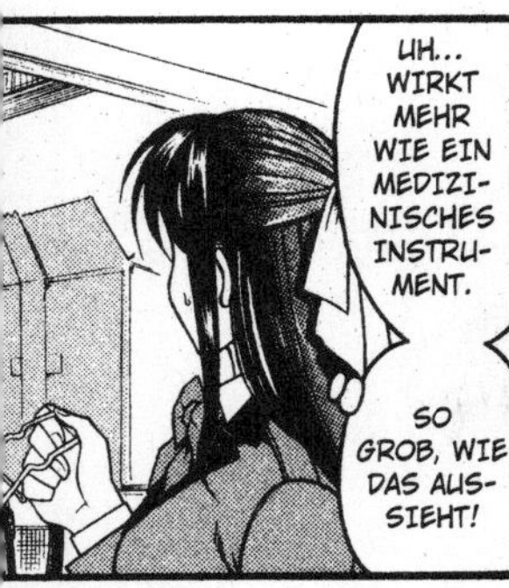
UH... WIRKT MEHR WIE EIN MEDIZINISCHES INSTRUMENT.
SO GROB, WIE DAS AUSSIEHT!

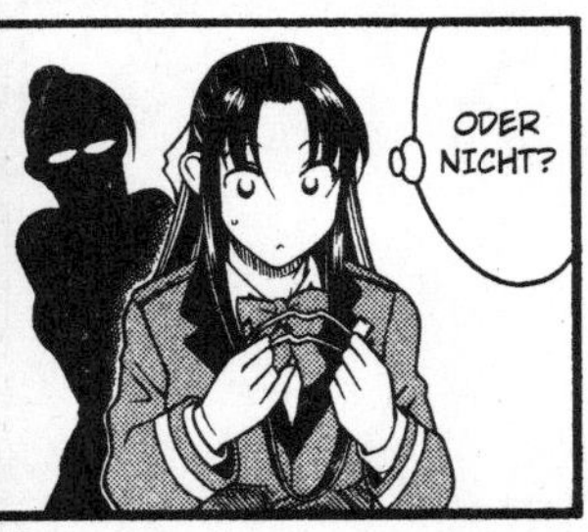
ODER NICHT?

DODOM
ZUCK
MUND-SPREIZER...
... NENNT MAN DAS! ♡
HUCH?! AH...
EH ...?!
OH, ENT-SCHULDIGUNG!
HAB ICH SIE ER-SCHRECKT?
MUND...
MUND-SPREIZER! ♡
... WAS?

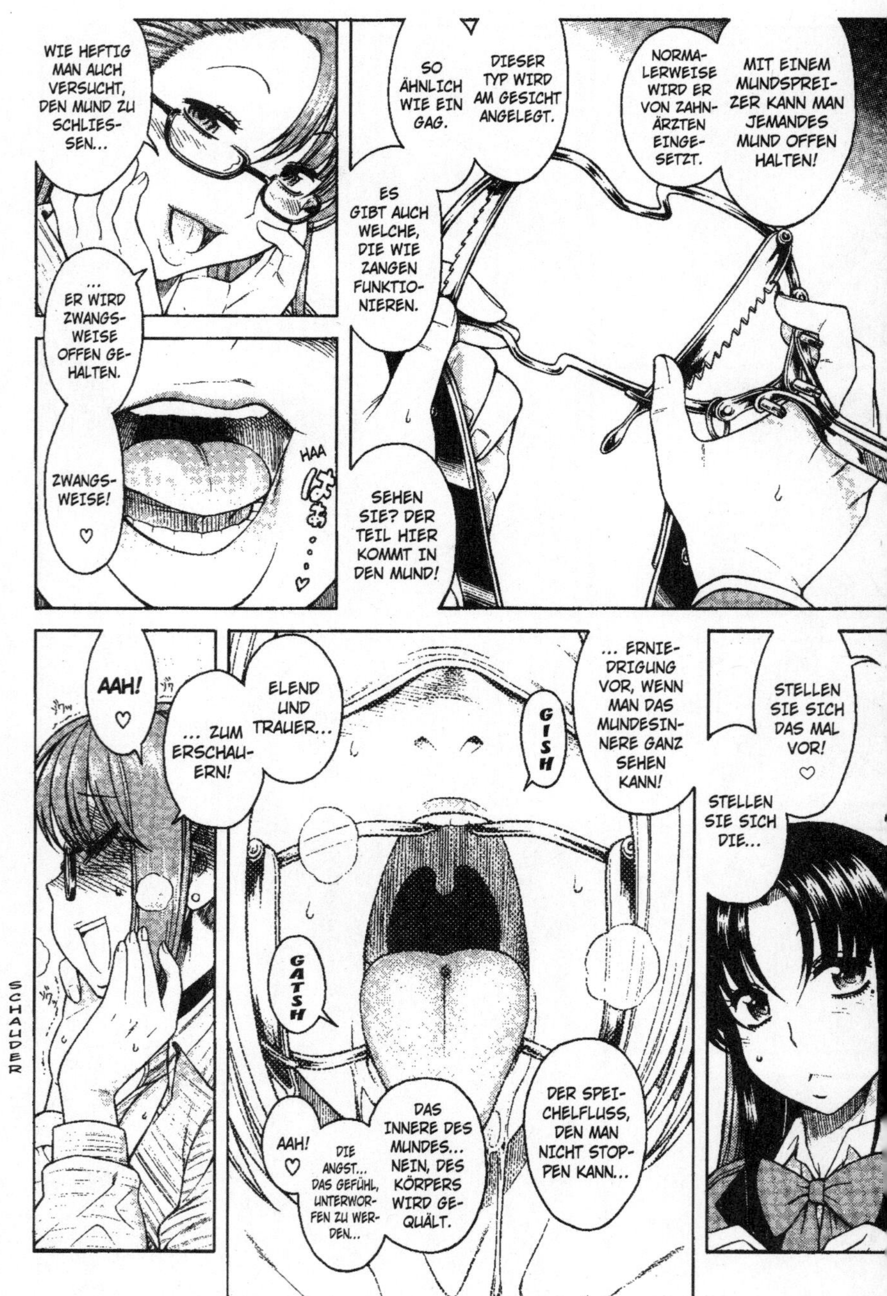

MIT EINEM MUNDSPREIZER KANN MAN JEMANDES MUND OFFEN HALTEN!
NORMALERWEISE WIRD ER VON ZAHNÄRZTEN EINGESETZT.
DIESER TYP WIRD AM GESICHT ANGELEGT.
SO ÄHNLICH WIE EIN GAG.
ES GIBT AUCH WELCHE, DIE WIE ZANGEN FUNKTIONIEREN.
SEHEN SIE? DER TEIL HIER KOMMT IN DEN MUND!
WIE HEFTIG MAN AUCH VERSUCHT, DEN MUND ZU SCHLIESSEN...
... ER WIRD ZWANGSWEISE OFFEN GEHALTEN.
ZWANGSWEISE! ♡
HAA
STELLEN SIE SICH DAS MAL VOR! ♡
STELLEN SIE SICH DIE...
... ERNIEDRIGUNG VOR, WENN MAN DAS MUNDESINNERE GANZ SEHEN KANN!
GISH
DER SPEICHELFLUSS, DEN MAN NICHT STOPPEN KANN...
DAS INNERE DES MUNDES... NEIN, DES KÖRPERS WIRD GEQUÄLT.
DIE ANGST... DAS GEFÜHL, UNTERWORFEN ZU WERDEN...
AAH! ♡
GATSH
ELEND UND TRAUER...
... ZUM ERSCHAUERN!
AAH! ♡
SCHAUDER

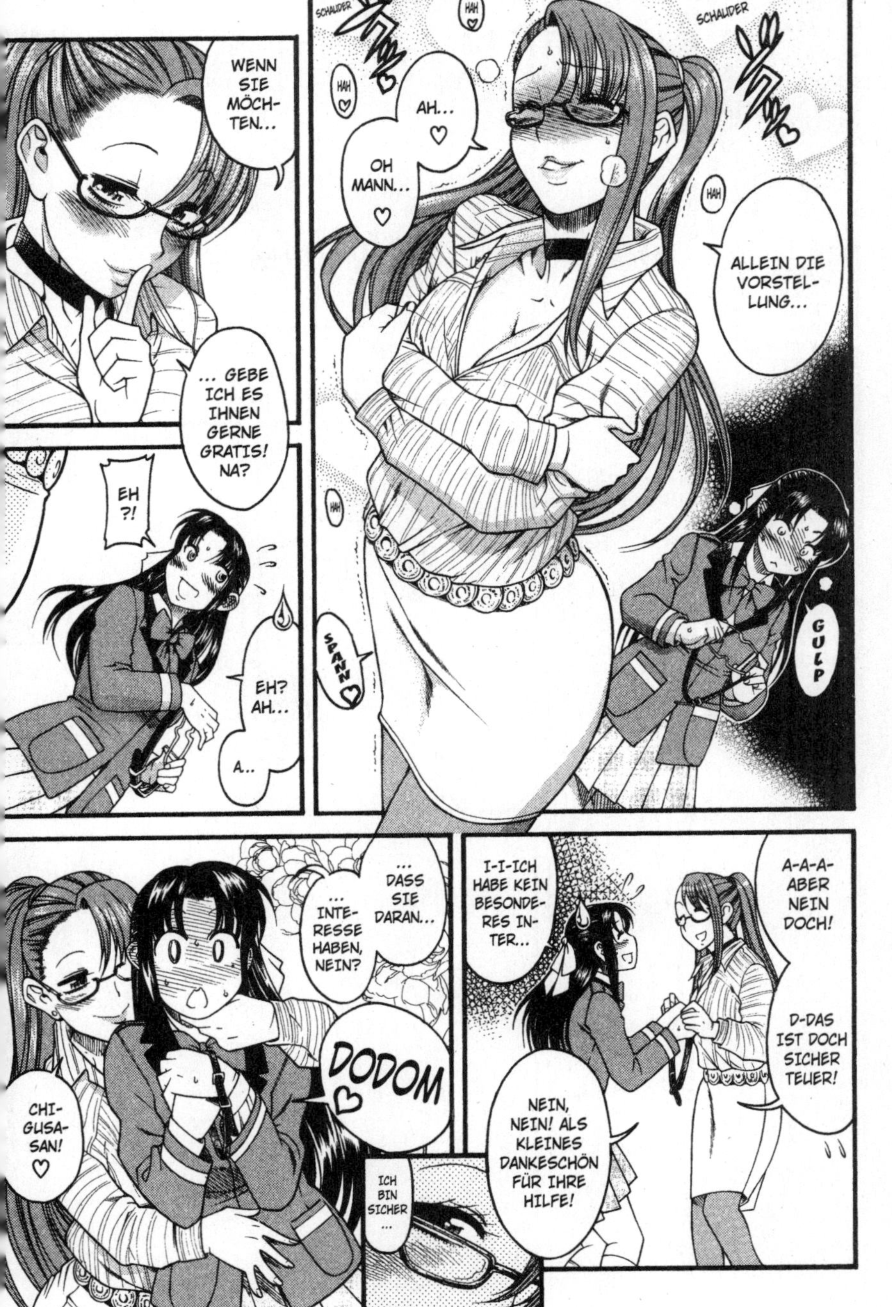
SCHAUDER
HAH
HAH
AH... ♡
OH MANN... ♡
SCHAUDER
HAH
ALLEIN DIE VORSTELLUNG...
HAH
SPANN ♡
GULP
WENN SIE MÖCHTEN...
... GEBE ICH ES IHNEN GERNE GRATIS! NA?
EH ?!
EH? AH...
A...
A-A-A-ABER NEIN DOCH!
D-DAS IST DOCH SICHER TEUER!
I-I-ICH HABE KEIN BESONDERES INTER...
NEIN, NEIN! ALS KLEINES DANKESCHÖN FÜR IHRE HILFE!
ICH BIN SICHER ...
... DASS SIE DARAN...
... INTERESSE HABEN, NEIN?
DODOM ♡
CHIGUSA-SAN! ♡

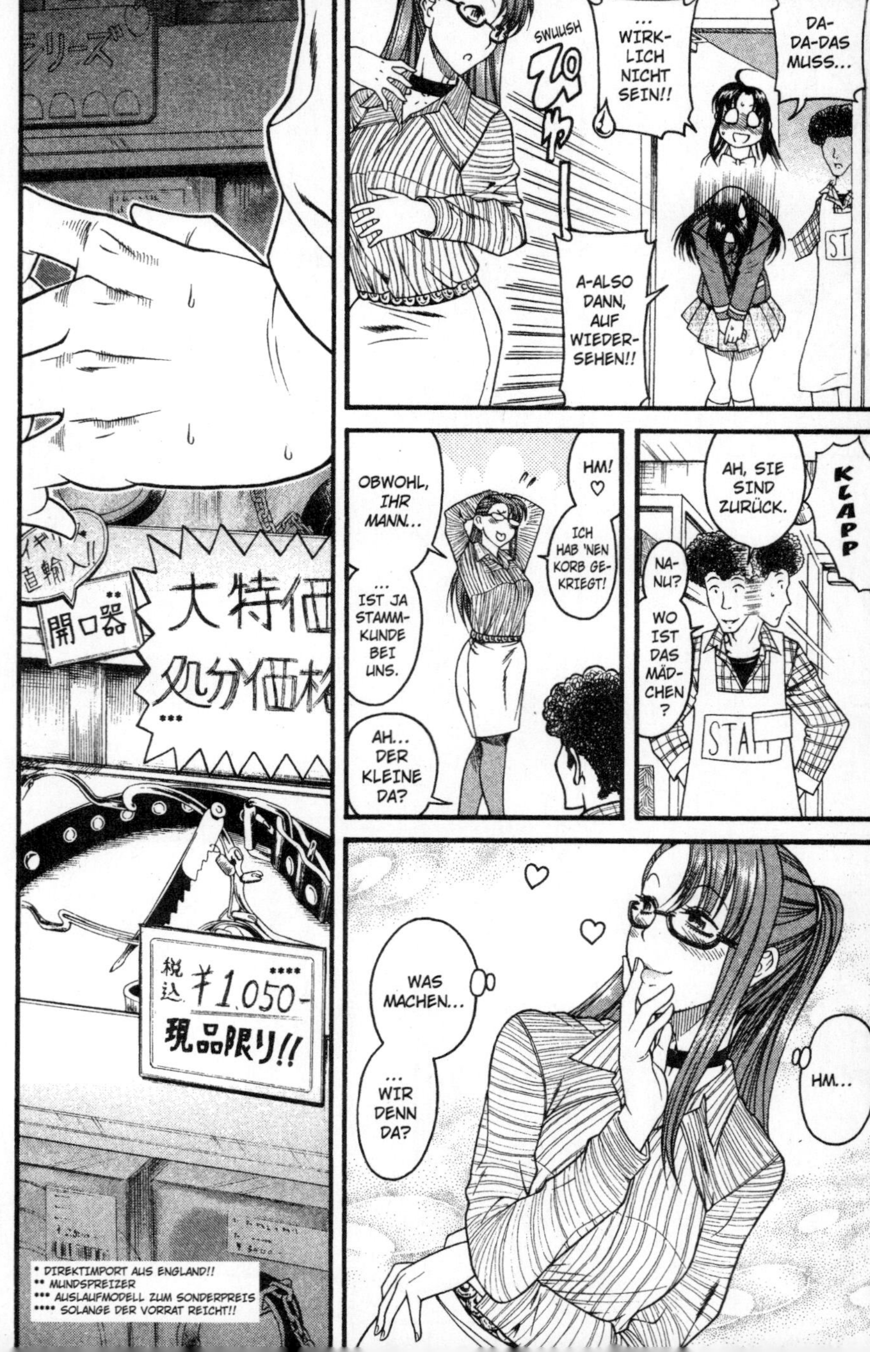

DA-DA-DAS MUSS...
...WIRKLICH NICHT SEIN!!
SWUUSH
A-ALSO DANN, AUF WIEDERSEHEN!!
KLAPP
AH, SIE SIND ZURÜCK.
NANU?
WO IST DAS MÄDCHEN?
HM! ♡
ICH HAB 'NEN KORB GEKRIEGT!
OBWOHL, IHR MANN...
...IST JA STAMMKUNDE BEI UNS.
AH... DER KLEINE DA?
HM...
WAS MACHEN...
...WIR DENN DA?
開口器 **
大特価 処分価格 ***
税込 ¥1,050- **** 現品限り!!
* DIREKTIMPORT AUS ENGLAND!!
** MUNDSPREIZER
*** AUSLAUFMODELL ZUM SONDERPREIS
**** SOLANGE DER VORRAT REICHT!!

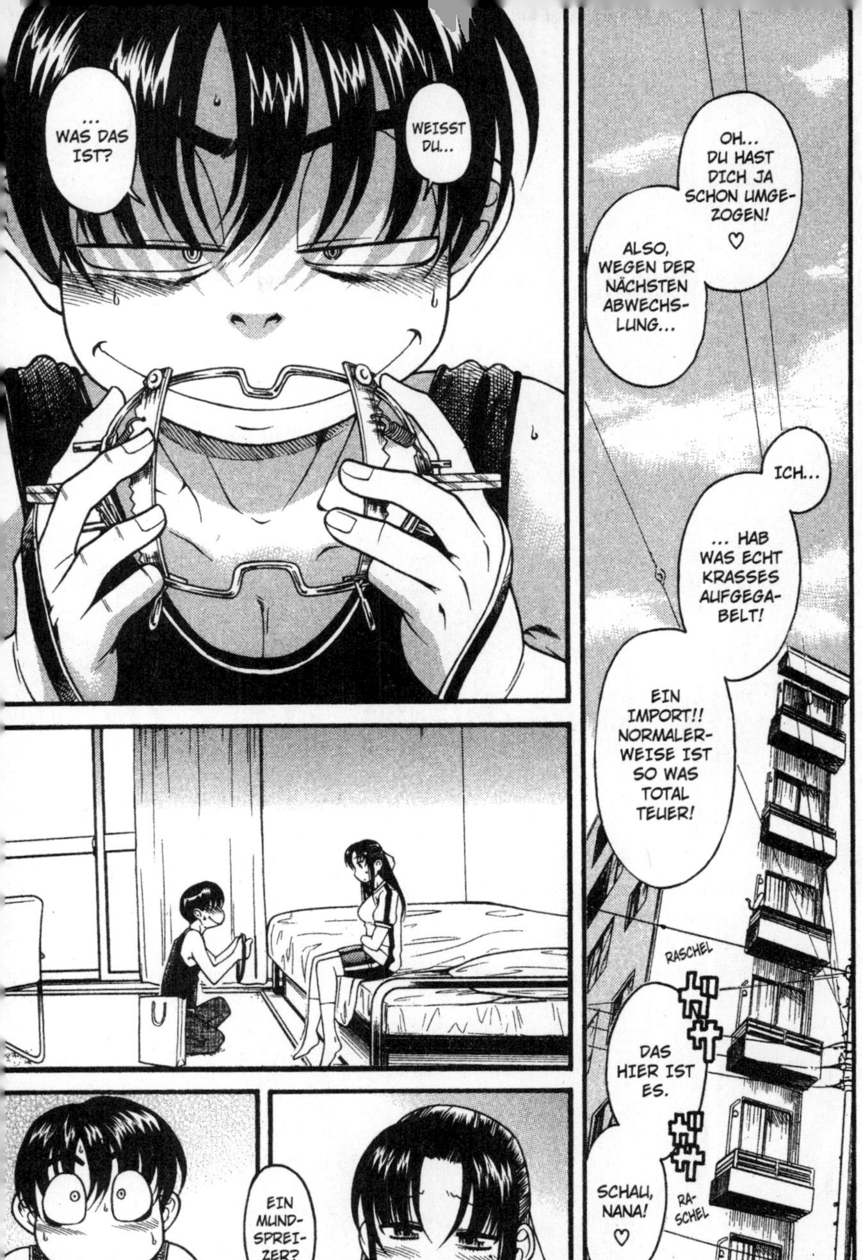
OH... DU HAST DICH JA SCHON UMGE-ZOGEN! ♡
ALSO, WEGEN DER NÄCHSTEN ABWECHS-LUNG...
ICH...
... HAB WAS ECHT KRASSES AUFGEGA-BELT!
EIN IMPORT!! NORMALER-WEISE IST SO WAS TOTAL TEUER!
RASCHEL
DAS HIER IST ES.
SCHAU, NANA! ♡
RA-SCHEL
WEISST DU...
... WAS DAS IST?
EIN MUND-SPREI-ZER?

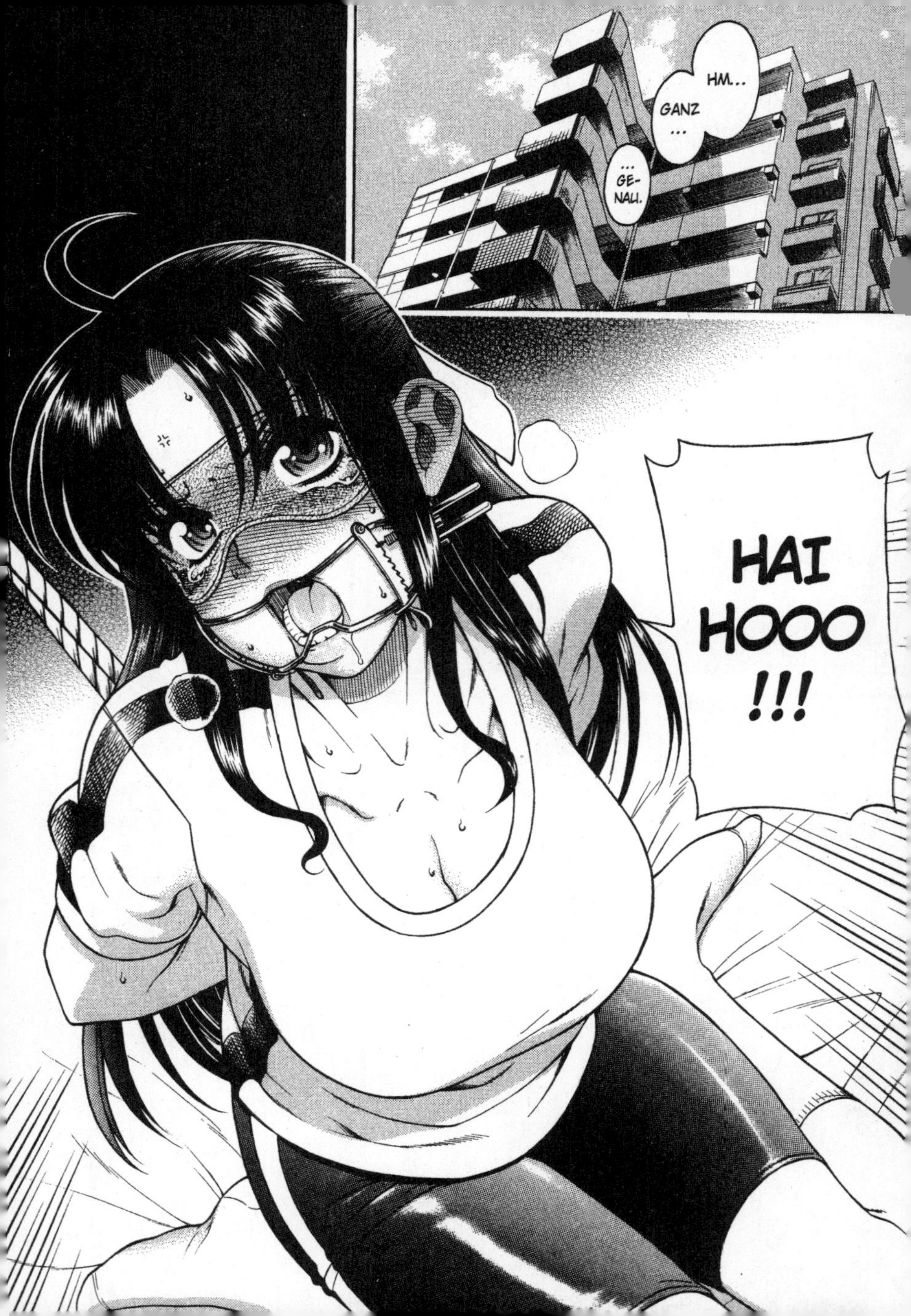
HM...
GANZ ...
... GE-NAU.
HAI HOOO !!!

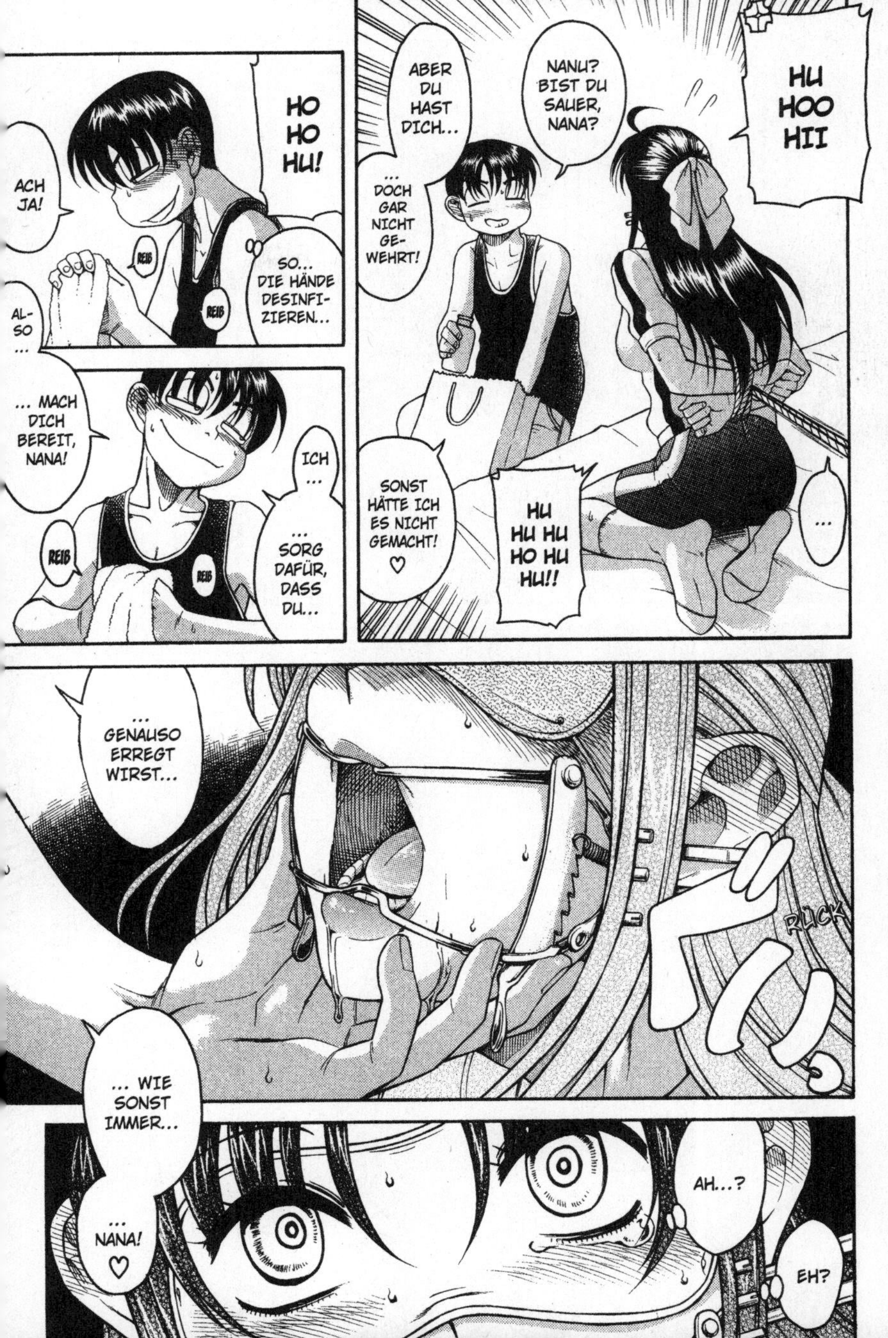

HU HOO HII
NANU? BIST DU SAUER, NANA?
ABER DU HAST DICH...
... DOCH GAR NICHT GE-WEHRT!
SONST HÄTTE ICH ES NICHT GEMACHT! ♡
HU HU HU HO HU HU!!
...
HO HO HU!
ACH JA!
REIB
REIB
SO... DIE HÄNDE DESINFIZI-ZIEREN...
AL-SO ...
... MACH DICH BEREIT, NANA!
REIB
REIB
ICH ...
... SORG DAFÜR, DASS DU...
... GENAUSO ERREGT WIRST...
RUCK
... WIE SONST IMMER...
... NANA! ♡
AH...?
EH?

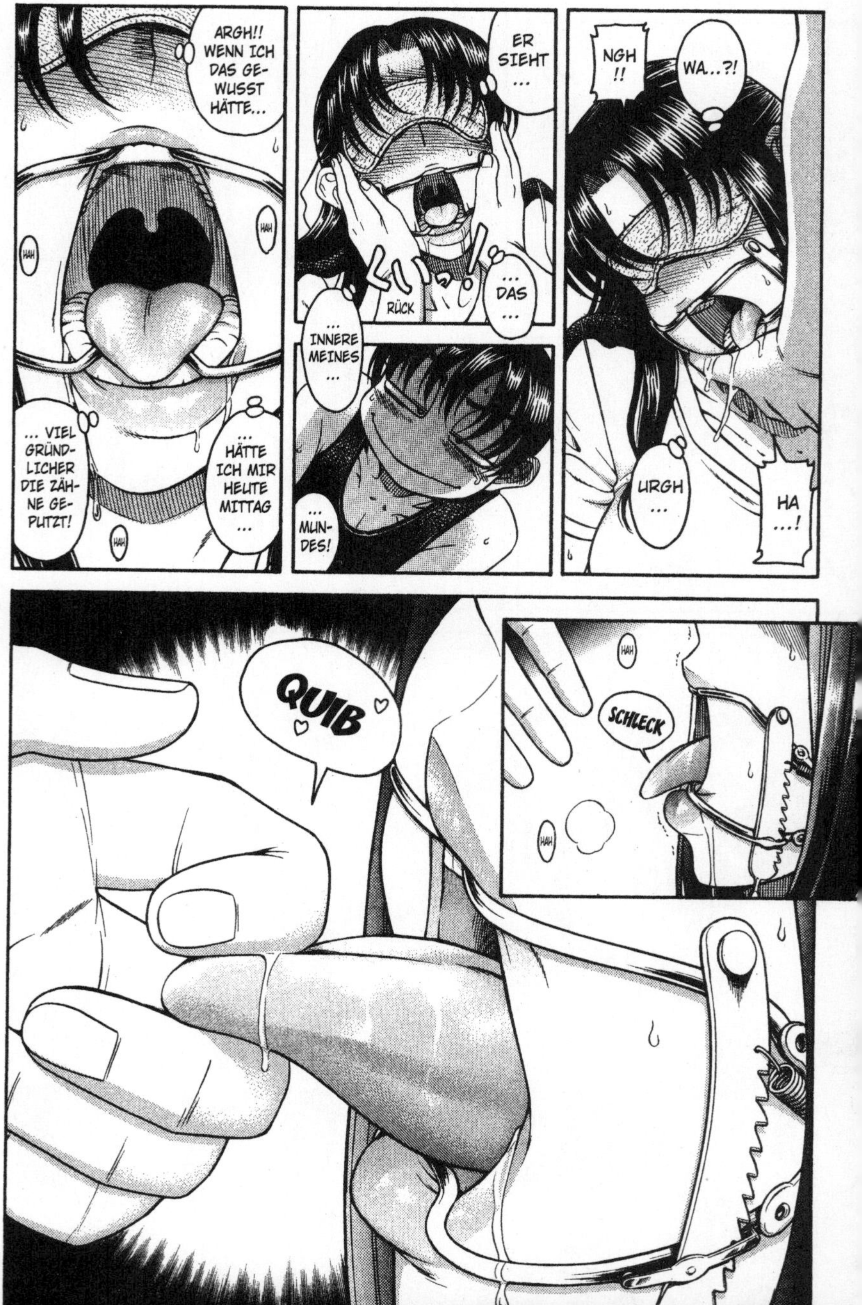

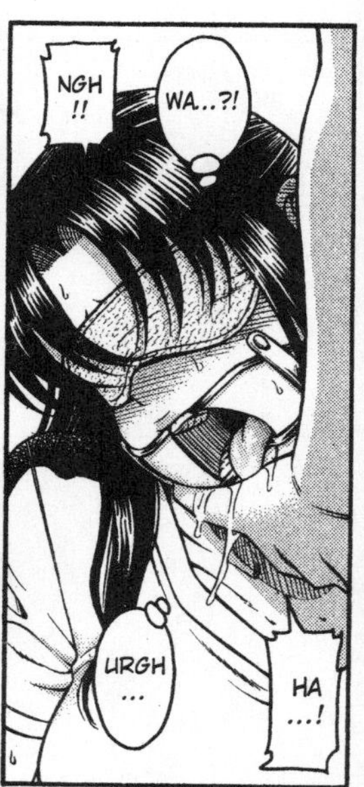
WA...?!
NGH !!
HA ...!
URGH ...

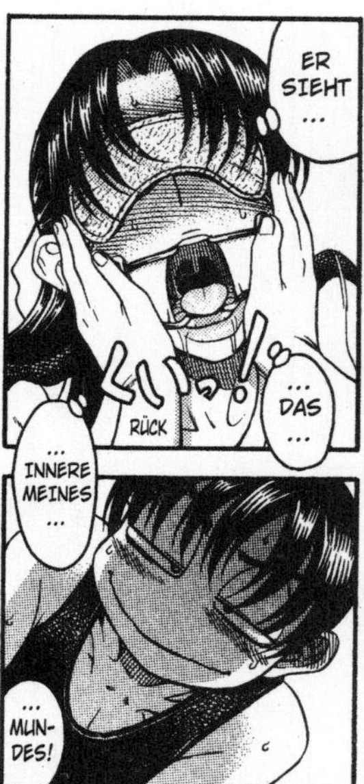
ER SIEHT ...
... DAS ...
RÜCK
... INNERE MEINES ...
... MUN-DES!

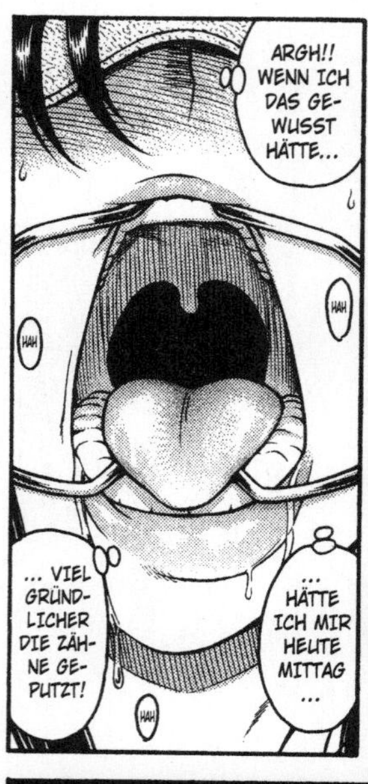
ARGH!! WENN ICH DAS GE-WUSST HÄTTE...
HAH
HAH
... HÄTTE ICH MIR HEUTE MITTAG ...
... VIEL GRÜND-LICHER DIE ZÄH-NE GE-PUTZT!
HAH

HAH
SCHLECK
HAH
QUIB

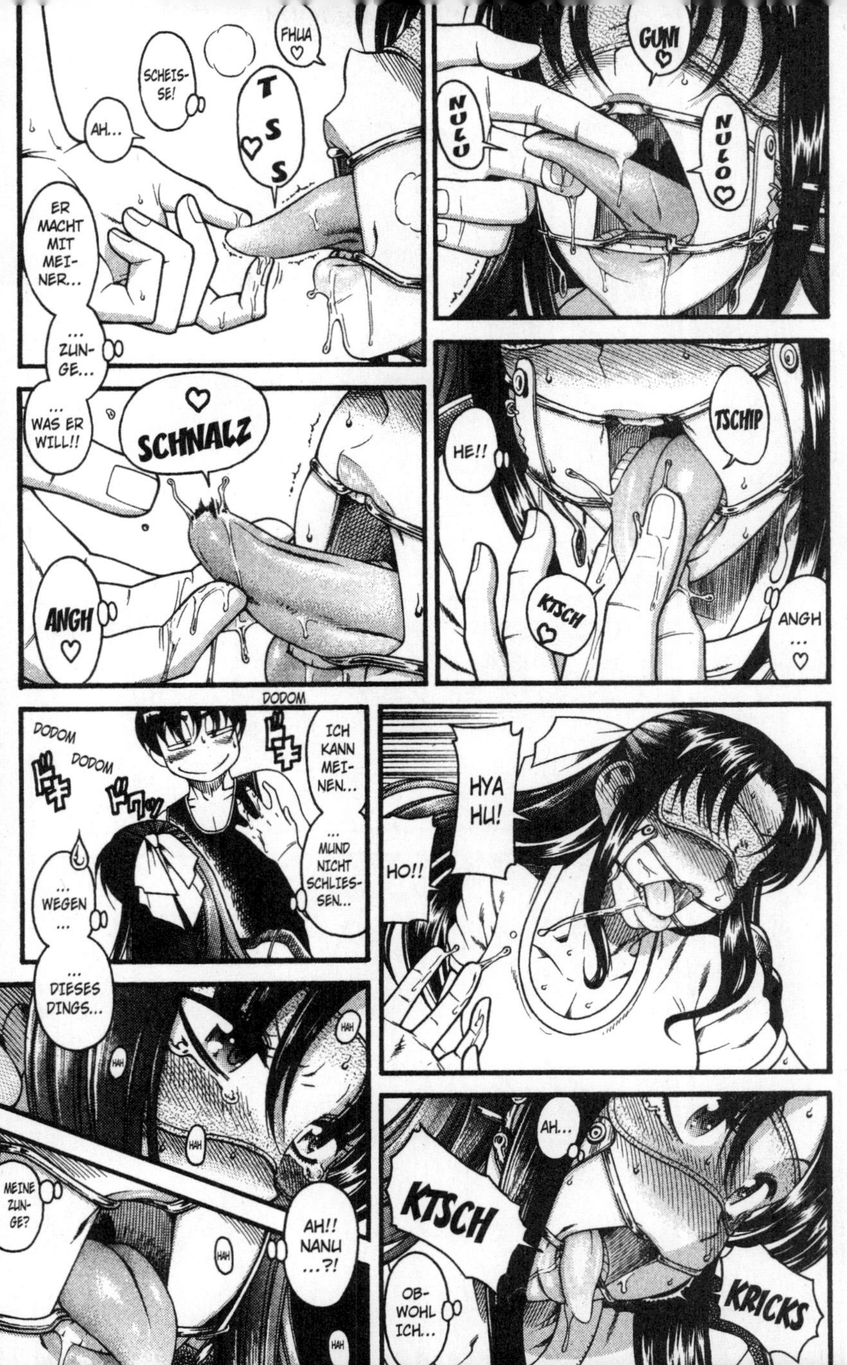
GUNI ♡
NULU
NULO ♡
FHUA ♡
SCHEISSE!
TSS ♡
AH...
ER MACHT MIT MEINER...
...ZUNGE...
...WAS ER WILL!!
TSCHIP
HE!!
KTSCH ♡
ANGH... ♡
♡ SCHNALZ
ANGH ♡
HYA HU!
HO!!
DODOM
ICH KANN MEINEN...
...MUND NICHT SCHLIESSEN...
DODOM
DODOM
...WEGEN...
...DIESES DINGS...
AH...
KTSCH
KRICKS
OBWOHL ICH...
HAH
HAH
HAH
HAH
HAH
AH!! NANU...?!
MEINE ZUNGE?

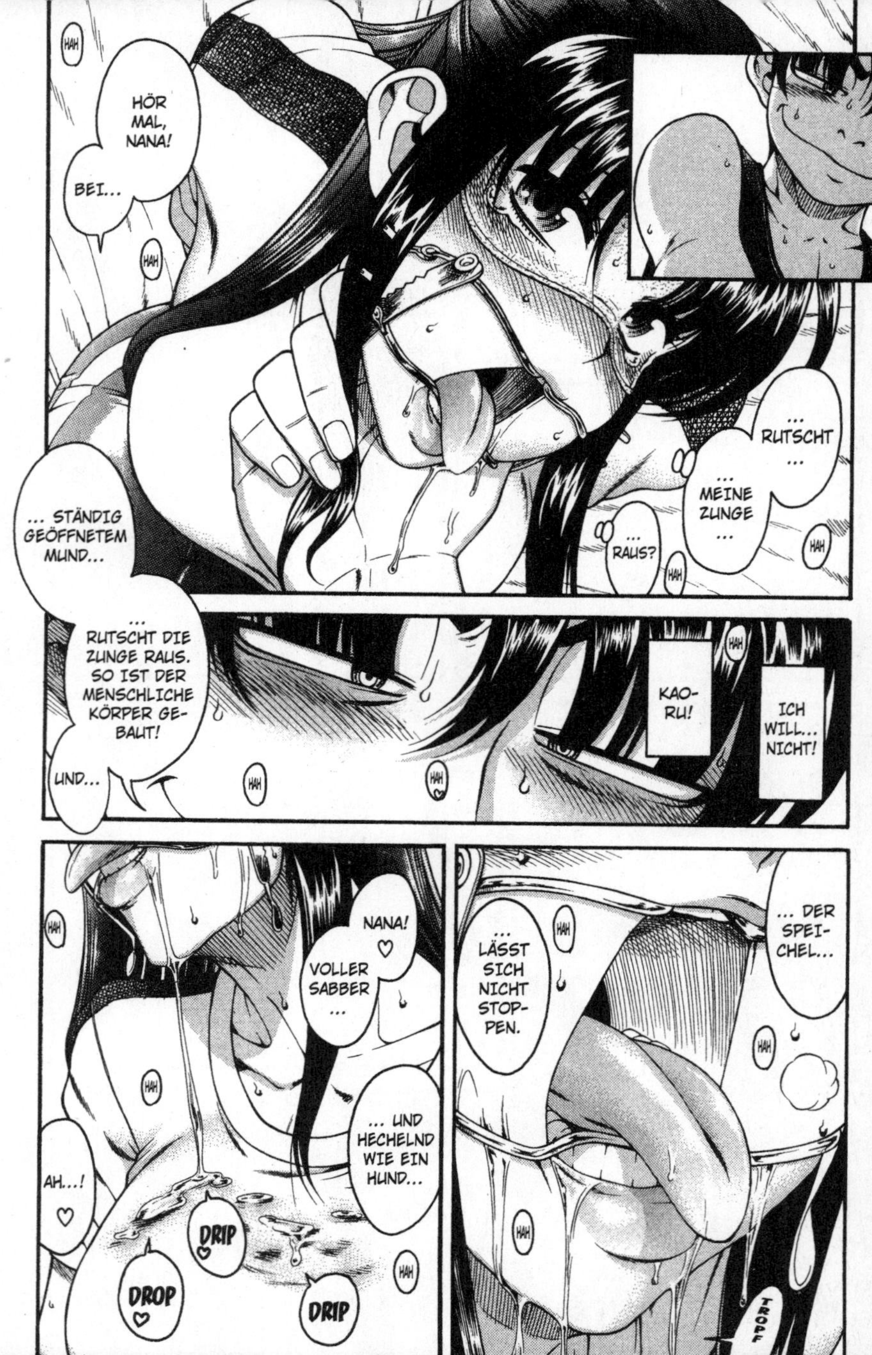

HAH
HÖR MAL, NANA!
BEI...
HAH
... RUTSCHT ...
... MEINE ZUNGE ...
... RAUS?
HAH
HAH
... STÄNDIG GEÖFFNETEM MUND...
HAH
KAO-RU!
ICH WILL... NICHT!
HAH
HAH
... RUTSCHT DIE ZUNGE RAUS. SO IST DER MENSCHLICHE KÖRPER GE-BAUT!
UND...
... DER SPEI-CHEL...
HAH
... LÄSST SICH NICHT STOP-PEN.
HAH
HAH
TROPF
NANA! ♡
VOLLER SABBER ...
HAH
HAH
... UND HECHELND WIE EIN HUND...
AH...! ♡
DRIP ♡
DROP ♡
DRIP
HAH

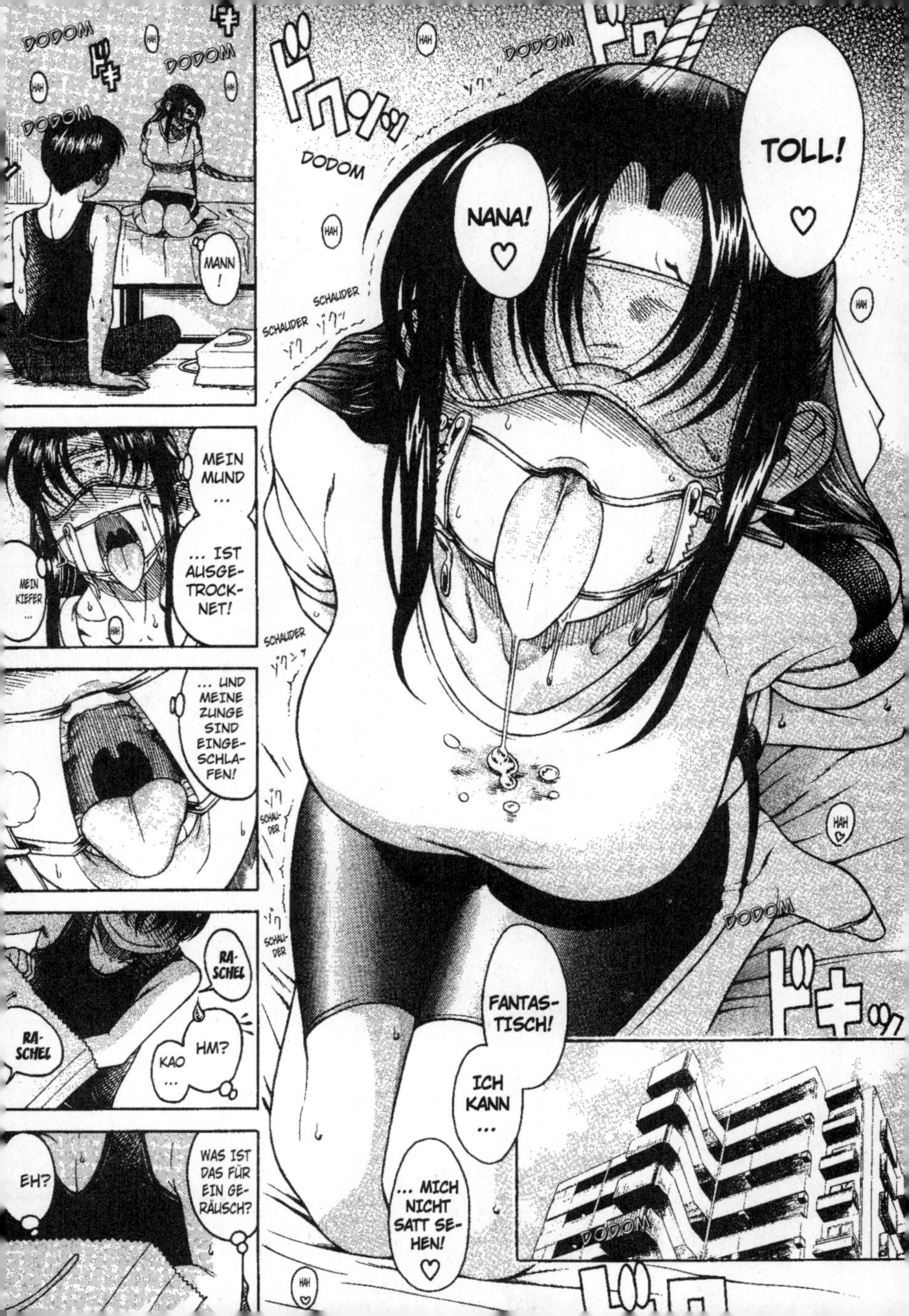
DODOM
TOLL! ♡
NANA! ♡
HAH
DODOM
SCHAUDER
SCHAUDER
SCHAUDER
SCHAUDER
SCHAUDER
HAH ♡
DODOM
FANTASTISCH!
ICH KANN ...
... MICH NICHT SATT SEHEN! ♡
HAH
DODOM
DODOM
DODOM
DODOM
HAH
MANN!
MEIN MUND ...
... IST AUSGETROCKNET!
MEIN KIEFER ...
HAH
... UND MEINE ZUNGE SIND EINGESCHLAFEN!
RASCHEL
RASCHEL
HM?
KAO ...
WAS IST DAS FÜR EIN GERÄUSCH?
EH?

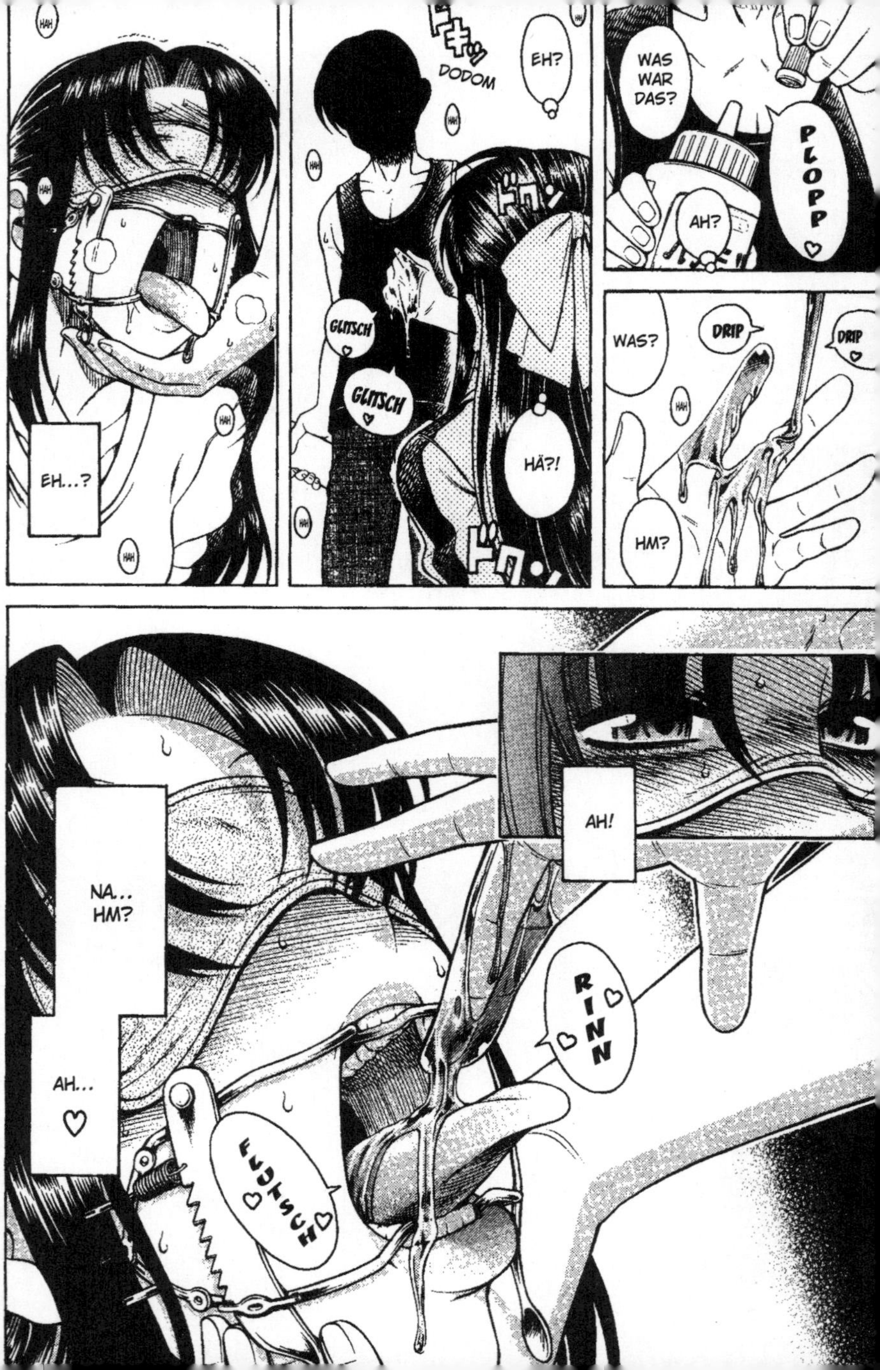

WAS WAR DAS?
PLOPP ♡
AH?
WAS?
DRIP
DRIP ♡
HAH
HM?
EH?
DODOM
HAH
HAH
GLITSCH ♡
GLITSCH ♡
HÄ?!
HAH
HAH
HAH
HAH
EH...?
HAH
AH!
RINN ♡ ♡
NA... HM?
AH... ♡
FLUTSCH ♡ ♡

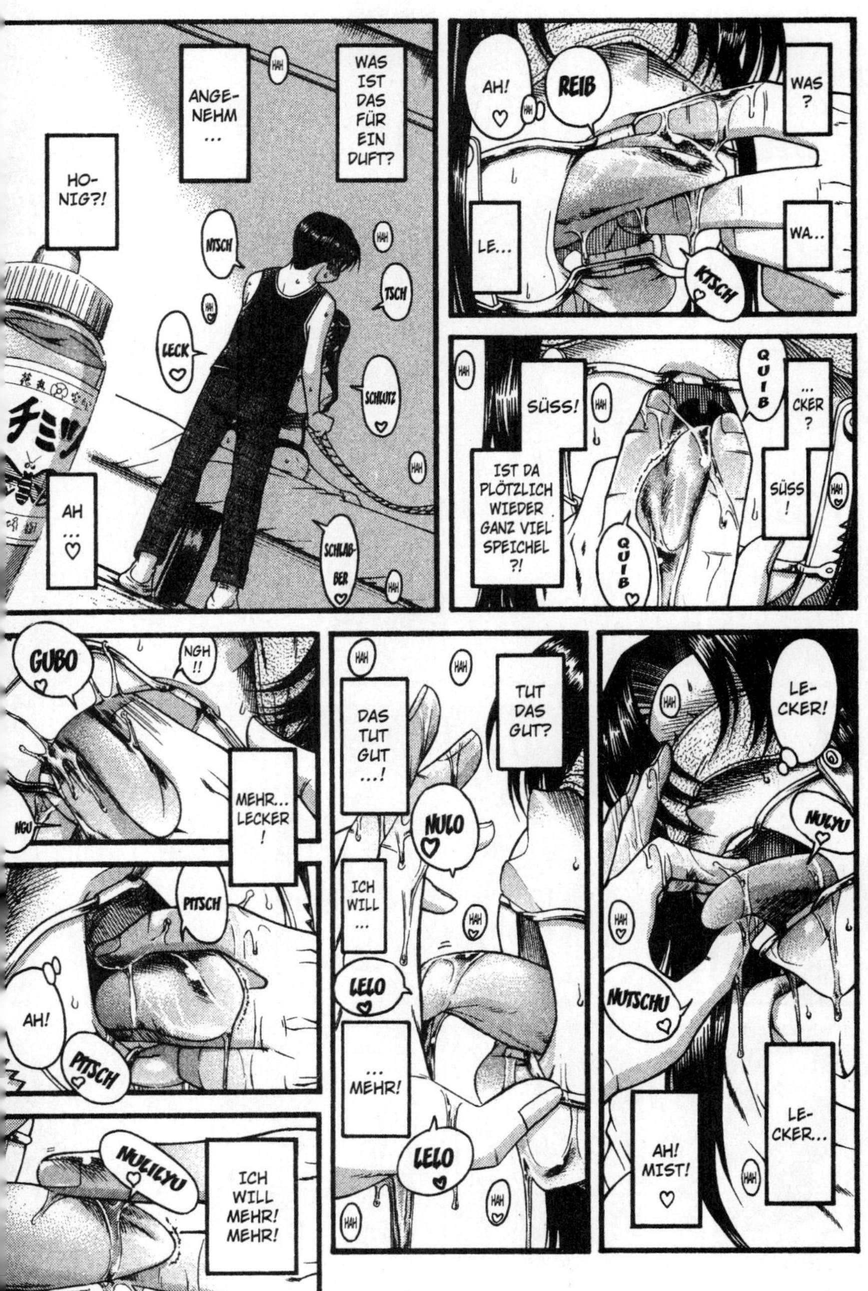

WAS?
WA...
REIB
AH!
HAH
LE...
KTSCH
QUIB
...CKER?
SÜSS!
HAH
SÜSS!
IST DA PLÖTZLICH WIEDER GANZ VIEL SPEICHEL?!
QUIB
HAH
WAS IST DAS FÜR EIN DUFT?
ANGE-NEHM ...
HAH
HO-NIG?!
NTSCH
HAH
TSCH
HAH
LECK
SCHLUTZ
チミツ
HAH
AH ...
SCHLAB-BER
HAH
LE-CKER!
HAH
NULYU
HAH
NUTSCHU
LE-CKER...
AH! MIST!
HAH
TUT DAS GUT?
HAH
HAH
DAS TUT GUT ...!
NULO
ICH WILL ...
HAH
LELO
... MEHR!
LELO
HAH
HAH
NGH!!
GUBO
MEHR... LECKER!
NGU
PITSCH
AH!
PITSCH
ICH WILL MEHR! MEHR!
NULILYU

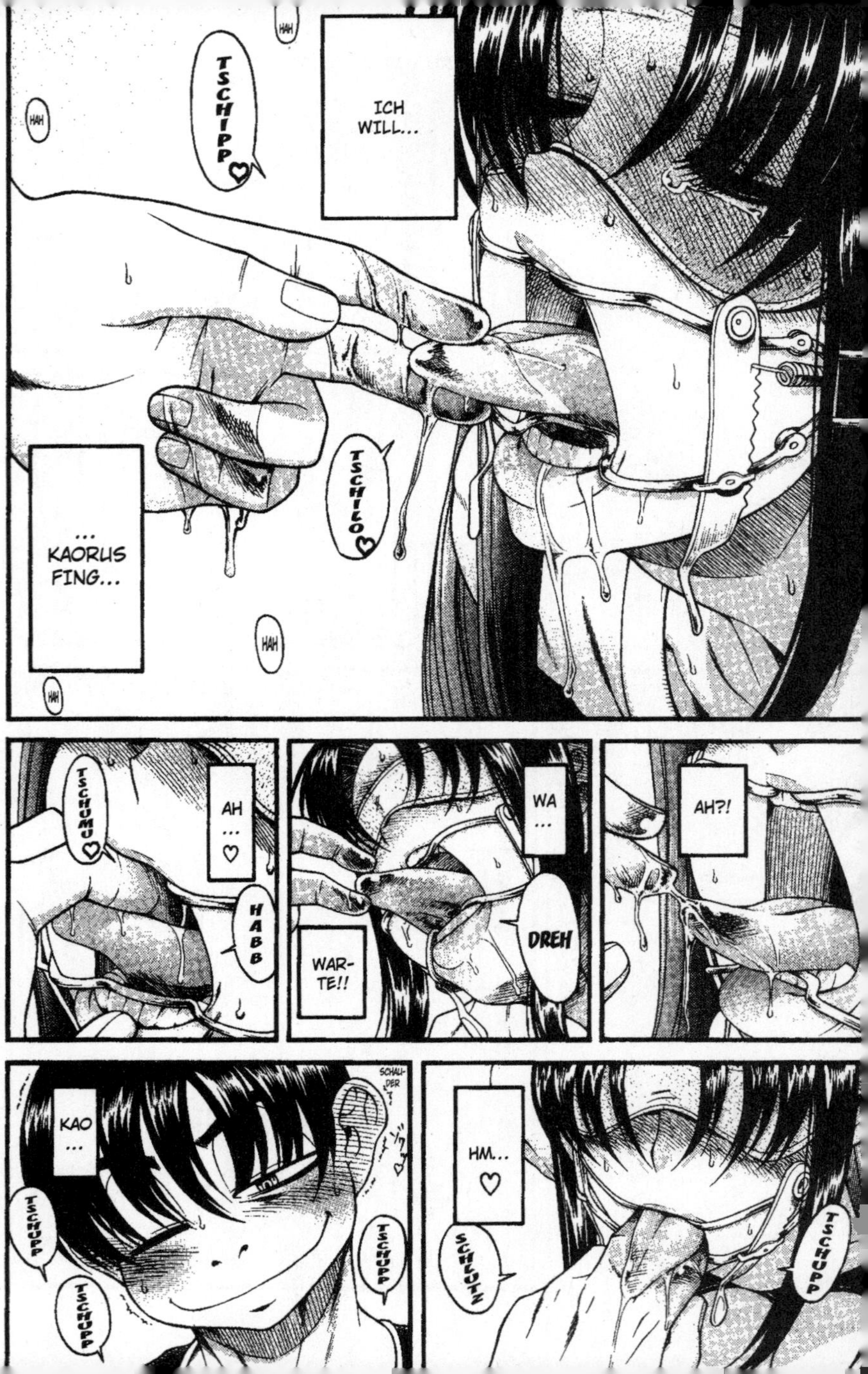

ICH WILL...

TSCHIPP ♡

HAH

HAH

TSCHILO ♡

... KAORUS FING...

HAH

HAH

AH?!

WA ...

DREH

WARTE!!

AH ... ♡

TSCHUMU ♡

HABB

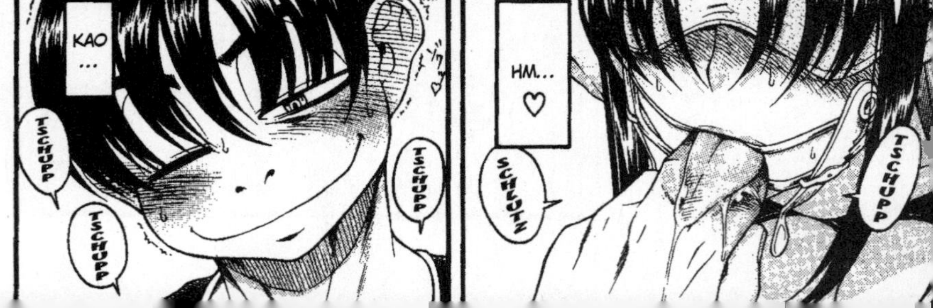

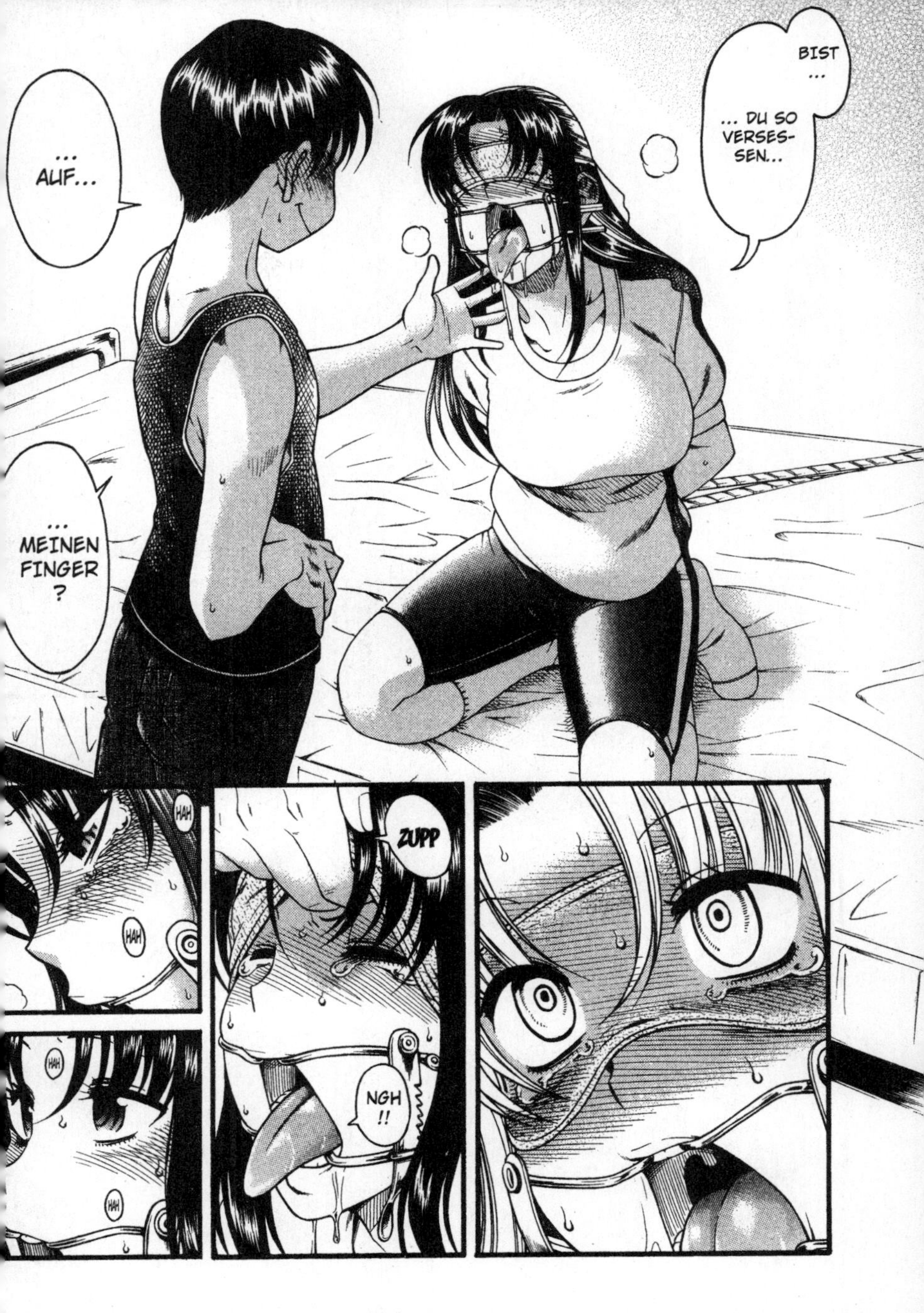
BIST ... ... DU SO VERSES-SEN...
... AUF...
... MEINEN FINGER ?
ZUPP
NGH !!
HAH
HAH
HAH
HAH

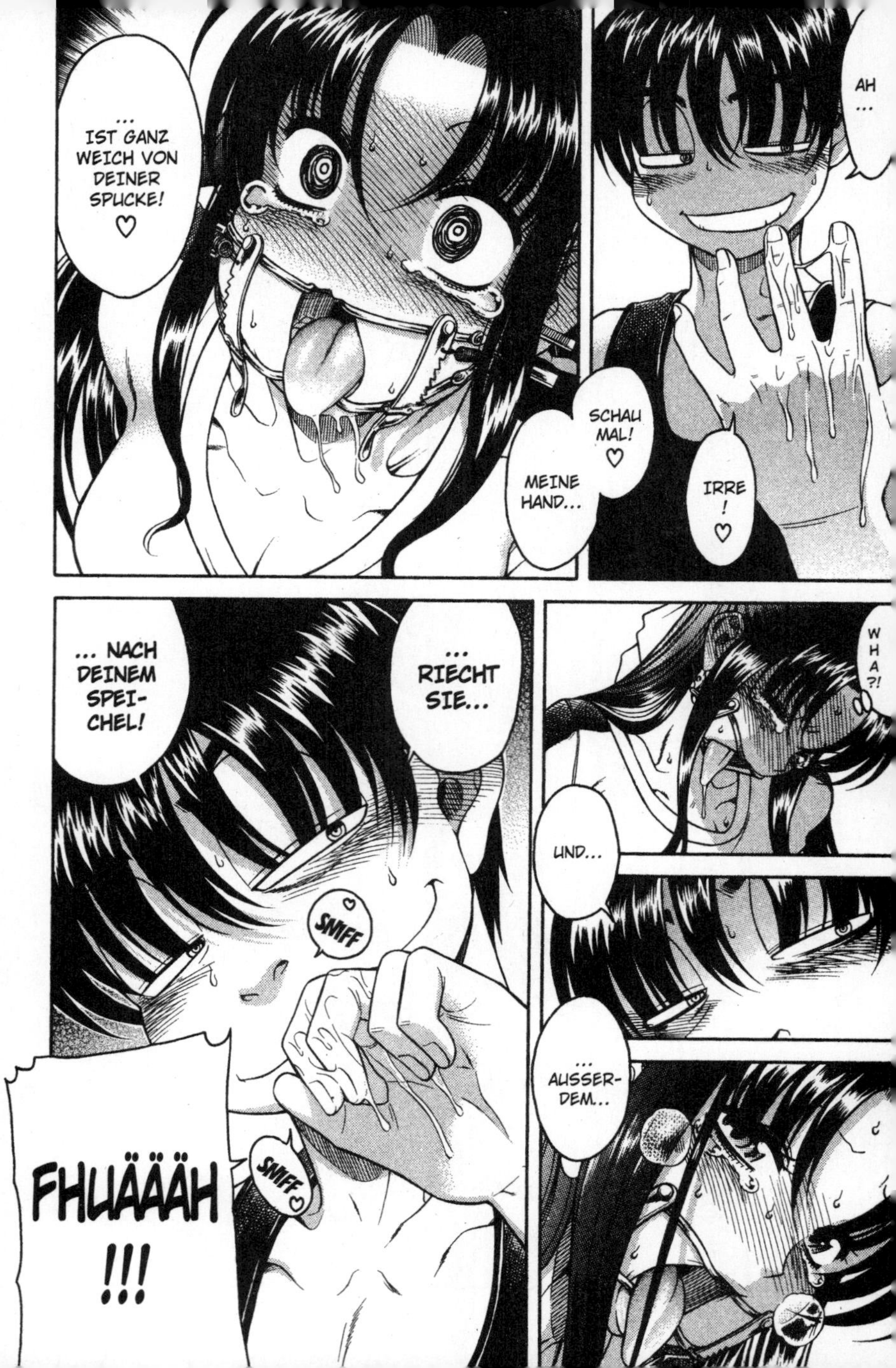

AH ...
IRRE! ♡
SCHAU MAL! ♡
MEINE HAND...
... IST GANZ WEICH VON DEINER SPUCKE! ♡
WHA?!
UND...
... AUSSER-DEM...
... RIECHT SIE...
... NACH DEINEM SPEI-CHEL!
SNIFF ♡
SNIFF ♡
FHUÄÄÄH !!!

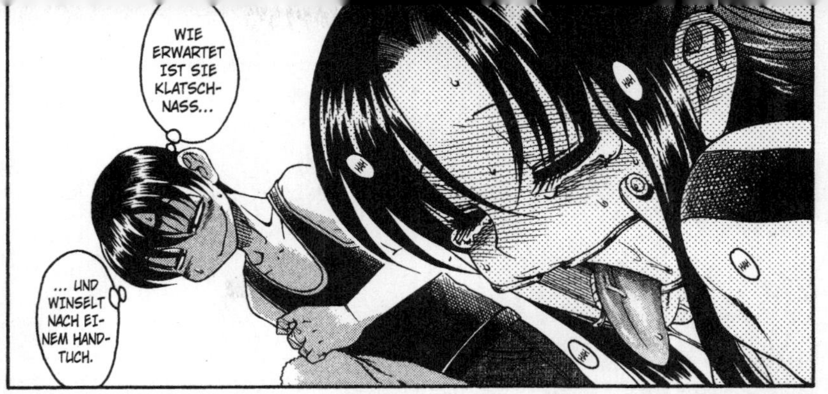

WIE ERWARTET IST SIE KLATSCH-NASS...
... UND WINSELT NACH EI-NEM HAND-TUCH.
HAH
HAH
HAH
HAH

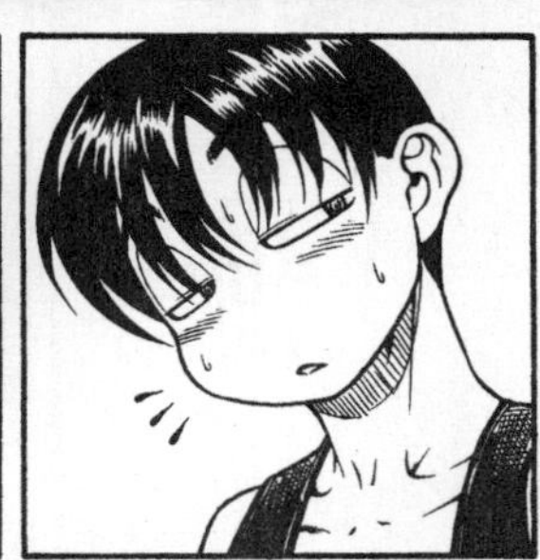

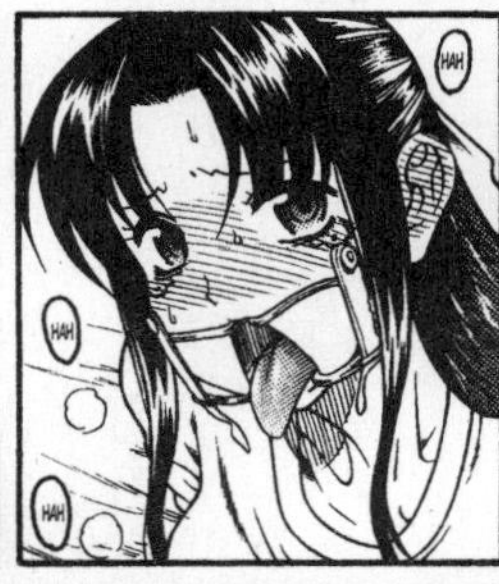

HAH
HAH
HAH

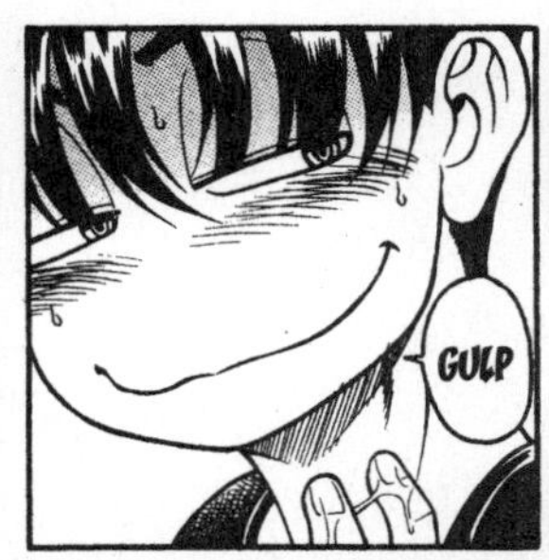

GULP

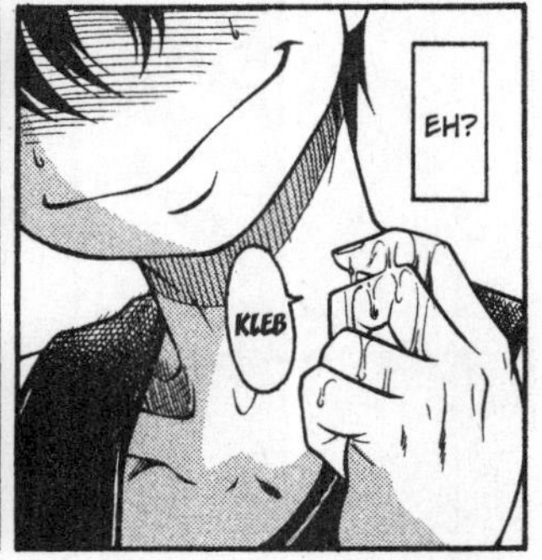

EH?
KLEB

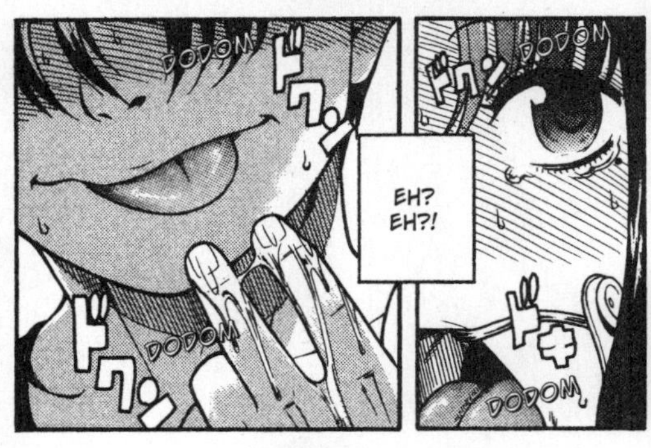

DODOM
EH? EH?!
DODOM
DODOM
DODOM

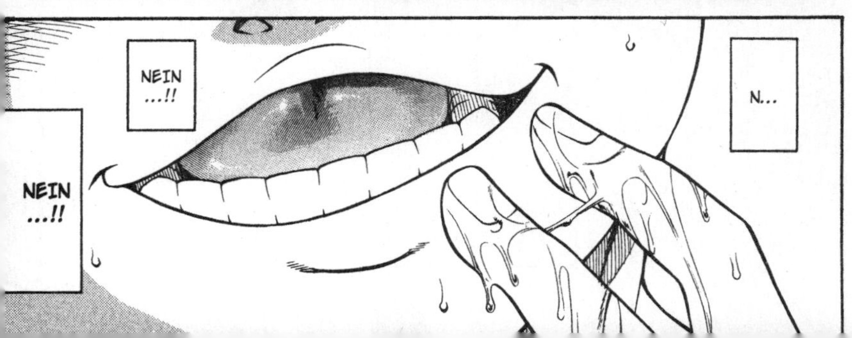

N...
NEIN ...!!
NEIN ...!!

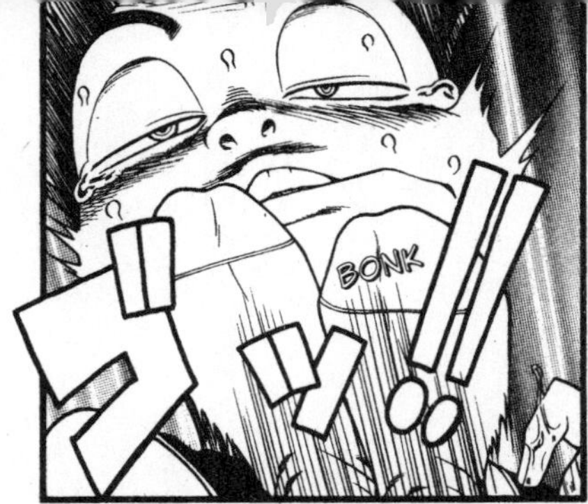
BONK

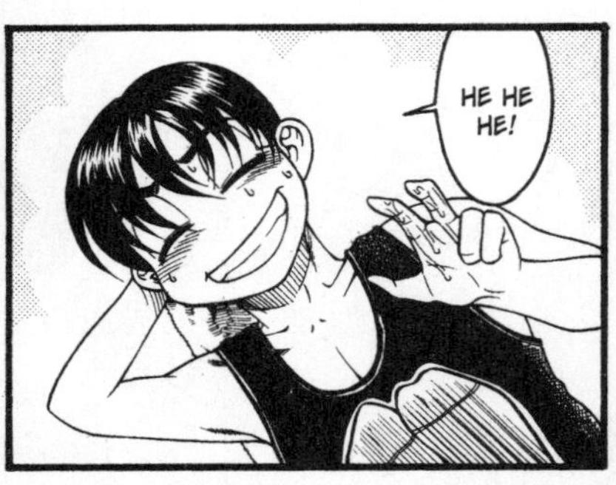
HE HE HE!

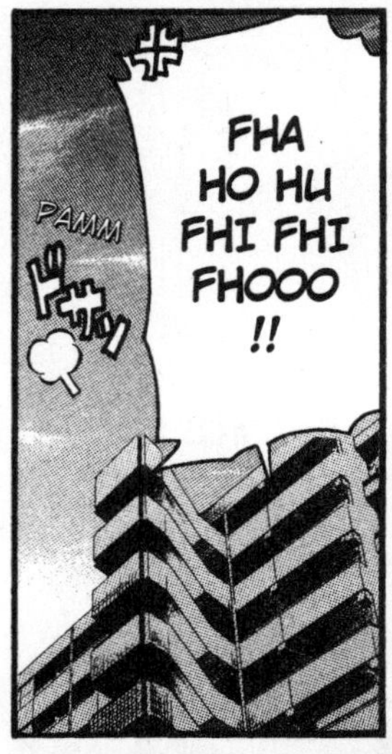
FHA HO HU FHI FHI FHOOO !!
PAMM

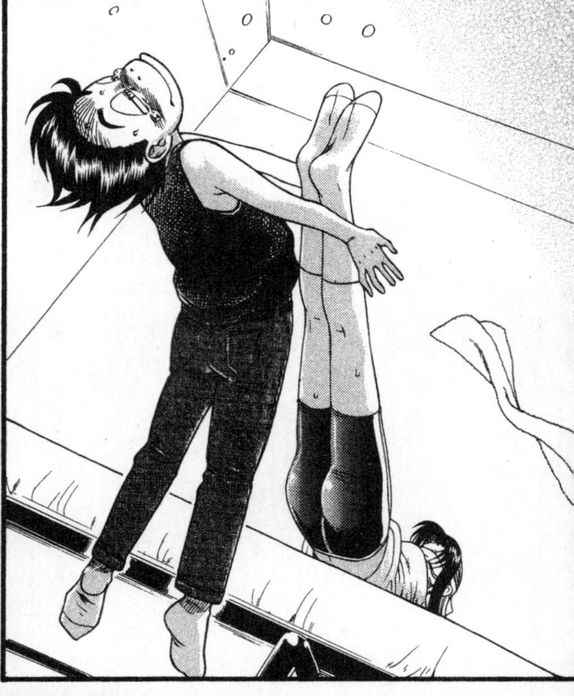

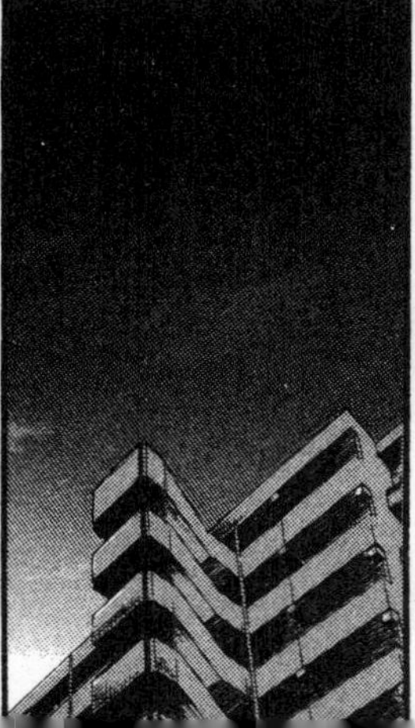

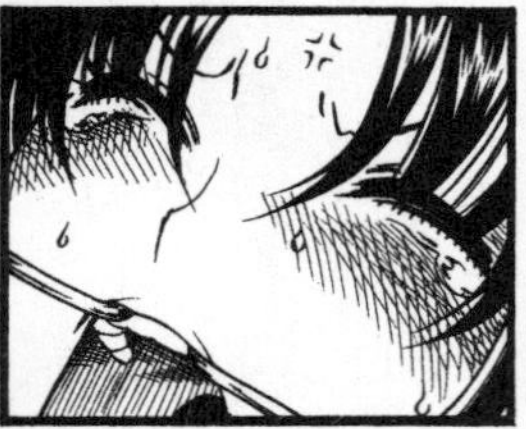

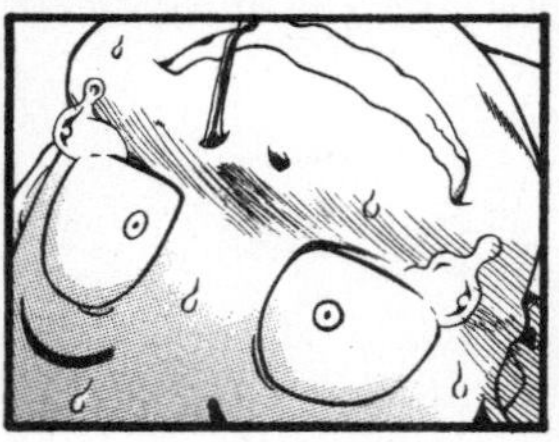

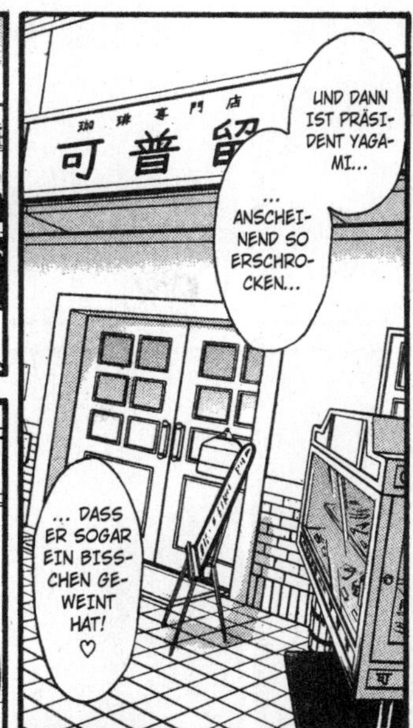

珈琲専門店
可普留
UND DANN IST PRÄSIDENT YAGAMI...
... ANSCHEINEND SO ERSCHROCKEN...
... DASS ER SOGAR EIN BISSCHEN GEWEINT HAT! ♡

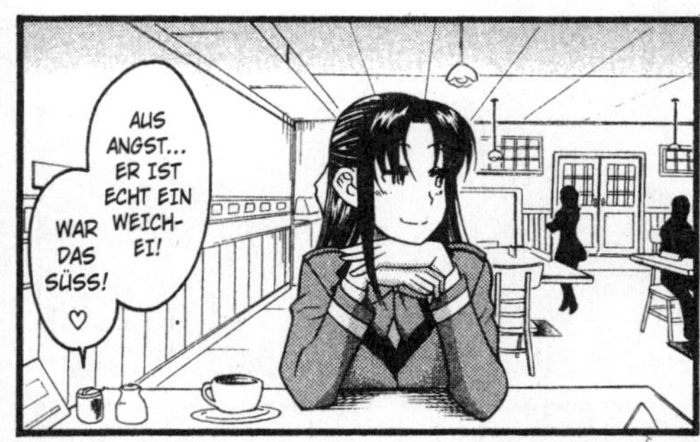

AUS ANGST... ER IST ECHT EIN WEICHEI!
WAR DAS SÜSS! ♡

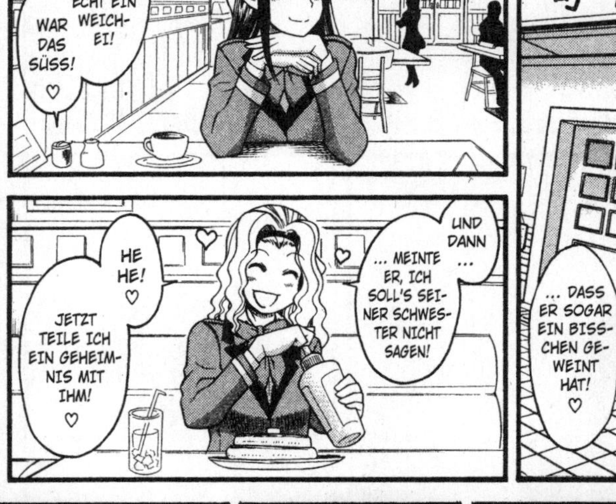

UND DANN ...
... MEINTE ER, ICH SOLL'S SEINER SCHWESTER NICHT SAGEN!
HE HE! ♡
JETZT TEILE ICH EIN GEHEIMNIS MIT IHM! ♡

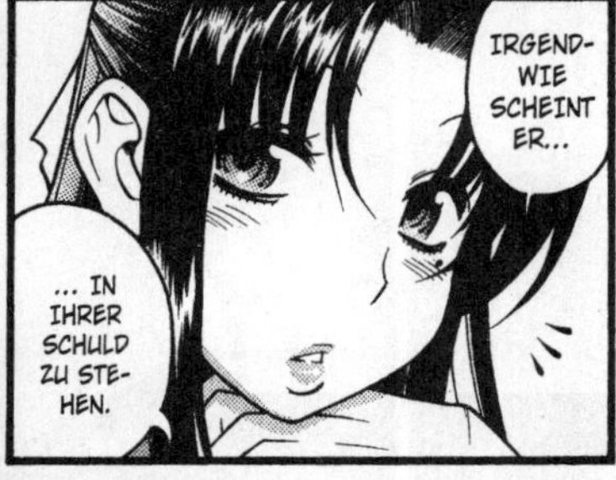

IRGENDWIE SCHEINT ER...
... IN IHRER SCHULD ZU STEHEN.

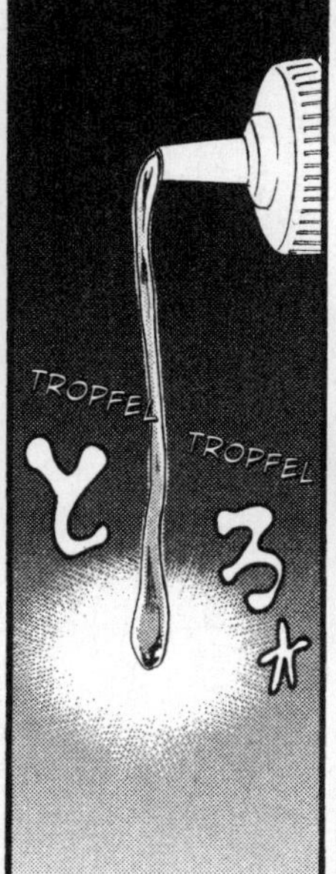

TROPFEL
TROPFEL
とろ

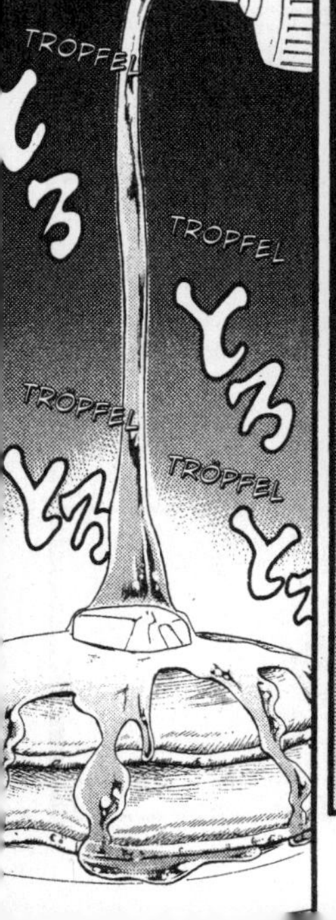

TROPFEL
TROPFEL
TROPFEL
TROPFEL
とろ
とろ

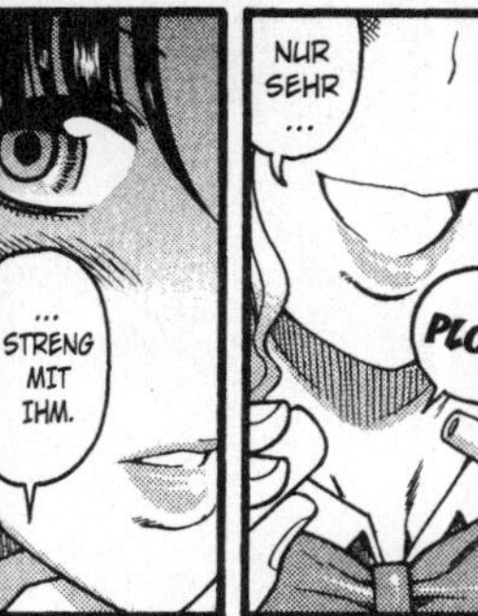

ABER SEINE SCHWESTER IST SCHON COOL!
PLOPP♡
NUR SEHR ...
... STRENG MIT IHM.

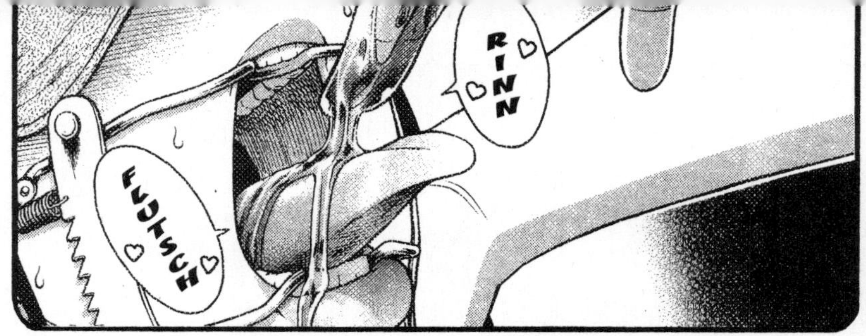

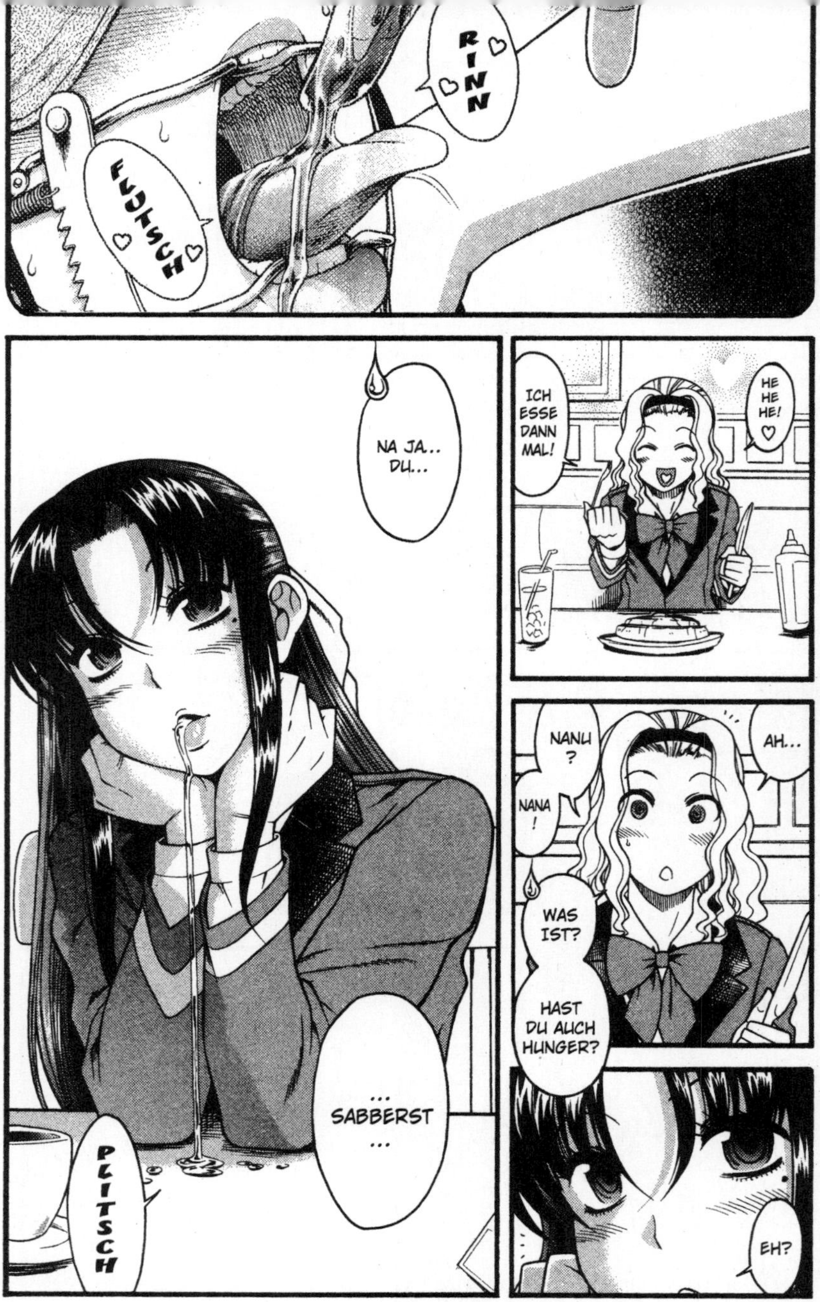

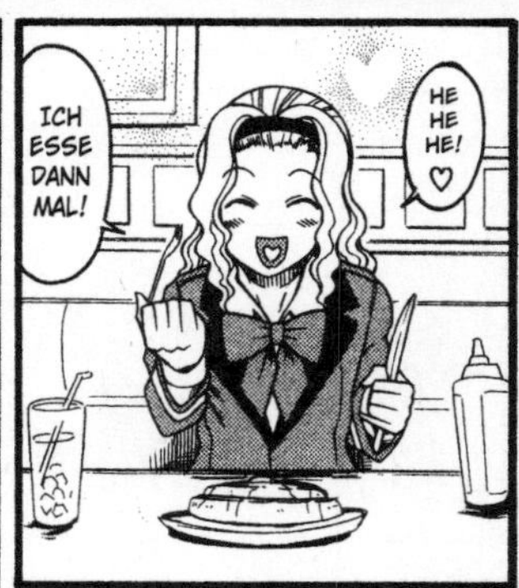

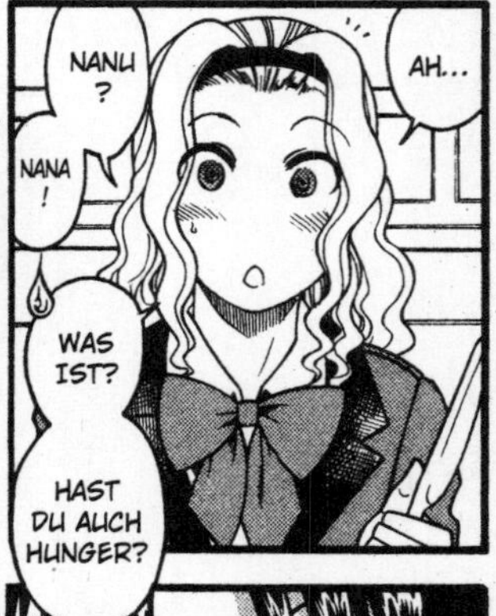

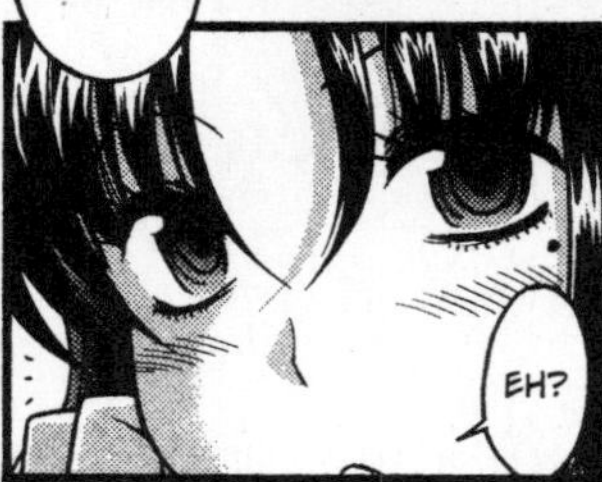

NA JA.. DU...

... SABBERST ...

PLITSCH

KAPITEL 27 - ENDE

DIE DRAHTZIEHERIN

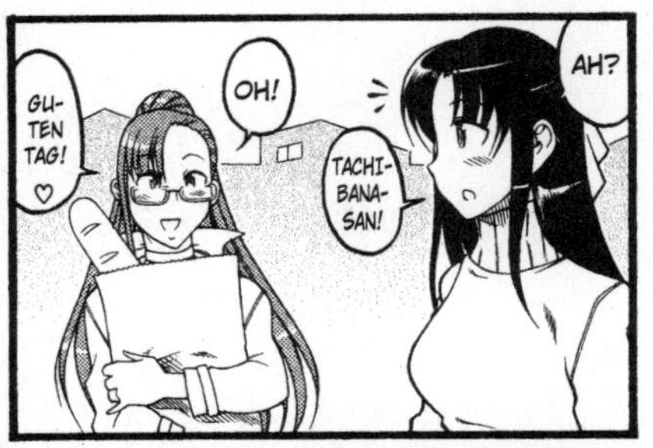

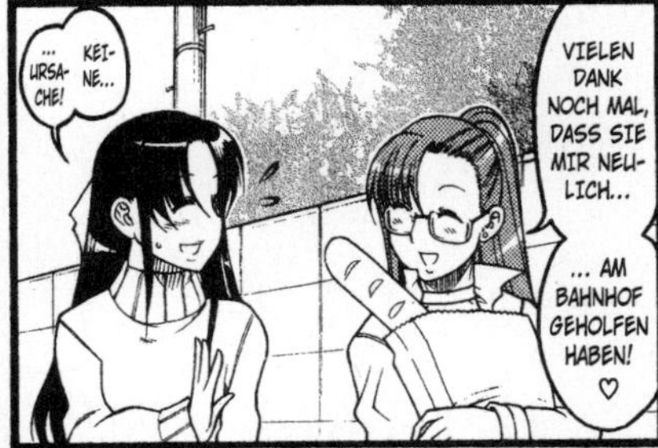

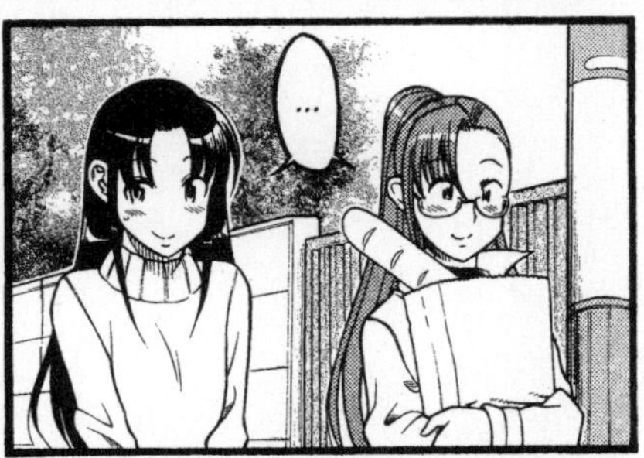

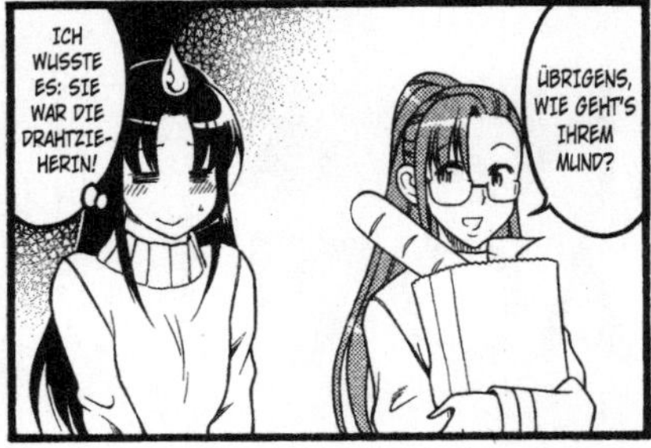

NANA & KAORU MAX

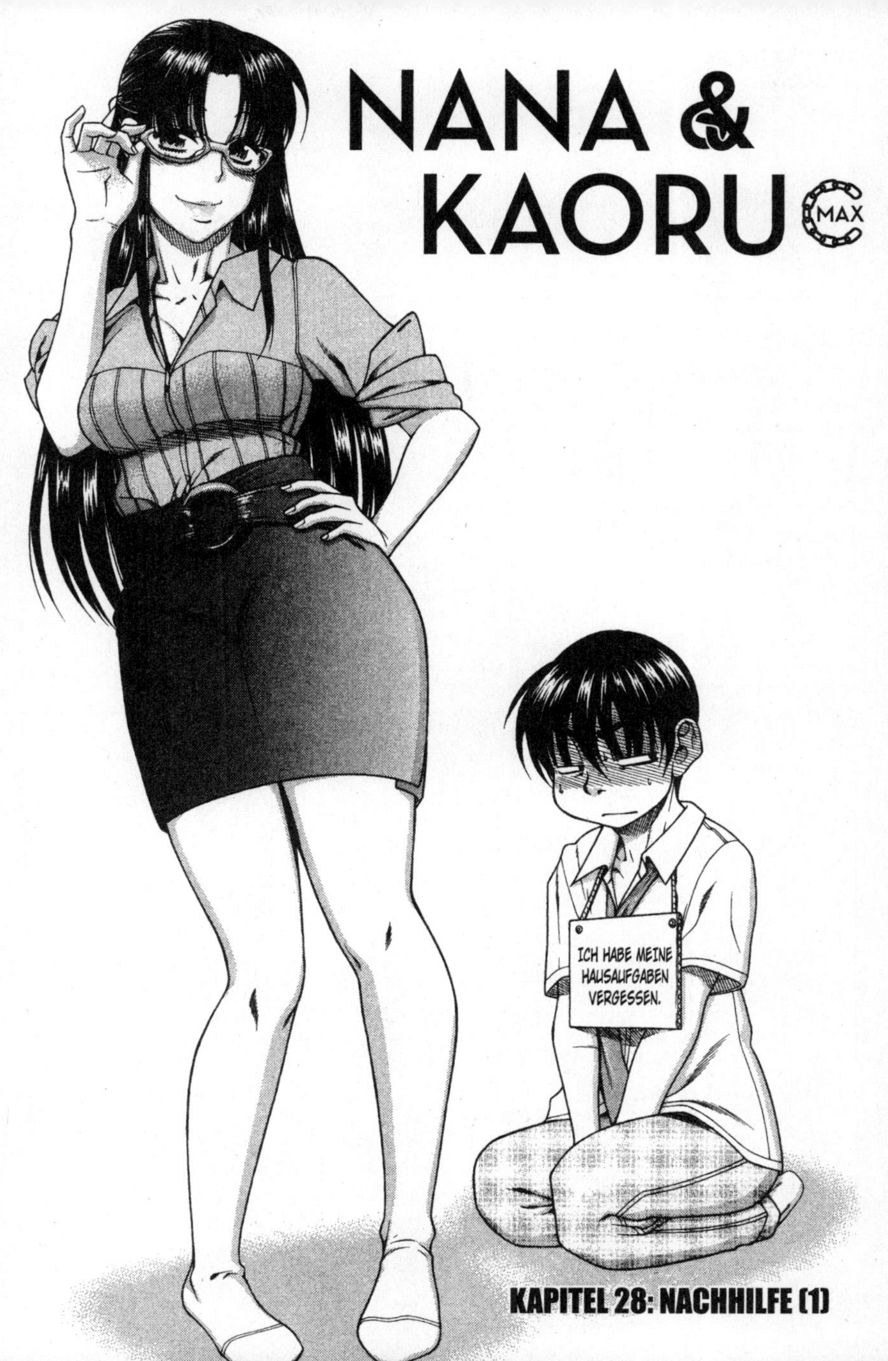
NANA & KAORU
MAX
ICH HABE MEINE HAUSAUFGABEN VERGESSEN.
KAPITEL 28: NACHHILFE (1)

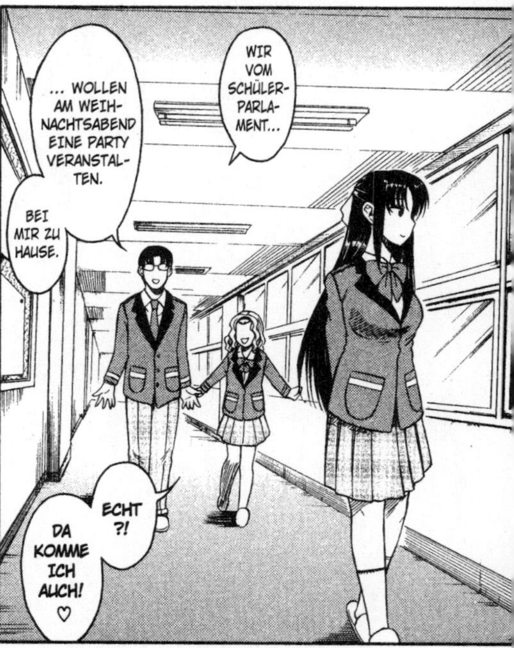

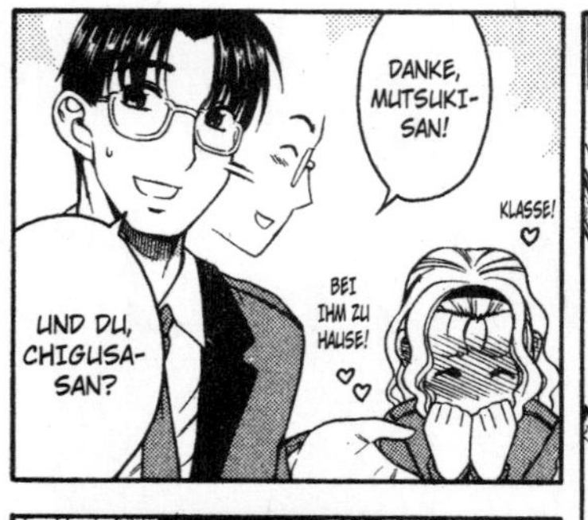

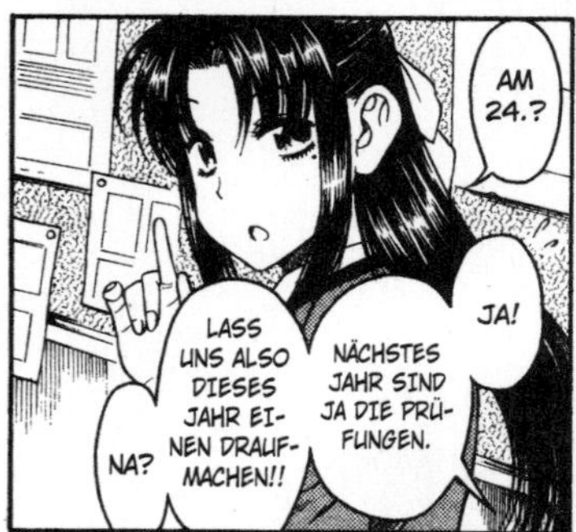

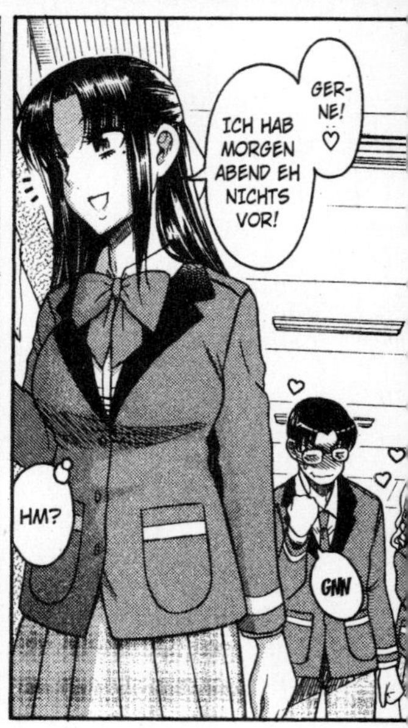

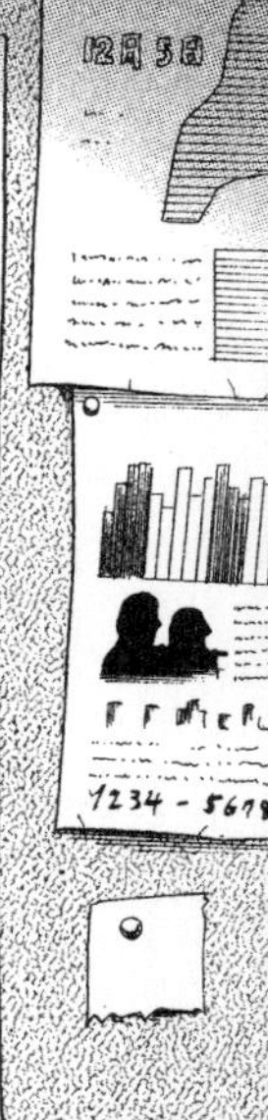

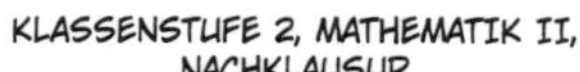

KLASSENSTUFE 2, MATHEMATIK II, NACHKLAUSUR

NACHFOLGEND AUFGEFÜHRTE SCHÜLER WERDEN EINE NACHKLAUSUR SCHREIBEN. TEILNAHME IST PFLICHT. WER DIESE NACHKLAUSUR NICHT BESTEHT, MUSS WÄHREND DER WINTERFERIEN EIN REPETITORIUM ABSOLVIEREN.

DATUM DER NACHKLAUSUR:
25. 12., 10:00 UHR.
ORT: 2C
TEILNEHMENDE SCHÜLER:
TOUNO, SHUNJI (2C)
SUGIMURA, KAORU (2F)
TSUJIUCHI, KOUYA (2F)

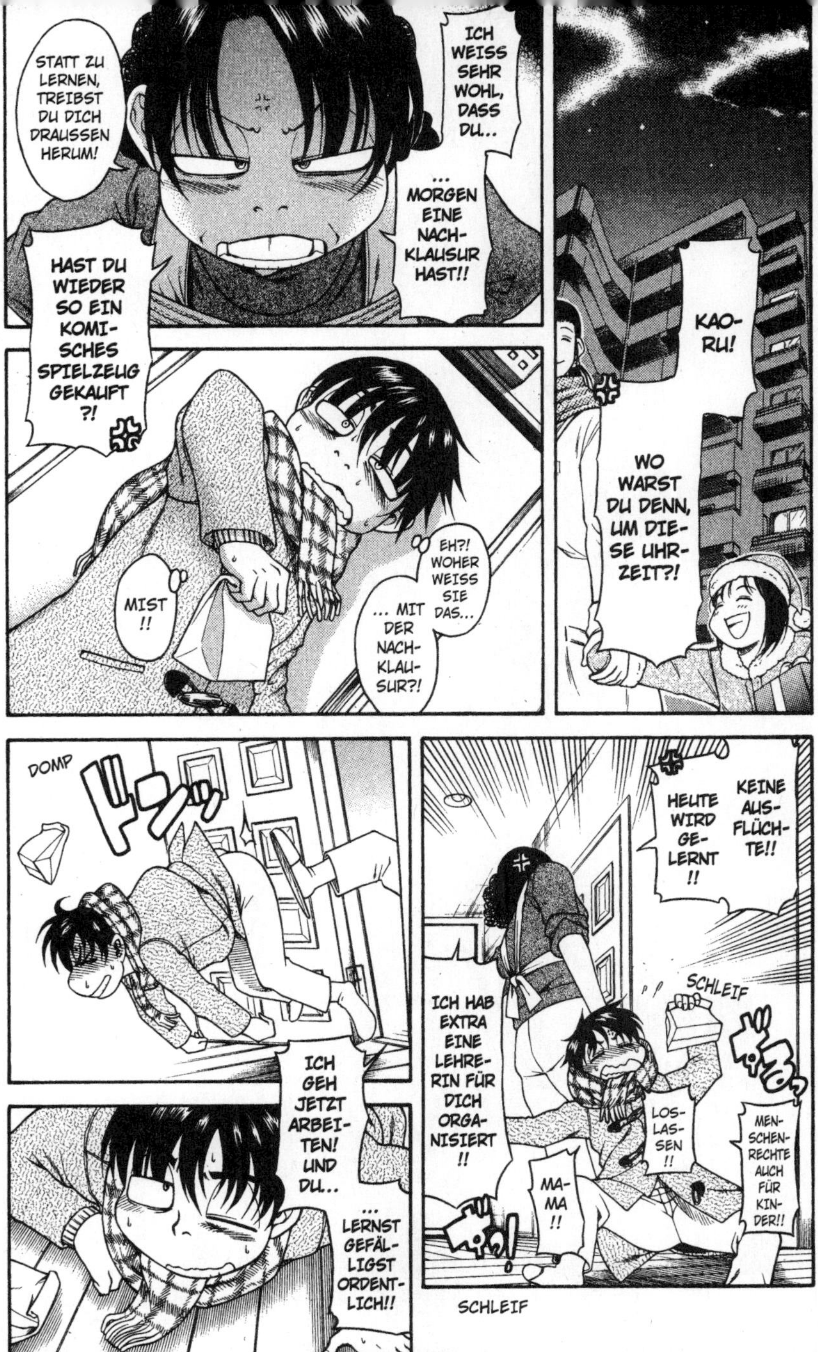

KAO-RU!

WO WARST DU DENN, UM DIESE UHRZEIT?!

ICH WEISS SEHR WOHL, DASS DU...

... MORGEN EINE NACHKLAUSUR HAST!!

STATT ZU LERNEN, TREIBST DU DICH DRAUSSEN HERUM!

HAST DU WIEDER SO EIN KOMISCHES SPIELZEUG GEKAUFT ?!

EH?! WOHER WEISS SIE DAS...

... MIT DER NACHKLAUSUR?!

MIST !!

KEINE AUSFLÜCHTE!!

HEUTE WIRD GELERNT !!

SCHLEIF

ICH HAB EXTRA EINE LEHRERIN FÜR DICH ORGANISIERT !!

MENSCHENRECHTE AUCH FÜR KINDER!!

LOSLASSEN !!

MAMA !!

SCHLEIF

DOMP

ICH GEH JETZT ARBEITEN! UND DU...

... LERNST GEFÄLLIGST ORDENTLICH!!

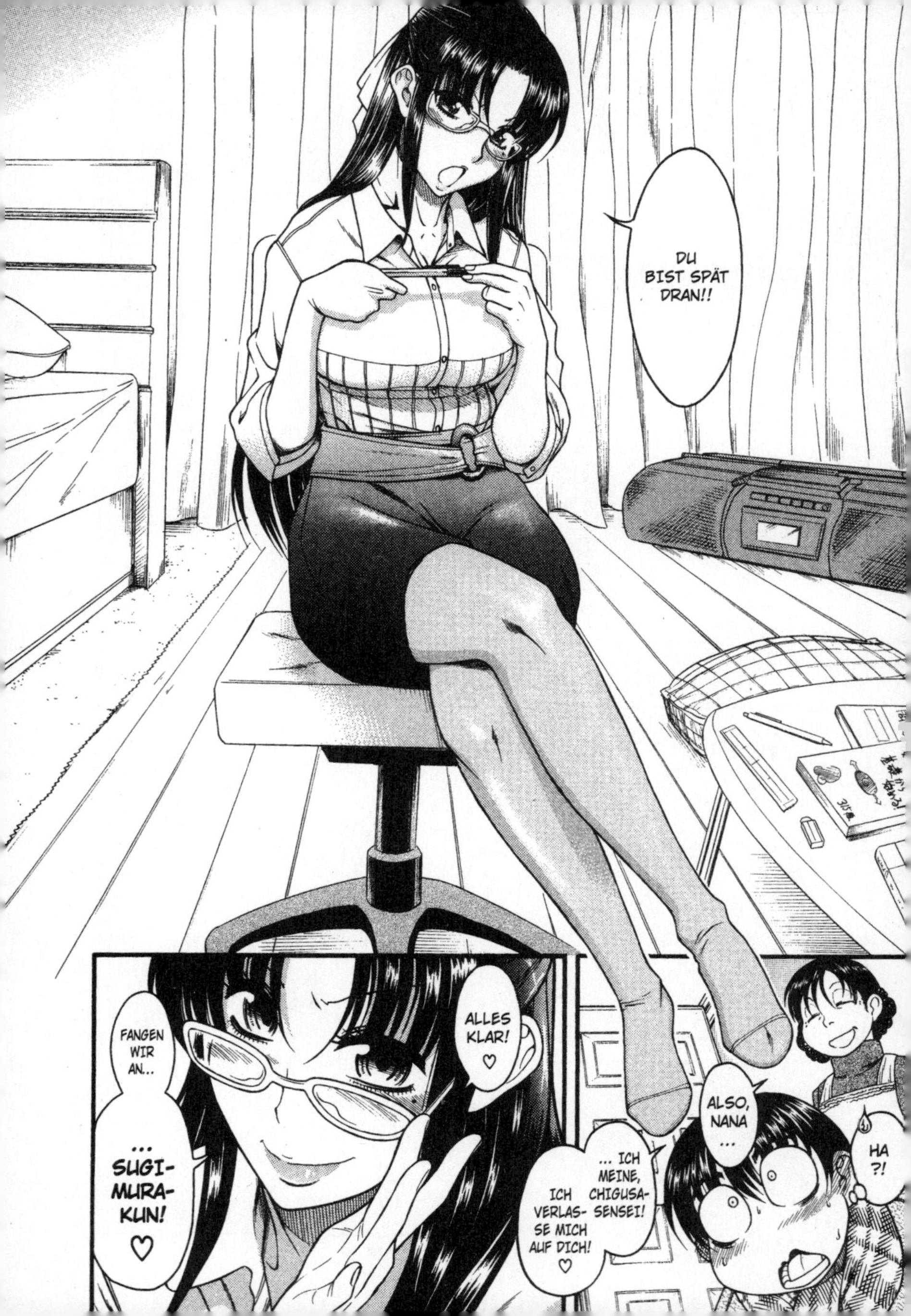
DU BIST SPÄT DRAN!!
HA ?!
ALSO, NANA ...
... ICH MEINE, CHIGUSA-SENSEI!
ICH VERLASSE MICH AUF DICH! ♡
ALLES KLAR! ♡
FANGEN WIR AN...
... SUGIMURA-KUN! ♡

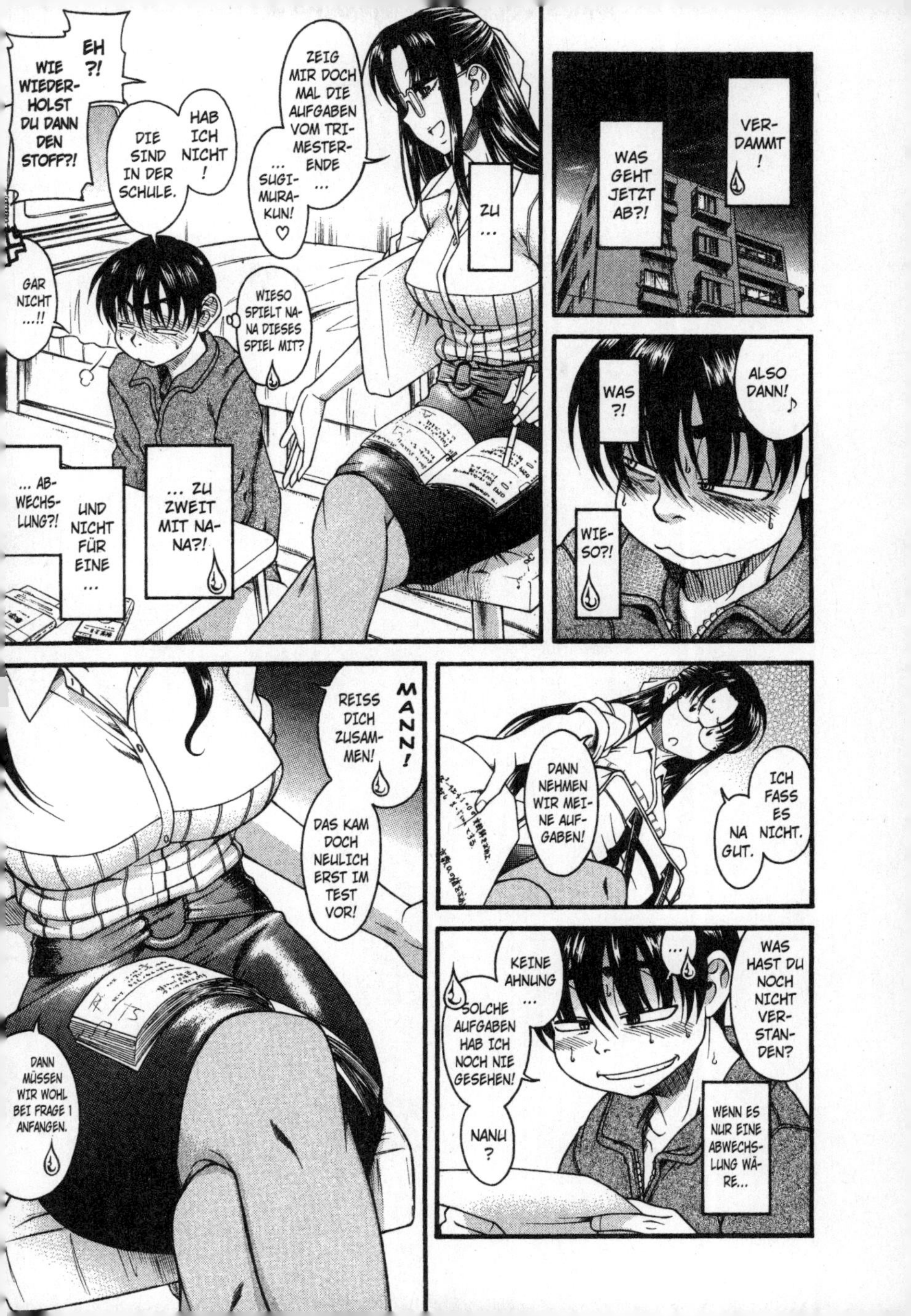

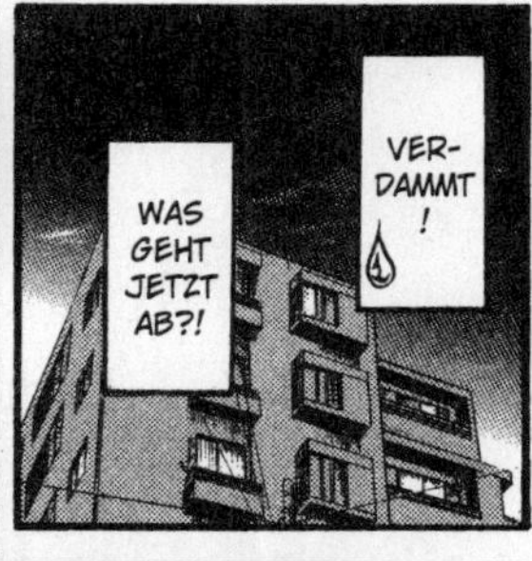

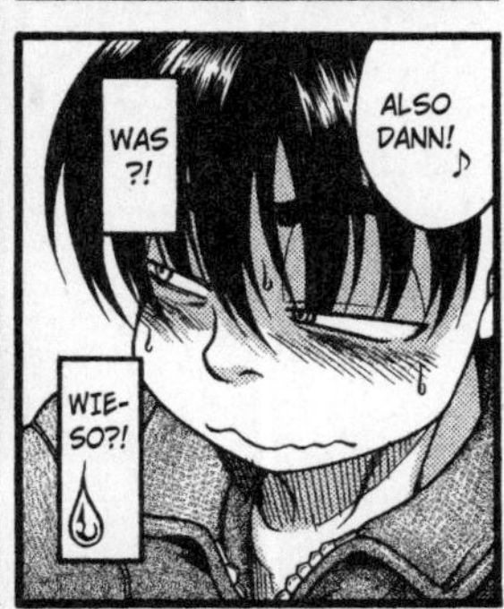

ZEIG MIR DOCH MAL DIE AUFGABEN VOM TRIMESTERENDE ... SUGIMURA-KUN! ♡
ZU ...
HAB ICH NICHT!
DIE SIND IN DER SCHULE.
EH ?!
WIE WIEDERHOLST DU DANN DEN STOFF?!
GAR NICHT ...!!
WIESO SPIELT NANA DIESES SPIEL MIT?
... ZU ZWEIT MIT NANA?!
UND NICHT FÜR EINE ...
... ABWECHSLUNG?!

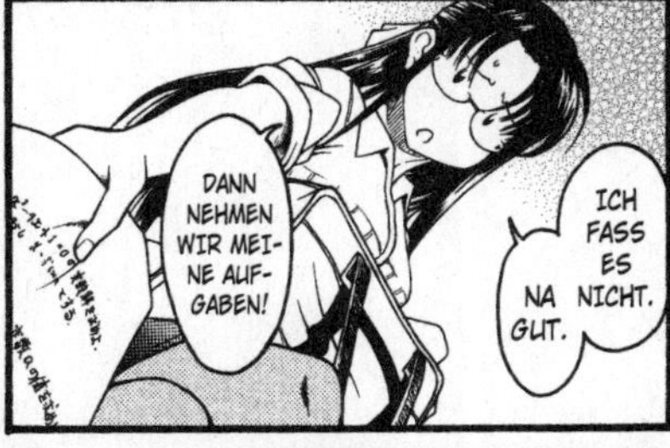

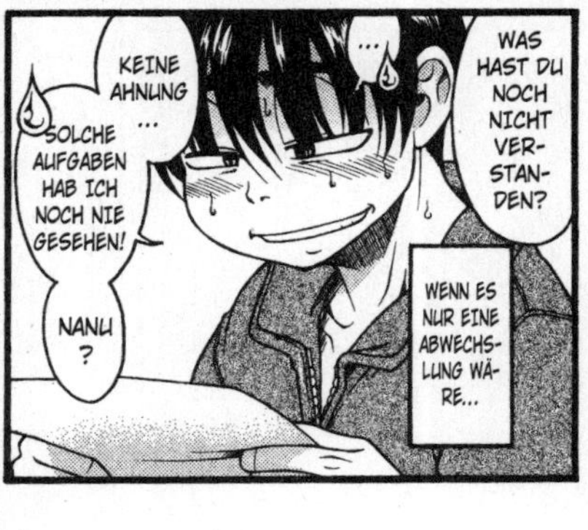

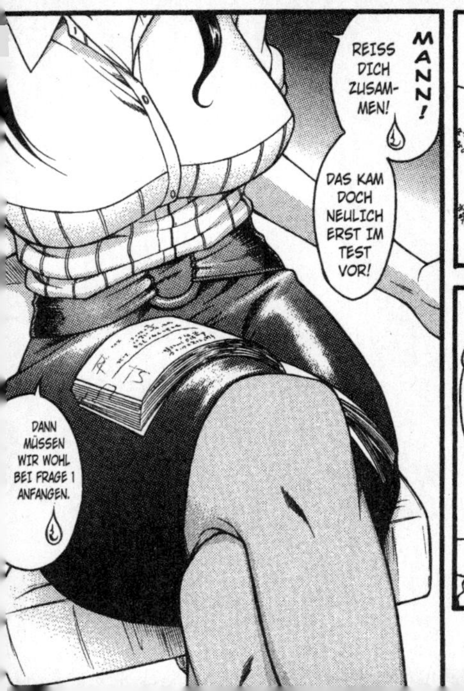

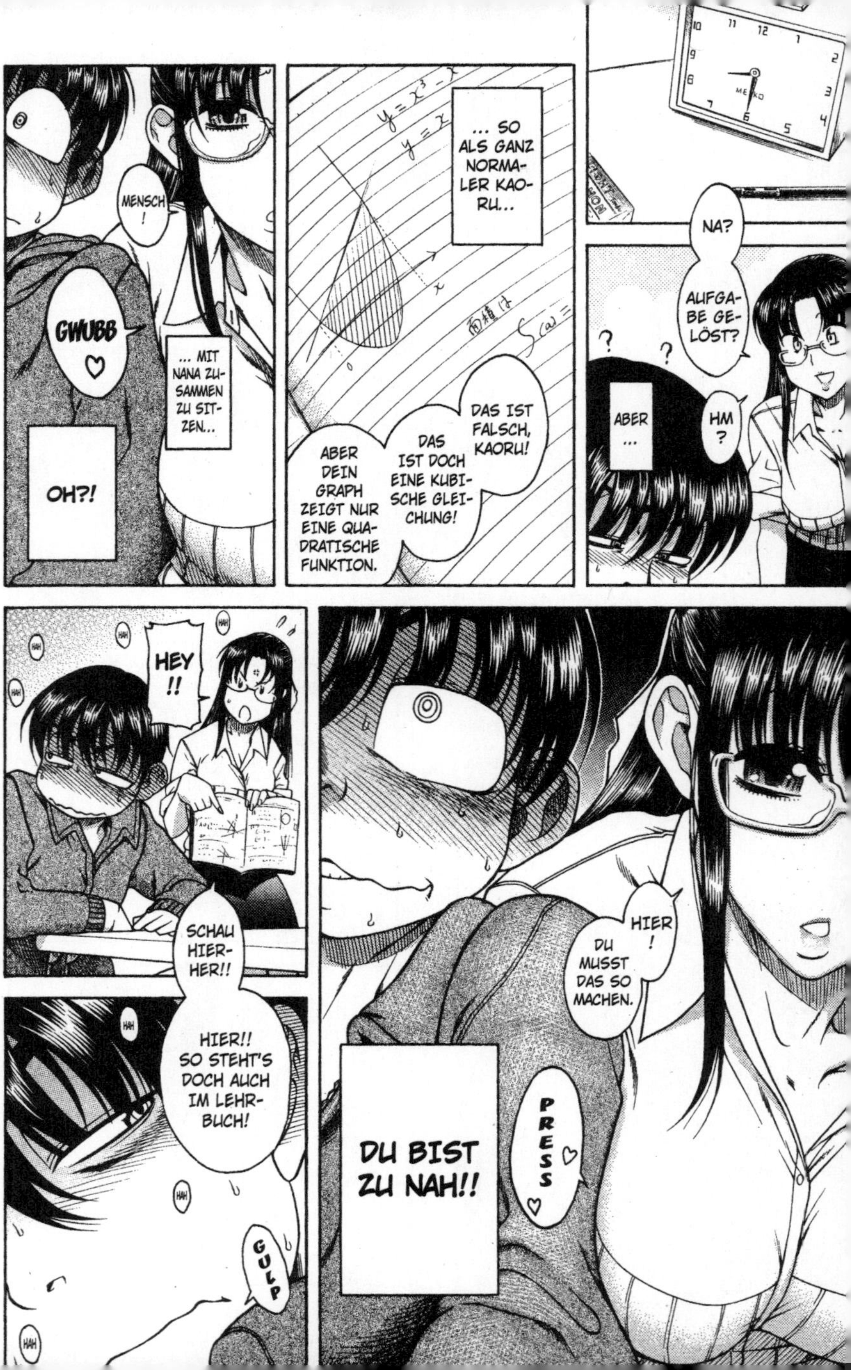

NA?
AUFGABE GELÖST?
HM?
ABER ...
... SO ALS GANZ NORMALER KAORU...
DAS IST FALSCH, KAORU!
DAS IST DOCH EINE KUBISCHE GLEICHUNG!
ABER DEIN GRAPH ZEIGT NUR EINE QUADRATISCHE FUNKTION.
MENSCH!
... MIT NANA ZUSAMMEN ZU SITZEN...
GWUBB ♡
OH?!
HIER!
DU MUSST DAS SO MACHEN.
PRESS ♡
DU BIST ZU NAH!!
HEY!!
HAH
SCHAU HIERHER!!
HIER!! SO STEHT'S DOCH AUCH IM LEHRBUCH!
GULP
HAH

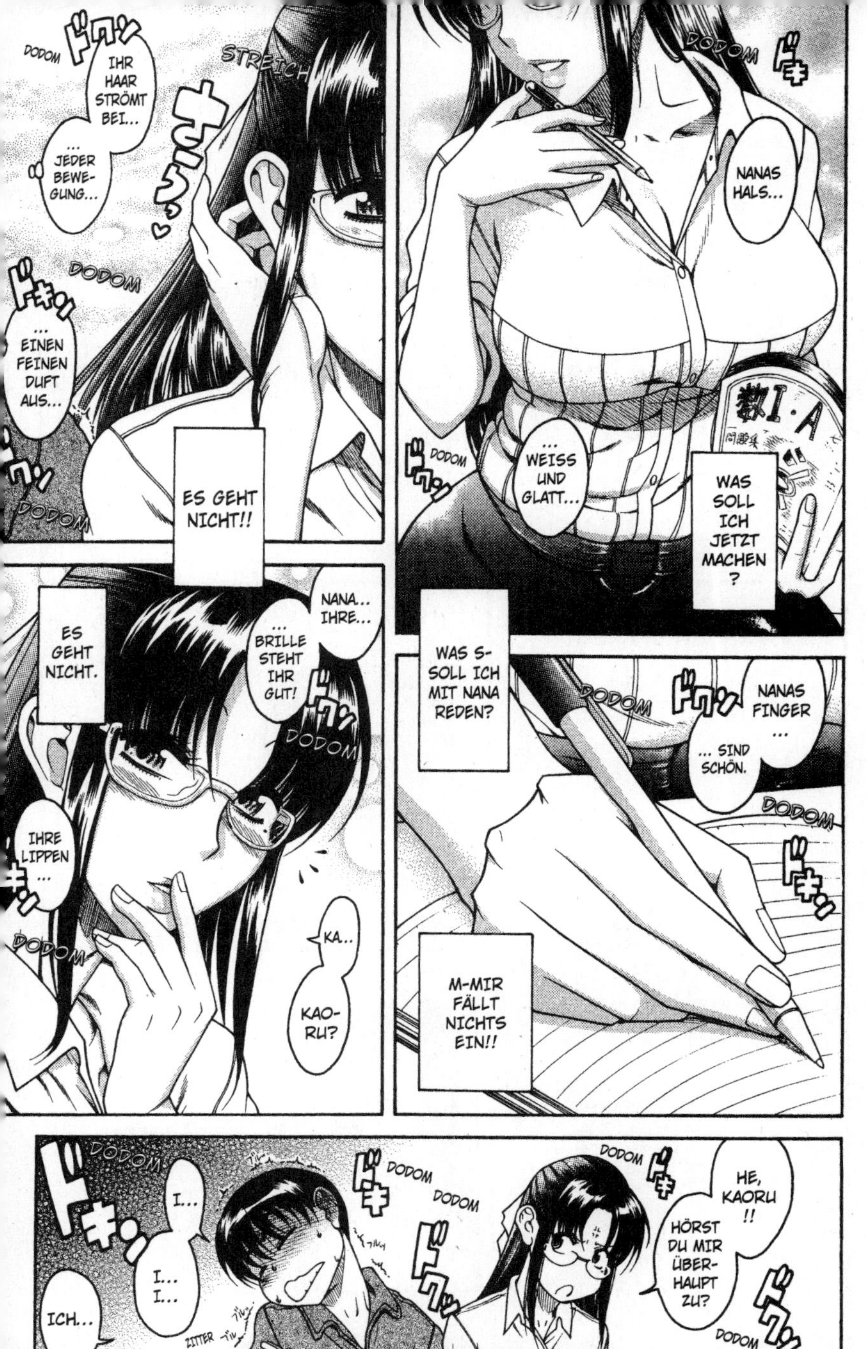
DODOM
NANAS HALS...
... WEISS UND GLATT...
DODOM
WAS SOLL ICH JETZT MACHEN?
DODOM
STREICH
IHR HAAR STRÖMT BEI...
... JEDER BEWEGUNG...
DODOM
... EINEN FEINEN DUFT AUS...
DODOM
ES GEHT NICHT!!
WAS S-SOLL ICH MIT NANA REDEN?
DODOM
NANAS FINGER ...
... SIND SCHÖN.
DODOM
M-MIR FÄLLT NICHTS EIN!!
NANA... IHRE...
... BRILLE STEHT IHR GUT!
DODOM
ES GEHT NICHT.
IHRE LIPPEN ...
DODOM
KA...
KAO-RU?
DODOM
HE, KAORU!!
HÖRST DU MIR ÜBERHAUPT ZU?
DODOM
DODOM
DODOM
DODOM
I...
I... I...
ICH...
ZITTER

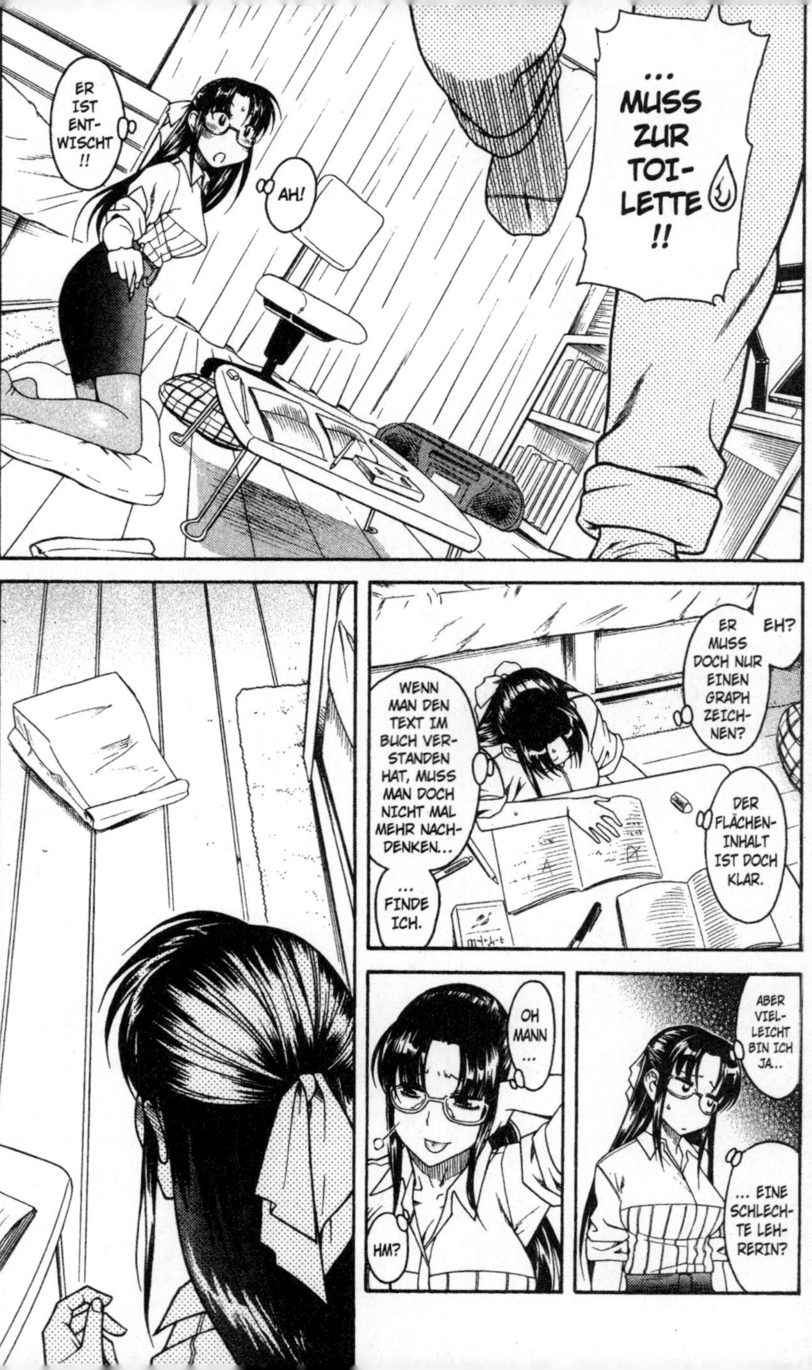

... MUSS ZUR TOILETTE !!

AH!

ER IST ENTWISCHT !!

EH?

ER MUSS DOCH NUR EINEN GRAPH ZEICHNEN?

DER FLÄCHENINHALT IST DOCH KLAR.

WENN MAN DEN TEXT IM BUCH VERSTANDEN HAT, MUSS MAN DOCH NICHT MAL MEHR NACHDENKEN...

... FINDE ICH.

ABER VIELLEICHT BIN ICH JA...

... EINE SCHLECHTE LEHRERIN?

OH MANN ...

HM?

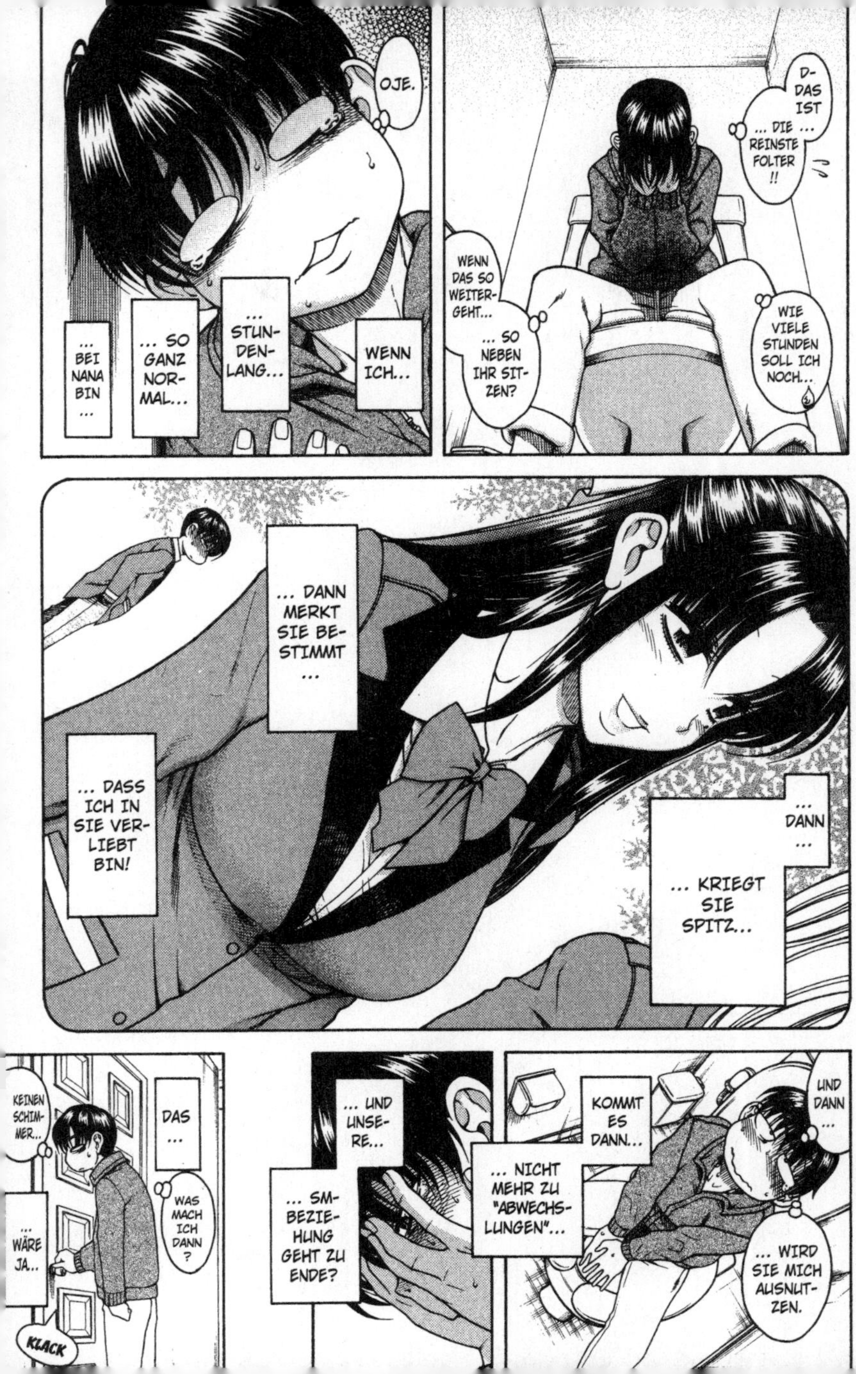

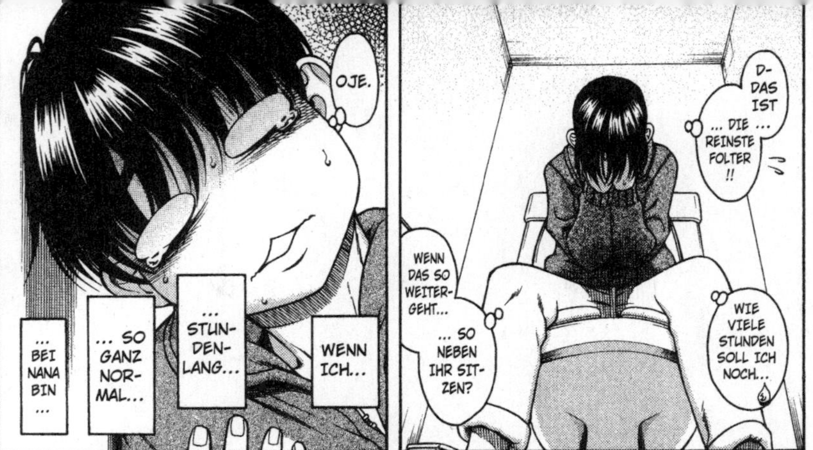

... DANN ...

... KRIEGT SIE SPITZ...

... DANN MERKT SIE BESTIMMT ...

... DASS ICH IN SIE VERLIEBT BIN!

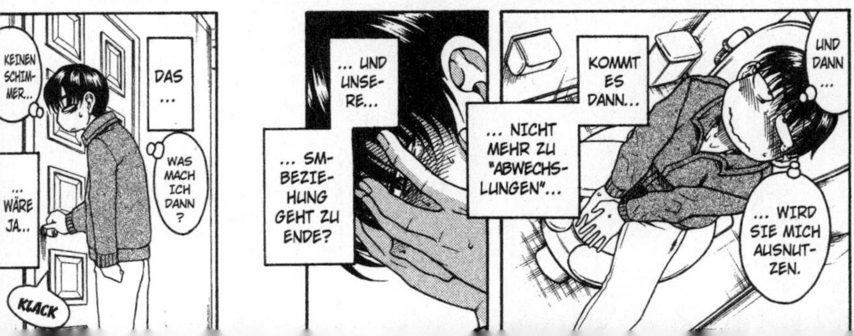

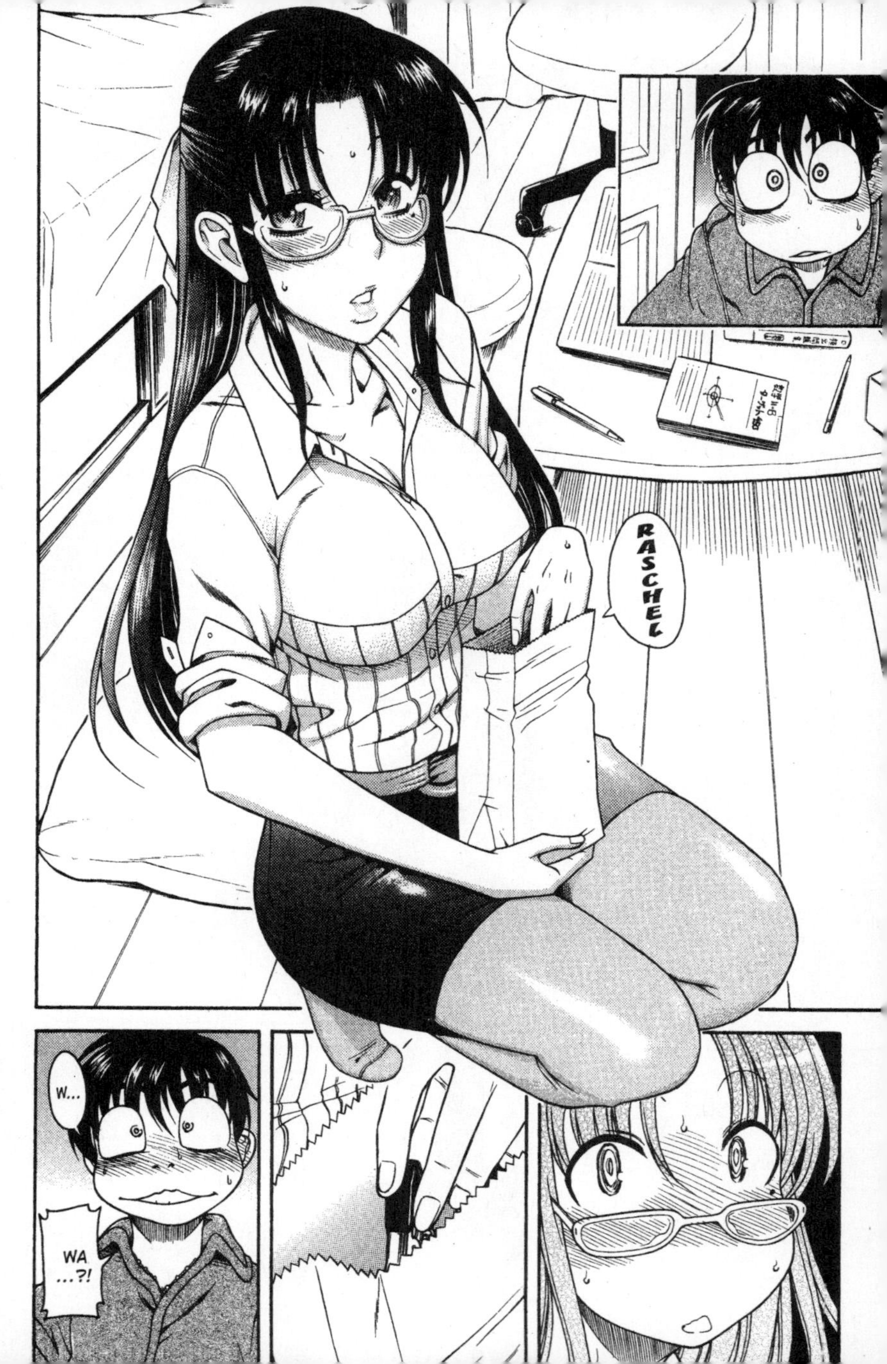
RASCHEL
W...
WA ...?!

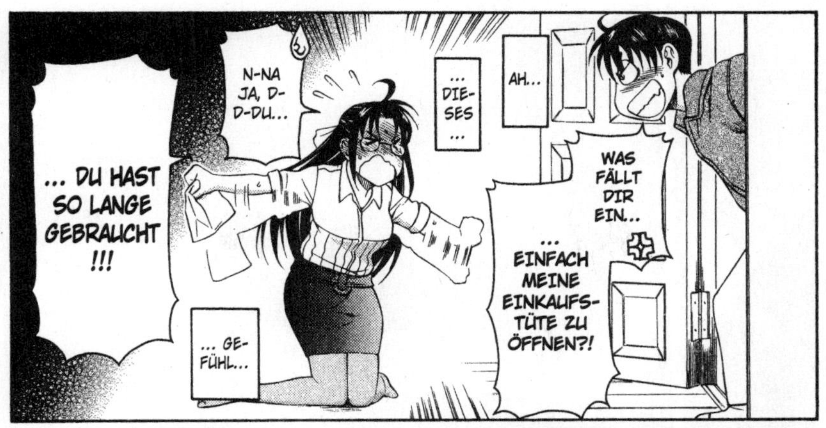
AH…
WAS FÄLLT DIR EIN…
… EINFACH MEINE EINKAUFSTÜTE ZU ÖFFNEN?!
… DIESES …
N-NA JA, D-D-DU…
… GE-FÜHL…
… DU HAST SO LANGE GEBRAUCHT !!!

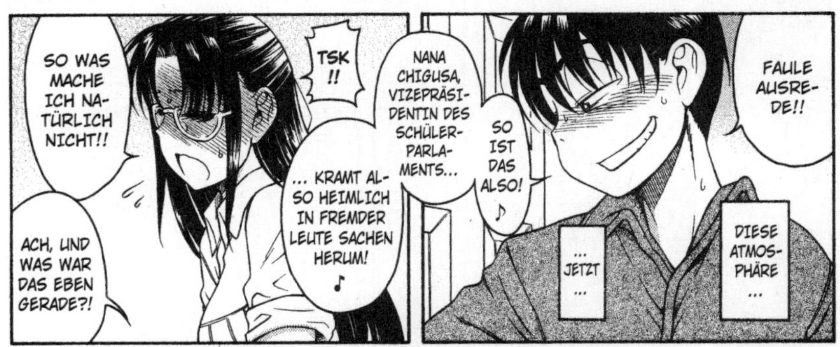
FAULE AUSRE-DE!!
SO IST DAS ALSO! ♪
NANA CHIGUSA, VIZEPRÄSIDENTIN DES SCHÜLERPARLAMENTS…
… KRAMT ALSO HEIMLICH IN FREMDER LEUTE SACHEN HERUM! ♪
DIESE ATMOSPHÄRE …
… JETZT …
TSK !!
SO WAS MACHE ICH NATÜRLICH NICHT!!
ACH, UND WAS WAR DAS EBEN GERADE?!

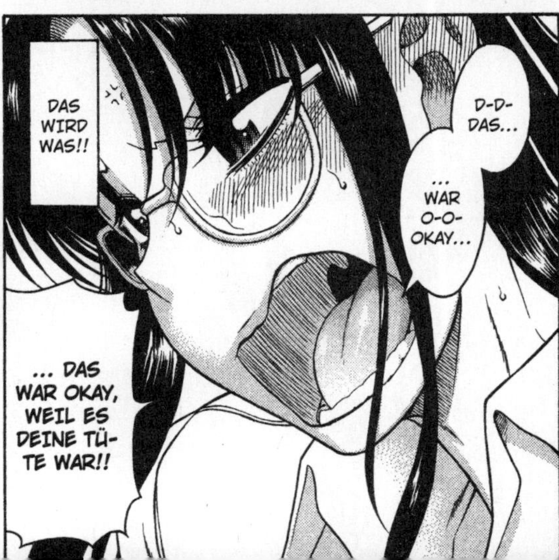
D-D-DAS…
… WAR O-O-OKAY…
DAS WIRD WAS!!
… DAS WAR OKAY, WEIL ES DEINE TÜTE WAR!!

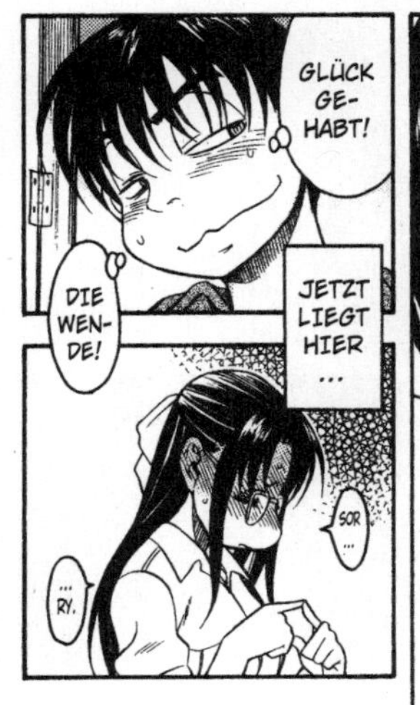
GLÜCK GE-HABT!
JETZT LIEGT HIER …
DIE WEN-DE!
SOR …
… RY.

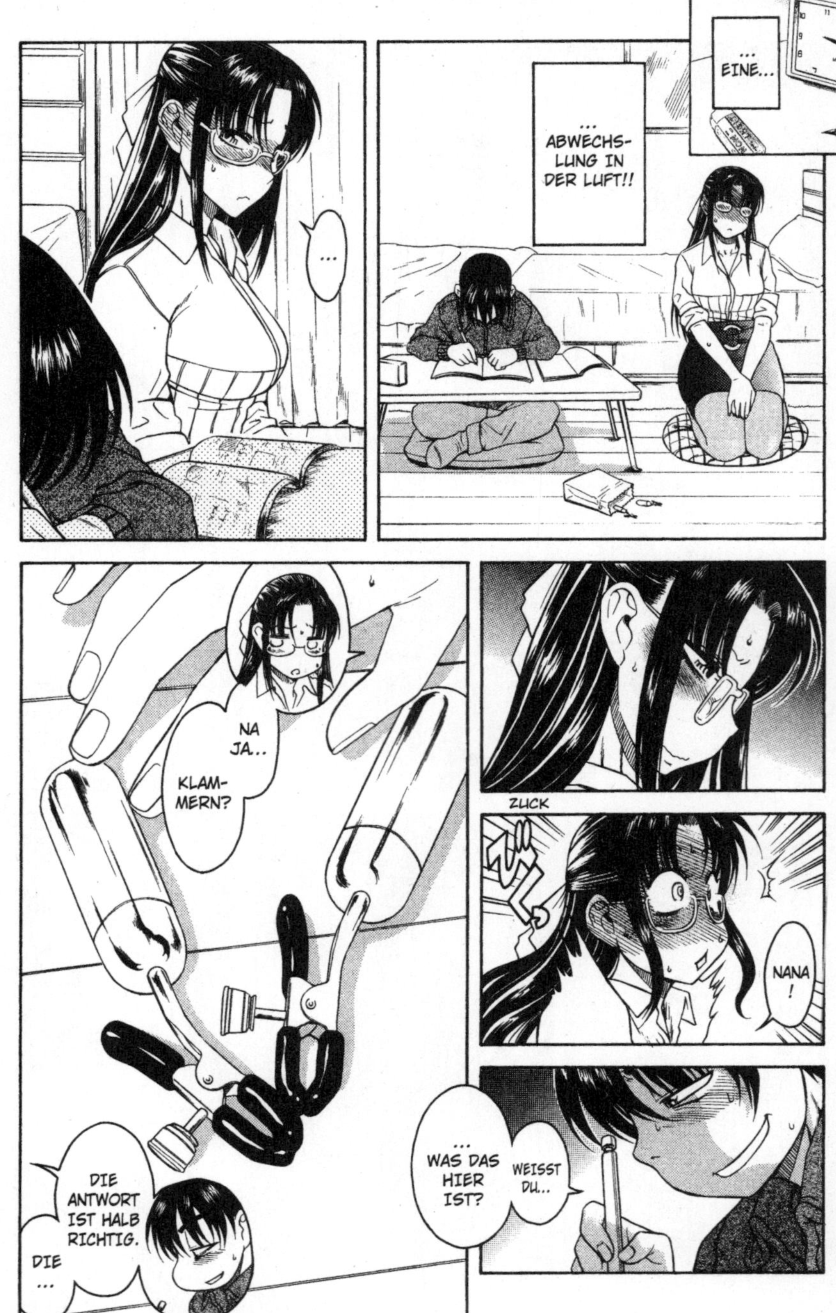

... EINE...
... ABWECHSLUNG IN DER LUFT!!
...
ZUCK
NANA!
WEISST DU...
... WAS DAS HIER IST?
NA JA...
KLAMMERN?
DIE ANTWORT IST HALB RICHTIG.
DIE ...

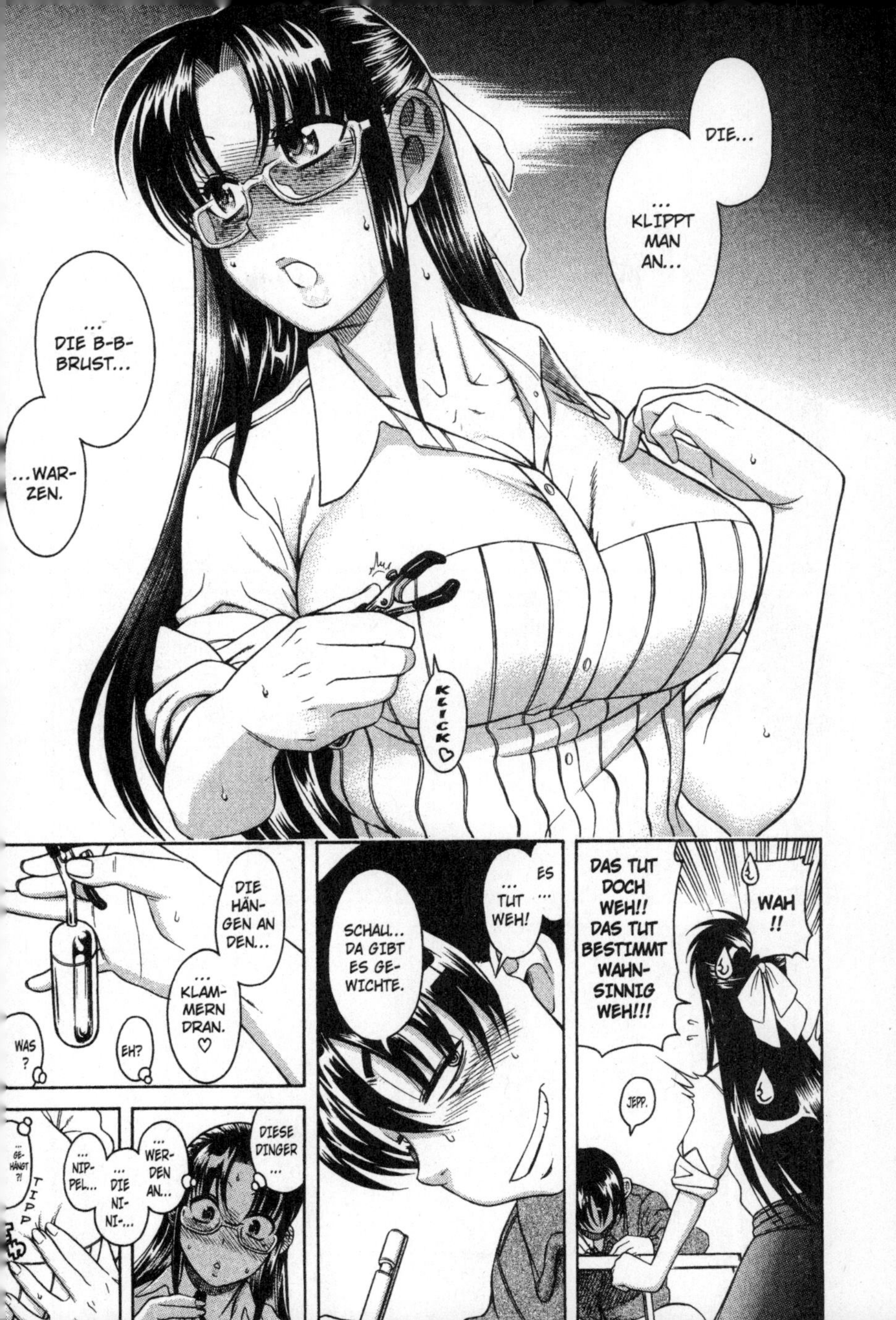
DIE...
... KLIPPT MAN AN...
... DIE B-B-BRUST...
...WAR-ZEN.
KLICK ♡
WAH !!
DAS TUT DOCH WEH!! DAS TUT BESTIMMT WAHN-SINNIG WEH!!!
JEPP.
ES ...
... TUT WEH!
SCHAU... DA GIBT ES GE-WICHTE.
DIE HÄN-GEN AN DEN...
... KLAM-MERN DRAN. ♡
EH?
WAS ?
DIESE DINGER ...
... WER-DEN AN...
... DIE NI-NI-...
... NIP-PEL...
... GE-HÄNGT ?!
TIPP

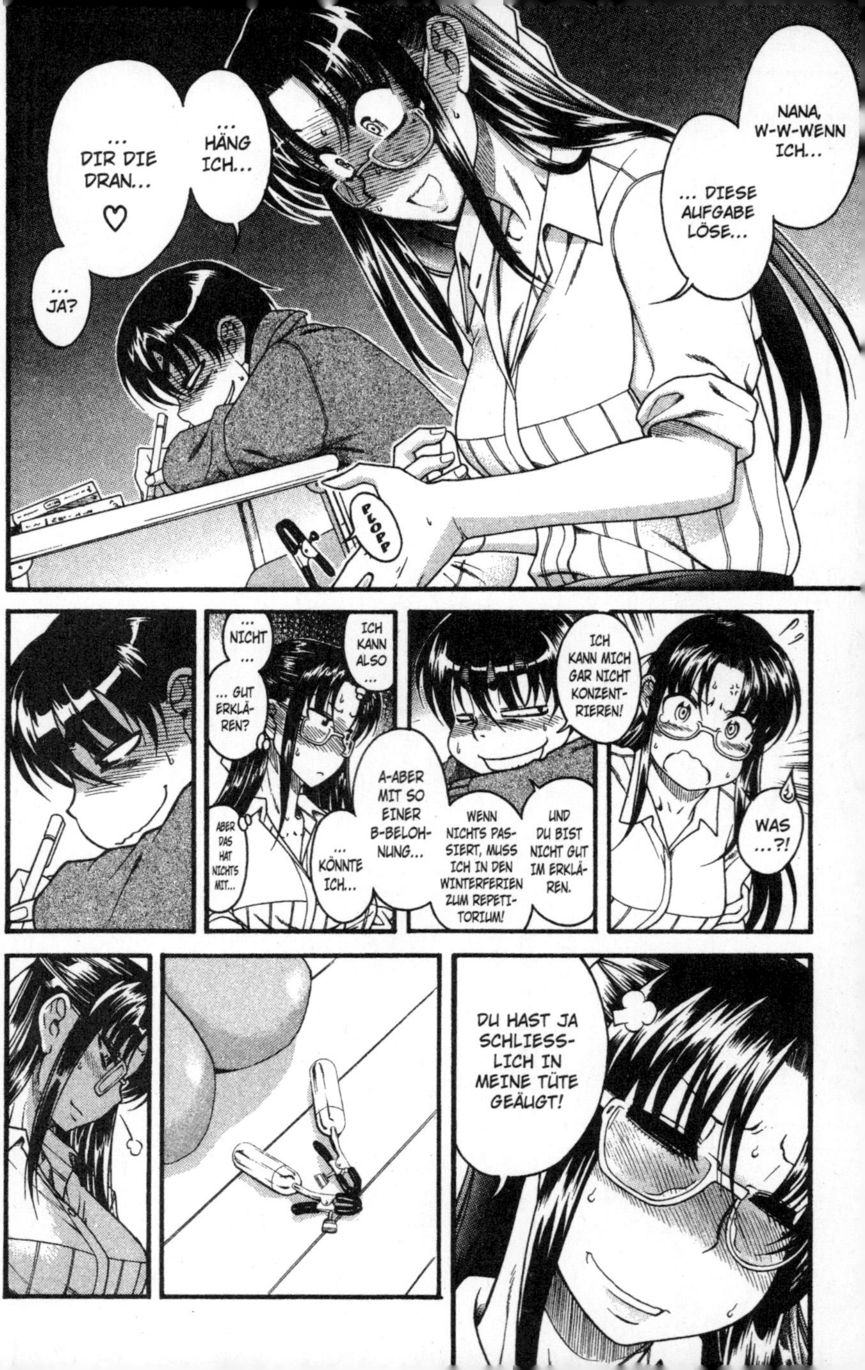

NANA, W-W-WENN ICH...
... DIESE AUFGABE LÖSE...
... HÄNG ICH...
... DIR DIE DRAN... ♡
... JA?
PLOPP

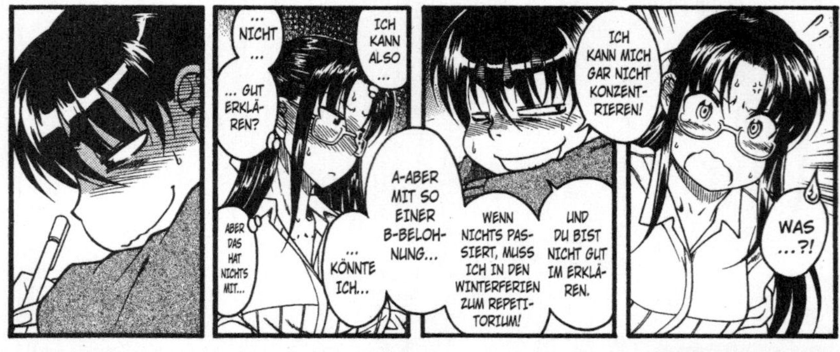

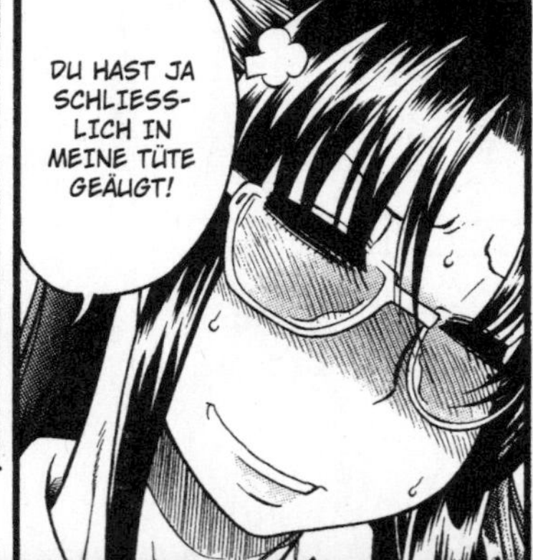

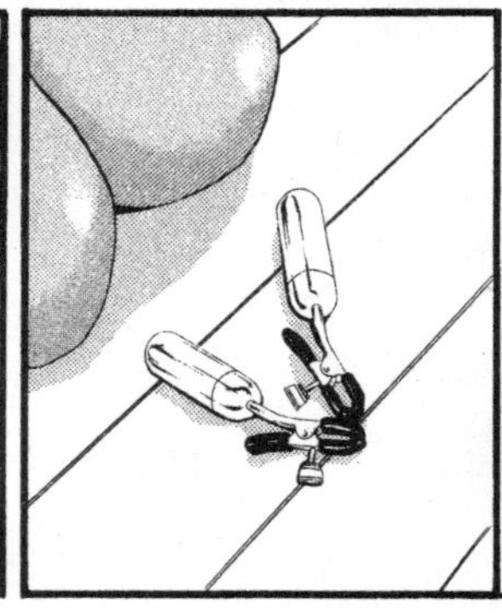

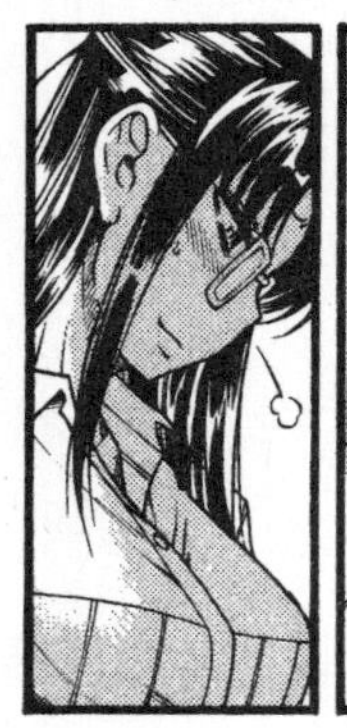

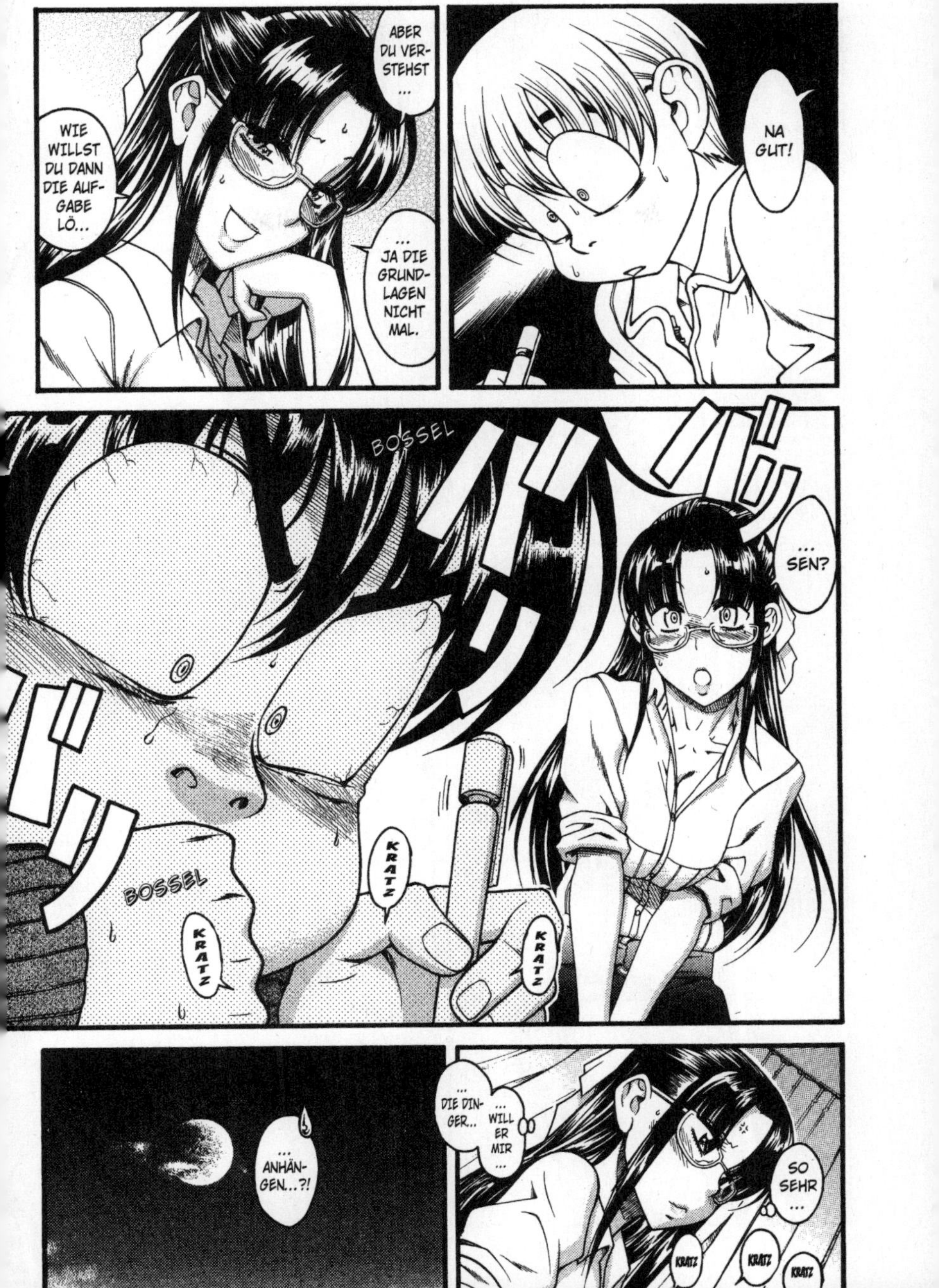

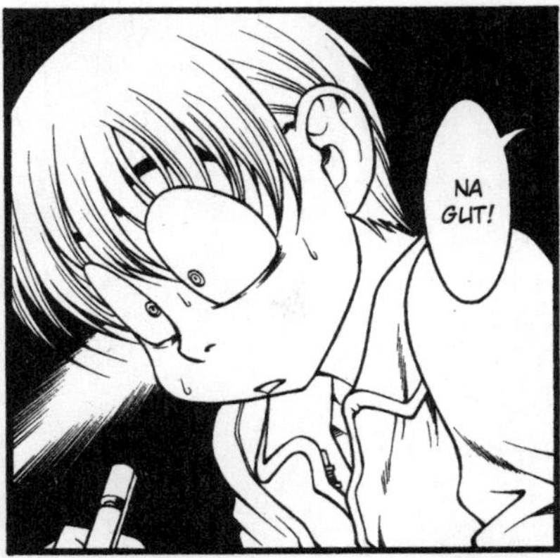
NA GUT!

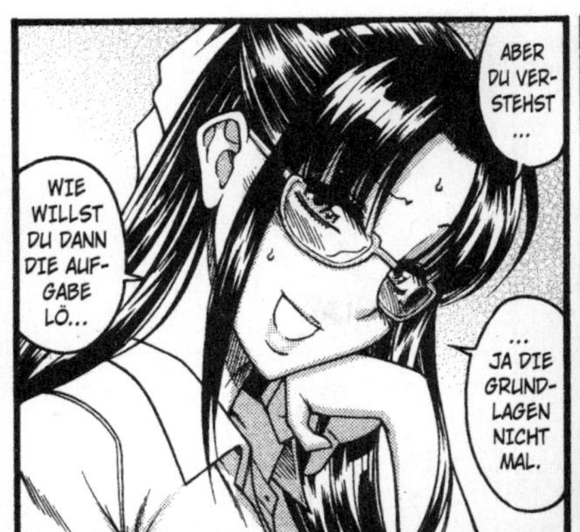
ABER DU VERSTEHST ...
... JA DIE GRUNDLAGEN NICHT MAL.
WIE WILLST DU DANN DIE AUFGABE LÖ...

BOSSEL
... SEN?
KRATZ
KRATZ
KRATZ
BOSSEL

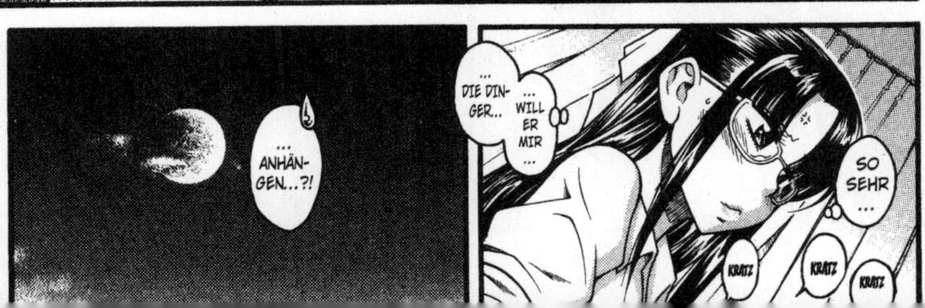
... DIE DINGER...
... WILL ER MIR ...
SO SEHR ...
KRATZ
KRATZ
KRATZ
... ANHÄNGEN...?!

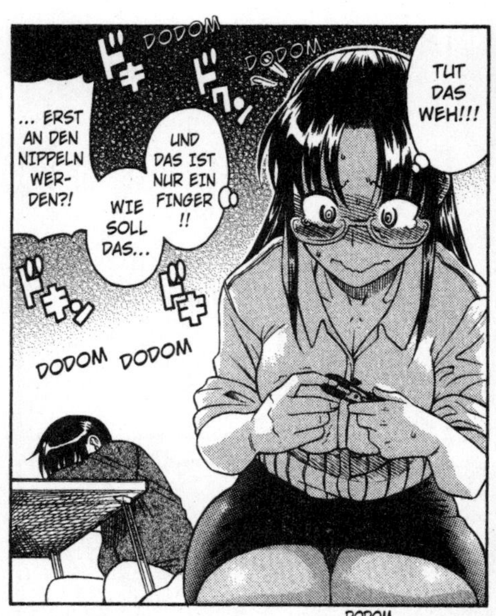
TUT DAS WEH!!!
DODOM
DODOM
UND DAS IST NUR EIN FINGER !!
... ERST AN DEN NIPPELN WER-DEN?!
WIE SOLL DAS...
DODOM DODOM

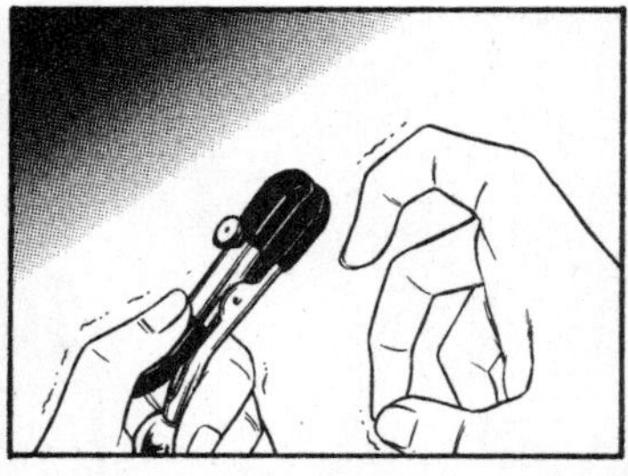

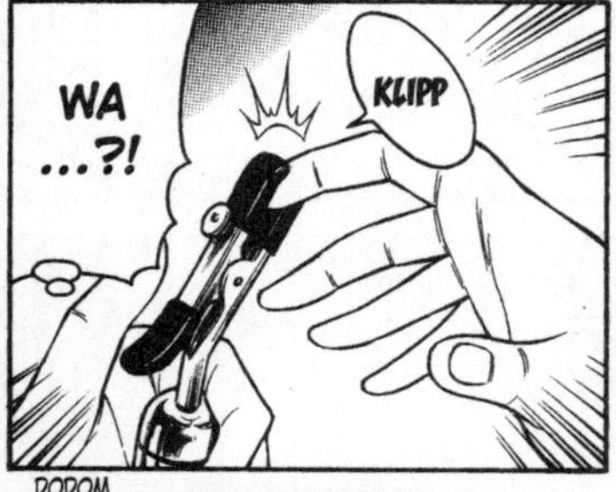
KLIPP
WA ...?!

DODOM DODOM

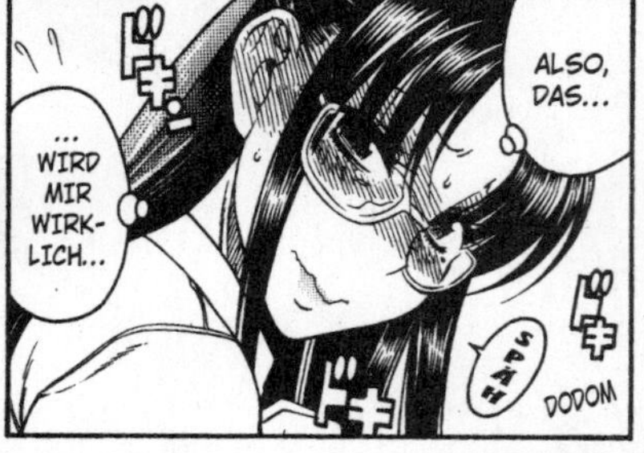
ALSO, DAS...
... WIRD MIR WIRK-LICH...
SPÄH
DODOM

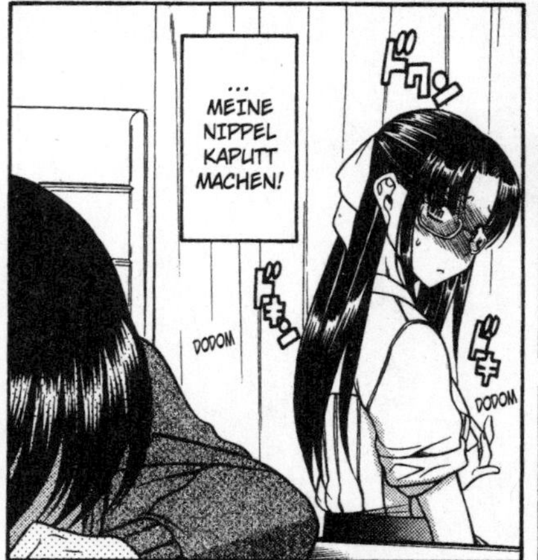
... MEINE NIPPEL KAPUTT MACHEN!
DODOM
DODOM

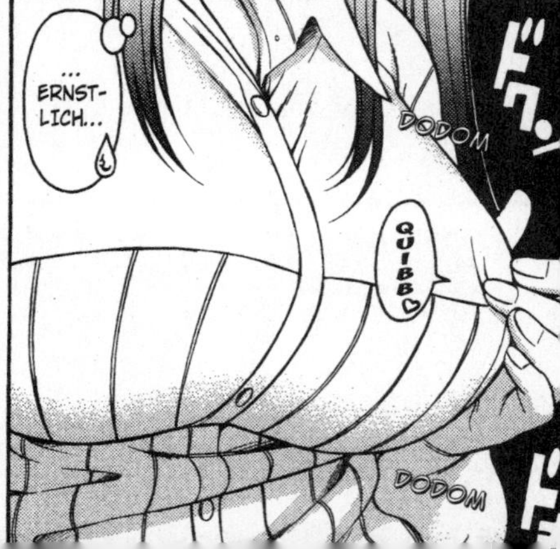
DODOM
... ERNST-LICH...
QUIBB♡
DODOM

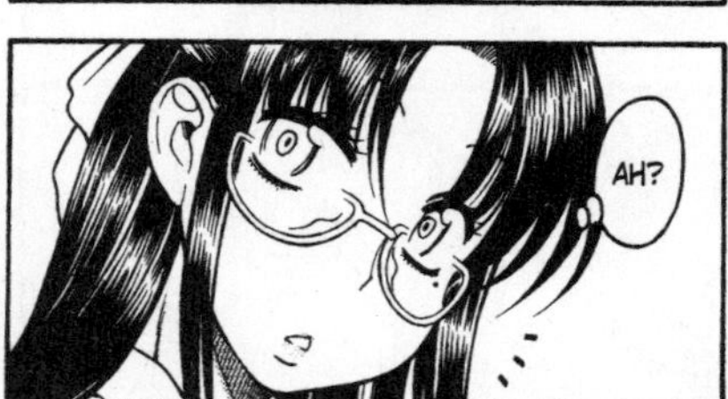
AH?

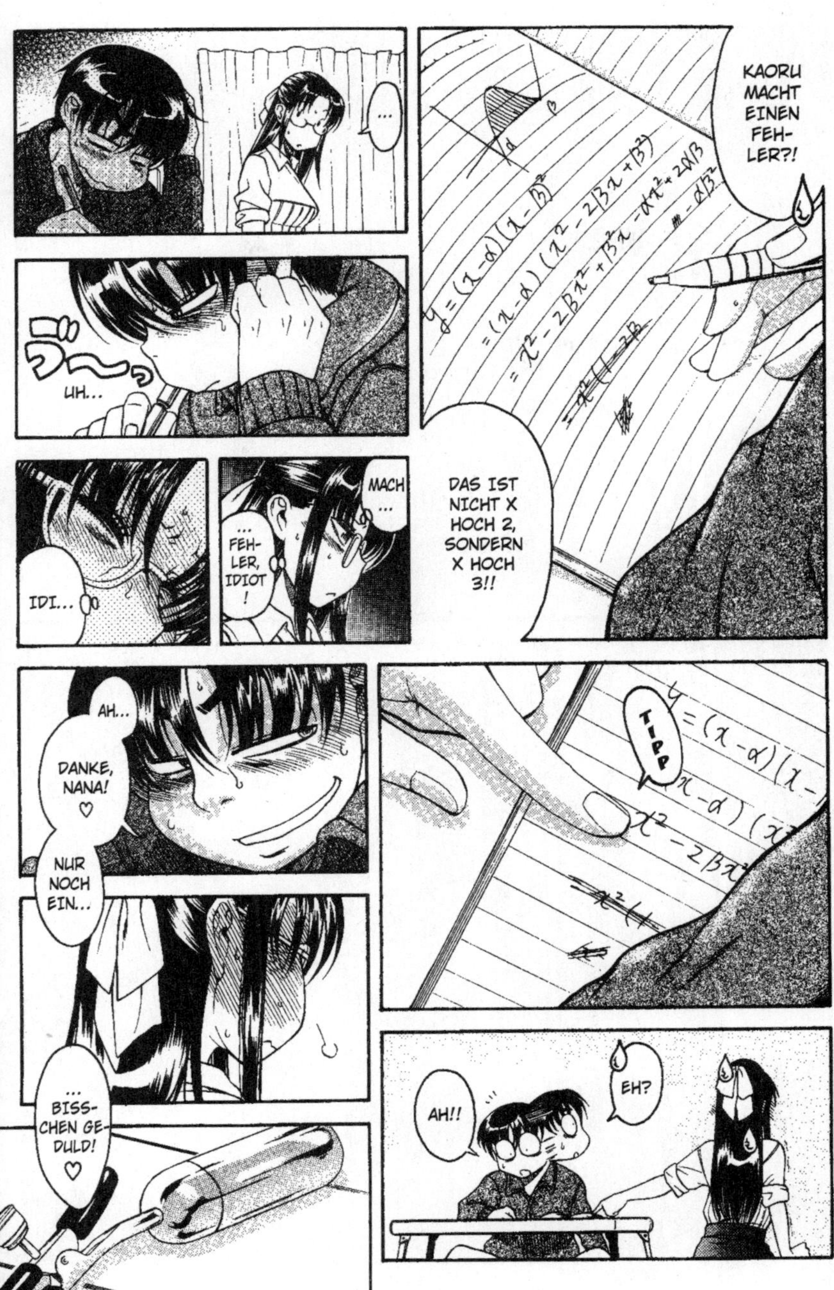

KAORU MACHT EINEN FEH-LER?!
DAS IST NICHT X HOCH 2, SONDERN X HOCH 3!!
...
UH...
MACH ...
... FEH-LER, IDIOT!
IDI...
TIPP
AH...
DANKE, NANA! ♡
NUR NOCH EIN...
... BISS-CHEN GE-DULD! ♡
EH?
AH!!

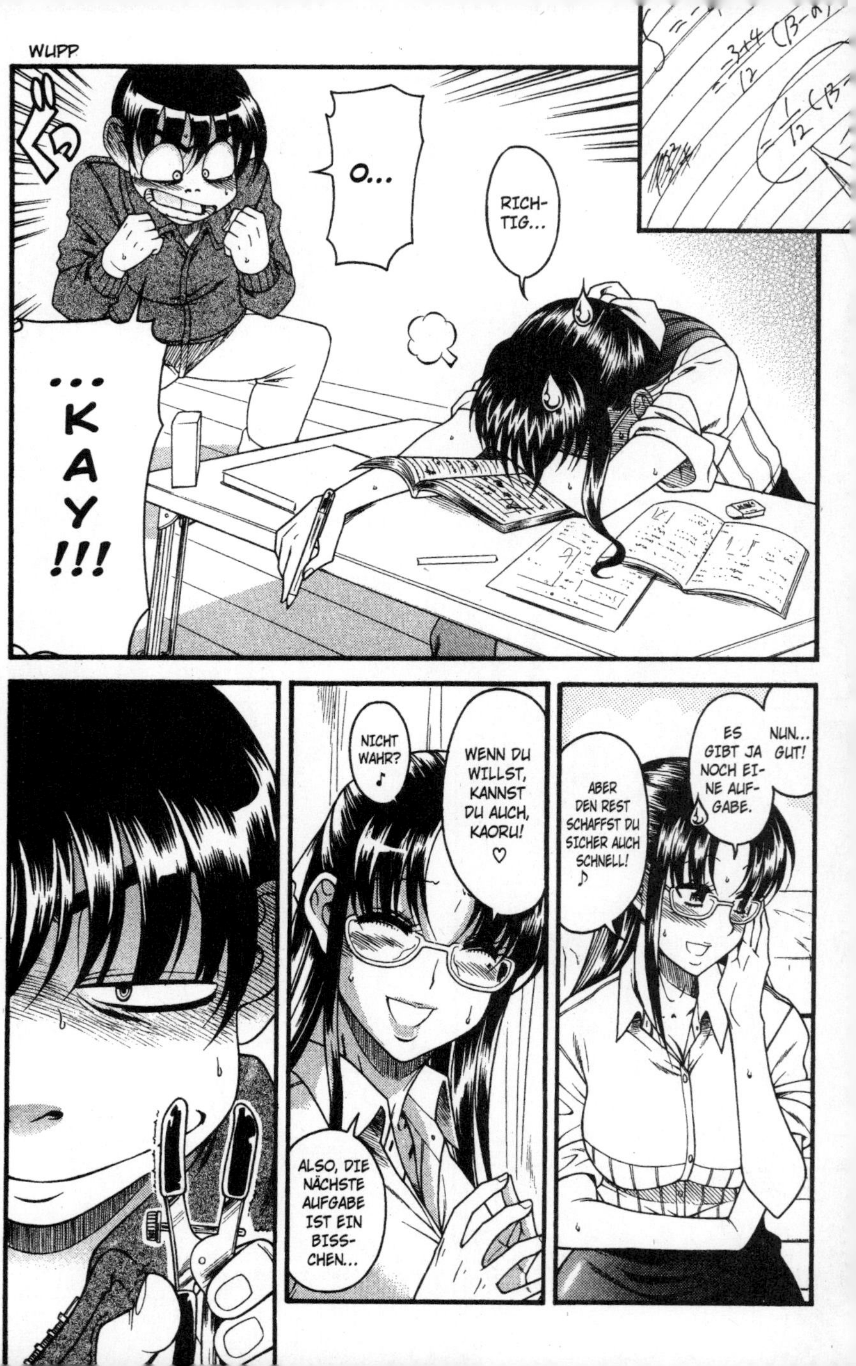

RICHTIG...

O...

...KAY!!!

WUPP

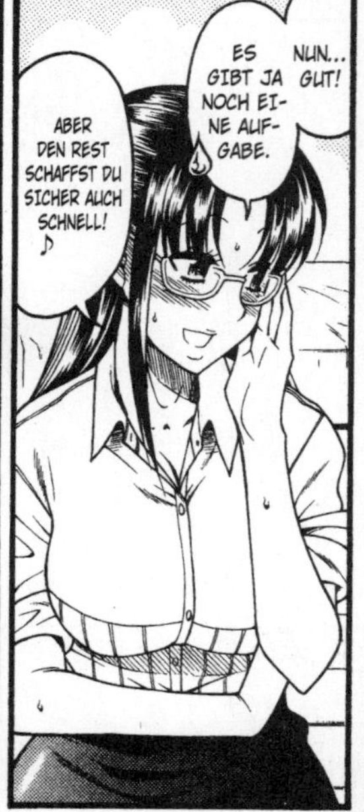

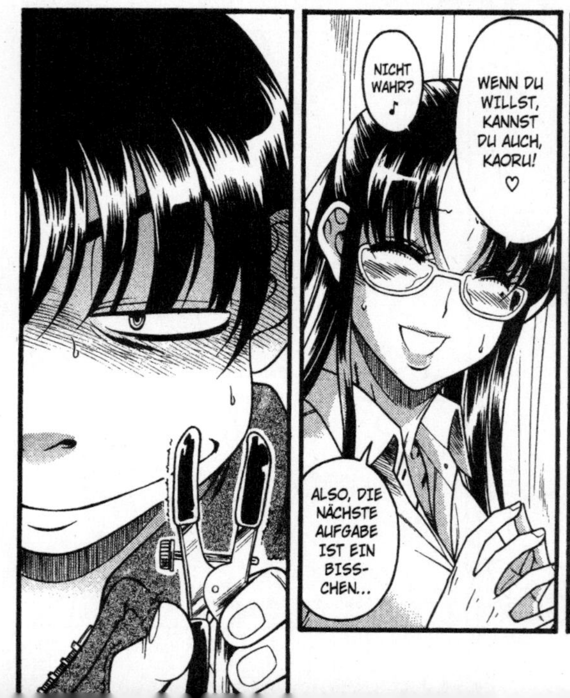

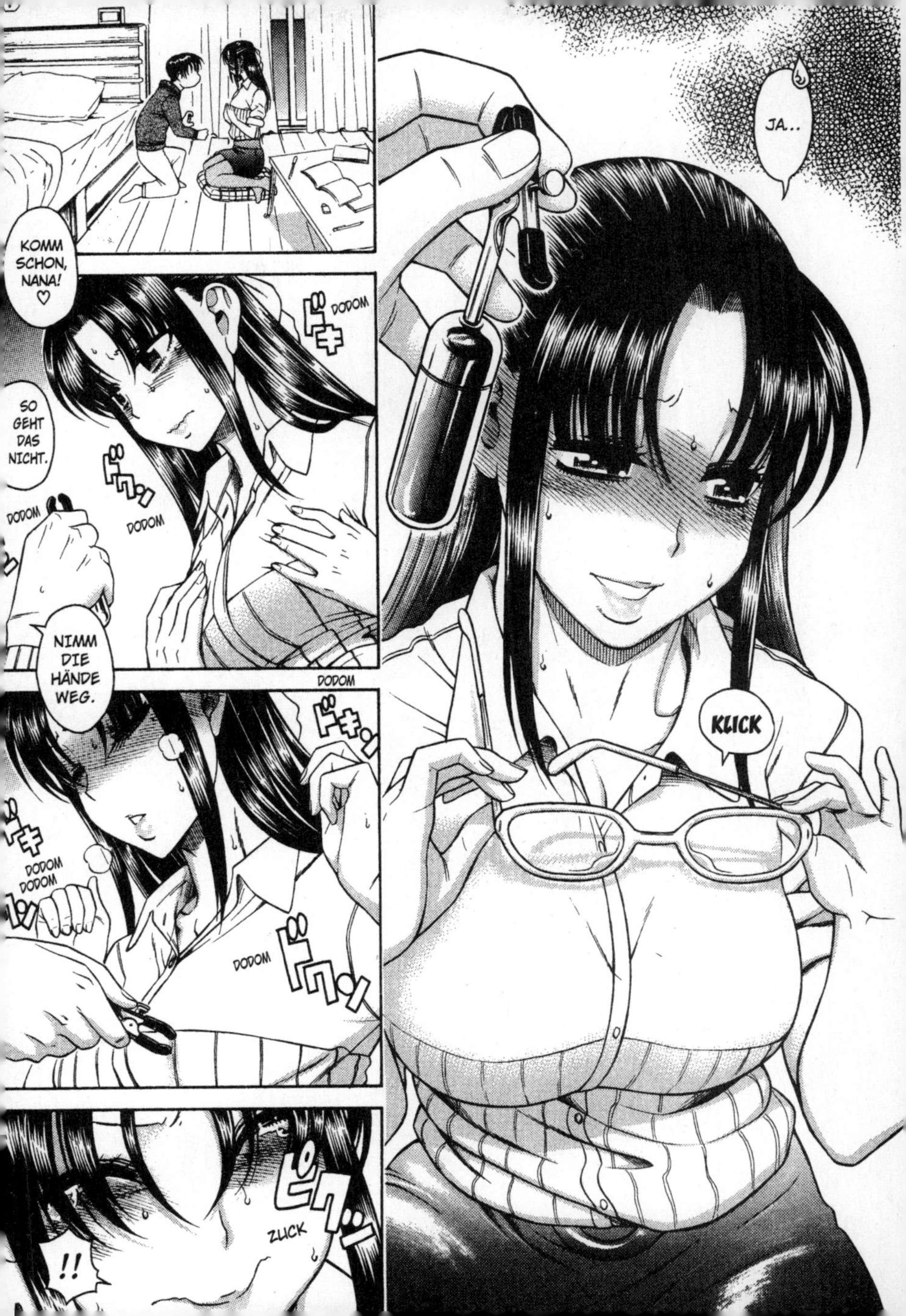
JA..
KLICK
KOMM SCHON, NANA! ♡
DODOM
SO GEHT DAS NICHT.
DODOM
DODOM
NIMM DIE HÄNDE WEG.
DODOM
DODOM DODOM
DODOM
ZUCK
!!

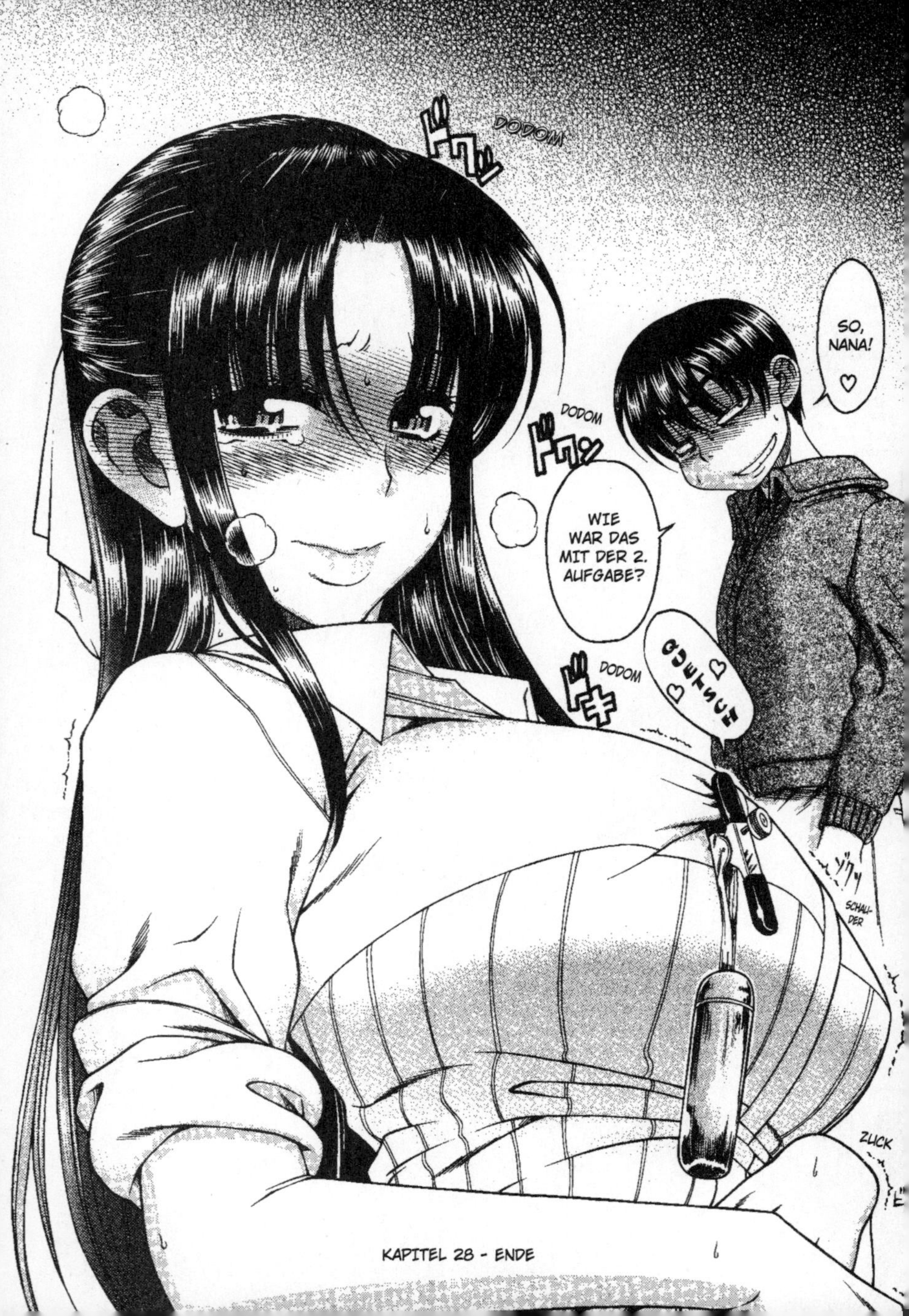
DODOM
SO, NANA! ♡
DODOM
WIE WAR DAS MIT DER 2. AUFGABE?
DODOM
SCHAUDER
ZUCK
KAPITEL 28 - ENDE

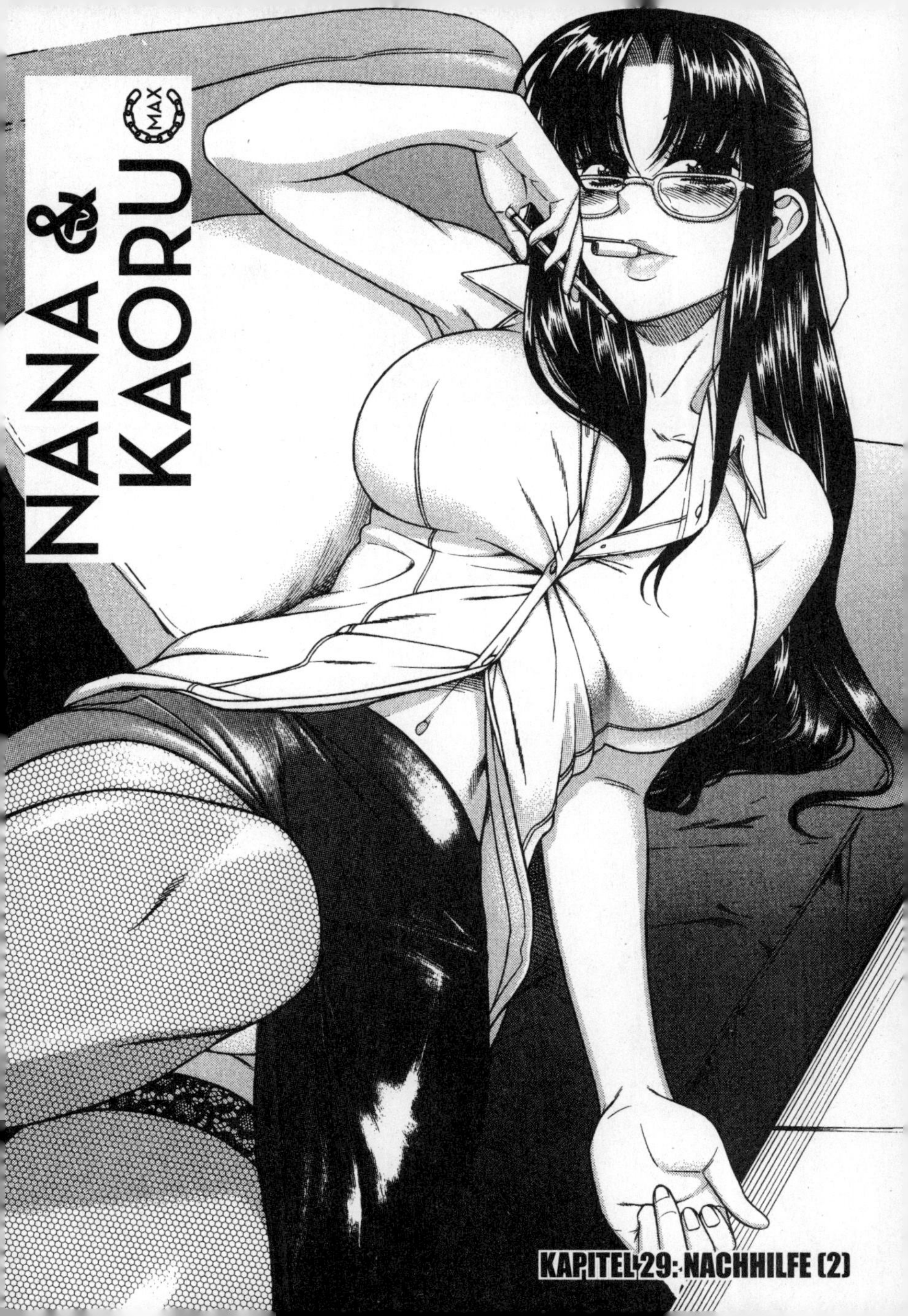
NANA & KAORU
MAX
KAPITEL 29: NACHHILFE (2)

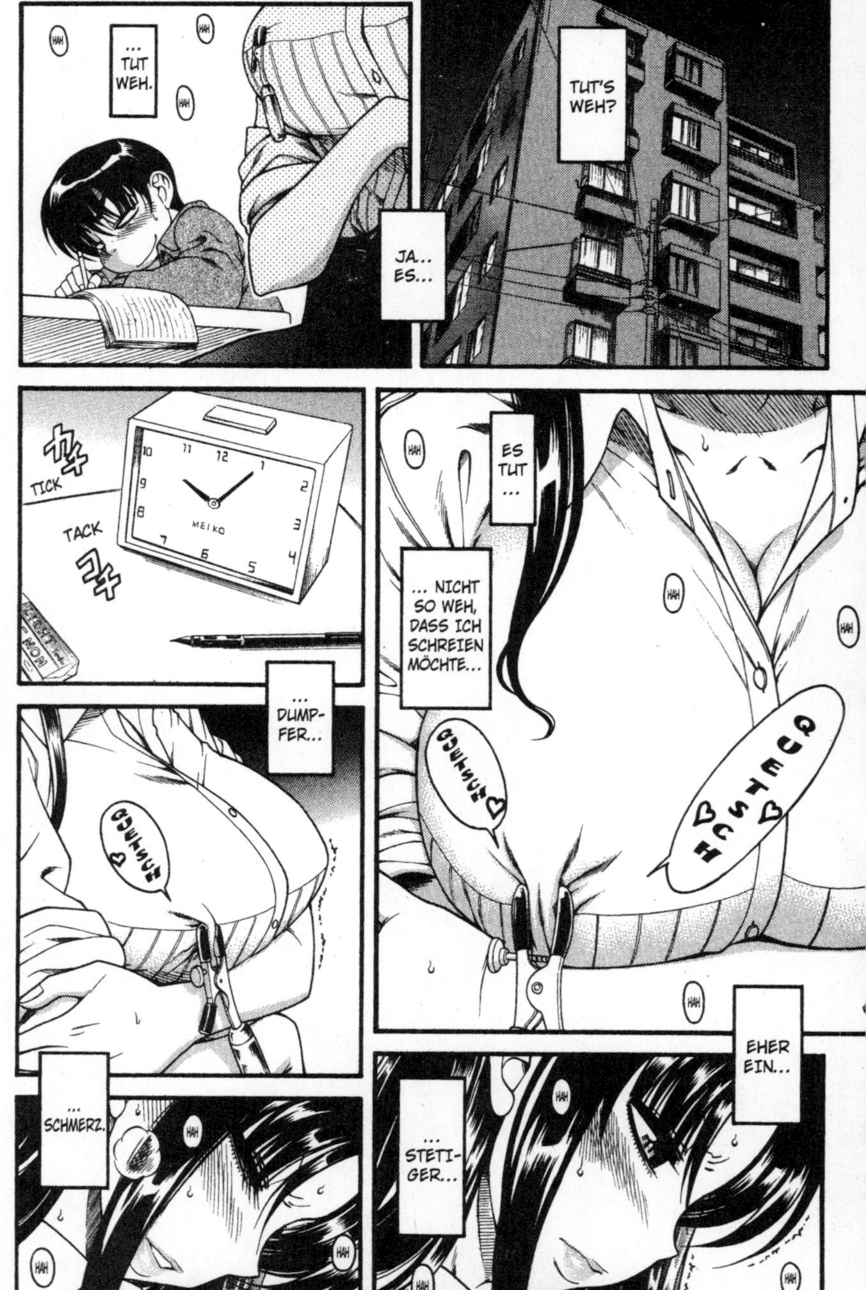
TUT'S WEH?
JA... ES...
... TUT WEH.
HAH
HAH
HAH
ES TUT ...
... NICHT SO WEH, DASS ICH SCHREIEN MÖCHTE...
HAH
HAH
HAH
QUETSCH
QUETSCH
TICK
TACK
MEIKO
... DUMPFER...
QUETSCH
HAH
EHER EIN...
... STETIGER...
HAH
HAH
HAH
... SCHMERZ.
HAH
HAH
HAH

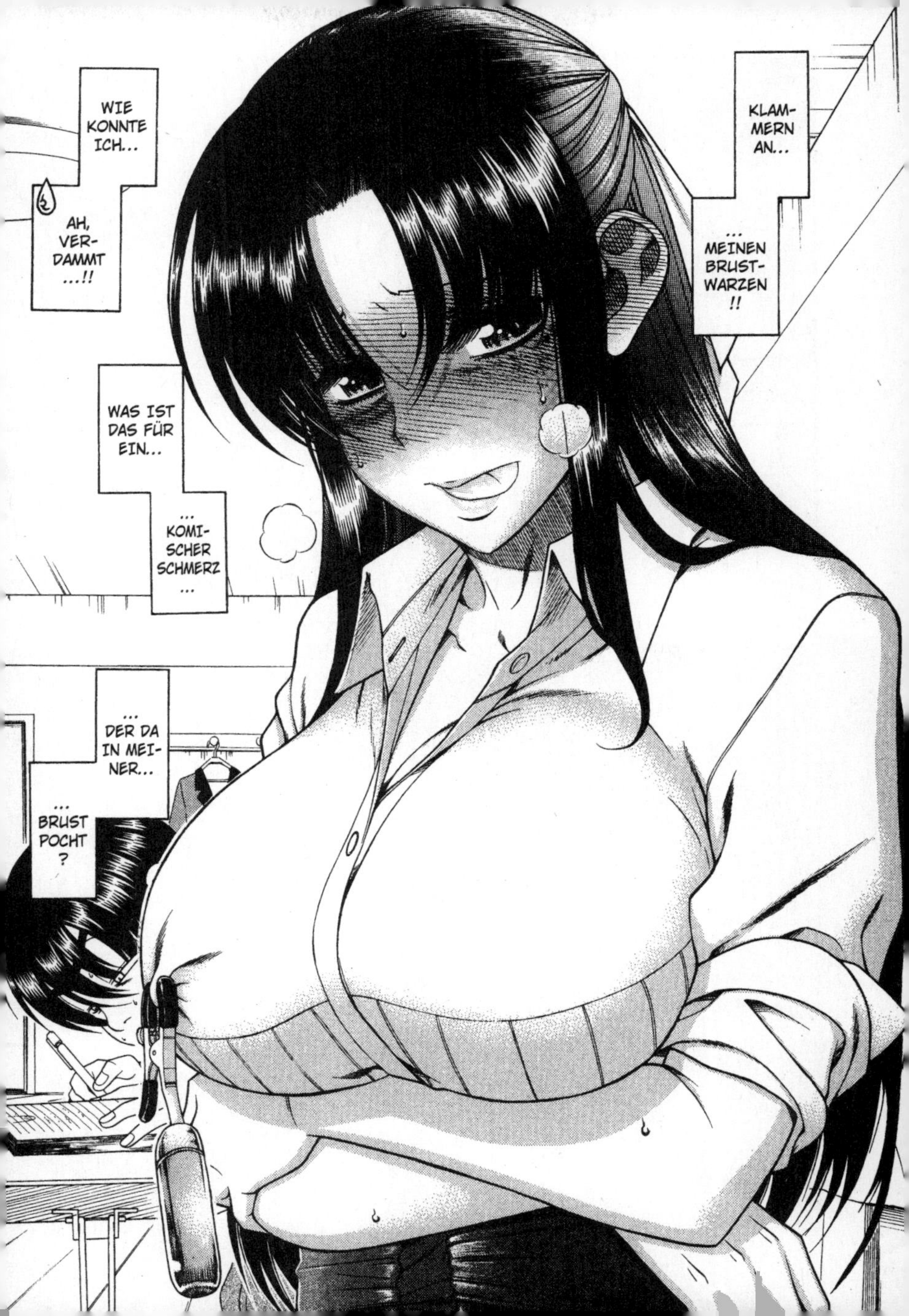
KLAMMERN AN...
... MEINEN BRUSTWARZEN !!
WIE KONNTE ICH...
AH, VERDAMMT ...!!
WAS IST DAS FÜR EIN...
... KOMISCHER SCHMERZ ...
... DER DA IN MEINER...
... BRUST POCHT ?

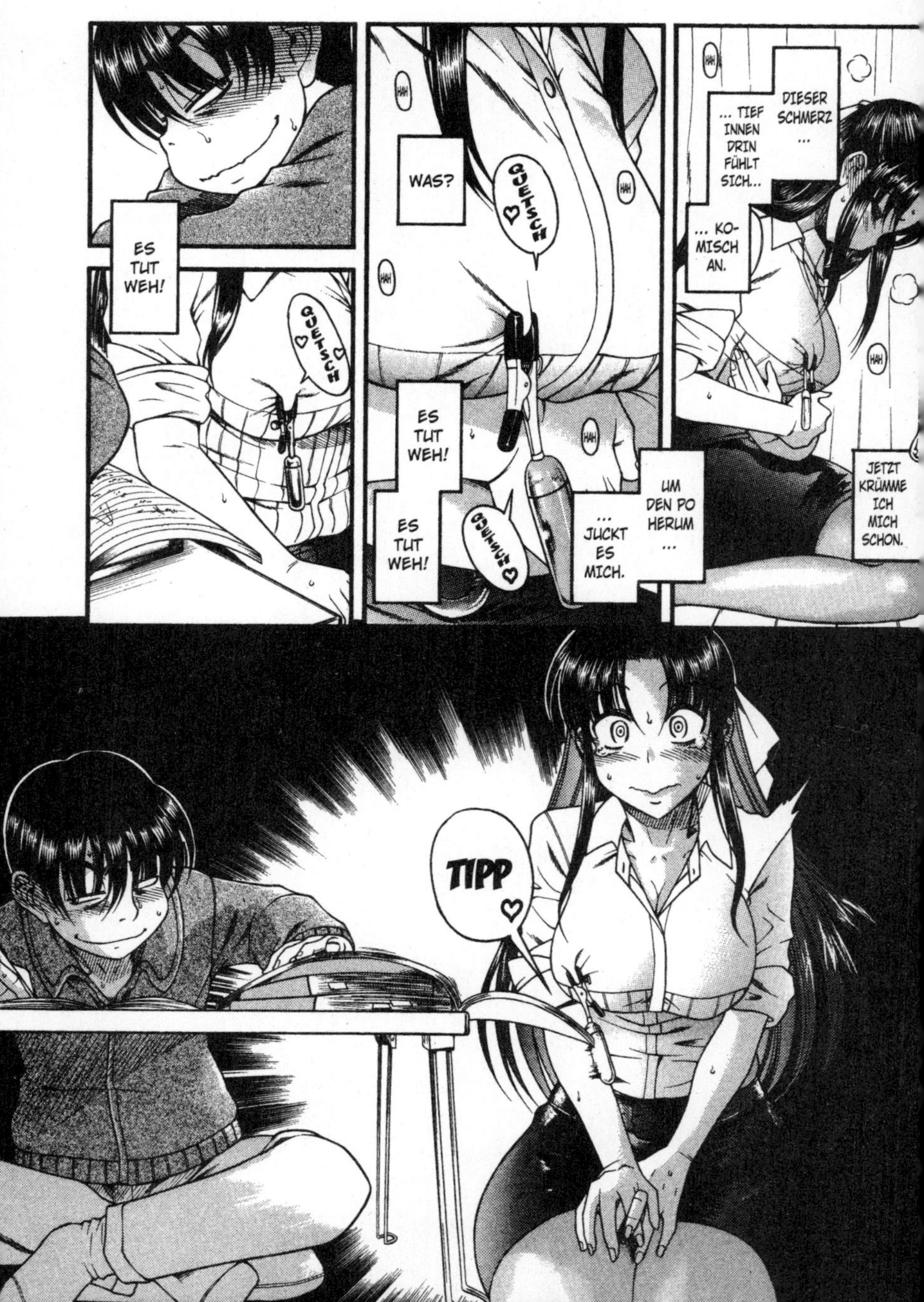

HAH
DIESER SCHMERZ ...
... TIEF INNEN DRIN FÜHLT SICH...
... KOMISCH AN.
HAH
JETZT KRÜMME ICH MICH SCHON.
HAH
WAS?
QUETSCH ♡
HAH
HAH
ES TUT WEH!
ES TUT WEH!
QUETSCH ♡
UM DEN PO HERUM ...
... JUCKT ES MICH.
ES TUT WEH!
QUETSCH ♡
TIPP ♡

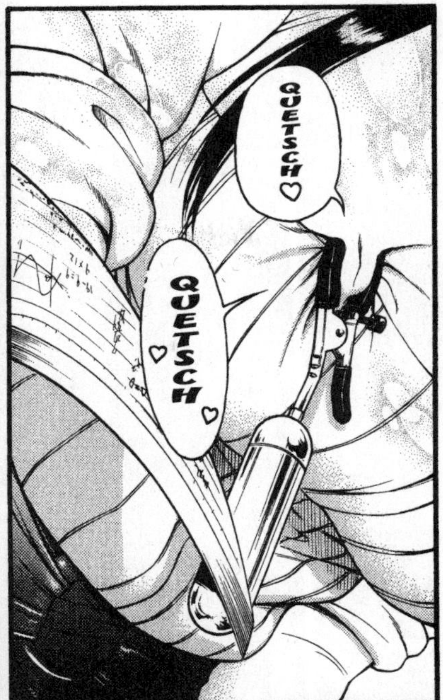
QUETSCH ♡
QUETSCH ♡ QUETSCH ♡

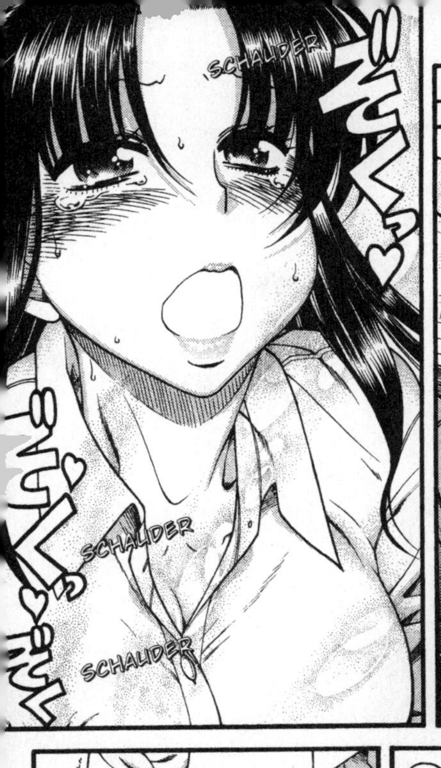
SCHALIDER
SCHALIDER
SCHALIDER

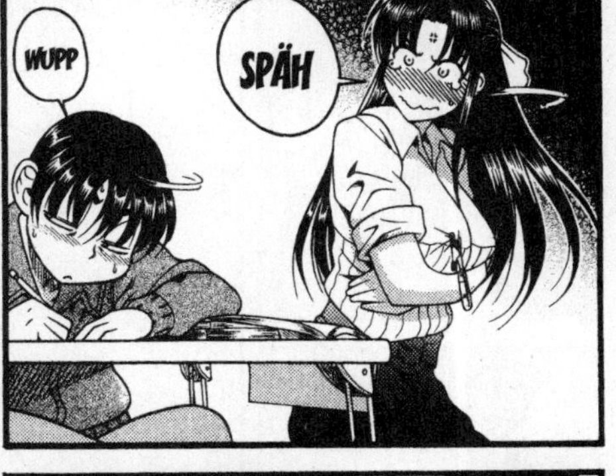
SPÄH
WUPP

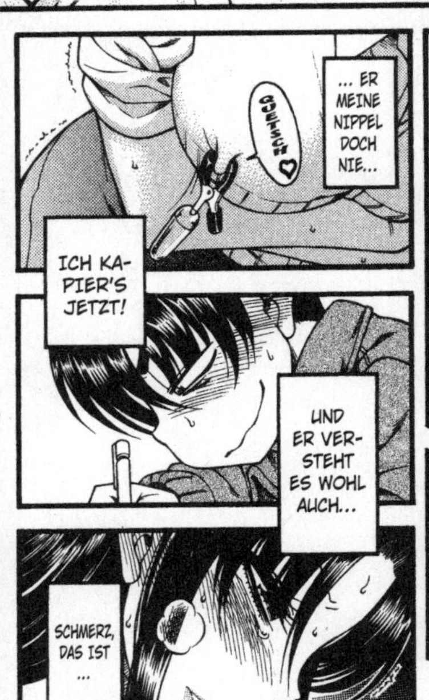
... ER MEINE NIPPEL DOCH NIE...
QUETSCH ♡
ICH KAPIER'S JETZT!
UND ER VERSTEHT ES WOHL AUCH...
SCHMERZ, DAS IST ...

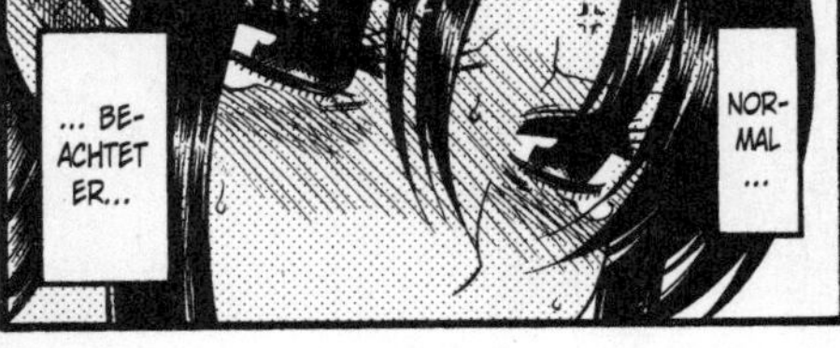
NORMAL ...
... BEACHTET ER...

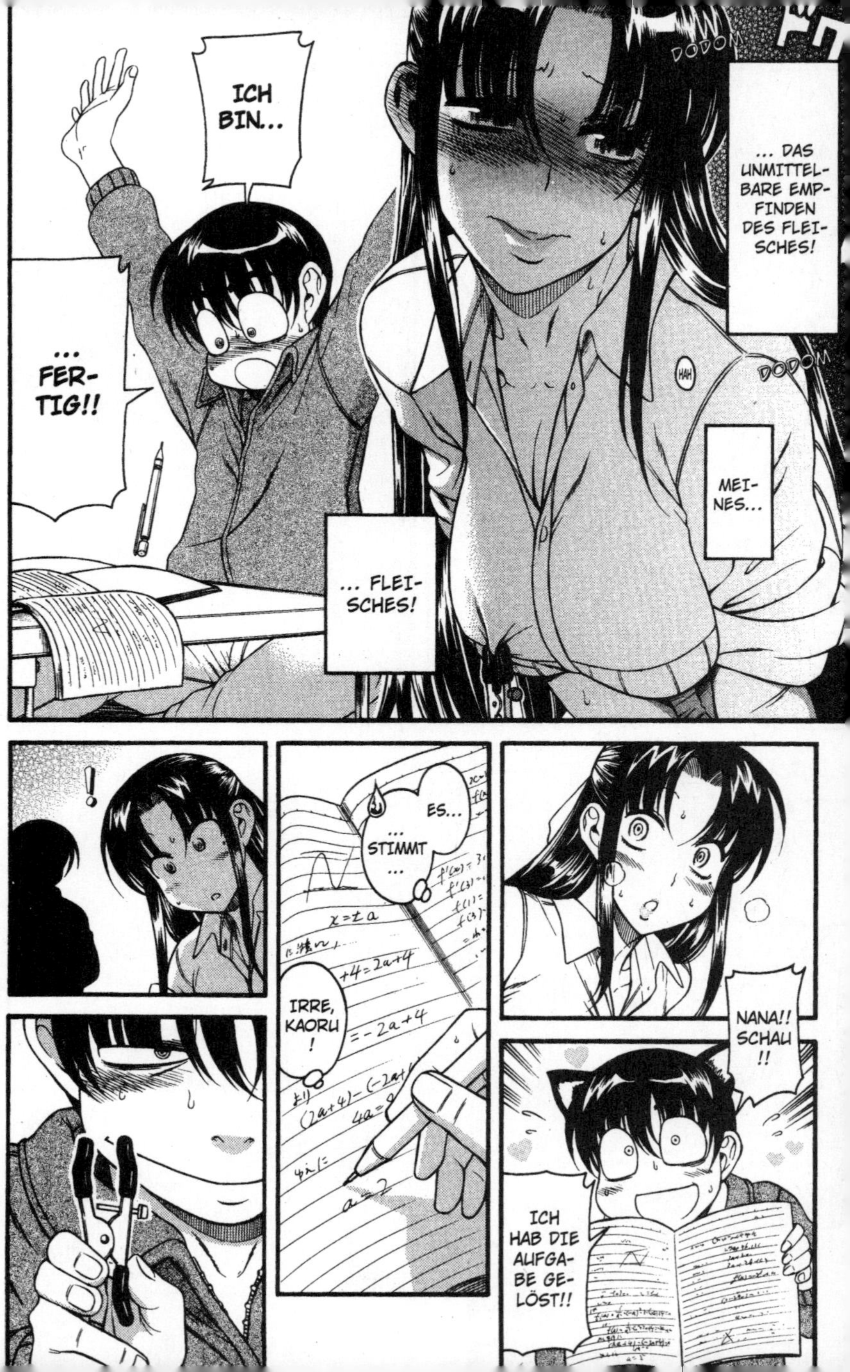

DODOM
... DAS UNMITTELBARE EMPFINDEN DES FLEISCHES!
DODOM
HAH
MEINES...
... FLEISCHES!
ICH BIN...
... FERTIG!!
!
ES...
... STIMMT ...
IRRE, KAORU!
NANA!! SCHAU!!
ICH HAB DIE AUFGABE GELÖST!!

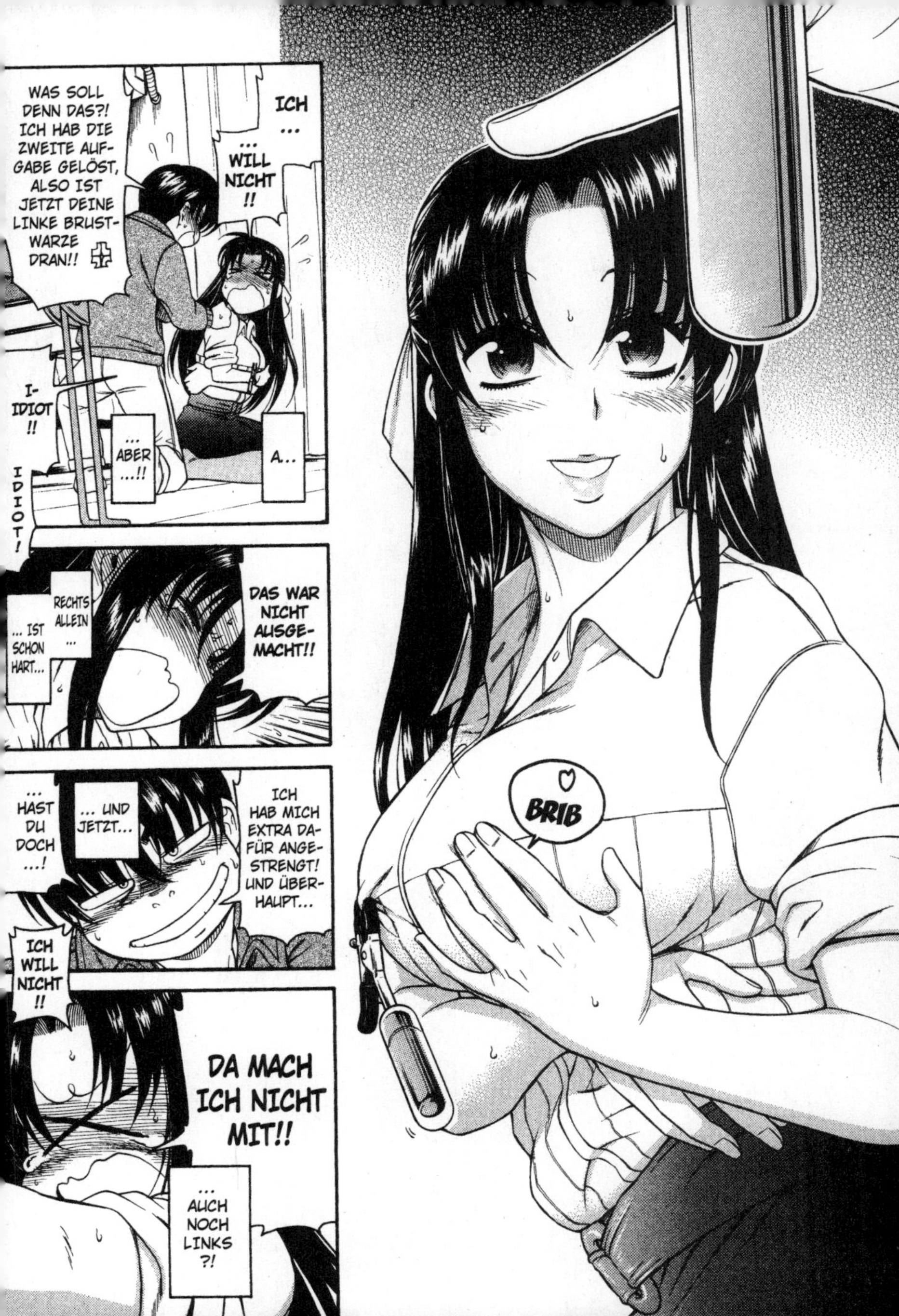
ICH ...
... WILL NICHT !!
WAS SOLL DENN DAS?! ICH HAB DIE ZWEITE AUFGABE GELÖST, ALSO IST JETZT DEINE LINKE BRUSTWARZE DRAN!!
A...
... ABER ...!!
I-IDIOT !!
IDIOT!
DAS WAR NICHT AUSGEMACHT!!
RECHTS ALLEIN ...
... IST SCHON HART...
ICH HAB MICH EXTRA DAFÜR ANGESTRENGT! UND ÜBERHAUPT...
... UND JETZT...
... HAST DU DOCH ...!
ICH WILL NICHT !!
DA MACH ICH NICHT MIT!!
... AUCH NOCH LINKS ?!
BRIB

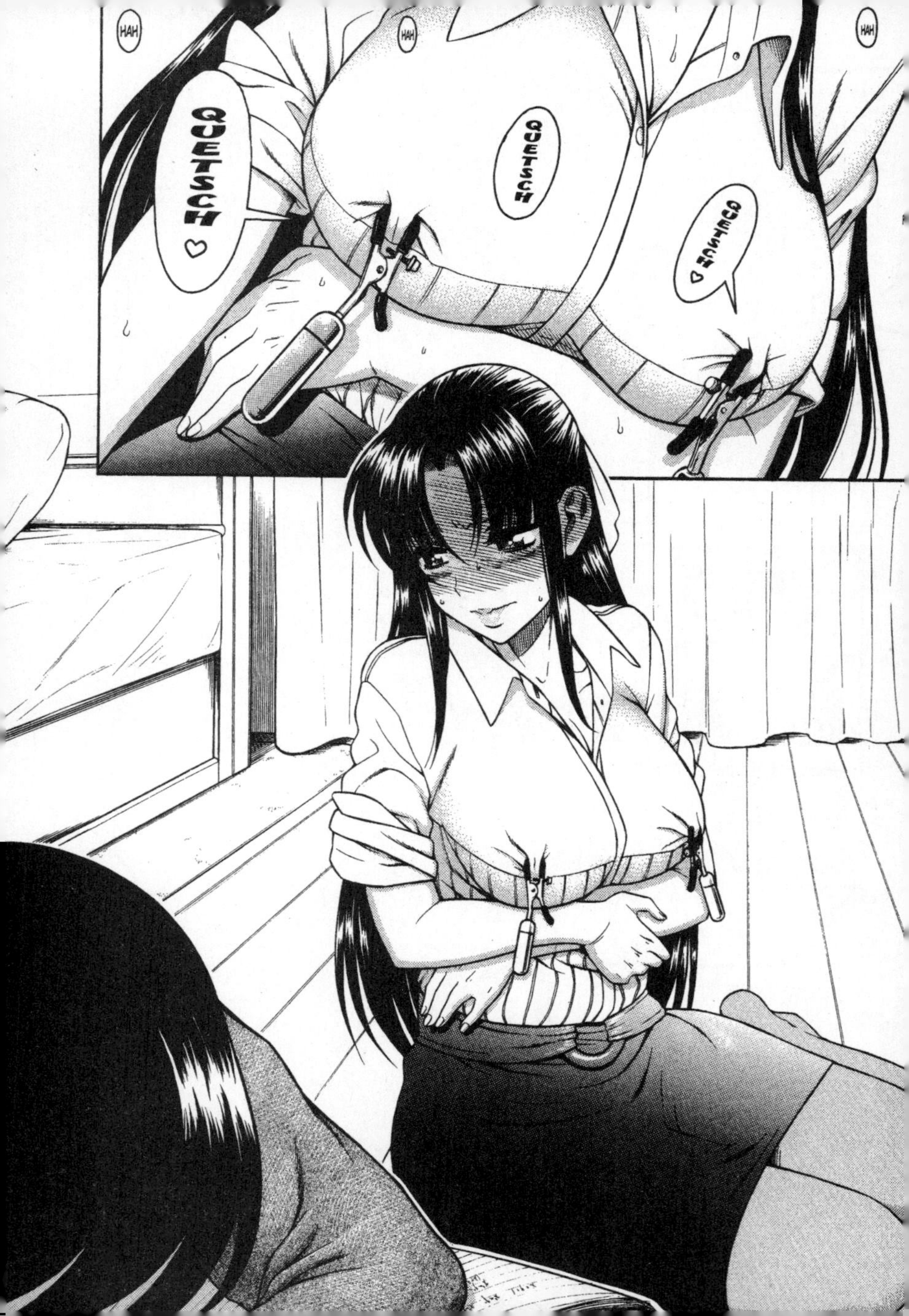
HAH
HAH
HAH
QUETSCH ♡
QUETSCH
QUETSCH ♡

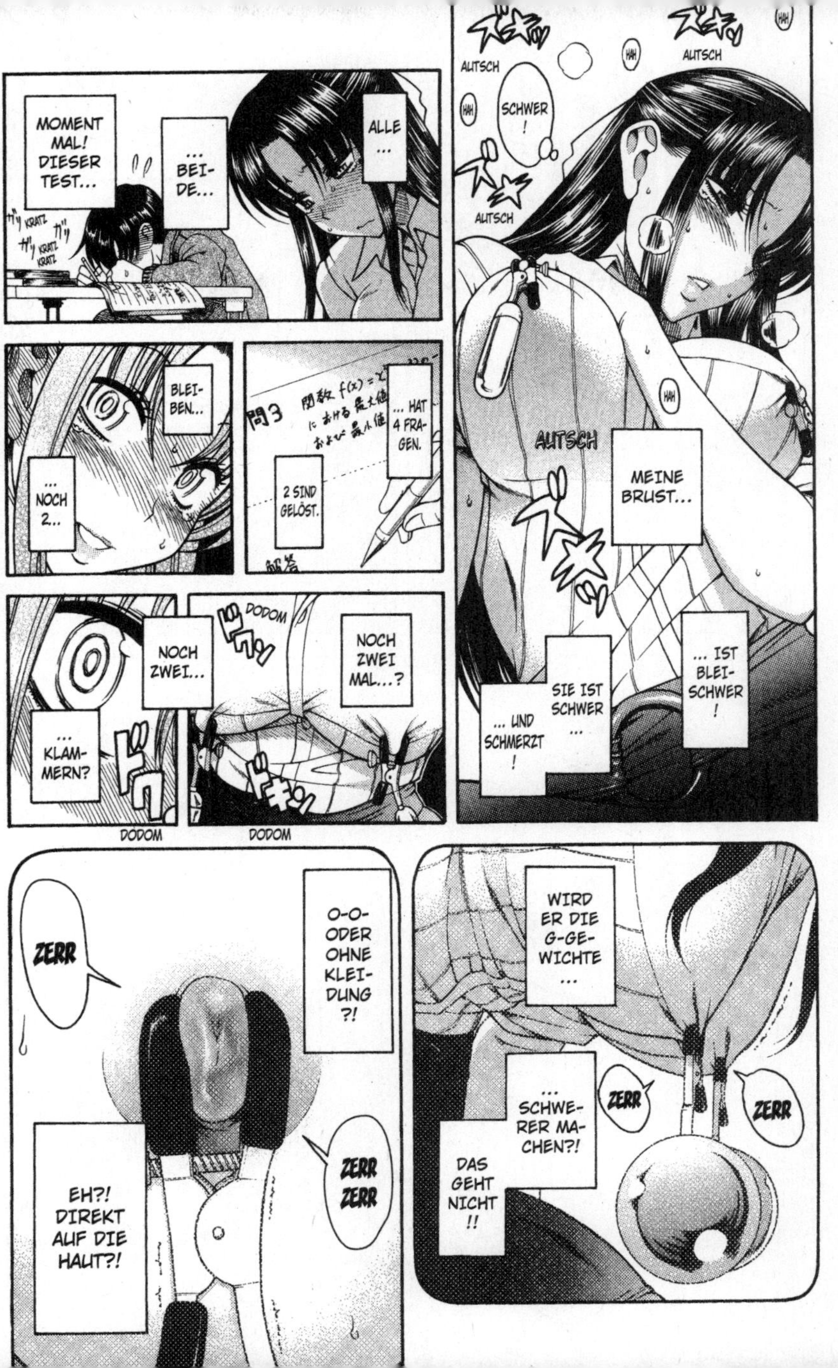

AUTSCH
HAH
AUTSCH
HAH
SCHWER!
AUTSCH
HAH
AUTSCH
MEINE BRUST...
... IST BLEI-SCHWER!
SIE IST SCHWER ...
... UND SCHMERZT!

MOMENT MAL! DIESER TEST...
... BEI-DE...
ALLE ...
KRATZ KRATZ KRATZ

... HAT 4 FRA-GEN.
2 SIND GELÖST.
BLEI-BEN...
... NOCH 2...

DODOM
NOCH ZWEI MAL...?
DODOM
NOCH ZWEI...
... KLAM-MERN?
DODOM

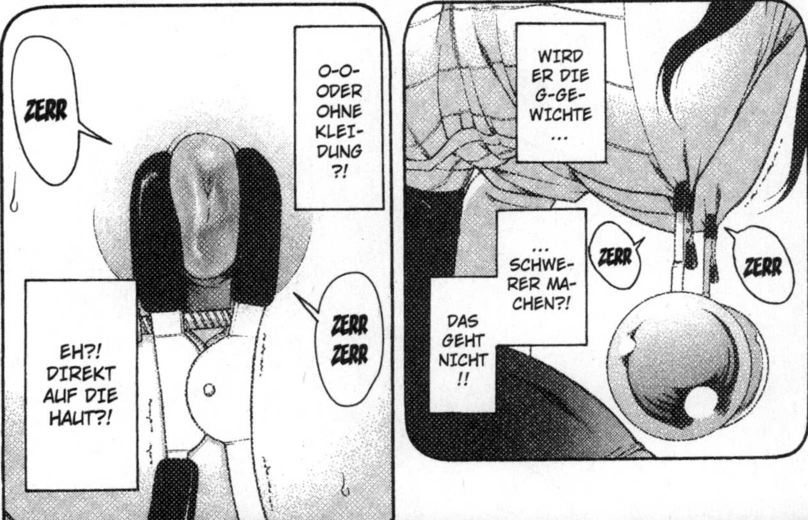

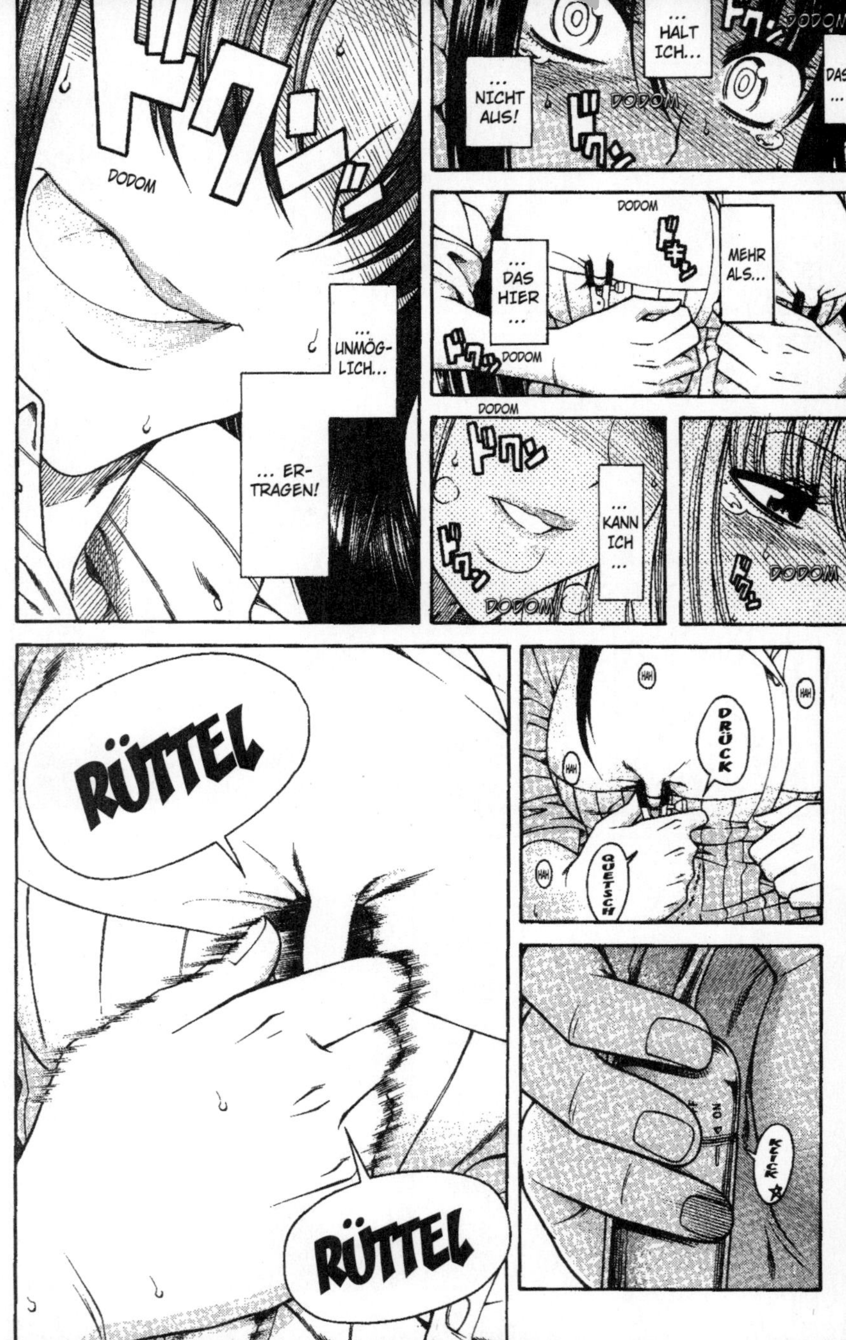

DODOM
DAS ...
... HALT ICH...
DODOM
... NICHT AUS!
DODOM
MEHR ALS...
... DAS HIER ...
DODOM
DODOM
DODOM
... KANN ICH ...
DODOM
DODOM
... UNMÖG-LICH...
... ER-TRAGEN!
HAH
HAH
DRÜCK
HAH
HAH
QUETSCH
KLICK ☆
RÜTTEL
RÜTTEL

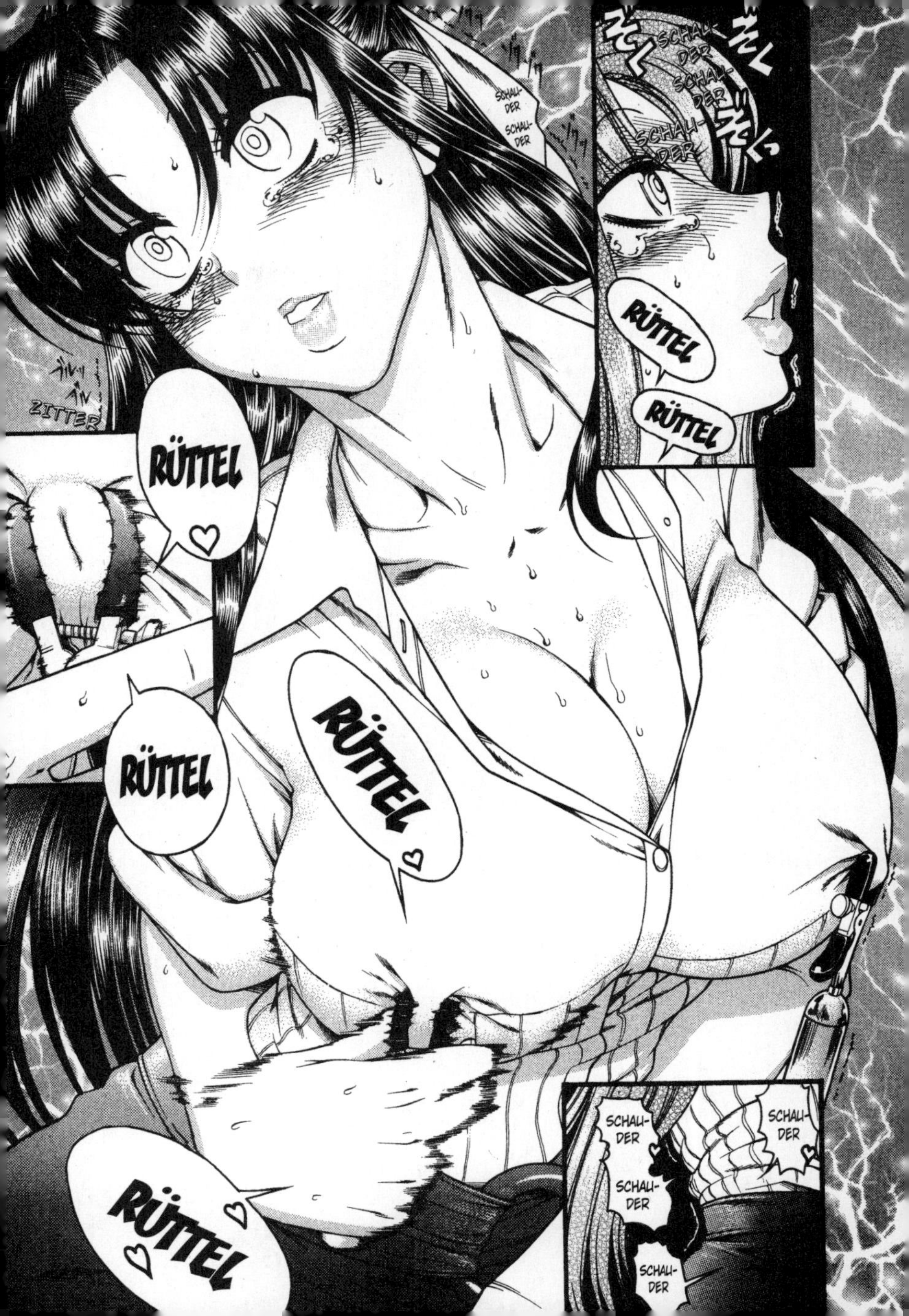
SCHAU-DER
SCHAU-DER
SCHAU-DER
RÜTTEL
RÜTTEL
SCHAU-DER
SCHAU-DER
ZITTER
RÜTTEL ♥
RÜTTEL ♥
RÜTTEL
RÜTTEL ♥
SCHAU-DER
SCHAU-DER
SCHAU-DER
SCHAU-DER

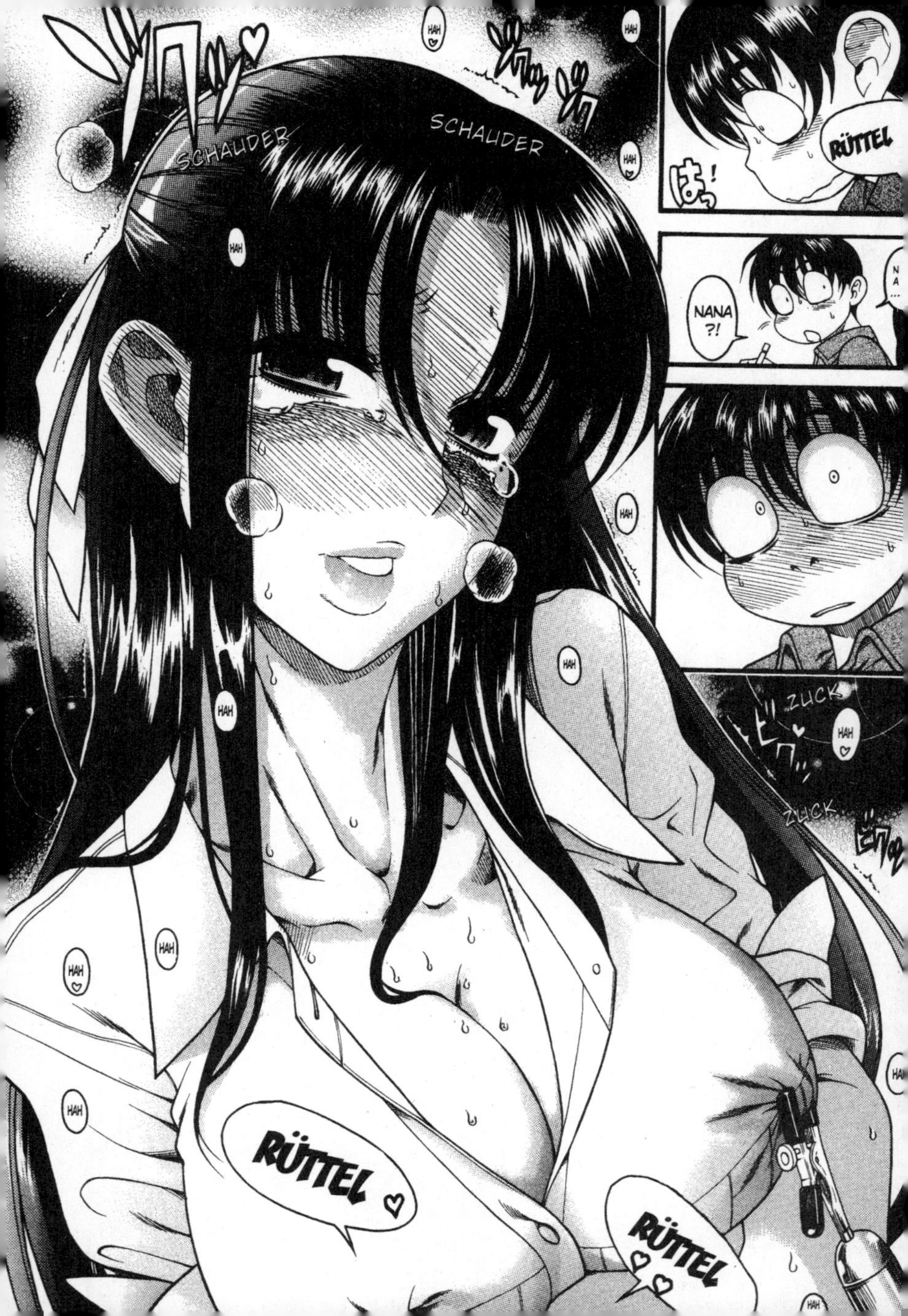
RÜTTEL
はっ!
NA ...
NANA ?!
ZUCK
HAH
ZUCK
SCHAUDER
SCHAUDER
HAH
HAH
HAH
HAH
HAH
HAH
HAH
HAH
HAH
HAH
RÜTTEL
RÜTTEL
HAH

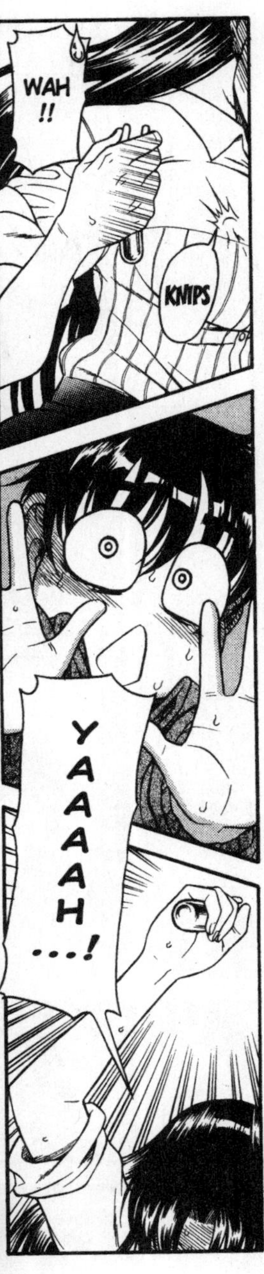
WAH !!
KNIPS
YAAAAAH ...!

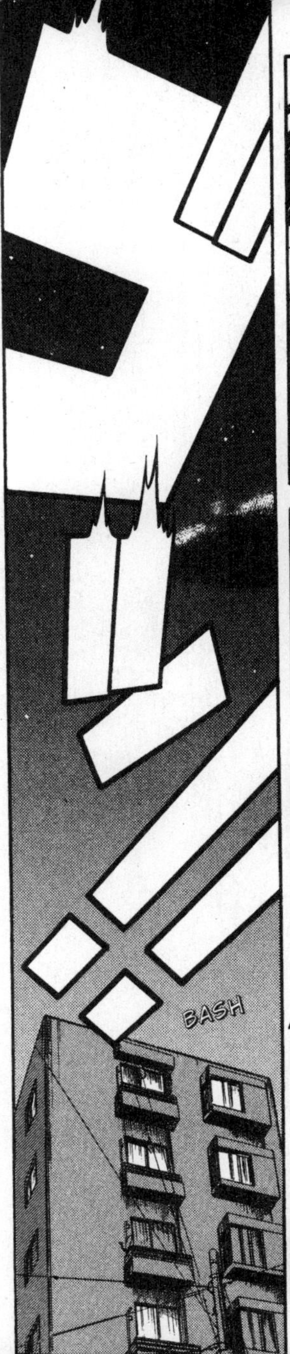
BASH

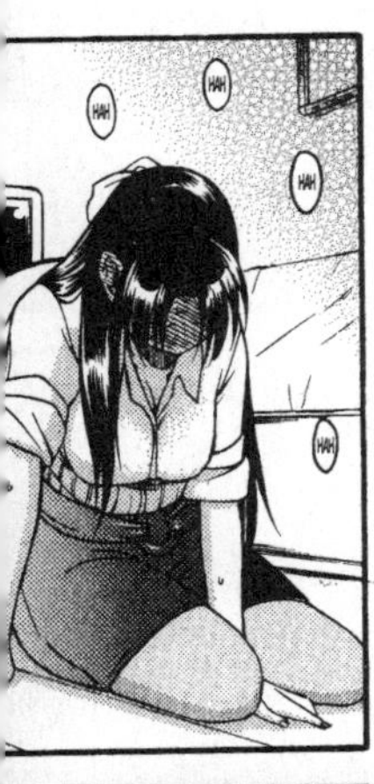
HAH
HAH
HAH
HAH
HAH

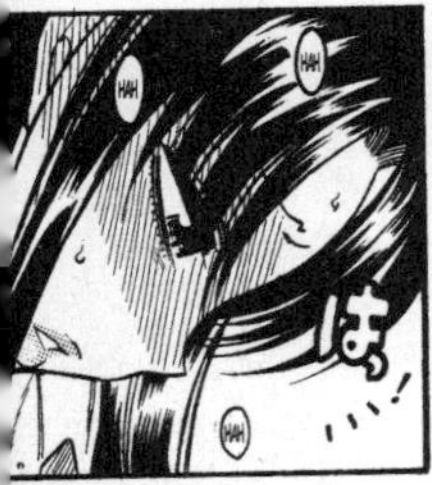
HAH
HAH
HAH

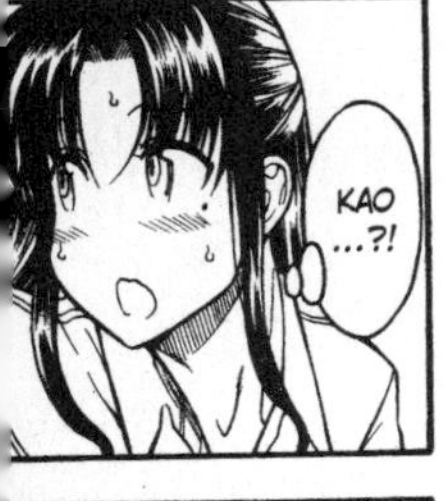
KAO ...?!

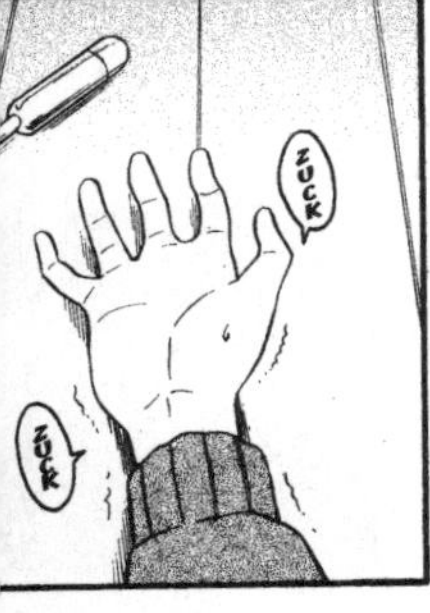
ZUCK
ZUCK

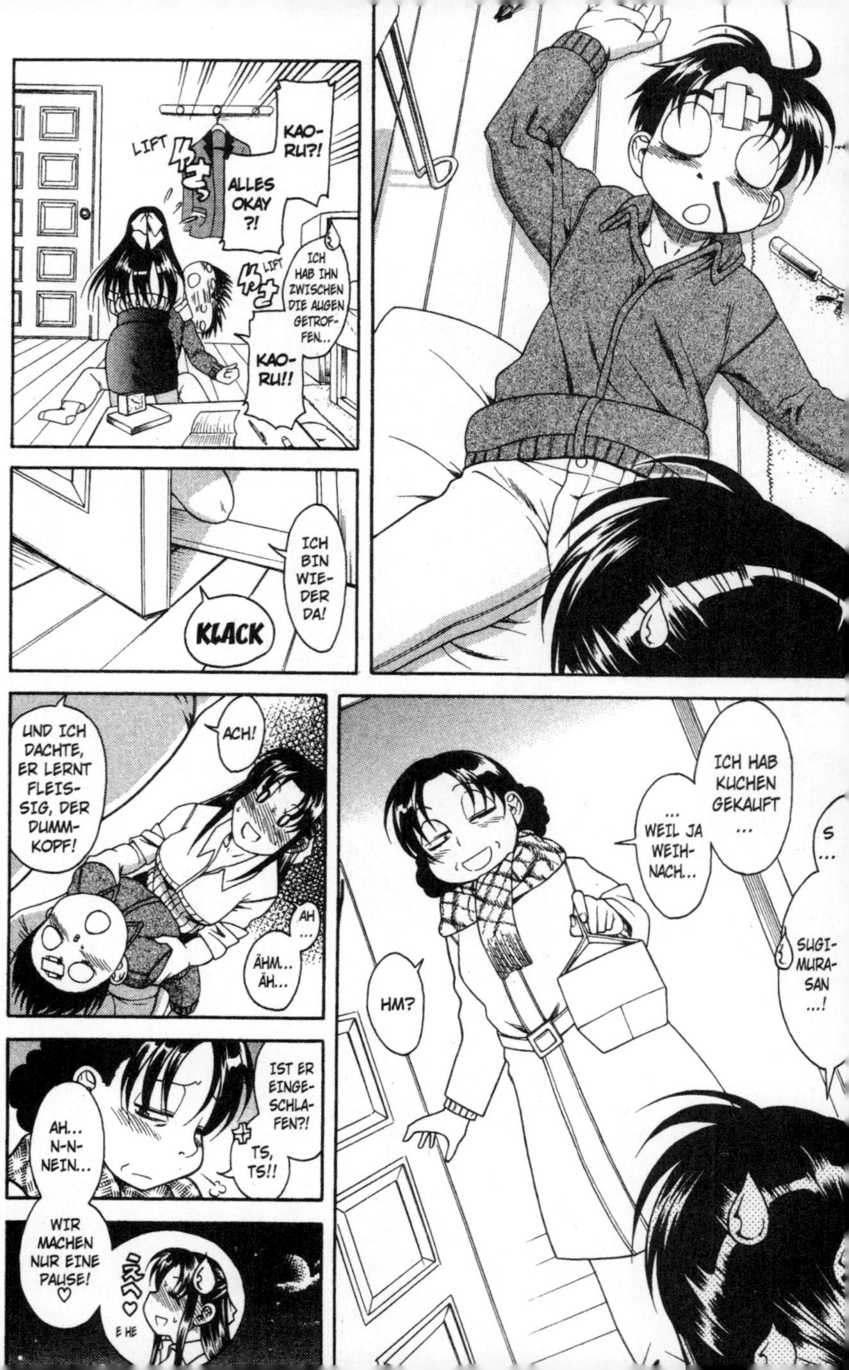

KAO-RU?!
ALLES OKAY?!
LIFT
ICH HAB IHN ZWISCHEN DIE AUGEN GETROFFEN...
LIFT
KAO-RU!!

ICH BIN WIEDER DA!
KLACK

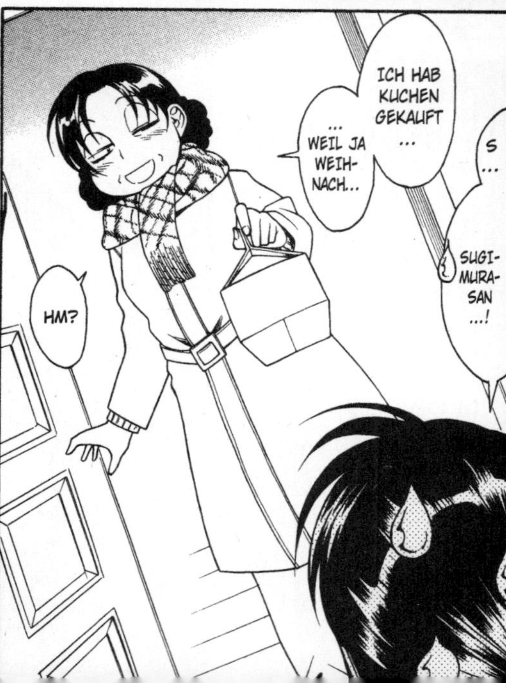

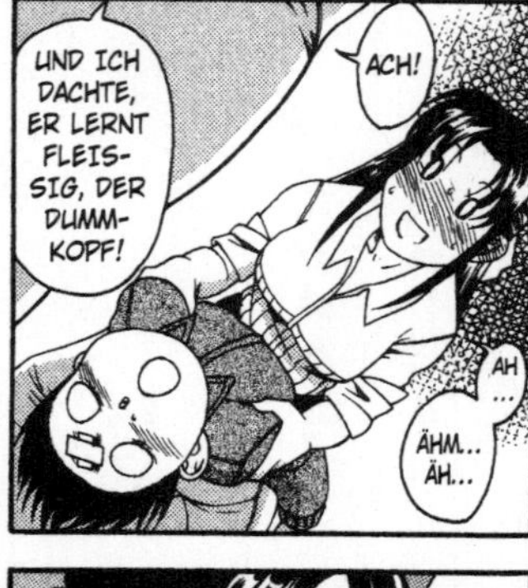

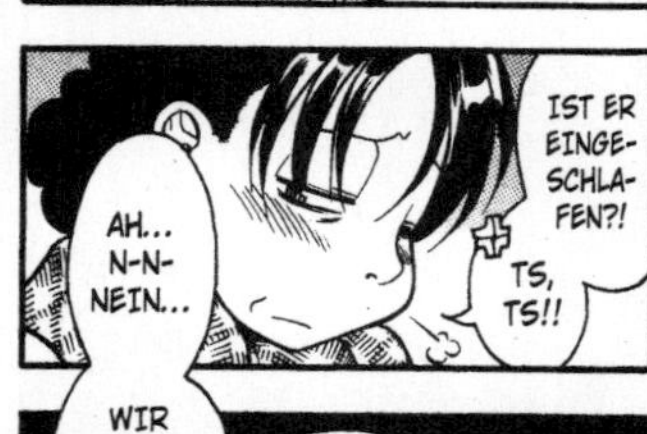

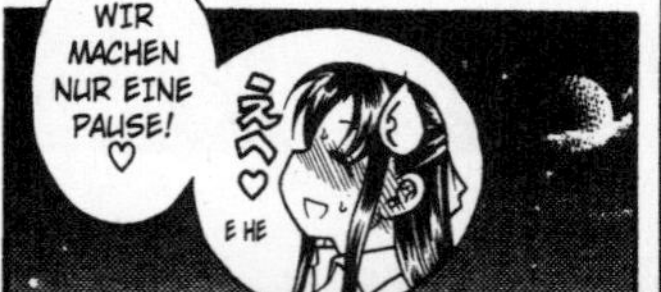

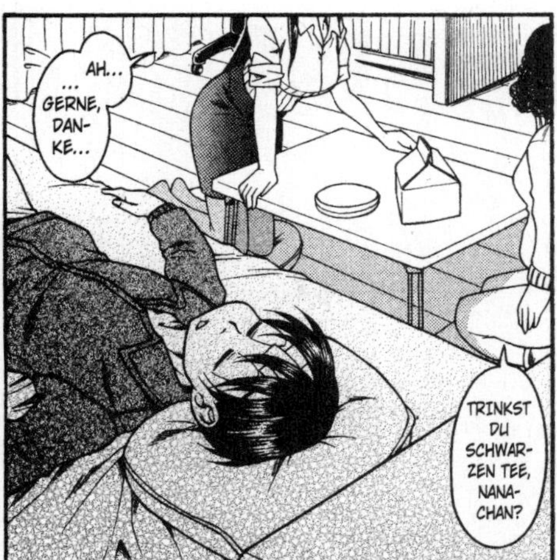
TRINKST DU SCHWARZEN TEE, NANA-CHAN?
AH... ...GERNE, DANKE...

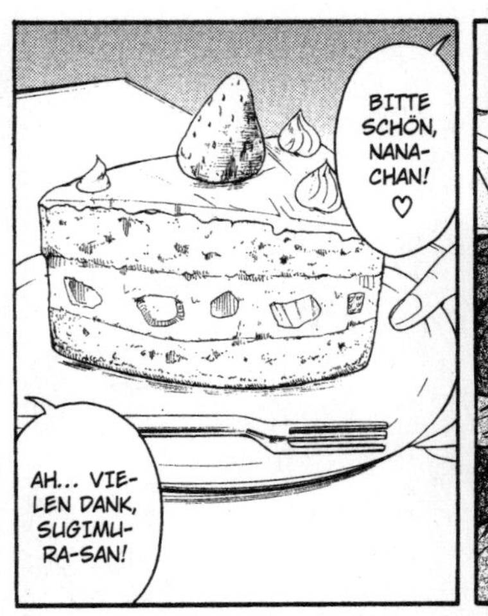
BITTE SCHÖN, NANA-CHAN! ♡
AH... VIELEN DANK, SUGIMURA-SAN!

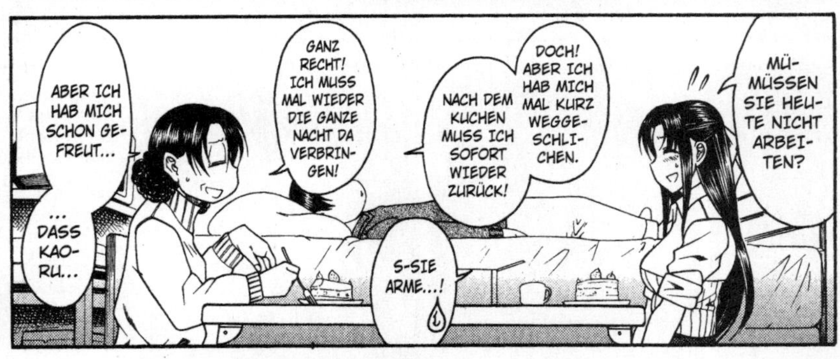
MÜ-MÜSSEN SIE HEUTE NICHT ARBEITEN?
DOCH! ABER ICH HAB MICH MAL KURZ WEGGESCHLICHEN.
NACH DEM KUCHEN MUSS ICH SOFORT WIEDER ZURÜCK!
S-SIE ARME...!
GANZ RECHT! ICH MUSS MAL WIEDER DIE GANZE NACHT DA VERBRINGEN!
ABER ICH HAB MICH SCHON GEFREUT...
...DASS KAORU...

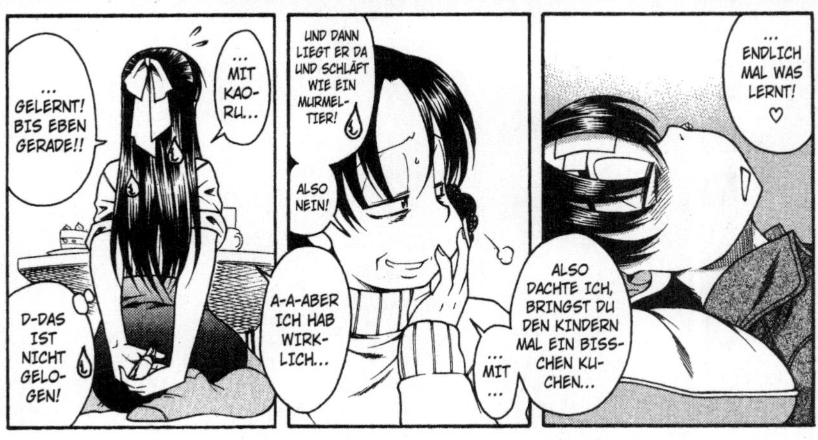
...ENDLICH MAL WAS LERNT! ♡
ALSO DACHTE ICH, BRINGST DU DEN KINDERN MAL EIN BISSCHEN KUCHEN...
...MIT ...
UND DANN LIEGT ER DA UND SCHLÄFT WIE EIN MURMELTIER!
ALSO NEIN!
A-A-ABER ICH HAB WIRKLICH...
...MIT KAORU...
...GELERNT! BIS EBEN GERADE!!
D-DAS IST NICHT GELOGEN!

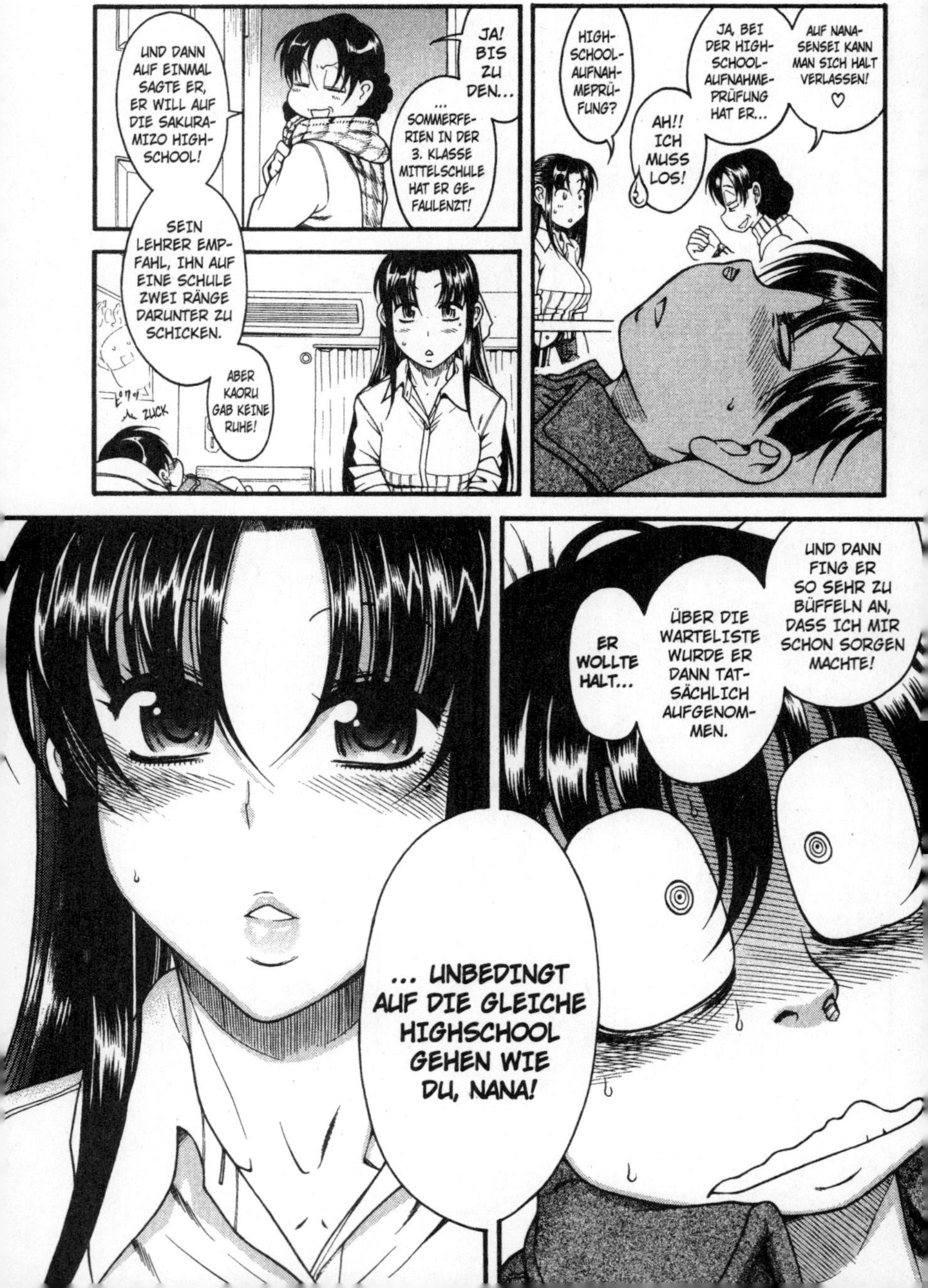

AUF NANA-SENSEI KANN MAN SICH HALT VERLASSEN! ♡
JA, BEI DER HIGH-SCHOOL-AUFNAHMEPRÜFUNG HAT ER…
HIGH-SCHOOL-AUFNAHMEPRÜFUNG?
AH!! ICH MUSS LOS!
JA! BIS ZU DEN…
… SOMMERFERIEN IN DER 3. KLASSE MITTELSCHULE HAT ER GEFAULENZT!
UND DANN AUF EINMAL SAGTE ER, ER WILL AUF DIE SAKURAMIZO HIGH-SCHOOL!
SEIN LEHRER EMPFAHL, IHN AUF EINE SCHULE ZWEI RÄNGE DARUNTER ZU SCHICKEN.
ABER KAORU GAB KEINE RUHE!
ZUCK
UND DANN FING ER SO SEHR ZU BÜFFELN AN, DASS ICH MIR SCHON SORGEN MACHTE!
ÜBER DIE WARTELISTE WURDE ER DANN TATSÄCHLICH AUFGENOMMEN.
ER WOLLTE HALT…
… UNBEDINGT AUF DIE GLEICHE HIGHSCHOOL GEHEN WIE DU, NANA!

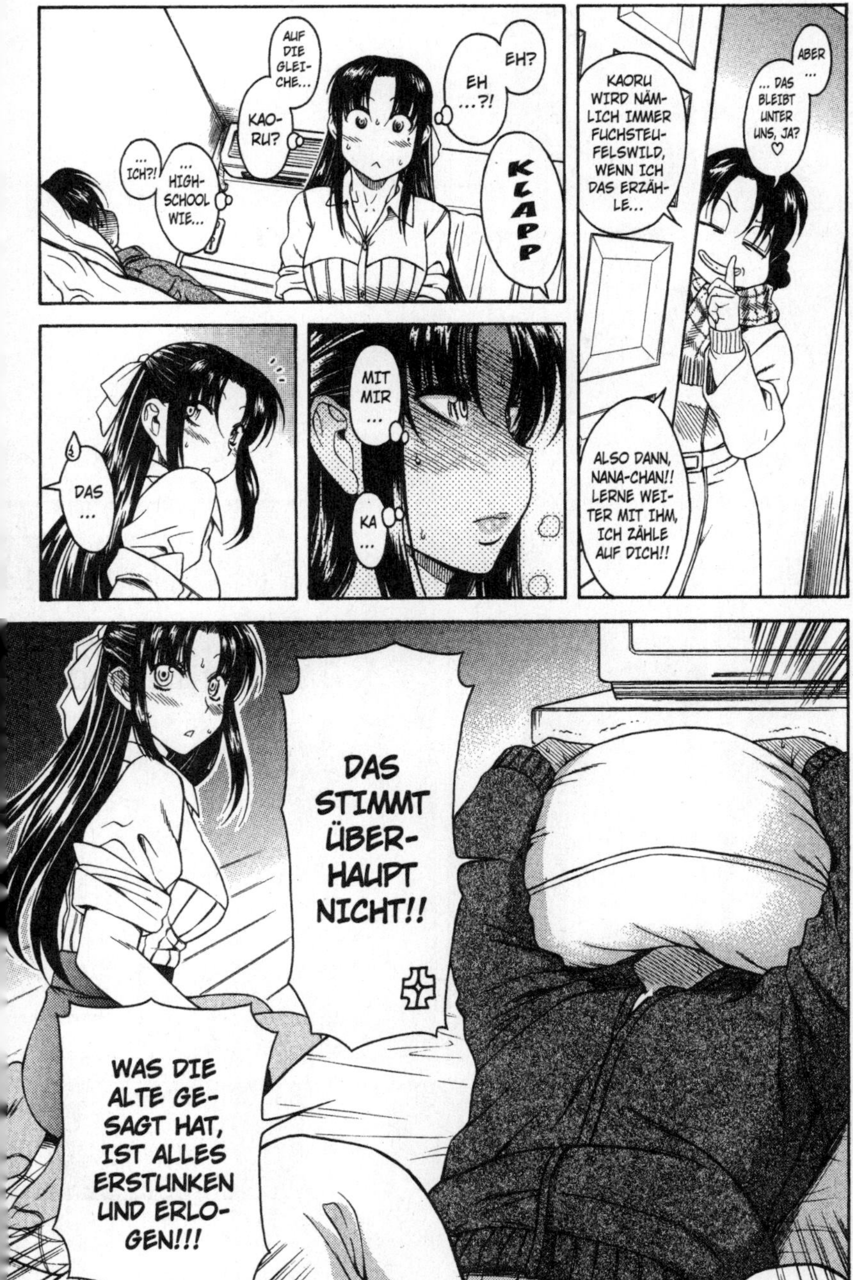

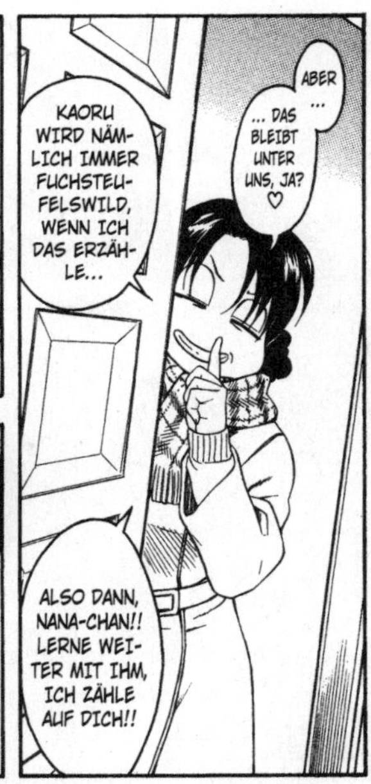

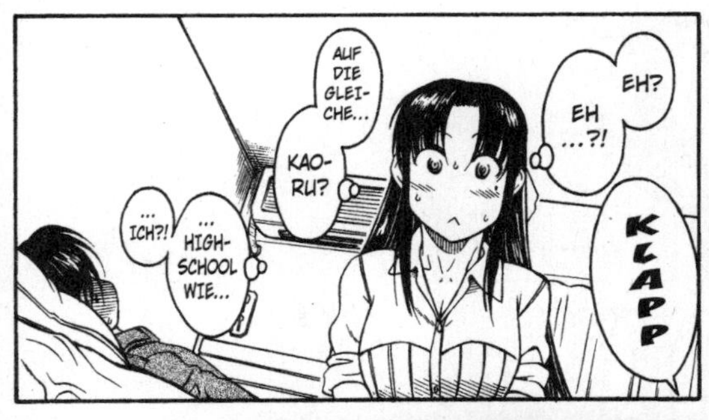

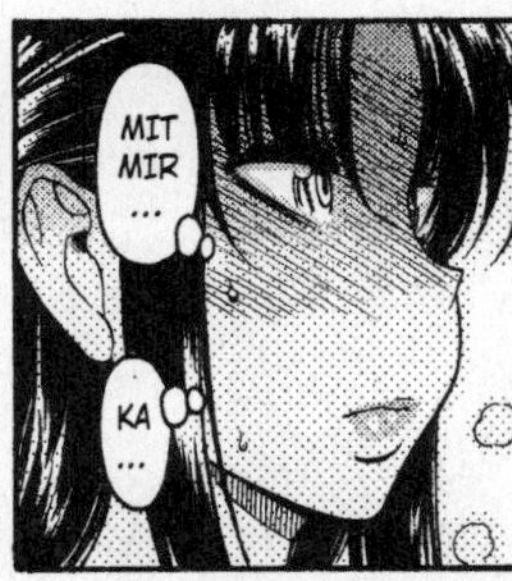

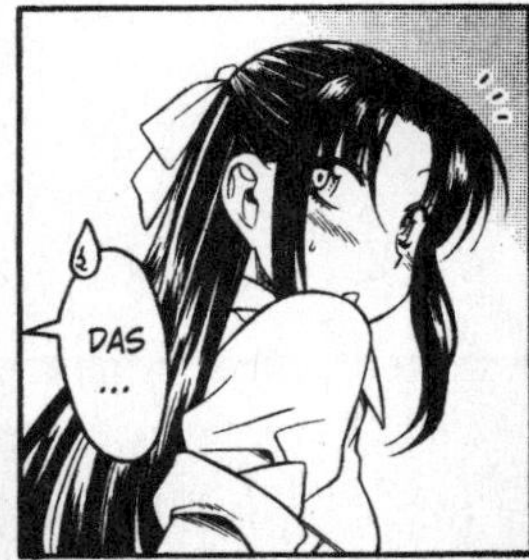

DAS STIMMT ÜBERHAUPT NICHT!!

WAS DIE ALTE GESAGT HAT, IST ALLES ERSTUNKEN UND ERLOGEN!!!

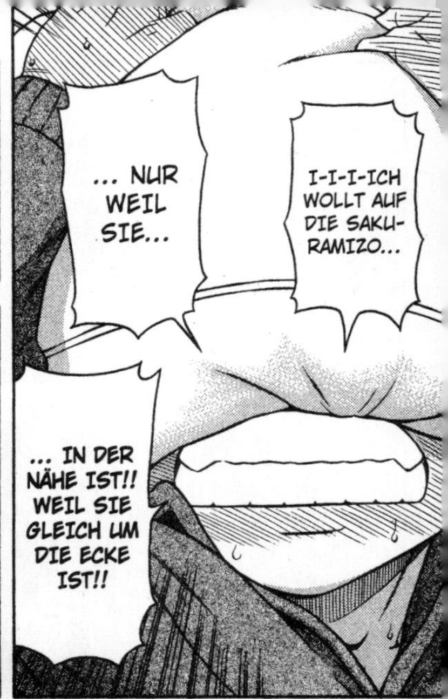
I-I-I-ICH WOLLT AUF DIE SAKU-RAMIZO...
... NUR WEIL SIE...
... IN DER NÄHE IST!! WEIL SIE GLEICH UM DIE ECKE IST!!

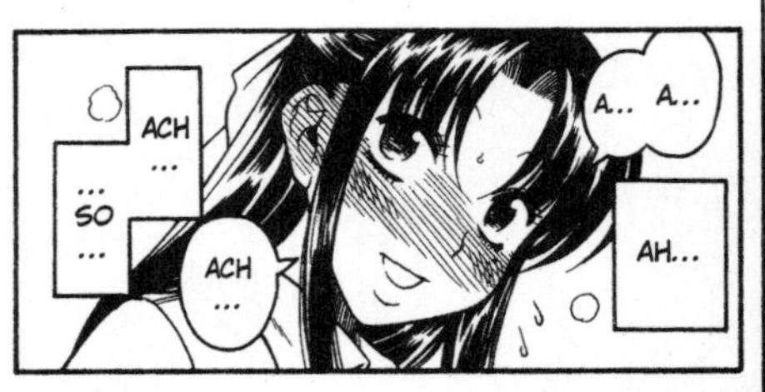
A... A...
AH...
ACH ...
ACH ...
... SO ...

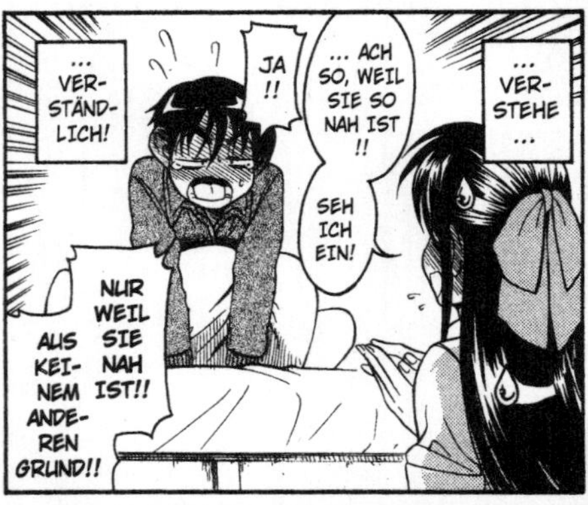
... VERSTEHE ...
... ACH SO, WEIL SIE SO NAH IST !!
SEH ICH EIN!
JA !!
... VER-STÄND-LICH!
NUR WEIL SIE NAH IST!!
AUS KEI-NEM ANDE-REN GRUND!!

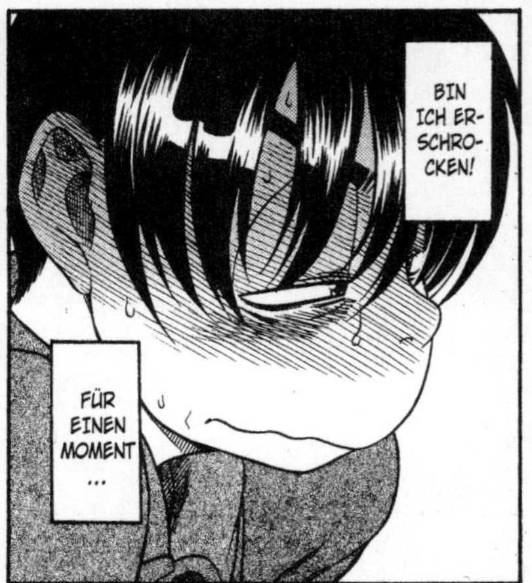
BIN ICH ER-SCHRO-CKEN!
FÜR EINEN MOMENT ...

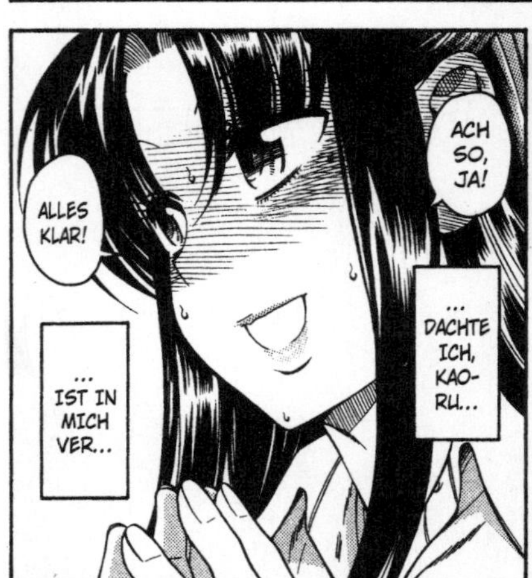
ACH SO, JA!
ALLES KLAR!
... DACHTE ICH, KAO-RU...
... IST IN MICH VER...

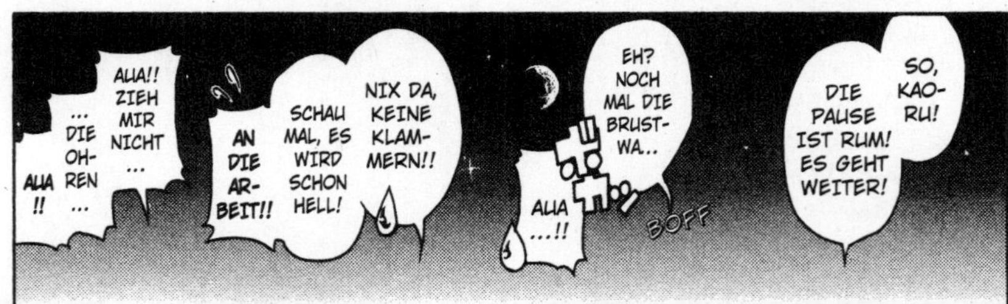
SO, KAO-RU!
DIE PAUSE IST RUM! ES GEHT WEITER!
EH? NOCH MAL DIE BRUST-WA...
BOFF
AUA ...!!
NIX DA, KEINE KLAM-MERN!!
SCHAU MAL, ES WIRD SCHON HELL!
AN DIE AR-BEIT!!
AUA!! ZIEH MIR NICHT ...
... DIE OH-REN ...
AUA !!

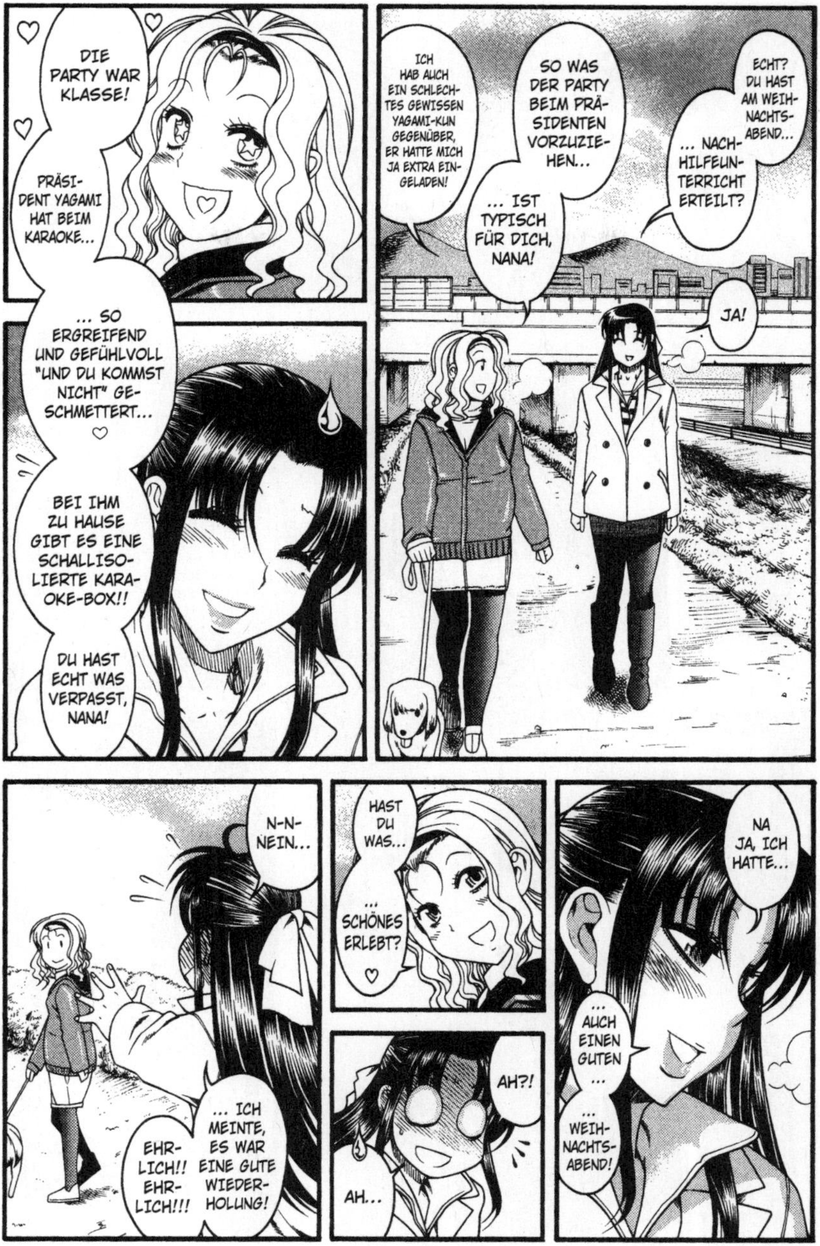

ECHT? DU HAST AM WEIHNACHTSABEND... ... NACHHILFEUNTERRICHT ERTEILT?

JA!

SO WAS DER PARTY BEIM PRÄSIDENTEN VORZUZIEHEN... ... IST TYPISCH FÜR DICH, NANA!

ICH HAB AUCH EIN SCHLECHTES GEWISSEN YAGAMI-KUN GEGENÜBER, ER HATTE MICH JA EXTRA EINGELADEN!

DIE PARTY WAR KLASSE!

PRÄSIDENT YAGAMI HAT BEIM KARAOKE...

... SO ERGREIFEND UND GEFÜHLVOLL "UND DU KOMMST NICHT" GESCHMETTERT... ♡

BEI IHM ZU HAUSE GIBT ES EINE SCHALLISOLIERTE KARAOKE-BOX!!

DU HAST ECHT WAS VERPASST, NANA!

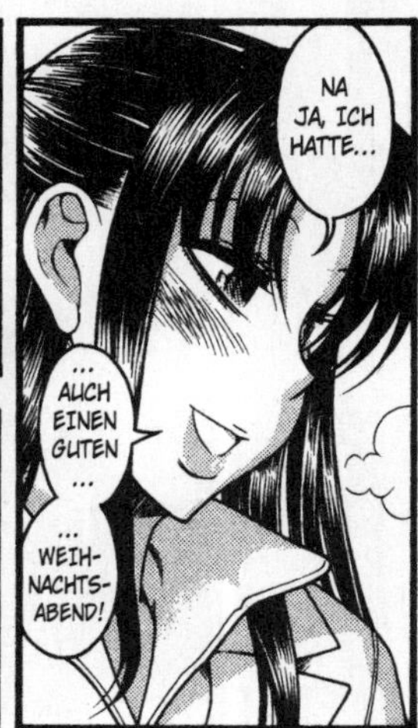

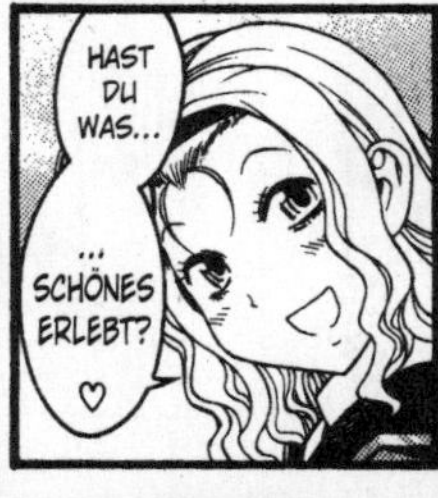

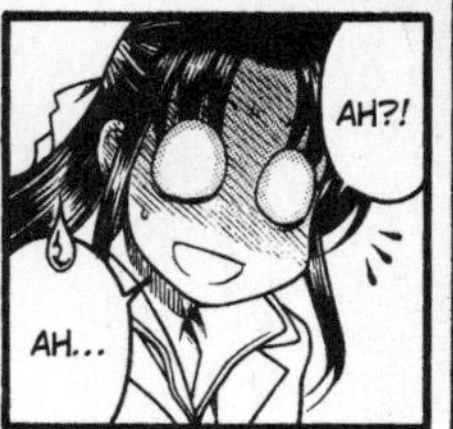

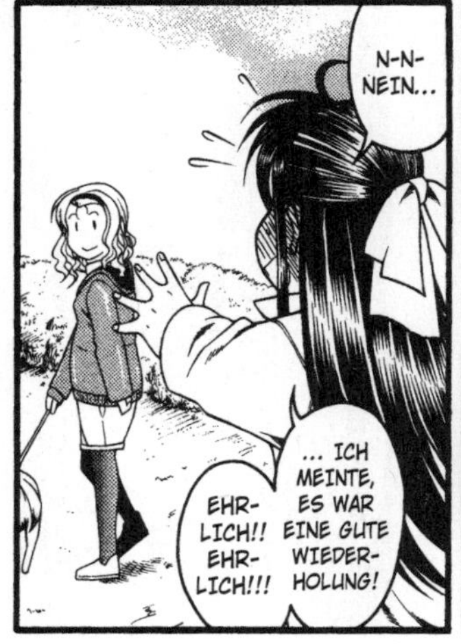

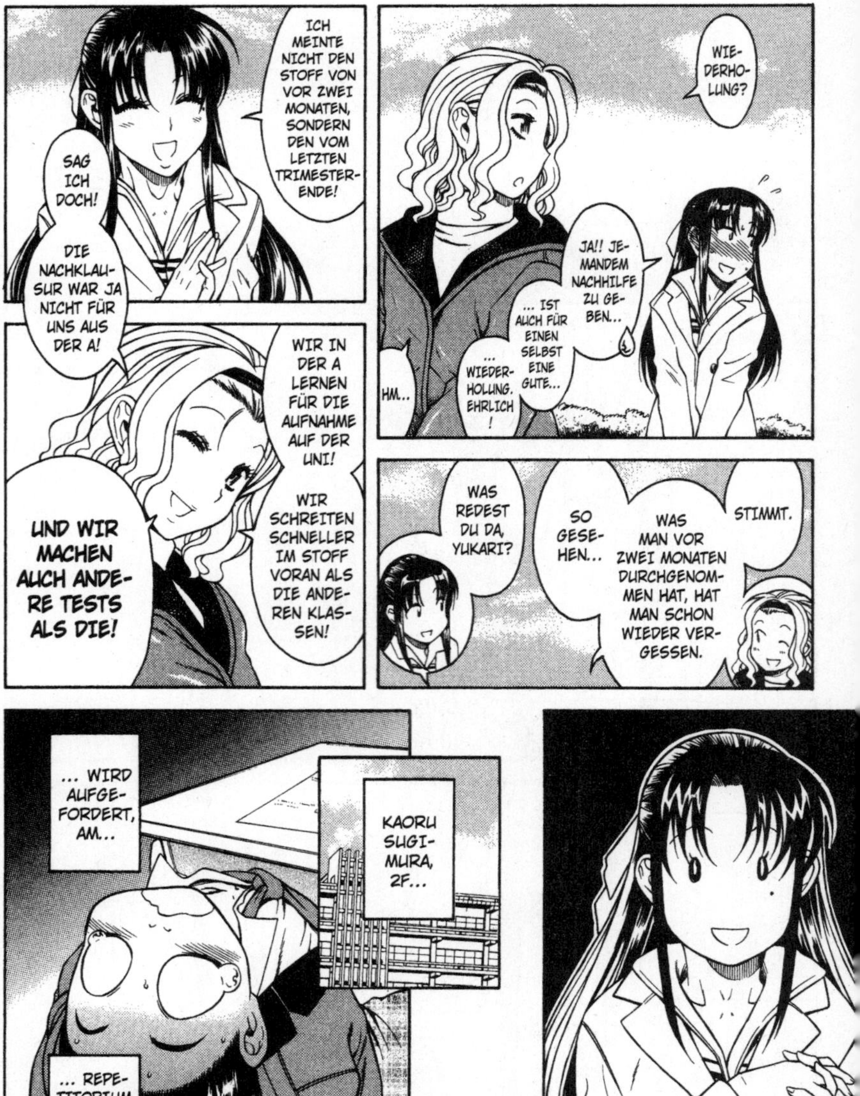

WIEDERHOLUNG?

JA!! JEMANDEM NACHHILFE ZU GEBEN...

... IST AUCH FÜR EINEN SELBST EINE GUTE...

... WIEDERHOLUNG. EHRLICH!

HM...

STIMMT.

WAS MAN VOR ZWEI MONATEN DURCHGENOMMEN HAT, HAT MAN SCHON WIEDER VERGESSEN.

SO GESEHEN...

WAS REDEST DU DA, YUKARI?

ICH MEINTE NICHT DEN STOFF VON VOR ZWEI MONATEN, SONDERN DEN VOM LETZTEN TRIMESTERENDE!

SAG ICH DOCH!

DIE NACHKLAUSUR WAR JA NICHT FÜR UNS AUS DER A!

WIR IN DER A LERNEN FÜR DIE AUFNAHME AUF DER UNI!

WIR SCHREITEN SCHNELLER IM STOFF VORAN ALS DIE ANDEREN KLASSEN!

UND WIR MACHEN AUCH ANDERE TESTS ALS DIE!

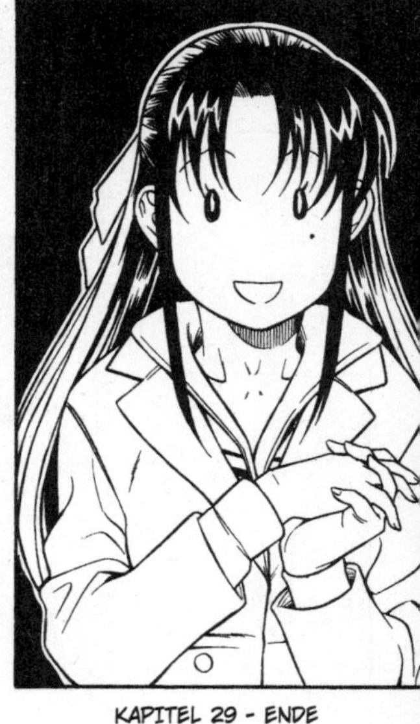

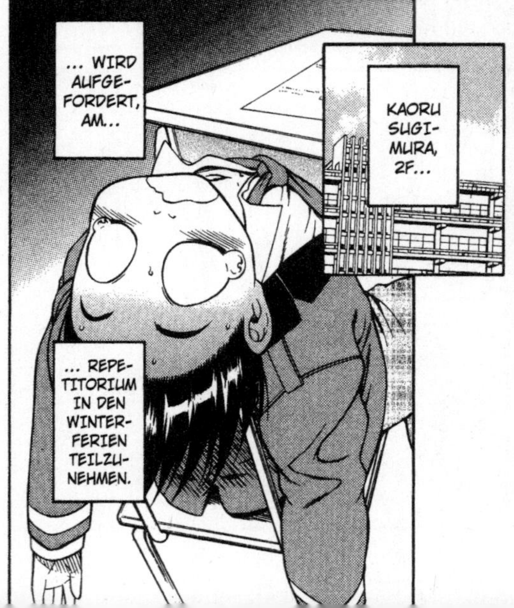

KAPITEL 29 - ENDE

GESCHWISTERLIEBE

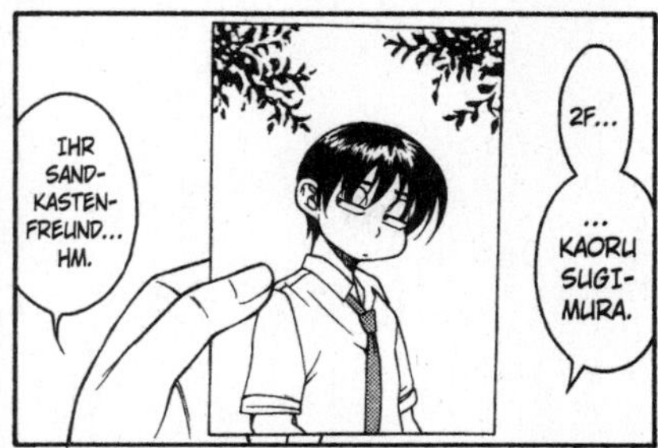

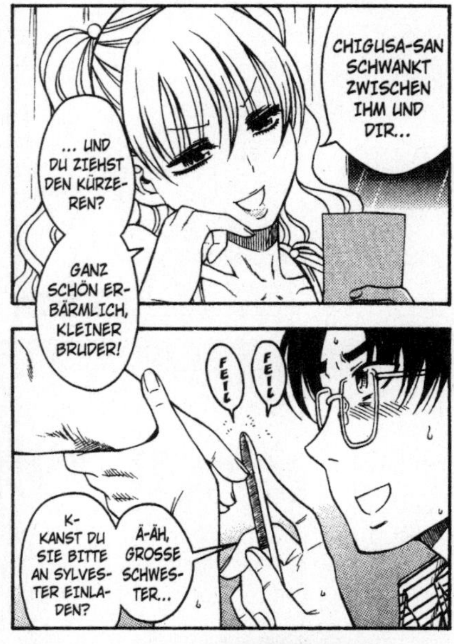

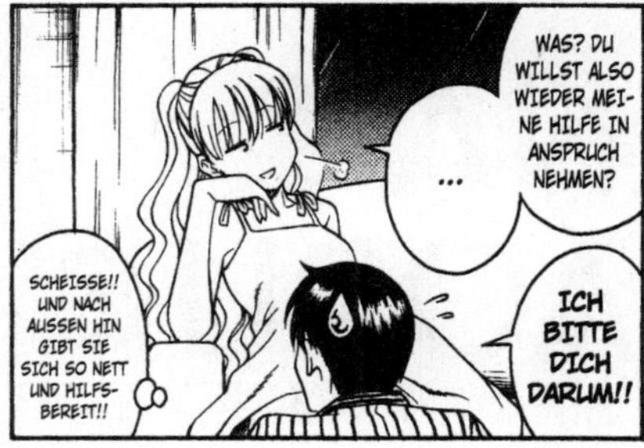

NANA &
KAORU MAX

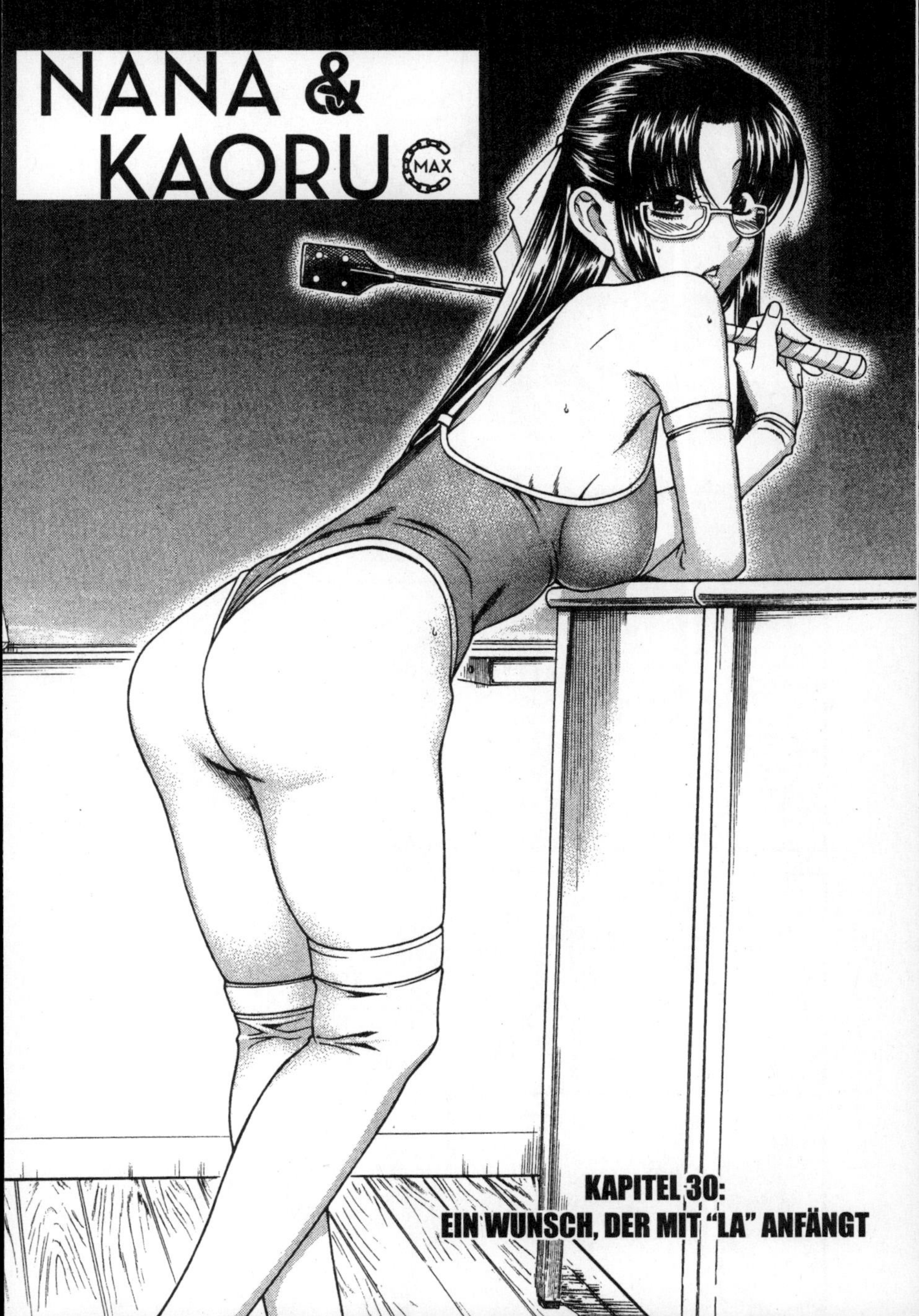
NANA & KAORU
MAX
KAPITEL 30:
EIN WUNSCH, DER MIT "LA" ANFÄNGT

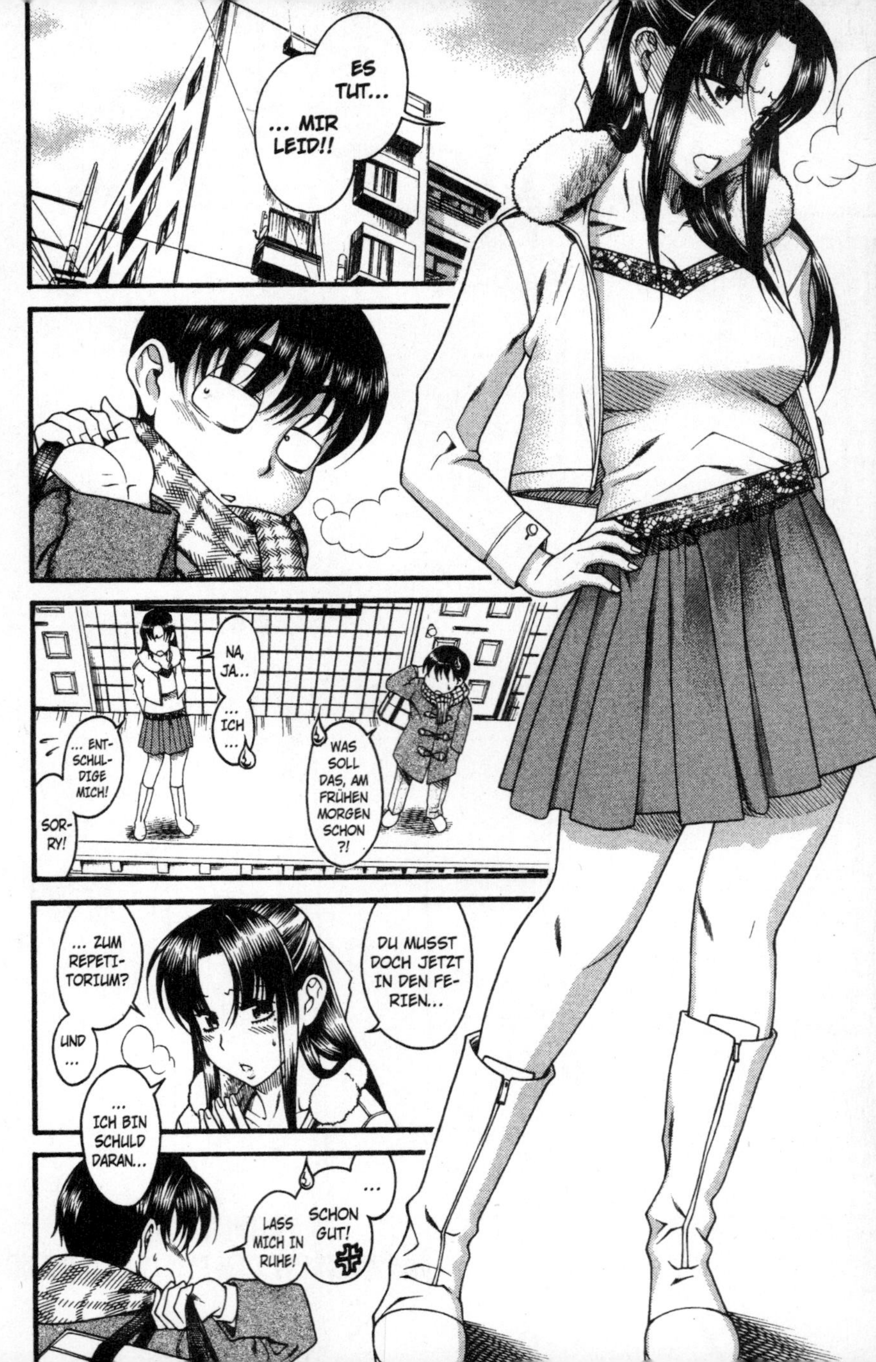
ES TUT... ... MIR LEID!!
WAS SOLL DAS, AM FRÜHEN MORGEN SCHON ?!
NA, JA... ... ICH ...
... ENT-SCHUL-DIGE MICH!
SOR-RY!
DU MUSST DOCH JETZT IN DEN FE-RIEN...
... ZUM REPETI-TORIUM?
UND ...
... ICH BIN SCHULD DARAN...
... SCHON GUT!
LASS MICH IN RUHE!

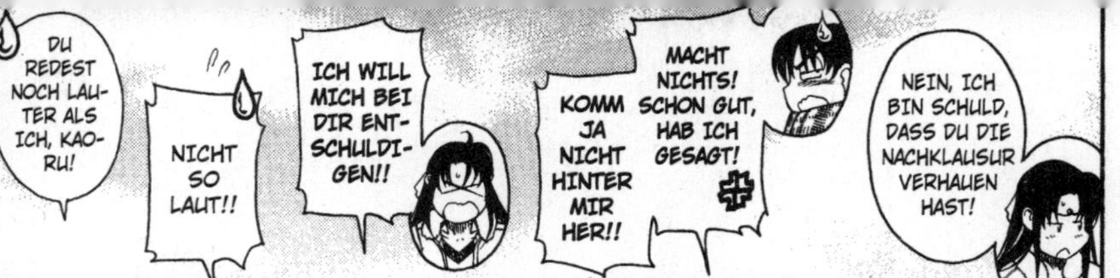
NEIN, ICH BIN SCHULD, DASS DU DIE NACHKLAUSUR VERHAUEN HAST!
MACHT NICHTS! SCHON GUT, HAB ICH GESAGT!
KOMM JA NICHT HINTER MIR HER!!
ICH WILL MICH BEI DIR ENTSCHULDIGEN!!
NICHT SO LAUT!!
DU REDEST NOCH LAUTER ALS ICH, KAORU!

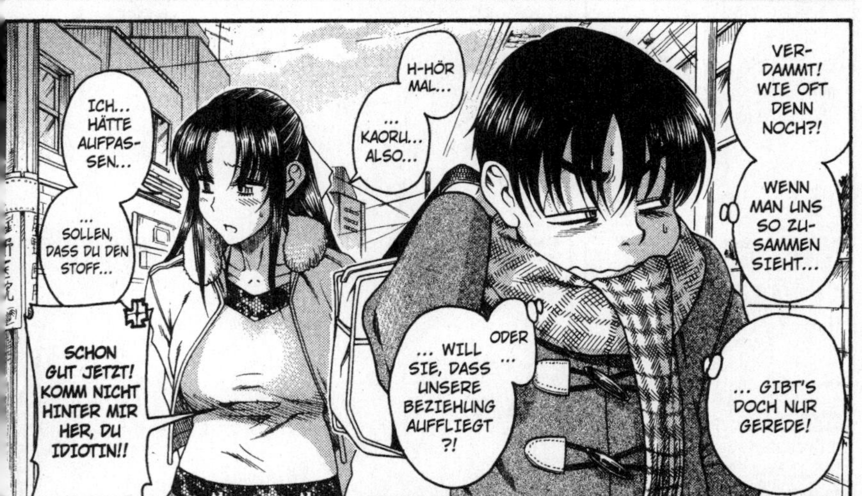
VERDAMMT! WIE OFT DENN NOCH?!
WENN MAN UNS SO ZUSAMMEN SIEHT...
... GIBT'S DOCH NUR GEREDE!
ODER ...
... WILL SIE, DASS UNSERE BEZIEHUNG AUFFLIEGT?!
H-HÖR MAL...
... KAORU... ALSO...
ICH... HÄTTE AUFPASSEN...
... SOLLEN, DASS DU DEN STOFF...
SCHON GUT JETZT! KOMM NICHT HINTER MIR HER, DU IDIOTIN!!

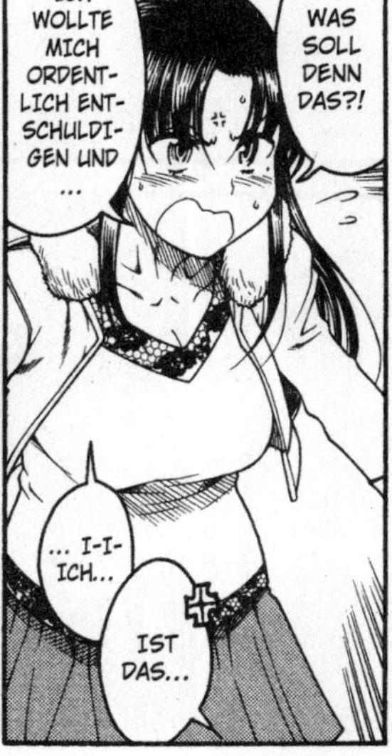
WAS SOLL DENN DAS?!
ICH WOLLTE MICH ORDENTLICH ENTSCHULDIGEN UND ...
... I-I-ICH...
IST DAS...

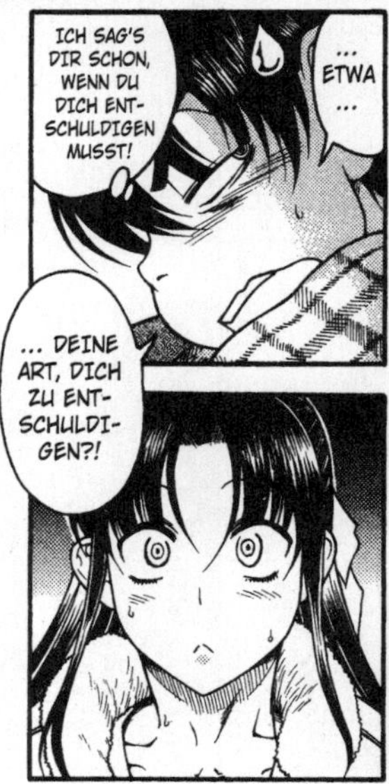
... ETWA ...
ICH SAG'S DIR SCHON, WENN DU DICH ENTSCHULDIGEN MUSST!
... DEINE ART, DICH ZU ENTSCHULDIGEN?!

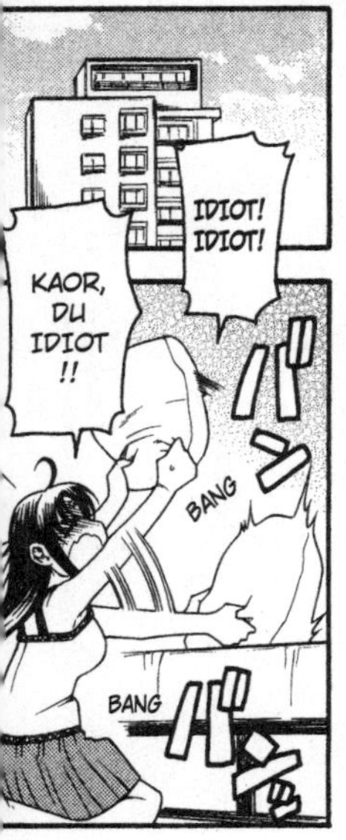
IDIOT! IDIOT!
KAOR, DU IDIOT!!
BANG
BANG

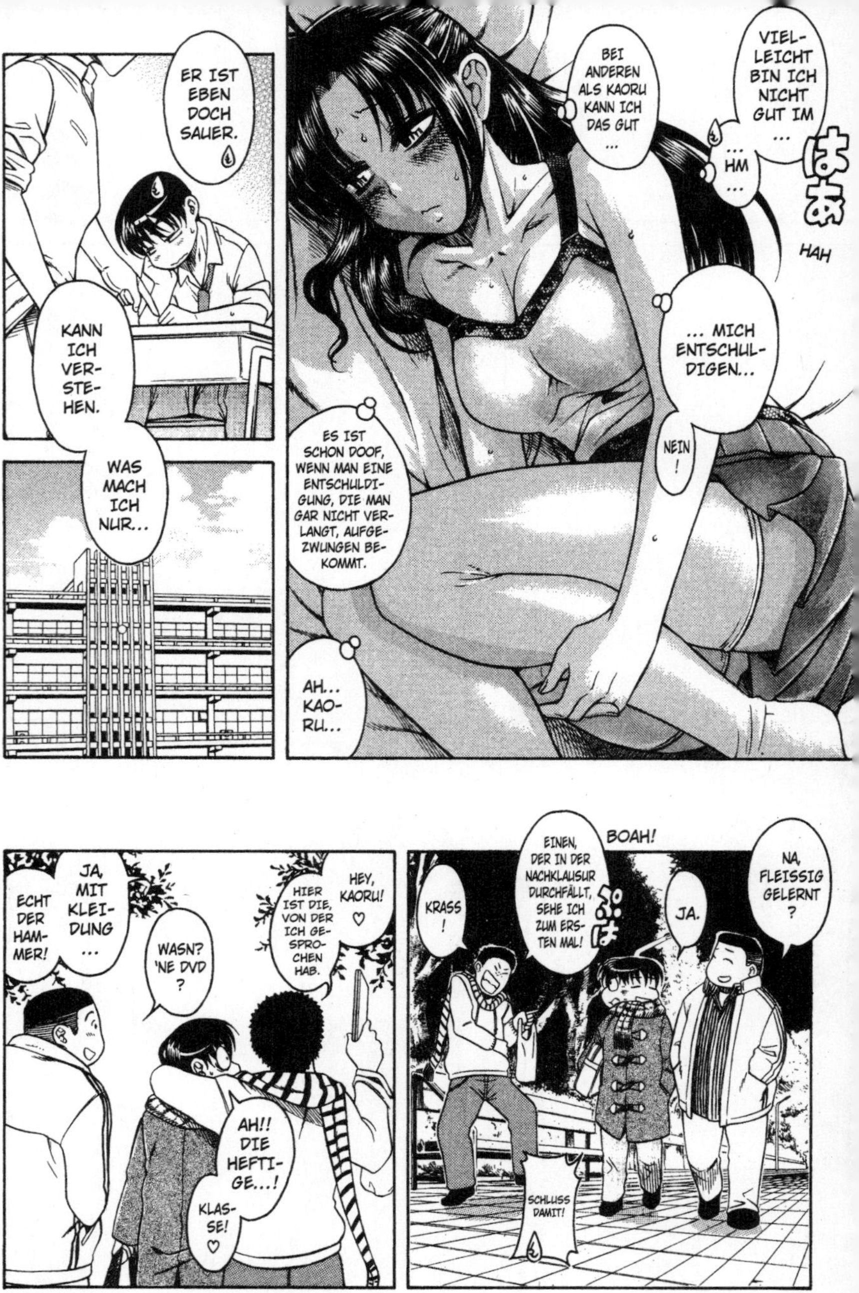

VIELLEICHT BIN ICH NICHT GUT IM ...
... HM ...
BEI ANDEREN ALS KAORU KANN ICH DAS GUT ...
はぁ
HAH
... MICH ENTSCHULDIGEN...
NEIN!
ES IST SCHON DOOF, WENN MAN EINE ENTSCHULDIGUNG, DIE MAN GAR NICHT VERLANGT, AUFGEZWUNGEN BEKOMMT.
AH... KAORU...
ER IST EBEN DOCH SAUER.
KANN ICH VERSTEHEN.
WAS MACH ICH NUR...

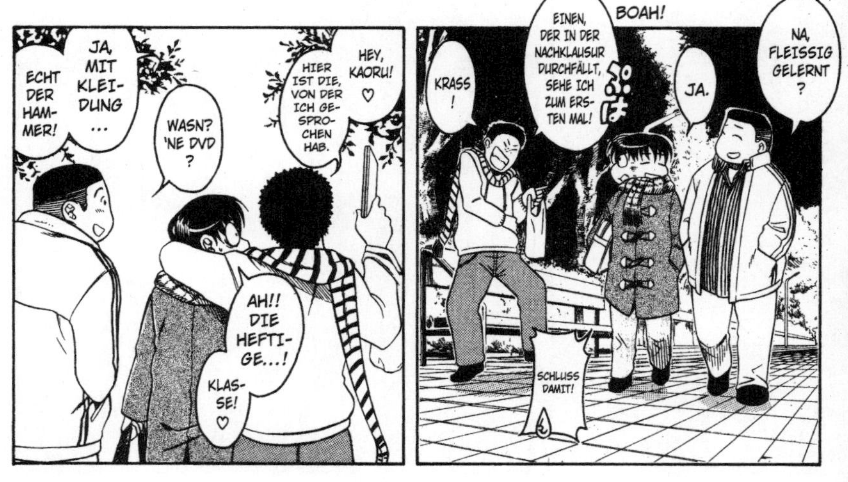

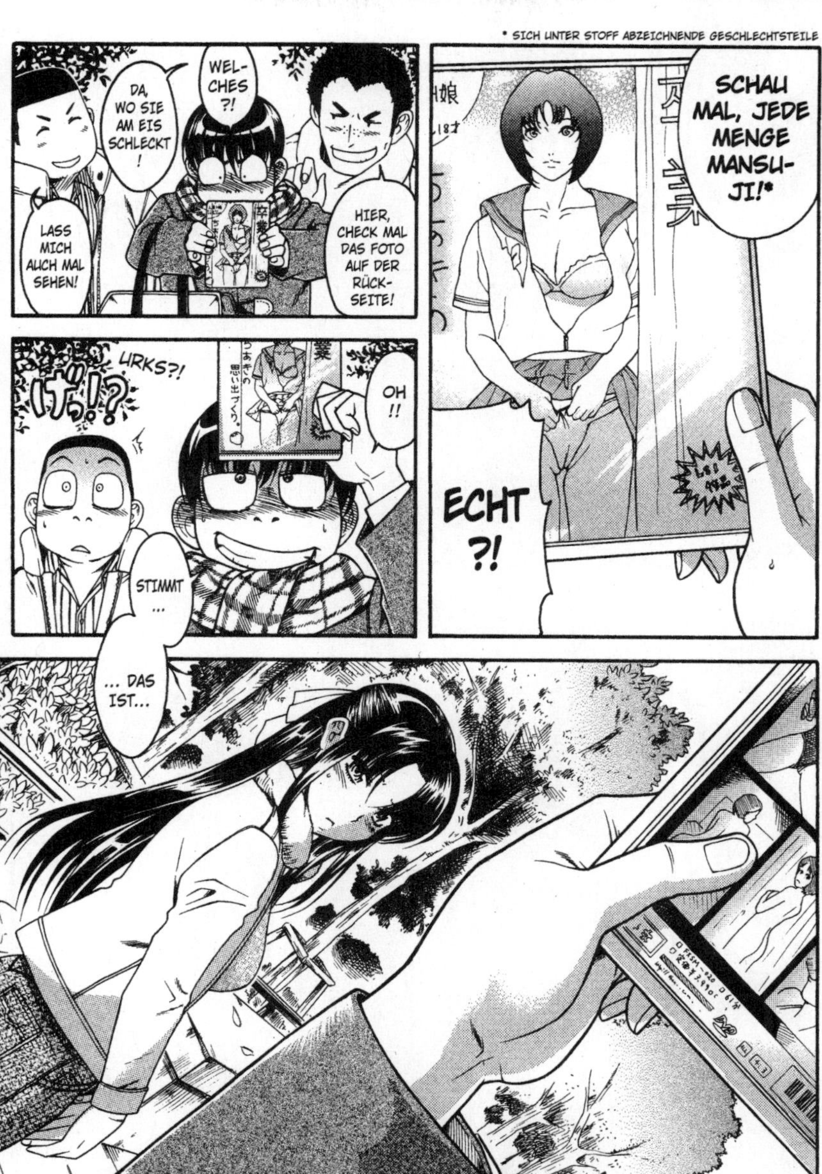

* SICH UNTER STOFF ABZEICHNENDE GESCHLECHTSTEILE

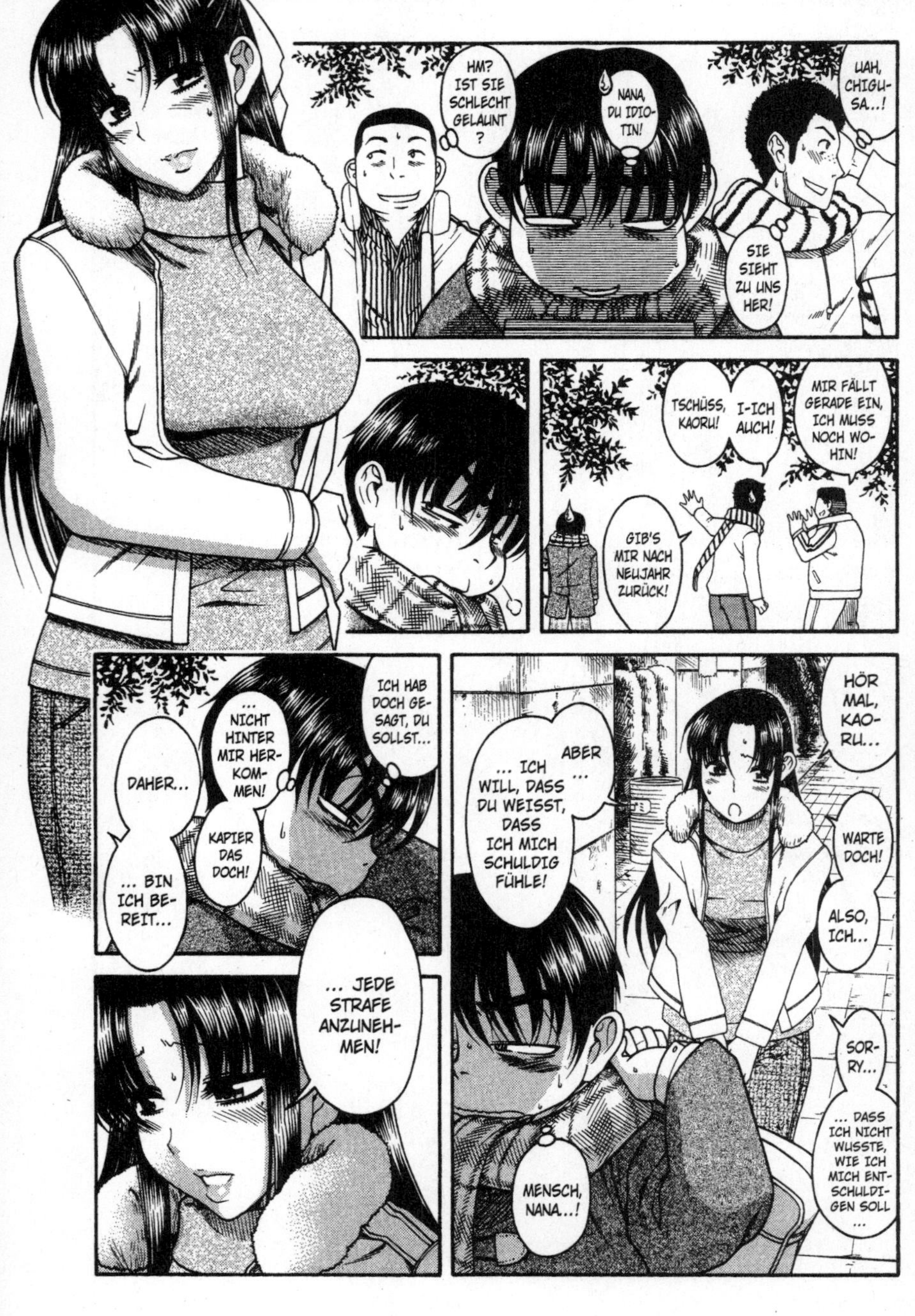
UAH, CHIGUSA...!
SIE SIEHT ZU UNS HER!
NANA, DU IDIOTIN!
HM? IST SIE SCHLECHT GELAUNT?
MIR FÄLLT GERADE EIN, ICH MUSS NOCH WOHIN!
I-ICH AUCH!
TSCHÜSS, KAORU!
GIB'S MIR NACH NEUJAHR ZURÜCK!
HÖR MAL, KAORU...
WARTE DOCH!
ALSO, ICH...
SORRY...
... DASS ICH NICHT WUSSTE, WIE ICH MICH ENTSCHULDIGEN SOLL ...
MENSCH, NANA...!
ABER ...
... ICH WILL, DASS DU WEISST, DASS ICH MICH SCHULDIG FÜHLE!
ICH HAB DOCH GESAGT, DU SOLLST...
... NICHT HINTER MIR HERKOMMEN!
KAPIER DAS DOCH!
DAHER...
... BIN ICH BEREIT...
... JEDE STRAFE ANZUNEHMEN!

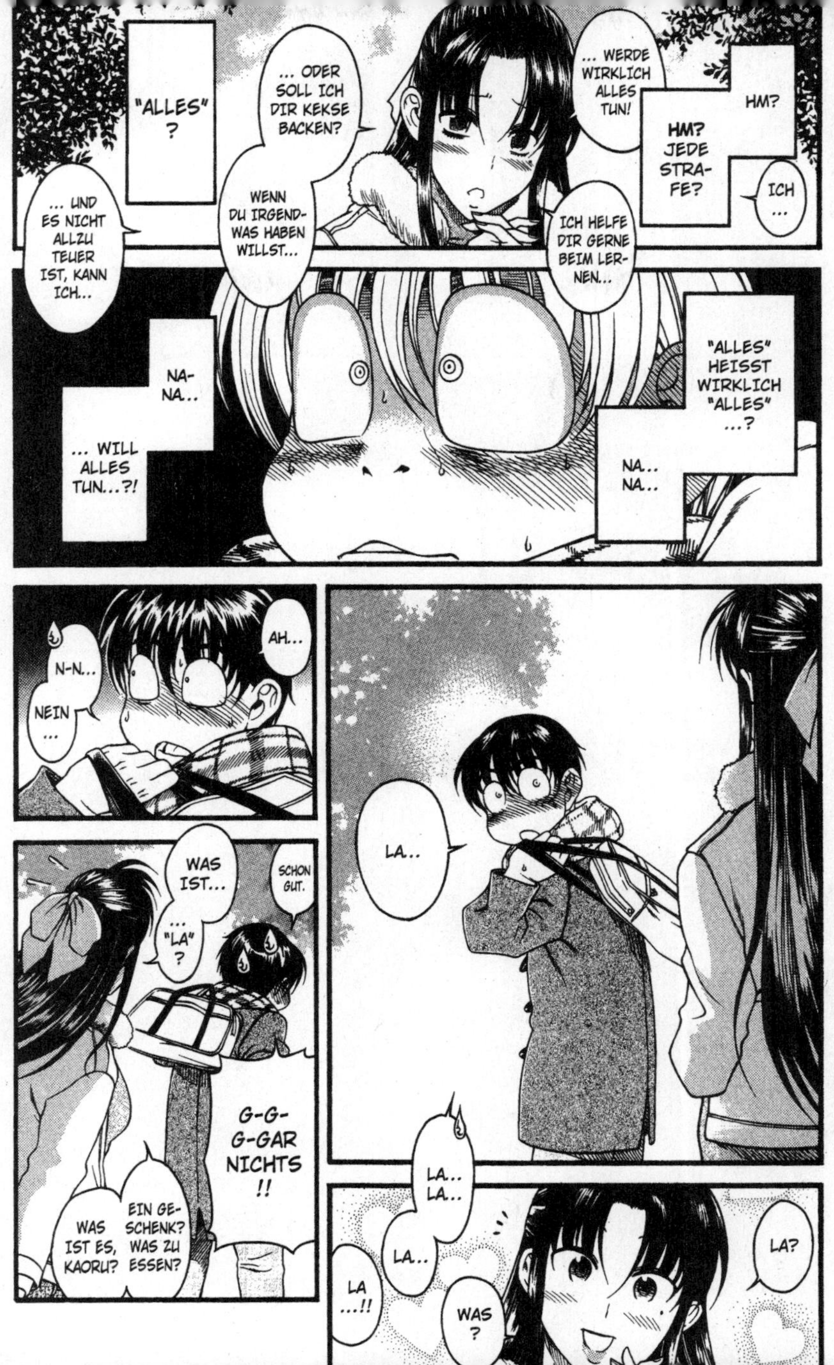
HM?
ICH ...
HM? JEDE STRA-FE?
... WERDE WIRKLICH ALLES TUN!
ICH HELFE DIR GERNE BEIM LER-NEN...
... ODER SOLL ICH DIR KEKSE BACKEN?
WENN DU IRGEND-WAS HABEN WILLST...
... UND ES NICHT ALLZU TEUER IST, KANN ICH...
"ALLES" ?
"ALLES" HEISST WIRKLICH "ALLES" ...?
NA... NA...
NA-NA...
... WILL ALLES TUN...?!
LA...
AH...
N-N... NEIN ...
LA?
LA... LA...
LA...
LA ...!!
WAS ?
WAS IST... ... "LA" ?
SCHON GUT.
G-G-G-GAR NICHTS !!
EIN GE-SCHENK? WAS ZU ESSEN?
WAS IST ES, KAORU?

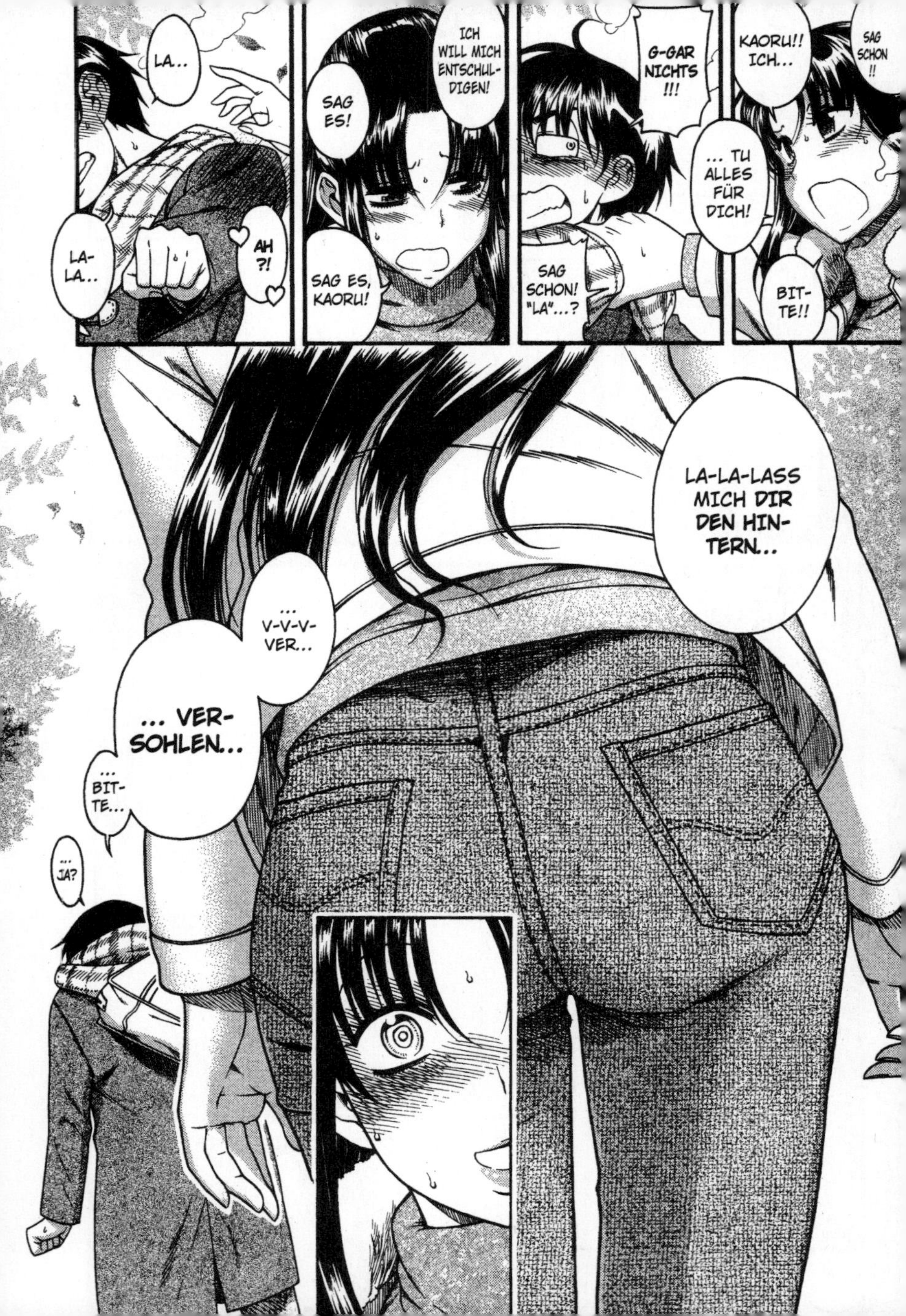
SAG SCHON!!
KAORU!! ICH...
... TU ALLES FÜR DICH!
BIT-TE!!
G-GAR NICHTS!!!
SAG SCHON! "LA"...?
ICH WILL MICH ENTSCHULDIGEN!
SAG ES!
SAG ES, KAORU!
LA...
AH?!
LA-LA...
LA-LA-LASS MICH DIR DEN HIN-TERN...
... V-V-V-VER...
... VER-SOHLEN...
... BIT-TE...
... JA?

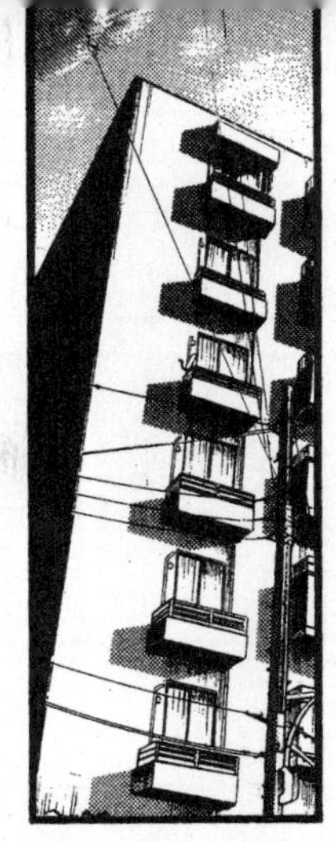

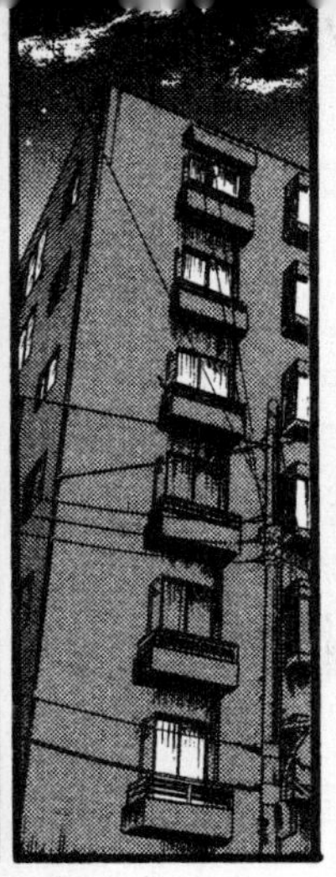

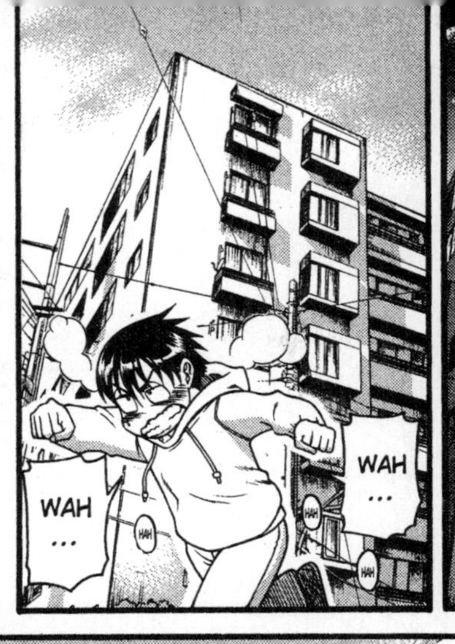
WAH ...
HAH
HAH
HAH
WAH ...

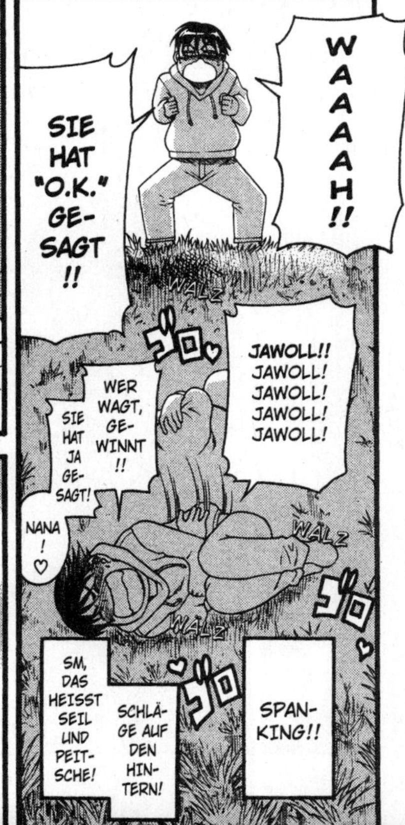
WAAAAAH!!
SIE HAT "O.K." GESAGT!!
WALZ
JAWOLL!! JAWOLL! JAWOLL! JAWOLL! JAWOLL!
WER WAGT, GEWINNT!!
SIE HAT JA GESAGT!
NANA!
WALZ
WALZ
SPANKING!!
SCHLÄGE AUF DEN HINTERN!
SM, DAS HEISST SEIL UND PEITSCHE!

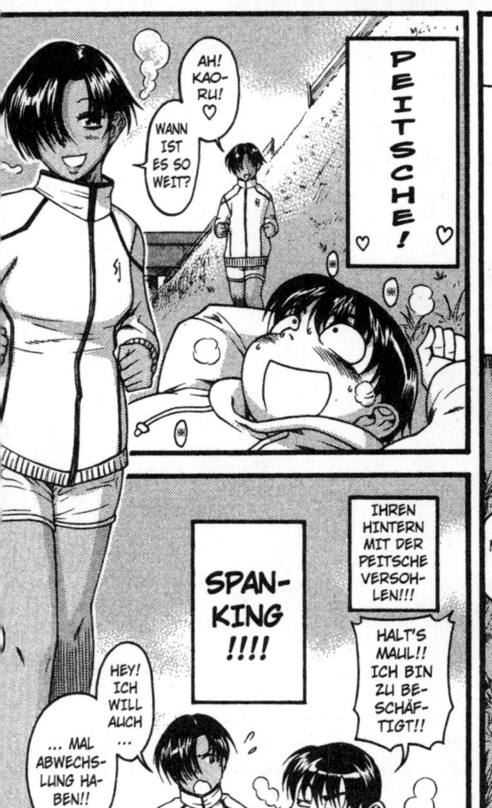
PEITSCHE!
AH! KAORU!
WANN IST ES SO WEIT?
HAH
HAH
HAH
IHREN HINTERN MIT DER PEITSCHE VERSOHLEN!!!
SPANKING!!!!
HALT'S MAUL!! ICH BIN ZU BESCHÄFTIGT!!
HEY! ICH WILL AUCH ...
... MAL ABWECHSLUNG HABEN!!

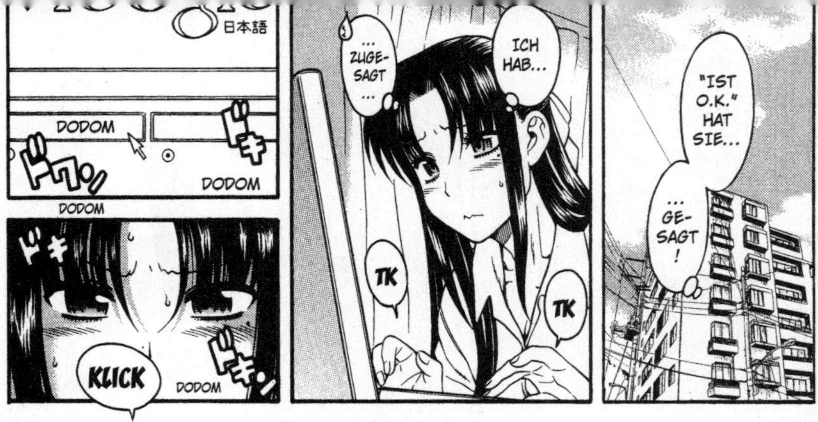
"IST O.K." HAT SIE...
... GESAGT!
ICH HAB...
... ZUGESAGT ...
TK
TK
日本語
DODOM
DODOM
DODOM
KLICK
DODOM

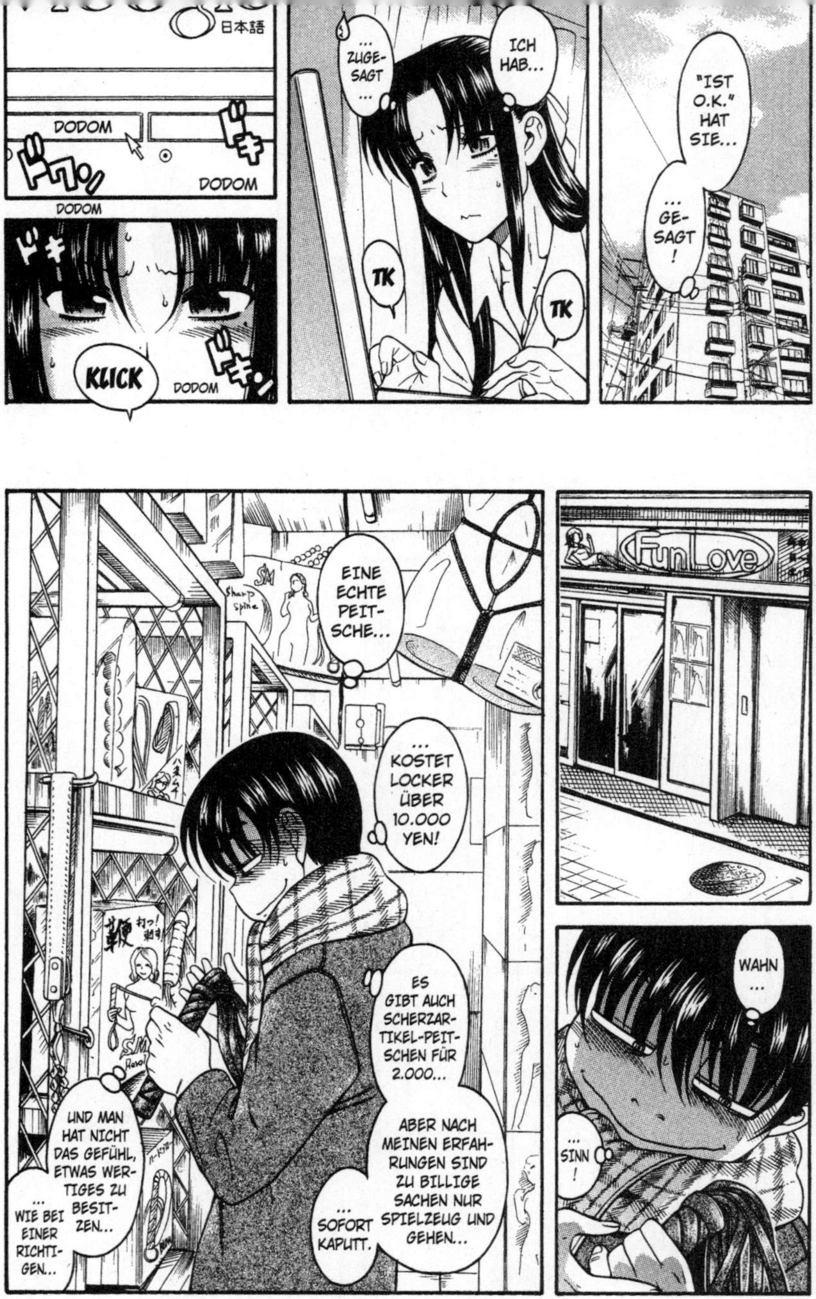

Fun Love
WAHN ...
... SINN!
EINE ECHTE PEITSCHE...
... KOSTET LOCKER ÜBER 10.000 YEN!
ES GIBT AUCH SCHERZARTIKEL-PEITSCHEN FÜR 2.000...
ABER NACH MEINEN ERFAHRUNGEN SIND ZU BILLIGE SACHEN NUR SPIELZEUG UND GEHEN...
... SOFORT KAPUTT.
UND MAN HAT NICHT DAS GEFÜHL, ETWAS WERTIGES ZU BESITZEN...
... WIE BEI EINER RICHTIGEN...

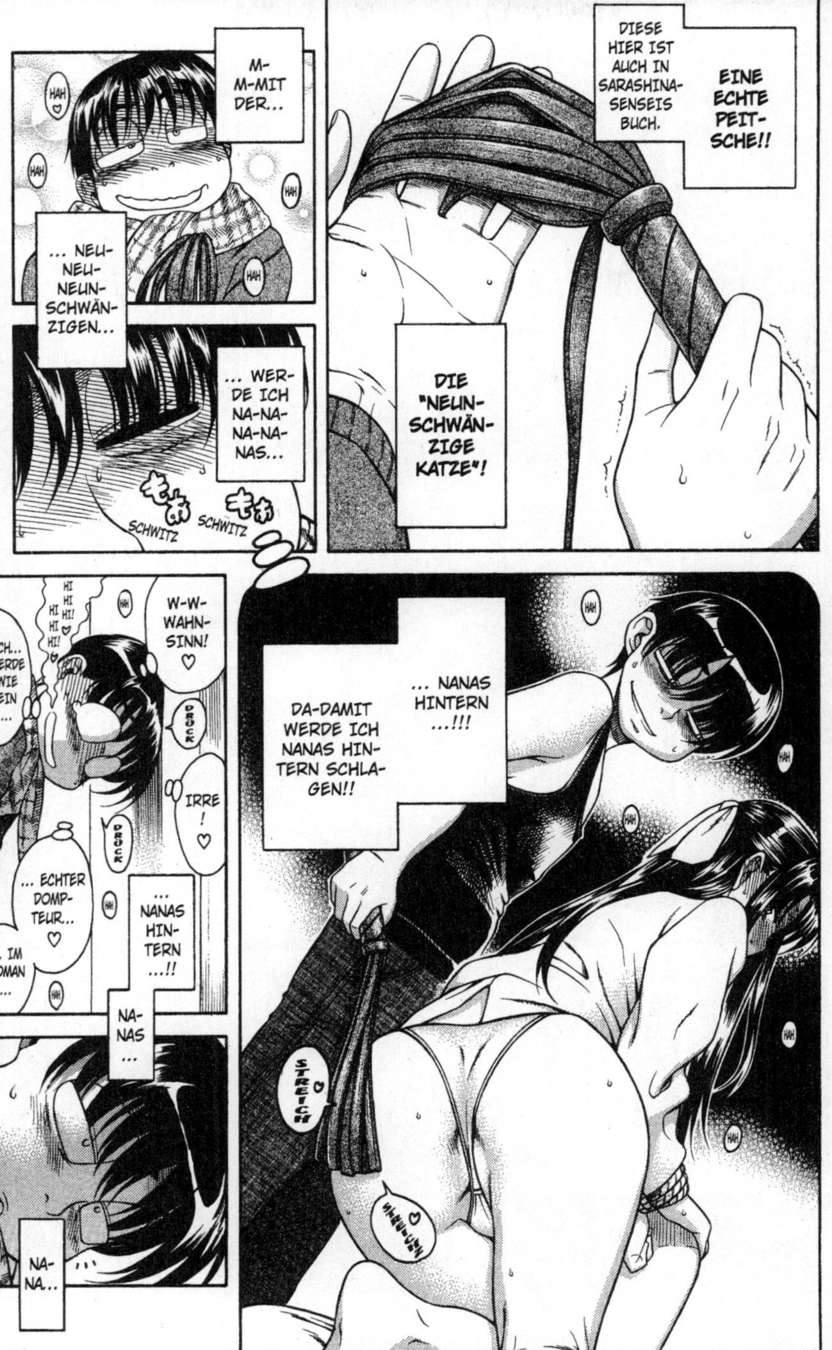

DIESE HIER IST AUCH IN SARASHINA-SENSEIS BUCH.
EINE ECHTE PEIT-SCHE!!
M-M-MIT DER...
HAH
HAH
HAH
HAH
... NEU-NEU-NEUN-SCHWÄN-ZIGEN...
DIE "NEUN-SCHWÄN-ZIGE KATZE"!
... WER-DE ICH NA-NA-NA-NA-NAS...
SCHWITZ
SCHWITZ
HAH
... NANAS HINTERN ...!!!
DA-DAMIT WERDE ICH NANAS HIN-TERN SCHLA-GEN!!
HAH
HAH
HAH
HAH
STREICH
W-W-WAHN-SINN! ♡
HI HI HI! ♡
HI HI HI! ♡
ICH... WERDE WIE EIN ...
HAH
DRUCK
IRRE! ♡
DRUCK
... ECHTER DOMP-TEUR... ♡
... IM ROMAN ...
HAH
... NANAS HIN-TERN ...!!
HAH
NA-NAS ...
NA-NA...

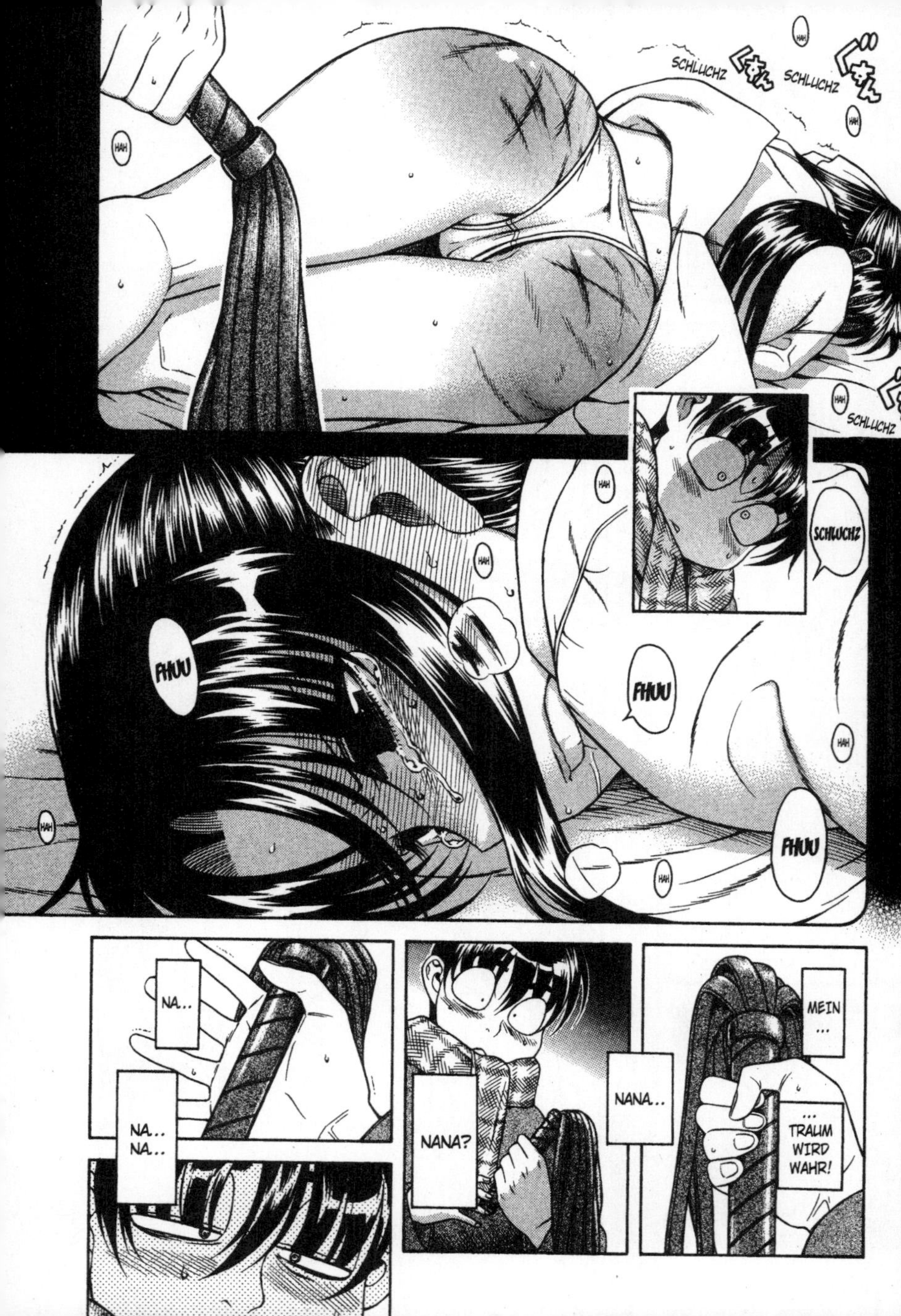
HAH
SCHLUCHZ
SCHLUCHZ
HAH
HAH
HAH
SCHLUCHZ
SCHLUCHZ
HAH
HAH
FHUU
FHUU
HAH
FHUU
HAH
HAH
MEIN ...
... TRAUM WIRD WAHR!
NANA...
NANA?
NA...
NA... NA...

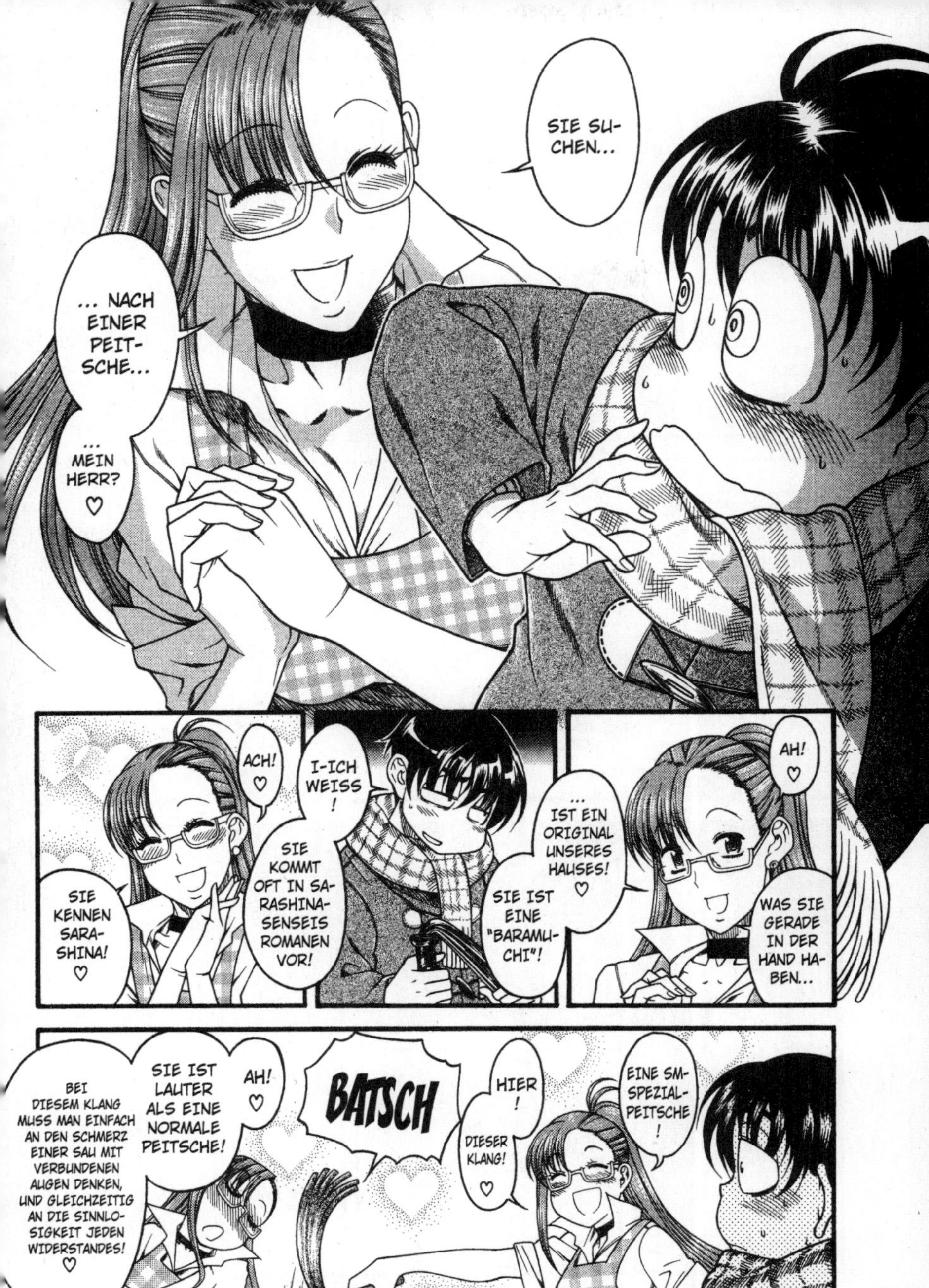

SIE SUCHEN...
... NACH EINER PEITSCHE...
... MEIN HERR? ♡
AH! ♡
WAS SIE GERADE IN DER HAND HABEN...
... IST EIN ORIGINAL UNSERES HAUSES! ♡
SIE IST EINE "BARAMUCHI"!
I-ICH WEISS!
SIE KOMMT OFT IN SARASHINA-SENSEIS ROMANEN VOR!
ACH! ♡
SIE KENNEN SARASHINA! ♡
EINE SM-SPEZIAL-PEITSCHE!
HIER!
DIESER KLANG! ♡
BATSCH
AH! ♡
SIE IST LAUTER ALS EINE NORMALE PEITSCHE!
BEI DIESEM KLANG MUSS MAN EINFACH AN DEN SCHMERZ EINER SAU MIT VERBUNDENEN AUGEN DENKEN, UND GLEICHZEITIG AN DIE SINNLOSIGKEIT JEDEN WIDERSTANDES! ♡

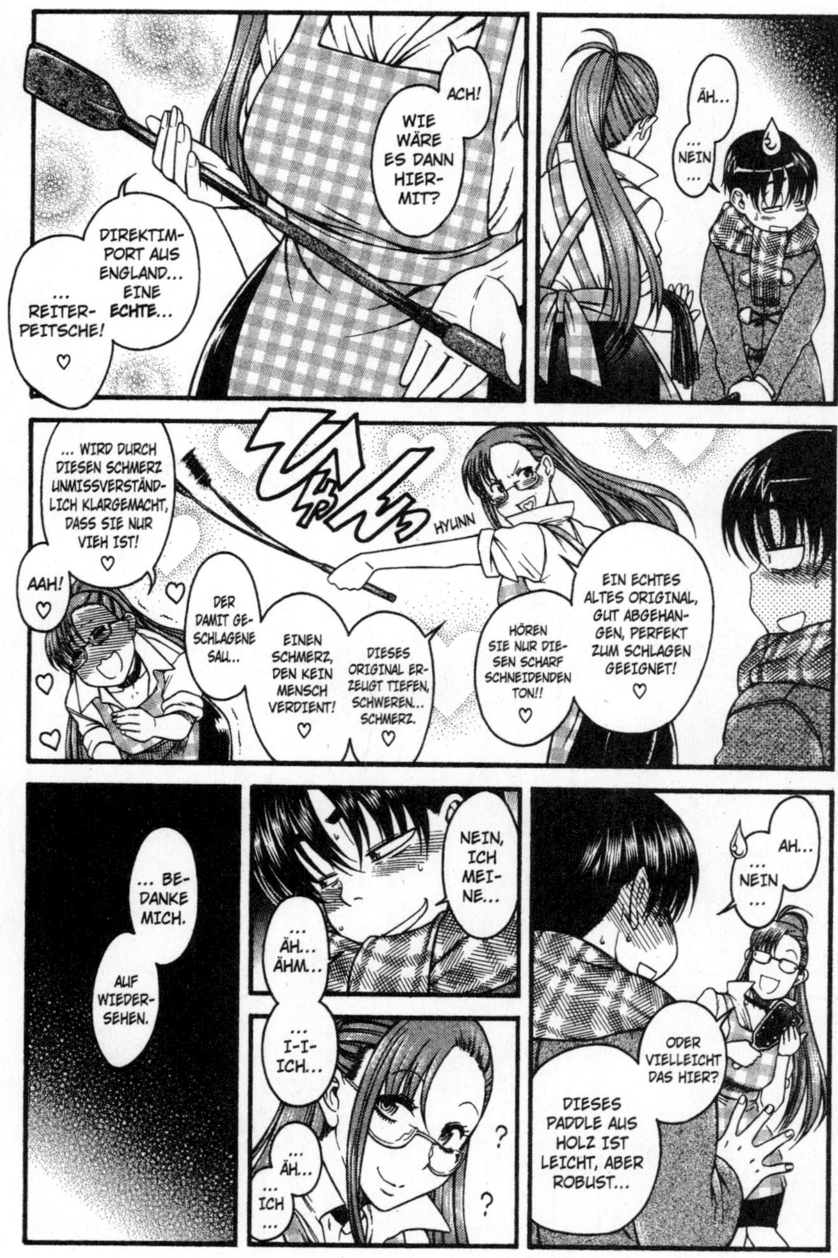
ÄH…
… NEIN …
ACH!
WIE WÄRE ES DANN HIERMIT?
DIREKTIMPORT AUS ENGLAND… EINE ECHTE…
… REITERPEITSCHE! ♡
EIN ECHTES ALTES ORIGINAL, GUT ABGEHANGEN, PERFEKT ZUM SCHLAGEN GEEIGNET! ♡
HÖREN SIE NUR DIESEN SCHARF SCHNEIDENDEN TON!!
HYUNN
DIESES ORIGINAL ERZEUGT TIEFEN, SCHWEREN… SCHMERZ. ♡
EINEN SCHMERZ, DEN KEIN MENSCH VERDIENT! ♡
DER DAMIT GESCHLAGENE SAU…
… WIRD DURCH DIESEN SCHMERZ UNMISSVERSTÄNDLICH KLARGEMACHT, DASS SIE NUR VIEH IST! ♡
AAH! ♡
ÄH… … NEIN …
ODER VIELLEICHT DAS HIER?
DIESES PADDLE AUS HOLZ IST LEICHT, ABER ROBUST…
NEIN, ICH MEINE…
… ÄH… ÄHM…
… I-I-ICH…
… ÄH… … ICH …
? ?
… BEDANKE MICH.
AUF WIEDERSEHEN.

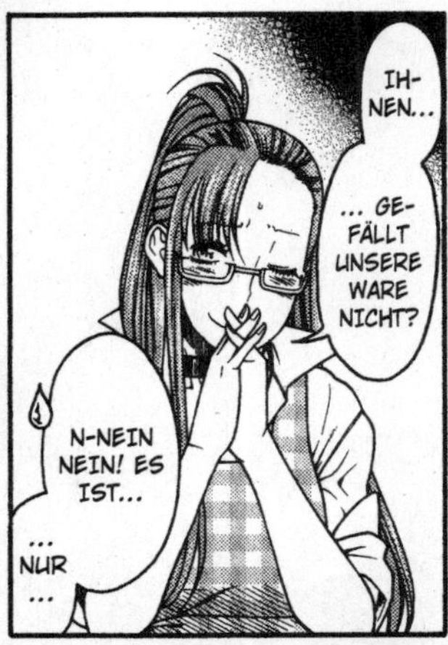
IH-
NEN...
... GE-
FÄLLT
UNSERE
WARE
NICHT?
N-NEIN
NEIN! ES
IST...
...
NUR
...

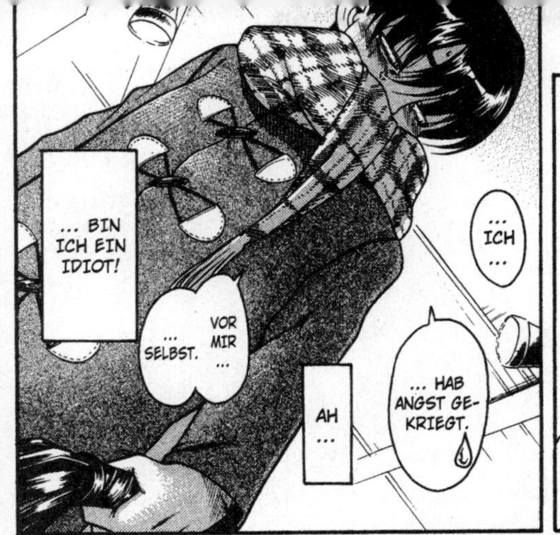
...
ICH
...
... HAB
ANGST GE-
KRIEGT.
AH
...
VOR
MIR
...
...
SELBST.
... BIN
ICH EIN
IDIOT!

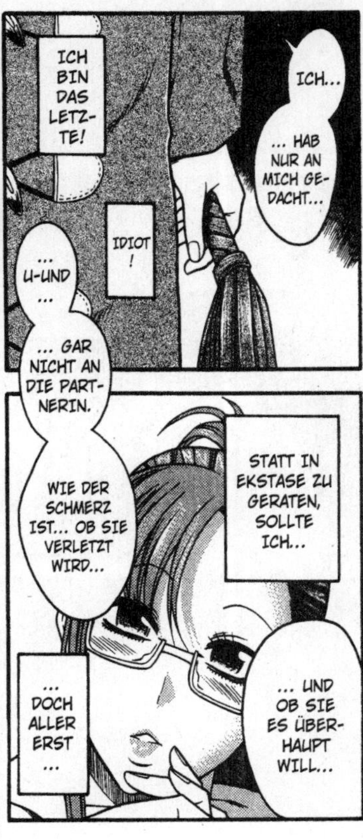
ICH...
... HAB
NUR AN
MICH GE-
DACHT...
ICH
BIN
DAS
LETZ-
TE!
IDIOT
!
...
U-UND
...
... GAR
NICHT AN
DIE PART-
NERIN.
STATT IN
EKSTASE ZU
GERATEN,
SOLLTE
ICH...
WIE DER
SCHMERZ
IST... OB SIE
VERLETZT
WIRD...
... UND
OB SIE
ES ÜBER-
HAUPT
WILL...
...
DOCH
ALLER
ERST
...

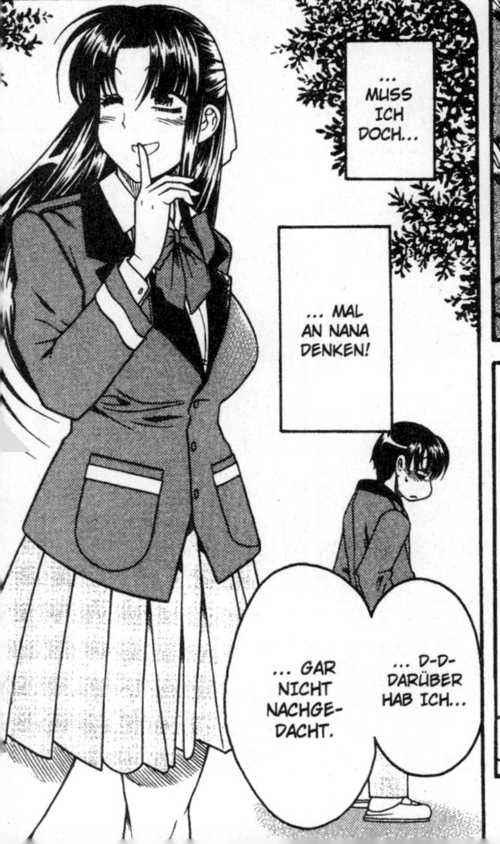
...
MUSS
ICH
DOCH...
... MAL
AN NANA
DENKEN!
... D-D-
DARÜBER
HAB ICH...
... GAR
NICHT
NACHGE-
DACHT.

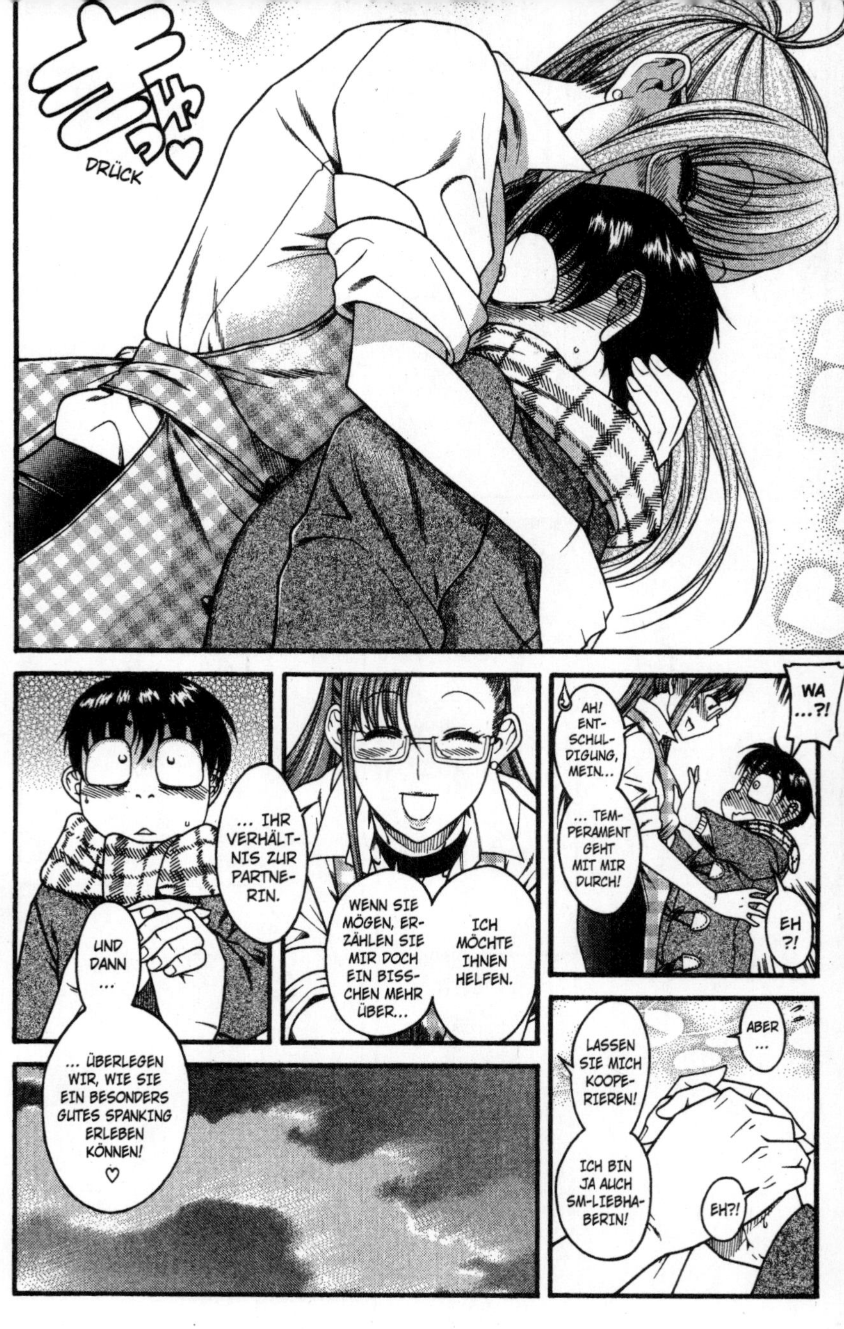
DRÜCK
WA ...?!
AH! ENTSCHULDIGUNG, MEIN...
... TEMPERAMENT GEHT MIT MIR DURCH!
EH ?!
ABER ...
LASSEN SIE MICH KOOPERIEREN!
ICH BIN JA AUCH SM-LIEBHABERIN!
EH?!
ICH MÖCHTE IHNEN HELFEN.
WENN SIE MÖGEN, ERZÄHLEN SIE MIR DOCH EIN BISSCHEN MEHR ÜBER...
... IHR VERHÄLTNIS ZUR PARTNERIN.
UND DANN ...
... ÜBERLEGEN WIR, WIE SIE EIN BESONDERS GUTES SPANKING ERLEBEN KÖNNEN! ♡

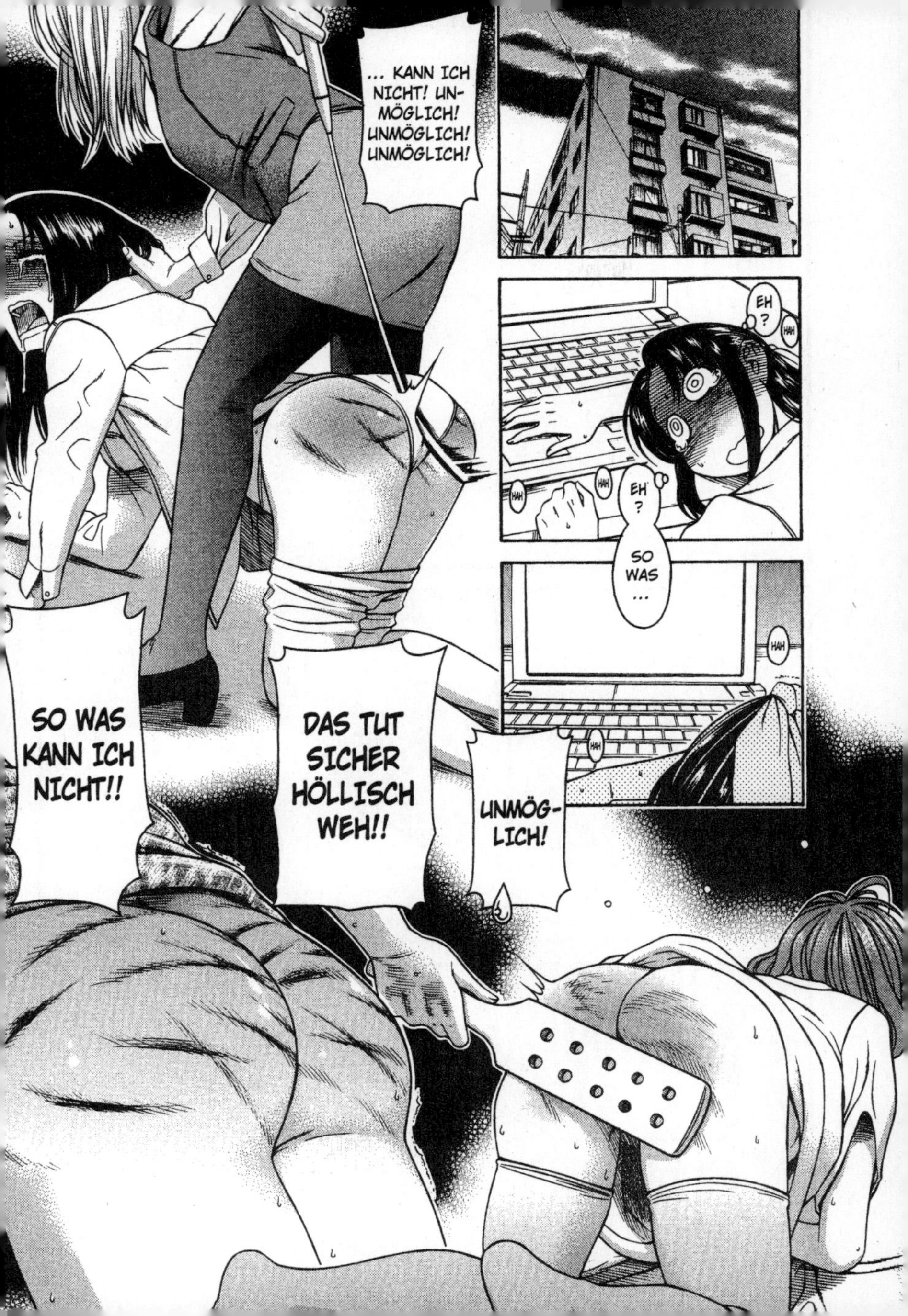
EH?
HAH
HAH
HAH
EH?
SO WAS ...
HAH
HAH
... KANN ICH NICHT! UNMÖGLICH! UNMÖGLICH! UNMÖGLICH!
UNMÖG-LICH!
DAS TUT SICHER HÖLLISCH WEH!!
SO WAS KANN ICH NICHT!!

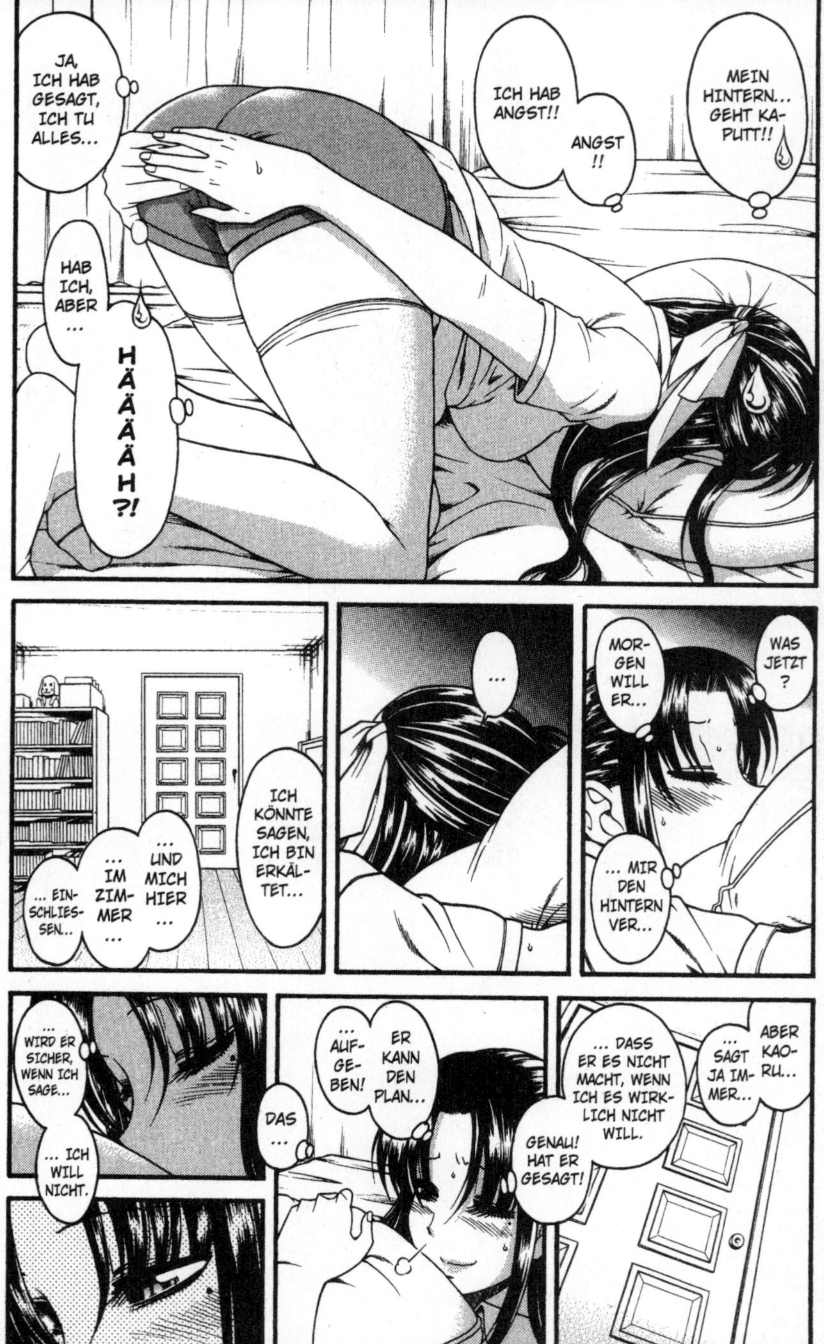
MEIN HINTERN... GEHT KAPUTT!!
ICH HAB ANGST!!
ANGST!!
JA, ICH HAB GESAGT, ICH TU ALLES...
HAB ICH, ABER ...
HÄÄÄÄH?!
WAS JETZT?
MORGEN WILL ER...
... MIR DEN HINTERN VER...
...
ICH KÖNNTE SAGEN, ICH BIN ERKÄLTET...
... UND MICH HIER ...
... IM ZIMMER ...
... EINSCHLIESSEN...
ABER KAORU...
... SAGT JA IMMER...
... DASS ER ES NICHT MACHT, WENN ICH ES WIRKLICH NICHT WILL.
GENAU! HAT ER GESAGT!
ER KANN DEN PLAN...
... AUFGEBEN!
DAS ...
... WIRD ER SICHER, WENN ICH SAGE...
... ICH WILL NICHT.

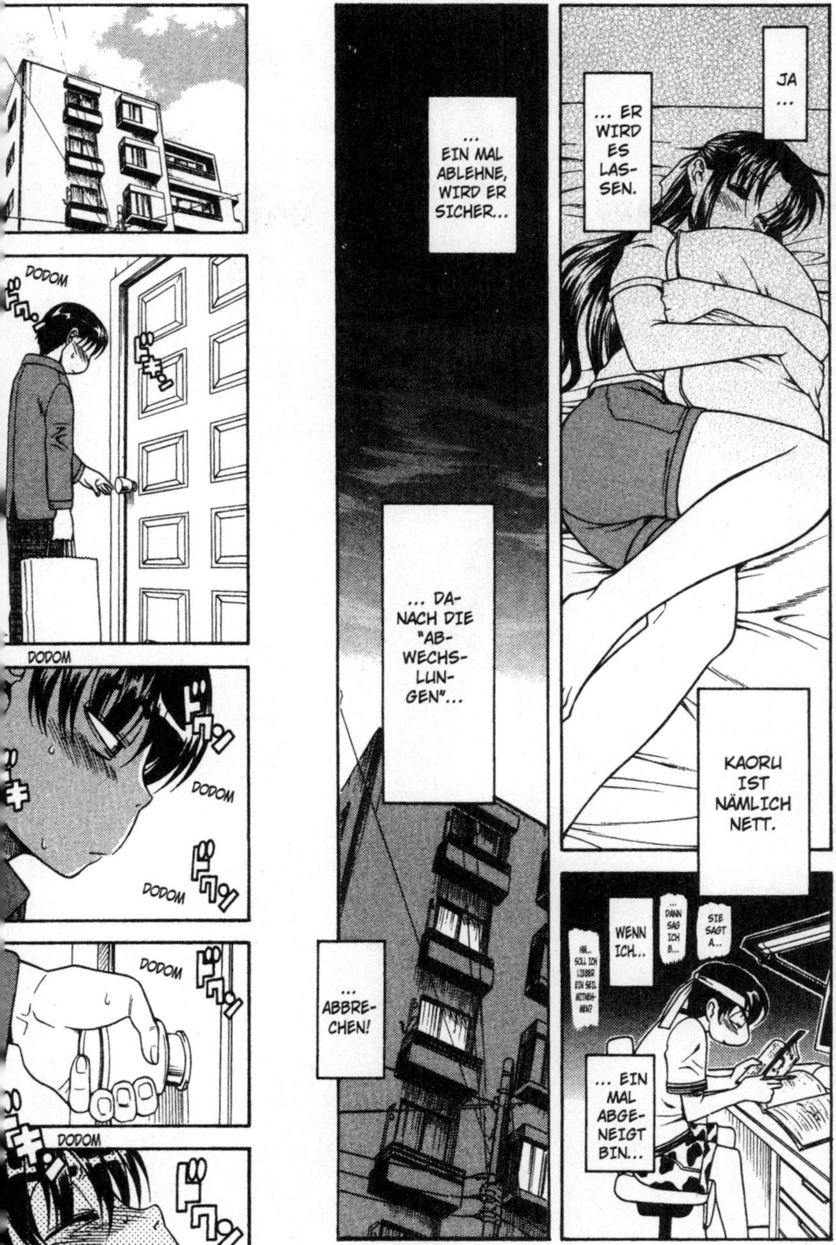

JA ...

... ER WIRD ES LASSEN.

KAORU IST NÄMLICH NETT.

SIE SAGT A...

... DANN SAG ICH B...

WENN ICH...

HM... SOLL ICH LIEBER EIN SEIL MITNEHMEN?

... EIN MAL ABGENEIGT BIN...

... EIN MAL ABLEHNE, WIRD ER SICHER...

... DANACH DIE "ABWECHSLUNGEN"...

... ABBRECHEN!

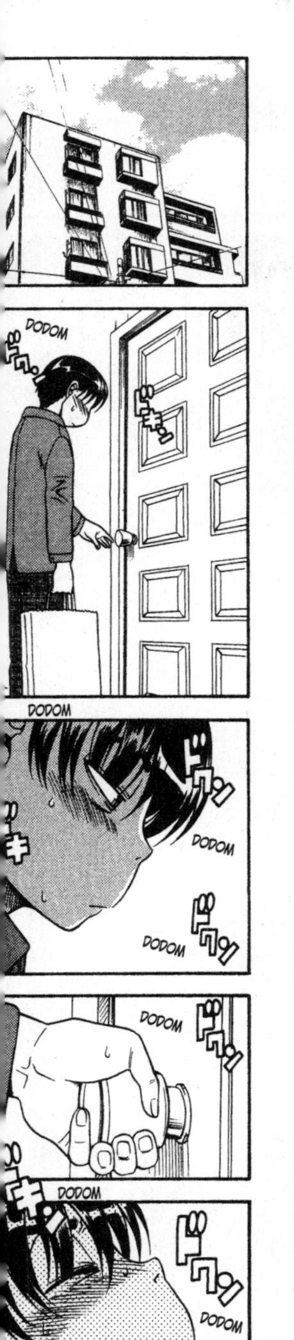

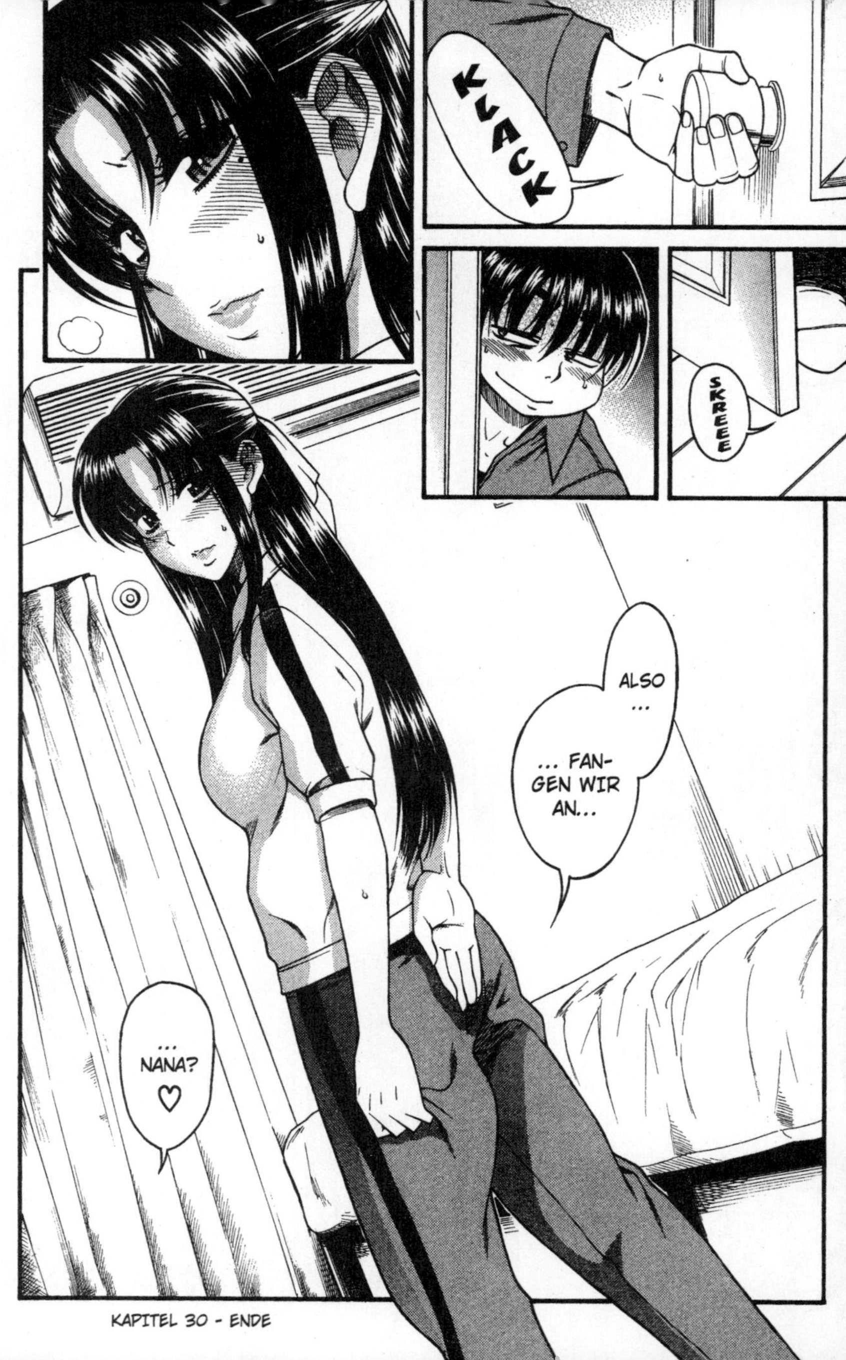
KLACK
SKREEE
ALSO ...
... FAN-GEN WIR AN...
... NANA? ♡
KAPITEL 30 - ENDE

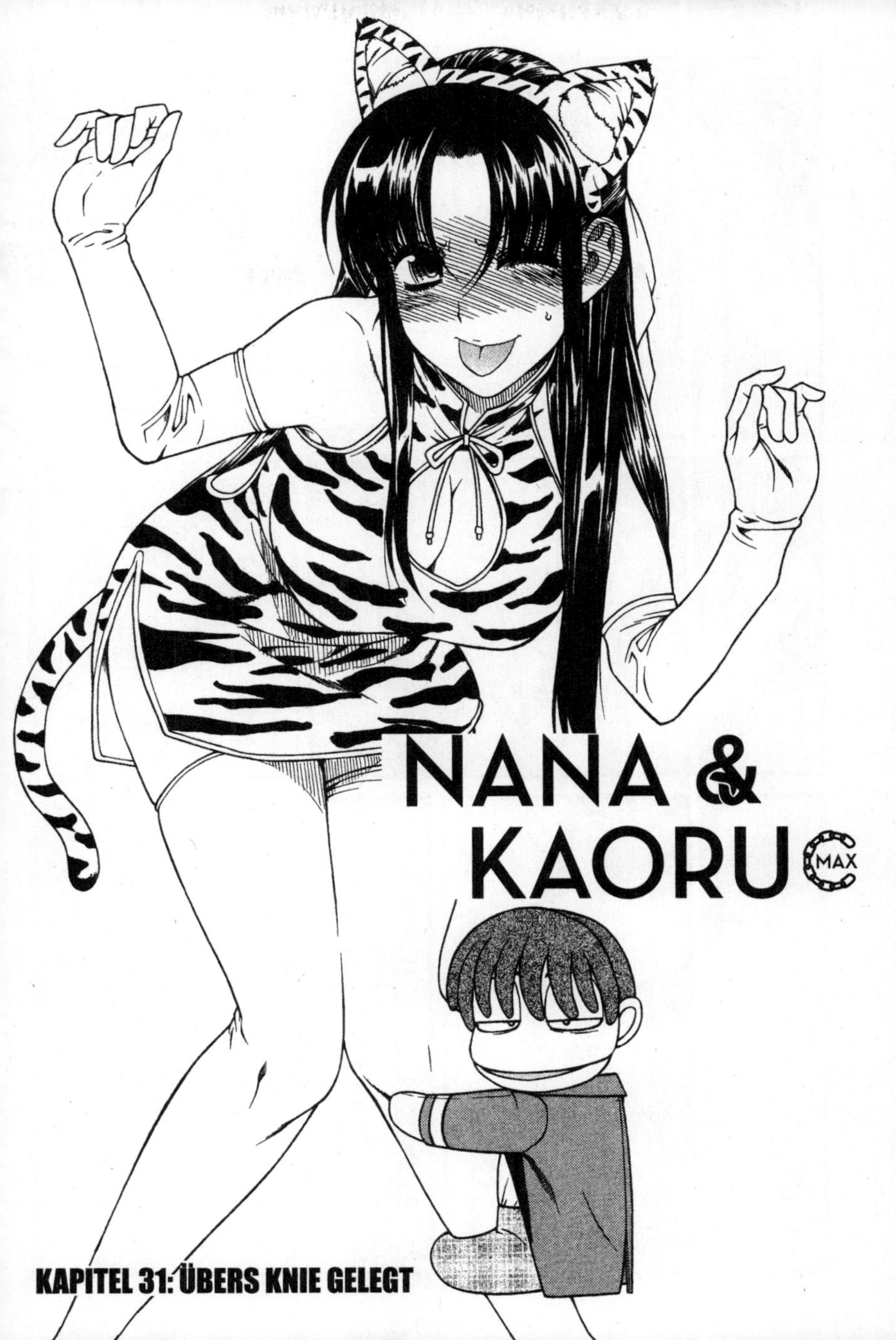
NANA &
KAORU
MAX
KAPITEL 31: ÜBERS KNIE GELEGT

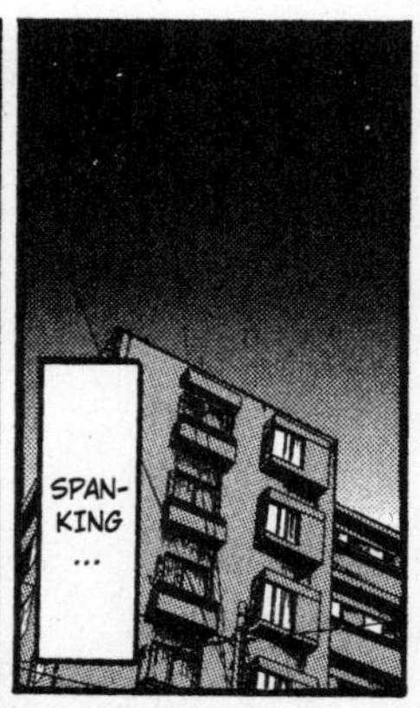
SPANKING ...

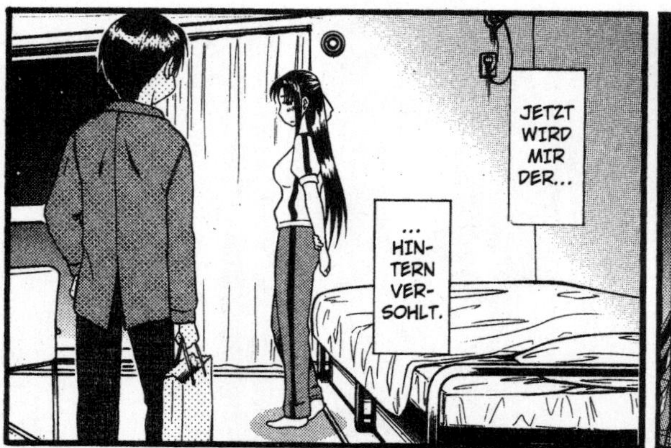
JETZT WIRD MIR DER...
... HINTERN VERSOHLT.

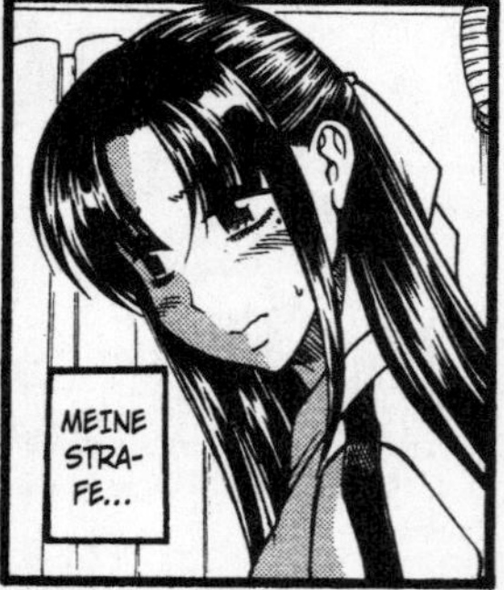
MEINE STRAFE...

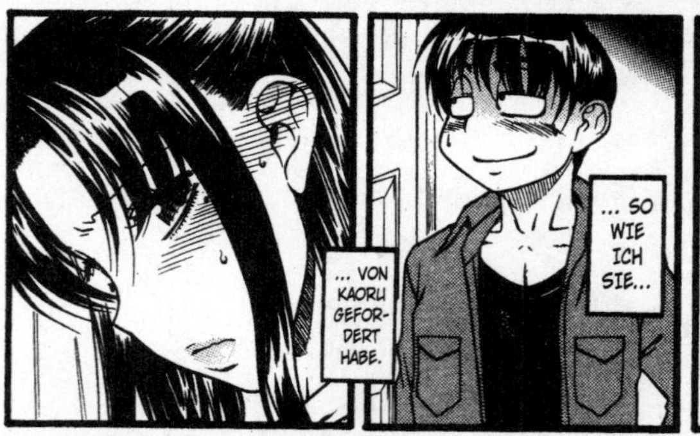
... SO WIE ICH SIE...
... VON KAORU GEFORDERT HABE.

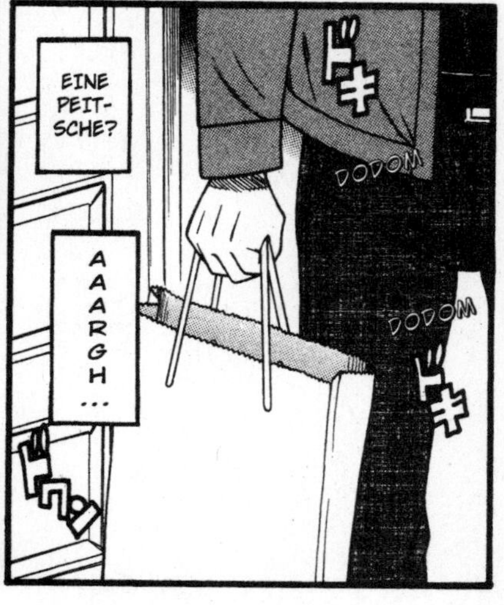
EINE PEITSCHE?
DODOM
AAAARGH...
DODOM

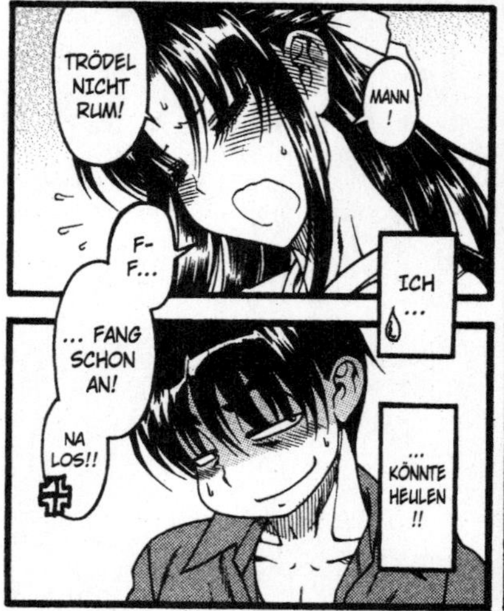
MANN!
TRÖDEL NICHT RUM!
ICH ...
F- F...
... FANG SCHON AN!
NA LOS!!
... KÖNNTE HEULEN !!

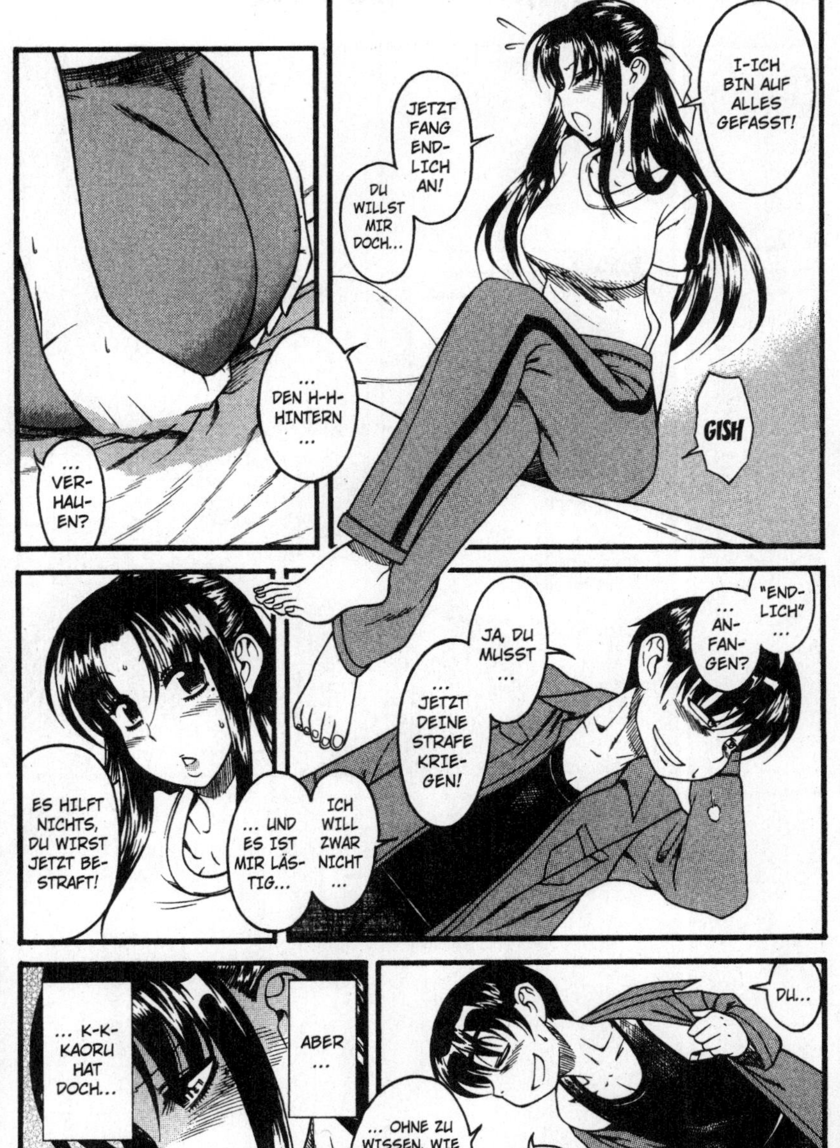
I-ICH BIN AUF ALLES GEFASST!
JETZT FANG END-LICH AN!
DU WILLST MIR DOCH...
... DEN H-H-HINTERN ...
... VER-HAUEN?
GISH
"END-LICH" ... AN-FAN-GEN?
JA, DU MUSST ...
... JETZT DEINE STRAFE KRIE-GEN!
ICH WILL ZWAR NICHT ...
... UND ES IST MIR LÄS-TIG...
ES HILFT NICHTS, DU WIRST JETZT BE-STRAFT!
DU...
... HAST ES VON DIR AUS GESAGT ...
... OHNE ZU WISSEN, WIE MAN SICH OR-DENTLICH IN BÜSSERPOSE WIRFT...
... NANA!
ABER ...
... K-K-KAORU HAT DOCH...
...

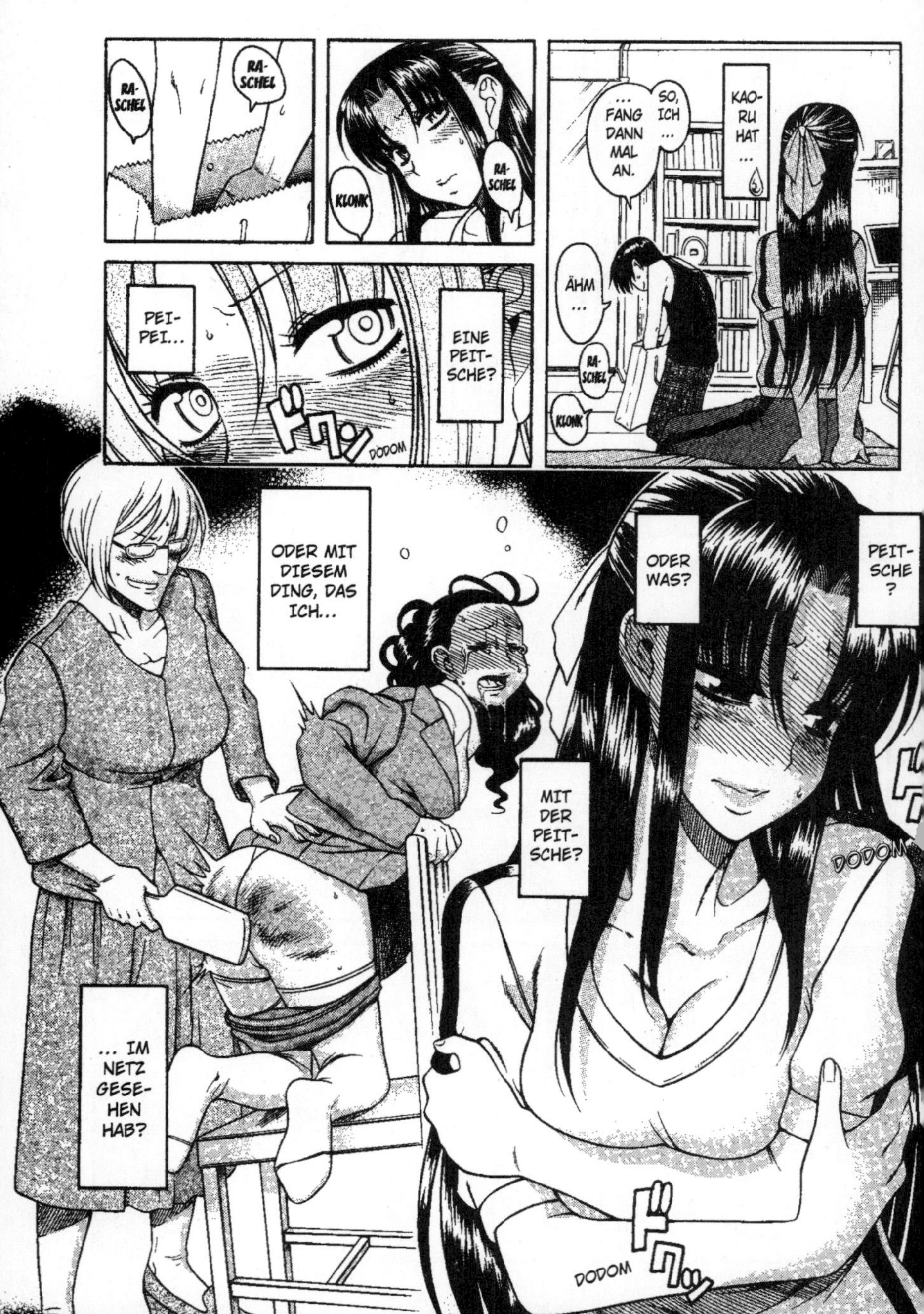
KAO-RU HAT ...
SO, ICH ...
... FANG DANN MAL AN.
ÄHM ...
RA-SCHEL
KLONK
RA-SCHEL
KLONK
RA-SCHEL
RA-SCHEL
EINE PEIT-SCHE?
PEI-PEI...
DODOM
PEIT-SCHE ?
ODER WAS?
DODOM
MIT DER PEIT-SCHE?
ODER MIT DIESEM DING, DAS ICH...
... IM NETZ GESE-HEN HAB?
DODOM

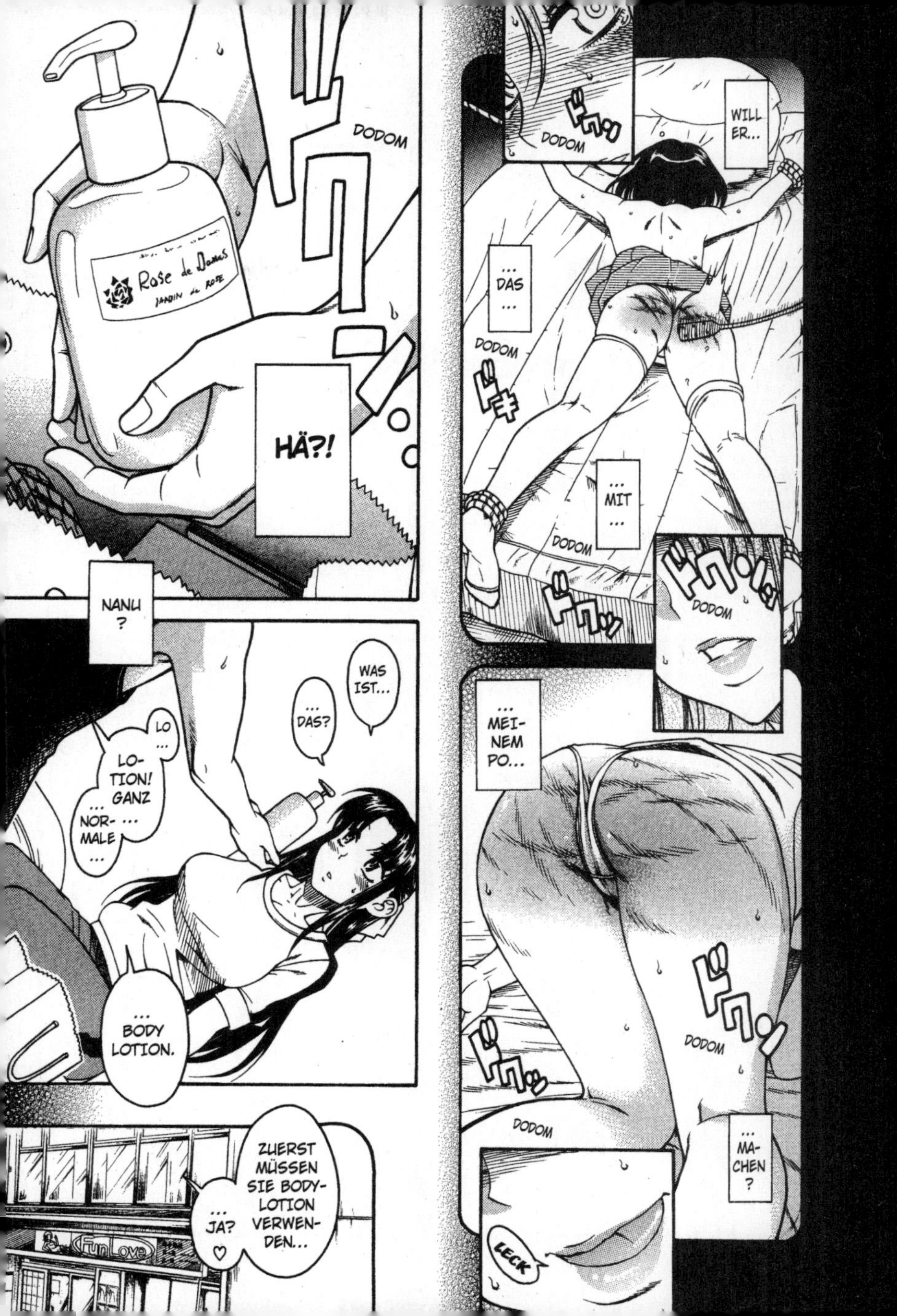

WILL ER...
DODOM
... DAS ...
DODOM
... MIT ...
DODOM
DODOM
... MEI-NEM PO...
DODOM
DODOM
... MA-CHEN ?
LECK
DODOM
Rose de Damas
JARDIN de ROSE
HÄ?!
NANU ?
WAS IST...
... DAS?
LO ...
LO-TION! GANZ ... NOR-MALE ...
... BODY LOTION.
ZUERST MÜSSEN SIE BODY-LOTION VERWEN-DEN...
... JA? ♡
FunLove

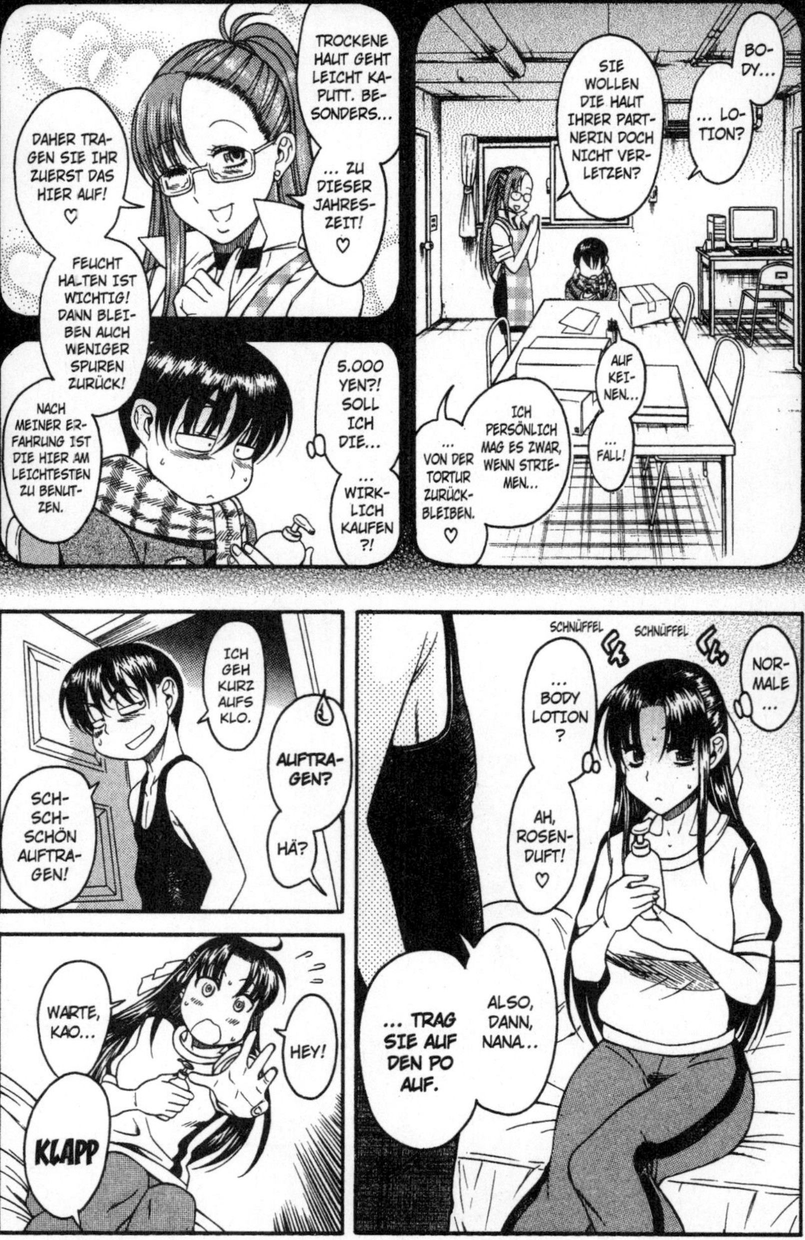

BODY...
... LOTION?
SIE WOLLEN DIE HAUT IHRER PARTNERIN DOCH NICHT VERLETZEN?
AUF KEINEN...
... FALL!
ICH PERSÖNLICH MAG ES ZWAR, WENN STRIEMEN...
... VON DER TORTUR ZURÜCKBLEIBEN. ♡
TROCKENE HAUT GEHT LEICHT KAPUTT. BESONDERS...
... ZU DIESER JAHRESZEIT! ♡
DAHER TRAGEN SIE IHR ZUERST DAS HIER AUF! ♡
FEUCHT HALTEN IST WICHTIG! DANN BLEIBEN AUCH WENIGER SPUREN ZURÜCK!
5.000 YEN?! SOLL ICH DIE...
... WIRKLICH KAUFEN?!
NACH MEINER ERFAHRUNG IST DIE HIER AM LEICHTESTEN ZU BENUTZEN.
SCHNÜFFEL
SCHNÜFFEL
NORMALE ...
... BODY LOTION?
AH, ROSENDUFT! ♡
ALSO, DANN, NANA...
... TRAG SIE AUF DEN PO AUF.
ICH GEH KURZ AUFS KLO.
AUFTRAGEN?
HÄ?
SCH-SCH-SCHÖN AUFTRAGEN!
HEY!
WARTE, KAO...
KLAPP

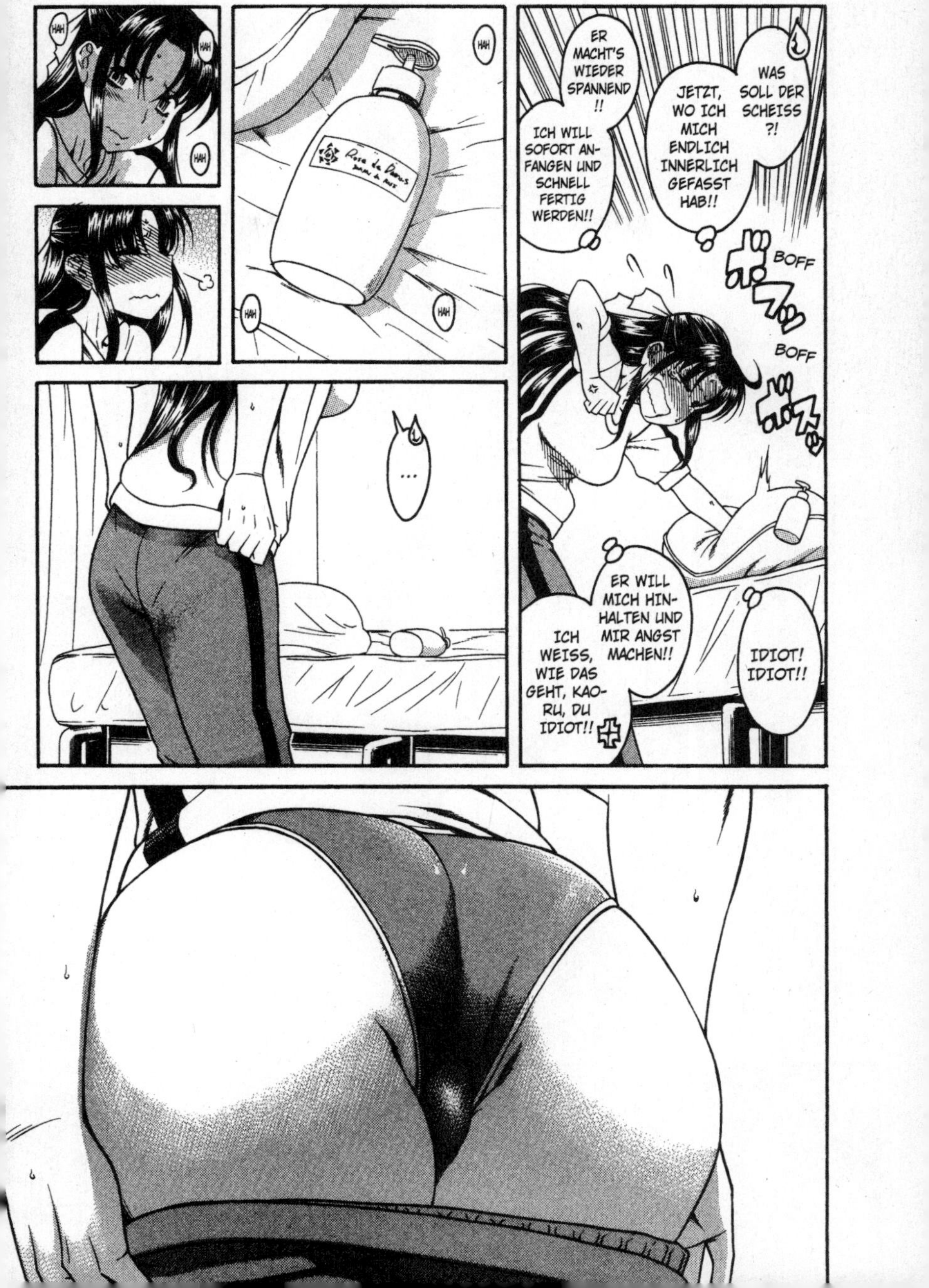

WAS SOLL DER SCHEISS ?!

JETZT, WO ICH MICH ENDLICH INNERLICH GEFASST HAB!!

ER MACHT'S WIEDER SPANNEND !!

ICH WILL SOFORT AN-FANGEN UND SCHNELL FERTIG WERDEN!!

BOFF

BOFF

HAH

HAH

HAH

HAH

HAH

HAH

HAH

IDIOT! IDIOT!!

ER WILL MICH HIN-HALTEN UND MIR ANGST MACHEN!!

ICH WEISS, WIE DAS GEHT, KAO-RU, DU IDIOT!!

...

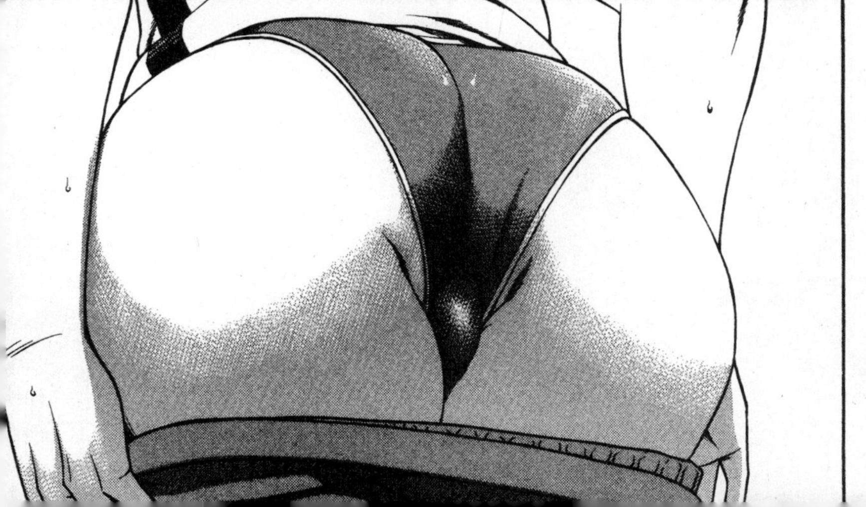

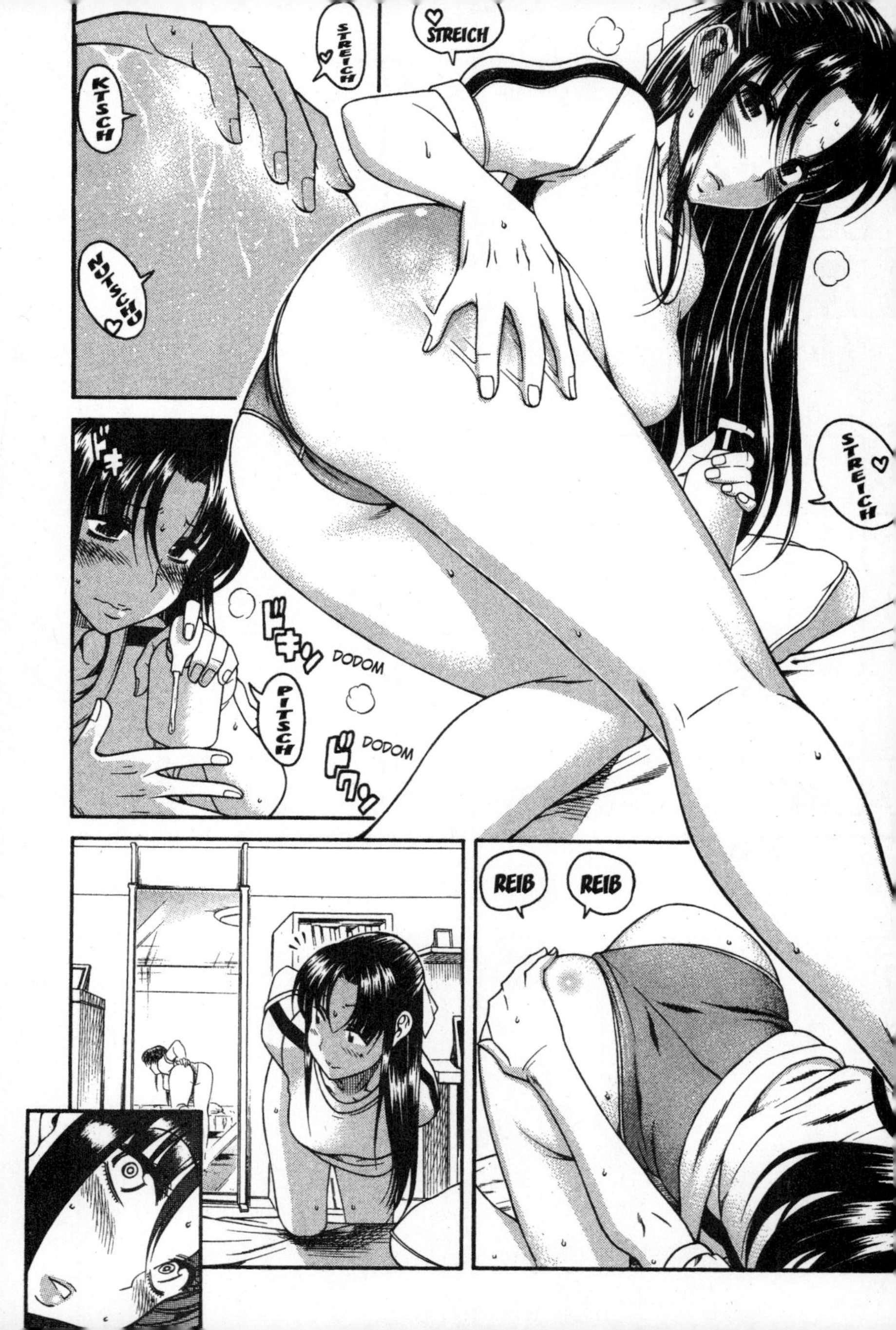
STREICH
STREICH
KTSCH
STREICH
DODOM
PITSCH
DODOM
REIB
REIB

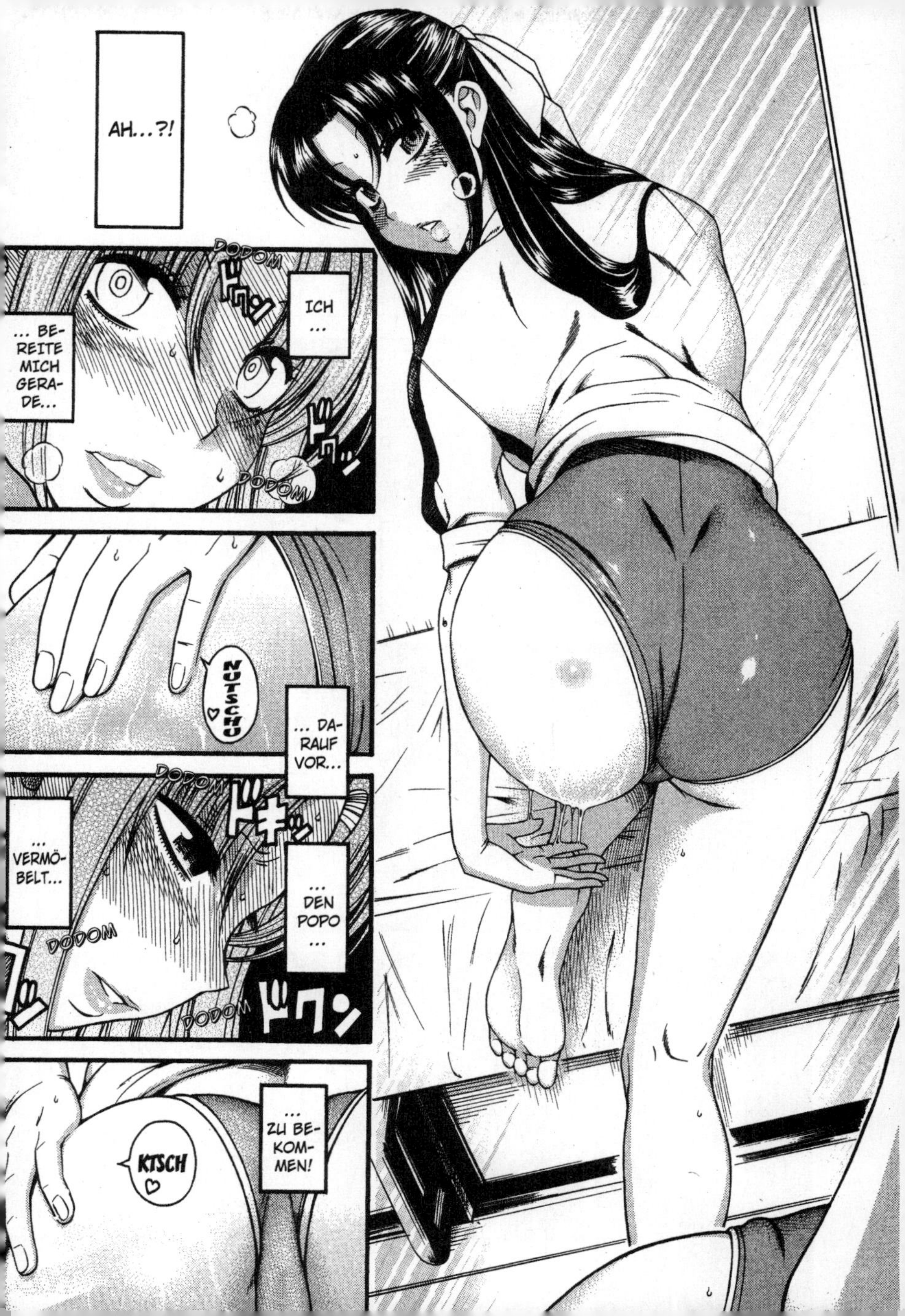

AH...?!
DODOM
ICH ...
... BE-REITE MICH GERA-DE...
DODOM
NUTSCHU ♡
... DA-RAUF VOR...
DODOM
... DEN POPO ...
... VERMÖ-BELT...
DODOM
DODOM
... ZU BE-KOM-MEN!
KTSCH ♡

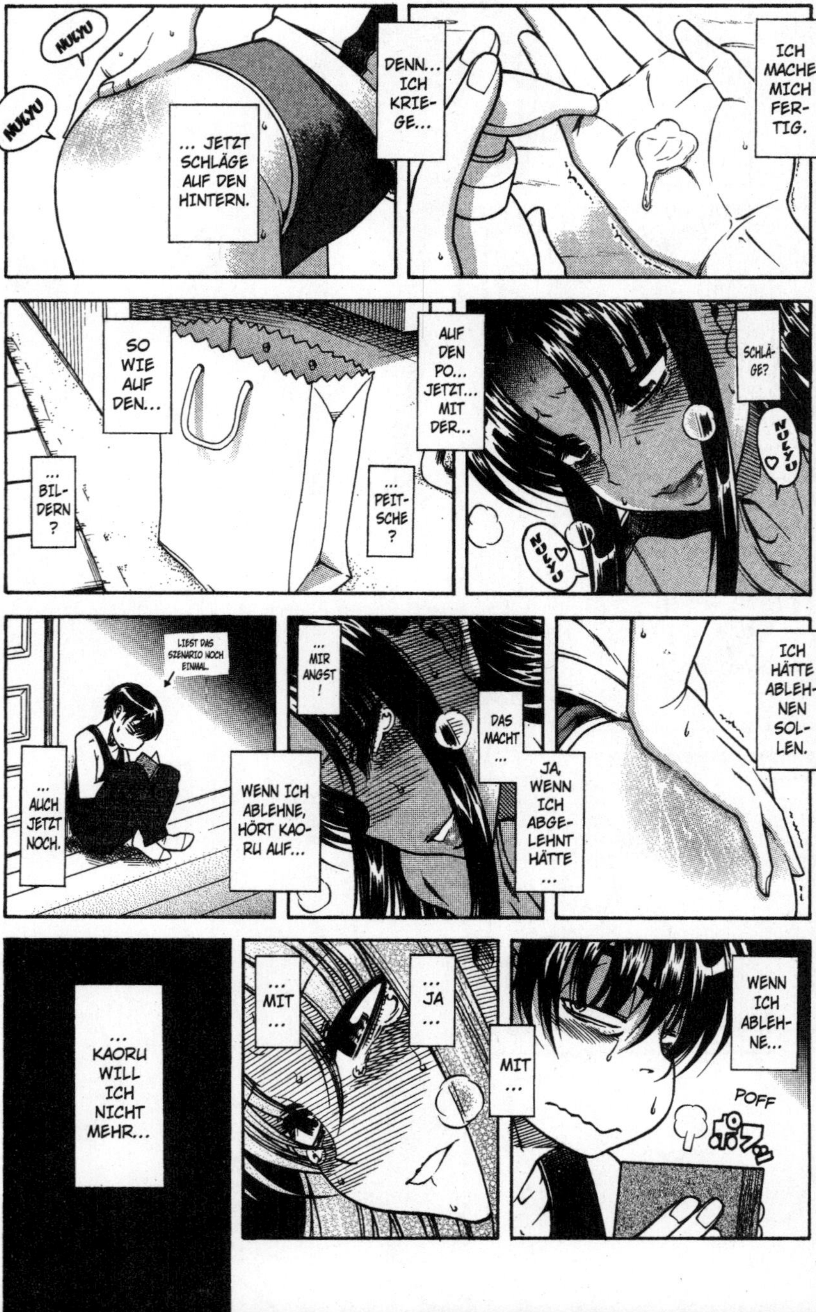

ICH MACHE MICH FERTIG.
DENN... ICH KRIEGE...
... JETZT SCHLÄGE AUF DEN HINTERN.
NULYU
NULYU

SCHLÄGE?
NULYU ♡
NULYU ♡
AUF DEN PO... JETZT... MIT DER...
SO WIE AUF DEN...
... PEITSCHE?
... BILDERN?

ICH HÄTTE ABLEHNEN SOLLEN.
JA, WENN ICH ABGELEHNT HÄTTE ...
DAS MACHT ...
... MIR ANGST!
WENN ICH ABLEHNE, HÖRT KAORU AUF...
LIEST DAS SZENARIO NOCH EINMAL.
... AUCH JETZT NOCH.

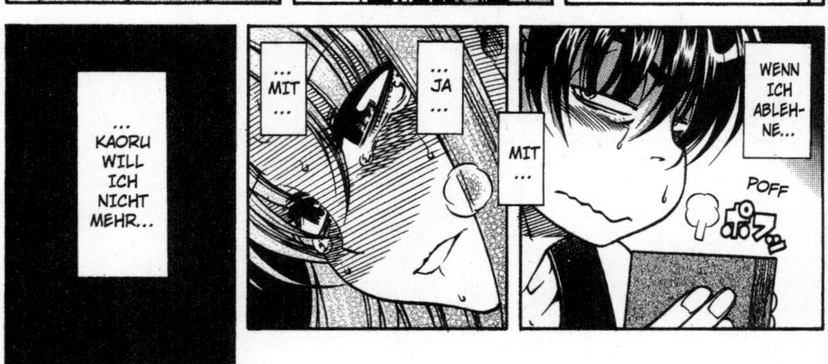

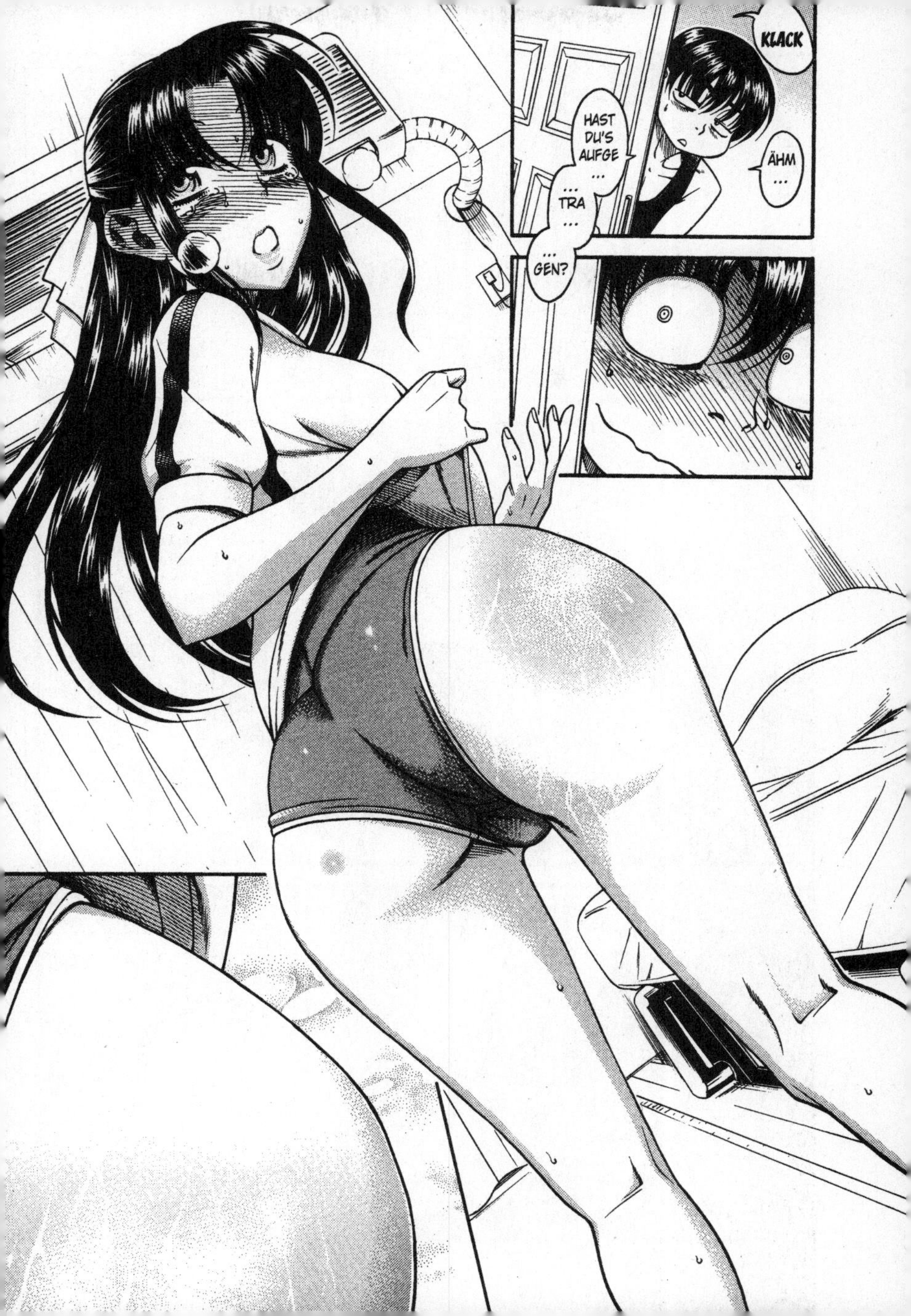
KLACK
ÄHM ...
HAST DU'S AUFGE ...
... TRA ...
... GEN?

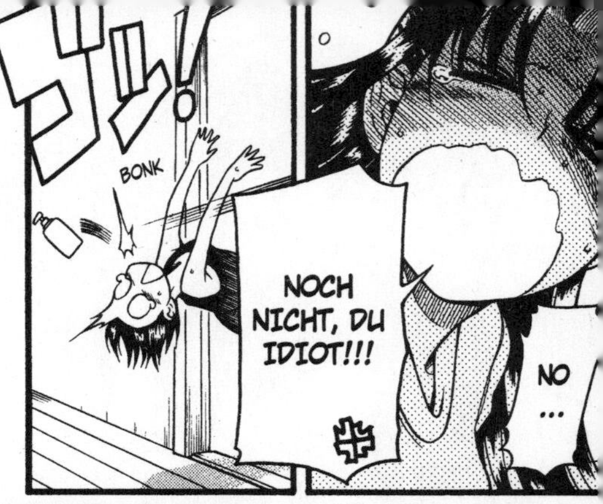
NO
...
NOCH NICHT, DU IDIOT!!!
BONK

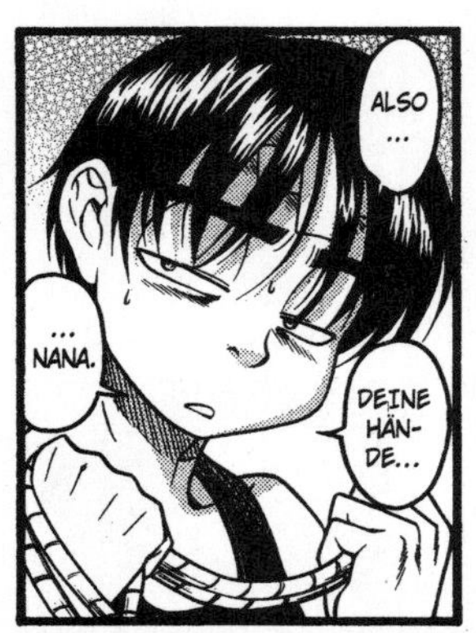
ALSO
...
DEINE HÄNDE...
... NANA.

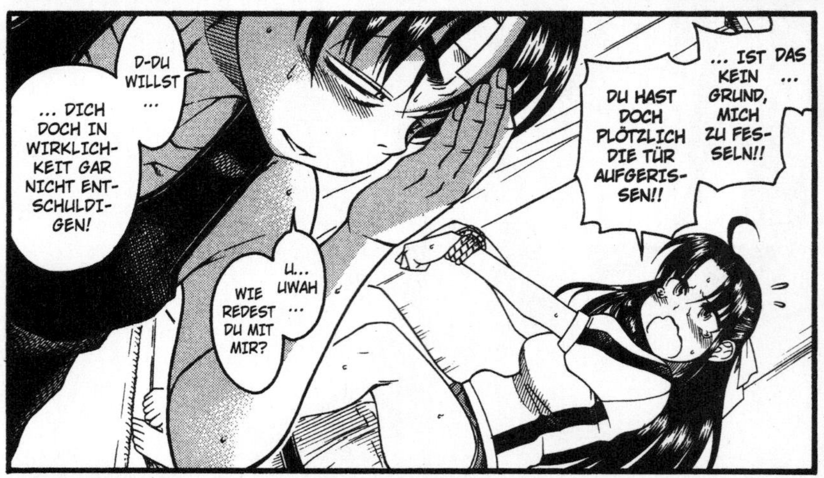
... IST DAS KEIN GRUND, MICH ZU FESSELN!!
DAS
...
DU HAST DOCH PLÖTZLICH DIE TÜR AUFGERISSEN!!
U... UWAH ...
WIE REDEST DU MIT MIR?
D-DU WILLST
...
... DICH DOCH IN WIRKLICHKEIT GAR NICHT ENTSCHULDIGEN!

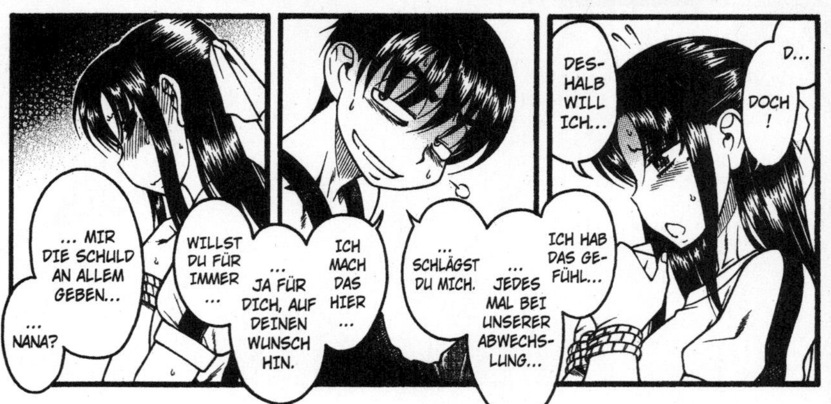
D...
DOCH
!
DESHALB WILL ICH...
ICH HAB DAS GEFÜHL...
... JEDES MAL BEI UNSERER ABWECHSLUNG...
... SCHLÄGST DU MICH.
ICH MACH DAS HIER
...
... JA FÜR DICH, AUF DEINEN WUNSCH HIN.
WILLST DU FÜR IMMER
...
... MIR DIE SCHULD AN ALLEM GEBEN...
... NANA?

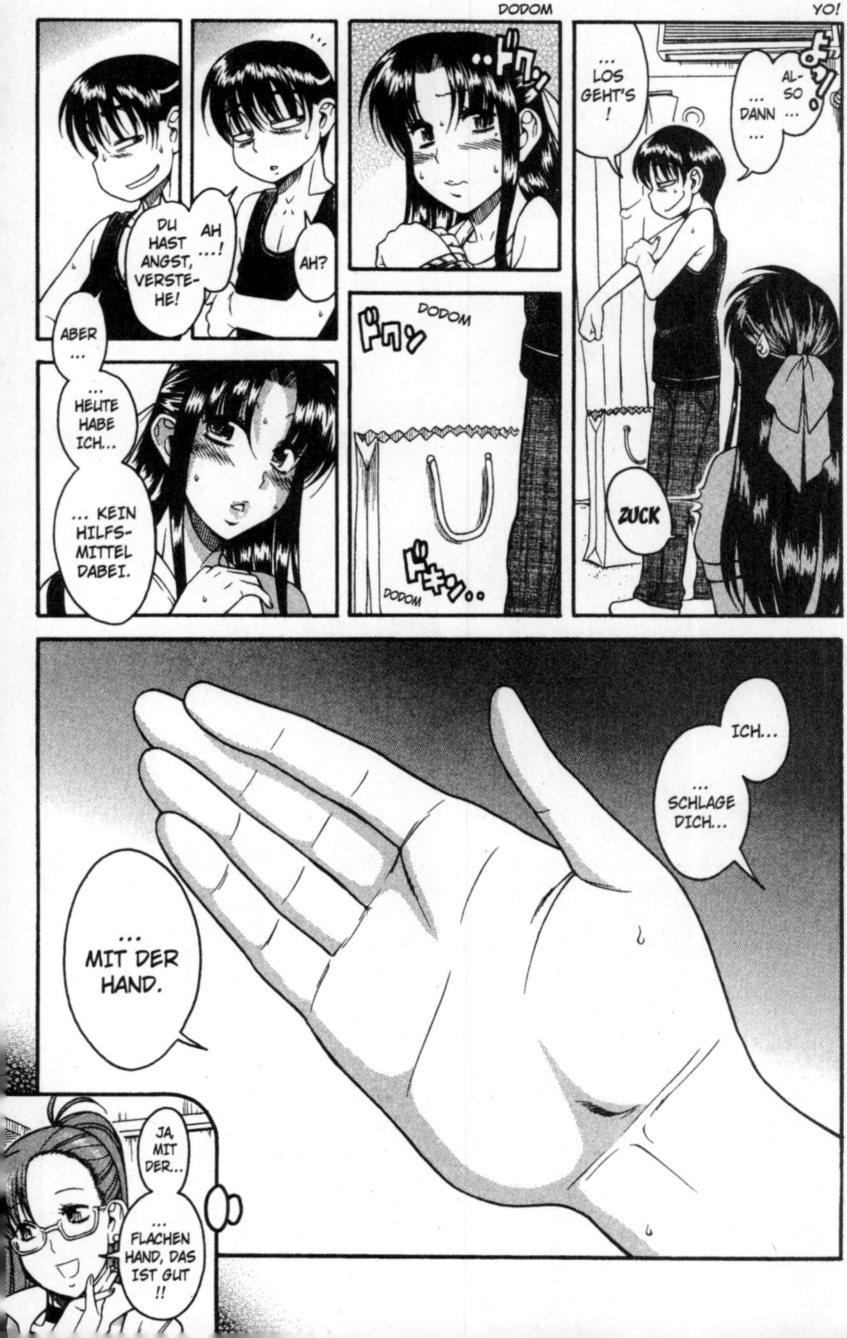

DODOM

YO!

... DANN ...

ALSO ...

... LOS GEHT'S!

ZUCK

DODOM

DODOM

AH?

AH ...!

DU HAST ANGST, VERSTEHE!

ABER ...

... HEUTE HABE ICH...

... KEIN HILFSMITTEL DABEI.

ICH...

... SCHLAGE DICH...

... MIT DER HAND.

JA, MIT DER...

... FLACHEN HAND, DAS IST GUT !!

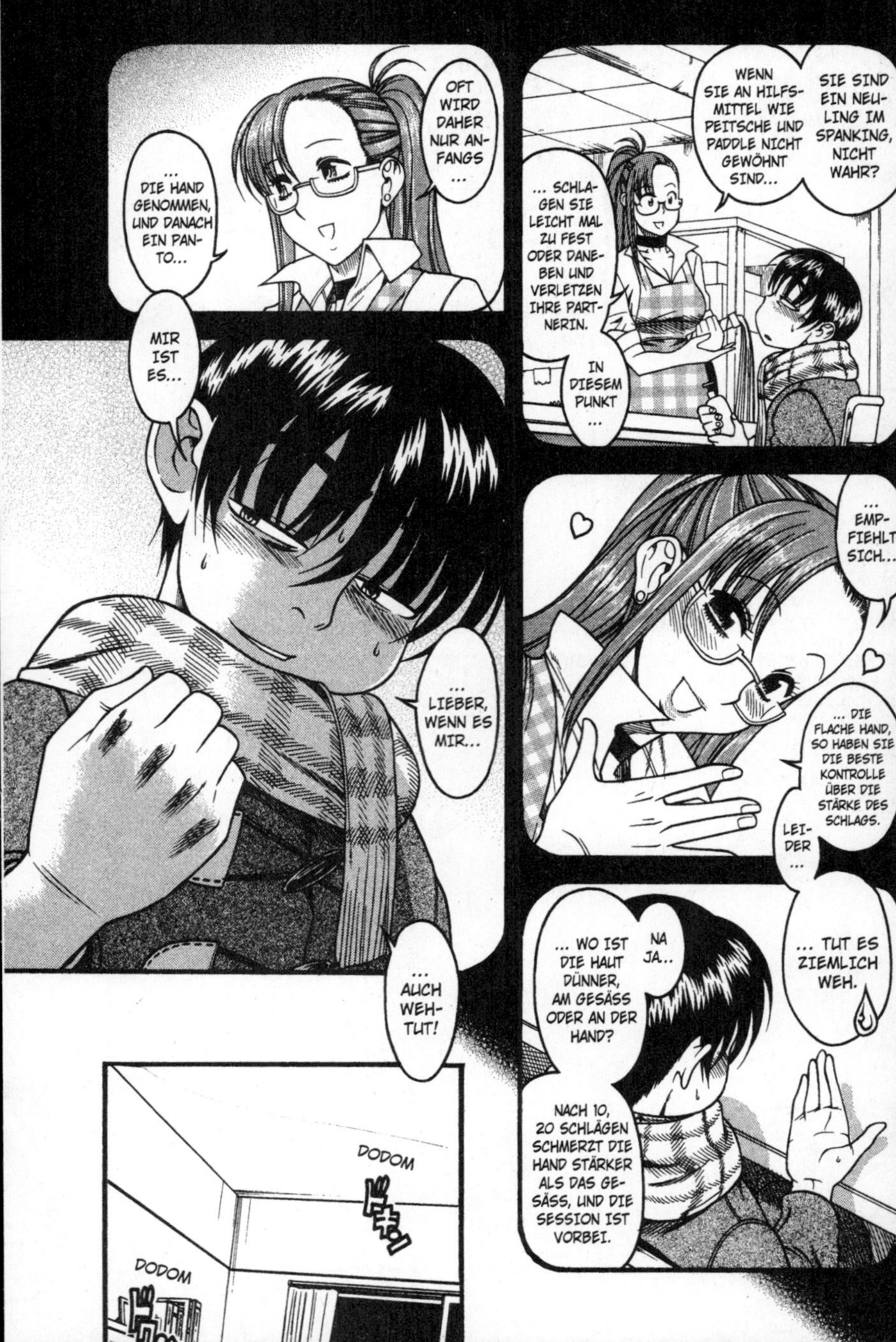
SIE SIND EIN NEULING IM SPANKING, NICHT WAHR?
WENN SIE AN HILFSMITTEL WIE PEITSCHE UND PADDLE NICHT GEWÖHNT SIND...
... SCHLAGEN SIE LEICHT MAL ZU FEST ODER DANEBEN UND VERLETZEN IHRE PARTNERIN.
IN DIESEM PUNKT ...
OFT WIRD DAHER NUR ANFANGS ...
... DIE HAND GENOMMEN, UND DANACH EIN PANTO...
... EMPFIEHLT SICH...
... DIE FLACHE HAND, SO HABEN SIE DIE BESTE KONTROLLE ÜBER DIE STÄRKE DES SCHLAGS.
LEIDER ...
... TUT ES ZIEMLICH WEH.
NA JA...
... WO IST DIE HAUT DÜNNER, AM GESÄSS ODER AN DER HAND?
NACH 10, 20 SCHLÄGEN SCHMERZT DIE HAND STÄRKER ALS DAS GESÄSS, UND DIE SESSION IST VORBEI.
MIR IST ES...
... LIEBER, WENN ES MIR...
... AUCH WEHTUT!
DODOM
DODOM

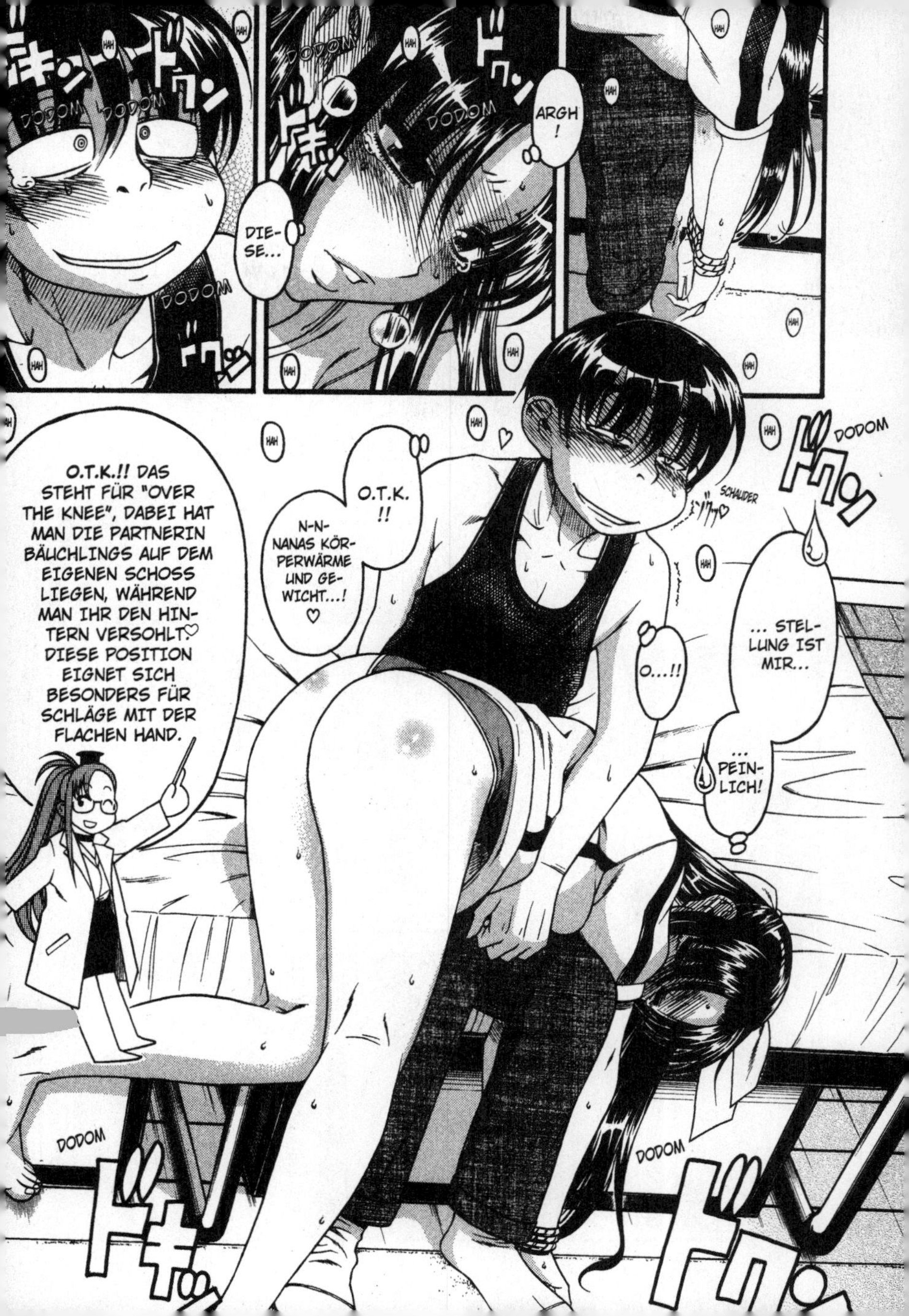

DODOM
DODOM
DODOM
DODOM
DIE-SE...
ARGH!
DODOM
O.T.K.!! DAS STEHT FÜR "OVER THE KNEE", DABEI HAT MAN DIE PARTNERIN BÄUCHLINGS AUF DEM EIGENEN SCHOSS LIEGEN, WÄHREND MAN IHR DEN HINTERN VERSOHLT♡ DIESE POSITION EIGNET SICH BESONDERS FÜR SCHLÄGE MIT DER FLACHEN HAND.
O.T.K. !!
N-N-NANAS KÖRPERWÄRME UND GEWICHT...! ♡
SCHAUDER
DODOM
... STELLUNG IST MIR...
O...!!
... PEINLICH!
DODOM
DODOM

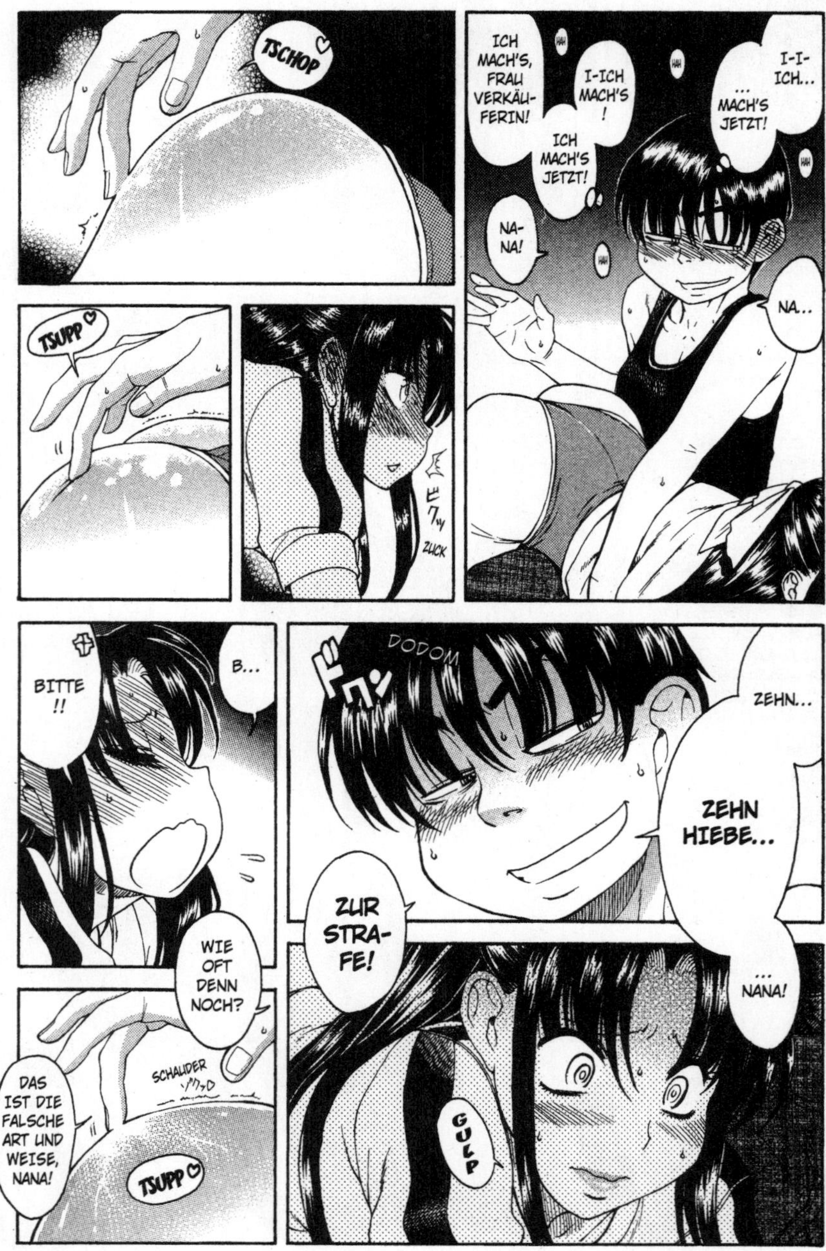

I-I-ICH...
... MACH'S JETZT!
HAH
I-ICH MACH'S!
ICH MACH'S, FRAU VERKÄUFERIN!
ICH MACH'S JETZT!
NA-NA!
NA...
TSCHOP
ZUCK
TSUPP
ZEHN...
ZEHN HIEBE...
ZUR STRAFE!
DODOM
B...
BITTE!!
WIE OFT DENN NOCH?
... NANA!
GULP
SCHAUDER
DAS IST DIE FALSCHE ART UND WEISE, NANA!
TSUPP

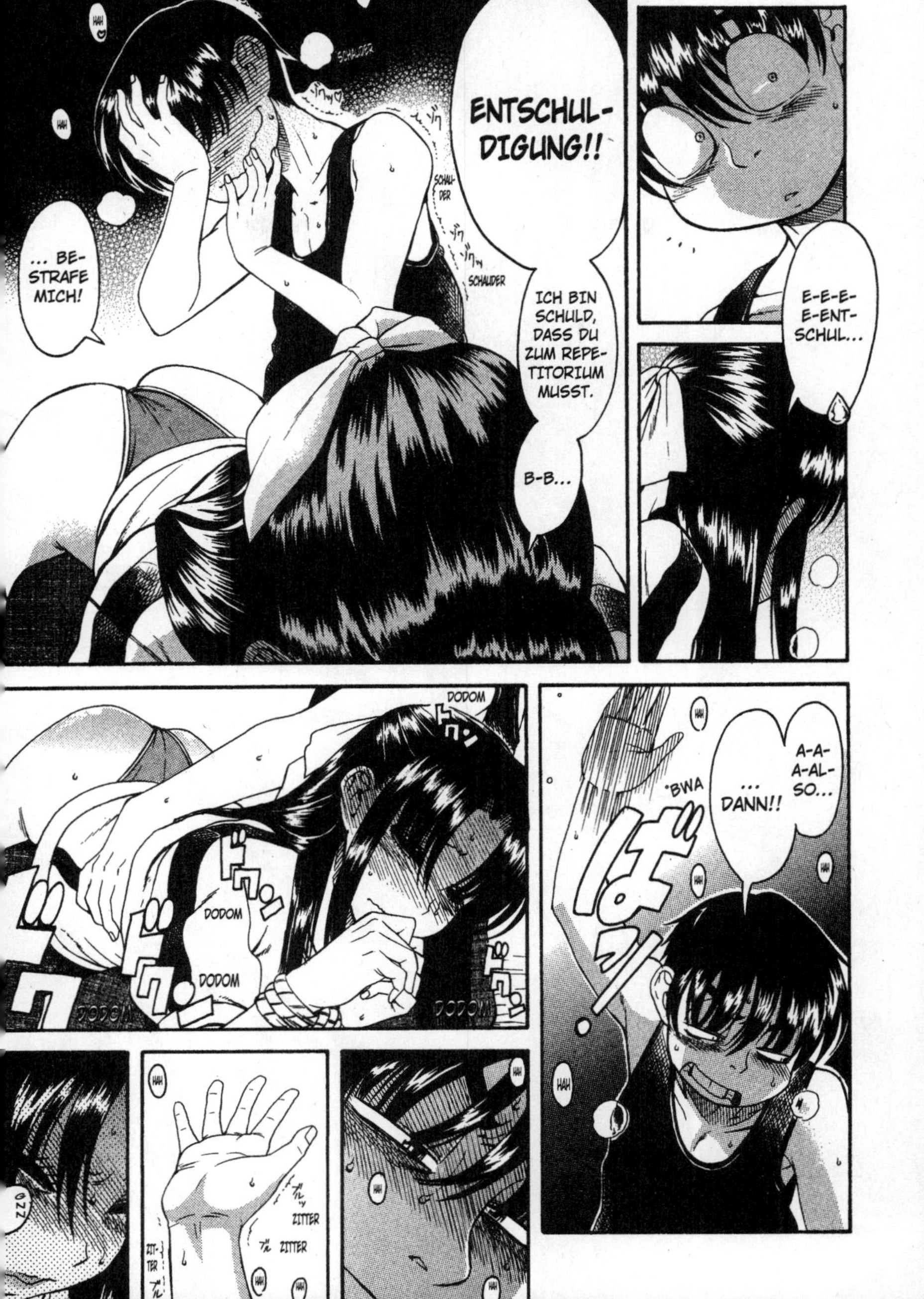

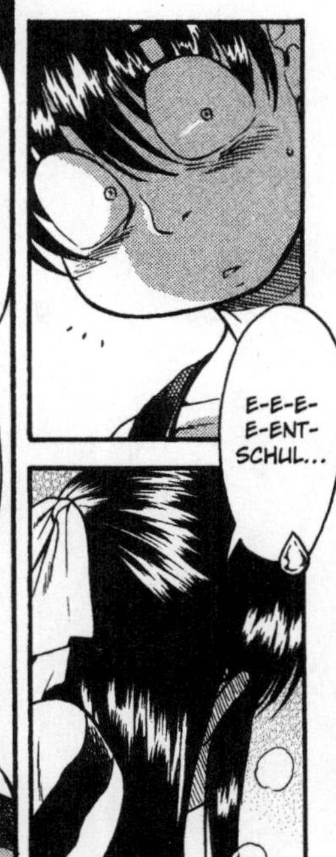

ENTSCHUL-DIGUNG!!

ICH BIN SCHULD, DASS DU ZUM REPETITORIUM MUSST.

B-B...

SCHAUDER

HAH

... BE-STRAFE MICH!

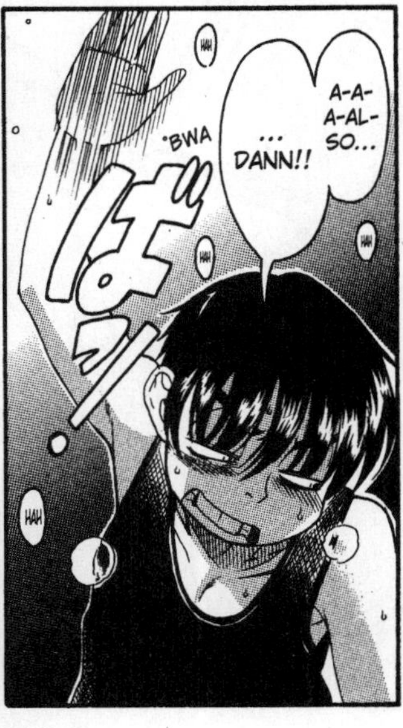

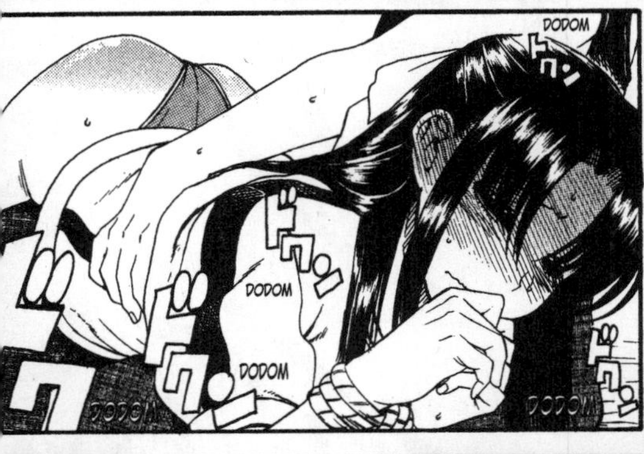

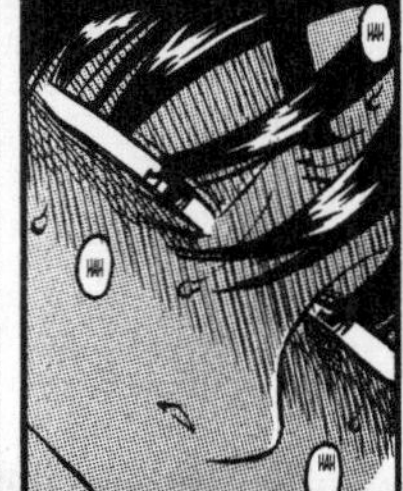

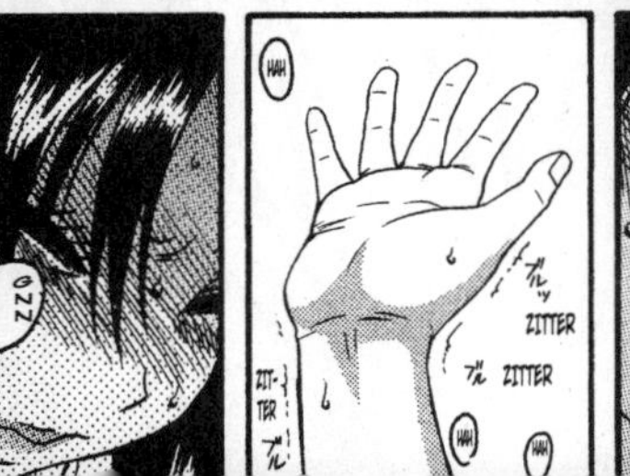

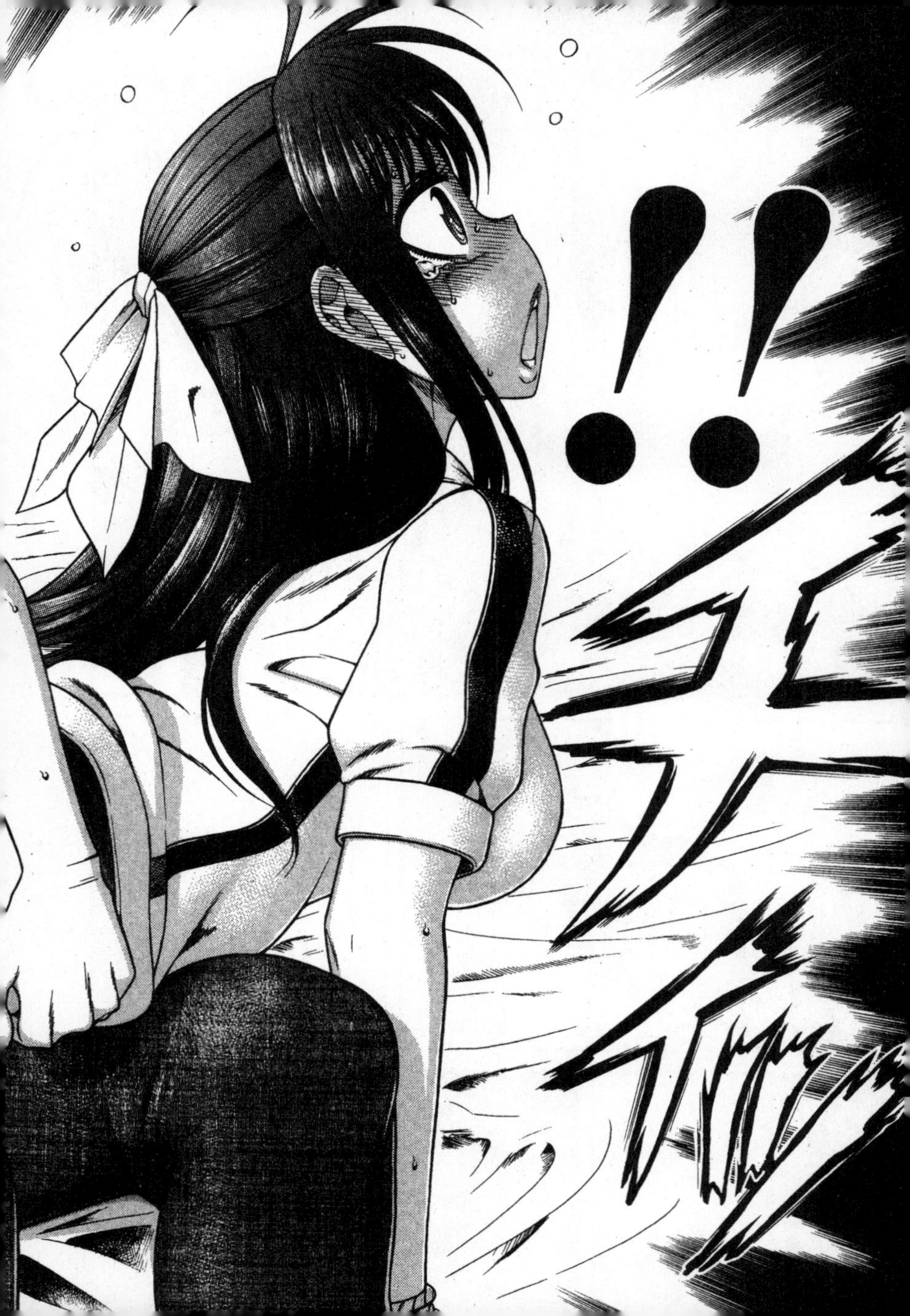

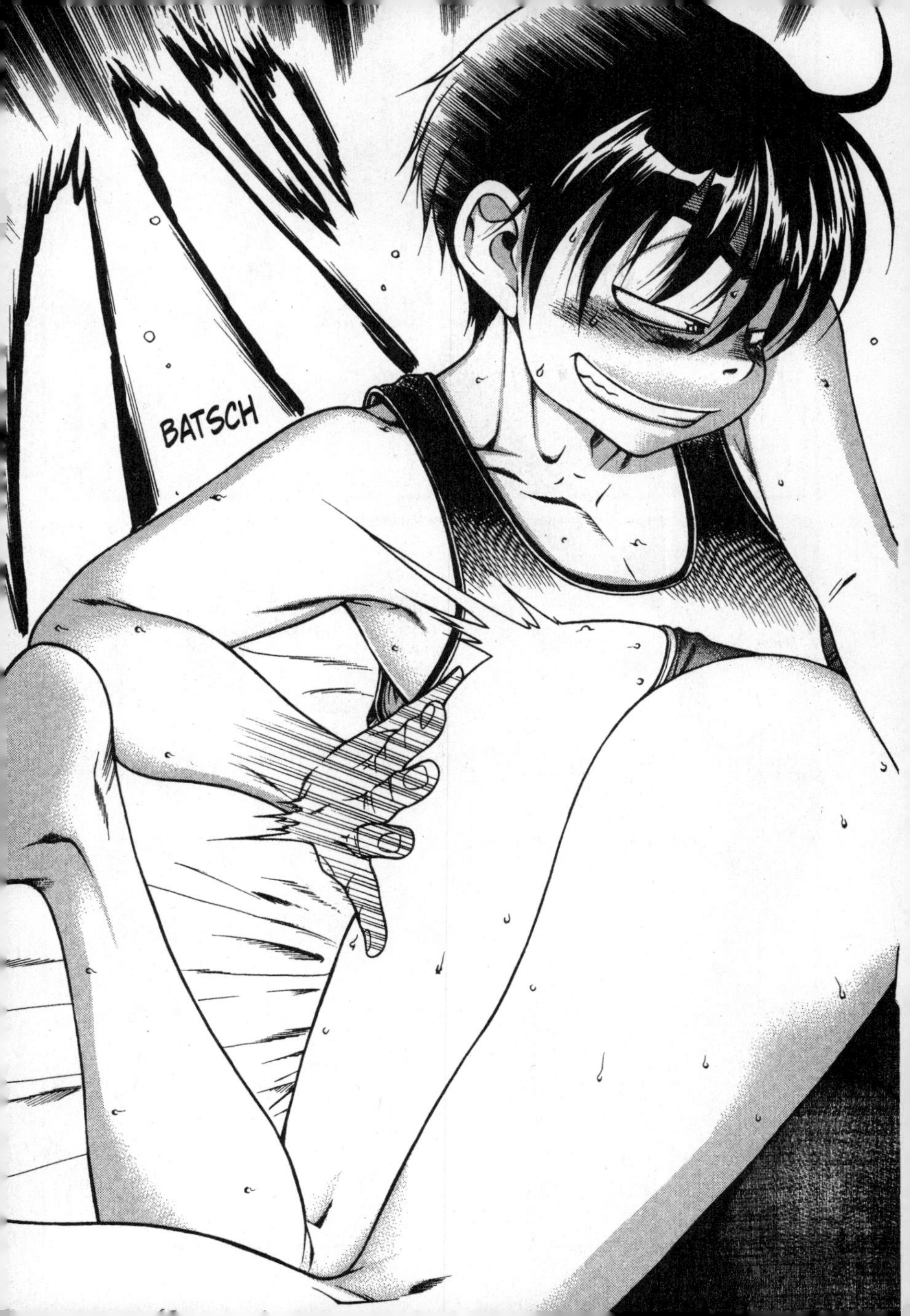
BATSCH

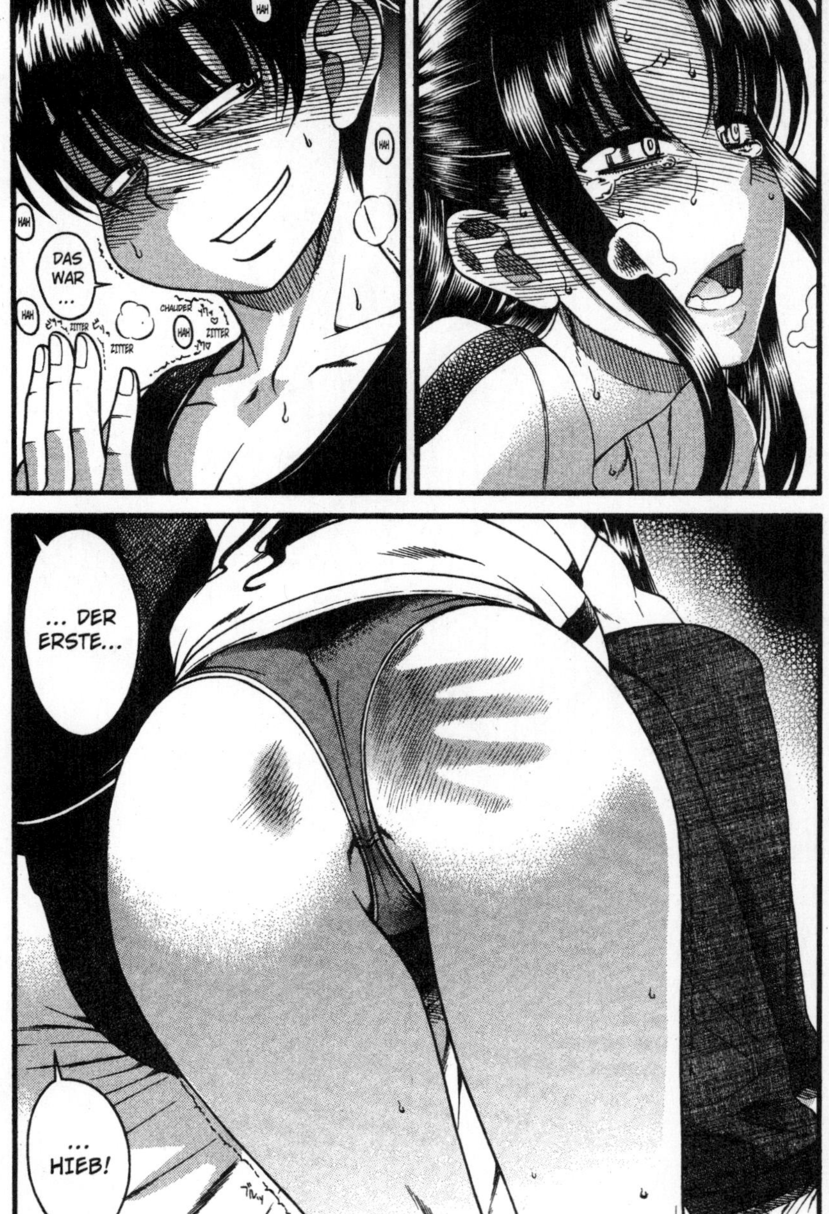

KAPITEL 31 - ENDE

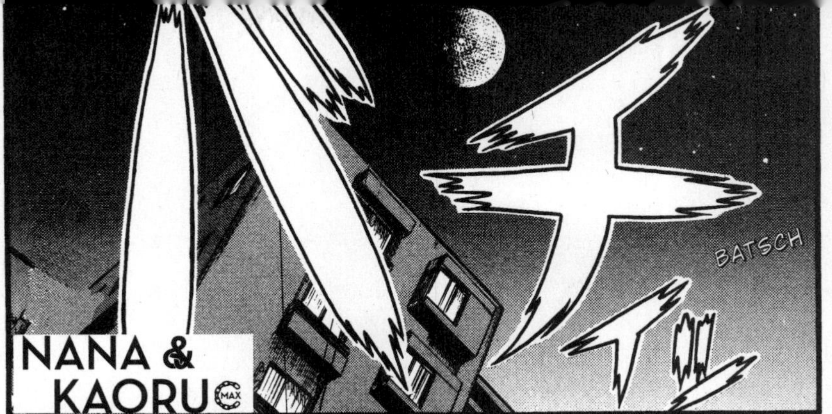

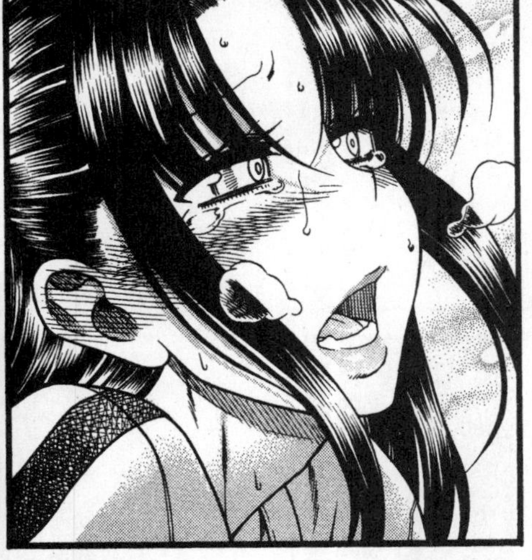

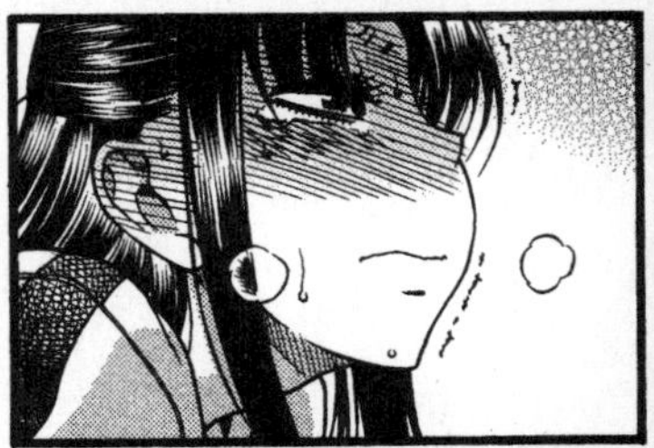

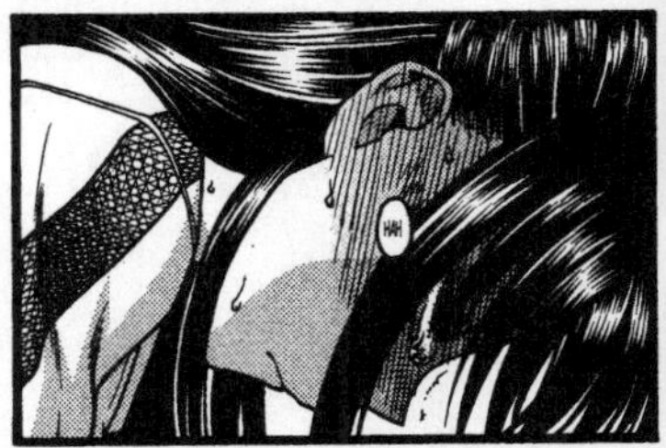

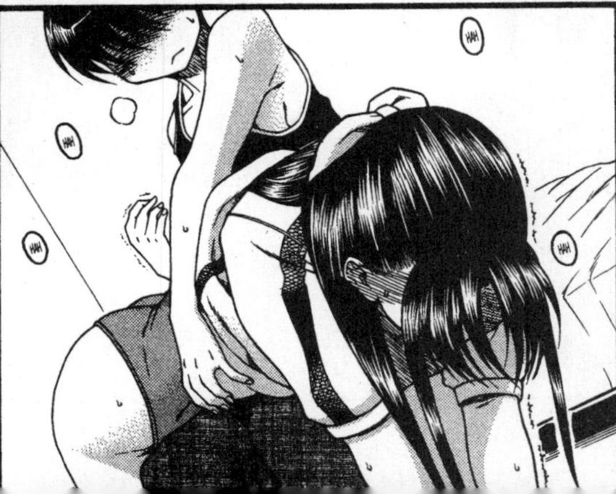

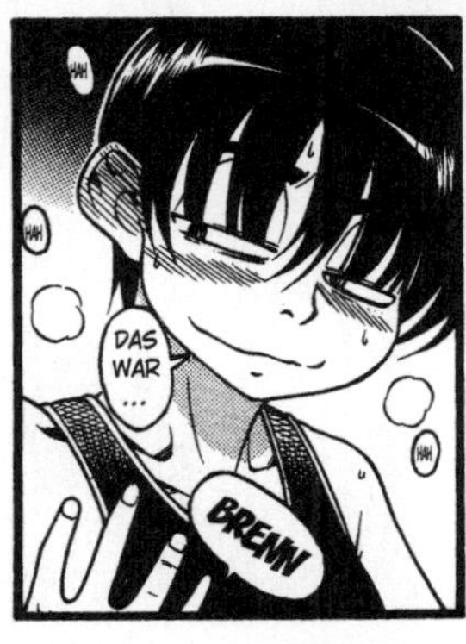

KAPITEL 32: POPO PATSCH PATSCH

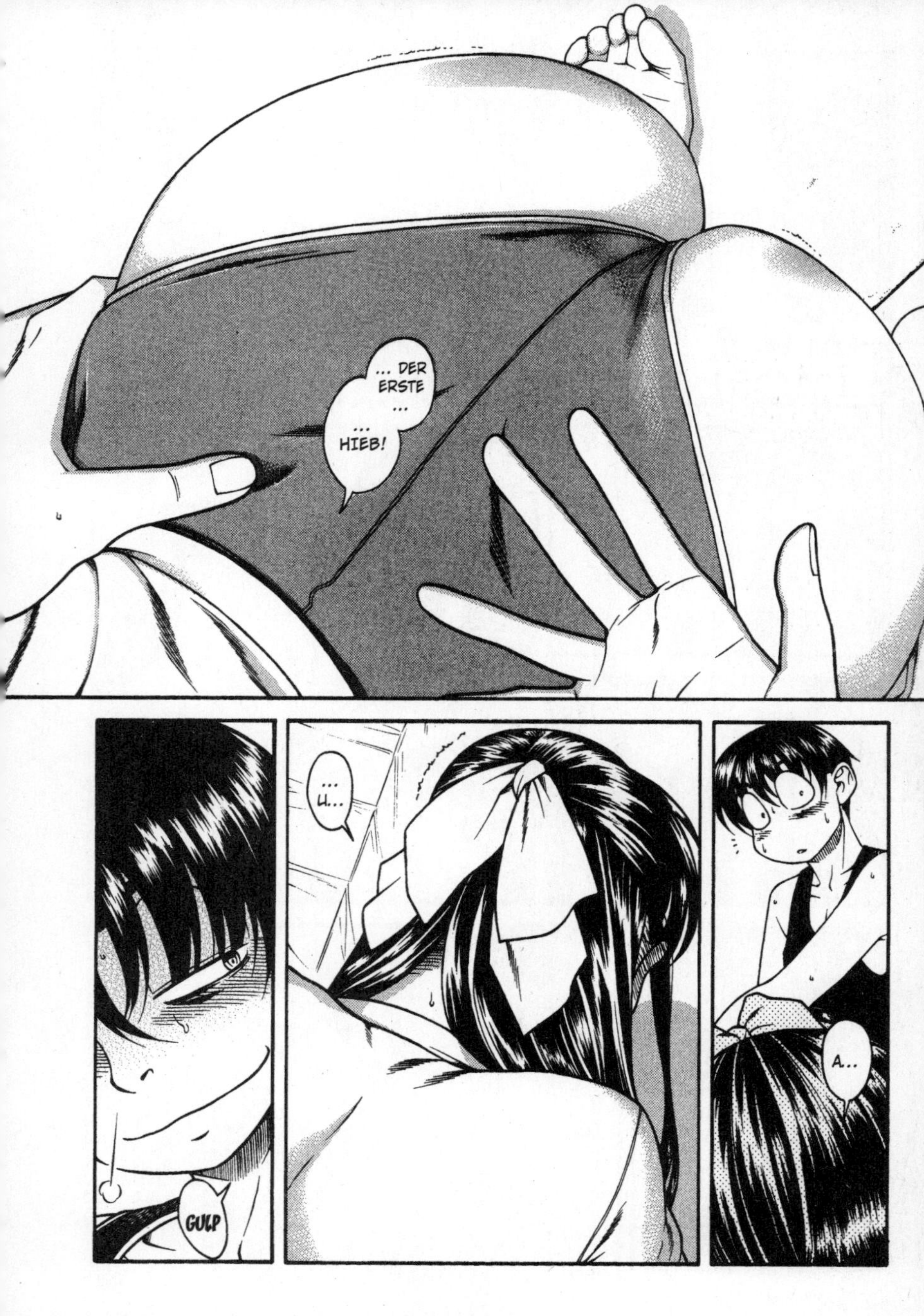
... DER ERSTE ...
... HIEB!
A...
... U...
GULP

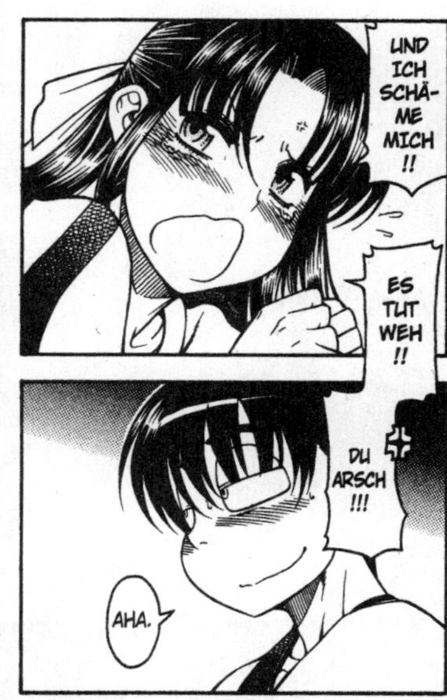
UND ICH SCHÄ-ME MICH !!
ES TUT WEH !!
DU ARSCH !!!
AHA.
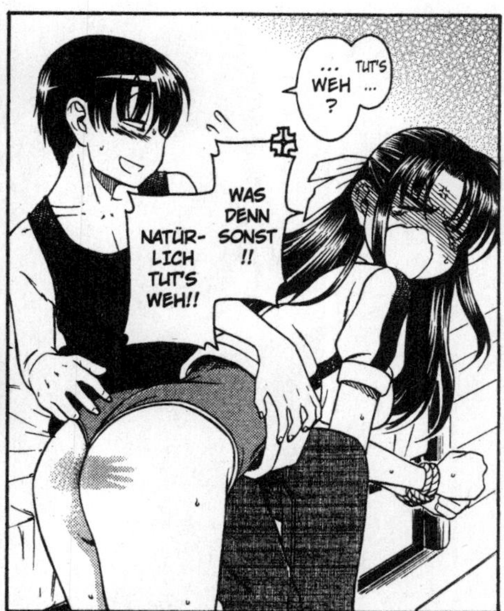
... WEH ?
TUT'S ...
WAS DENN SONST !!
NATÜR-LICH TUT'S WEH!!
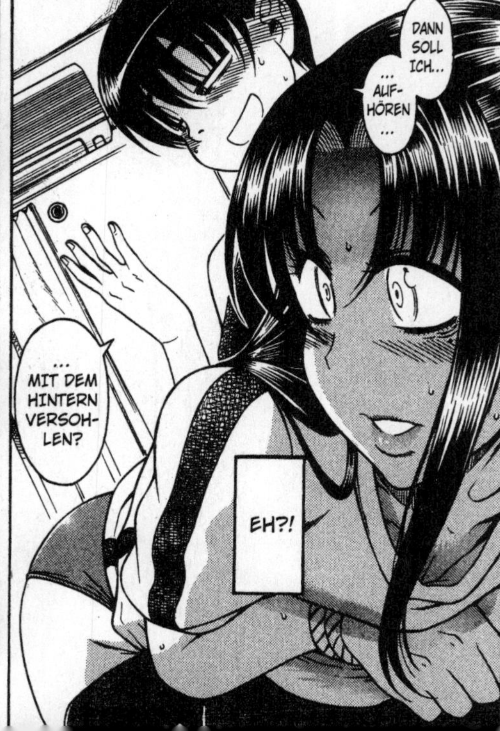
DANN SOLL ICH...
... AUF-HÖREN ...
... MIT DEM HINTERN VERSOHLEN?
EH?!
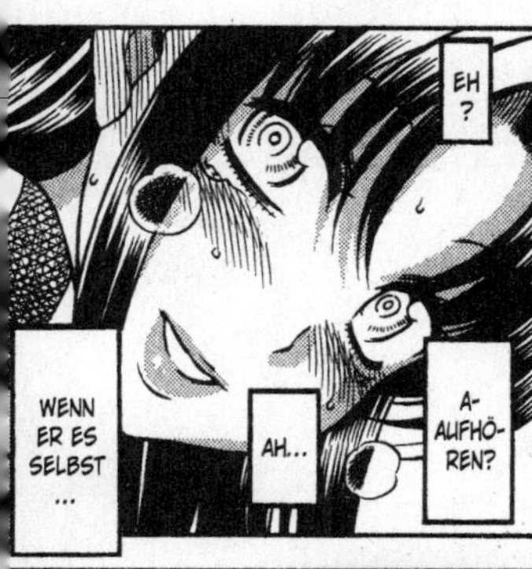
EH ?
A-AUFHÖ-REN?
AH...
WENN ER ES SELBST ...
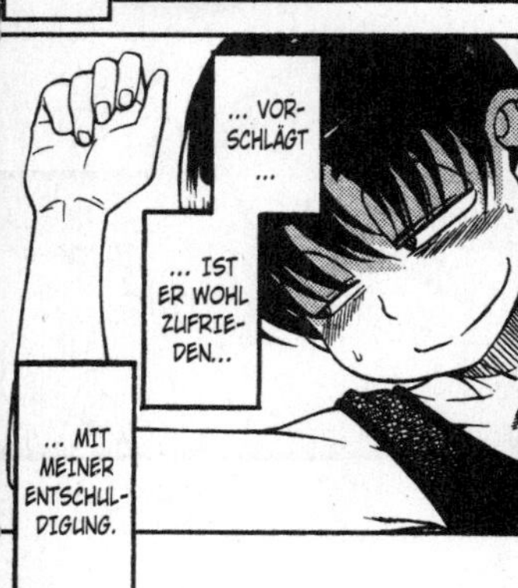
... VOR-SCHLÄGT ...
... IST ER WOHL ZUFRIE-DEN...
... MIT MEINER ENTSCHUL-DIGUNG.

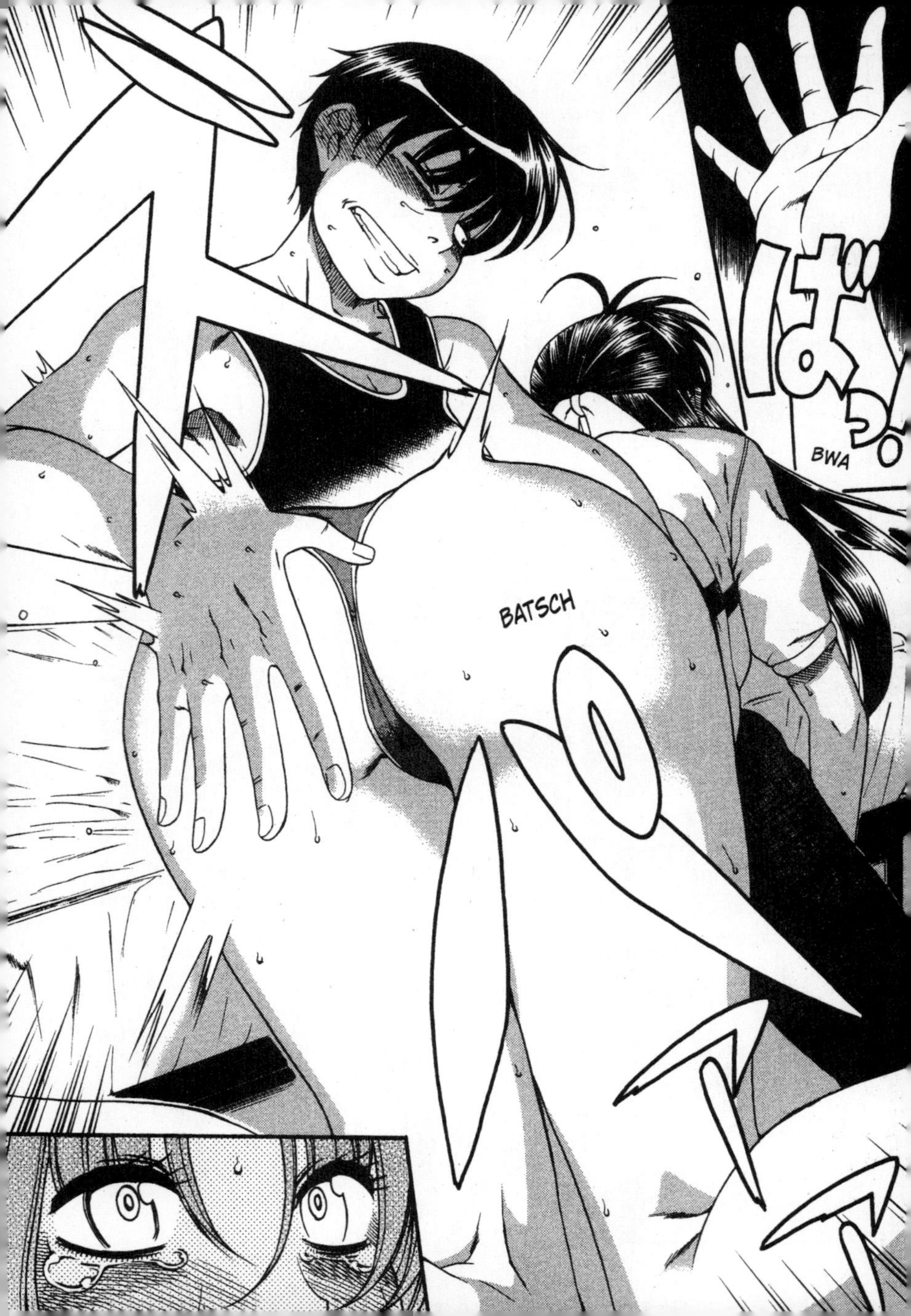
ばっ!
BWA
BATSCH

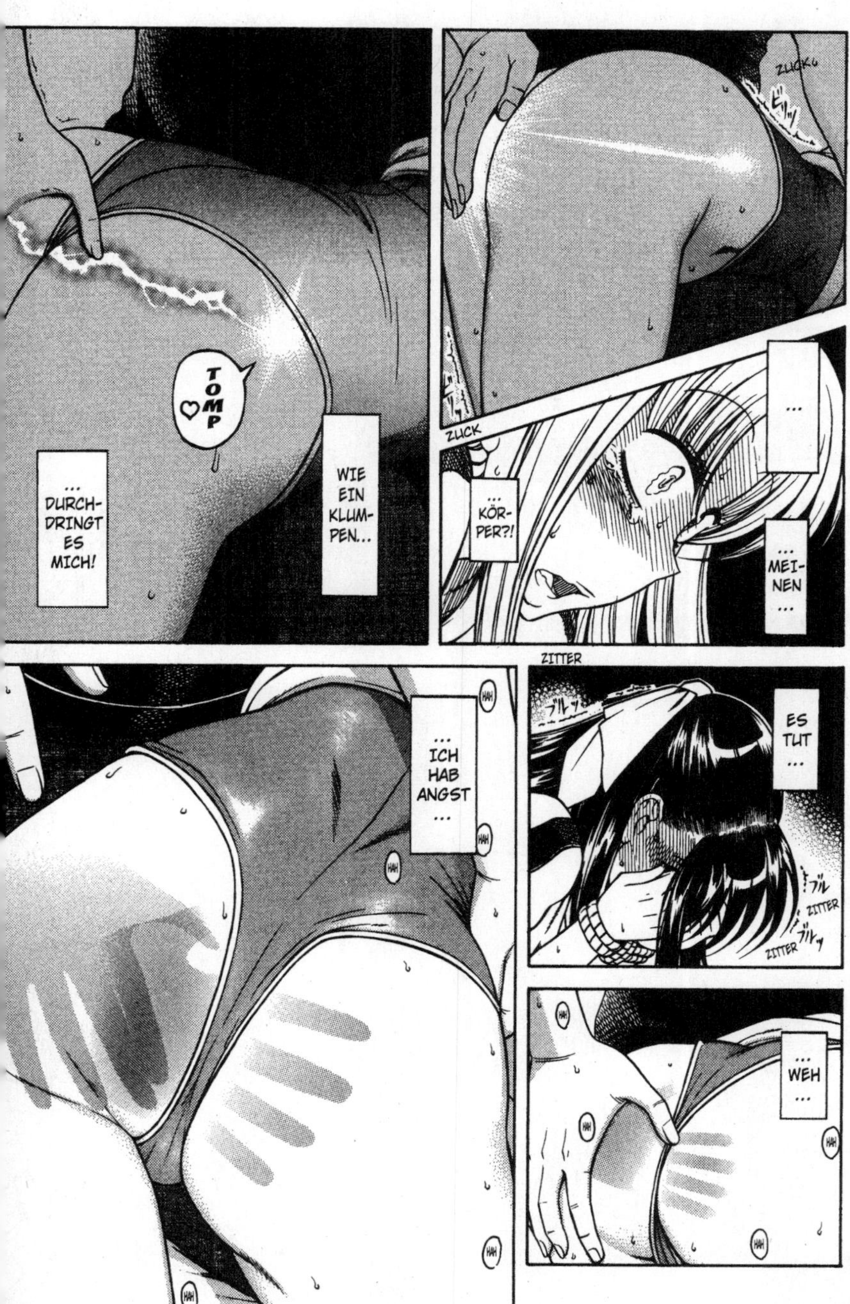
ZUCK
TOMP ♡
...
... KÖRPER?!
... MEINEN ...
ZUCK
WIE EIN KLUMPEN...
... DURCHDRINGT ES MICH!
ZITTER
ES TUT ...
ZITTER
ZITTER
... ICH HAB ANGST ...
HAH
HAH
HAH
... WEH ...
HAH
HAH
HAH
HAH
HAH
HAH

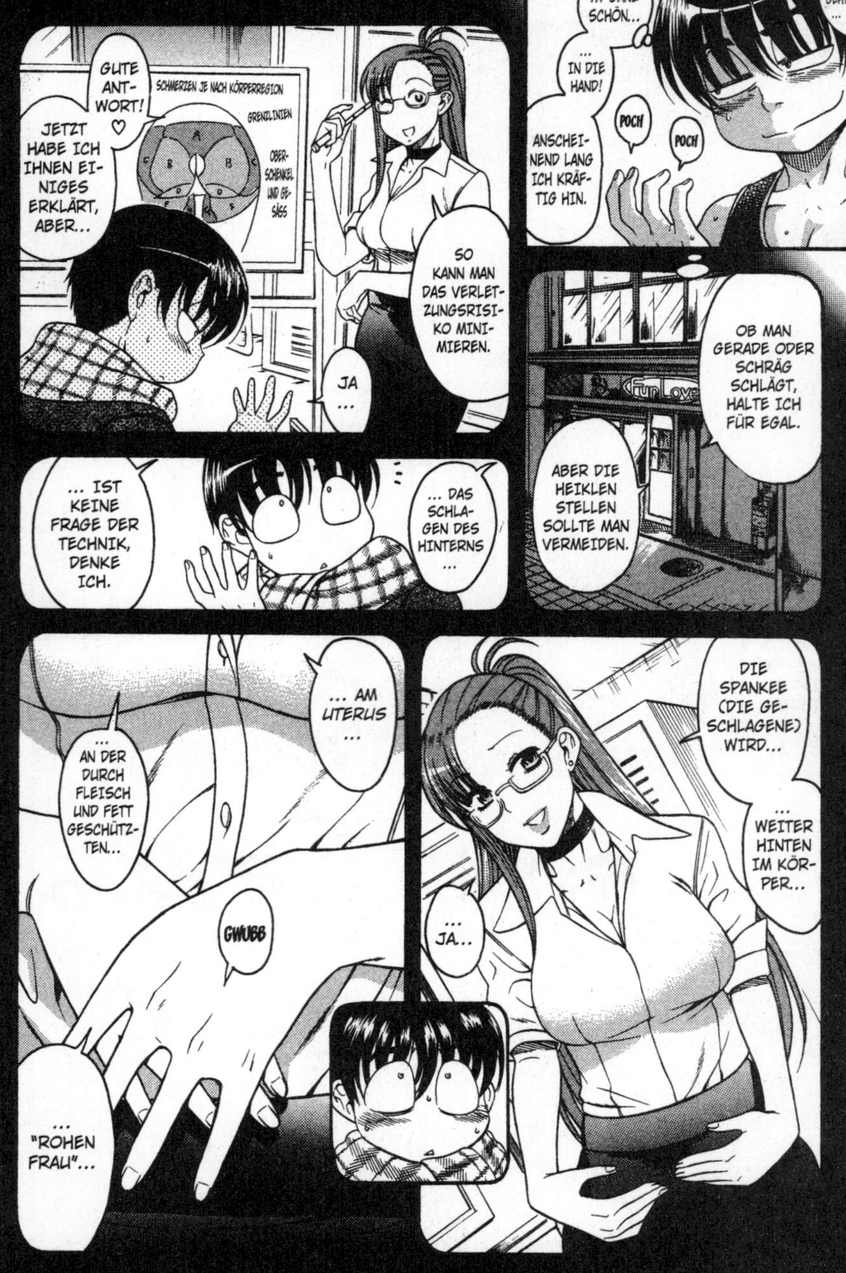
... GANZ SCHÖN...
DAS GEHT ...
... IN DIE HAND!
POCH
POCH
ANSCHEINEND LANG ICH KRÄFTIG HIN.
SO KANN MAN DAS VERLETZUNGSRISIKO MINIMIEREN.
JA ...
GUTE ANTWORT! ♡
SCHMERZEN JE NACH KÖRPERREGION
GRENZLINIEN
OBERSCHENKEL UND GESÄSS
JETZT HABE ICH IHNEN EINIGES ERKLÄRT, ABER...
OB MAN GERADE ODER SCHRÄG SCHLÄGT, HALTE ICH FÜR EGAL.
ABER DIE HEIKLEN STELLEN SOLLTE MAN VERMEIDEN.
... DAS SCHLAGEN DES HINTERNS ...
... IST KEINE FRAGE DER TECHNIK, DENKE ICH.
DIE SPANKEE (DIE GESCHLAGENE) WIRD...
... WEITER HINTEN IM KÖRPER...
... JA...
... AM UTERUS ...
... AN DER DURCH FLEISCH UND FETT GESCHÜTZTEN...
GWUBB
... "ROHEN FRAU"...

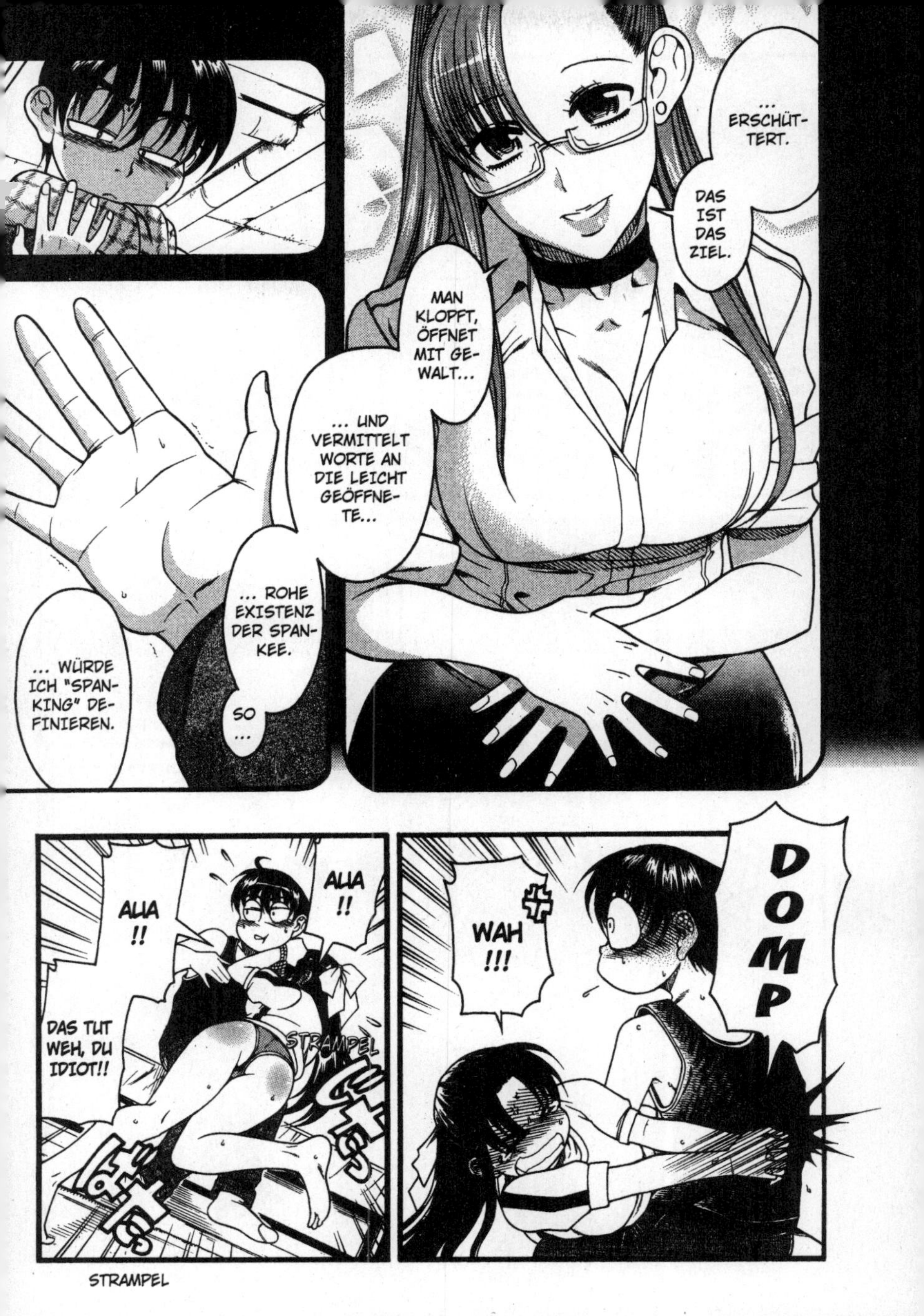

... ERSCHÜTTERT.

DAS IST DAS ZIEL.

MAN KLOPFT, ÖFFNET MIT GEWALT...

... UND VERMITTELT WORTE AN DIE LEICHT GEÖFFNETE...

... ROHE EXISTENZ DER SPANKEE.

SO ...

... WÜRDE ICH "SPANKING" DEFINIEREN.

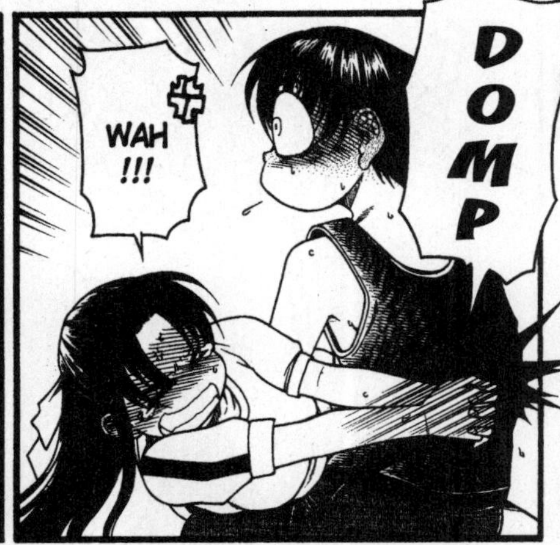

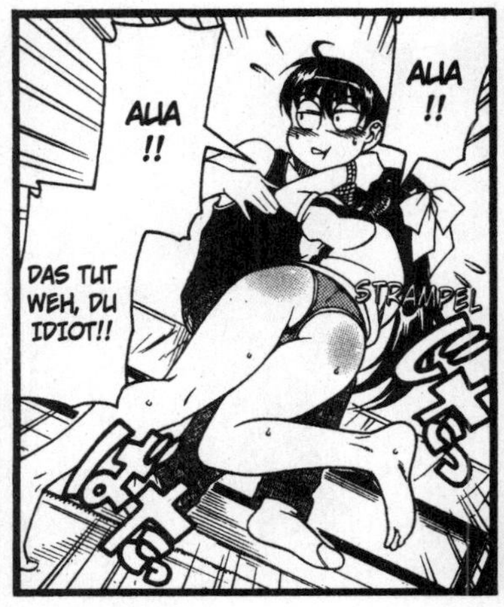

STRAMPEL

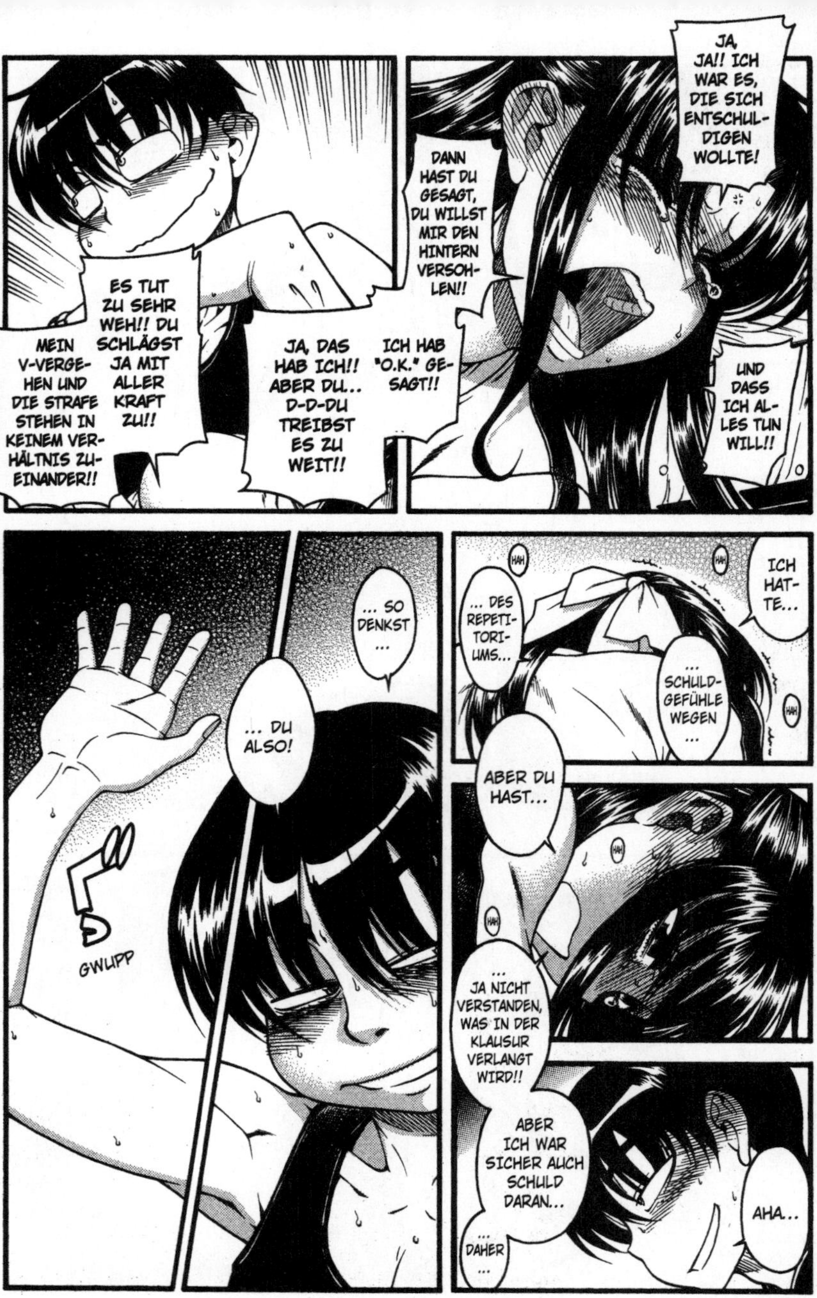

JA, JA!! ICH WAR ES, DIE SICH ENTSCHULDIGEN WOLLTE!

DANN HAST DU GESAGT, DU WILLST MIR DEN HINTERN VERSOHLEN!!

UND DASS ICH ALLES TUN WILL!!

ICH HAB "O.K." GESAGT!!

JA, DAS HAB ICH!! ABER DU... D-D-DU TREIBST ES ZU WEIT!!

ES TUT ZU SEHR WEH!! DU SCHLÄGST JA MIT ALLER KRAFT ZU!!

MEIN V-VERGEHEN UND DIE STRAFE STEHEN IN KEINEM VERHÄLTNIS ZUEINANDER!!

ICH HATTE...

... DES REPETITORIUMS...

... SCHULDGEFÜHLE WEGEN ...

ABER DU HAST...

... JA NICHT VERSTANDEN, WAS IN DER KLAUSUR VERLANGT WIRD!!

AHA...

ABER ICH WAR SICHER AUCH SCHULD DARAN...

... DAHER ...

... DU ALSO!

... SO DENKST ...

GWUPP

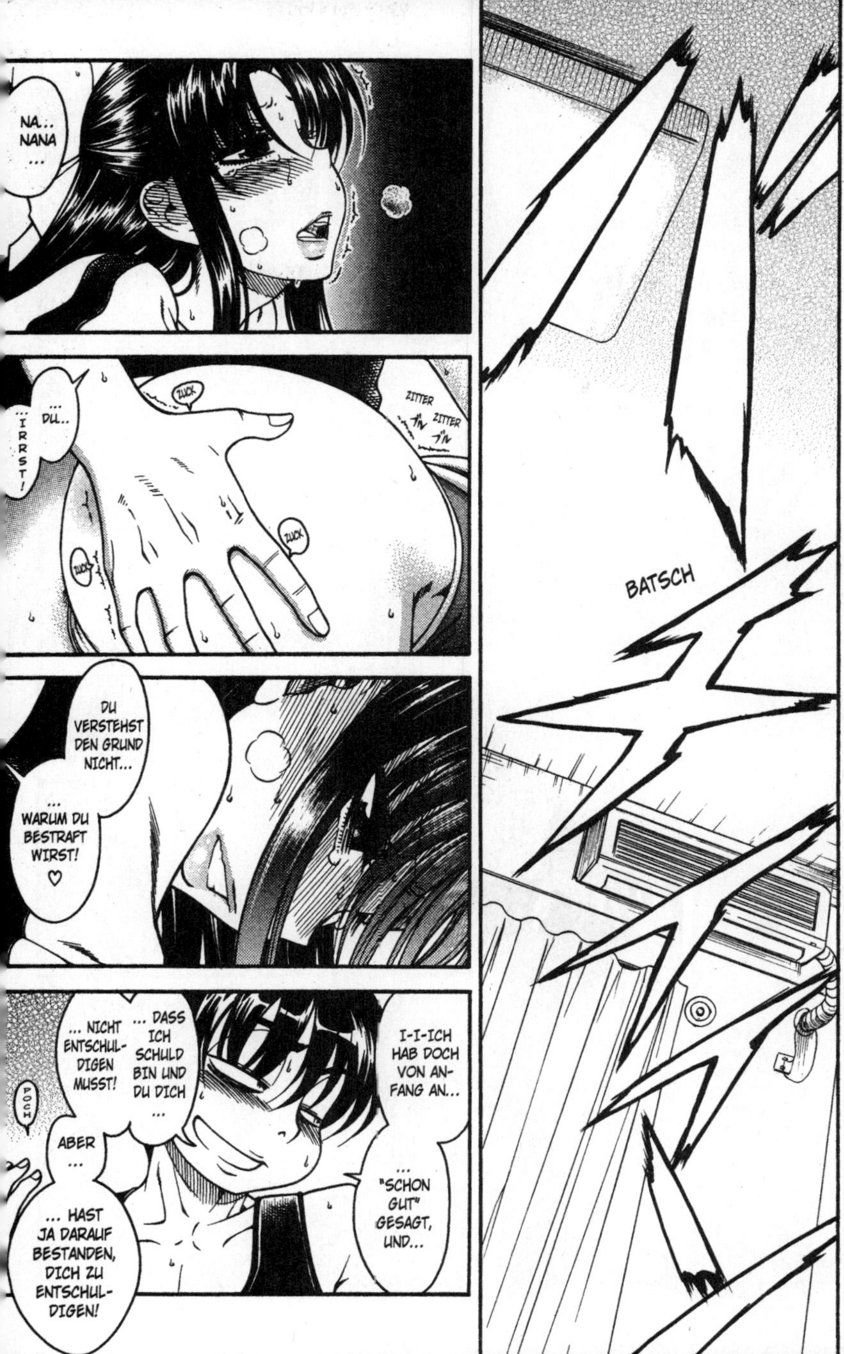
BATSCH
NA... NANA ...
... DU...
... IRRST!
ZUCK
ZITTER ZITTER
ZUCK
ZUCK
DU VERSTEHST DEN GRUND NICHT...
... WARUM DU BESTRAFT WIRST! ♡
I-I-ICH HAB DOCH VON AN-FANG AN...
... "SCHON GUT" GESAGT, UND...
... DASS ICH SCHULD BIN UND DU DICH ...
... NICHT ENTSCHUL-DIGEN MUSST!
ABER ...
... HAST JA DARAUF BESTANDEN, DICH ZU ENTSCHUL-DIGEN!
POCH

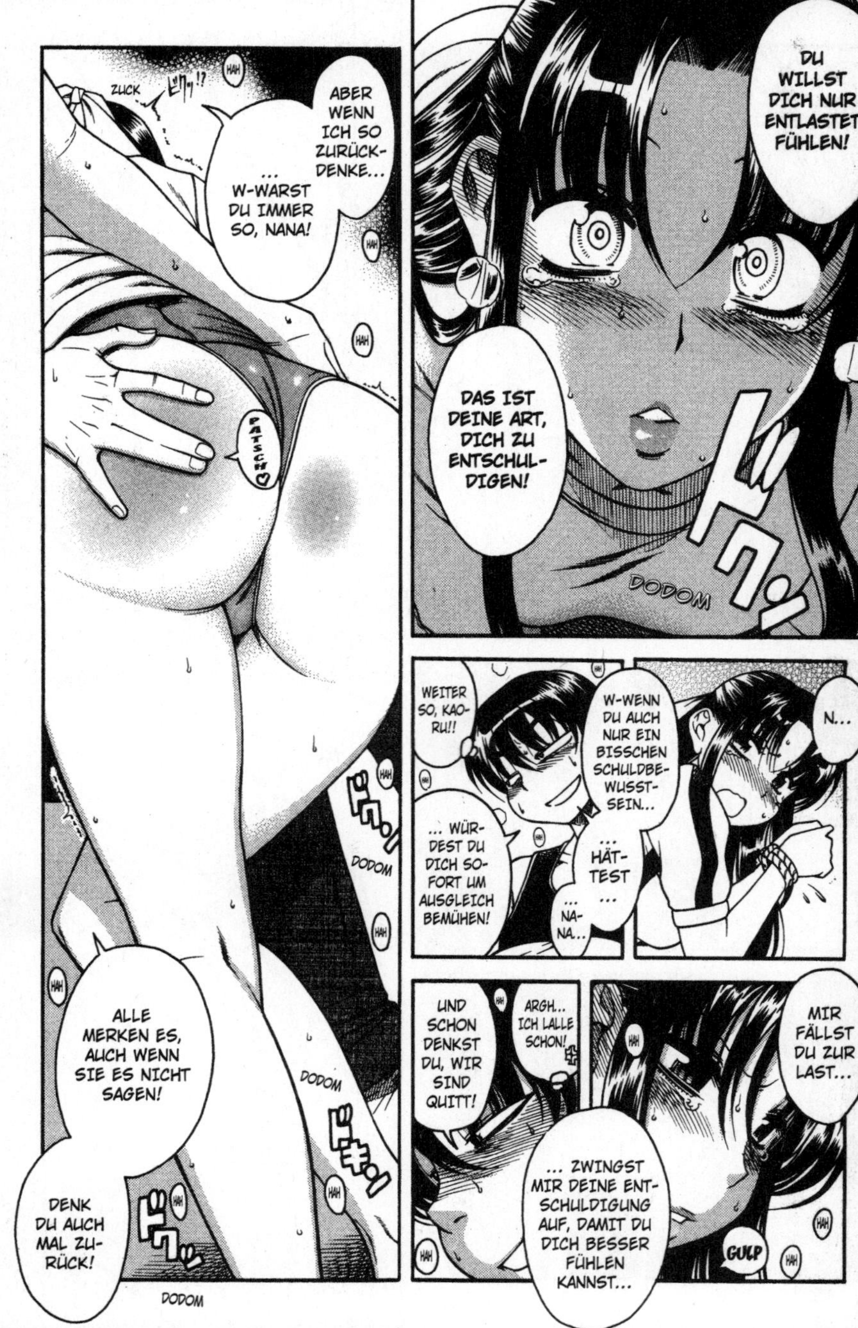

DU WILLST DICH NUR ENTLASTET FÜHLEN!
DAS IST DEINE ART, DICH ZU ENTSCHULDIGEN!
DODOM
ZUCK
HAH
ABER WENN ICH SO ZURÜCKDENKE... ... W-WARST DU IMMER SO, NANA!
HAH
HAH
PATSCH♡
N...
W-WENN DU AUCH NUR EIN BISSCHEN SCHULDBEWUSSTSEIN...
... HÄTTEST ...
... NANA...
WEITER SO, KAORU!!
... WÜRDEST DU DICH SOFORT UM AUSGLEICH BEMÜHEN!
HAH
HAH
DODOM
HAH
MIR FÄLLST DU ZUR LAST...
ARGH... ICH LALLE SCHON!
UND SCHON DENKST DU, WIR SIND QUITT!
HAH
... ZWINGST MIR DEINE ENTSCHULDIGUNG AUF, DAMIT DU DICH BESSER FÜHLEN KANNST...
GULP
HAH
HAH
HAH
ALLE MERKEN ES, AUCH WENN SIE ES NICHT SAGEN!
DODOM
DENK DU AUCH MAL ZURÜCK!
HAH
HAH
DODOM

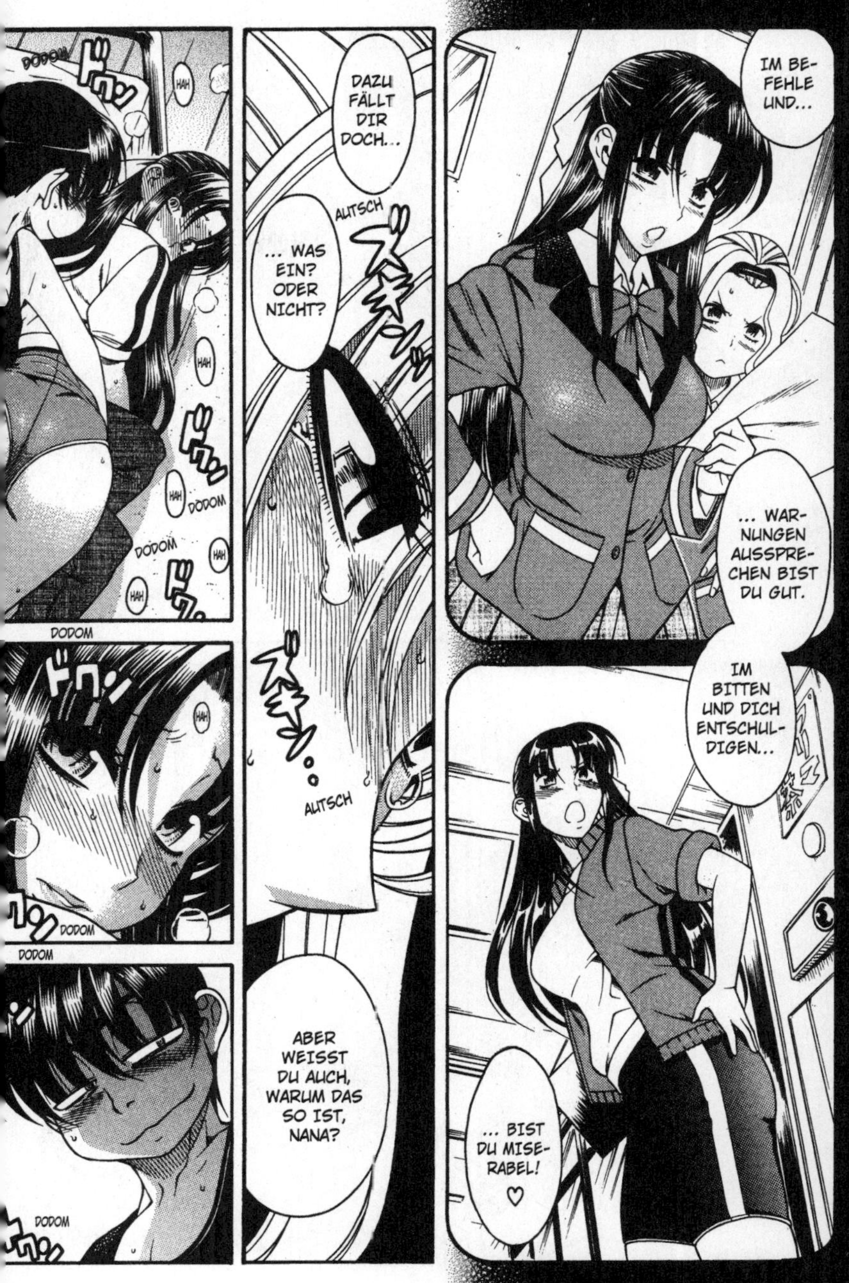
IM BE-
FEHLE
UND...
... WAR-
NUNGEN
AUSSPRE-
CHEN BIST
DU GUT.
IM
BITTEN
UND DICH
ENTSCHUL-
DIGEN...
... BIST
DU MISE-
RABEL!
♡
DAZU
FÄLLT
DIR
DOCH...
... WAS
EIN?
ODER
NICHT?
AUTSCH
AUTSCH
ABER
WEISST
DU AUCH,
WARUM DAS
SO IST,
NANA?
DODOM
HAH
HAH
HAH
DODOM
DODOM
HAH
HAH
DODOM
HAH
DODOM
DODOM
DODOM

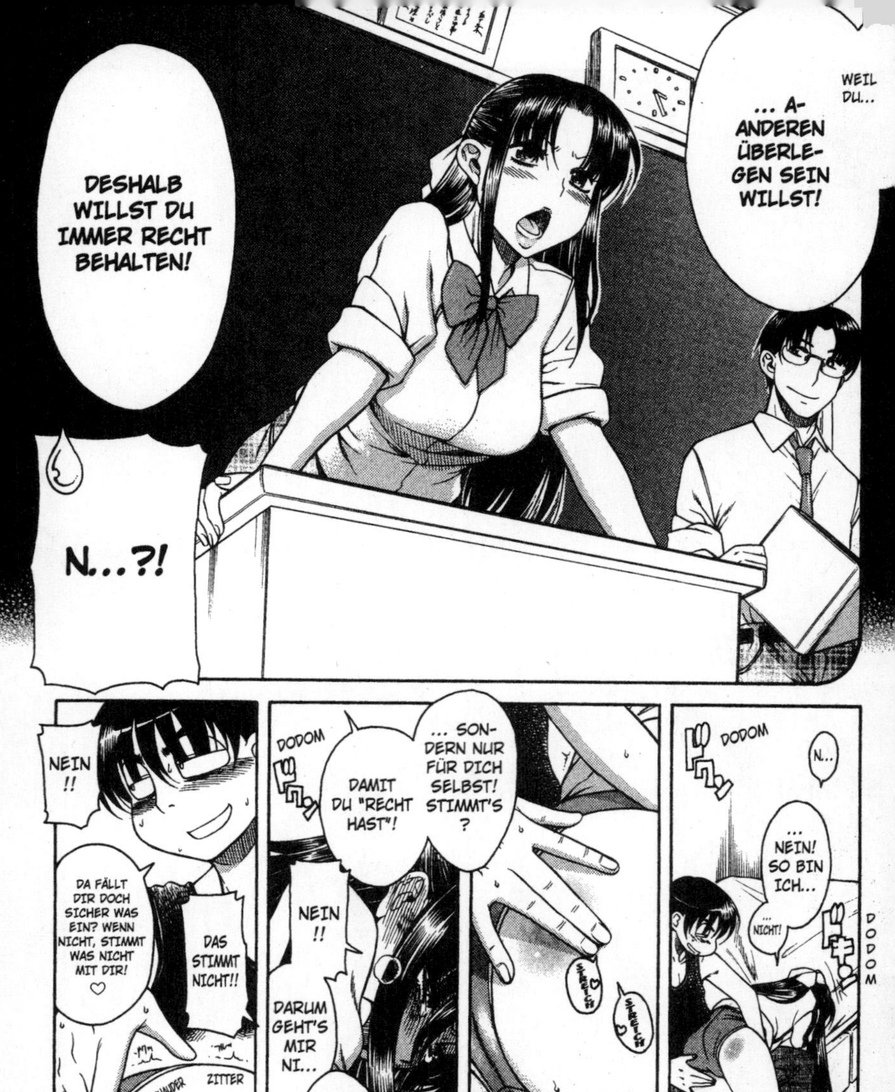
WEIL DU...
... A-ANDEREN ÜBERLEGEN SEIN WILLST!
DESHALB WILLST DU IMMER RECHT BEHALTEN!
N...?!
DODOM
N...
... NEIN! SO BIN ICH...
... NICHT!
DODOM
MEINST DU NICHT?
DU LEGST DICH NICHT FÜR ALLE INS ZEUG...
DODOM
DODOM
... SONDERN NUR FÜR DICH SELBST! STIMMT'S?
STREICH
STREICH
DODOM
DAMIT DU "RECHT HAST"!
NEIN !!
DARUM GEHT'S MIR NI...
WIRKLICH NICHT? DENK MAL NACH ÜBER...
... DEINE HALTUNG UND DIE REAKTIONEN DER ANDEREN!
DODOM
NEIN !!
DAS STIMMT NICHT!!
DA FÄLLT DIR DOCH SICHER WAS EIN? WENN NICHT, STIMMT WAS NICHT MIT DIR! ♡
SCHAUDER
ZITTER
TSUPP

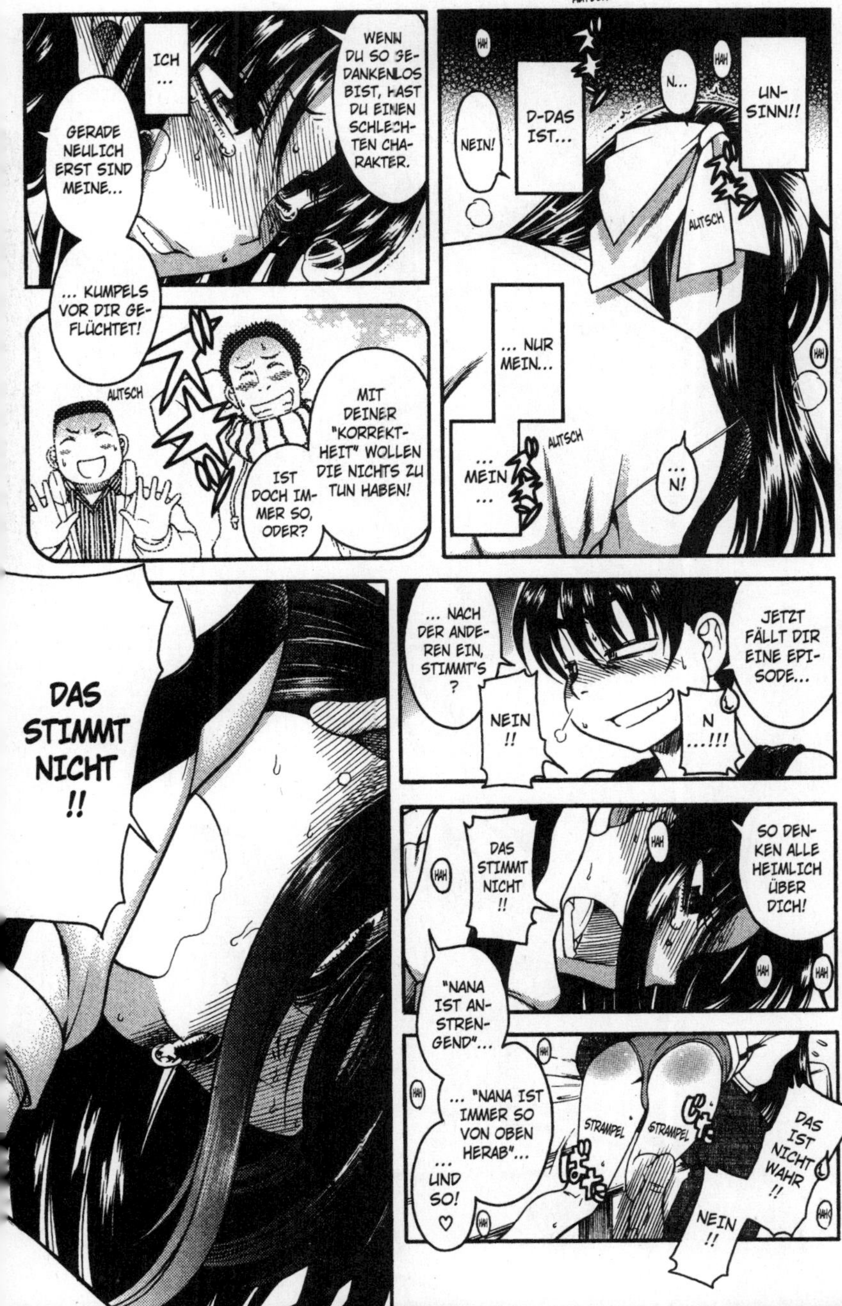

AUTSCH
HAH
N...
HAH
UNSINN!!
D-DAS IST...
NEIN!
AUTSCH
... NUR MEIN...
... MEIN ...
AUTSCH
... N!
HAH
WENN DU SO GEDANKENLOS BIST, HAST DU EINEN SCHLECHTEN CHARAKTER.
ICH ...
GERADE NEULICH ERST SIND MEINE...
... KUMPELS VOR DIR GEFLÜCHTET!
MIT DEINER "KORREKTHEIT" WOLLEN DIE NICHTS ZU TUN HABEN!
IST DOCH IMMER SO, ODER?
AUTSCH
JETZT FÄLLT DIR EINE EPISODE...
... NACH DER ANDEREN EIN, STIMMT'S?
N ...!!!
NEIN !!
SO DENKEN ALLE HEIMLICH ÜBER DICH!
HAH
DAS STIMMT NICHT !!
HAH
HAH
HAH
"NANA IST ANSTRENGEND"...
... "NANA IST IMMER SO VON OBEN HERAB"...
... UND SO! ♡
HAH
STRAMPEL
STRAMPEL
DAS IST NICHT WAHR !!
NEIN !!
HAH
HAH
HAH
DAS STIMMT NICHT !!

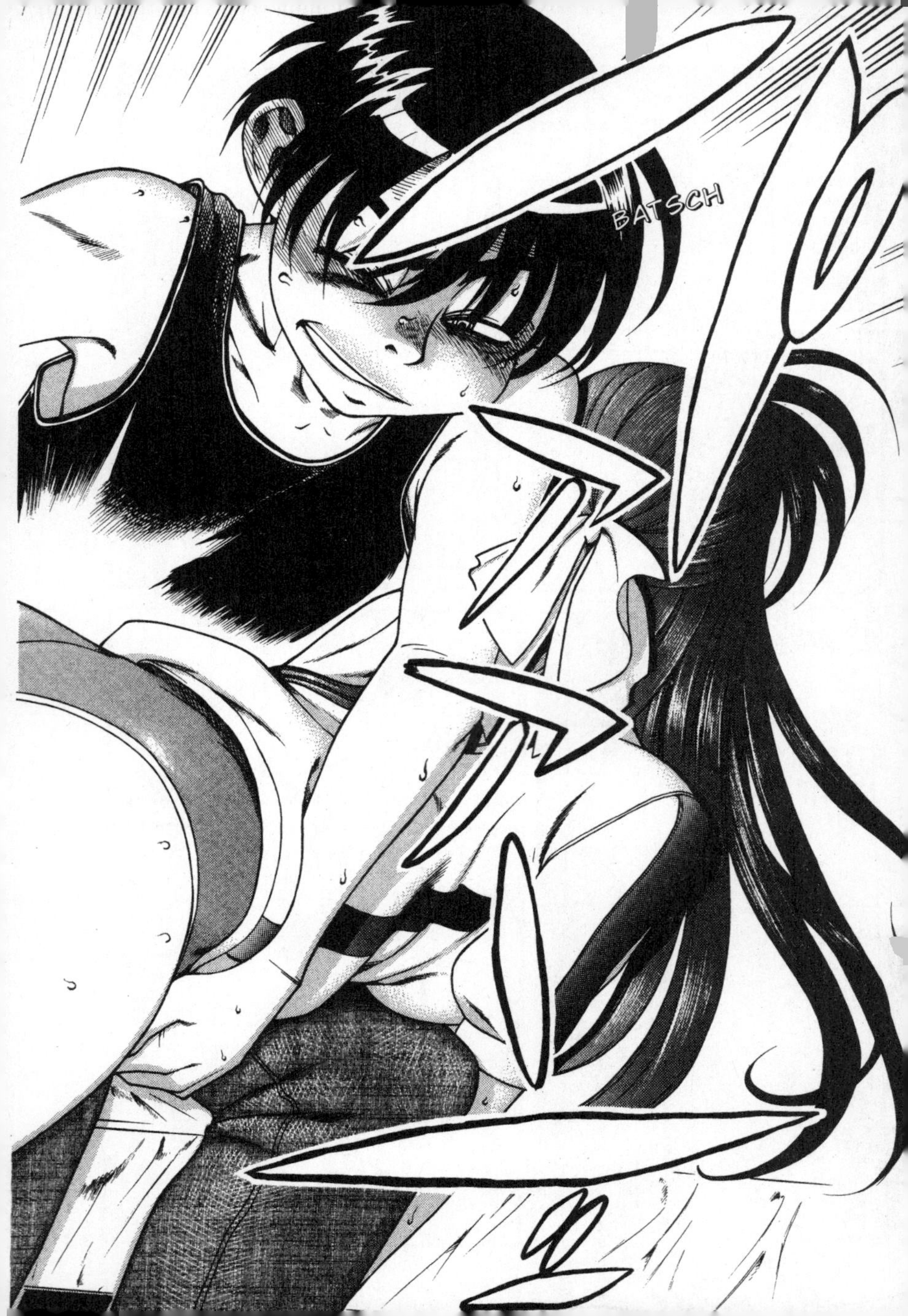
BATSCH

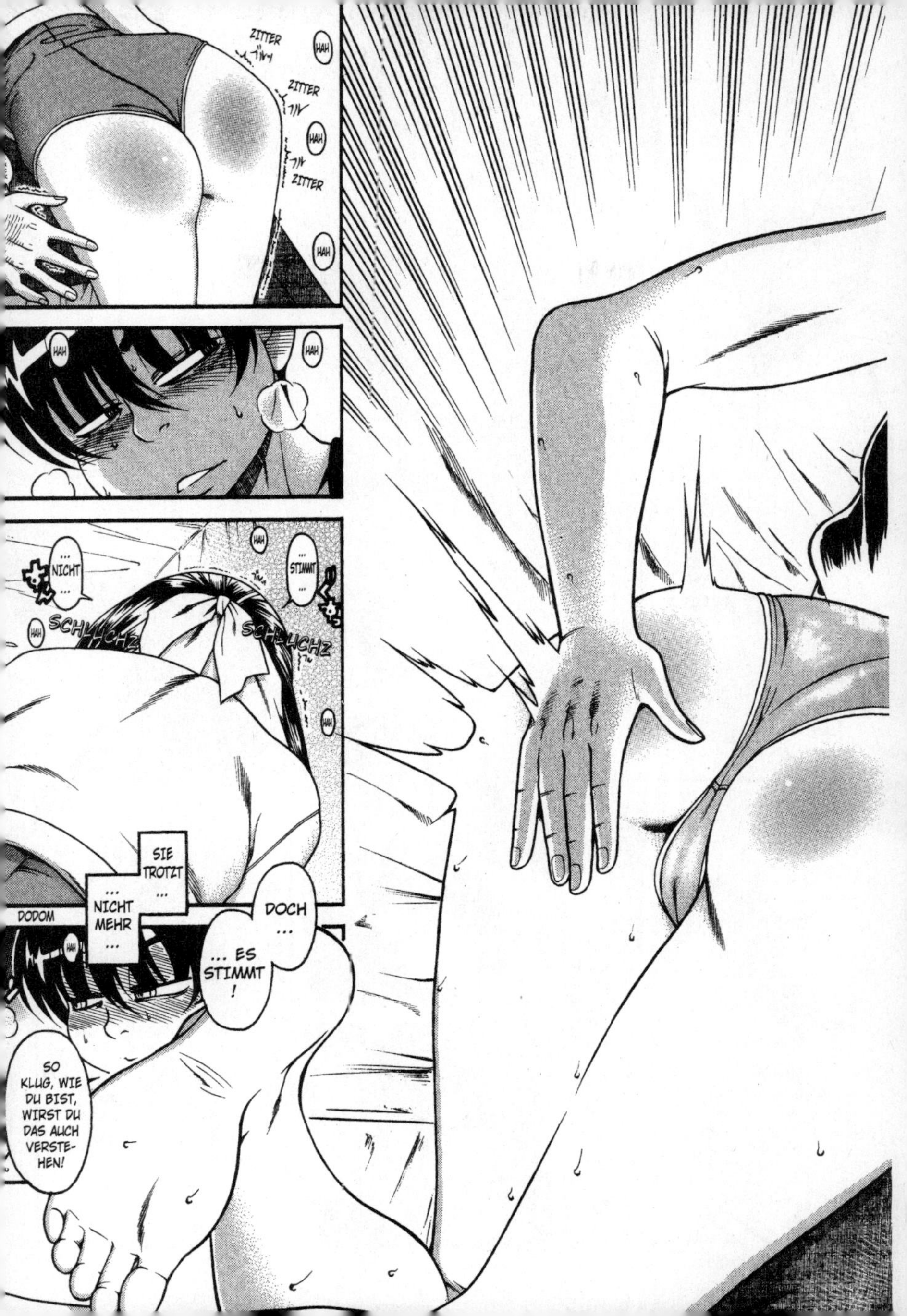

ZITTER
ZITTER
ZITTER
HAH
HAH
HAH
HAH
HAH
HAH
...STIMMT...
...NICHT...
HAH
SCHLUCHZ
SCHLUCHZ
HAH
SIE TROTZT ...
... NICHT MEHR ...
DODOM
HAH
DOCH ...
... ES STIMMT!
SO KLUG, WIE DU BIST, WIRST DU DAS AUCH VERSTEHEN!

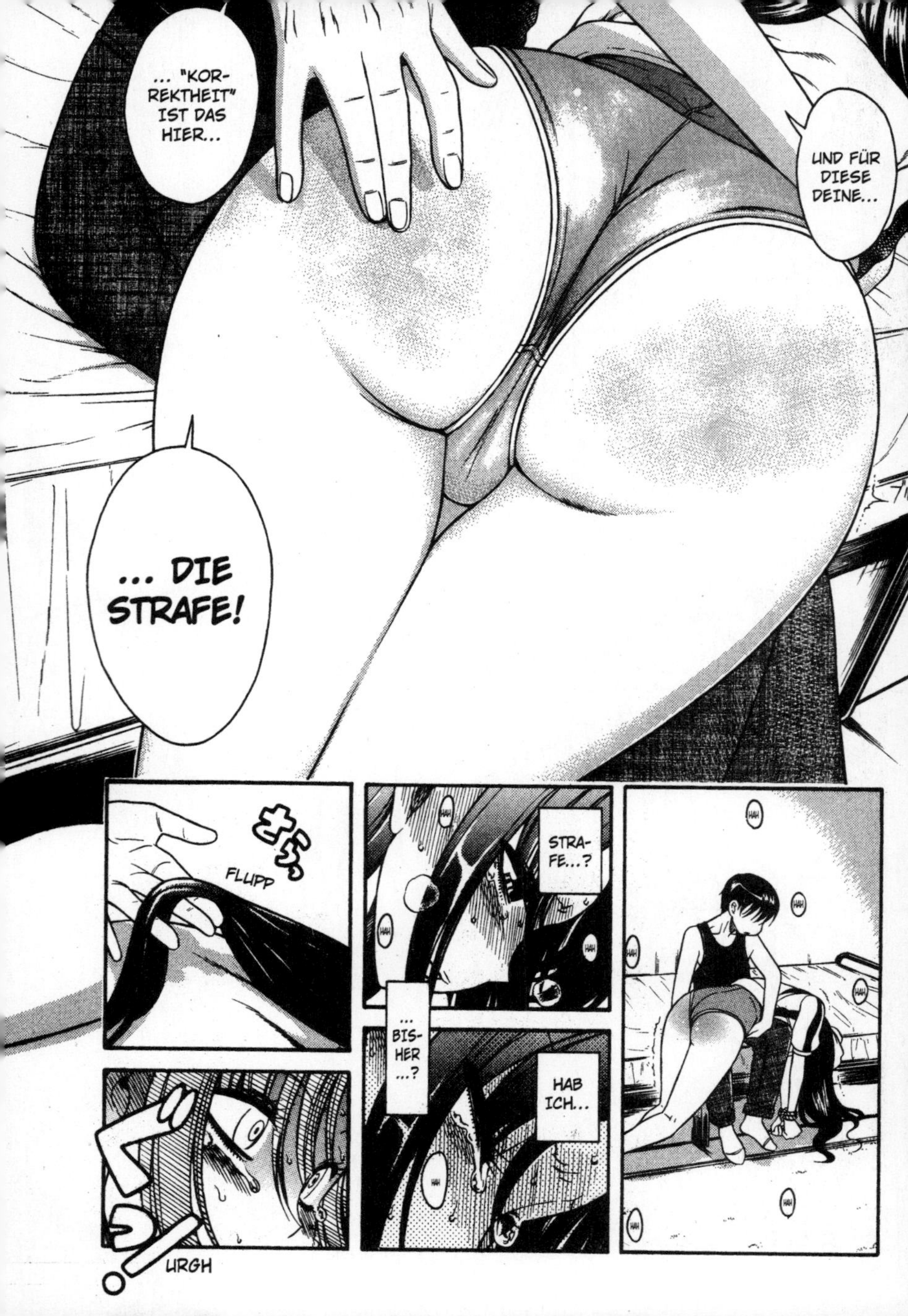
UND FÜR DIESE DEINE...
... "KOR-REKTHEIT" IST DAS HIER...
... DIE STRAFE!
HAH
HAH
HAH
HAH
STRA-FE...?
FLUPP
HAB ICH...
... BIS-HER ...?
URGH

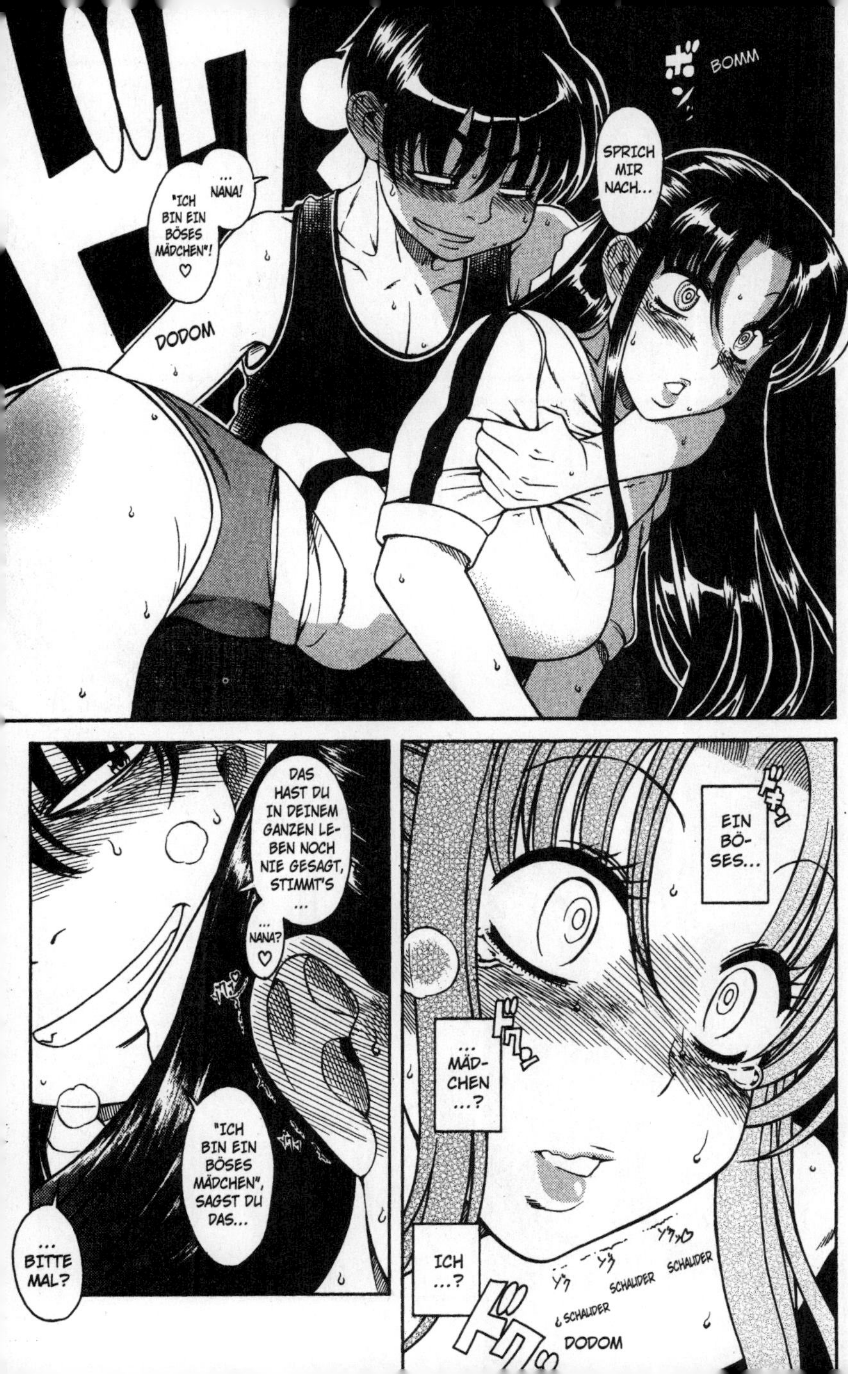

BOMM
SPRICH MIR NACH...
... NANA! "ICH BIN EIN BÖSES MÄDCHEN"! ♡
DODOM
EIN BÖSES...
... MÄDCHEN ...?
ICH ...?
SCHAUDER SCHAUDER SCHAUDER
DODOM
DAS HAST DU IN DEINEM GANZEN LEBEN NOCH NIE GESAGT, STIMMT'S ...
... NANA? ♡
"ICH BIN EIN BÖSES MÄDCHEN", SAGST DU DAS...
... BITTE MAL?

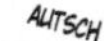

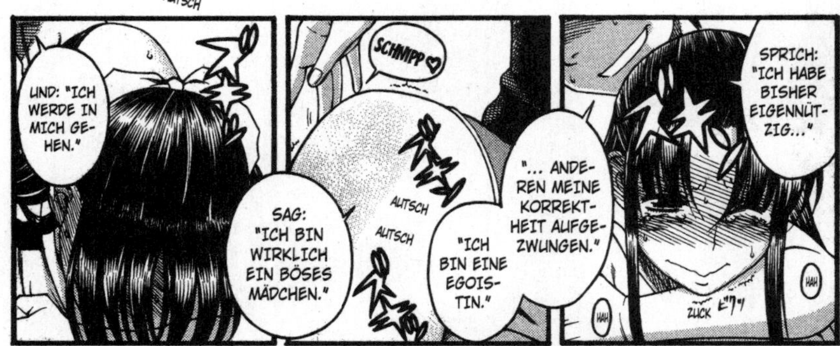

AUTSCH

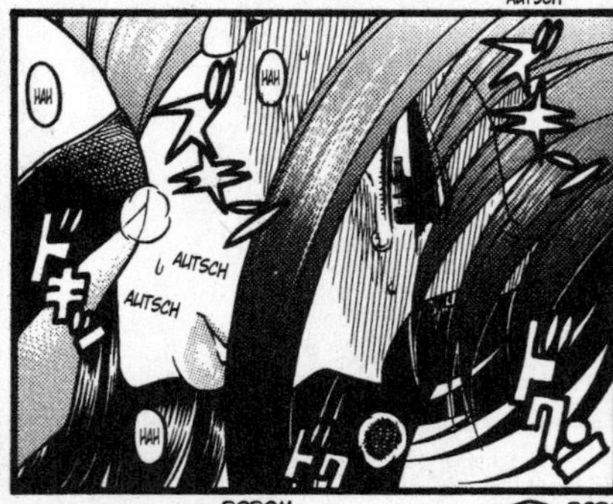

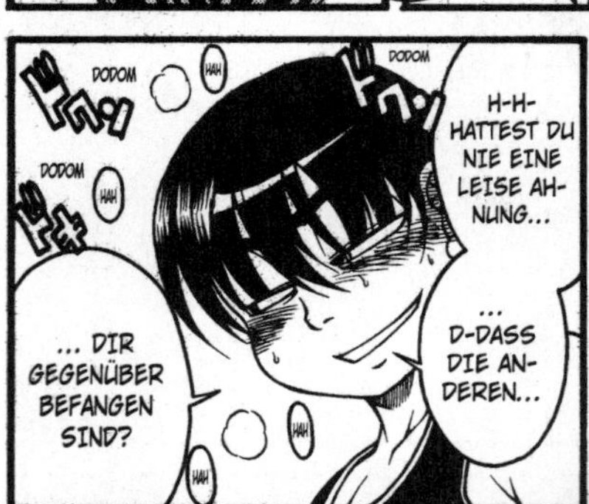

DODOM DODOM

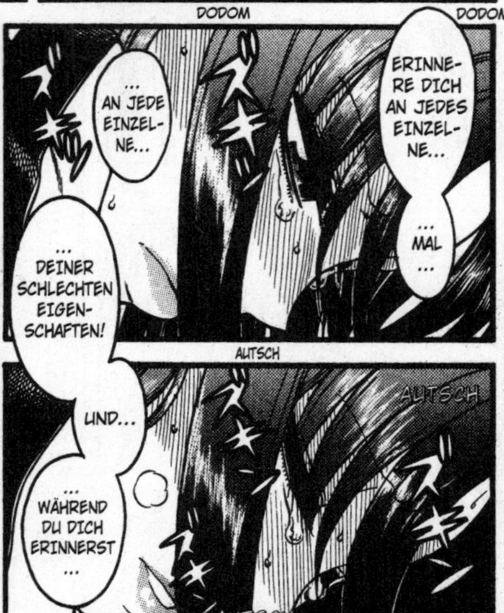

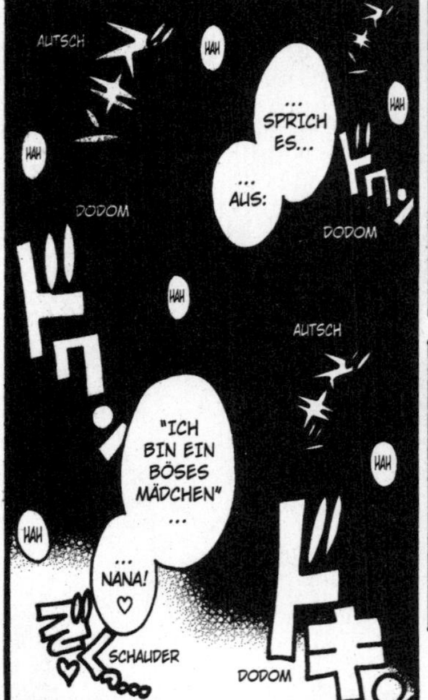

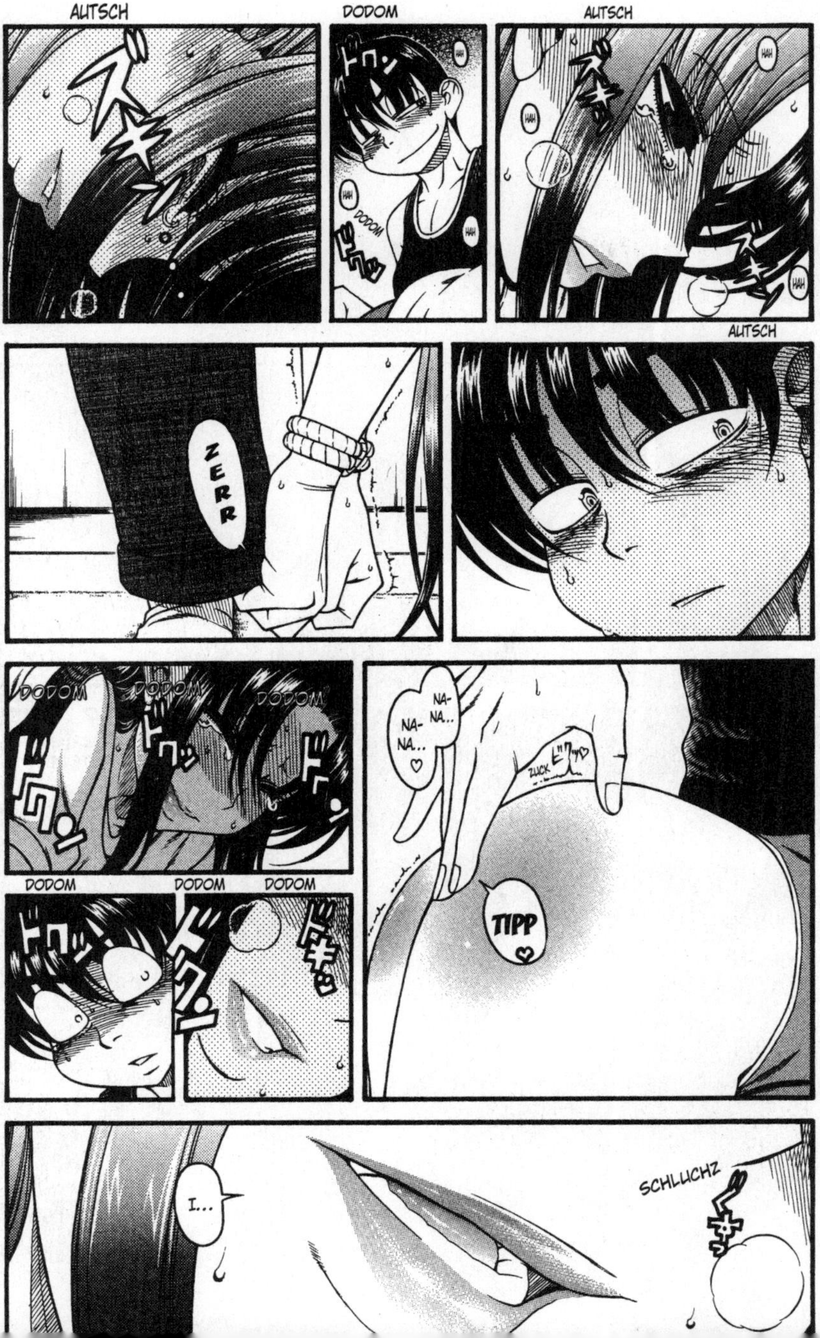

AUTSCH
HAH
HAH
HAH
HAH
DODOM
HAH
DODOM
HAH
AUTSCH
AUTSCH
ZERR
NA-NA...
NA-NA... ♡
ZUCK
TIPP ♡
DODOM
DODOM
DODOM
DODOM
DODOM
DODOM

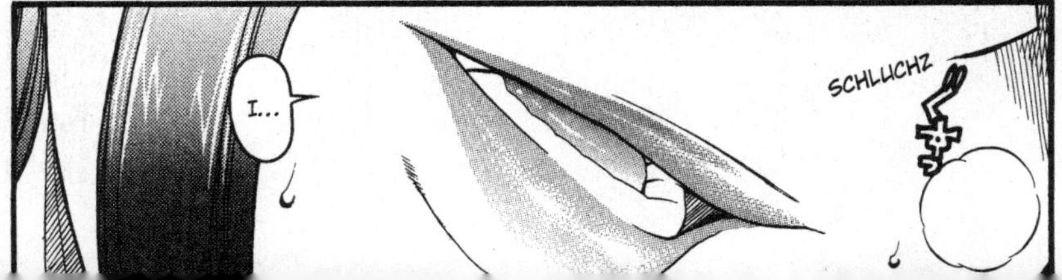

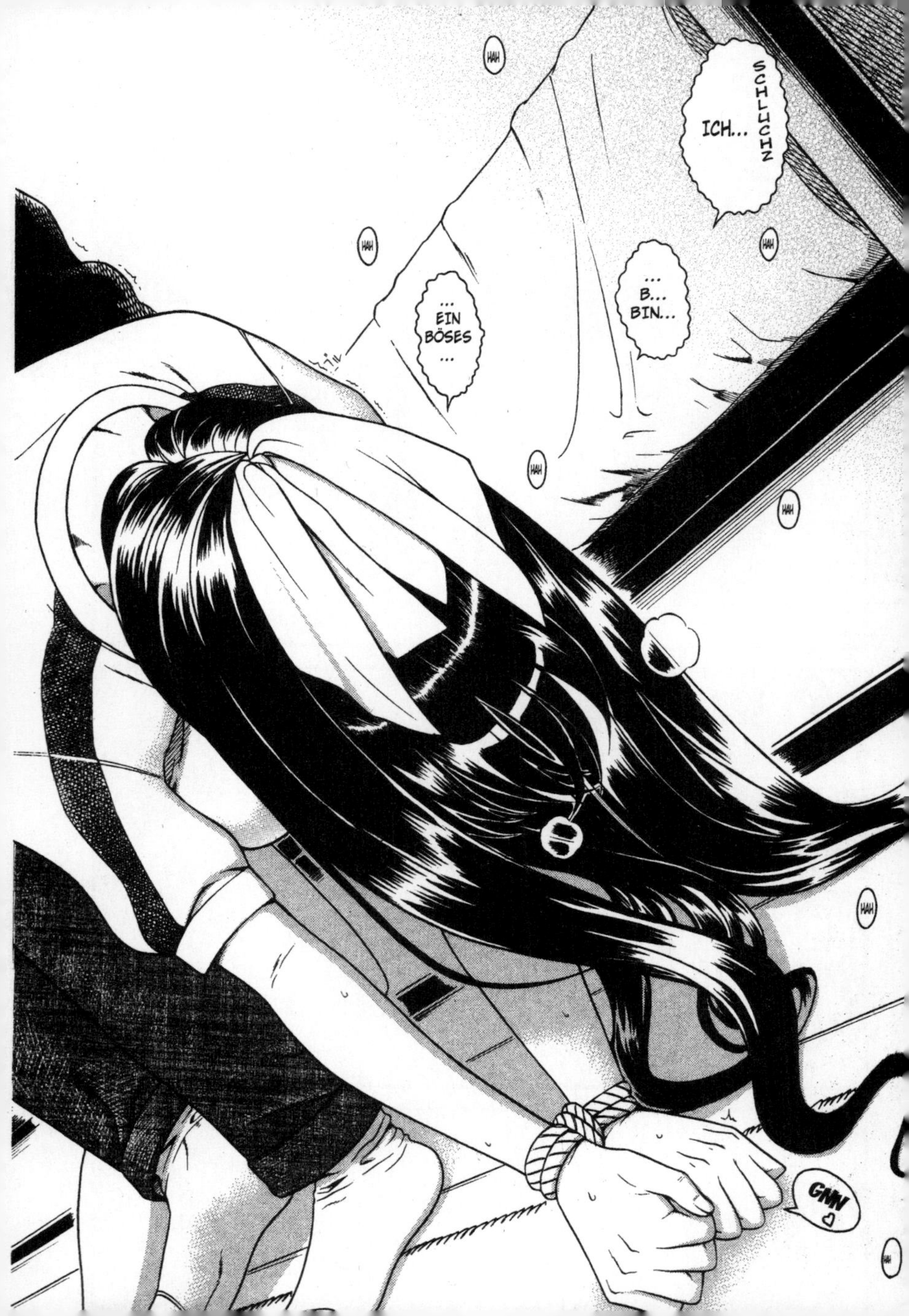
SCHLUCHZ
ICH...
HAH
HAH
... B... BIN...
... EIN BÖSES ...
HAH
HAH
HAH
HAH
GNN ♡
HAH

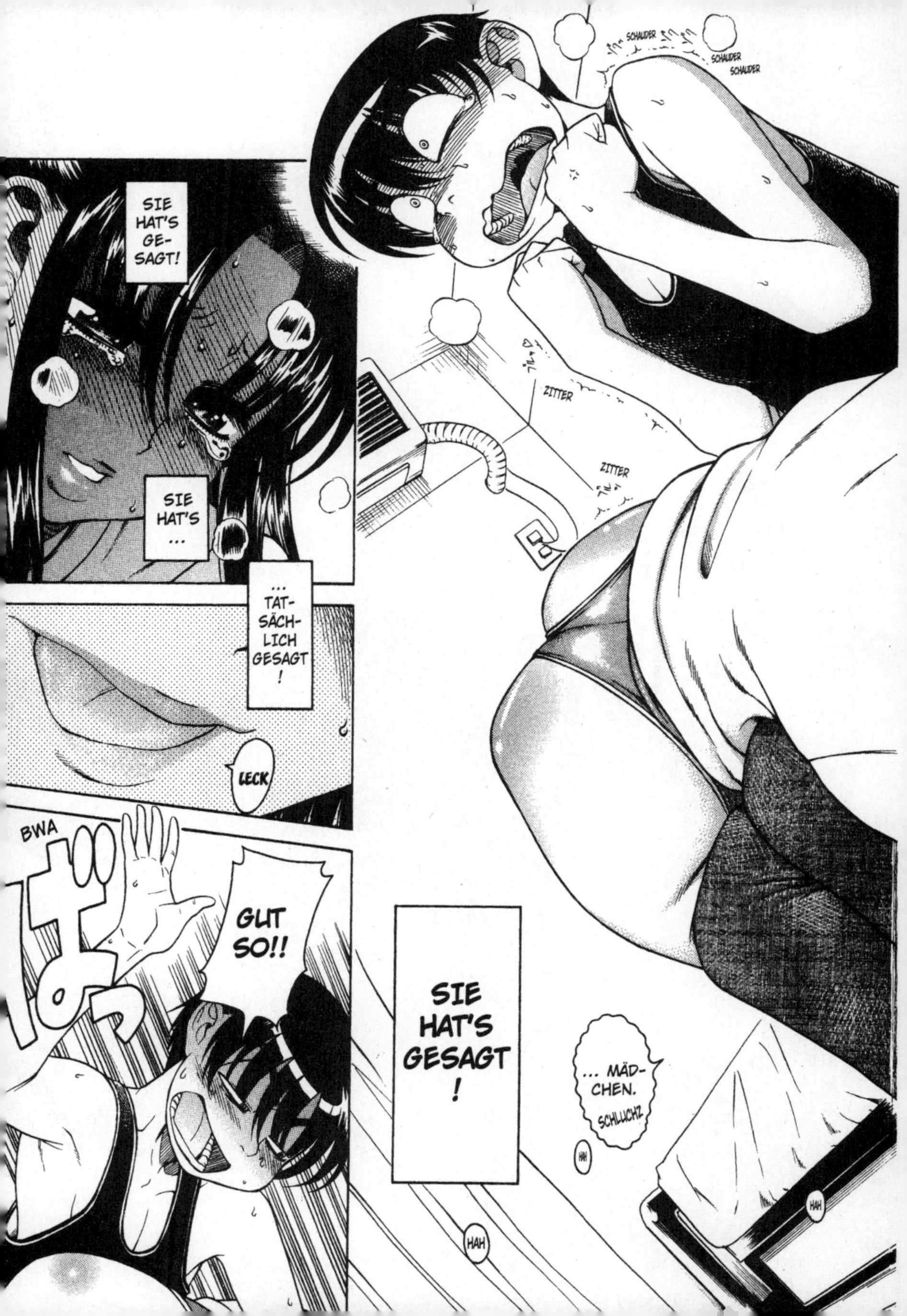
SCHAUDER
SCHAUDER
SCHAUDER
SIE HAT'S GE-SAGT!
SIE HAT'S ...
ZITTER
ZITTER
... TÄT-SÄCH-LICH GESAGT!
LECK
BWA
GUT SO!!
SIE HAT'S GESAGT!
... MÄD-CHEN.
SCHLUCHZ
HAH
HAH
HAH

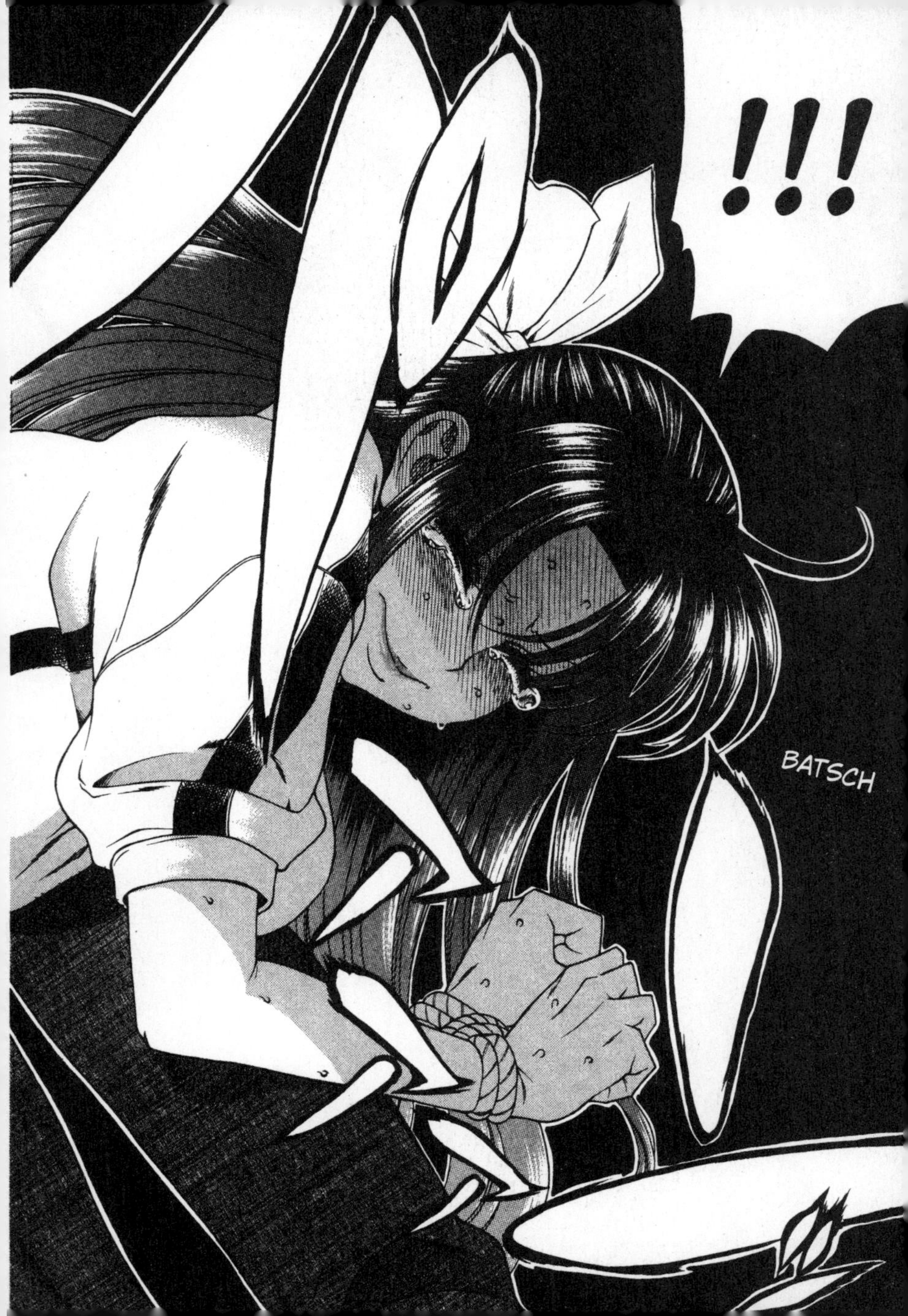
!!!
BATSCH

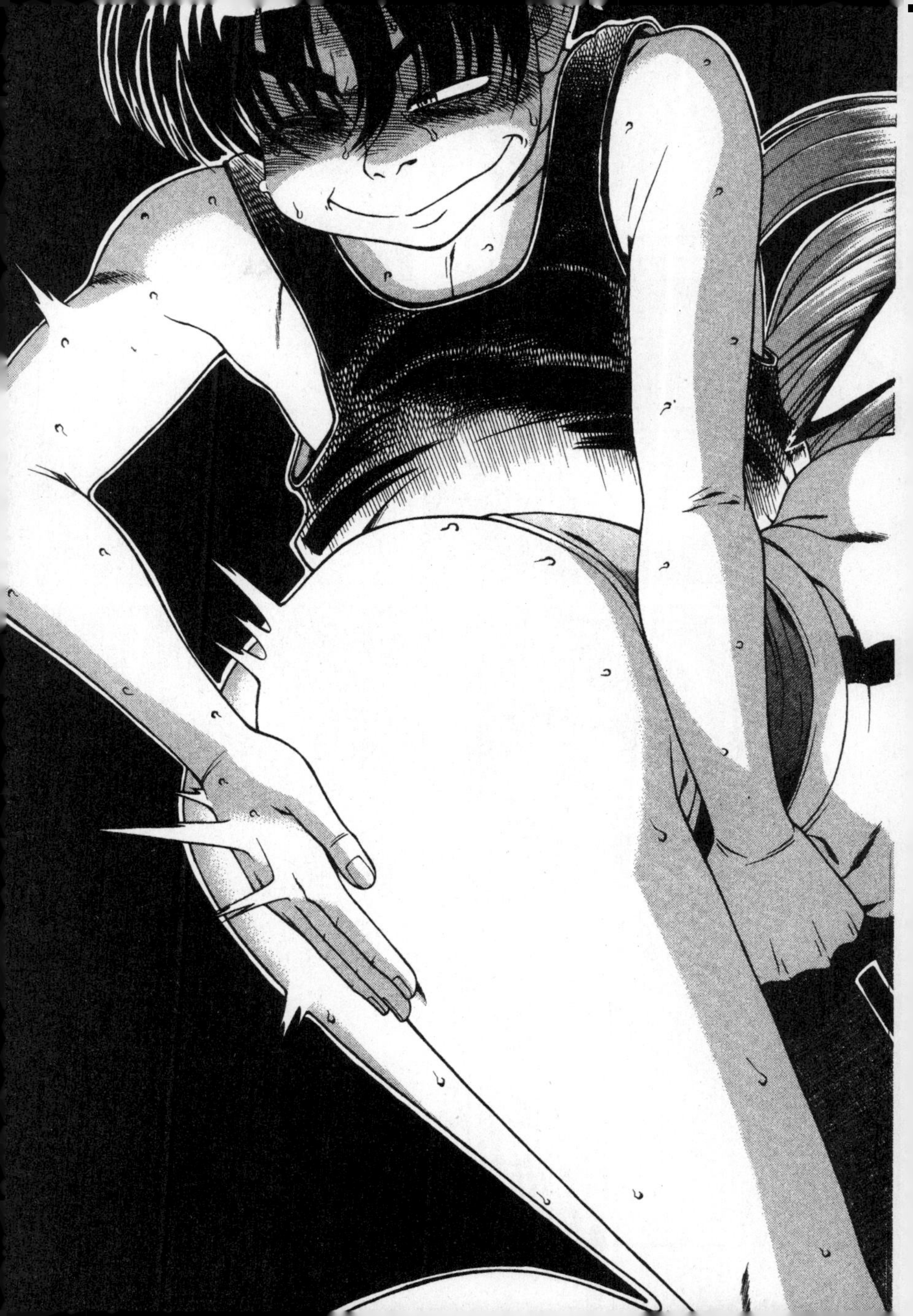

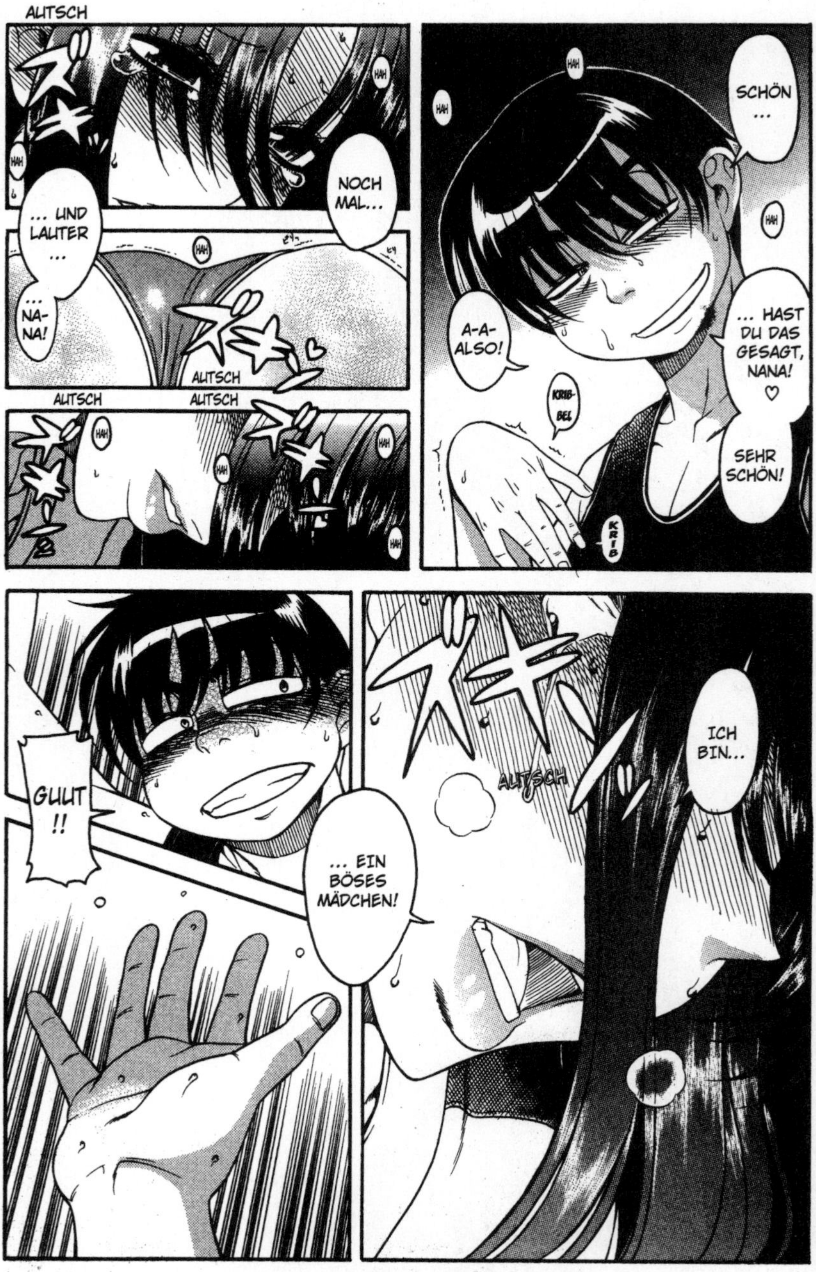

AUTSCH

NOCH MAL...

... UND LAUTER ...

... NA-NA!

AUTSCH

AUTSCH

AUTSCH

SCHÖN ...

A-A-ALSO!

... HAST DU DAS GESAGT, NANA! ♡

SEHR SCHÖN!

GUUT!!

AUTSCH

ICH BIN...

... EIN BÖSES MÄDCHEN!

KAPITEL 32 - ENDE

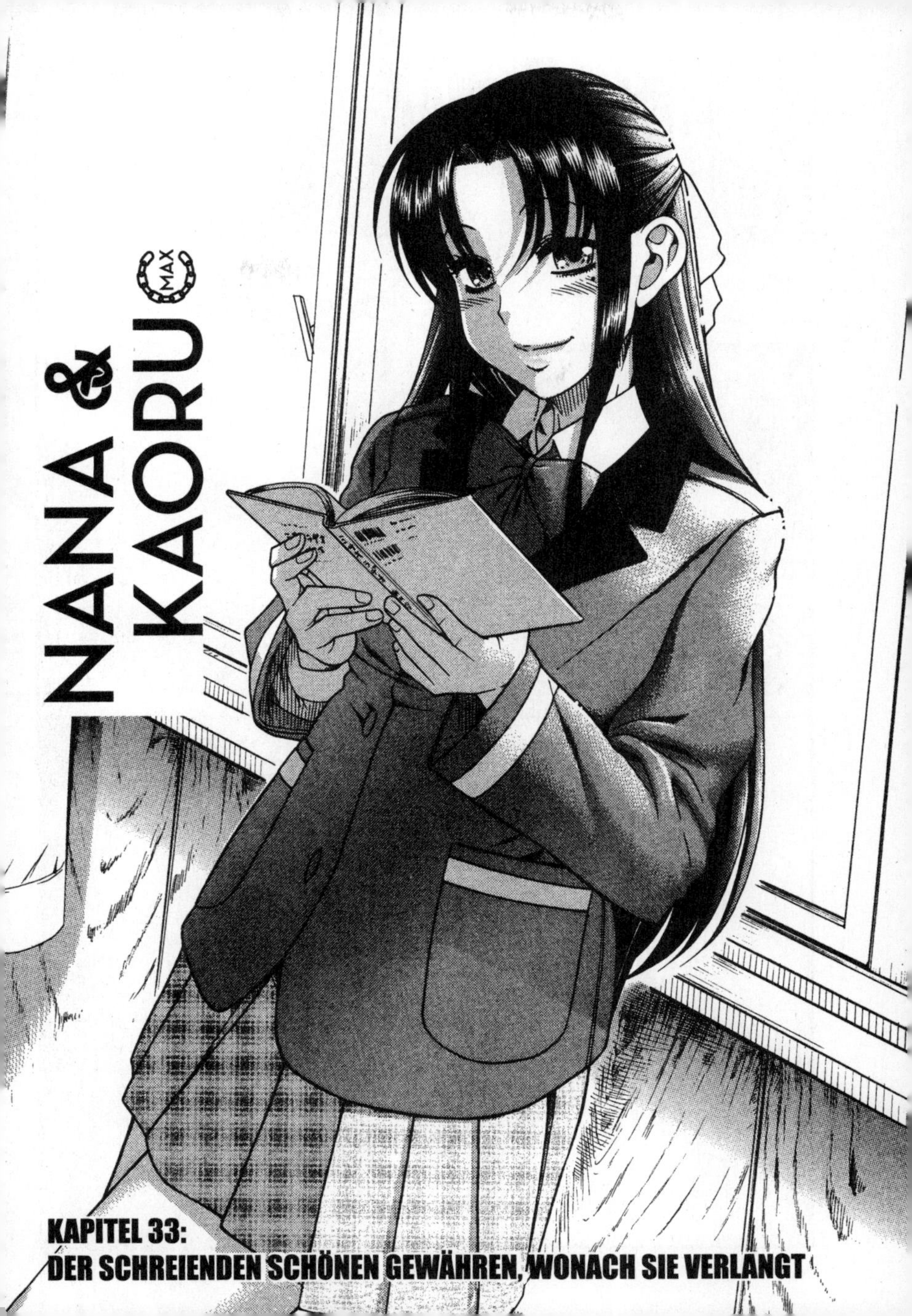
NANA & KAORU
MAX
KAPITEL 33:
DER SCHREIENDEN SCHÖNEN GEWÄHREN, WONACH SIE VERLANGT

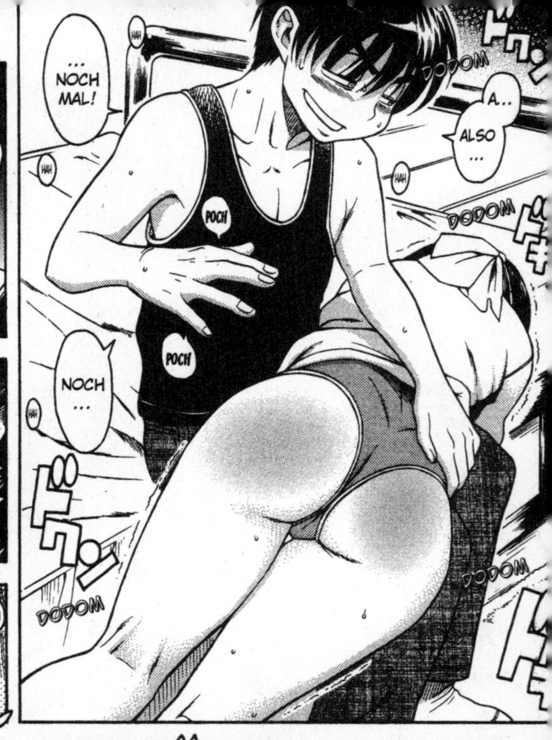
A... ALSO ...
... NOCH MAL!
HAH
POCH
POCH
DODOM
NOCH ...
HAH
DODOM
DODOM

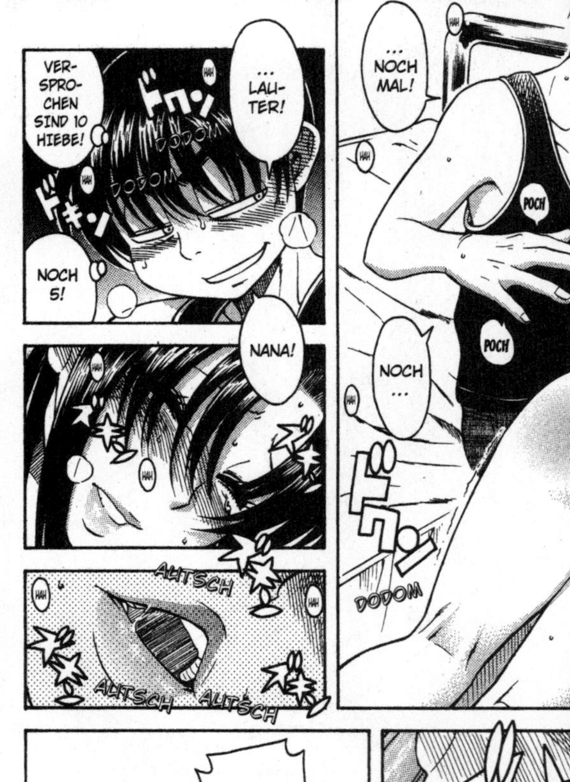
... LAUTER!
VERSPROCHEN SIND 10 HIEBE!
HAH
DODOM
HAH
DODOM
NOCH 5!
NANA!
HAH
HAH
AUTSCH
HAH
HAH
AUTSCH
AUTSCH

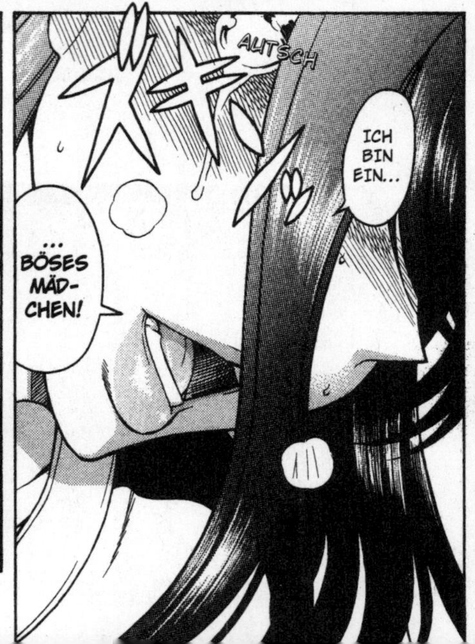
AUTSCH
ICH BIN EIN...
... BÖSES MÄDCHEN!

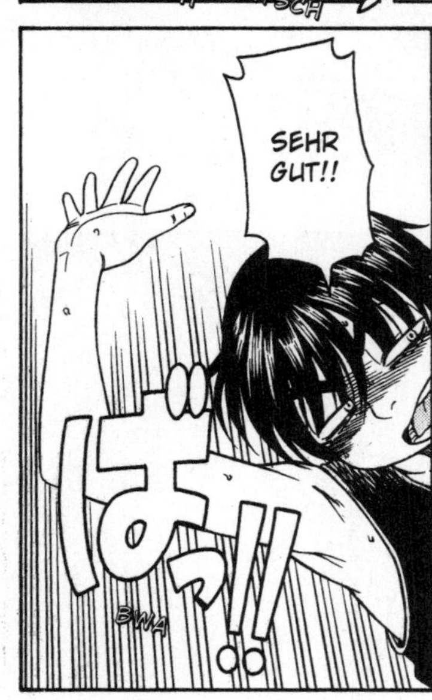
SEHR GUT!!

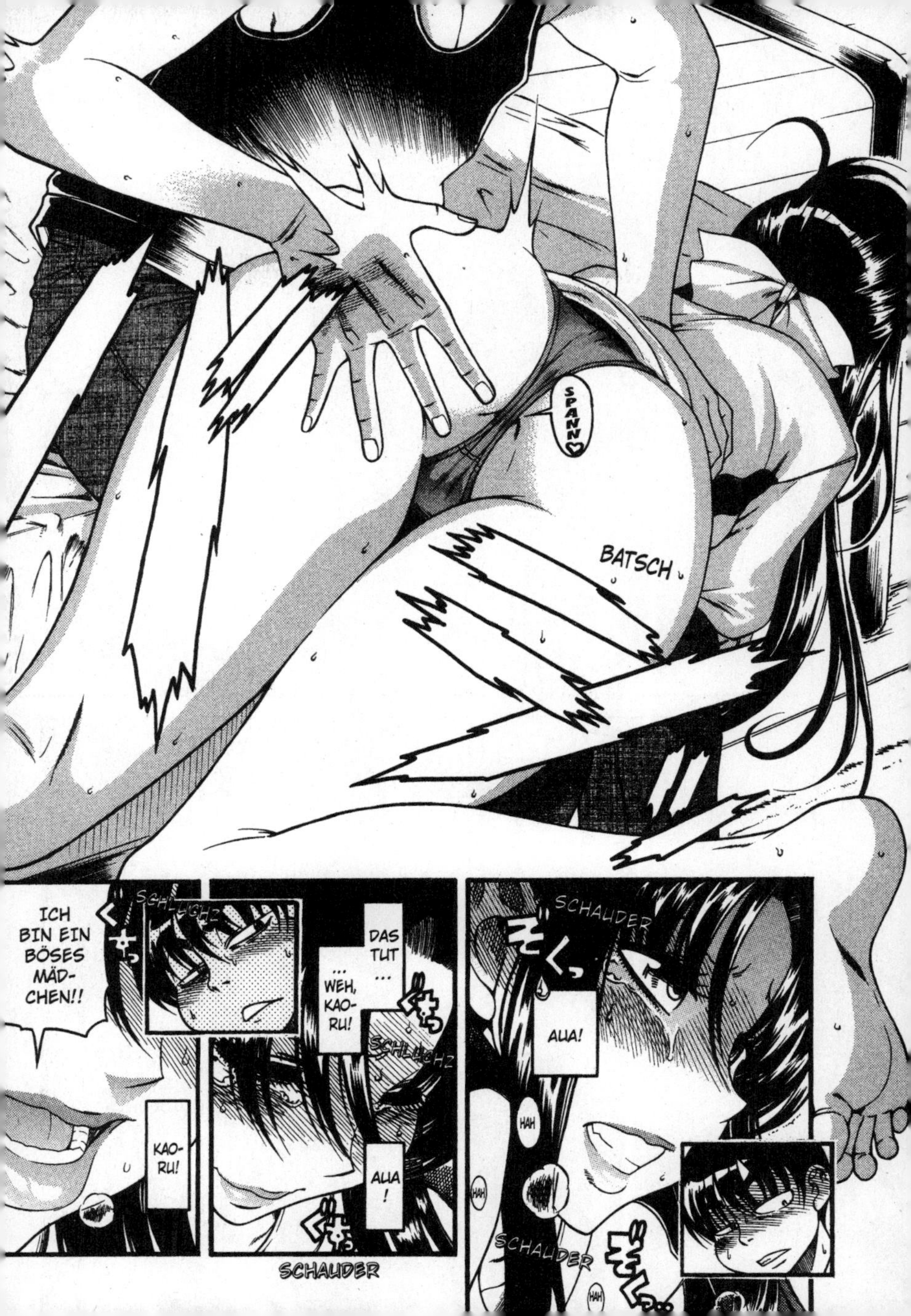

SPANN♡
BATSCH
SCHAUDER
AUA!
HAH
HAH
SCHAUDER
HAH
DAS TUT ... WEH, KAORU!
SCHLUCHZ
AUA!
SCHAUDER
ICH BIN EIN BÖSES MÄD-CHEN!!
SCHLUCHZ
KAO-RU!

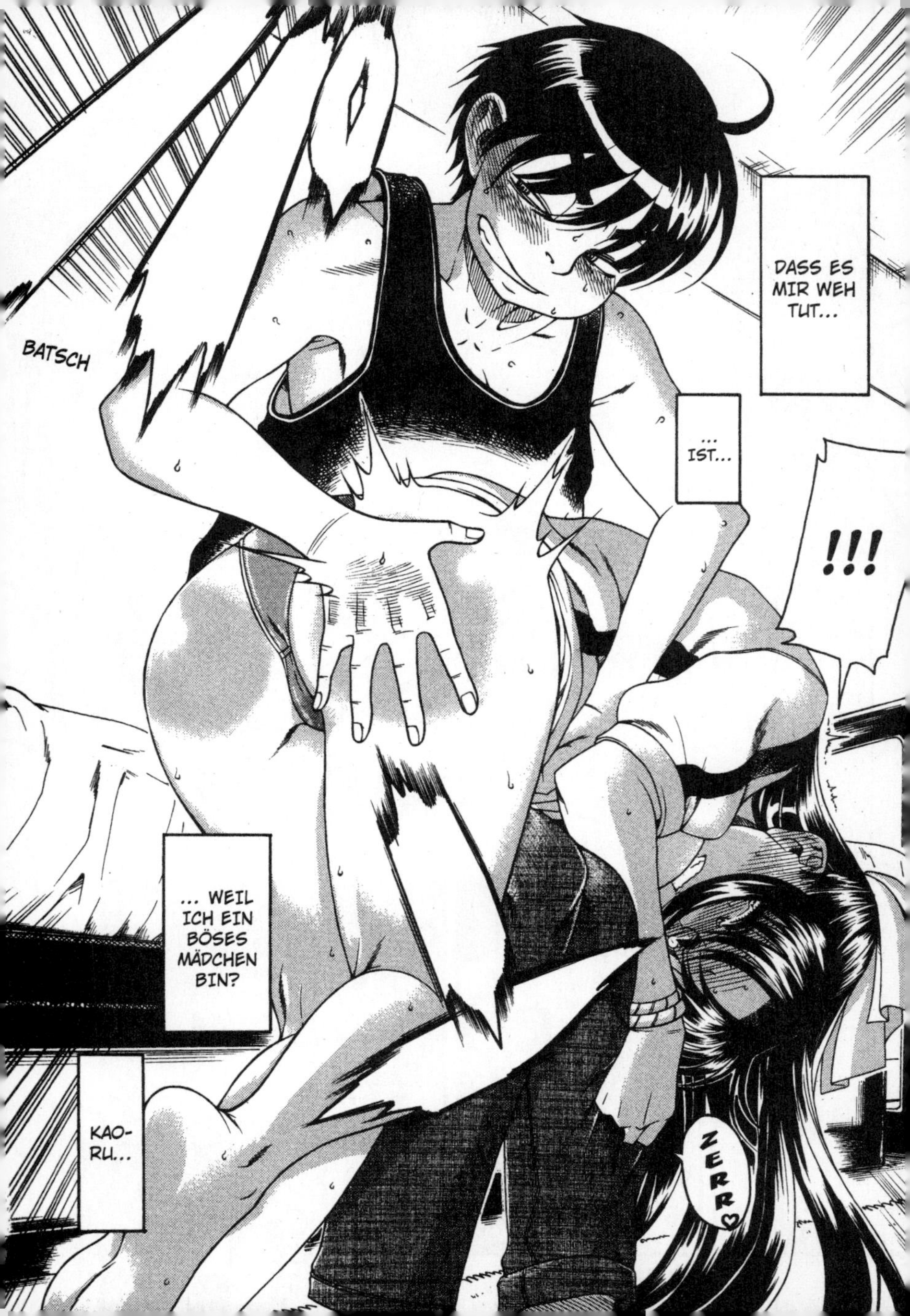
DASS ES MIR WEH TUT...
... IST...
!!!
BATSCH
... WEIL ICH EIN BÖSES MÄDCHEN BIN?
KAO-RU...
ZERR♡

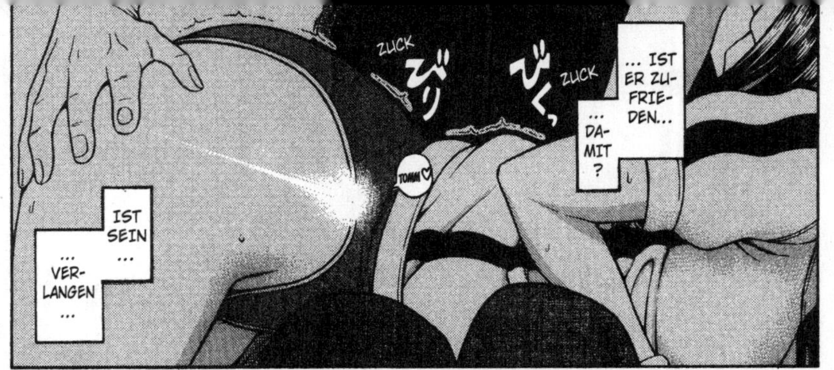
ZUCK
ZUCK
... IST ER ZUFRIEDEN...
... DAMIT ?
TOMM♡
IST SEIN ...
... VERLANGEN ...

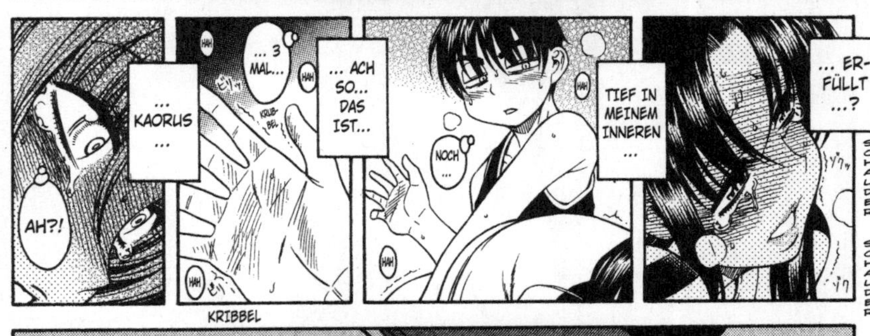
... ERFÜLLT ...?
SCHAUDER SCHAUDER
TIEF IN MEINEM INNEREN ...
... ACH SO... DAS IST...
NOCH ...
HAH
HAH
... 3 MAL...
HAH
HAH
KRIBBEL
... KAORUS ...
AH?!
KRIBBEL

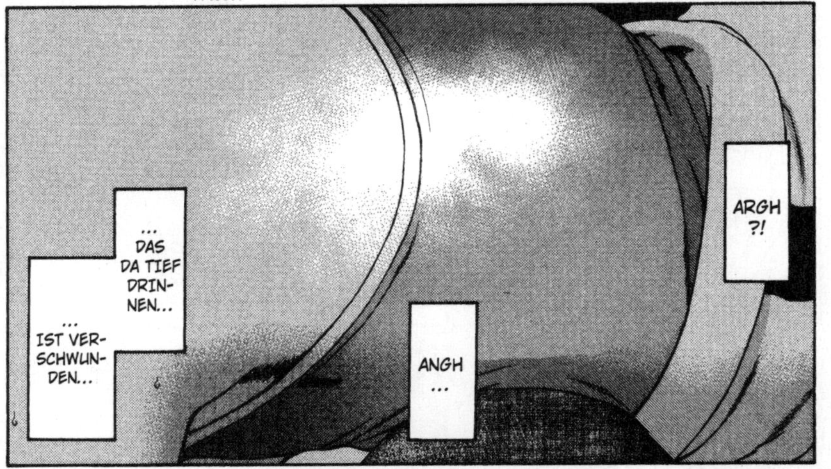
ARGH ?!
ANGH ...
... DAS DA TIEF DRINNEN...
... IST VERSCHWUNDEN...

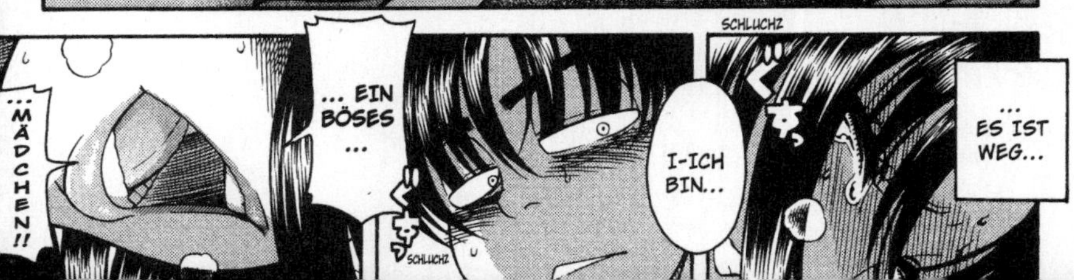
SCHLUCHZ
... ES IST WEG...
I-ICH BIN...
SCHLUCHZ
... EIN BÖSES ...
...MÄDCHEN!!

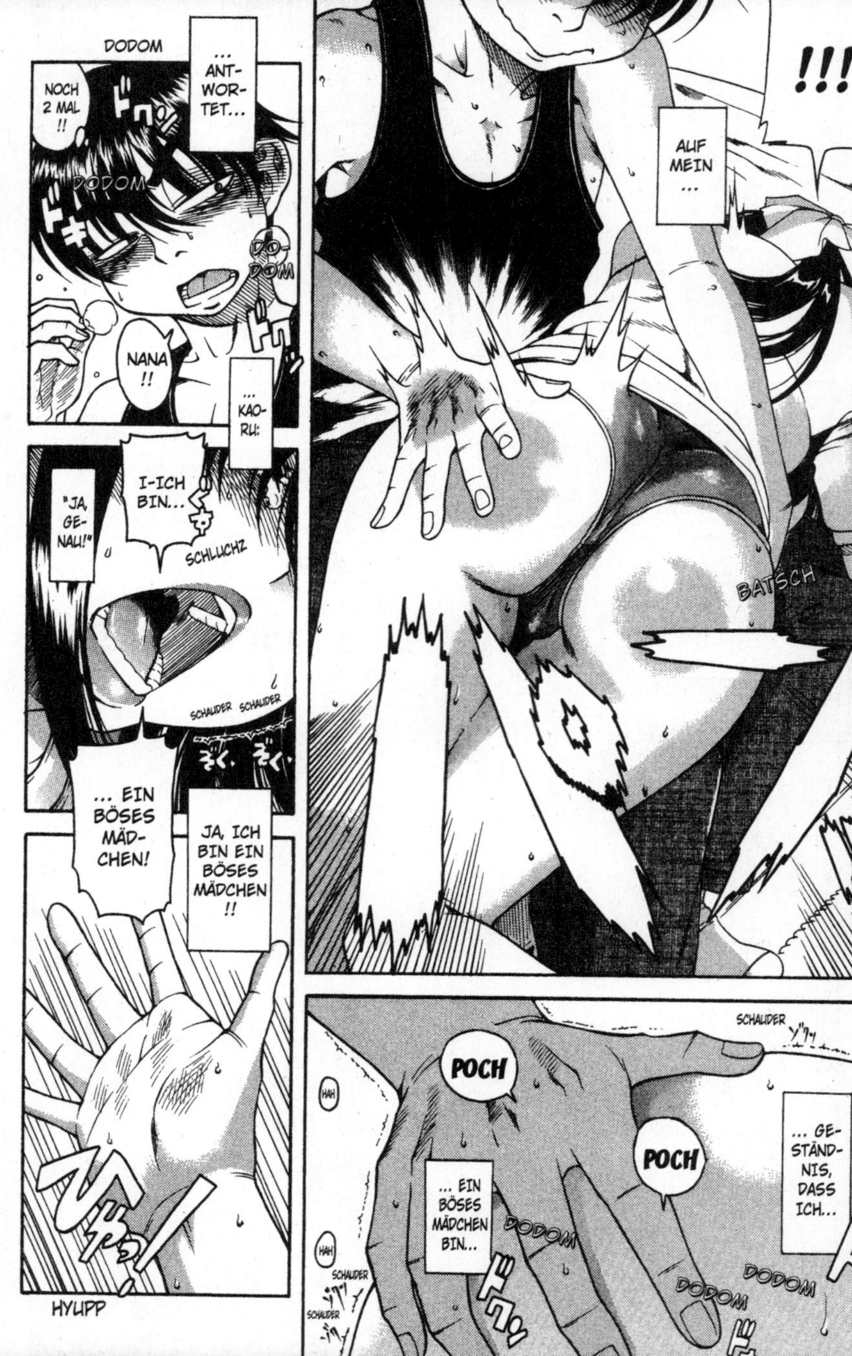
!!!
AUF MEIN ...
BATSCH
SCHAUDER
POCH
... GE-STÄND-NIS, DASS ICH...
POCH
... EIN BÖSES MÄDCHEN BIN...
HAH
HAH
DODOM
DODOM
DODOM
SCHAUDER
SCHAUDER
... ANT-WOR-TET...
DODOM
NOCH 2 MAL !!
DODOM
DO-DOM
NANA !!
... KAO-RU:
I-ICH BIN...
"JA, GE-NAU!"
SCHLUCHZ
SCHAUDER SCHAUDER
JA, ICH BIN EIN BÖSES MÄDCHEN !!
... EIN BÖSES MÄD-CHEN!
HYUPP

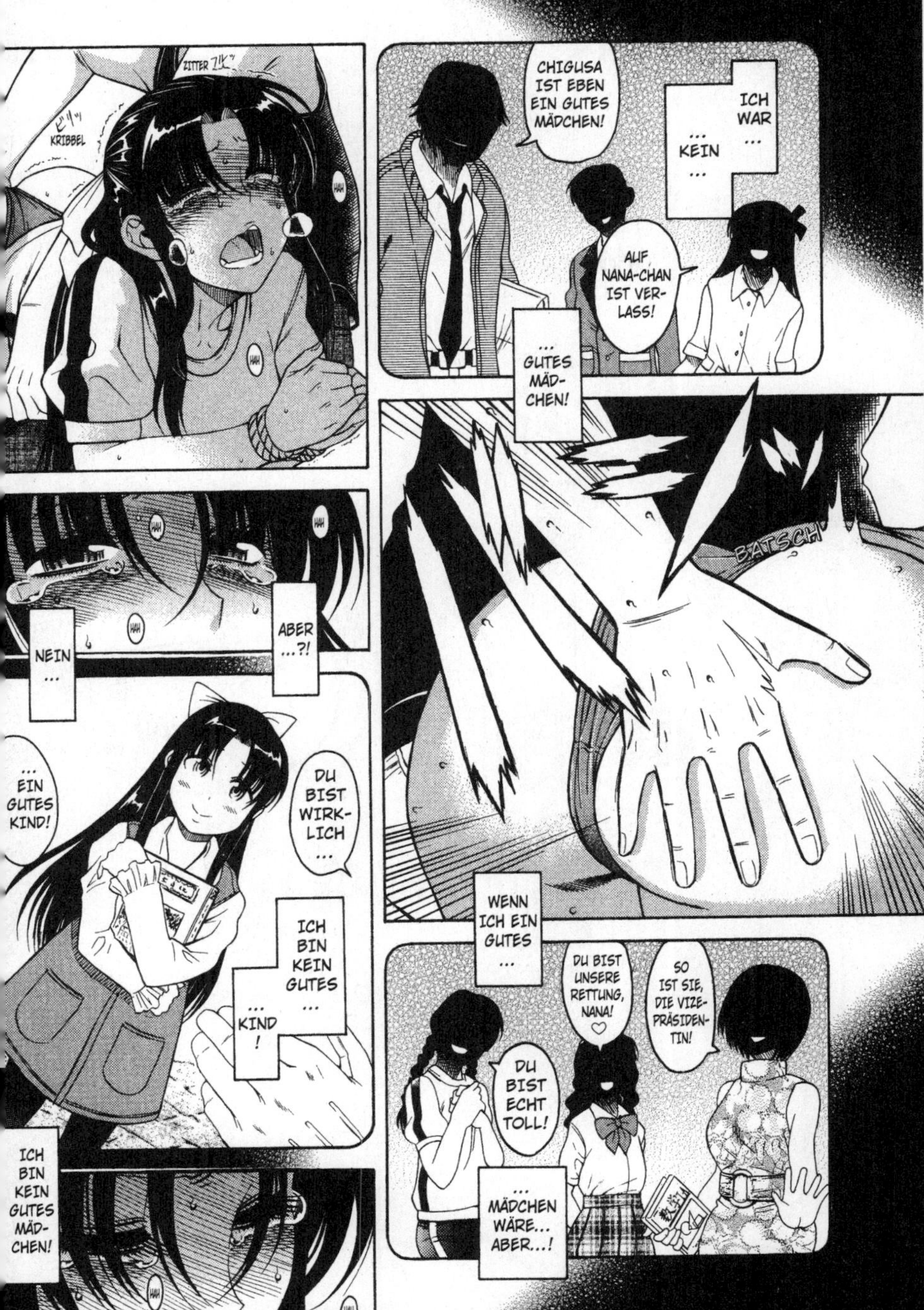
ICH WAR ... KEIN ...
CHIGUSA IST EBEN EIN GUTES MÄDCHEN!
AUF NANA-CHAN IST VER-LASS!
... GUTES MÄD-CHEN!
ZITTER
KRIBBEL
HAH
HAH
BATSCH
HAH
HAH
HAH
ABER ...?!
NEIN ...
WENN ICH EIN GUTES ...
SO IST SIE, DIE VIZE-PRÄSIDEN-TIN!
DU BIST UNSERE RETTUNG, NANA! ♡
DU BIST ECHT TOLL!
... MÄDCHEN WÄRE... ABER ...!
DU BIST WIRK-LICH ...
... EIN GUTES KIND!
ICH BIN KEIN GUTES ...
... KIND!
ICH BIN KEIN GUTES MÄD-CHEN!
HAH
HAH

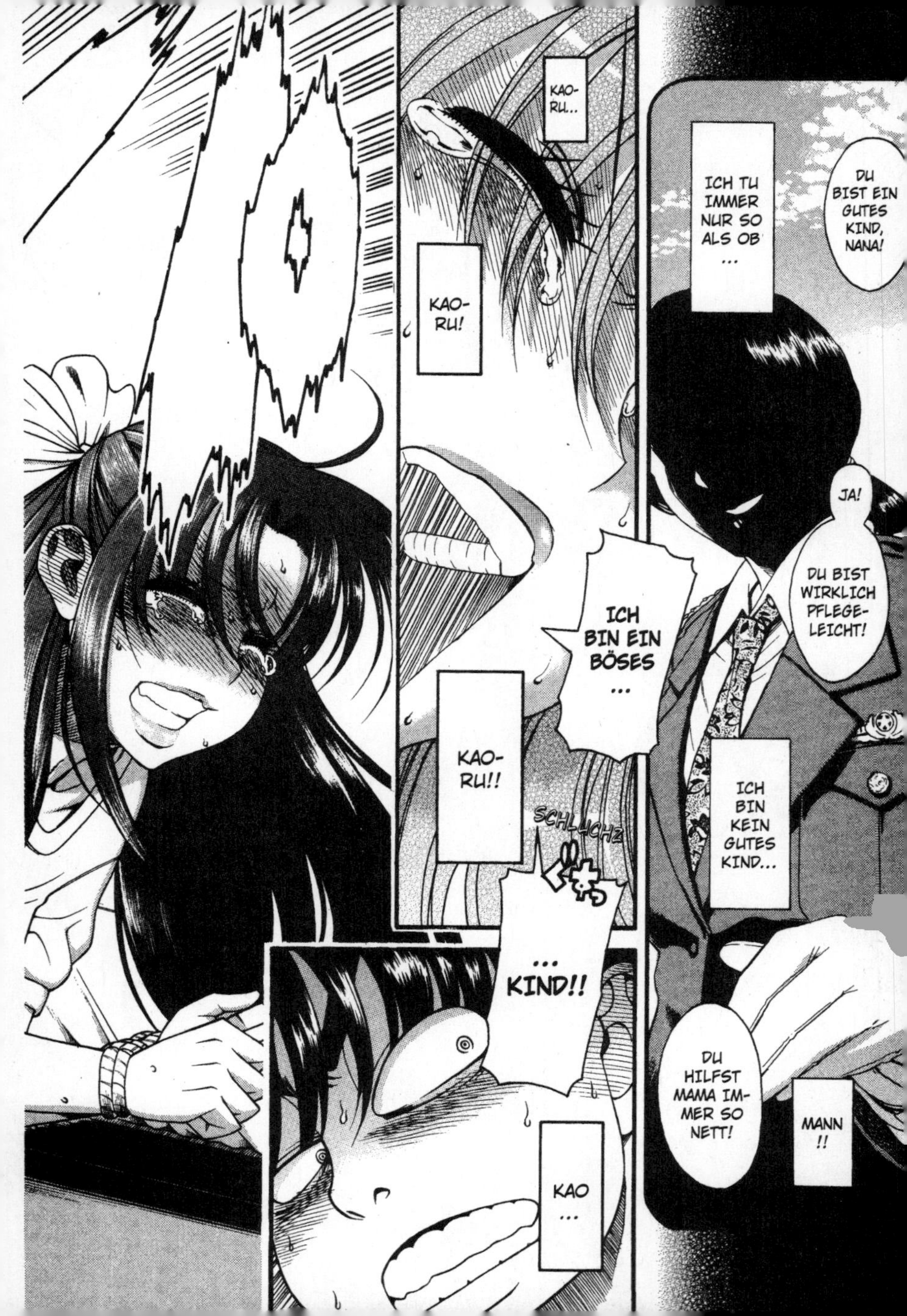
DU BIST EIN GUTES KIND, NANA!
ICH TU IMMER NUR SO ALS OB ...
JA!
DU BIST WIRKLICH PFLEGE-LEICHT!
ICH BIN KEIN GUTES KIND...
MANN !!
DU HILFST MAMA IMMER SO NETT!
KAO-RU...
KAO-RU!
ICH BIN EIN BÖSES ...
KAO-RU!!
SCHLUCHZ
... KIND!!
KAO ...

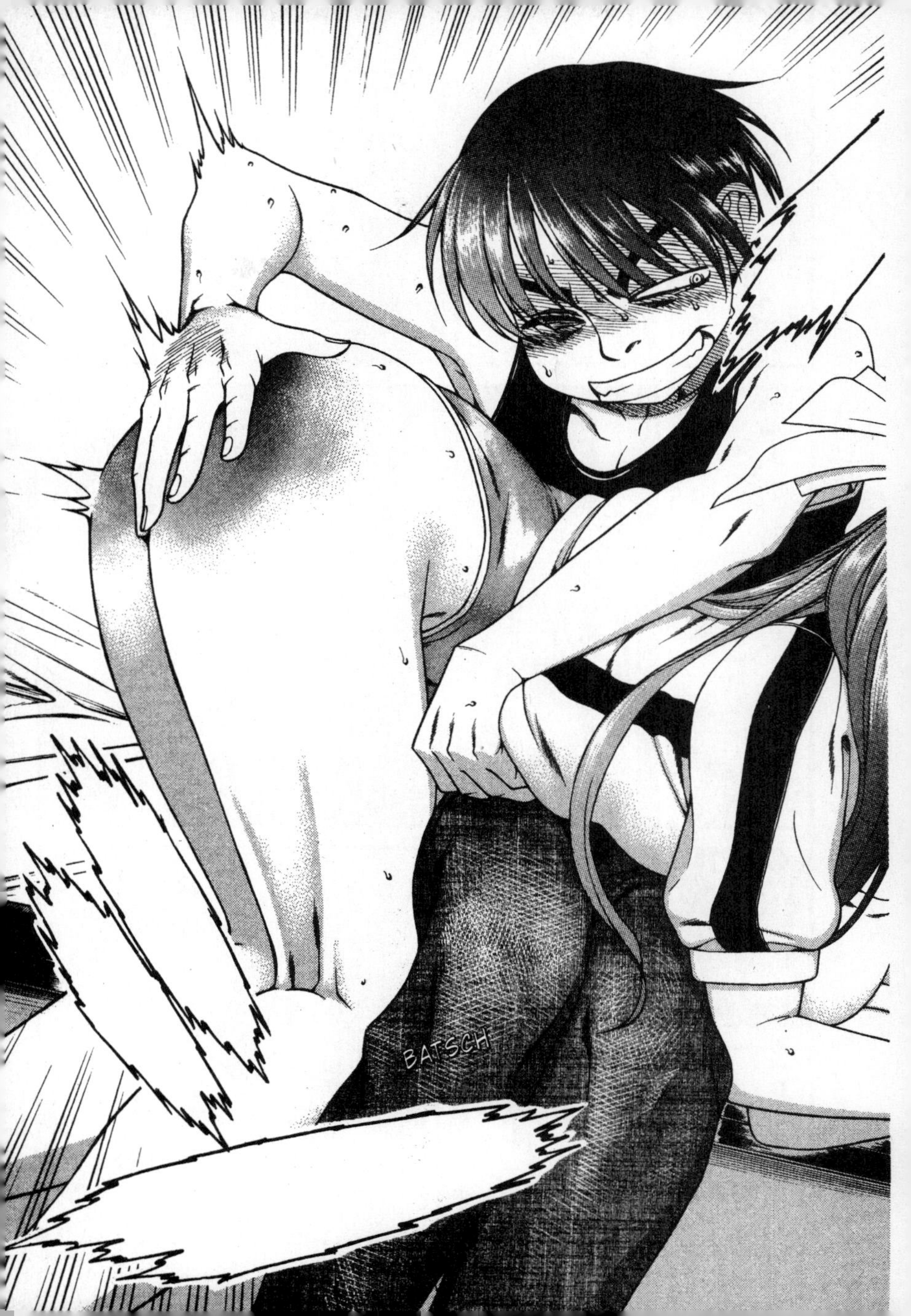
BATSCH

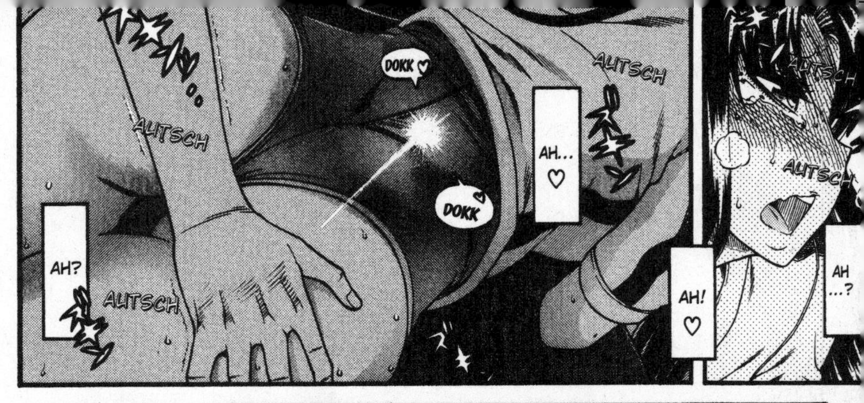

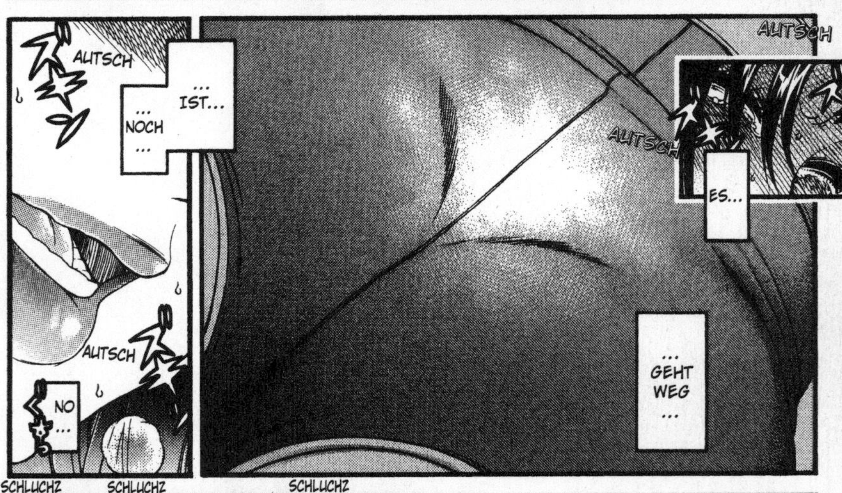

SCHLUCHZ SCHLUCHZ SCHLUCHZ

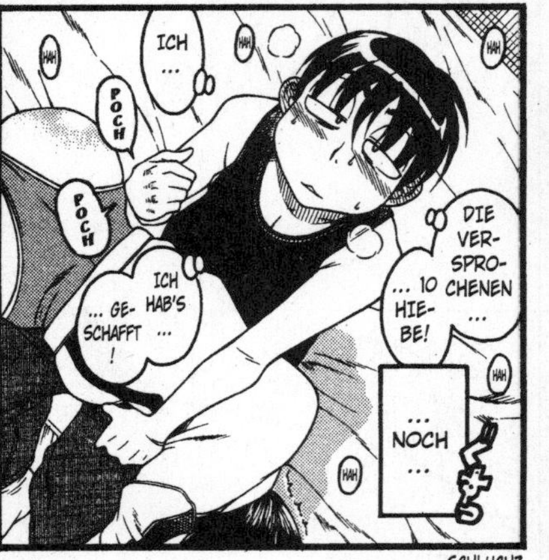

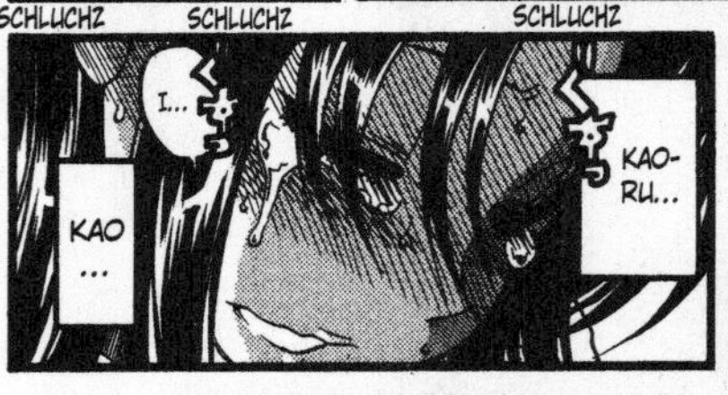

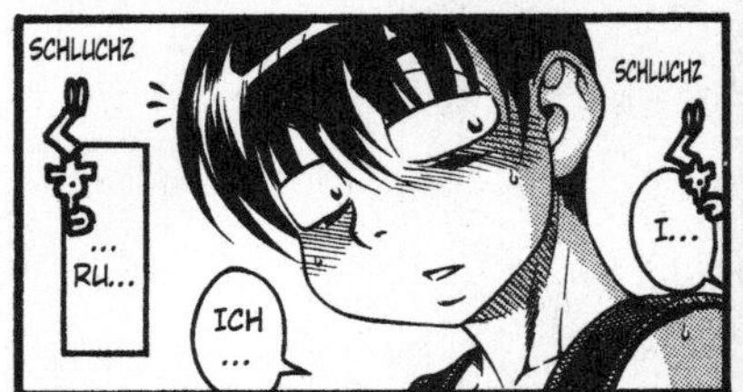

SCHLUCHZ

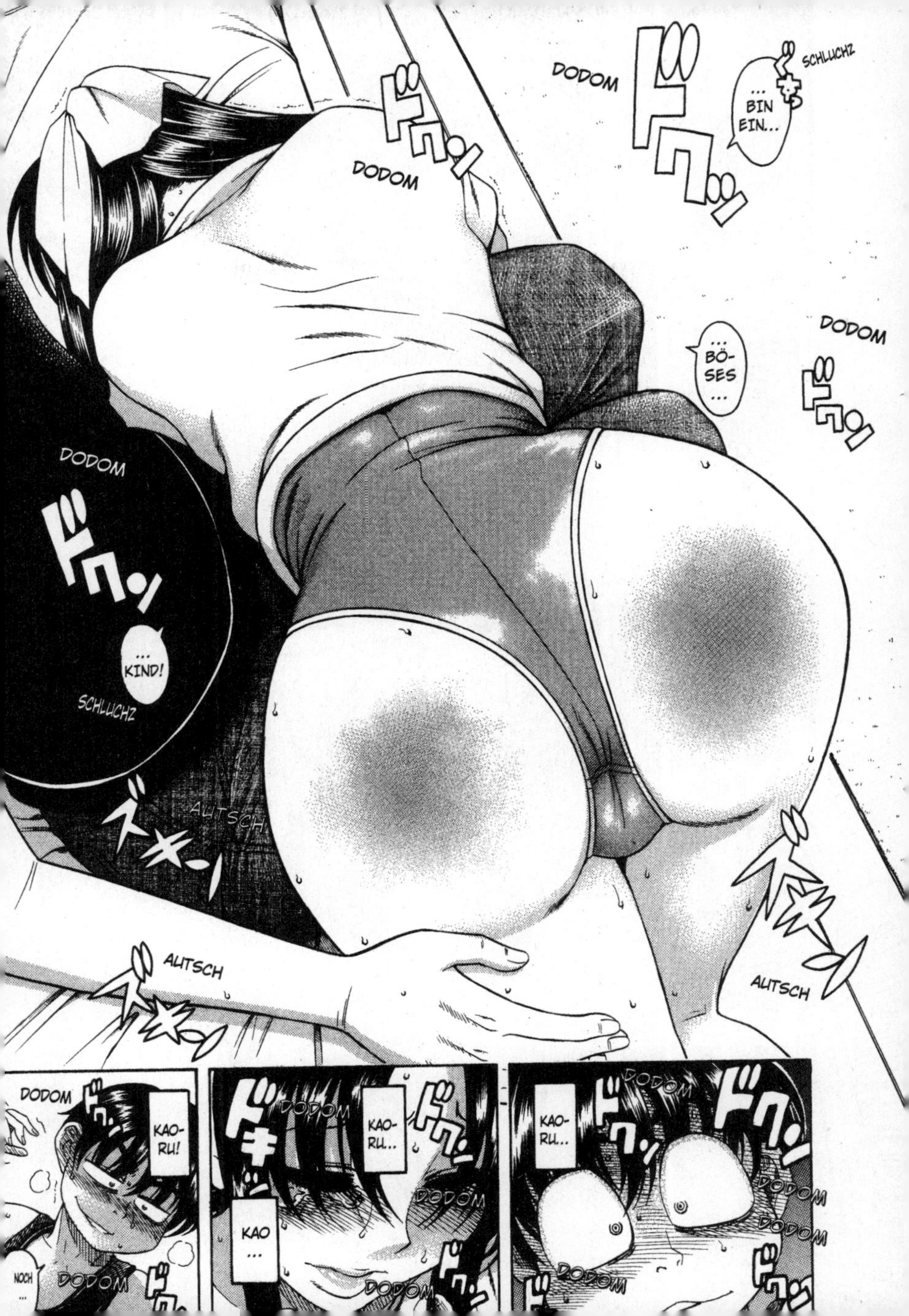

SCHLUCHZ
... BIN EIN...
DODOM
DODOM
... BÖSES ...
DODOM
DODOM
... KIND!
SCHLUCHZ
AUTSCH
AUTSCH
AUTSCH
DODOM
KAO-RU...
DODOM
DODOM
DODOM
DODOM
KAO-RU...
DODOM
KAO ...
DODOM
DODOM
KAO-RU!
NOCH ...
DODOM

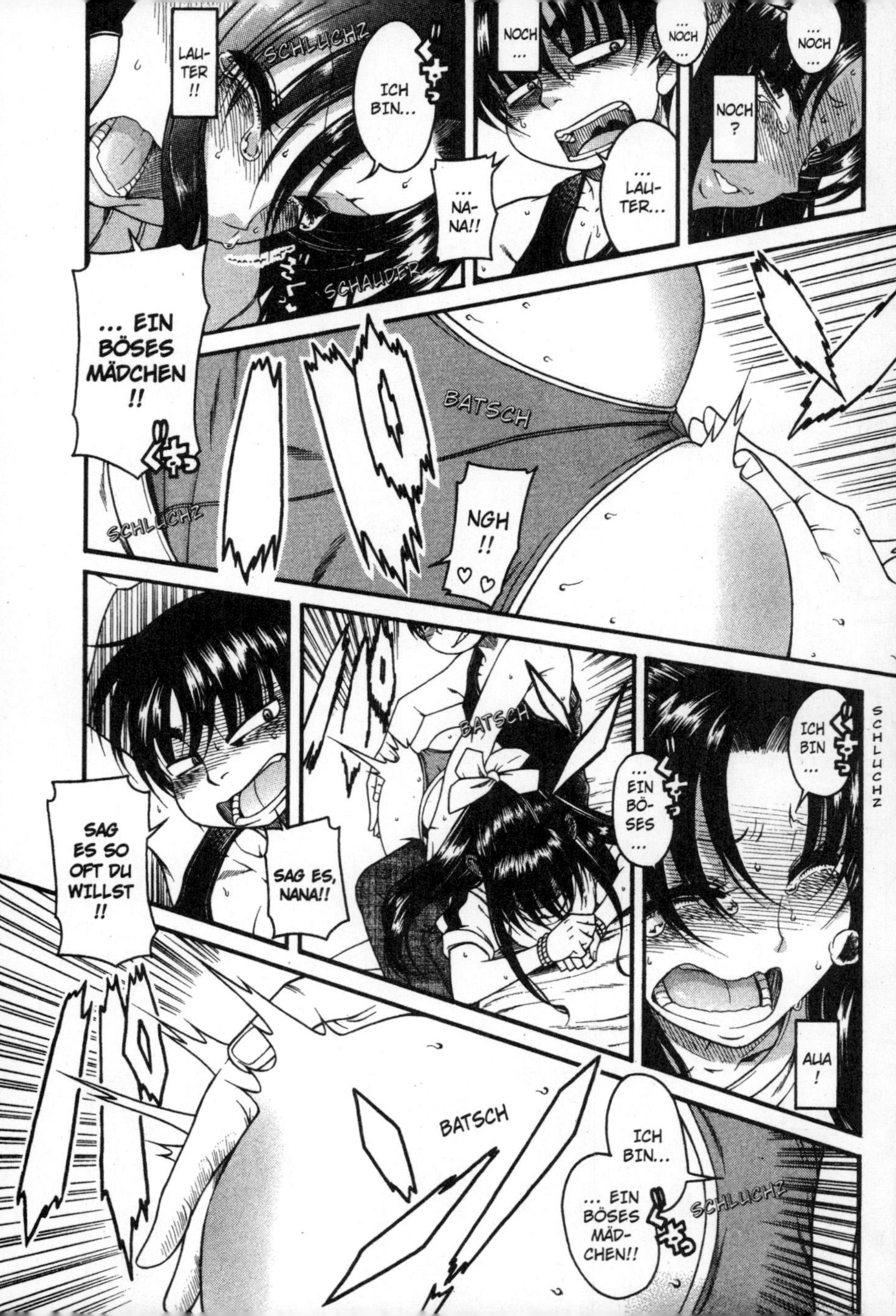

... NOCH ...
NOCH?
... NOCH ...
... LAUTER...
NOCH ...
... NANA!!
ICH BIN...
SCHLUCHZ
LAUTER !!
SCHAUDER
... EIN BÖSES MÄDCHEN !!
BATSCH
NGH !! ♡♡
SCHLUCHZ
SCHLUCHZ
ICH BIN ...
... EIN BÖSES ...
AUA !
BATSCH
SAG ES, NANA!!
SAG ES SO OFT DU WILLST !!
BATSCH
ICH BIN...
... EIN BÖSES MÄDCHEN!!
SCHLUCHZ

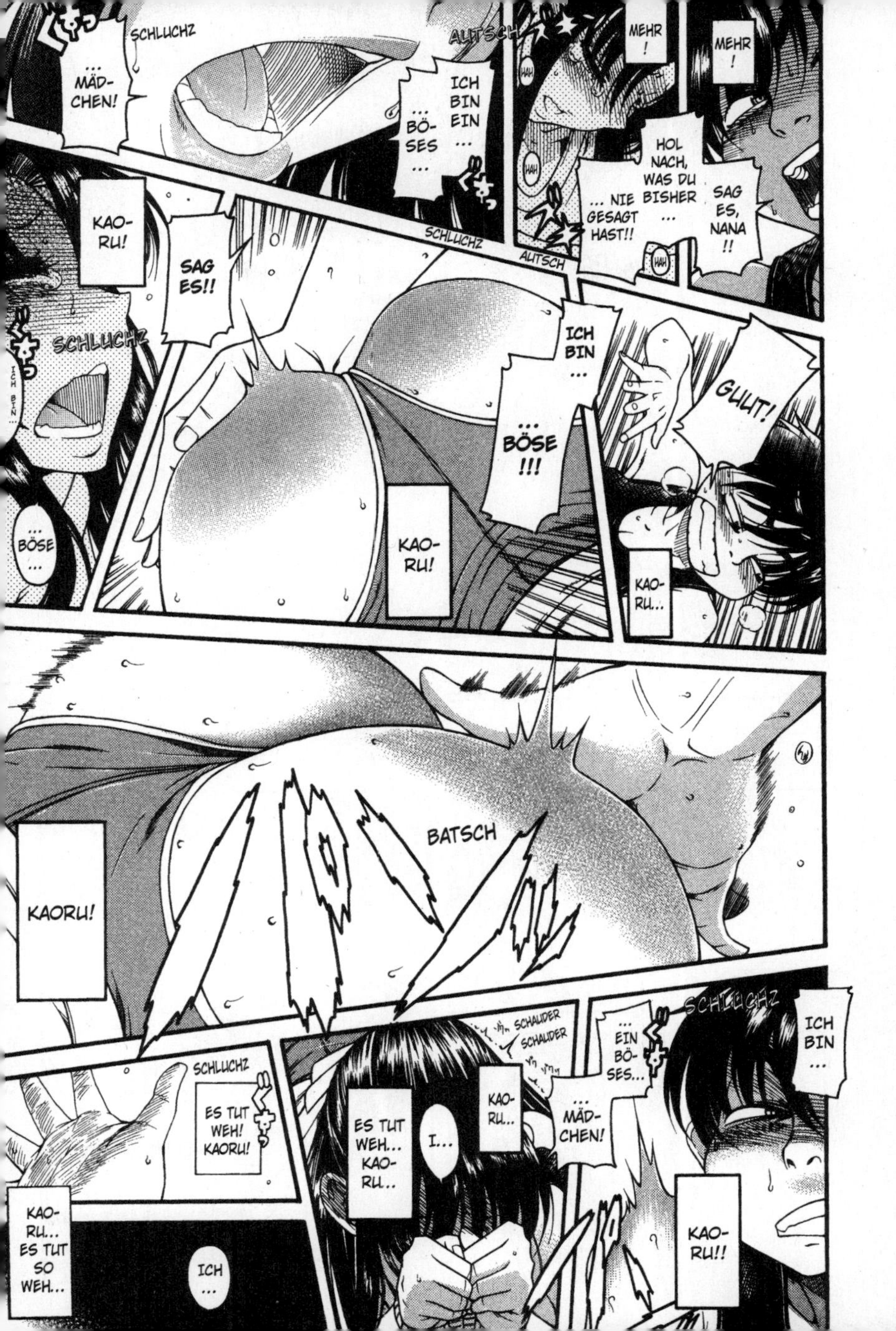

MEHR!
MEHR!
AUTSCH
HAH
ICH BIN EIN ...
... BÖSES ...
SCHLUCHZ
... MÄDCHEN!
HAH
HAH
SAG ES, NANA!!
HOL NACH, WAS DU BISHER ...
... NIE GESAGT HAST!!
AUTSCH
SCHLUCHZ
SAG ES!!
KAORU!
SCHLUCHZ
ICH BIN ...
... BÖSE ...
GUUT!
ICH BIN ...
... BÖSE!!!
KAORU!
KAORU ...
BATSCH
KAORU!
ICH BIN ...
SCHLUCHZ
... EIN BÖSES ...
... MÄDCHEN!
SCHAUDER SCHAUDER
KAORU ...
KAORU!!
I ...
ES TUT WEH ... KAORU ...
SCHLUCHZ
ES TUT WEH! KAORU!
ICH ...
KAORU ... ES TUT SO WEH ...

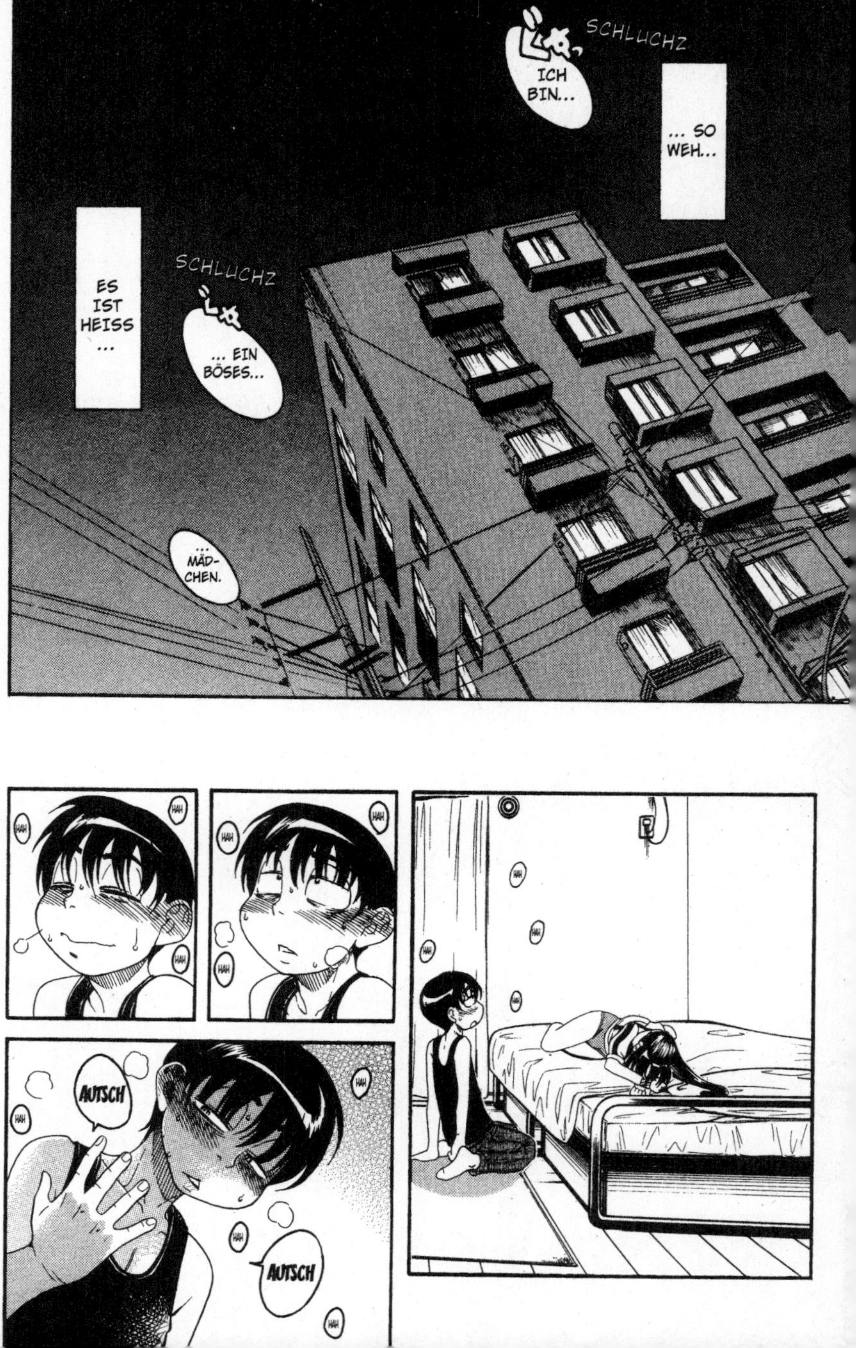

SCHLUCHZ
ICH BIN...
... SO WEH...
ES IST HEISS ...
SCHLUCHZ
... EIN BÖSES...
... MÄDCHEN.

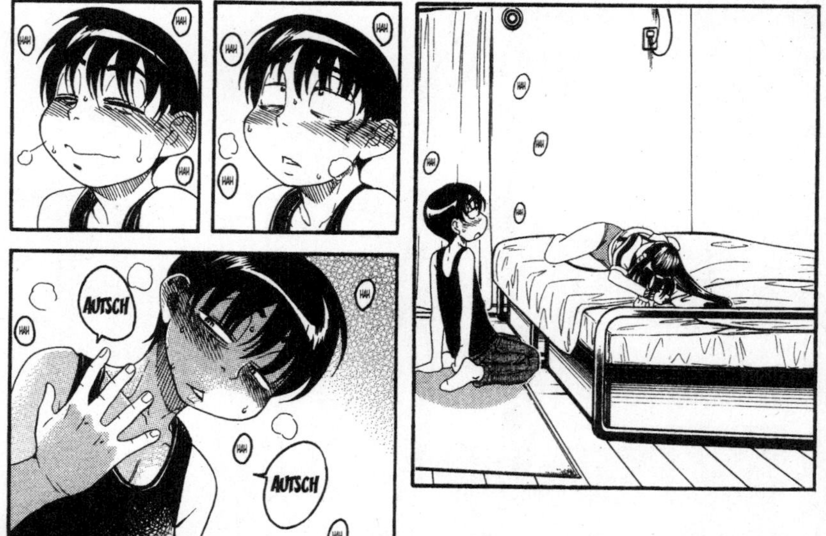

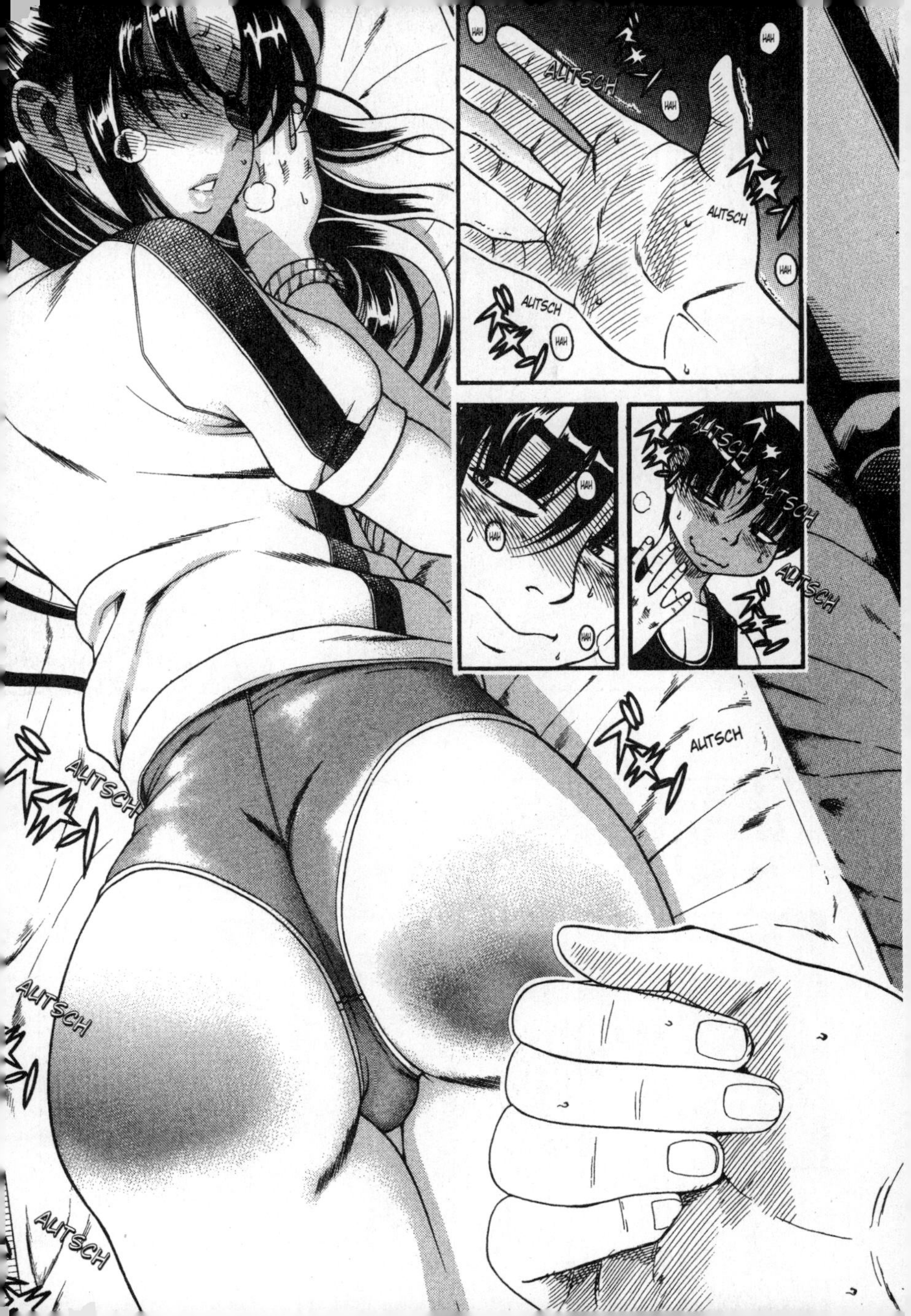
HAH
HAH
AUTSCH
HAH
AUTSCH
HAH
AUTSCH
HAH
AUTSCH
AUTSCH
AUTSCH
HAH
HAH
HAH
AUTSCH
AUTSCH
AUTSCH
AUTSCH

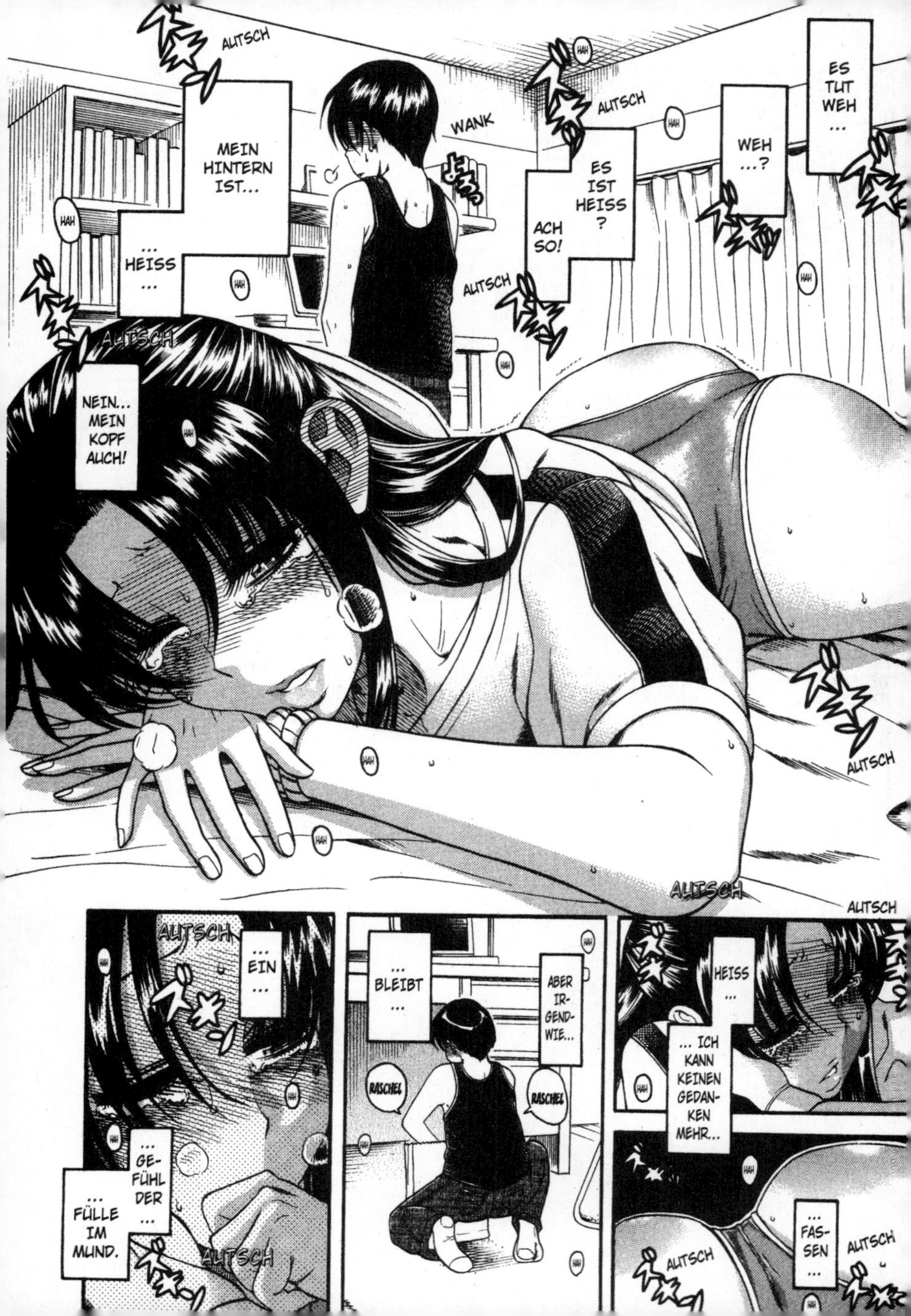
ES TUT WEH ...
WEH ...?
AUTSCH
ES IST HEISS ?
ACH SO!
AUTSCH
WANK
AUTSCH
MEIN HINTERN IST...
... HEISS ...
HAH
AUTSCH
NEIN... MEIN KOPF AUCH!
HAH
AUTSCH
AUTSCH
AUTSCH
HEISS ...
... ICH KANN KEINEN GEDAN-KEN MEHR..
... FAS-SEN ...
AUTSCH
AUTSCH
ABER IR-GEND-WIE...
... BLEIBT ...
RASCHEL
RASCHEL
... EIN ...
AUTSCH
... GE-FÜHL DER ...
... FÜLLE IM MUND.
AUTSCH

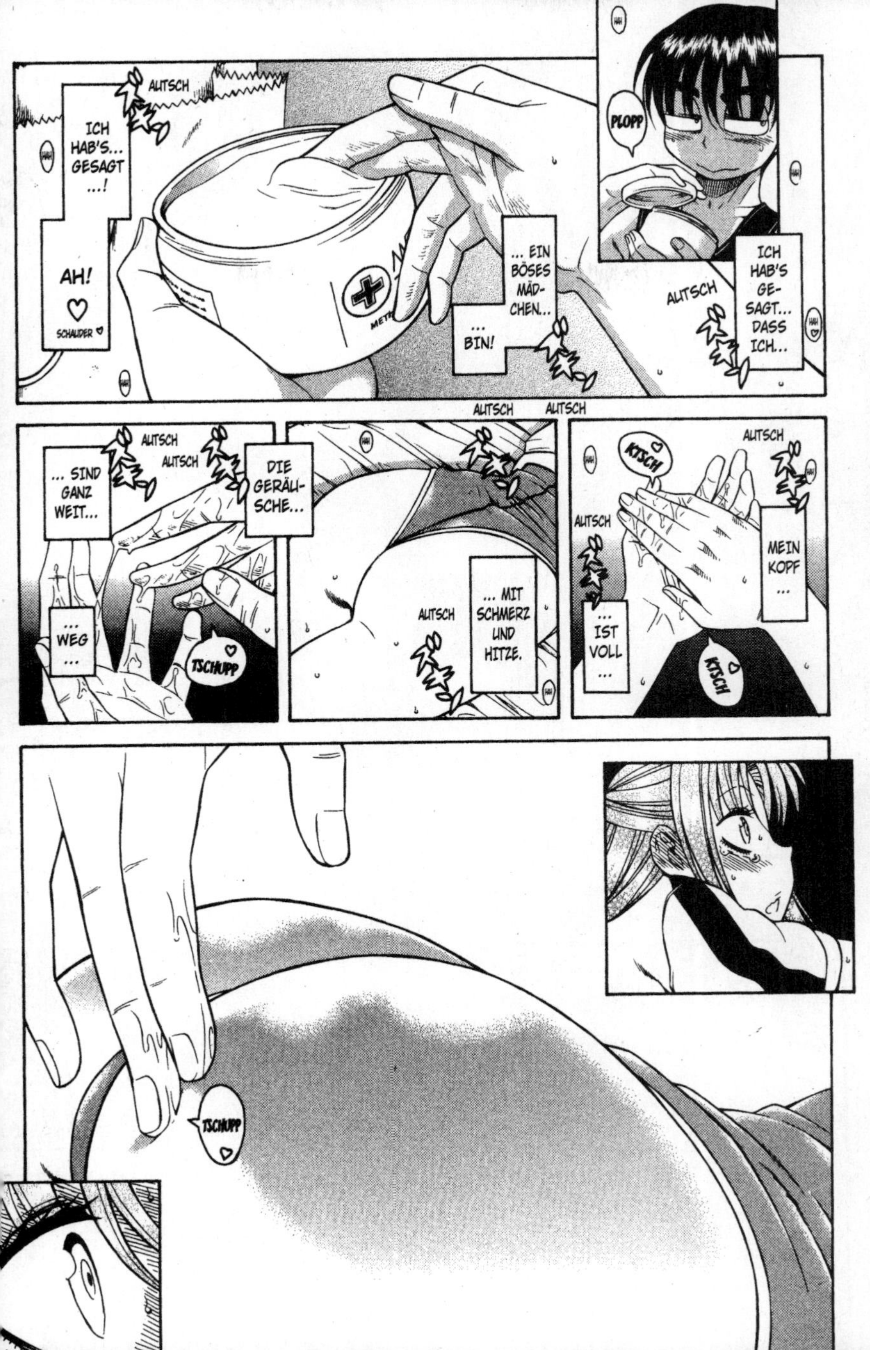

PLOPP
ICH HAB'S GE-SAGT... DASS ICH...
AUTSCH
... EIN BÖSES MÄD-CHEN...
... BIN!
AUTSCH
ICH HAB'S... GESAGT ...!
AH! ♡
SCHAUDER ♡
KTSCH
AUTSCH
MEIN KOPF ...
AUTSCH
... IST VOLL ...
KTSCH
AUTSCH
AUTSCH
... MIT SCHMERZ UND HITZE.
AUTSCH
DIE GERÄU-SCHE...
AUTSCH
AUTSCH
... SIND GANZ WEIT...
... WEG ...
TSCHUPP
TSCHUPP

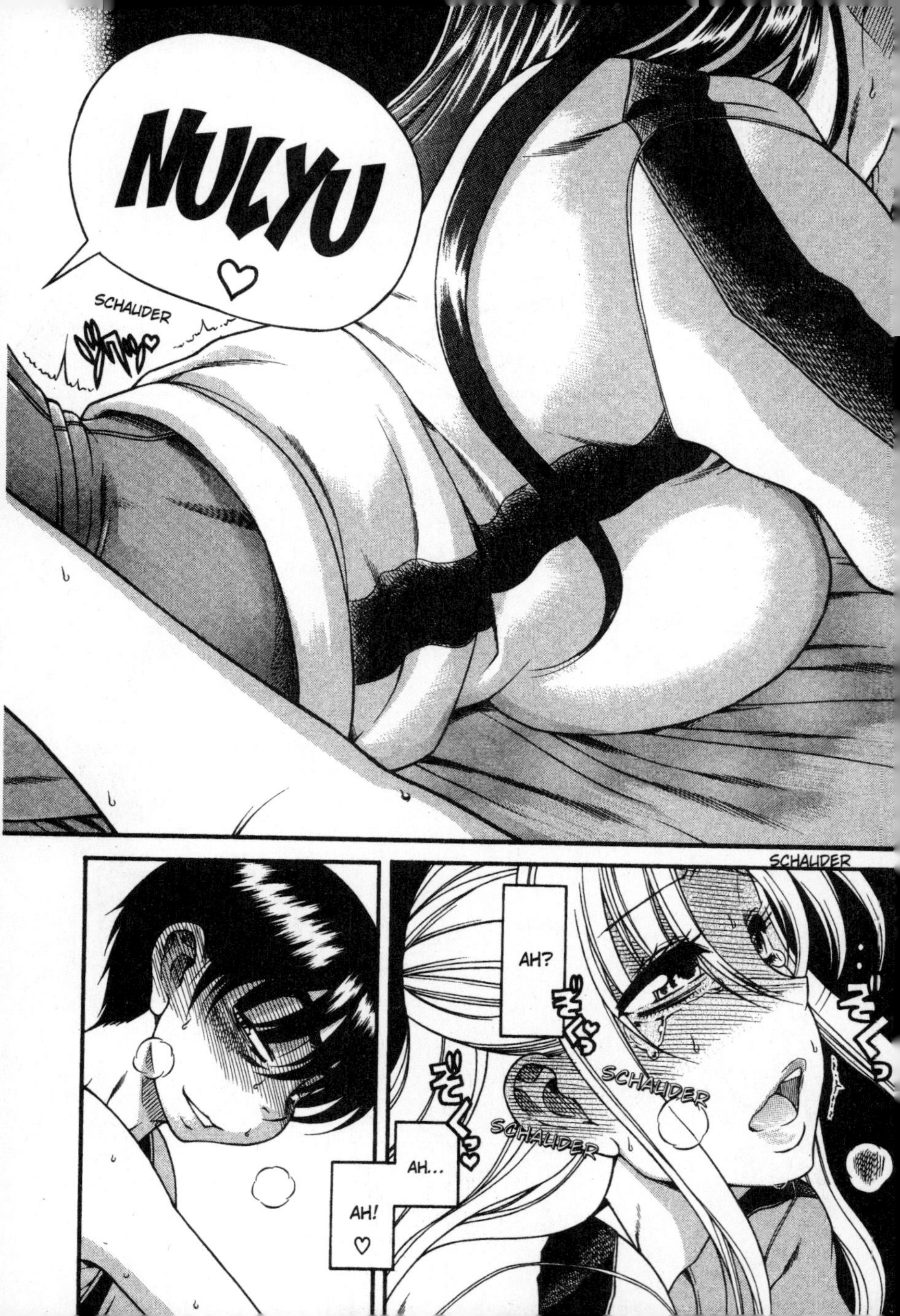

NULYU ♡

SCHAUDER

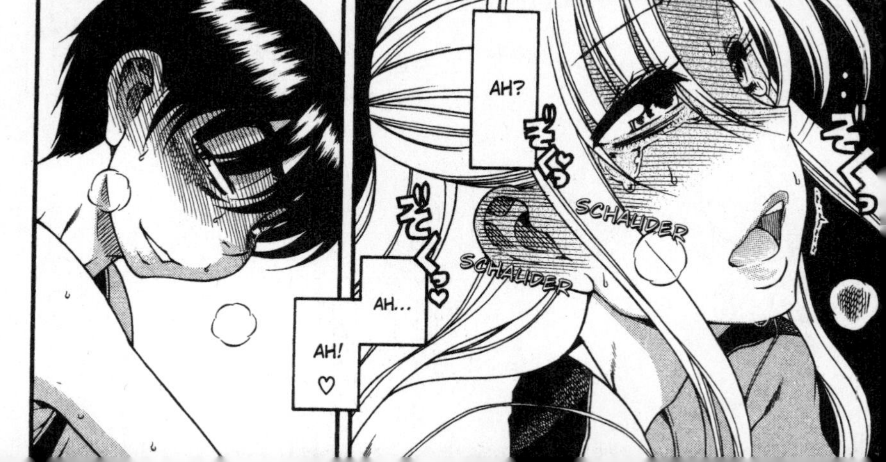

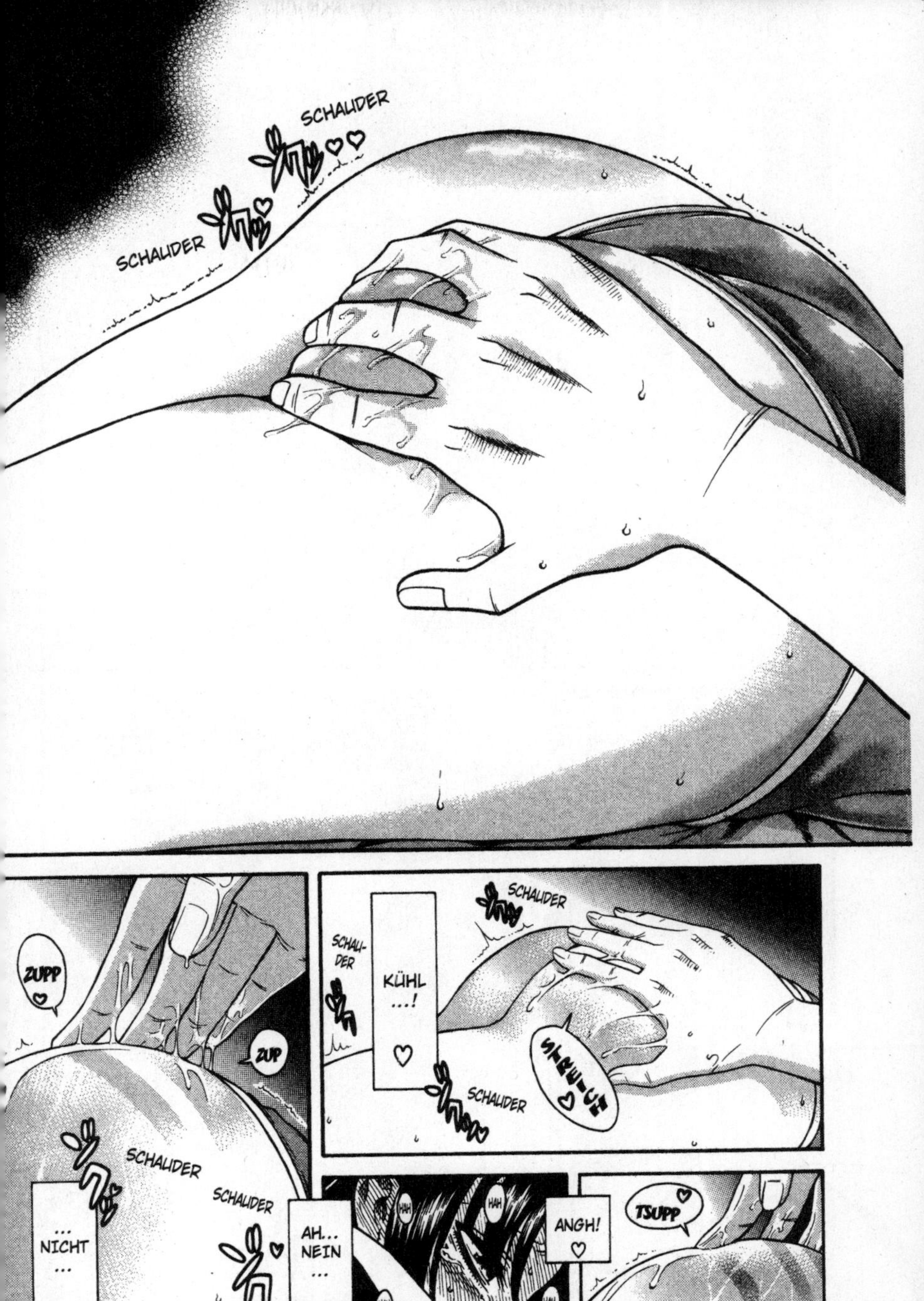

SCHAUDER
SCHAUDER
SCHAUDER
SCHAUDER
SCHAU-DER
KÜHL ...! ♡
STREICH ♡
SCHAUDER
ZUPP ♡
ZUP
SCHAUDER
SCHAUDER
... NICHT ...
TSUPP ♡
ANGH! ♡
HAH
HAH
HAH
HAH
AH... NEIN ...

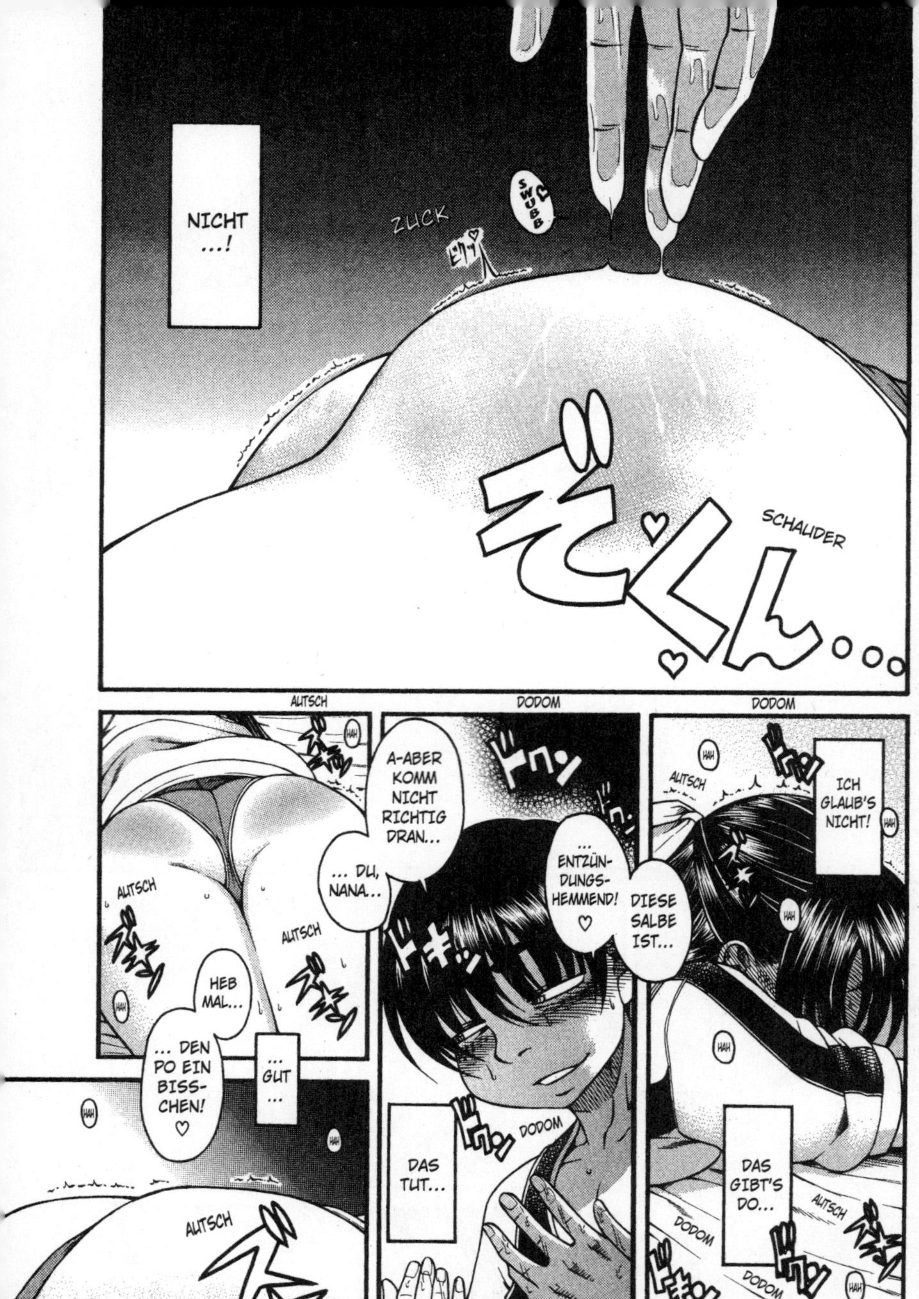

NICHT ...!

SWUBB

ZUCK

SCHAUDER

DODOM

ICH GLAUB'S NICHT!

HAH

AUTSCH

HAH

DAS GIBT'S DO...

DODOM

AUTSCH

DODOM

HAH

DODOM

A-ABER KOMM NICHT RICHTIG DRAN...

... ENTZÜNDUNGS-HEMMEND! ♡

DIESE SALBE IST...

DODOM

DAS TUT...

AUTSCH

HAH

... DU, NANA...

AUTSCH

AUTSCH

HEB MAL...

HAH

... DEN PO EIN BISS-CHEN! ♡

... GUT ...

HAH

HAH

AUTSCH

KAPITEL 33 - ENDE

NANA & KAORU

MAX

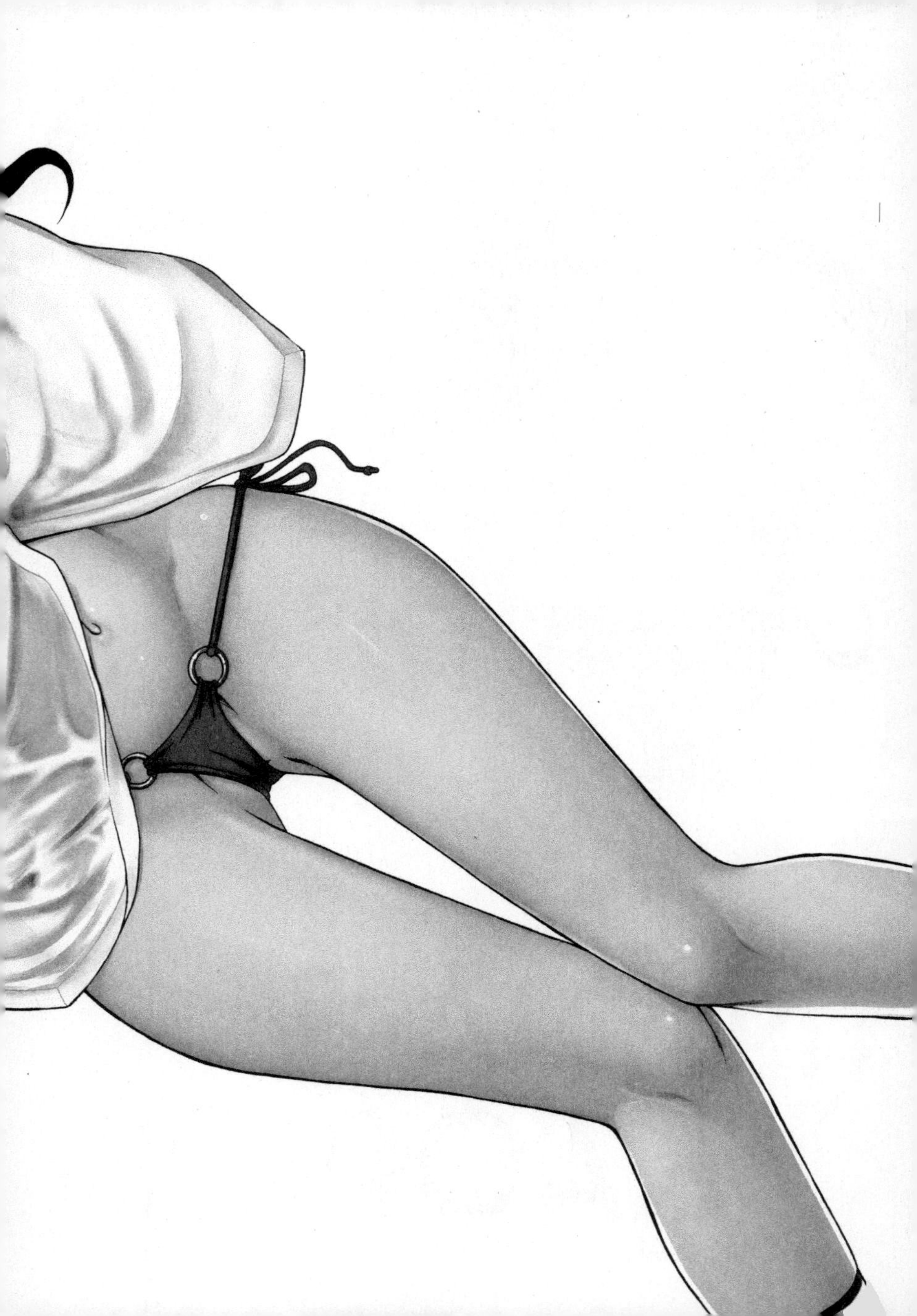

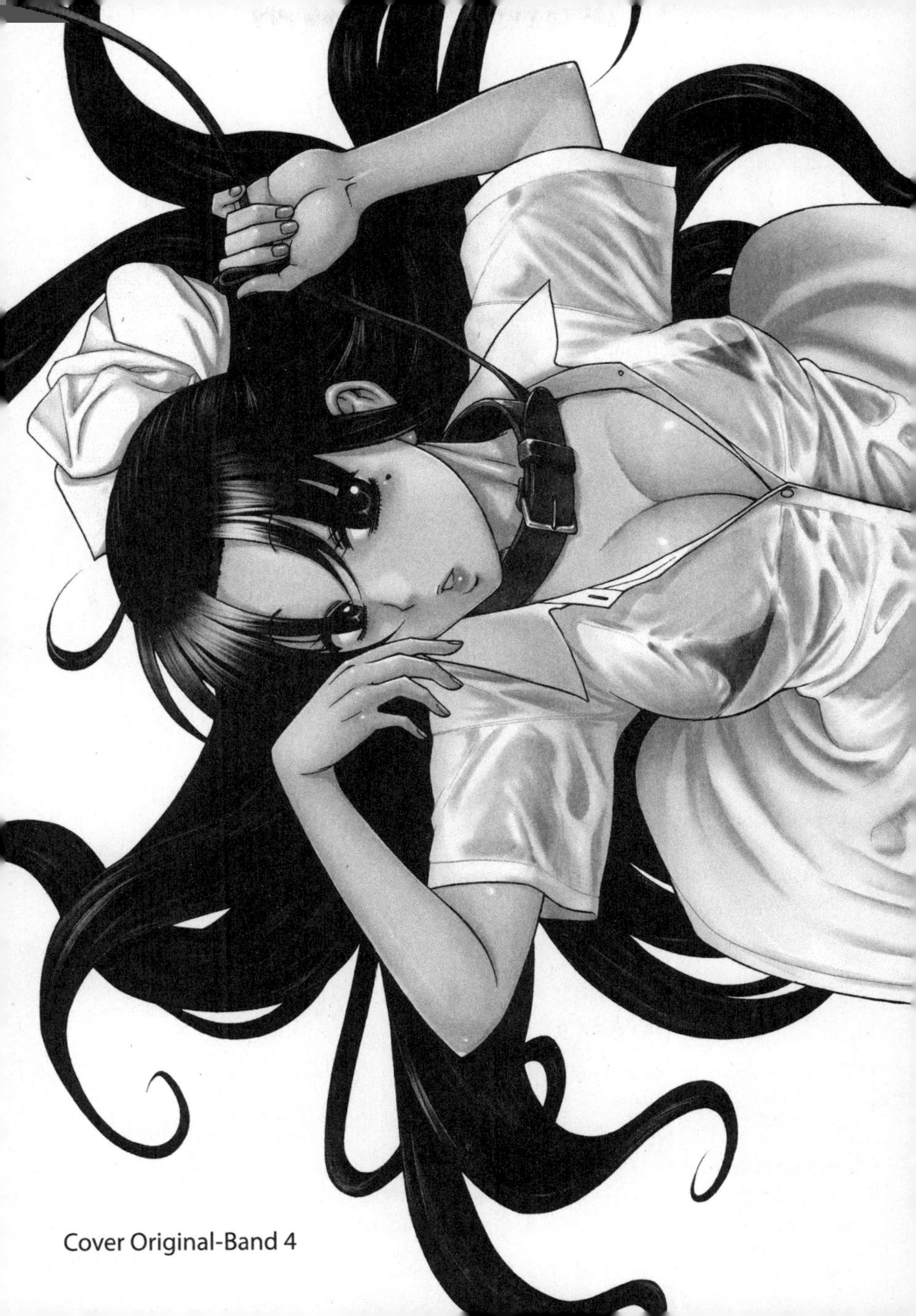

Cover Original-Band 4

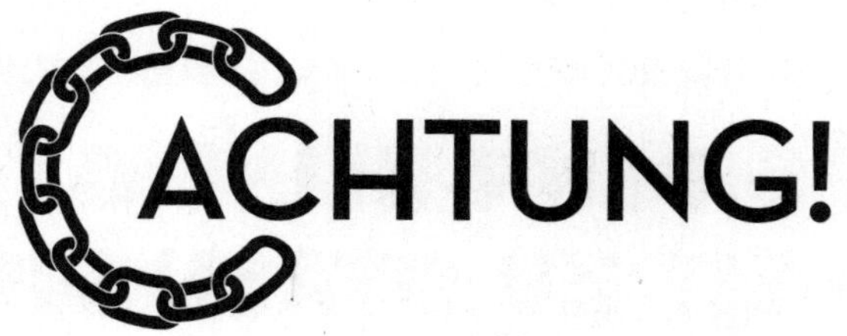

Dieser Comic wird wie im Original gelesen:
von rechts nach links,
also fangt einfach von der anderen Seite des Buches an
und stürzt euch in die Welt von

NANA & KAORU MAX

NANA & KAORU MAX erscheint bei **PANINI MANGA**, Schloßstraße 76, D-70176 Stuttgart. NANA & KAORU MAX wird unter Lizenz in Deutschland von PANINI Verlags-GmbH veröffentlicht. Druck: LEGO PRINT S.p.A. Direkt-Abos auf **www.paninimanga.de**. Geschäftsführer **Hermann Paul**, Publishing Director Europe **Marco M. Lupoi**, Finanzen/Logistik **Felix Bauer**, Marketing Director **Holger Wiest**, Marketing **Dr. Rebecca Haar**, **Jessica Langer**, Vertrieb **Alexander Bubenheimer**, PR/Presse **Steffen Volkmer**, Publishing Manager **Lisa Pancaldi**, Redaktion **Marlene Eggertsberger**, **Stephanie Jakob**, **Matthias Korn**, **Philipp Nakata**, **Sebastian Spietz**, **Daniela Uhlmann**, Übersetzung **Burkhard Höfler**, Proofreading **Enza Ceraudo**, grafische Gestaltung **Rudy Remitti**, **Nicola Spano**, Art Director **Alessandro Gucciardo**, Redaktion Panini Comics **Elisa Panzani**, **Ludovica Ungari**, Repro/Packager **Alessandro Nalli** (coordinator), **Anna Boselli**, **Mario Da Rin Zanco**, **Valentina Esposito**, **Luca Ficarelli**, **Simone Guidetti**, **Linda Leporati**, **Fabio Melatti**. First published in Japan in 2010 by HAKUSENSHA, INC., Tokyo. German language translation rights arranged with HAKUSENSHA, INC., Tokyo through Tuttle-Mori Agency Inc., Tokyo. ISBN 978-3-7416-3107-8

2. Auflage

Bibliografische Information der Deutschen Nationalbibliothek
Die Deutsche Nationalbibliothek verzeichnet diese Publikation in der Deutschen Nationalbibliografie; detaillierte bibliografische Daten sind im Internet über dnb.d-nb.de abrufbar.

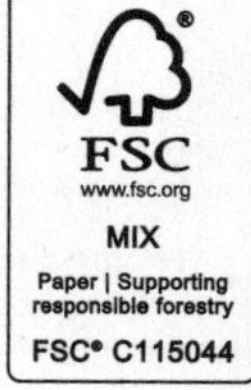